KB100299

집 잃은 개

2

리링 저작선 02

집 잃은 개

2

『논어』 읽기, 새로운 시선의 출현

리링李零 지음 | 김갑수 옮김

글항아리

차례

제1부

제2부 _『논어』 읽기의 네 가지 필독 지식

결론

1권
차례

제1부

제12편 안연顏淵

이 편은 주로 제자들의 질문에 대답한 것이고, 그 밖의 사람이 가르침을 청한 것이 포함되어 있다. 첫 번째 장이 가장 중요하다. 여기서 공자는 "자기를 이기고 예로 돌아가는 것이 인이다"라고 말했는데, 이 구는 매우 유명하다. 12.18은 문과 질의 관계를 토론하고 있고, 다른 곳보다 분명하고 또 주목할 만한 가치가 있다.

12.1

안연이 인에 대하여 물었다. 스승님께서 말씀하셨다.
“자기를 이기고 예를 회복하는 것이 인이다. 일단 자기를 이기고
예를 회복하면, 세상 사람이 모두 인에 귀의할 것이다. 인의 실천이
자기로 말미암는 것이지 다른 사람으로 말미암는 것이겠느냐?”
안연이 다시 물었다.
“세부적인 항목은 무엇입니까?” 스승님께서 대답하셨다.
“예가 아니면 보지 말고, 예가 아니면 듣지 말고, 예가 아니면
말하지 말고, 예가 아니면 움직이지 말아라.” 안연이 말했다.
“제가 비록 명민하지는 못하지만, 그 말씀을 받들겠습니다.”

顔淵問仁. 子曰, 克己復禮爲仁. 一日克己復禮, 天下歸仁焉. 爲仁由己, 而由人乎哉.
顔淵曰, 請問其目. 子曰, 非禮勿視, 非禮勿聽, 非禮勿言, 非禮勿動. 顔淵曰, 回雖不敏,
請事斯語矣.

“인”은 공자의 가장 중요한 개념이다. 안연이 인에 대해 묻자 그가 내놓은 대답은 “자기를 이기고 예를 회복하는 것”이었다. 문혁 때 공자 비판에서 이것이 비판의 중점이었고, 당대의 “주공”이 “예로 돌아가려고 한 것”은 사실 자본주의로 복귀하려는 것이라고 말했다. 자오지빈趙紀彬의 책은 곳곳에 이런 글로 채워져 있다.

“자기를 이기고 예를 회복하는 것”이란 무엇일까? 그것은 바로 자

기를 억제하고 예로 복귀하는 것으로서 모든 일을 예의 규정에 따라 처리하는 것이다. "자기를 이기고 예를 회복하는 것"은 "자기를 이기는 것"을 전제로 삼고 있다. 공자는 자기를 이기는 것, 자기를 위하는 마음을 다른 사람에게까지 확장하는 것, 모든 행위가 예에 맞고 의에 부합하는 것, 그것을 바로 "인"이라고 생각했다. 송대의 왕응린王應麟은 『좌전』 소공 12년에서 언급한 "중니가 말했다. '옛날에 이런 기록이 있다. 자기를 이기고 예로 돌아가는 것이 인이다'"[1]라는 것은 이와 유사한 말이라고 지적했다. 이른바 "고야유지古也有志"라는 것은 고대에 이런 종류의 기록이 있었다는 것으로 그들이 사용한 것은 고서에 있었던 관용어였지 자기가 만들어낸 것이 아님을 알 수 있다[2]는 것이다.[3] "고야유지古也有志"는 신숙시申叔時가 말한 구예九藝 중에서 "고지故志"[4]에 속한다고 할 수 있는데, 이것은 역사의 성패에서 얻을 수 있는 교훈을 설명한 책이다.

안연이 "극기복례克己復禮", 즉 "자기를 이기고 예를 회복하는" 데서 구체적으로 요구되는 것이 무엇인지 물었고, 공자는 "예가 아니면 보지 말고, 예가 아니면 듣지 말고, 예가 아니면 말하지 말고, 예가 아니면 움직이지 말아라"라고 대답했다. 『성경』 구약에는 모세의 10계가 있고, 불교에는 8계가 있고, 유가의 "사물四勿", 즉 네 가지 금지 사항 역시 일종의 계戒인데, 특징은 예를 규범으로 삼고 있다는 점이다.

『상박초간』의 「군자위례君子爲禮」(자세한 것은 부록에서 설명함)에 이와 유사한 말이 있는데 역시 "사물四勿"에 대해 이야기한 것이니 참고할 만하다.[5]

죽간문에서는 다음과 같이 말했다. 공자는 "예를 행할 때 인仁에 의거하여 행한다"라고 설명했는데, 이는 예가 인에 부합해야 한다는 것이다. 안연은 그것을 듣자마자 몸을 일으켜 걸으면서 나는 너무 멍청해서 선생님을 모시고 앉아 있을 수 없을 것 같다고 말했다. 공자는 그를 떠나지 못하게 하고, 그를 붙잡아 다시 앉게 한 다음 계속하여 그를 훈계하면서 매사에 "의義"에 부합하지 않으면 "말하지 말고勿言" "보지 말고勿視" "듣지 말고勿聽" "움직이지 말아야毋動" 한다고 말했다. 이것은 이 장에서 말한 것과 같다. 그 결과 안연은 집으로 돌아가 숨어버렸다. 어떤 사람(죽간문에는 그의 이름이 훼손되었음)이 그에게 너는 왜 이렇게 소극적이냐고 물었다. 안연은 이렇게 말했다. 맞아, 맞아. 나는 소극적이야. 왜냐하면 나는 스승님의 가르침을 직접 들었기 때문에 신경 쓰지 않을 수 없어. 스승님께서 말씀하신 대로 하려고 해도 나는 할 수 없고, 스승님께서 말씀하신 대로 하려고 하지 않아도 역시 안 돼. 그러니 소극적일 수밖에 없지. 공자의 가르침은 안회마저도 실천할 수가 없었다. 그렇다면 다른 사람은 어떻게 해야 할까? 이것은 블랙 코미디다.

안연이 인에 대해 물었다

12.2

중궁仲弓이 인에 대해 묻자 스승님께서 대답하셨다.
"문을 나서면 큰 손님을 맞이하는 것처럼 하고, 백성을 부릴 때는
큰 제사를 지내는 것처럼 해라. 자기가 원하지 않는 것을 다른
사람에게 시키지 말아라. 그러면 나라에서 원망할 사람이 없고,
집안에서도 원망할 사람이 없을 것이다."
중궁이 말했다.
"제가 비록 명민하지는 못하지만, 그 말씀을 받들겠습니다."

仲弓問仁. 子曰, 出門如見大賓, 使民如承大祭. 己所不欲, 勿施於人.
在邦無怨, 在家無怨. 仲弓曰, 雍雖不敏, 請事斯語矣.

이 장은 인에 대한 중궁의 물음에 공자가 대답한 것이다. 형식적인 면에서 볼 때 안연이 물었던 것과 같고, 마지막에 "제가 비록 명민하지는 못하지만, 그 말씀을 받들겠습니다"라는 말로 마무리지은 것도 같다. 그러나 중점은 같지 않다. 앞 장의 것은 자율에 대한 것, 즉 자기에게 엄격함을 요구하는 것이고, 이 장의 것은 사람을 대하는 것, 즉 다른 사람을 존중할 것을 요구하는 것이다.

"문을 나서면 큰 손님을 맞이하는 것처럼 하고, 백성을 부릴 때는 큰 제사를 지내는 것처럼 해라." 범녕주范寧注에서 이미 이 두 구는 『좌전』에 보인다고 지적했다. 『좌전』 희공僖公 33년에서 진나라 구계臼季의

말이라고 하면서 다음과 같이 언급했다. "신臣은 '문을 나서면 손님을 맞이하는 것처럼 하고, 일을 처리할 때는 제사를 지내는 것처럼 하는 것이 인의 원칙이다'라고 들었습니다."[6] 여기서 그는 "들었습니다"라고 말했는데, 인용문은 분명히 관용어였다는 것을 알 수 있다.

"자기가 원하지 않는 것을 다른 사람에게 시키지 말아라." 예전에는 이것 역시 관용어였다고 지적했다. 예를 들어 『예기』「중용」에서 "자기에게 가해지기 원하지 않는 것을 역시 다른 사람에게도 시행하지 않는다"[7]라고 한 것이나, 『관자』「소문」에서 "속담에 이런 말이 있다. '자기가 원하지 않는 것을 다른 사람에게 하지 않는 것이 인이다'"[8]라고 한 것 등인데, 이미 "어왈語曰", 즉 "속담에 이런 말이 있다"라고 말한 점에서 보더라도 당연히 관용어였다. 이 말은 「위영공」 15.24에도 보인다. "평생 동안 실천할 만한 한마디 말로 어떤 것이 있습니까"라는 자공의 물음에 대하여 공자는 "그것은 서恕일 것이다. 자기가 원하지 않는 것을 남에게 시키지 않는 것이다"라고 대답했다. 중궁이 인에 대해 묻자 공자는 서恕라고 대답했다. 마치 동문서답하는 것 같다. 그러나 사실은 그렇지 않다. 인과 서는 같은 개념의 두 가지 측면이다. 아래 12.22에서 인은 "사람을 사랑하는 것愛人"이라고 말했고, 「헌문」 14.42에서 말한 "자기를 수양하여 다른 사람을 편안하게 해주어라"는 것 역시 위아래 문장에서 볼 때 인에 대해 말하고 있음을 알 수 있다. 인이라는 것이 사람을 사랑하는 것이라면, 어떻게 사랑하는 것이고, 인이라는 것이 사람을 편안하게 하는 것이라면, 어떻게 편안하게 하는 것일까? 관건은 추기급인推己及人, 즉 자기를 위하는 마음을 다른 사람에게까지 확장하는 데 있고, "자기가 일어서고 싶으면 남을 일으켜주고, 자기가 이루고 싶으면 남을 이루게 해주는"[9] 데 있다. 우리는 앞에서 인의 원래 의미는 사람을 사람으로 대우하는 것이며, 서의 본래 의미는 마음으로 마음을 헤아려보는 것이라고 말했다. 나는 내가 즐거워하지 않는 것을 억지로 다른 사람에게 시킬 수 없고, 반대도 역시 마찬가지다. 이것은 반근을 8냥(반근)과 바꾸는 것이고, 사람의 마음을 사람의 마음과 바꾸는 것이다. 그것을 서恕라고 해도 좋고, 그것을 인仁이라고 해도 좋다.

"나라에서 원망할 사람이 없고, 집안에서도 원망할 사람이 없을 것이다." 포함包咸은 주에서 "나라에서在邦는 제후에게 해당되는 말이고, 집안에서在家는 경이나 대부에게 해당되는 말이다"라고 말했다. 즉 제후를 위해 일을 하더라도 원망이 없을 것이며, 경이나 대부를 위해 일을 하더라도 원망이 없을 것이라는 의미이다.

이것들은 모두 서도恕道에 대해 설명하고 있다. 서도의 핵심은 다른 사람을 존중하는 것이다. 예를 들어 당신이 좋아하지 않는 어떤 것이 있다고 할 때, 당신 자신이 죽는 것은 두렵고 싸우는 것도 좋아하지 않는다면, 다른 사람에게 강요하거나 혹은 다른 사람을 고용하여 당신 대신 싸우게 함으로써 그들로 하여금 당신의 희생양이 되게 해서는 안 된다는 것이다. 그러나 반대로 좋은 것 혹은 진리 같은 것을 다른 사람에게 강요할 수 있을까? 역시 아니다. 예를 들어 이런 것이다. 내가 당신보다 강하고 돈과 권력을 가지고 있고, 진리를 장악하고 있고, 중요한 임무를 맡고 있지만, 좋은 것을 그저 나 혼자만 누릴 수 없으니, 당신들도 나의 방식에 따라 생활해야 하며, 당신들이 고통을 받고 어려움을 겪는다면, 내가 그저 가만히 손 놓고 앉아 지켜보면서 당신들을 구제하지 않을 수 없고, 나에게는 당신을 도와줘야 할 책임이 있는데도 나로 하여금 돕지 못하게 한다면 나 역시 도움을 받을 수 없을 것이기 때문에 당신이 계속해서 말을 안 듣는다면 나는 무례해질 것이다. 이것들은 모두 서도의 부정적인 측면이다.

중국 전통에서 줄곧 중시해온 것은 "예禮를 와서 배운다는 것은 들어보았어도 가서 가르친다는 것은 들어보지 못했다"[10]는 것이다. 우리는 경을 구해오기만 했지 그것을 전파하지는 않았다. 무력으로 선교하고, 무력으로 자신들의 가치관을 밀어붙이는 것은 서양 전통의 가장 나쁜 속성이다.

중궁이 인에 대해 물었다

12.3

사마우司馬牛가 인에 대해 묻자 스승님께서 말씀하셨다.
"어진 자는 말을 할 때 입이 무겁다."
"말할 때 입을 무겁게 하는 것, 그것만 가지고 인이라고 합니까?"
"실천하기가 어렵다. 그러나 말할 때 입을
무겁게 하지 않아서야 되겠느냐?"

司馬牛問仁. 子曰, 仁者, 其言也訒. 曰, 其言也訒, 斯謂之仁已乎. 子曰, 爲之難, 言之得無訒乎.

"사마우司馬牛"의 이름은 경耕이고 자는 자우子牛다. 여기서는 자를 불렀다. 그는 공문 제3기의 제자로서 송나라의 대귀족이었다. 기원전 492년 공자는 송나라를 경유하다가 사마환퇴의 살해 위험에 직면했다. 사마환퇴는 바로 그의 형이다. 사마우는 형과는 완전히 다른 사람이었다. 그는 공자를 좋아했다. 기원전 481년에 사마환퇴가 난을 일으키자 사마우는 도망쳐서 제나라와 오나라로 갔다가 송나라로 되돌아갔고, 마지막에는 노나라에 와 스승 곁에서 죽었다.[11]

사마천은 그의 성격상의 특징이 "말이 많고 조급했다"[12]고 말했다. 그래서 그는 공자에게 인에 대한 가르침을 청했고, 공자는 일부러 "어진 자는 말을 할 때 입이 무겁다"라고 말했다. "인訒"은 '멈추다'라는 의미의 돈頓으로 해석하는데,[13] 말할 때 신중하고 또 신중하며 가능한 한 억제하면서 함부로 말을 하지 않는 모양이다. 그 글자는 참을 인忍자와 통한다. 이 말은 바로 사마우의 나쁜 점을 겨냥한 것이다. 사마우는 함부로 말하지 않는 것만으로 인이라고 할 수 있느냐고 물었다. 공자는 정면으로 대답하지 않고, 그저 실천하기가 매우 어렵기 때문에 말할 때 조심하지 않을 수 있겠느냐고만 말했다.

공자가 어떻게 말하는지에 대하여 연구해볼 만한 가치가 매우 크다. 세 사람 모두 인에 대해 물었지만, 대답은 같지 않았고, 각각 정곡을 찌르는 면이 있다. 전형적인 공문의 대화이다. 공자의 대답은 애초부터 표준 답안이 없었다. 그것은 마치 한의학에서 환자를 진찰할 때 사람에 따라 다르고, 증상에 따라 약을 처방하는 것과 같이 그 특징은 정의 내릴 수 없고, 논리는 주연周延(어떤 개념의 판단이 외연 전부에 대하여 성립되는 것)하지 않는다. 사마우가 인에 대해 묻자 공자는 인은 너의 입을 단속하는 것이라고 했는데, 이 대답은 매우 해학적이다. 사마우는 융통성이 없는 고집불통이었다. 그는 스승의 말 속에 담긴 깊은 뜻을 알아듣지 못하고, 기어코 거꾸로 밀어붙이면서 내가 입을 단속하기만 하면 바로 인에 도달하느냐고 물었다. 그의 질문은 정말로 화나게 하는 것이지만(스승은 틀림없이 눈을 크게 부릅뜨고 그를 노려보았을 것이다), 매우 합리적이다. 공자는 대꾸하지 않고, 혼잣말처럼 원래 하던 말을 이어갔다. 그의 계발식 가르침은 모두 이렇게 깨우쳐주는 것이다. 어떤 말은 분명하게 말하지 않고 암시하고 또 암시했다. 만약 그래도 알아듣지 못한다면 구제할 약이 없는 것이다.

사마우가 인에 대해 물었다

12.4

사마우가 군자에 대해 묻자 스승님께서 말씀하셨다.
"군자는 근심하지 않고, 두려워하지 않는다."
"근심하지 않고, 두려워하지 않으면, 그것만 가지고
군자라고 합니까?" 스승님께서 대답하셨다.
"속으로 반성하여 부끄럽지 않다면 무엇을 근심하고
무엇을 두려워하겠느냐?"

司馬牛問君子. 子曰, 君子不憂不懼. 曰, 不憂不懼, 斯謂之君子已乎.
子曰, 內省不疚, 夫何憂何懼.

사마우는 자주 근심했던 것 같다. 그는 공자에게 군자란 무엇인지에 대해 가르침을 청했다. 공자는 군자란 근심하지 않고 또 두려워하지 않는 것이라고 대답했다. 사마우는 또 근심하지 않고 두려워하지 않으면 바로 군자라고 부를 수 있느냐고 물었다. 공자는 또 정면으로 대답하지 않고, 그저 만약 어떤 사람이 자신을 돌아보고 마음에 물어봐서 부끄러움이 없다면, 그가 또 무엇을 근심할 것이며 무엇을 두려워하겠느냐고 말했다.

사마우가 군자에 대해 물었다

12.5

사마우가 근심하면서 말했다.
"사람은 모두 형제가 있는데, 나 혼자 없구나."
자하가 말했다.
"나는 이런 말을 들었다. '죽고 사는 것은 운명에 달려 있고,
부귀는 하늘에 달려 있다. 군자가 공경하면서 실수하지 않고,
다른 사람과 공손하게 지내면서 예를 갖추면, 온 세상 모든 사람이
다 한 형제다.' 군자가 어찌 형제 없음을 근심하느냐?"

司馬牛憂曰, 人皆有兄弟, 我獨亡. 子夏曰, 商聞之矣. 死生有命, 富貴在天.
君子敬而無失, 與人恭而有禮. 四海之內, 皆兄弟也. 君子何患乎無兄弟也.

사마우가 정말로 근심한 것은 "사람은 모두 형제가 있는데, 나 혼자 없는" 것이고, 몹시 고독한 것이었다. 그는 자기에게 형제가 없다고 했지만, 사실 정말로 없는 것은 결코 아니었다. 그는 소巢, 퇴魋(즉 사마환퇴), 자기子頎, 자거子車 등 네 명의 형제가 있었다. 그런데 그가 이렇게 이야기한 것은 사마환퇴가 난을 일으킨 뒤 그들 모두가 참가했고 그는 이들 형제를 형제로 인정하지 않았기 때문이다.

"나는 이런 말을 들었다"는 말 아래 나오는 말은 모두 자하가 들은 것으로서 자기가 한 말이 아님을 말해주는 것인데, 주희는 "아마도 스승으로부터 들었을 것이다"라고 말했다.

"죽고 사는 것은 운명에 달려 있고, 부귀는 하늘에 달려 있다"에 대해 왕충은 공자의 말이라고 생각했다.[14]

"온 세상 모든 사람이 다 한 형제다."『염철론』「화친」에서 인용한 것과『황소』의 "개皆"자 아래 "위爲"자가 있는 것 등은 그 말이『대대례』「증자제언상」의 "천 리 밖에 사는 사람까지 모두 형제다"[15]라는 말과 비슷하다.『설원說苑』「잡언雜言」에서 이 말을 인용하면서 역시 공자의 말이라고 했다.

사실 "나는 이런 말을 들었다"는 말 아래 있는 일곱 개의 구 가운데 마지막 한 구는 자하가 한 말이고, 이밖의 것은 모두 공자의 말이다.

온 세상 사람이 모두 형제다

12.6

자장이 총명함에 대해 묻자 스승님께서 대답하셨다.
"물처럼 조용히 스며드는 참언讒言과 피부에 직접 와닿는 진짜 같은 무고誣告 등이 너에게는 통하지 못하게 한다면 총명하다고 할 수 있을 것이다. 물처럼 조용히 스며드는 참언과 피부에 직접 와닿는 진짜 같은 무고가 너에게는 통하지 못하게 한다면 멀리하는 것이라고 할 수 있을 것이다."

子張問明. 子曰, 浸潤之譖, 膚受之愬, 不行焉, 可謂明也已矣. 浸潤之譖, 膚受之愬, 不行焉, 可謂遠也已矣.

이것은 소인을 대하는 방법에 대해 이야기한 것이다. 소인의 무기는 참언讒言과 무고誣告이다. 자장이 총명함에 대해 물었지만, 공자는 오히려 '총명함明'과 '멀리함遠'으로 대답했다. "총명함"은 소인을 똑똑하게 꿰뚫어보는 것이고, "멀리함"은 소인으로부터 멀리 피하는 것이다.

"물처럼 조용히 스며드는 참언과 피부에 바짝 다가오는 진짜 같은 무고" 이 두 구는 험담하는 것을 형용한 말이다. "참譖"은 참언을 뜻하고 "소愬"는 무고를 뜻하며, 두 글자의 의미는 비슷하다. "침윤浸潤"은 마치 물이 스며드는 것과 같이 한 방울씩 한 방울씩 물방울이 떨어지면서 소리도 없고 기척도 없지만 끊임없이 침투해 들어가는 것이다. "부수膚受"는 사람의 피부에 바짝 와닿는 것이다.

헛소문의 특징은 암암리에 진행되며, 은밀하게 그리고 천천히 당신에게 다가왔다가 당신을 포위해버리고, 당신으로 하여금 뿌리치려야 뿌리칠 수 없게 만들어버린다. 군자는 처음부터 분명하게 알아차리고, 아울러 비방의 포위망을 신속하게 빠져나와 소인들로 하여금 목적을 달성하지 못하게 한다.

이것은 바로 자장의 결점을 겨냥한 것이 아닐까? 음미해볼 만한 가치가 있다.

자장이 명에 대해 물었다

12.7

자공이 정치에 대해 묻자, 스승님께서 대답하셨다.
"먹을 것을 충분하게 하고, 군사력을 충분하게 하고,
백성들이 믿게 하는 것이다." 자공이 말했다.
"어쩔 수 없이 포기해야 한다면 그 세 가지 중에서
어떤 것을 먼저 버려야 할까요?"
"군사력을 포기해야 한다." 자공이 말했다.
"어쩔 수 없이 포기해야 한다면 나머지 두 가지 중에서
어떤 것을 먼저 버려야 할까요?"
"먹을 것을 포기해야 한다. 옛날부터 사람은 누구나 죽지만,
백성이 믿어주지 않으면 존립할 수 없다."

子貢問政. 子曰, 足食足兵, 民信之矣. 子貢曰, 必不得已而去, 於斯三者何先. 曰, 去兵. 子貢曰, 必不得已而去, 於斯二者何先. 曰, 去食. 自古皆有死, 民無信不立.

자공이 정치에 대해 묻자, 공자는 그에게 족식足食과 족병足兵과 민신民信, 즉 식량을 충분히 비축할 것, 무기를 충분하게 준비해둘 것, 백성들로부터 신임을 받을 것 등 세 가지를 알려주었다. 공자는 이 세 가지 중에서 백성의 신뢰가 가장 중요하고 그다음은 충분한 식량이고 그다음은 충분한 군사력이라고 생각했다. 왜 이런 순서일까? 그는 "옛날부터 사람은 누구나 죽지만, 백성이 믿어주지 않으면 존립할 수

없다"라고 말했다. 이 말은 "먹을 것을 포기"하는 이유라고 이해할 수도 있고, 또 "군사력을 포기"하고 "먹을 것을 포기"하는 이유라고 이해할 수도 있다. 그의 입장에서 보면 사람이 죽는 것은 옛날부터 항상 존재해온 일로서 "군사력의 포기"로 인해 피살될 수도 있고, "먹을 것의 포기"로 인해 굶어 죽을 수도 있다. 그러나 만약 백성들로부터 신뢰를 받지 못한다면, 설령 무기를 가지고 있고 또 설령 먹을 것을 가지고 있다 하더라도 통치를 계속 유지해나갈 방법이 없다. 이 말은 좀 잔인하다. 현대적인 관념으로 보면 사람이 죽는 것은 작은 일이 아니다. 그러나 역대 통치자들은 모두 만약 백성들의 신임을 얻을 수 있고 그 신임이 흔들리지 않는다면, 설령 사람이 조금 죽는다 해도 심지어는 많은 사람이 죽는다 해도 하늘이 무너져 내리지는 않을 것이라고 생각했다.

자공이 정치에 대해 묻다

12.8

극자성棘子成이 말했다.
"군자가 기본 바탕이 좋으면 그만이지 무엇 때문에
겉치장을 할까요?" 자공이 말했다.
"애석합니다. 선생님의 군자에 대한 그 말씀. 사두마차도
혀를 따라갈 수 없지요. 겉치장이 바로 기본 바탕이고,
기본 바탕이 바로 겉치장입니다. 호랑이 가죽이나 표범의 가죽,
개의 가죽이나 양의 가죽에서 털을 제거하면 모두 같습니다."

棘子成曰, 君子質而已矣, 何以文爲. 子貢曰, 惜乎, 夫子之說君子也. 駟不及舌. 文猶質也,
質猶文也. 虎豹之鞟猶犬羊之鞟.

"극자성棘子成"은 위나라 대부인데, 오직 여기서만 나온다.

기본 바탕은 내재적 본질이고, 겉치장은 외부 장식이다. 공자는 군자라면 겉치장과 기본 바탕이 모두 중요하고, 겉치장과 기본 바탕은 서로를 북돋워 상승작용을 일으키는 것이라고 보았다. 예를 들어 "질質이 문文을 이기면 조야하고, 문이 질을 이기면 부화하다. 문과 질이 고르게 조화를 이루어야 군자이다"[16]가 그것이다. 그러나 극자성은 오히려 그 두 가지를 대립시키면서 군자는 그저 바탕만 있으면 충분한데, 왜 꼭 겉치장이 필요하냐고 생각했다. 자공은 극자성에 대해 비판하면서 이렇게 말했다. 군자에 대한 선생님의 그 말씀은 너무 안타

깝습니다. 그러나 한번 해버린 말은 사두마차라도 쫓아가기 어렵습니다. 겉치장과 기본 바탕은 사실 똑같이 중요합니다. 만약 겉치장이 없고 그저 기본 바탕만 있다면, 그렇다면 그것은 호랑이나 표범의 가죽과 개나 양의 가죽에서 털을 없애버릴 때 그것들을 구별할 방법이 없어져버리는 것과 같습니다.

사람에 대해 누군가는 옷 벗은 원숭이라고 부른다. 사람은 동물 가운데서 털이 가장 짧아 거의 가죽만 있고 털이 없기 때문에 기본 바탕과 가장 부합한다. 그러나 우리는 옷을 입고 모자를 쓰며, 또 여러 유행하는 의상을 만들어내서 그 무엇보다 더 겉치장을 한다. 유행하는 의상이 바로 우리의 겉치장이다.

겉치장을 무시할 수 없다

12.9

애공哀公이 유약有若에게 물었다.
"흉년이 들어 쓸 것이 부족하면 어찌해야 하겠느냐?"
유약이 대답했다.
"철법徹法을 하시는 것이 어떻겠습니까?"
"나는 10분의 2로도 부족한데, 어째서 철법을 쓰라는 것이냐?"
유약이 대답했다.
"백성이 쓸 것이 충분하다면 임금님께서 어떻게 충분하지 않겠습니까? 백성이 쓸 것이 충분하지 못하다면 임금님께서 어떻게 충분하시겠습니까?"

哀公問於有若曰, 年饑, 用不足, 如之何. 有若對曰, 盍徹乎. 曰, 二, 吾猶不足, 如之何其徹也. 對曰, 百姓足, 君孰與不足. 百姓不足, 君孰與足.

노나라 애공이 유약에게 작황이 좋지 않아 흉년이 들어 양식이 충분하지 않을 것 같은데 어떻게 해야 할지를 물었다. 유약은 "임금님께서는 왜 철법으로 세금을 징수하지 않습니까" 하고 말했다. "철徹"은 옛날에는 거둔다는 의미의 취取로 읽었으며, 공법貢法이나 조법助法과 달리 그것은 한 사람에게 준 100무畝의 밭에서 거둔 식량으로부터 10분의 1의 세금을 거두는 것이다. 애공은 "나는 10분의 2로도 부족한데, 어째서 철법을 쓰라는 것이냐"라고 말했다. 그 말의 의미는

10분의 2의 세금으로도 나는 충분하지 않아 불만스러운데, 그대는 어찌하여 나에게 철법을 사용하여 10분의 1의 세금만 거두라고 하는 것이냐는 것이다. 유약은 이렇게 대답했다. 임금님께서 세금을 줄이면 백성들의 식량은 많아질 것이고, 백성들의 식량이 많다면, 그래도 임금님은 충분하지 못할까 걱정하시겠습니까? 백성들이 먹을 것이 충분하지 않다면 임금님이 아무리 많은 식량을 가지고 있다고 하더라도 어떻게 충분하다고 말할 수 있겠습니까?

양털은 양의 몸에서 나온다

12.10

자장이 덕을 높이고 미혹에 빠지지 않는 방법에 대해 묻자
스승님께서 말씀하셨다.
"진실과 믿음을 위주로 하고 의를 따르는 것이 덕을 높이는 방법이다.
사랑할 때는 상대방이 살기를 바라다가 미워할 때는 상대방이
죽기를 바란다. 살기를 바랐다가 또 죽기를 바라니, 이것이 의혹이다.
'정말로 재물 때문이 아니라 그이의 마음이 변했기 때문이다'라는
시는 이런 것을 가리킨다."

子張問崇德辨惑. 子曰, 主忠信, 徙義, 崇德也. 愛之欲其生, 惡之欲其死. 旣欲其生,
又欲其死, 是惑也. 誠不以富, 亦祇以異.

사랑하고 미워하는 것은 분명히 미덕이다. 그러나 극단으로 치달아서는 안 된다. 호오가 지나치면 편견이 일어난다.

자장의 장점은 정의감이 강한 것이고, 결점은 극단으로 빠진다는 점이다. 그는 "숭덕崇德", 즉 덕을 높이는 방법과 "변혹辨惑", 즉 미혹에 빠지지 않는 방법에 대해 물었다. "숭덕"은 도덕을 제창하는 것이고, "변혹"은 이성을 잃지 않는 것이다. "혹惑"은 이성적이지 않은 것이다. 사람은 일시적 충동으로 아무것도 생각하지 않고 이성을 잃어버리는데, 그것을 "혹"이라고 한다. "변혹"은 바로 맑게 깨어 있는 상태를 유지함으로써 자기의 두뇌가 지나치게 격정적인 정서에 의해 제어되지

않도록 하는 것이다.

공자는 "충신忠信"을 지키고, 모든 것을 "의義"로 변하게 하는 것이 바로 도덕을 제창하는 방법이라고 말했다. 이점에 대해서 자장은 아무 문제가 없다. 그러나 사람이 정의감을 가지면 지나치게 강렬해지지 않을 수 없고, 지나치게 강렬해지면 극단적·비이성적인 단계로 발전하기 마련이다. 그것이 바로 한도를 넘어서는 것이다. "사랑할 때는 상대방이 살기를 바라다가 미워할 때는 상대방이 죽기를 바라는" 것이 바로 "혹"에 해당된다.

"정말로 재물 때문이 아니라 그이의 마음이 변했기 때문이다"는 『시경』「소아·아행기야」에 나온다. 현행본에는 "성誠"이 "성成"으로 되어 있는데, "성誠"으로 읽어야 한다. 해당 시는 버림받은 아내의 원망을 그리고 있는데, 이것은 전체 시의 마지막 두 구이다. 시의 의미는 네가 나를 버렸는데, 사실 새로 맞이한 그 여자의 집이 우리 집보다 부자여서가 아니라 오직 너의 마음이 변했기 때문이다, 라는 것이다.

여기서는 호오가 너무 심한 것을 말하고 있다. 버림받은 부인이 자신의 전남편을 원망하는 것과 같이 사랑이 심하면 역시 한이 사무쳐 이성을 완전히 잃어버리며, 그리하여 한 순간 죽도록 사랑하다가 다른 한 순간 죽어라 하고 원망하면서 죽네 사네 하는 모습을 연출한다는 것이다.

부녀자들은 아이를 몹시 아끼고 아이를 응석받이로 만든다. 할머니와 어머니의 그러한 행동은 생물적 본능에 뿌리를 두고 있다. 옛날 사람들은 그것을 "부녀자의 인婦人之仁", 즉 하찮은 인정이라 불렀으며, 남자를 몹시 사랑할 때도 역시 그렇게 아프도록 사랑한다. 사랑이 깊으면 반드시 원한이 사무친다. 공자의 아버지는 일찍 죽었고, 그는 어머니 밑에서 자랐기 때문에 부녀자의 속성에 대해 많은 것을 체득했다.

자장이 덕을 높이고 미혹에 빠지지 않는 방법을 묻다

12.11

제나라 경공이 공자에게 정치에 대해 묻자, 공자께서 대답했다.
"임금은 임금다워야 하고, 신하는 신하다워야 하며,
아버지는 아버지다워야 하고, 자식은 자식다워야 합니다."
경공이 말했다.
"좋은 말이오. 정말로 임금이 임금답지 못하고, 신하가 신하답지
못하고, 아버지가 아버지답지 못하고, 자식이 자식답지 못하다면,
곡식이 있더라도 내가 그것을 먹을 수 있겠소?"

齊景公問政於孔子. 孔子對曰, 君君, 臣臣, 父父, 子子. 公曰, 善哉.
信如君不君, 臣不臣, 父不父, 子不子, 雖有粟, 吾得而食諸.

공자가 제나라에 간 것은 제나라 경공 36년, 즉 기원전 522년으로서 당시에 공자는 겨우 30세였다.

이 말은 공자가 만들어낸 것이 아니라 당시의 관용어였다. 예를 들어 『국어』「진어」에서는 진나라 발제勃鞮가 "군주는 군주다워야 하고 신하는 신하다워야 하는 것을 명확한 가르침이라고 한다"라고 했다. "삼강오상三綱五常"과 "삼강육기三綱六紀"에서 "삼강三綱" 앞머리 두 항목은 바로 여기서 나온 것이고, "부부夫婦"의 강령만 빠져 있을 뿐이다.

제나라 경공이 정치를 묻다

12.12

스승님께서 말씀하셨다.
"한쪽의 말만 듣고 판결을 내릴 수 있는 사람은 자로가 아닐까?"
자로는 지키지 않고 묵혀둔 약속이 없었다.

子曰, 片言可以折獄者, 其由也與. 子路無宿諾.

공자가 노나라의 대사구를 지냈기 때문에(기원전 500~기원전 498), 법률적인 일과 잠시 관계했다. 판결을 내려야 할 일을 접하고 그는 자로를 떠올렸다.

"한쪽의 말만 듣고"에 해당되는 원문은 "편언片言"이다. 고대에 소송을 걸 때 원고와 피고를 "양조兩造"라 불렀는데, 소송을 처리할 때는 반드시 이 "양조兩造"의 말을 들어보아야 했다. 이때 한쪽 편의 말을 "편언片言" 혹은 "단사單辭"라 불렀다.

"절옥折獄"은 소송사건을 판결하는 것인데, 『고론古論』에서는 "제옥制獄"으로, 『노론魯論』에서는 "절옥折獄"으로 쓰고 있다. 고문자에서 "제制"와 "절折"은 자주 통용되는 통가자였다. 예를 들어 『수호지진간』의 「일서日書」 갑종甲種에서는 "제의製衣"의 "제製"자를 의衣부와 절折부에 속하는 것으로 썼고, 『손자孫子』 「계計」의 "곡제曲制"는 실은 바로 "곡절曲折"이다.[17] 『정주』에서는 『노론』을 따라 "절옥折獄"을 소송사건을 판결한다는 의미로 해석했다.

"자로는 지키지 않고 묵혀둔 약속이 없었다." 자로는 자를 불렀는데, 이점을 통해 이 구는 공자의 말이 아니라 별도의 다른 문장이었음을 알 수 있다.

자로는 사람 됨됨이나 말투가 시원시원했다. 그는 소송사건을 판결하는 데도 대단히 과단성이 있었으며, 약속한 것은 결코 질질 끄는 법이 없었다.

한쪽 말만 듣고 소송을 판결하다

12.13

스승님께서 말씀하셨다.
"기소 내용을 듣고 판결 내리는 것은 나도 남과 같지만,
반드시 소송이 없도록 하겠다."

子曰, 聽訟, 吾猶人也. 必也使無訟乎.

"청송聽訟"은 사람이 기소한 내용을 듣는 것이다. 공자는 대사구로 있었기 때문에 다른 사람의 기소 내용을 듣는 것이 그가 맡은 본래 일이었다. 그러나 그 어르신은 결코 그 일을 아주 좋아하지는 않았다. 그가 사건을 심의하고 판결을 내리는 능력은 매우 일반적이었고, 보통 사람과 별로 다를 것이 없었다. 그의 이상은 근본적으로 소송이 일어나지 않게 하는 것이었다.

세상에서 소송이 사라지는 것은 옛날 사람이 꿈꾸었던 이상세계이다. 공자는 이런 이상을 열렬히 사랑했기 때문에 소송사건에 대해 열렬히 사랑할 수 없음은 당연한 것이었다. 법가가 될 수 없는 것 역시 필연적인 것이었다.

반드시 소송이 없게 하겠다

12.14

자장이 정치에 대해 묻자 스승님께서 대답하셨다.
"관직에 있을 때는 게으르지 않고,
군명을 집행할 때는 충성을 다하는 것이다."

子張問政. 子曰, 居之無倦, 行之以忠.

자장이 정치에 대해 물었다. "거지居之"는 관직에 있는 것이다. "군명을 집행할 때는 충성을 다하는 것", 이것은 신하의 도리를 다하는 것이다.

자장이 정치에 대해 묻다

12.15

스승님께서 말씀하셨다.
"글을 널리 배우고, 예로써 제약한다면, 역시 배반하지 않을 수 있을 것이다."

子曰, 博學於文, 約之以禮, 亦可以弗畔矣夫.

이 장은 중복되어 나온 것이다. 「옹야」 6.27과 완전히 같다.

12.16

스승님께서 말씀하셨다.
"군자는 다른 사람의 장점을 이루도록 도와줄지언정,
다른 사람의 단점이 더욱더 커지도록 부채질하지는 않는다.
소인은 그와 반대이다."

子曰, 君子成人之美, 不成人之惡. 小人反是.

"군자는 다른 사람의 장점을 이루도록 도와줄지언정, 다른 사람의 단점이 더욱더 커지도록 부채질하지는 않는다." 청수더는 이 말은 고대의 관용어였다고 말했다. 『곡량전』 은공 원년에 "『춘추』에 다른 사람의 장점을 이루도록 도와줄지언정, 다른 사람의 단점이 더욱더 커지도록 부채질하지는 않는다고 했다"[18]라는 기록이 보인다.

"다른 사람의 장점을 이루도록 도와주는 것"은 주로 긍정적 측면에서 칭찬하는 것이고, "다른 사람의 단점이 더욱더 커지도록 부채질하는 것"은 주로 부정적 측면을 공격하는 것이다. 앞의 것은 군자이고 뒤의 것은 소인이다. 내 생각에는 오늘날의 학술평론, 문학평론, 영화평론 등 정식으로 인쇄된 것을 보면 대부분 관계있는 사람에게 부탁하거나 친구를 끌어들여 아첨하는 내용이 많은 부분을 차지한다는 이야기가 사람들 입에 자주 오르내리고 있다. 그와는 반대로 인터넷에서 펼쳐지는 평론은 호된 비판과 욕설이 주류를 이루고 있다. 앞의 것은 위선적인 군자이고, 뒤의 것은 진정한 소인으로 어느 경우든 관대한 축에는 들지 못한다.

군자는 다른 사람을 도와 그의 장점을 이루게 해준다

12.17

계강자가 공자에게 정치에 대해 물었다.
공자께서 대답하셨다.
"정치라는 것은 바로잡는 것입니다. 대부께서 올바르게 이끈다면
누가 감히 바르지 않겠습니까?"

季康子問政於孔子. 孔子對曰, 政者, 正也. 子帥以正, 孰敢不正.

계강자가 정치에 대해 물었다. 그에 대해 공자는 정치의 관건은 정치를 담당하는 사람 자신이 먼저 단정하게 해야 하는 것이라고 말했다. "정政"과 "정正"은 고대에 자주 통용되었다. 여기서는 음훈音訓을 썼다. 계씨는 노나라의 권신이었다. 공자는 계씨에 대해 줄곧 불만스럽게 생각했다. 그래서 공자는 당신이 먼저 똑바로 한다면 누가 감히 똑바르지 않겠느냐고 말했다. 말 속에 뼈가 들어 있다.

계강자가 정치에 대해 물었다 1

12.18

계강자가 도둑을 걱정하면서 공자에게 대책을 물었다.
공자께서 대답하셨다.
"만약 대부께서 욕심을 부리지 않는다면, 비록 상을 주면서
하라고 해도 훔치지 않을 것입니다."

季康子患盜, 問於孔子. 孔子對曰, 苟子之不欲, 雖賞之不竊.

계강자가 도둑 문제 때문에 골머리를 앓고 있었다. 도둑이란 무엇일까? 중국 고대 법률에서는 남의 재산을 침범하는 범죄를 "도盜"라 불렀고, 남의 신체에 상해를 입히는 범죄를 "적賊"이라 불렀다. 도盜에는 강탈·절도·납치 등이 포함된다. 공자는 만약 당신 자신이 그렇게 많은 욕심을 부리지 않는다면 당신이 비록 그들에게 도둑질하라고 장려한다 해도 아무도 감히 도둑질하지 못할 것이라고 말했다. 이 말 역시 말 속에 뼈가 있다.

계강자가 도둑을 걱정하다

12.19

계강자가 공자에게 정치에 대해 물었다.
"만약 무도한 사람을 죽이고, 도덕적인 사람과 가깝게 지낸다면
어떻겠소?" 공자께서 대답하셨다.
"대부께서는 정치를 하는 데 어떻게 살인이라는 방법을 쓰십니까?
대부께서 선을 원한다면 백성들이 선해질 것입니다.
군자의 덕은 바람이고 소인의 덕은 풀입니다.
풀은 위로 바람이 불어오면 반드시 눕습니다."

季康子問政於孔子曰, 如殺無道, 以就有道, 何如. 孔子對曰, 子爲政, 焉用殺. 子欲善而民善矣. 君子之德風, 小人之德草. 草上之風, 必偃.

계강자가 나쁜 사람을 죽이고 좋은 사람과 가깝게 지낸다면 어떻겠느냐고 했다. 공자는 대답했다. 당신은 왜 꼭 살인으로써 권력을 유지하려고 하느냐? 당신이 선을 추구하면 백성들도 그걸 따라서 똑같이 배우기를 좋아할 것이다. 예를 들어 바람을 따라 풀이 눕는 것과 같이 핵심은 본보기가 되는 사람의 역량에 달려 있다.

계강자가 정치에 대해 물었다 2

이상의 세 장은 모두 계강자가 물은 것이다. 기원전 484년에서 기원전 479년 사이이다. 『예기』 등의 책과 『상박초간』 등에 두 사람의 대화가 기록되어 있다.

12.20

자장이 물었다. "선비는 어떻게 해야 정통했다고 할 수
있습니까?" 스승님께서 되물었다.
"네가 말하는 정통했다는 것이 무엇이냐?"
자장이 대답했다. "나라 안에서 확실히 유명해지고,
가문 안에서도 확실히 유명해지는 것입니다."
스승님께서 말씀하셨다.
"그것은 유명해지는 것이지 정통한 것이 아니다. 정통했다는 것은
품성이 곧고 의를 따르며, 다른 사람의 말을 세심하게 살피고
다른 사람의 표정을 자세하게 관찰하며,
다른 사람에 대해 자신을 낮추는 것이다. 이러한 사람은
나라 안에서 확실히 정통한 것이고 집안에서도 확실히 정통한
것이다. 허명이 난 사람은 겉으로만 어진 모습을 가장하고
행동으로는 거스르면서도 자신이 여전히 어질다고 자처하여
의심하지 않는다. 그런 사람은 나라 안에서 확실히 유명하고
집안에서도 확실히 유명하다."

子張問, 士何如斯可謂之達矣. 子曰, 何哉, 爾所謂達者. 子張對曰, 在邦必聞, 在家必聞.
子曰, 是聞也, 非達也. 夫達也者, 質直而好義, 察言而觀色, 慮以下人. 在邦必達, 在家必達.
夫聞也者, 色取仁而行違, 居之不疑. 在邦必聞, 在家必聞.

여기서 말하는 "문聞"과 "달達"은 바로 우리가 평소에 말하는 "명예

聞나 영달達을 추구하지 않는다"의 "문聞"과 "달達"이다. "문聞"은 유명한 것을 말하는데, 여기서는 그저 허명만 있는 것을 가리킨다. "달達"은 숙달한 것, 세상 물정에 밝은 것 등을 의미하는데, 여기서는 명성이 사실과 부합하는 것을 가리킨다. 자장은 명예를 좋아하여 "명성聞"과 "정통達"을 뒤섞어서 한가지로 말했다. 그는 정치적인 명성이나 혹은 임금을 모시는 것으로 이름이 나거나 혹은 경대부를 모시는 것으로 이름이 나는 것이 바로 "정통"이라고 생각했다. 공자는 그에게 다음과 같이 말해주었다. 네가 말한 것들은 모두 "명성"일 뿐이지 "정통"은 아니다. "정통"은 몸을 단정하게 세우고 속마음은 의를 좋아하고, 말과 행동 하나하나가 모두 매우 겸손하고, 남을 위해 일을 할 때는 매우 숙련되도록 하는 것이다. "명성"은 큰 간신이 마치 충성스러운 것과 같이 겉으로 볼 때는 매우 어질고 의로운 것 같지만 실제의 행동을 보면 완전히 상반되고, 그러면서도 유명인으로 자처하며, 스스로 옳고 잘못되지 않았다고 생각한다. 이 두 가지는 같은 것이 아니다.

명예는 명예이고, 통달은 통달이다

12.21

번지가 무우舞雩 아래 놀러 가는 데 따라 갔다가 물었다.
"덕을 높이고, 사악한 생각을 바로잡고, 미혹에 빠지지 않는 방법을
알고 싶습니다." 스승님께서 말씀하셨다.
"참 좋은 질문이다. 일을 먼저 하고 얻는 것을 나중 일로 생각한다면,
그것이 바로 덕을 높이는 방법이 아닐까?
자신의 나쁜 점을 비판하면서도 다른 사람의 나쁜 점을 비판하지
않는다면, 그것이 바로 사악한 생각을 바로잡는 것이 아닐까?
한순간의 분노로 제 몸을 잊고 아울러 자신의 부모마저
잊어버린다면 그것이 바로 미혹이 아닐까?"

樊遲從遊於舞雩之下, 曰, 敢問崇德修慝辨惑. 子曰, 善哉問. 先事後得, 非崇德與.
攻其惡, 無攻人之惡, 非修慝與. 一朝之忿, 忘其身以及其親, 非惑與.

이 장에는 대화를 나눈 장소가 나와 있다. 그 장소는 취푸 노나라 고성 밖에 있는 무우대이다.

번지는 스승과 함께 무우대 아래를 산보하면서 "덕을 높이는 방법崇德" "사악한 생각을 바로잡는 방법修慝" "미혹에 빠지지 않는 방법辨惑" 등 세 가지를 물었다. "덕을 높이는 방법崇德"과 "미혹에 빠지지 않는 방법辨惑"은 앞의 12.10을 참조하라. 번지가 질문한 문제는 자장이 질문했던 것과 비슷하고, 다만 "사악한 생각을 바로잡는 방법修慝"이

더 있을 뿐이다.

"숭덕崇德"은 도덕을 제창하는 것으로 공자는 "일을 먼저 하고 얻는 것을 나중 일로 생각하는 것"이 바로 "숭덕", 즉 덕을 높이는 방법이 아니냐고 말했다. "일을 먼저 하고 얻는 것을 나중 일로 생각하는 것"은 먼저 노동을 하고, 그러고 나서 그에 대한 수확을 바라는 것으로 옛날 사람은 "먼저 어려운 일을 해내고 나서 얻어지는 것先難後得"이라 불렀다.[19] 이것은 그에게 조급해하지 말라는 것이다.

"수특修慝", 즉 사악한 생각을 바로잡는 것과 "숭덕崇德", 즉 덕을 높이는 것은 상반된다. "덕德"은 선이고, "특慝"은 악을 뜻한다. 리쩌허우는 수특의 의미는 "나쁜 생각을 없애는 것"이라고 말했다.[20] 공자는 "자신의 나쁜 점을 비판하면서도 다른 사람의 나쁜 점을 비판하지 않는 것"이 바로 "수특"이 아니냐고 말했다. "자신의 나쁜 점을 비판하는 것"은 자기 잘못을 비판하는 것이다. "다른 사람의 나쁜 점을 비판하지 않는 것"은 다른 사람의 잘못을 염두에 두지 말아야 하는 것이다.

"변혹辨惑", 즉 미혹에 빠지지 않는 것에 대해서는 앞에서 이미 설명했기 때문에 반복하지 않는다. 공자는 "한순간의 분노로 제 몸을 잊고 아울러 자신의 부모마저 잊어버리는 것"이 바로 "미혹"이 아니냐고 말했다.

사람의 장단점은 항상 몸과 그림자처럼 서로 붙어 있고, 공자의 말은 모두 상대방의 자질에 따라 가르침을 베푼 것이다. 자장은 정의감이 강하지만 극단으로 치우쳤다. 바로 이점에 대하여 공자가 그에게 강조한 것은 주로 "변혹辨惑", 즉 지나치게 호오에 빠져 사람에 대한 이성적인 판단을 잃어서는 안 된다는 것이었다. 번지의 장점은 지식을 추구하는 마음이 절실하고, 말하는 것은 반드시 실천하고, 대단히 용맹스러운 점 등이다. 단점은 성격이 외향적이고 성질이 조급하며 인내심이 결핍되어 있다는 것이다. 공자는 바로 이점에 대하여 첫째는 "일을 먼저 하고 얻는 것을 나중 일로 생각하는 것", 즉 조급하게 성취를 추구하지 말 것을 말했고, 둘째는 다른 사람에 대하여 나쁜 생각을 가지지 말라고 하면서 자신의 잘못에 대해 많이 반성하고 다른 사람의 잘못에 대해서는 마음에 두지 않는 것이 가장 좋은 방법이라고 말했다. 셋째는 한순간의 분노를 참지 못하여 함부로 화를 내서 자신을 돌보지 않고 또 부모를 생각하지 않는 그런 일을 저지르지 말아야 한다고 말했다.

번지가 숭덕과 수특과 변혹에 대해 물었다

12.22

번지樊遲가 인에 대해 묻자 스승님께서 대답하셨다.
"사람을 사랑하는 것이다." 지혜로움에 대해 묻자 스승님께서
대답하셨다. "사람을 아는 것이다."
번지가 깨닫지 못하자 스승님께서 말씀하셨다.
"똑바른 사람을 뽑아 비뚤어진 사람 자리에 앉혀 비뚤어진 사람으로
하여금 똑바르게 될 수 있도록 하는 것이다."
번지는 물러나서 자하子夏를 만나 물어보았다.
"아까 제가 스승님께 지혜에 대해 질문을 드렸는데, 스승님께서는
'똑바른 사람을 뽑아 비뚤어진 사람 자리에 앉혀 비뚤어진 사람으로
하여금 똑바르게 될 수 있도록 하는 것이다'라고 말씀하시던데,
그게 무슨 뜻일까요?" 자하가 대답했다.
"의미가 풍부한 말씀이다. 순임금이 천하를 차지하고 나서
일반 사람 가운데서 고요皐陶를 뽑았더니 어질지 못한 사람이
멀어졌다. 탕임금이 천하를 차지하고서 일반 사람 가운데서
이윤伊尹을 뽑았더니 어질지 못한 사람이 멀어졌다."

樊遲問仁. 子曰, 愛人. 問知. 子曰, 知人. 樊遲未達. 子曰, 擧直錯諸枉, 能使枉者直. 樊遲退, 見子夏曰, 鄕也吾見於夫子而問知, 子曰, 擧直錯諸枉, 能使枉者直, 何謂也. 子夏曰, 富哉言乎. 舜有天下, 選於衆, 擧皐陶, 不仁者遠矣. 湯有天下, 選於衆, 擧伊尹, 不仁者遠矣.

"고요皐陶"는 순임금의 이관李官(법관)으로 재판과 형 집행 등을 담

당했다.

이윤은 성탕成湯(상나라를 세운 임금, 천을天乙)을 보좌하여 천하를 얻은 명신이었다.

번지가 인에 대해 묻고 지에 대해 묻자 공자는 인은 "사람을 사랑하는 것愛人" 즉 다른 사람을 잘 대해주는 것이고, 지는 "사람을 아는 것知人" 즉 다른 사람을 이해하는 것이라고 말했다. "사람을 아는 것"이 무슨 뜻인지 번지는 알아듣지 못했다. 공자는 "똑바른 사람을 뽑아 비뚤어진 사람 자리에 앉혀 비뚤어진 사람으로 하여금 똑바르게 될 수 있도록 하는 것", 즉 곧은 것을 굽은 것 위에 놓아 굽은 것을 잡아당겨 곧게 펴지도록 하는 것이라고 설명했다. 번지는 그래도 깨닫지 못했다. 그가 집에서 나와 자하에게 묻자 자하가 설명했다. 스승님께서 하신 말씀은 함의가 매우 풍부하다. 순임금이 고요를 선발하고, 탕임금이 이윤을 선발한 것은 모두 사람의 바다에서 골라낸 것인데, 그들이 다시 좋은 사람을 뽑았고, 그러자 어질지 못한 사람이 저절로 멀어져갔다.

공자의 말은 도대체 무슨 뜻일까? 깊은 의미는 어디에 있을까? 나는 다음과 같이 추측해본다. 번지는 아마도 나쁜 사람을 원수처럼 미워했고, 성격이 자장과 비슷했을 것이다. 공자는 그를 조금 곧게 펴주고 싶었다. 그가 이 말을 한 것은 지혜로운 사람이 좋은 자리에 있으면 좋은 사람이 발을 붙이게 되고 나쁜 사람이 떠나갈 것이라는 사실을 번지가 깨닫기를 바랐던 것이다. 사람은 호오가 지나치게 심해서 파리가 나쁜 냄새를 좇고, 모기가 피를 빠는 것처럼 그저 나쁜 점만 보아서는 안 되며, 좋은 것을 발견하려고 노력을 다해야 한다. 좋은 것을 가져다가 대치시켜놓기만 해도 나쁜 것은 저절로 힘을 상실해버린다. 「위정」 2.19의 "똑바른 사람을 뽑아서 비뚤어진 사람 자리에 앉히면 백성들은 복종하겠지만, 비뚤어진 사람을 뽑아 똑바른 사람 자리에 앉히면 백성들은 복종하지 않을 것입니다"라는 구절을 참조하기 바란다.

번지가 인에 대해 물었다

12.23

자공이 교우의 도리에 대해 묻자 스승님께서 말씀하셨다.
"충심으로 말해주고 선으로 이끌어주되,
안 되면 그만두어야지 치욕을 자초해서는 안 된다."

子貢問友. 子曰, 忠告而善道之, 不可則止, 毋自辱焉.

자공이 교우의 도리에 대해 질문했다. 공자는 친구에게 좋은 말로 서로 권하고 그에게 선으로 돌아가도록 권하되, 만약 듣지 않으면 그만두고 끈덕지게 달라붙어서 사서 고생할 필요는 없다고 말했다.

자공이 교우의 도리를 물었다

12.24

증자가 말했다.
"군자는 글을 통해 벗을 만나고,
벗을 통해 자신의 인을 기른다."

曾子曰, 君子以文會友, 以友輔仁.

증자의 말 역시 교우의 도리에 대해 이야기한 것이다. 푸런대학輔仁大學은 여기서 이름을 딴 것이다.

글을 통해 벗을 만난다

부록

「군자위례君子爲禮」 편21 제1장 발췌(자세하게 읽고 나서 해석한 글)

안연이 스승님을 모시고 있는데, 스승님께서 말씀하셨다.

"회야, 군자는 예를 행할 때 인仁에 의거하여 행한다."

안연은 일어나서 다음과 같이 대답했다.

"저는 명민하지 못하여 거의 그와 같은 상태에 있지 못합니다."

스승님께서 말씀하셨다.

"앉아라. 너에게 이야기해주마. 말하는 데 의롭지 못하면 입으로 말을 하지 말아라. 보는 데 의롭지 못하면 눈으로 보지 말아라. 듣는 데 의롭지 못하면 귀로 듣지 말아라. 행동하는 데 의롭지 못하면 몸을 움직이지 말아라."

안회는 물러나서 며칠 동안 나오지 않았다.

(○○가) 다음과 같이 (물었다)

"그대는 어찌 그리 게으른가?"

"그렇습니다. 저는 스승님으로부터 직접 들었습니다만, 실천하고 싶어도 안 되고, 그로부터 벗어나고 싶어도 안 되니, 저는 이 때문에 게으른 것입니다."

(간 1–3)

"顔淵侍於夫子. 夫子曰, 回, 君子爲禮, 以依於仁. 顔淵作而答曰, 回不敏, 弗能少居也. 夫子曰, 坐, 吾語汝. 言之而不義, 口勿言也. 視之而不義, 目勿視也. 聽之而不義, 耳勿聽也. 動而不義, 身毋動焉. 顔淵退, 數日不出.(○○問)之曰, 吾子何其惰也. 曰, 然. 吾親聞言於夫子, 欲行之不能, 欲去之而不可, 吾是以惰也."(簡 1–3)

나의 생각: 「자한」 9.20의 "설명해주면 게으르지 않고 익힐 사람은 안회가 아닐까語之而不惰者, 其回也與"라는 문장은 죽간문에서는 오히려 "저는 이 때문에 게으른 것입니다吾是以惰也"라고 말하고 있는데, 이는 서로 모순된다.

제13편 자로子路

이 편은 정치에 대하여 논급한 말이 대부분을 차지한다.

13.1

자로가 정치에 대해 묻자, 스승님께서 대답하셨다.
"백성에게 먼저 모범을 보이고 나서 백성들을 부려라."
자로가 좀 더 말씀해주시기를 요청하자 대답하셨다.
"싫증내지 말아라."

子路問政. 子曰, 先之勞之. 請益. 曰, 無倦.

자로가 정치에 대해 묻자 공자는 "백성에게 먼저 모범을 보이고 백성들을 부려라先之勞之"라고 오직 네 글자로만 대답했다. 두 개의 갈 지之자는 모두 백성을 가리킨다. "백성에게 먼저 모범을 보이고先之"의 "선先"은 다음 장에 나오는 "먼저 유사有司에게 모범을 보이고先有司의 "선先"과 같고, 그 의미는 "백성을 부리기勞之"에 앞서 "백성에게 먼저 모범을 보이는 것先之", 즉 관직에 있는 사람이 먼저 모범이 되어야 일반 백성들의 신임을 얻을 수 있고, 그런 다음에야 비로소 백성들에게 전심전력 하게 할 수 있다는 것이다. 「자장」 19.10에서 "군자는 신뢰를 얻은 다음에 백성들에게 일을 시킨다. 신뢰가 없으면 백성들은 자기를 학대하는 것으로 여긴다"고 말한 것이 바로 이런 의미이다. 일반 백성들이 신임하면 신임하는 사람을 위해 전심전력하는 것을 즐겁게 생각한다. 만약 신임하지 않으면 그저 그들로 하여금 전심전력하게 하더라도 그들은 자신들을 학대한다고 생각할 것이다.

"좀 더 말씀해주시기를 요청하는 것"은 가르침을 청한 뒤에 스승에게 그게 무슨 뜻인지 다시 좀 설명해달라고 하는 것이다. 그는 아마도 스승님의 뜻은 나에게 그렇게 몇 번 만에 솔선수범하도록 하라는 것은 아닐 것이라고 마음속으로 생각했을 것이며, 그래서 계속해서 스승님께서는 뭔가 더 가르쳐주실 것이 있으십니까, 아니면 고작 그것뿐입니까, 라고 물었던 것이다. 예전에 자로는 성미가 급해서 "작심삼일"이라는 속담처럼 한 가지 일을 지속하기 어렵다고 말했다. 그래서 그는 다시 물었고, 스승은 또 그에게 "싫증내지 말아라無倦"라는 두 글자로 대답했는데, 그 의미는 너는 계속해서 이렇게 해야 한다는 것으로서 그에게 게으르지 말고 시종일관할 것을 당부한 것이다.

자로가 정치에 대해 묻다

13.2

중궁仲弓이 계씨의 재宰가 되어 정치에 대해 물었다.
스승님께서 대답하셨다.
"먼저 유사에게 모범을 보이고, 작은 잘못을 용서해주고,
똑똑한 인재를 채용해라."
"똑똑한 인재를 어떻게 알고 채용합니까?"
"네가 알고 있는 사람을 채용하면, 네가 알지 못하는 사람을
다른 사람이 그냥 버려두겠느냐?"

仲弓爲季氏宰, 問政. 子曰, 先有司, 赦小過, 擧賢才. 曰, 焉知賢才而擧之. 子曰, 擧爾所知, 爾所不知, 人其舍諸.

공자의 제자 가운데 세 명이 계씨의 재宰를 지냈다.

중궁이 계씨의 재가 된 것은 기원전 498년 이후부터 기원전 492년 이전 사이일 것이다. 자로가 계씨의 재가 된 것은 공자가 벼슬에 나간 기원전 498년이었고, 이 이전에 공자가 집에서 때를 기다리고 있을 때는 어떤 제자도 관리가 된 적이 없었기 때문이다. 그가 계씨의 재로 재직한 기간은 매우 짧았다. 고작해야 이 1년뿐이었고, 그다음 해에는 스승과 함께 노나라를 떠났다.

염유冉有가 계씨의 재가 된 것은 계강자가 정권을 잡은 뒤, 즉 기원전 492년 이후의 일이다. 그가 재직한 기간은 매우 길었다. 공자가 살

아 있을 때 거의 내내 계강자의 집에서 일을 맡아보았다.

중궁이 계씨의 재로 재직한 기간은 그들 두 사람이 계씨의 재를 지낸 중간, 즉 기원전 498년부터 기원전 492년 사이뿐이었다. 그가 계씨의 재로 재직한 것은 자로를 대신한 것이었다. 계환자 때는 자로와 중궁이 재가 되었고, 계강자 때는 염유가 재가 되었다고도 말할 수 있다. 『상박초간』에는 「중궁」 편이 있고, 이와 같은 내용이 있는데, 이 장보다 상세하다.[1] 죽간문에는 처음부터 "계환자가 중궁을 재로 삼았다季桓子使仲弓爲宰"라고 말하고 있어 이점을 증명해주고 있다.

중궁이 계씨의 재가 되자 그 역시 공자에게 정치에 대해 물었다. 공자는 세 가지 조항을 말해주었다. 즉 수하의 관리에게 귀감이 되고, 다른 사람의 작은 과실을 용서해주고, 우수한 인재를 채용하는 것 등이다.

중궁은 마지막 조항에 대하여 물었고, 공자는 "네가 알고 있는 사람을 채용하면, 네가 알지 못하는 사람을 다른 사람이 그냥 버려두겠느냐"라고 대답했다. 이 마지막 세 구에 대하여 모든 옛 주석은 두 부분으로 나누어 읽었다. 즉 첫 번째 구는 명령문으로 네가 잘 아는 사람을 추천하라는 것을 의미하고 마침표를 찍는다. 그리고 뒤쪽에 있는 두 개의 구는 반어문으로서 네가 잘 알지 못하는 사람에 대해서는 설마 다른 사람이 그 사람을 버려두겠느냐는 것을 의미하고 물음표를 찍는다. 한위漢魏 이후로 대부분의 사람은 줄곧 이렇게 이해했다. 예를 들어 『세설신어』 「현원賢媛」에는 다음과 같은 이야기가 있다. 허윤許允이 이부랑吏部郞이 되고 나서 그가 채용한 사람은 모두 자기 고향 사람이었다. 위魏 명제明帝는 그를 체포했는데, 그때 그가 변호한 말은 바로 이 장의 구절이었다고 한다. 그는 자신에 대하여 "네가 알고 있는 사람을 채용했다擧爾所知"고 말하는데, 그것은 공자도 이야기한 것이기 때문에 폐하께서는 내가 가까운 사람만 채용했는지의 여부를 물어서는 안 되고, 핵심은 그들이 직책에 어울리는지 아닌지를 살펴야 하는 것이라고 말했다. 이것은 찰거제察擧制의 병폐이다.

오늘날의 심사평가도 여전히 찰거제이고, 우리의 평위(베이징대 교수평가위원회)는 모두 각자 자기가 아는 사람을 추천한다. 갑을 전공한 평위는 우리 전공의 아무개가 가장 우수하다고 극력 추천하면서 그가 아니면 위촉하지 않겠다고 말한다. 을을 전공한 평위에서도 우리 전공의 아무개가 가장 우수하다고 극력 추천하면서 그가 아니면 위촉하지 않겠다고 말한다. 그들은 모두 각자 자기가 아는 사람을 추천한다. 그리고 그렇게 이야기하는 것도 타당한 이유가 충분히 있다. 즉 내가 알지 못하는 사람을 내가 어떻게 추천하겠냐는 것이다. 그러나 "네가 알지 못하는 사람"은 어떤가? "다른 사람이 그를 내버려둘 것인가?" 사람은 분명히 그 사람을 내버려둘 것이다. 핵심은 누구의 세력이 큰가를 보는 것이다. 이런 점을 통해볼 때 현행본의 이해에는 문제가 있다.[2]

『상박초간』「중궁」 편에도 이 내용이 기록되어 있다. 중궁은 똑똑한 인재를 어떻게 뽑을 것인지를 물었고, 그에 대한 공자의 대답은 달랐다. "똑똑한 인재는 감추어두어서는 안 된다. 네가 알고 있는 사람과 네가 알지 못하는 사람과 [다른] 사람이 버려둔 사람을 채용해라"[3]라는 구절의 경우 어법의 구조에서 볼 때 뒤의 세 구의 말은 연결해서 읽어야 하고, 끝의 두 구는 반어법의 말투가 아니라 병렬관계이다.

죽간본은 현행본과는 완전히 상반된다. 그것은 우수한 인재라면 한 명도 묻혀 있어서는 안 되니 너는 네가 잘 아는 사람을 마땅히 뽑아야 하고, 네가 잘 알지 못하는 사람 및 다른 사람으로부터 소홀히 취급받는 사람까지 마땅히 다 뽑아야 한다고 말하고 있다. 여기서 말하는 "안다知"는 것은 "평소에 서로 잘 알고 지내는 사이가 아니다雅不相知"라고 말할 때의 "안다知", 즉 누군지 알고 있고 잘 알고 있는 것이지, 어떤 사람에 대해 들어봤다거나 들어보지 못했다거나 하는 것이 아니다. 예를 들어 사마천이 이장군에 대하여 "촌사람처럼 공손했고, 입으로는 말을 잘 못했다. 죽는 날에 이르러 천하 사람 가운데 아는 사람이든 모르는 사람이든 모두 다 끝없이 슬퍼했다"[4]라고 말한 것이 그런 용례에 속한다. "천하 사람 가운데 아는 사람이든 모르는 사람이든"이라는 말은 바로 세상 사람이 이장군을 알고 있든 혹은 알지 못하든 상관없이 모두 그를 위해 마음 아파한다는 것을 말하고 있다.

나는 죽간본과 현행본을 비교해볼 때 죽간본의 견해가 오히려 더 조리 있고 문맥이 순조롭다고 생각한다. 이 장의 마지막 두 글자 "사저舍諸"는, 원래의 "자者"를 "저諸"로 읽으면서 "지之"를 없애버린 것으로 보인다.[5] 이 2000여 년의 오독은 참으로 많은 생각을 하게 한다.

중궁이 정치에 대해 물었다

13.3

자로가 물었다.
"위나라 임금님이 스승님을 우대하여 정치를 맡기시면,
스승님께서는 무엇을 먼저 하시겠습니까?"
스승님께서 대답하셨다.
"반드시 이름을 바로잡아야지!" 자로가 말했다.
"참, 선생님 생각이 이렇게 낡았다니까요.
무엇을 바로잡는다는 말씀이십니까?"
스승님께서 말씀하셨다.
"무례하구나, 이놈 자로야. 군자는 자기가 모르는 것에 대해서는
대개 의문으로 남겨두는 법이다. 이름이 바르지 않으면 말이 순조롭지
못하다. 말이 순조롭지 못하면, 일이 이루어지지 않는다.
일이 이루어지지 않으면 예악이 일어날 수 없다.
예악이 일어나지 않으면 형벌이 적절하지 않게 된다.
형벌이 적절하지 않으면 백성들은 수족을 둘 데가 없다.
그러므로 군자가 이름을 지을 때는 반드시 말할 수 있어야 하고,
말을 할 때는 반드시 실행할 수 있어야 한다. 군자는 자기가 한 말에
대하여 구차한 구석이 없도록 할 뿐이다."

子路曰, 衛君待子而爲政, 子將奚先. 子曰, 必也正名乎. 子路曰, 有是哉, 子之迂也. 奚其正.
子曰, 野哉, 由也. 君子於其所不知, 蓋闕如也. 名不正, 則言不順. 言不順, 則事不成.
事不成, 則禮樂不興. 禮樂不興, 則刑罰不中. 刑罰不中, 則民無所錯手足.
故君子名之必可言也, 言之必可行也. 君子於其言, 無所苟已矣.

공자는 두 번에 걸쳐 위나라에서 벼슬했다. 첫 번째는 기원전 495년에서 기원전 493년으로 위나라 영공을 모셨다. 두 번째는 기원전 488년에서 기원전 485년으로 위나라 출공出公을 모셨다. 이 문장에서 말한 "위나라 임금"은 일반적으로 위나라 출공이라고 생각한다. 이러한 주장이 믿을 만하다면 이 대화가 이루어진 시간은 기원전 488년 이전이 되어야 한다. 그렇지 않다면 기원전 495년 이전이 될 것이다.

공자는 위나라에 도착하여 일자리를 찾았고, 자로는 위나라 임금이 스승님을 기다렸다가 스승님께 일을 맡기신다면, 부임하고 나서 먼저 어떤 일을 하시겠습니까? 하고 물었다. 공자는 만약 나에게 선택하라고 한다면 "정명正名", 즉 이름을 바로잡겠다고 대답했다. 그러자 자로는 공공연히 말대꾸했다. 스승님은 정말로 그렇게 생각하십니까? 그것은 너무 진부합니다. 어쩌자고 꼭 이름을 바로잡으려고 하십니까? 공자는 몹시 화가 나서 그에게 욕을 하면서 말했다. 너 이 녀석, 너무 제멋대로구나. 군자는 자기가 잘 알지 못하는 것에 대해서는 그대로 두고 논평하지 않고, 입을 꼭 다물고 있는 법이다. 그다음에 이어지는 말은 공자의 시정강령施政綱領으로서 예악과 형벌은 반드시 정명正名을 전제로 해야 한다는 점을 강조하고 있다. "이름이 바르지 않으면 말이 순조롭지 못하다"는 말은 공자의 명언이다.

13.4

번지樊遲가 농사짓는 법에 대해 묻자 스승님께서 말씀하셨다.
"나는 늙은 농부보다 못하다."
채소 기르는 법에 대해 묻자 이렇게 대답하셨다.
"나는 늙은 채소 농사꾼만 못하다."
번지가 나가자 스승님께서 말씀하셨다.
"소인이로다, 번수樊須여. 윗사람이 예를 좋아하면 백성들이
감히 공경하지 않을 수 없고, 윗사람이 의를 좋아하면 백성들이
복종하지 않을 수 없고, 윗사람이 믿음을 좋아하면 백성들이
감히 진심으로 대하지 않을 수 없을 것이다. 이렇게 되면
사방의 백성들이 자식을 포대기로 싸서 업고 모여들 텐데
무엇 때문에 농사를 지으려 한단 말이냐?"

樊遲請學稼. 子曰, 吾不如老農. 請學爲圃. 曰, 吾不如老圃. 樊遲出. 子曰, 小人哉, 樊須也. 上好禮, 則民莫敢不敬. 上好義, 則民莫敢不服. 上好信, 則民莫敢不用情. 夫如是, 則四方之民襁負其子而至矣, 焉用稼.

번지는 공자보다 36세 어렸다. 우리는 그의 나이를 통해 이 말은 적어도 기원전 495년 이후에 한 말임을 알 수 있다.

고대의 은자들에겐 특징이 있었다. 즉 도시 생활을 버리고 고향으로 돌아가 농사를 짓는 것이다. 예를 들어 「미자」 18.6의 장저長沮와 걸닉桀溺, 제초기를 멘 노인荷篠丈人 등이 바로 그랬다. 유비가 채소 농사

를 지었던 것처럼 어떤 은자는 자신의 속뜻을 감추는 방편으로 은둔을 가장한 사람도 당연히 있었다.

공자는 농사에 대해 관심이 없었다. 그가 관심을 가졌던 것은 관리가 되는 것이었고, 당연히 도성 안에서 사는 것이었다.

번지는 아마도 고대의 중농학파이자 나로드니키(인민주의자)였던 것 같다. 18세기 프랑스에는 케네Francois Quesnay 등의 중농학파가 있었는데, 그들은 중상학파를 반대했다. 19세기 러시아에는 이른바 나로드니키가 있었는데, 그들이 외친 구호는 "민중 속으로 들어가자"였고, 농촌으로 가서 민중을 교육하고 민중을 행동하게 할 것을 제창했다. 안톤 체호프의 소설 『다락방이 있는 집』(영화도 있음)에 나오는 언니가 바로 나로드니키였는데, 그녀는 여동생이 주인공과 사귀지 못하도록 했다. 중국 고대에도 중농억상의 사상이 있었고, 몸소 농사를 지어야 한다고 제창한 일파도 있었다. 천자는 매년 친히 적전籍田을 경작하고 선농先農에게 제사했는데, 선농은 신농神農(혹은 후직)이다. 신농이 바로 중농의 상징이다. 『한서』「예문지」의 구류십가九流十家에는 농가가 있는데, 그들의 경전이 바로 『신농』이다. 관자, 이회, 상앙 등 전국 시대의 법가도 중농주의자였다. 공자는 이들을 좋아하지 않았다.

『맹자』「등문공상」에서 등나라 문공이 즉위하자 맹자는 그에게 정전제(맹자가 설계한 정전제)를 시행할 것을 권유했다. 허행許行이라고 부르는 신농의 기술을 전하는 사람이 이 소식을 듣고 일부러 초나라에서 등나라로 달려와 등나라에 정착하고자 요청했고, "밭 한 뙈기를 하사받아 백성이 되어" 시험용 경작지에 가서 직접 농사를 지었다. 사실 그는 맹자가 등나라에서 정전제를 시행하려는 틈을 타 자신의 주장을 전파한 것이다. 당시 진陳이라는 성을 가진 세 사람, 즉 진량陳良·진상陳相·진신陳辛 등이 있었다. 이들은 본래 유자였다. 그들은 송나라에서 함께 떠들썩하게 달려와 허행을 한번 보고서는 그에게 반해버렸고, 그래서 철저하게 유가를 배반하고 허행의 사상으로 등나라 문공의 생각을 바꾸려고 했다. 그들은 맹자에게 허행의 주장은 어떤 점들이 좋은지에 대해 이야기했고, 맹자는 몹시 화가 치밀어 허행에 대해 미친 듯이 비판했다. 그가 허행을 비판한 논리는 주로 두 가지였다. 첫째는 "자기의 수족을 움직여 먹고 입는 것을 넉넉하게 한다면"[6] 그저 먹는 문제만 해결할 수 있을 뿐 그 밖의 것에 대해서는 불가능하고, 의복과 모자, 밥을 끓일 솥, 밭을 가는 데 필요한 쟁기 등은 모두 기술자와 상인에 의존해야 한다는 것이다. 둘째, 모든 사람이 농사를 짓는 것은 근본적으로 불가능하기 때문에 "정신노동을 하는 사람은 사람들을 다스리고, 육체노동을 하는 사람들은 다른 사람의 다스림을 받는 것"[7]이 세상에 두루 통하는 보편적인 정의라는 것이다. 즉 어떤 사람은 농사를 지어 밥을 먹고, 또 어떤 사람은 농사를 짓지 않고 밥을 먹고 사는데, 요임금, 순임금, 우임금 등은 세상 사람들을 대신하여 수고했으니 농사를 지을 시간이 어디 있었겠느냐는 것이다. 앞의 것은 상업으로 농업을 비판한 것이고, 뒤의 것은 노동하지 않아도 밥을 먹을 수 있다는 점을 말한 것이다.

허행의 주장은 번지를 이해하는 데 도움이 되고, 맹자의 비판은 공자를 이해하는 데 도움이 된다. 번지는 공자에게 곡물을 재배하고 채소를 재배하는 방법을 배우려고 했는데, 이는 사람을 잘못 찾은 것이다. 공자는 매우 불쾌했다. 그래서 일부러 "나는 늙은 농부보다 못하다" "나는 늙은 채소 농사꾼만 못하다"라고 거꾸로 말했다. 그리고 그가 나간 뒤에 곧바로 그를 "소인"이라고 욕했다. 그 원인은 그들의 정치적 견해가 달랐기 때문이다. 번지는 몸소 농사를 짓고 힘써 밭을 갈아야만 비로소 천하가 태평해진다고 생각했다. 공자는 지배자로 있는 사람이 그저 "예禮" "의義" "신信"을 좋아하기만 하면 민중을 끌어들일 수 있는데, 농사짓는 등의 일을 할 필요가 뭐가 있냐고 말했다.

마오쩌둥이 어려서부터 『논어』를 읽었고(그는 스스로 "6년 동안 공부자의 책을 읽었다"고 했다) 『논어』에 대해 매우 잘 알고 있었다는 것을 우리는 알고 있다. 그는 『논어』를 칭송하기도 하고 폄하하기도 했다. 번지가 농사짓는 법을 배우려다가 공자로부터 욕을 얻어먹은 것, 또 제초기를 멘 노인의 "사지를 부지런히 움직이지 않고, 오곡도 분간하지 못하는 사람이 어떻게 선생이오"[8]라는 말 등에 대하여 그가 한두 번 언급한 것이 아니었는데, 주로 폄하하는 것이었다. 그는 공자를 좋아하지 않았다. 이 두 구절은 그를 그렇게 생각하게 만든 매우 중요한 문장이다.[9] 그는 발에 쇠똥이 묻어 있는 농민과 한 덩어리가 될 것을 매우 강조하면서 "함께 먹고, 함께 살고, 함께 일한다" "스스로 손을 움직여 먹고 입는 것을 풍족하게 한다"고 말했다. 마오쩌둥은 공자가 농사꾼과 농사짓는 일을 무시한 것에 대해 불쾌하게 생각했다. 잘난 지식인들에 대해 그는 그렇게 생각하지 않았다. 그는 독서는 돼지 잡는 것보다 어렵지 않다, 돼지는 달아날 수 있지만, 책은 달아날 수 없다고 말했다.

공자는 왜 번지에 대해 욕을 했나

13.5

스승님께서 말씀하셨다.
"『시』 300편을 암송하더라도 정무를 맡겼을 때 능통하지 못하고,
외국에 사신으로 보냈을 때 독립적으로 일을 처리하지 못한다면
아무리 많이 외운들 무슨 소용이 있겠느냐?"

子曰, 誦詩三百, 授之以政, 不達. 使於四方, 不能專對. 雖多, 亦奚以爲.

고대의 시가는 매우 많았다. 『시경』의 305편은 공자가 뽑아서 편찬한 것이라고 한다. 청대의 손수孫洙가 편찬한 『당시삼백수唐詩三百首』는 왜 300수였을까? 바로 『시경』을 모방한 것이다. 이것들은 모두 뽑아서 모아놓은 것이다. 세간에서는 "당시 300수를 숙독하면 시를 못 써도 읊조릴 수 있다"고 말해왔다. 시를 읽는 주된 용도는 시를 쓰는 것이다. 그러나 『시경』은 그와 달랐다. 공자가 시를 외우는 것은 정치에 종사하기 위한 것이었고, 외교석상에서 시를 짓고 자기 생각을 말하기 위한 것이었다. 만약 300편의 시를 외웠음에도 배운 것을 실생활에 적용하지 못한다면 아무리 많이 외운들 무슨 소용이 있겠는가 하고 생각했다.

고대 귀족은 예의를 차려야 할 상황에서 "높은 곳에 올라 시를 지어야" 했는데, 그것은 어떤 모습이었을까? 『좌전』과 『국어』에 약간의

기록이 있다. 당시의 "단장취의斷章取義(문장의 일부만 떼어다 원래 뜻과는 달리 제멋대로 사용하는 것)"는 매우 엄숙했고 또 매우 우스꽝스러웠다. 문혁 시기에 식당에서 음식을 주문할 때 손님과 종업원은 『마오주석어록毛主席語錄』을 사용하여 묻고 대답하곤 했는데(마치 간첩이 부두에서 암호를 맞춰보는 것 같았다), 그것과 비슷했다. 장쿤姜昆과 리원화李文華의 만담은 그것을 생동감 있게 묘사했다.

『시』를 외우다

13.6

스승님께서 말씀하셨다.
"자기가 바르면 명령을 내리지 않아도 실행되고, 자기 몸이 바르지 못하면 비록 명령을 내리더라도 따르지 않는다."

子曰, 其身正, 不令而行. 其身不正, 雖令不從.

「안연」 12.17에서는 "정치라는 것은 바로잡는 것입니다"라고 했다. "신身"과 "인人"은 서로 대립된다. "신"은 자기 자신이고, "인"은 다른 사람이다.

사마천은 이광李廣 부자를 위해 「이장군열전李將軍列傳」을 썼다. 그는 이광이 마치 시골 노인처럼 말하는 것이 무척 바보스러웠다고 묘사했다. 그러나 몸소 졸병들에게 솔선수범을 보였고, 충성심과 용맹함이 감동스러울 정도였기 때문에 열전에서 이 장의 구절을 인용했다. 이광이 병사를 인솔하던 방식은 정불식程不識과는 반대였다. 그는 군법이나 군령에 의해 엄하게 단속함으로써 병사를 인솔한 것이 아니라 졸병들에게 솔선수범을 보이고 개인적인 매력으로 인솔했다. 여기서 말한 두 번의 "영令"은 이광에게 적용할 때 매우 잘 어울린다.

제 몸을 단정하게 세운다

13.7

스승님께서 말씀하셨다.
"노나라와 위나라의 정령政令은 형제다."

子曰, 魯衛之政, 兄弟也.

노나라와 위나라는 모두 희성姬姓의 나라다. 노나라는 주공 단의 후예이고, 위나라는 위 강숙의 후예이다. 단과 강숙은 형제다. 그 때문에 "노나라와 위나라의 정령은 형제다"라고 말한 것이다.

공자는 주유열국(기원전 497~기원전 485)하면서 주로 위나라에서 벼슬을 했다. 이 말은 분명 그것과 관련이 있을 것이다.

노나라와 위나라의 정령

13.8

스승님께서 위나라 공자 형荊이 집에서
잘 지내는 것에 대하여 말씀하셨다.
"처음 시작해서는 '대충 구색을 갖추었다'고 말했고,
조금 갖고 나서는 '이 정도면 충분하다'고 말했으며, 풍부하게 갖고
나서는 '이 정도면 호사스럽다'고 말했다."

子謂衛公子荊善居室. 始有, 日, 苟合矣. 少有, 日, 苟完矣. 富有, 日, 苟美矣.

"위나라 공자 형荊"은 바로 오나라 계찰季札이 위나라의 여섯 군자라고 지칭한 사람 중 하나인 공자公子 형荊이다. 그는 위나라 헌공의 아들이고 자는 남초南楚인데(『춘추세족보』), 이름 앞에 "위衛"라는 글자를 붙인 것은 노나라 애공의 아들, 즉 노나라의 공자 형荊과 구별하기 위한 것이다.

이 단락의 말은 역시 공자가 위나라에서 벼슬을 할 때 한 말일 것이다.

"대충"에 해당되는 원문 "구苟"를 주주朱注에서는 "우선 대략적이라는 뜻"이라고 말했는데 매우 정확하다. 유월은 구苟를 성誠의 의미로 풀이하고(『군경평의群經平議』), 이 글자는 "정말로誠然"라는 의미를 나타낼 때 쓰는 성誠과 같다고 생각했는데 맞지 않다. 구苟를 성誠으로 풀

이할 경우 성誠은 가정을 표시하고 만약의 의미를 갖는데, 이 문장에 적용해보면 말이 전혀 통하지 않는다.

"거실居室"은 집에서 지내는 것이다.[10] 공자의 이 말은 위나라 공자 형의 지족상락知足常樂(만족함을 알고 항상 즐거워함)을 찬미한 것이다. 그는 일상생활을 하는 데 있어 모을 수 있는 만큼만 모으면서 조금도 트집을 잡지 않았다. 처음 조금 가지게 되었을 때 그는 이 정도면 잘 모았다고 말했고, 나중에 좀 더 많아지자 그는 이 정도면 충분하다고 말했고, 마지막으로 물건이 정말로 많아지자 그는 이 정도면 지나치게 화려하다고 말했다.

살 곳이 있으면 충분하다

13.9

스승님께서 위나라에 가실 때 염유가 말을 몰았는데,
스승님께서 말씀하셨다.
"인구가 많구나!"
염유가 물었다.
"인구는 이미 많아졌는데, 무엇을 더해야 할까요?"
"부유하게 해줘야지."
"부유해진 다음에는 무엇을 더해야 할까요?"
"가르쳐야지."

子適衛, 冉有僕. 子曰, 庶矣哉. 冉有曰, 旣庶矣, 又何加焉. 曰, 富之.
曰, 旣富矣, 又何加焉. 曰, 敎之.

"부僕"는 수레를 모는 것이다. 공자가 위나라에 갈 때 염유가 수레를 몰았다. 가는 도중에 공자는 위나라의 인구가 많은 것을 보고서는 몹시 놀랐다. 염유는 인구가 많아진 다음에는 무엇을 해야 하는지 물었다. 공자는 "부유하게 해줘야지"라고 말했다. 염유가 부유해진 다음에는 무엇을 해야 하는지 물었다. 공자는 "가르쳐야지"라고 말했다. 고대 사회에서는 인력자원과 토지자원이 가장 중요했는데, 사람이 특히 더 중요했고, 인구억제 정책 같은 것은 결코 할 수 없었다. 옛날 사람은 "창고가 차면 예절을 알고, 의식이 족하면 영욕을 안다"[11]고 말했는데, 공자는 "선부후교先富後教", 즉 먼저 부자로 만들고 난 다음에 교육을 시켜야 함을 주장했다.

염유가 공자에게 배운 것은 기원전 497년에서 기원전 492년 사이다. 기원전 493년에 염유는 계씨의 재가 되어 비로소 공자를 떠나 노나라로 되돌아갔다. 이것은 기원전 497년 공자가 막 위나라에 도착했을 때의 상황일 것이다.

선부후교先富後教

13.10

스승님께서 말씀하셨다.
"만약 나를 써주는 사람이 있다면 1년 안에 웬만큼 이루어내고
3년이면 성공을 거둘 것이다."

子曰, 苟有用我者, 期月而已可也, 三年有成.

이것은 공자의 정치 광고이다.

"1년 안에"에 해당되는 원문 "기월期月"에서 "기期"는 올해 몇 월부터 내년 몇 월까지 꼬박 1년의 시간을 뜻한다. 초점복간楚占卜簡에서는 이런 계산 방법이 자주 쓰였다. 예를 들면 "몇 월부터 몇 월에 이르기까지 … 한 해를 다 보내다"라고 말할 때 어느 어느 때(몇 월 몇 월)가 바로 여기서 말하는 "기월期月"이다. 공자가 말하고자 하는 것은 만약 누군가가 나를 써준다면 나는 1년 안에 첫 효과가 나타나게 하고, 3년 안에 큰 성공을 거두는 것을 보장하겠다는 것이다.

공자의 정치 광고

13.11

스승님께서 말씀하셨다.
"'선인善人이 나라를 100년 다스리면, 잔혹한 사람을 감화시키고 형벌을 폐지한다'는 말이 있는데, 이 말을 교훈으로 삼아야 한다."

子曰, 善人爲邦百年, 亦可以勝殘去殺矣. 誠哉是言也.

"선인善人이 나라를 100년 다스리면, 잔혹한 사람을 감화시키고 형벌을 폐지한다"에 대하여 공주孔注에서는 "옛날에 이런 말이 있었는데, 공자가 그것을 믿었다"고 말했다. 이 두 구는 공자가 관용어를 인용하여 찬탄한 것이기 때문에 인용부호를 붙여야 한다. "선인"은 『논어』에서 다섯 차례 나오는데, 이것은 세 번째다. 『황소』에서는 여기서 말한 "선인"을 "현인으로서 제후이다賢人爲諸侯"라고 말했다. 여기서 말한 "선인"은 일반인이 아니라 통치자임에 주의해야 한다.

고대 국가에서 혹형과 살인은 빼놓을 수 없는 것이었다. 옛말에 선인이 나라를 다스리면 100년의 시간을 써야 비로소 형벌을 사용하지 못하게 할 수 있다고 했는데, 인정仁政이라는 것을 시행하기가 어렵다는 것을 알 수 있다.

인정을 시행하기가 어렵다 1

13.12

스승님께서 말씀하셨다.
"만약 왕자가 나타난다 해도 반드시 한 세대 이후에나
세상이 어질게 될 것이다."

子曰, 如有王者, 必世而後仁.

"왕자王者"에 대하여 공주孔注에서는 "천명을 받은 왕자"라고 설명했고, 『황소』에서는 "혁명을 일으킨 왕"이라고 설명했다. "천명을 받은 왕"이든 "혁명을 일으킨 왕"이든 어쨌거나 모두 "왕"이다. 그것은 앞 장의 "선인"보다 한 등급 높다.

"세世"는 한 세대이다. 옛날 사람은 30년을 "한 세대一世"로 삼았다. 이 장은 앞의 장을 이어 받고 있는데, 그 의미는 만약 왕자가 인정을 추진한다면 비록 100년까지는 필요하지 않더라도 그래도 30년, 즉 한 세대의 시간이 필요하다는 것이다.

과거에는 "세인世仁"(스런)이라는 이름을 가진 사람이 매우 많았다. 영화 「백발의 여인白毛女」 속의 늙은 지주의 이름은 "황스런黃世仁"이었다.

인정을 시행하기가 어렵다 2

13.13

스승님께서 말씀하셨다.
"만약 자신의 몸을 올바르게 한다면 정사에 종사하는 데
무슨 어려움이 있겠느냐? 제 몸을 바르게 하지 못한다면
다른 사람을 어떻게 바로잡을까?"

子曰, 苟正其身矣, 於從政乎何有. 不能正其身, 如正人何.

"신身"과 "인人"은 상대적인 말이다. "신身"은 자기이고, "인人"은 다른 사람이다. 「안연」 12.7과 「자로」 13.6을 참조할 것.

자기부터 먼저 바로잡아야 한다

13.14

염자가 조정에서 돌아오자, 스승님께서 물으셨다.
"무슨 일로 늦었느냐?" 염자가 대답했다.
"정무가 있었습니다." 스승님께서 말씀하셨다.
"사적인 일이었겠지. 만약 나라에 정무가 있었다면,
비록 내가 관직을 맡고 있지는 않지만,
나도 아마 참여하여 그것을 들었을 것이다."

冉子退朝. 子曰, 何晏也. 對曰, 有政. 子曰, 其事也. 如有政, 雖不吾以, 吾其與聞之.

"조정에서 돌아오자"는 계강자의 사조私朝에서 돌아온 것이다.

"정무가 있었습니다"에 해당되는 원문 "유정有政"의 "정政"은 "사事"와 다르다. 『좌전』 소공 25년에 "제후의 정무와 신하의 일, 백성들의 일과 위정자의 교화 등의 시행에는 사시의 변화를 따른다"[12]라는 기록이 있는데, 두예는 "군주에게 해당되는 것은 정政이라 하고, 신하에게 해당되는 것은 사事라고 한다"라고 주석을 달았다. 앞의 것은 국사國事이고, 뒤의 것은 대부의 가사家事이다.

공문의 제자들이 조정의 관리가 되면 스승에게 업무를 종합하여 보고해야 할 의무가 있었다. 이번에 염유가 퇴근이 늦어지자 공자가 너는 무엇 때문에 이렇게 늦었느냐고 물었다. 염유는 "정무", 즉 그는 국왕의 공적인 일로 바빴다고 대답했다. 공자는 "사적인 일" 때문이었겠지라고 말했다. 즉 공자는 염유에게 너는 계씨 집안의 사적인 일 때문에 바빴을 것이며, 만약 정말로 국왕의 공적인 일이었다면 네가 나에게 말하지 않아도 나는 들었을 것이라고 말했다. 염유는 계씨와 무슨 일인가를 의논했는데, 그는 누설하기 곤란해서 스승에게 말하지 않았을 것이고 공자는 의심을 품었던 것 같다.

염유가 계강자의 가신이 된 것은 기원전 492년 이후이지만, 기원전 492년 이후에 공자는 줄곧 나라 밖에 있었으며, 기원전 484년에야 노나라로 돌아왔다. 이 장의 대화는 공자가 만년에 노나라에 있을 때, 즉 기원전 484년에서 기원전 479년 사이에 이루어졌을 것이다.

스승에게도 사실을 말하지 않다

13.15

정공定公이 물었다.
"한 나라를 일으킬 수 있는 한마디 말이 있겠소?"
공자께서 대답하셨다.
"그런 말은 없습니다. 그러나 그런 것에 가까운 말은 있습니다. 사람들이 하는 말에 '임금 노릇하는 것은 어렵고, 신하 노릇하는 것도 쉽지 않다'는 것이 있습니다. 만약 임금 노릇하는 것이 어렵다는 것을 아신다면, 이것이 바로 한 나라를 일으킬 수 있는 한마디 말에 가까운 것이 아니겠습니까?"
"한 나라를 잃어버릴 수 있는 한마디 말이 있겠소?"
공자께서 대답하셨다.
"그런 말은 없습니다. 그러나 그런 것에 가까운 말은 있습니다. 사람들 말에 '나는 임금 노릇하는 것이 즐거운 것이 아니라, 오직 내가 하는 말을 아무도 감히 거스르지 못한다는 것을 즐긴다'는 것이 있습니다. 만약 선한 말에 대해서 아무도 그것을 거스르지 않는다면 그 역시 좋지 않겠습니까? 그러나 만약 선하지 못한 말에 대해서 아무도 거스르지 못한다면, 이것이 바로 한 나라를 잃어버릴 수 있는 한마디 말에 가까운 것이 아니겠습니까?"

定公問, 一言而可以興邦, 有諸. 孔子對曰, 言不可以若是. 其幾也. 人之言曰, 爲君難, 爲臣不易. 如知爲君之難也, 不幾乎一言而興邦乎. 曰, 一言而喪邦, 有諸. 孔子對曰, 言不可以若是. 其幾也, 人之言曰, 予無樂乎爲君, 唯其言而莫予違也. 如其善而莫之違也, 不亦善乎. 如不善而莫之違也, 不幾乎一言而喪邦乎.

여기서 말한 "일언一言"은 한 글자가 아니고 또 한 구로 된 말이 아니라 하나의 짧은 단락의 말이다.

노나라 정공이 공자에게 물었다. "한 나라를 일으킬 수 있는 한마디 말"이 있을까? 공자는 이렇게 대답했다. 아마 그런 말은 있을 수 없을 것이다. 그렇다고 아주 없는 것은 아니고, 그저 한마디 말이 있기는 한데, 그것은 바로 많은 사람이 말하는 "임금 노릇하는 것은 어렵고, 신하 노릇하는 것도 쉽지 않다"라는 말이다. 만약 국왕 노릇하는 것의 어려움을 안다면 그것이 바로 "한 나라를 일으킬 수 있는 한마디 말"이 아니겠냐고 말했다. 노나라 정공은 또 "한 나라를 잃어버릴 수 있는 한마디 말"이 있느냐고 물었다. 공자는 이렇게 대답했다. 아마도 그런 말은 있을 수 없을 것이다. 그렇다고 아주 없는 것은 아니고, 그저 한마디 말이 있기는 한데, 그것은 바로 "나는 임금 노릇하는 것이 즐거운 것이 아니라, 오직 내가 하는 말을 아무도 감히 거스르지 못한다는 것을 즐긴다"는 말이다. 만약 그가 말한 것이 맞다면 아무도 감히 거역하지 못한다 해도 역시 좋은 일이 아니겠는가? 그러나 만약 그가 한 말이 맞지 않은데도 아무도 감히 거역하지 못한다면 이것이 바로 "한 나라를 잃어버릴 수 있는 한마디 말"이 아니냐고 말했다.

공자는 노나라 정공 때인 기원전 501년에서 기원전 498년에 걸쳐 벼슬을 했다. 이 장의 대화는 이 4년 중 어느 날에 이루어졌을 것이다.

한마디 말로 나라를 일으키고, 한마디 말로 나라를 잃다

13.16

섭공이 정치에 대해 묻자 스승님께서 대답하셨다.
"가까이 있는 사람은 기쁘게 해주고, 멀리 있는 사람은
오게 하는 것입니다."

葉公問政. 子曰, 近者悅, 遠者來.

"섭공葉公"은 『논어』에서 세 번 나온다. 한번은 「술이」 7.19에 나오고, 두 번은 이 편에 나오는데, 모두 같은 사람이다.

"가까이 있는 사람은 기쁘게 해주고, 멀리 있는 사람은 오게 하는 것입니다"는 바로 『시경』과 『서경』에서 항상 이야기하는 "유원능이柔遠能邇", 즉 먼 곳의 사람을 회유하고 가까운 곳의 사람과 친하게 지내는 것이다. 서주西周의 금문에도 이 말이 있다.

섭공이 정치에 대해 묻다

13.17

자하가 거보莒父의 읍재가 되어 정치에 대해 묻자,
스승님께서 말씀하셨다.
"서두르지 말고, 작은 이익을 보지 말아라. 서두르면 도달하지
못하고, 작은 이익에 집착하면 큰일을 이루지 못한다."

子夏爲莒父宰, 問政. 子曰, 無欲速, 無見小利. 欲速則不達. 見小利則大事不成.

"거보莒父의 읍재." 거莒는 노나라의 읍으로, 오늘날 산둥성 가오미시高密市 동남쪽에 있었다. 노나라에서는 가신의 우두머리를 재宰라고 부르는 것 외에 읍의 우두머리도 재宰라 불렀다.

"서두르면 도달하지 못한다." 이 말은 나중에 관용어가 되었다.

"작은 이익에 집착하면 큰일을 이루지 못한다." 눈앞의 이익만 추구하면 큰일을 이룰 수 없음을 말한다. 『삼국연의』 제21회에서 조조曹操가 원소袁紹에게 한 말은 "큰일을 하면서 몸을 아끼고, 작은 이익 때문에 목숨을 잃는 것은 영웅이 아니다"라는 것이다.

자하가 정치에 대해 묻다

13.18

섭공이 공자님께 말했다.
"우리 고장에 행실이 곧은 사람이 있는데,
그 아버지가 양을 훔치자 아들이 그것을 고발했습니다."
공자께서 말씀하셨다.
"우리 고장의 곧은 사람은 그와는 다릅니다. 아버지는 아들을 위해 숨기고, 아들은 아버지를 위해 숨깁니다. 곧음은 그 속에 있습니다."

葉公語孔子曰, 吾黨有直躬者, 其父攘羊, 而子證之. 孔子曰, 吾黨之直者異於是. 父爲子隱, 子爲父隱.一直在其中矣.

"행실이 곧은 사람"에 해당되는 원문 "직궁直躬"에 대해 공주에서는 "몸을 곧게 하고 다닌다直身而行"고 풀이했고, 『정주』에서는 "곧은 사람으로 이름은 궁이다直人名弓"라고 풀이했다.

"증인이 되었습니다"에 해당되는 원문 가운데 "증證"에 대해 양보쥔은 『설문』「언부」에서 고告자의 의미로 풀이했고, 이 장의 "증證"은 고발하다, 폭로하다의 뜻이며, 『한비자』「오두」에서는 이 일을 서술하면서 "관리에게 알리다謁之吏"라고 썼는데, 이는 매우 좋은 증거이며, 증험하다는 의미의 "증"은 고서에서는 일반적으로 "징徵"자를 썼다고 말했다.[13]

섭공은 공자에게 우리 고장에 정직한 사람이 있는데, 그의 아버지가 양을 훔치자 그가 고발했다고 말했다. 공자는 우리 고장에도 솔직한 사람이 있지만, 그와는 다르다. 아버지는 아들을 위해 숨겨주고, 아들은 아버지를 위해 숨겨주는데, "정직함"은 그 속에 있다고 말했다.

공자는 혈육의 정을 최고로 치는 사람이다. 그가 제창한 윗사람에 대한 휘諱(회피하면서 말하지 않는 것)는 중국에서 나쁜 전통을 형성하여 오늘에 이르기까지 매우 널리 퍼져 있다. 지도자, 부모, 스승 등이 아무리 나쁜 짓을 저지르더라도 감춰주는 것이 여전히 미덕으로 인정받고 있다. 잘못이 발각되는 사람은 재수가 없는 사람이다.

윗사람에 대한 휘

13.19

번지가 행실에 대해 묻자, 스승님께서 말씀하셨다.
"평소에는 공손하고, 일을 처리할 때는 경건하고,
사람과 만날 때는 충실해야 한다. 그러면 비록 이적의 땅에
가더라도 버림받지 않을 것이다."

樊遲問仁. 子曰, 居處恭, 執事敬, 與人忠. 雖之夷狄, 不可棄也.

송대 양시楊時의 『양구산문집楊龜山文集』에서 호덕휘胡德輝는 이 장과 「위영공」 15.6의 "자장이 길을 떠나는 것과 관련하여 물었다"는 말이 서로 비슷하다는 점을 지적하고 "번지가 행실에 대해 묻자"에 해당되는 원문 "문인問仁"은 아마도 "문행問行"의 잘못일지 모른다는 의문을 제기했는데, 양시는 그 말을 인용하고 나서 호덕휘의 지적을 부정했다. 그런데 사실 호덕휘의 의문은 굉장히 일리 있다. 「위영공」 15.6의 내용은 다음과 같다.

"자장이 길을 떠나는 것과 관련하여 물었다. 스승님께서 말씀하셨다. '말은 진실하고 믿음이 가게 하고, 행동은 성실하고 공손하게 해야 한다. 그러면 비록 야만의 나라에서라도 통행될 것이다. 말에 진실과 믿음이 없고, 행동에 성실함과 공손함이 없다면 비록 도시에서 가까운 곳

이라 하더라도 통하겠느냐? 걸어다닐 때는 이 말이 눈앞에 펼쳐져 있어 그것을 보는 듯이 하고, 수레를 탈 때는 수레 끌채 앞 횡목에 이 말이 가로로 씌어져 있어 그것을 보는 듯이 해라. 그렇게 된 다음에야 떠나도록 해라.' 자장은 그 말을 허리띠에 적었다."[14]

번지가 행에 대해 묻자 공자는 사람을 대하고 일을 처리하는 원칙을 세 가지 조목으로 말했다. 집에서는 예의를 갖추어야 하고, 일을 처리할 때는 매우 진지하고 책임감 있게 해야 하고, 다른 사람을 대할 때는 충실하게 해야 한다는 것이며, 야만인들이 사는 곳에 가더라도 이 세 가지를 버려서는 안 된다고 말했다.

번지가 인에 대해 묻다

13.20

자공이 물었다.

"어떻게 하면 선비라 할 수 있습니까?"

스승님께서 말씀하셨다.

"자기 행위에 대해 부끄러워할 줄 알고, 다른 나라에 사신으로 가서는 군주로부터 부여받은 사명을 더럽히지 않는다면 선비라고 할 수 있을 것이다."

"그다음은 무엇인지요?"

"문중 사람이 효자라고 칭찬하고 고장 사람이 우애 있다고 칭찬하는 것이다."

"그다음은 무엇인지요?"

"말에는 반드시 믿음이 있고, 행동에는 반드시 과단성이 있다. 이런 사람은 자기 고집을 꺾을 줄 모르는 소인이다. 그래도 역시 그다음이 될 수 있을 것이다."

"오늘날 정치에 종사하는 사람은 어떻습니까?"

"에잇. 쩨쩨한 사람이야. 어디 선비 축에나 들 수 있겠느냐?"

子貢問曰, 何如斯可謂之士矣. 子曰, 行己有恥, 使於四方, 不辱君命, 可謂士矣. 曰, 敢問其次. 曰, 宗族稱孝焉, 鄉黨稱弟焉. 曰, 敢問其次. 曰, 言必信, 行必果, 硜硜然小人哉. 抑亦可以爲次矣. 曰, 今之從政者何如. 子曰, 噫. 斗筲之人, 何足算也.

선비를 뜻하는 사士의 본래 의미는 남자와 무사였다. 춘추 이후로 점차로 출신과는 상관없이 책을 읽고 예를 익힌 자들 가운데서 관리를 뽑았기 때문에 문학과 방술方術 쪽 인사에 편중되어 후세의 독서인으로서의 선비와 비슷했다. 선비는 정치에 종사하고 관리가 될 수 있는 인재였다.

자공은 어떻게 해야 선비, 즉 정치에 종사하고 관리가 될 만한 인재라고 할 수 있는지를 물었다. 공자는 또 세 가지 조목으로 말했다. 하나는 자신의 신분과 명예를 중시하고 부끄러워할 줄 알며, 각국에 사신으로 가서는 군주로부터 부여받은 사명을 더럽히지 않는 것이다. 다른 하나는 종족과 마을에서 효도와 우애로 이름이 나는 것이다. 마지막 하나는 신용을 중시하는 것이다. 그러나 말에는 반드시 믿음 있어야 하고 행동에는 과단성이 있어야 하는 것은 소인의 신조이다. 따라서 믿음은 비교적 아래쪽 조목에 속한다. 그는 당시의 정치인들은 대부분 그릇이 작은 "쩨쩨한 사람斗筲之人"으로서 앞에서 든 기준에 아예 미치지도 못한다고 말했다.

"쩨쩨하다"에 해당되는 원문인 "두소斗筲"의 "두斗"는 국자 모양으로 생긴 양을 재는 도구로 10승升을 담을 수 있다. 진량秦量에는 1두, 1/3두, 1/4두, 1승 등 여러 종류가 있었는데, 모두 사각형 혹은 타원형으로 만들었다. 이것들은 동기銅器이다. 도기陶器는 흔히 원형으로 제작되었다. "소筲"는 5승을 담을 수 있으며, 글자는 대 죽竹 부에 속하고, 본래는 죽기竹器였지만, 출토된 것은 오직 초나라에서 제작한 동기뿐이다. 초나라의 동량銅量은 모두 청동으로 제작되었으며, 통 모양의 잔에 고리로 된 손잡이가 달려 있는데, 서양인들이 머그mug라고 부르는 물잔과 좀 비슷하다.(중국에서도 사용했다. 과거에는 법랑 재질로 만들어 무척 얇았는데, 현재는 자기로 만들어 아주 두껍다.) 예를 들어 1976년 안후이성安徽省 펑타이현鳳臺縣에서 출토된 영대부동량郢大府銅量에는 "영대부지○소郢大府之○筲(筲)"라는 명문이 있다. 바로 "소筲"라는 이름을 쓰고 있는데, 5승이 들어간다. 한대漢代의 기물은 진나라와 초나라의 것을 섞어 사용했다. 한대의 양기에도 두 종류가 있는데, 한 가지는 두작식斗勺式이고, 다른 한 종류는 환이통형배식環耳筒形杯式이다. 이밖에 이 두 가지를 절충한 것이 몇 가지 더 있다.

마지막으로 자공은 오늘날 정치인들은 어떤지를 물었다. 공자는 에잇, 모두 "쩨쩨한 사람이야"라고 하면서 입에 올릴 가치도 없다고 말했다. "두소斗筲"는 몇 끼 밥 분량만 담을 수 있는 그릇이다. 원문 "두소지인斗筲之人"은 "그릇이 작다"는 뜻이다. 「팔일」 3.22를 참조하기 바란다.

자공이 선비에 대해 물었다

13.21

스승님께서 말씀하셨다.
"중도를 실천하는 사람과 함께할 수 없다면 반드시
광자狂者나 견자狷者와 함께해야 할 것이다. 광자는 진취적이고,
견자는 하지 않는 것이 있다."

子曰, 不得中行而與之, 必也狂狷乎. 狂者進取, 狷者有所不爲也.

"중도를 실천하는 사람"에 해당되는 원문인 "중행中行"은 분수에 맞는 행위, 즉 중용의 행위이다.

"광狂"은 행위가 지나치게 과격하고 대단히 진취적인 사람이다.

"견狷"은 세속에 물들지 않고 일신을 깨끗이 하며, 몸을 사리면서 많은 일을 감히 하지 못하는 사람이다.

공자는 만약 첫 번째 종류의 사람과 친구가 될 수 없다면, 오직 나중의 두 종류의 사람과 사귈 수밖에 없지 않느냐고 말했다. "광狂"은 지나친 것이고, "견狷"은 미치지 못한 것이며, 지나친 것과 미치지 못한 것은 같다. 그는 모두 찬성하지 않았고, 중용의 행위만 찬성했다. 유보남劉寶楠은 『맹자』「진심하」에 이 문단에 대한 해석이 있다고 지적했다.[15] 맹자는 공자가 의미하고자 한 것은 중용을 실천하는 사람과 사귀지 못한다면 광자와 사귀며, 광자와 사귀지 못한다면 견자와 사

권다는 것이라고 설명했다. 양보쥔은 맹자의 말이 꼭 공자의 본래 의도에 부합하는 것은 아니지만, 참고할 만하다고 말했다.[16]

장중싱張中行(중국 현대 문학가)이라는 이름은 이곳에서 이름을 따온 것이다.

중용의 행동은 쉽지 않다

13.22

스승님께서 말씀하셨다.
"남쪽 사람이 하는 말 중에 '사람으로서 한결같은 마음이 없다면 복서卜筮로도 점을 칠 수 없다'라는 것이 있다. 좋은 말이다. 덕을 한결같이 유지하지 않으면 치욕을 당할 수도 있다."
스승님께서 말씀하셨다.
"차라리 점을 치지 않겠다."

子日, 南人有言日, 人而無恒, 不可以作巫醫. 善夫. 不恒其德, 或承之羞. 子日, 不占而已矣.

공자의 말을 아마도 축약해서 기록한 것 같다. 원래는 비교적 길었을 것이다. 『예기』 「치의」 마지막 장(제23장)에 이와 비슷한 말이 있는데, 다음과 같이 기록되어 있다. "남쪽 사람 사이에는 '사람으로서 한결같은 마음이 없다면 복서卜筮로도 점을 칠 수 없다'는 말이 있는데, 옛날부터 내려오던 말일 것이다. 구서龜筮조차도 알 수 없는데, 사람이 어찌 알겠는가? 『시경』에서는 '내 거북이 싫어해서 나에게 점괘를 말해주지 않는다'라고 했고, 「열명」 편에서는 '악덕을 행하는 사람에게 벼슬을 줘서는 안 된다. 그렇지 않으면 백성들이 그들을 본보기로 삼을 것이다. 그들은 빈번하게 신에게 제사할 터인데, 이는 신에 대해 매우 불경한 짓이다. 그런 일이 빈번하게 일어나면 예가 혼란해지고, 귀신을 섬기더라도 복을 얻기 어려워진다'라고 말했으며, 『역경』에서는 '덕을 한결같이 유지하지 않으면 간혹 치욕스러운 일을 겪을 것이다'라고 말했고, 또 '덕을 한결같이 유지하면서 점을 치면, 아내는 길하지만 남편은 흉하다'라고 말하기도 했다."[17] 『상박초간』과 『곽점초간』에도 「치의」 편이 있는데,[18] 글자가 그다지 똑같지는 않다. 첫째는 "남인南人"을 "송인宋人"으로 썼고, 둘째는 "무의巫醫"를 "복서卜筮"로 썼고, 셋째는 『시경』과 『역경』만 인용하고, 『서경』이나 「태명兌命」 편[19] 등에서 인용한 많은 글이 빠지고 없다.

이 글들은 이 편을 읽는 데 도움이 된다.

"남쪽 사람이 하는 말 중에"에서 "남쪽 사람"은 무엇일까? 비교적 난해하다. 공주孔注에서는 "남국의 사람"이라고 하여 어느 나라인지 확실히 가리키지 못했다. 『상박초간』과 『곽점초간』의 「치의」에서는 모두 "송나라 사람"으로 썼는데, 이는 매우 중요하다. 송나라는 노나라의 서남쪽에 있었다. 이른바 "남쪽 사람"은 송나라 사람이다. 송나라는 상나라 사람의 후예이다. 상나라 사람은 복서卜筮 등의 점치는 일에 무척 빠져 있었다. 『한서』 「예문지·수술략數術略」의 수술략數術略의 시구류蓍龜類에 『남구서南龜書』 28권과 『하구夏龜』 26권이 나란히 열거되고 있는데, 이것이 바로 송나라 사람에 의해 전해진 책으로 점치는 방법에 관한 것이었을 것이다.

"사람으로서 한결같은 마음이 없다면 복서卜筮로도 점을 칠 수 없다"에 대해 「치의」에서는 "옛날부터 내려온 말"일 것이라고 말했다. 원문의 "무의巫醫"는 「치의」 편이 있는 여러 판본에서는 모두 "복서卜筮"로 쓰고 있다. 복서는 수술數術(천문, 역법, 점복 등의 학술)이고, 무의는 방기方技(의술, 점술 등의 기술)로서 두 가지는 서로 다르다. 여기서는 "복서卜筮"로 쓰는 것이 더 좋다. 상대商代에는 복서를 특히 중시했다. 복서의 특징은 연속성이다. 매일 점을 쳐 앞뒤가 서로 연결되었는데, 그것을 전문적인 용어로 "습習"이라 불렀다. 복서는 방기에 비해 더욱 빈번하게 사용했다. 점복과 과학은 다르다. 과학은 반복률을 중시하지만, 점복은 그런 방식을 중시하지 않는다. 어떤 방법이 안 되겠다 싶으면 곧 다른 종류로 바꾸어 항상성을 유지한다. 예를 들어 『좌전』 중의 점복은 종류가 매우 많다. 복卜과 서筮를 서로 번갈아가면서 썼는데, 복이 신통하지 않으면 곧 서를 썼다. 서에는 세 가지 역이 있었기 때문에 역시 바꿔가면서 썼다. 복서에서 말하는 "항恒"은 주로 게으르지 않고 점치는 것을 지속해나가는 것을 나타낸다.

"덕이 한결같지 않으면 치욕을 당할 수도 있다"는 말은 『역경』 「항괘」에 나온다. 만약 한결같음이 없으면 치욕을 불러올 것이라는 의미이다.

"차라리 점을 치지 않겠다"는 "한결같지 않음不恒"의 원인이 다른 데 있는 것이 아니라, 오직 한결같은 마음(항심)이 없는 데 있을 뿐이며, 그런 상태에서라면 자신은 더 이상 점을 치지 않을 것이라고 말한 것이다. 공자는 복서가 하늘의 뜻과 관련이 있고, 구책龜策은 영물이며, 복서는 구책으로 반복해서 점을 치면 항상 응답을 얻을 수 있는데 하물며 사람은 더 말할 필요가 없을 것이라고 생각했다. 만약 한결같은 마음(항심)이 없으면 어떤 일도 이루어낼 수 없다는 것이다.

공자는 "한결같은 마음을 가질 것有恒"을 특별히 강조했고, 실없는 장난이나 게으름을 반대하고 중도에 그만두는 것을 반대했다. 예를 들어 「술이」 7.26에서 다음과 같이 말했다. "선한 사람을 나는 보지 못하더라도, 한결같은 사람을 볼 수 있다면, 그것으로 좋겠다. 사람은 없어도 있는 척하고, 비었으면서도 차 있는 척하고, 가난하면서도 부자인 척하니, 한결같음을 유지하기가 어렵구나!" 그는 자기 자신을 격려했고 학생들을 깨우쳤는데, 이러한 정신을 어느 곳에서나 관철시켰다.

사람은 한결같은 마음을 갖는 것이 중요하다

13.23

스승님께서 말씀하셨다.
"군자는 화해를 이루지만 동화되지 않고, 소인은 동화되지만
화해를 이루지 못한다."

子曰, 君子和而不同, 小人同而不和.

『국어』「정어」에서 "화합하면 만물을 생겨나게 할 수 있지만, 똑같은 것들끼리는 계속 발전해갈 수 없다"[20]라고 말했다. 옛날엔 서로 다르고 서로 반대되는 것만이 화해를 만들어낼 수 있고, 완전히 같은 것들은 그저 단조로운 것만 형성한다고 생각했다. 예를 들어 오음五音이 화해하여 율律이 되는데, 만약 모두 같은 음이라면 아예 계속 들을 수 없는 것과 같다. 밥도 오미五味가 조화를 이루어야 맛이 있고, 만약 매일 생선과 고기를 푸짐하게 차려놓고 먹는다면 금방 질릴 것이다.

군자는 상층에서 평등보다는 화해를 중시하고, 소인은 하층에서 화해보다는 평등을 중시한다. 「예운」에서 대동은 동에 중점을 둔다. 그러나 그것은 이상이다. 묵자는 상동尙同이지만, 공자는 상동이 아니다. 공자의 예禮는 화해를 추구하지만, 같음(평등)을 추구하지 않는다.

군자는 조화를 이루지만 동화되지 않는다

13.24

자공이 물었다.
"마을 사람이 모두 좋아하면 어떻습니까?"
스승님께서 말씀하셨다.
"그것만으로는 안 된다."
"마을 사람이 모두 싫어하면 어떻습니까?"
스승님께서 말씀하셨다.
"그것만으로는 안 된다. 마을 사람들 가운데서 선한 사람이 좋아하고, 선하지 않은 사람이 싫어하는 것만 못하다."

子貢問曰, 鄕人皆好之, 何如. 子曰, 未可也. 鄕人皆惡之, 何如. 子曰, 未可也. 不如鄕人之善者好之, 其不善者惡之.

정치가는 군중을 선동할 수 있고, 상인은 군중을 유혹할 수 있다. 선동과 유혹에 빠진 군중은 홍수와 맹수 같다. 물은 배를 띄울 수 있고, 또 배를 엎을 수 있다. 지식인은 그들을 따라 소란을 피워서는 안 된다.

민주주의의 원칙은 군중을 따르는 것이다. 그러나 군중 역시 사람이지 신은 아니다.

여론은 민의이고, 민의는 거대한 잡탕이다. 여러 사람이 떠들어대는 유언비어와 수천 명이 한꺼번에 가리키는 흑색선전 역시 똑같이 여론이다. 공자는 군중을 맹신하지 않았다.

"마을 사람"에 해당되는 원문인 "향인鄕人"은 고향 마을이나 동네 사람을 가리킨다. 고대의 군중 관계는 주로 마을 관계였다. 마을 사람들은 누가 좋으면 좋다고 말하고, 누가 나쁘면 나쁘다고 말한다. 그들의 눈이 꼭 흰 눈처럼 맑은 것은 아니다. 군중의 평가를 고대에는 여론이라 불렀다. 여론이 일률적이라고 해서 그것이 옳고 그름의 기준이 될 수 있을까? 공자는 꼭 그렇지 않다고 말했다. 사람은 집단으로 나뉘고, 군중 역시 좋은 사람과 나쁜 사람으로 나뉜다. 여론에 휩쓸리는 것보다 차라리 마을의 좋은 사람이 어떻게 말하고 나쁜 사람이 어떻게 말하는지를 살펴보는 것이 더 좋을 것이다. 만약 어떤 사람에 대해 마을의 좋은 사람이 좋다고 말하고, 나쁜 사람이 나쁘다고 말한다 해도 그 사람이 좋은 사람이라는 근거는 없는 것이다.

민의는 정치이지 진리가 아니다. 군중이 마음대로 결정해버리는 것을 결코 남용해서는 안 된다.

여론에 어떻게 대처할 것인가

13.25

스승님께서 말씀하셨다.
"군자는 모시기는 쉽지만 설득하기는 어렵다. 정당한 방법으로 설득하지 않으면 설득되지 않는다. 사람을 부릴 때는 그 사람의 그릇에 따라 시킨다. 소인은 모시기는 어렵지만 설득하기는 쉽다. 설득을 할 때 비록 정당한 방법에 따르지 않더라도 설득할 수 있다. 사람을 부릴 때는 한 사람에게서 완전무결함을 요구한다."

子曰, 君子易事而難說也. 說之不以道, 不說也. 及其使人也, 器之. 小人難事而易說也. 說之雖不以道, 說也. 及其使人也, 求備焉.

이것은 군자와 소인의 구분에 대하여 설명한 것이다.

"모시다"와 "부리다" 각각에 해당되는 원문 "사事"와 "사使"는 같은 어원의 글자로서 고문자 자료에서 볼 때 모두 "이吏"자에서 갈라져 나온 것이다. 아랫사람이 윗사람을 받드는 것을 "사事"라 하고, 윗사람이 아랫사람을 부리는 것을 "사使"라고 하는데, 양자는 서로 대립적이다. 두 개의 "설說"자를 옛 주석에서는 모두 "열悅"로 읽었으나, 청대의 모기령毛奇齡은 말씀 설說자로 읽어야 한다고 지적했다.(『논어계구편論語稽求篇』)[21]

공자의 생각은 군자를 모시기는 쉽지만, 그를 설득하는 것은 오히려 어렵다는 것이다. 왜냐하면 말하는 내용이 사리에 맞지 않으면 감히 설득할 수 없기 때문이다. 그는 관용으로 아랫사람을 대하며, 항상 사람을 잘 파악하고서 일을 맡긴다. 소인을 모시는 것은 어렵지만, 그를 설득하는 것은 오히려 쉽다. 왜냐하면 말하는 내용이 사리에 맞지 않더라도 설득할 수 있기 때문이다. 그는 아랫사람을 가혹하게 대하고, 항상 완전무결함을 요구한다.

군자와 소인 1

13.26

스승님께서 말씀하셨다.
"군자는 자존감이 높지만, 잘난 체하지 않고,
소인은 잘난 체하지만, 자존감이 없다."

子曰, 君子泰而不驕, 小人驕而不泰.

"잘난 체하다"와 "자존감으로 번역한 "교驕"와 "태泰"를 옛날 책에서는 하나의 단어로 붙여 썼는데, 합성어가 되었다고 해도 차이는 크지 않은 것 같다. 교驕는 교만이고 태泰는 사치이며, 모두 부정적인 의미를 지니고 있고, 두 글자를 합하면 오늘날 유행하는 "굉장하다"는 말과 가장 유사하다. 그러나 공자는 오히려 "군자는 자존감泰이 높지만, 잘난 체하지驕 않고, 소인은 잘난 체驕하지만, 자존감泰이 없다"라고 말했다. 교驕를 나쁜 뜻을 지닌 말로, 태泰를 좋은 뜻을 지닌 말로 사용했는데, 몹시 이상하다.

공자의 이 말은 문자의 유희, 언어의 변형이 아닐까 하는 의심이 든다. 옛날 책 가운데 "교驕"는 완전히 부정적인 의미를 지니고 있지만, "태泰"는 오히려 꼭 그렇지는 않다. 그 글자의 본래 의미는 '크다大'는 것이고, 확장된 의미는 '통하다通' '넓다寬' '편안하다安' 등의 뜻이 있는데, 모두 좋은 의미를 지닌 말들이다. 공자는 아마도 태泰자에 새로운 의미를 부여한 것 같다. 예를 들어 크다는 의미의 대大 혹은 편안하다는 의미의 안安의 의미를 부여한 것 같다. 즉 태泰는 자신을 높이는 것이지 잘난 척하는 것이 아니거나 혹은 태연자약하고 자기가 처한 상황을 편안하게 받아들이는 것 등의 의미로 쓴 것 같다. 따라서 "군자태이불교君子泰而不驕"는 자존감을 가지면서도 다른 사람에 대해서는 결코 오만하지 않는 것이다. "소인교이불태小人驕而不泰"는 다른 사람에게 오만하지만, 자존감이 없는 것이다.

군자와 소인 2

13.27

스승님께서 말씀하셨다.
"강하고, 굳세고, 질박하고, 어눌한 사람이 인에 가깝다."

子曰, 剛毅木訥, 近仁.

"강剛"은 강직하고 욕망에 의해 움직이지 않는 것이다. 『논어』에서 "강剛"은 "욕欲"과 상반되고, 그것은 무욕의 결과이다. 예를 들어 공자가 신정申棖을 평가할 때 "신정은 욕심이 있는데, 어찌 강하다고 할 수 있겠나"[22]라고 말한 것이 그것이다. 무욕하고 무슨 일을 하든 자기에게서 구하고 다른 사람에게서 구하지 않으면, "부귀도 그의 행실을 문란하게 할 수 없고, 빈천도 그 뜻을 바꿀 수 없다."[23]

"의毅"는 굳센 것으로 어떤 위협에도 머리를 숙이려 하지 않는 것이다. 맹자는 "부귀도 그의 행실을 문란하게 할 수 없고, 빈천도 그 뜻을 바꿀 수 없으며, 무력으로도 그의 의지를 꺾을 수 없는데, 이것이 대장부다"[24]라고 말했는데, "부귀도 그의 행실을 문란하게 할 수 없다"는 것과 "빈천도 그 뜻을 바꿀 수 없다"는 것은 "강함剛"이고, "무력으로도 그의 의지를 꺾을 수 없다"는 것은 "굳셈毅"이다.

"목木"은 눈빛에 생기가 없고 얼굴에 표정이 없는 것으로서 "아부하는 표정令色"과 "엄숙한 척 꾸민 표정色莊" 등과 상반된다. "아부하는 표정"은 겉모습을 꾸미는 것이고, "엄숙한 척 꾸민 표정"은 일부러 침울한 척하는 것이다.

"눌訥"은 말이 더디고 표현이 졸렬한 것으로 "교묘한 말巧言"과 상반된다. "교묘한 말"은 감언이설과 능수능란한 말솜씨로서 "영佞"이라고도 한다.[25]

이 네 글자에서 "강함剛"과 "굳셈毅"이 한 짝이고, "질박함木"과 "어눌함訥"이 한 짝이며, 모두 이어서 말할 수 있다. 강함과 굳셈은 좋은 의미를 지닌 낱말이지만, 질박함과 어눌함은 그와는 달리 부정적인 의미를 지니고 있으며 다른 사람에게 미련하다는 인상을 풍긴다. 그러나 공자는 "교묘한 말과 아부하는 표정"을 싫어했고[26] 질박함과 어눌함을 좋아했는데, 그가 이 두 글자를 쓸 때는 칭찬하는 것이다.

"인仁"은 공자에게 있어서 가장 높은 도덕적 기준이다. 공자가 "강하고, 굳세고, 질박하고, 어눌한 사람이 인에 가깝다"고 말했다는 점을 가볍게 생각해서는 안 된다. 뜻을 이룬 그의 제자들은 특히 덕행과에 속하는 제자들이었고, 기질적으로 모두 조금 우둔했다는 점을 알아야 한다.

아주 고지식해야만 군자답다

13.28

자로가 물었다.
"어떻게 하면 선비라 할 수 있습니까?"
스승님께서 말씀하셨다.
"서로 독려하고 서로 화목하게 지낸다면 선비라고 할 수 있을 것이다.
친구 사이에는 서로 독려해주고,
형제 사이에는 화목하게 지낸다."

子路問曰, 何如斯可謂之士矣. 子曰, 切切偲偲, 怡怡如也, 可謂士矣.
朋友切切偲偲, 兄弟怡怡.

앞의 13.20에서 자공 역시 같은 문제로 질문한 적이 있다. 자공은 외교관의 자질이 있었다. 그래서 공자가 그에게 말한 것은 "자기 행위에 대해 부끄러워할 줄 알고, 다른 나라에 사신으로 가서는 군주로부터 부여받은 사명을 더럽히지 않는 것"이었다. 여기서 한 대답은 그와 다르다. 자로는 성격이 좋지 않았다. 공자는 그의 단점을 바로잡아주고 싶어했고, 그로 하여금 성깔을 고치게 하고 군중과 좋은 관계를 유지하도록 하려고 했다. 그 때문에 그에게 말한 것은 모두 그저 서로 좋게 지내라는 내용이었다.

"서로 독려하고"에 해당되는 원문 "절절시시切切偲偲"는 친구 사이의 관계를 형용한 말이다. 『광아』 「석고」에서는 "절절切切"을 "경敬"을 나타내는 낱말 그룹에 배치했고, 왕염손은 『광아소증廣雅疏證』에서 "절절切切"과 "시시偲偲"를 모두 '공경하다敬'의 의미라고 생각했다.

"서로 화목하게 지낸다"에 해당되는 원문 "이이怡怡"는 화목하고 즐겁다는 의미로 형제 사이의 관계를 형용할 때 쓴다. 친구 간의 정은 우정이고, 형제간의 정은 혈육의 정이며, 두 가지는 서로 뒤바꿔서 쓸 수 없다. 친구 사이에는 오직 정중하고 예의를 차릴 뿐이지만, 형제간에는 친밀하고 다정하게 지낼 수 있는 것이다. 공자는 친구 및 형제와 잘 지낼 수 있는 사람만이 "선비"라는 이름에 어울린다고 생각했다.

"친구"는 학우, 동업자, 동료 등 사회관계에 속한다. "형제"는 동족, 같은 항렬 등으로 혈연관계에 속한다. 고대의 이런 말, 즉 "절절切切" "시시偲偲" "이이怡怡" 같은 말들은 본래 모두 매우 흔히 쓰인 보통의 말이었지만, 오늘날 읽을 때는 그 의미를 분명하게 알 수 없고, '사전류雅書'의 해석 부분과 경전의 주소注疏를 찾아보아야 한다.

자로가 선비에 대해 물었다

13.29

스승님께서 말씀하셨다.
"선인善人이 백성을 7년 가르치면 역시 전쟁에
내보낼 수 있을 것이다."

子曰, 善人教民七年, 亦可以卽戎矣.

"선인善人"은 통치자이고 "즉융卽戎"은 민을 전쟁에 투입하는 것이다. 『공양전』 환공 6년에서는 가을 8월 임오壬午에 노나라에서 대대적인 열병식을 거행했다는 것을 언급했는데, 하휴의 주에서는 "그러므로 매년 보병을 사열하는 것을 수蒐라고 부르고, 3년마다 전차병을 사열하는 것을 대열大閱이라 부르고, 5년마다 전차병과 보병을 대대적으로 사열하는 것을 대수大蒐라고 한다"라고 해석했다. 즉 보병 훈련은 매년 한 번 하고, 전차병 훈련은 3년에 한 번 하고, 보병과 전차병의 합동 훈련은 5년에 한 번 한다는 것이다. 당시 군대 훈련은 시간이 많이 들어 실전에서 요구되는 수준에 도달하기 위해 공자는 7년이라는 시간이 필요하다고 말했다. 이 장은 사료적인 가치가 매우 크다. 다음 장도 백성들의 전투 교육 문제를 이야기하고 있다.

공자의 군사론 1

13.30

스승님께서 말씀하셨다.
"훈련시키지 않은 백성들을 데리고 전쟁하는 것을
백성을 버리는 것이라고 한다."

子曰, 以不敎民戰, 是謂棄之.

"훈련시키지 않은 백성들을 데리고 전쟁하는 것"에 해당되는 원문 "이불교민전以不敎民戰"은 "以 / 不敎民 / 戰"으로 끊어 읽어야 한다. "이以"는 '쓰다用'는 의미이고, "불교민不敎民"은 하나의 단어로 군사훈련을 받은 적이 없는 일반 백성들을 가리킨다. 훈련을 받은 사병을 "연사練士" 혹은 "교졸敎卒"이라 불렀고, 훈련을 받지 않은 사람을 "구중驅衆" 혹은 "백도白徒"라 불렀다. 옛날 책에서 인용한 글에는 "이以"자를 없애버리고 "불교민전不敎民戰"이라고 쓴 경우가 있는데, 의미가 완전히 바뀌어 일반 백성들에게 전투하는 것을 가르치지 않는다는 뜻이 되어버린다. 옛날 사람 말에 "세 계절 동안 농사에 힘쓰고, 한 계절에는 무술을 익힌다"는 것이 있는데, 겨울 농한기 때 사냥하는 방식을 써서 백성들에게 전투를 가르쳤다. 공자는 군사훈련을 매우 중시하여, 훈련을 받은 적이 없는 일반 백성들을 데리고 전쟁하는 것은 그들을 헛되이 죽음으로 몰고 가는 것과 같다고 생각했다. 그렇게 하는 것은 "불인不仁"이다. "선인善人"은 인인仁人이기 때문에 당연히 그렇게 할 수 없다.

공자의 군사론 2

이 두 문장은 군사 문제를 이야기한 것이다.

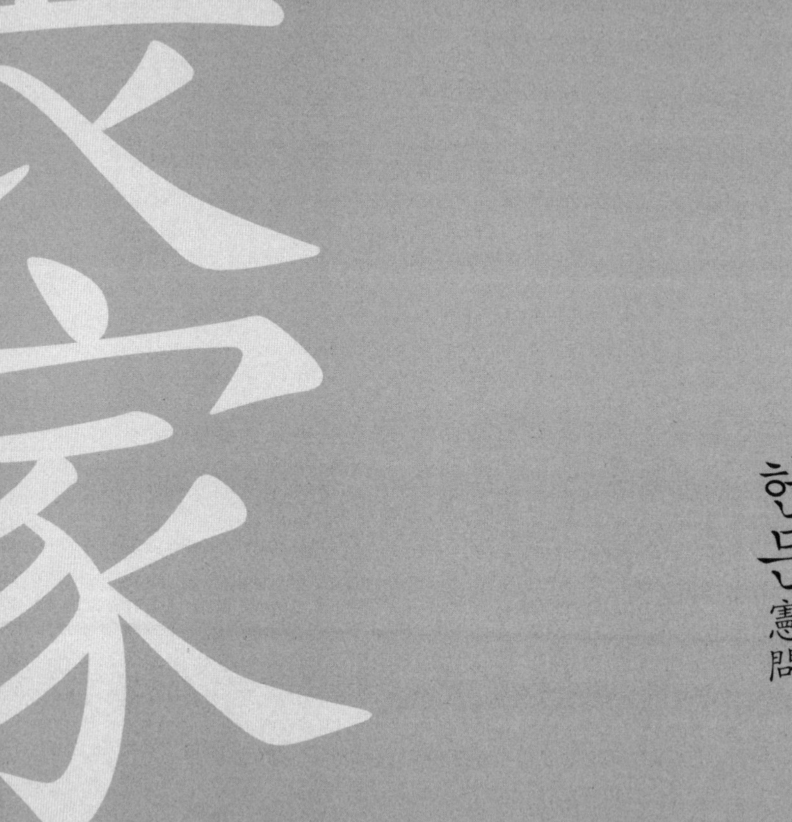

제14편 헌문 憲問

이 편은 인물에 대한 품평을 위주로 하고 있다. 공자가 인물 및 제자들을 품평한 것은 「공야장」과 「선진」에 많이 보인다. 정치적 요인에 대한 것은 이 편에 많이 보인다. 이들 정치적 인물은 춘추 시대에 살았던 사람이 많고, 어떤 사람은 공자와 동시대의 인물이며, 어떤 사람은 공자보다 이른 시기의 인물이다.

14.1

원헌原憲이 부끄러움에 대해 물었다.
스승님께서 말씀하셨다.
"나라에 도가 있어도 녹봉을 타먹고, 나라에 도가 없는데도
녹봉을 타먹는 것이 부끄러운 것이다."
"승부욕, 자기 자랑, 남에 대한 원망, 탐욕스러움 등을
행하지 않는다면, 어질다고 할 수 있습니까?"
스승님께서 말씀하셨다.
"실천하기 어렵다고 할 수는 있겠지만,
어질다고 할 수 있을지는 모르겠다."

憲問恥. 子曰, 邦有道, 穀. 邦無道, 穀, 恥也. 克伐怨欲不行焉, 可以爲仁矣.
子曰, 可以爲難矣, 仁則吾不知也.

"헌憲"은 원헌原憲이고, 자는 자사子思, 즉 「옹야」 6.5에서 나온 "원사原思"이다. 여기서는 이름을 불렀다. 예전에는 이것을 원헌 자신이 기록한 말이라고 했는데, 꼭 그렇지는 않다.

원헌은 두 가지를 물었다. 하나는 부끄러움이고, 또 하나는 인이다.

부끄러움에 대한 물음에 공자는 세상의 도가 좋든 나쁘든 상관하지 않고 그저 관직에 있으면서 녹봉을 가져가는 것이 부끄러워할 만한 일이라고 대답했다.

공자의 처세의 도리는 관리가 될 수 있으면 반드시 관리가 되는 것이며, 관리가 될 수 없으면 은퇴하는 것이다. 기회를 놓쳐서는 안 되고, 원칙을 망각해서도 안 되며, 남은 목숨을 잃어버려서도 안 된다. 지조를 잃어도 안 되고, 굶어 죽어도 안 되며, 감옥에 웅크리고 앉아 있어도 안 된다. 그는 세상의 도가 좋으면 나와서 관리가 되고 녹봉을 받아가는 것이 당연한 이치지만, 세상의 도가 좋지 않으면 권력자에 협력하여 녹봉을 받아가는 것은 부끄러운 짓이라고 생각했다. 그 어르신은 조금도 어리석지 않았다. 세상의 상황이 좋은가 좋지 않은가를 먼저 시험해보고, 정치에 종사할 기회가 있기만 하면 결코 포기하지 않았다. 그러나 시험해보아서 맞지 않다는 생각이 들면 목숨을 걸고 강경하게 맞서는 것이 아니라 사람 앞에 공공연히 얼굴을 드러내지 않고, 말도 조심히 하면서 자기를 잘 보호하는 것이다. 예를 들어 사소한 것에도 몹시 조심하고 신중한 남용南容이 날마다 "맑고 흰 구슬에도 티가 있네白圭之玷"라는 시를 암송했고, 공자는 "나라에 도가 있으면 그는 버려지지 않을 것이며, 나라에 도가 없더라도 형벌이나 죽음을 면할 것이다"라고 그를 매우 칭찬하면서 그의 형의 딸을 그에게 시집보냈다.[1]

『논어』에는 비슷한 말이 다음과 같이 더 있다.

"나라에 도가 있으면 말을 곧게 하고 행동을 곧게 하며, 나라에 도가 없으면 행동을 곧게 하면서 말은 공손하게 한다."[2]

"나라에 도가 있으면 벼슬에 나아갔고, 나라에 도가 없으면 뜻을 접어 속에 품고 있을 줄 알았다."[3]

인에 대해 물으면서 원헌은 승부욕, 자기 자랑, 남에 대한 원망, 탐욕스러움이라는 네 가지 큰 단점을 극복한다면 인이라고 부를 수 있느냐고 했다. 공자는 그것이 어려운 일이라고는 할 수 있지만, 아직 인이라고 할 수 없다고 말했다. 극克은 승부욕이 강한 것이고, 벌伐은 자화자찬하는 것이고, 원怨은 불평불만을 늘어놓는 것이고, 욕欲은 탐욕스러운 것이다. 이 네 가지 큰 단점을 극복한다는 것은 어려운 일이다. 그러나 모두 '선하지 않은 것不善'을 행하지 않는 정도에 속하고 아직 선은 아니다. 그래서 공자는 인이라고 하기에는 아직 부족하다고 말했다.

나는 이 장을 읽을 때 "곡穀"자에 대해 가장 큰 흥미를 느낀다. 지식인이 무엇을 해서 밥을 먹고 사는가 하는 문제는 매우 중요하다. 내친 김에 몇 마디 해보자.

"곡穀"은 바로 녹봉이고, 후대에는 그것을 "신수薪水"[4]라 불렀으며, 현재는 "임금工資"이라고 부른다. 중국 고대에는 정부에서 하급 관리로 일하는 사람에 대한 임금을 모두 녹미祿米로 지급하도록 규정했다. 따라서 벌어들이는 것은 소미小米, 즉 좁쌀이지 돈이 아니었다. 나중에 반은 돈으로 반은 곡식으로 지급하는 방식으로 발전했지만, 그래도 아직 쌀을 가지고 계산했다. 중국에서는 1950년대에 군대 간부와 군대에서 전역하여 지방 간부로 간 사람에 대해서는 모두 현물 공급제를 시행했는데, 진한대秦漢代와 매우 비슷했다. 당시의 돈은 무척 가치가 없었기 때문에 1만원이 나중의 1원과 같았고, 금과 식량이 가장 값이 나갔다. 간부들이 벌어들인 것은 좁쌀이고, 문화재를 헌납하면 상품으로 주는 것도 좁쌀이었다. 예를 들어 현재 중국국가박물관에 소장되어 있는 괵계자백반虢季子白盤은 1950년에 헌납받은 것인데, 당시에 좁쌀 한 무더기를 상품으로 주었다. 나중에 월급제가 시행되자 군에서 퇴역하여 지방 간부가 되거나 간부가 기타 직장으로 옮기거나 혹은 기타 직장에서 간부로 옮길 때 30등급으로 나누어졌는데, 진한의 이십등작二十等爵(벼슬의 등급을 20등급으로 나눔)과 비슷했다. 진한의 이십등작은 군대에서 시작하여 문관에게까지 확대되었다. 이러한 제도의 기초 중의 기초가 된 것은 사병의 식량이다. 고대 사병의 매끼 식사의 기준은 1/2말(반식), 1/3말(3식), 1/4말(4식), 1/5말(5식), 1/6말(6식) 등 다섯 등급으로 나누어졌고, 하루에 두 끼를 먹었으며, 하루에 기껏해야 한 말을 먹었다.[5] 녹봉 역시 "말斗"을 기초로 하고 있다. 월신제月薪制를 채택한 것을 옛날 사람은 "월식月食"이라 불렀다. 관리 중에서 가장 낮은 1급은 "두식리斗食吏"라 불렀고 매일 1말 2되, 매월 36말을 봉급으로 받았는데, 1년이 끝나도 100석을 채우지 못했다. 지위가 높은 관리의 월급은 100석부터 시작했고, 가장 높은 관리의 월급은 1만 석까지 이를 수 있었다. 그들의 녹봉은 모두 석石(용량을 재는 단위, 1석은 10말)으로 계산했다. 1석은 2곡斛이고, 2곡은 10말이며, 100석은 2000말이다. 도연명이 팽택령彭澤令으로 있을 때 오두미五斗米, 즉 다섯 말의 쌀 때문에 허리를 굽실거리려고 하지 않았다. 오두미도五斗米道의 회비 역시 다섯 말의 쌀이었다. 도우道友들이 함께 모이면 그저 열 사람에게 조금씩 얻어 모아 한 끼를 해결할 수밖에 없었고 또 밥만 먹고 반찬은 먹지 못했다. 백이와 숙제는 주나라의 곡식을 먹지 않았다는데, 사실은 관리가 되지 않은 것이다. 체면 있는 사람이 관리가 되지 않으면 무엇을 먹고 살까? 만약 저축이나 혹은 부정기적인 특별한 수입이나 혹은 다른 사람의 도움을 받지 않는다면 그저 굶어 죽을 수밖에 없다.

공자의 수입은 어땠을까? 그 역시 흥미로운 문제이니 한번 연구해 보기로 하자. 당시에 그가 제나라에 가서 일자리를 찾을 때 제나라 경공은 "계씨와 맹씨의 중간季孟之間"으로 대우해주는 것,[6] 즉 그에게 상경上卿과 하경下卿 중간에 해당되는 업무를 주려고 고려한 적이 있었는데, 실제로는 거절할 핑계를 찾으려는 것이었다. 공자는 노나라에서 대사구를 지냈는데, 그것은 대부 1급이었다. 그의 수입이 어느 정도였는지 사마천은 「공자세가」에서 한 가지 견해를 내놓았다. 공자가 위나라 영공을 만났을 때 영공은 공자에게 노나라에 있을 때 얼마를 받았는지 물었고, 공자는 "봉속육만奉粟六萬"이라고 대답했으며, 위나라에서는 그에게 6만을 주었다. 이 "봉속육만"은 얼마나 될까? 예전에는 아마도 6만 말의 소미(좁쌀)였을 것이라고 추측했다. 6만 말의 소미는 어떤 개념일까? 한대의 기준에 따르면 바로 3000석이다. 한대의 관질官秩(직위나 등급에 따른 녹봉)에서 가장 높은 1급은 1만 석이고, 1만 석 아래는 2000석이었다. 이 정도의 대우는 낮지 않다. 그러나 그것은 공자가 관직에 있을 때의 대우이고, 관직을 맡지 않았을 때는 무엇으로 먹고 살았을까? 제자들이 첫 인사 때 가져오는 예물(3만 개의 육포)이었을까? 제자들의 헌납(어떤 집에는 돈이 많았고, 어떤 제자는 관리여서 녹봉이 있었다)에 의지하고 있었을까? 자기가 관직에 있을 때 모아두었던 돈이 있었을까? 관에서 보조금을 받았을까? 알 수 없다.[8]

원헌이 부끄러움과 인에 대해 물었다

14.2

스승님께서 말씀하셨다.
"선비로서 집 안에 편안히 있기를 바란다면
선비가 되기에 부족하다."

子曰, 士而懷居, 不足以爲士矣.

공자는 몹시 세속적인 사람이다. 그가 학문을 하고 사람을 가르친 것은 모두 관리가 되는 것과 관련이 있지만, 집에서 기다리면 저절로 관직이 직접 내려지기를 기다리는 귀족 자제와는 달랐다. 그는 자신의 능력에 의지하여 스스로 일자리를 찾았다.

전국 시대의 선비士는 모두 "유사游士"로서, 특징은 바로 "유游", 즉 유학游學하고 유세遊說하면서 사방으로 뛰어다녔고, 또 국제적으로 어지럽게 뛰어다녔던 데 있다. 그 어르신도 직접 주유열국하면서 도처로 유랑했다. 『한서』 「유림전」에서는 공자가 "72여 명의 군주를 만나 관직을 구했다"고 말했는데, 이것은 과장이다. 고대에 여행은 쉽지 않았고, 그는 한평생 그의 발자국이 [오늘날의] 산둥山東과 허난河南 두 성을 벗어난 적이 없고, 노나라를 제외하고는 그저 주周나라, 제齊나라, 송宋나라, 위衛나라, 조曹나라, 정鄭나라, 진陳나라, 채蔡나라, 초楚나라에 갔을 뿐이다. 벼슬을 한 나라는 특히 노나라, 위나라, 진나라밖에 없었다. 그러나 일자리를 찾고 찾고 또 찾았다. 제나라에서는 자리가 없었고, 노나라에서는 속이 몹시 상했고, 위나라와 진나라에서는 더욱더 실망했다. 한 바퀴 돌고 나서 결국 원래의 장소로 돌아왔지만, 스스로 일자리를 찾아나서는 풍조는 그로부터 시작되었다. 「유림열전」에서는 공자가 죽은 뒤 "70명의 제자가 흩어져 제후들에게 유세했고, 크게는 경상卿相과 사부師父가 되었고, 작게는 사대부와 교유했으며, 혹은 은둔하여 나타나지 않았다"고 말했다. 그의 제자 가운데 "은둔하여 나타나지 않아" 이름을 낼 수 없었던 사람을 제외하고, 나머지 두 종류의 사람은 세상과 영합하여 크게 환영받았다.

공자는 인재의 유동을 제창했다. 그는 "선비"가 만약 "집 안에 편안히 있기를 바라"면서 "문 밖을 나가는 것보다 집에 있는 것을 더 좋아한다면" "선비"라는 이름에 걸맞지 않다고 말했다. 그러나 위에서 말했듯이 그는 일자리를 찾을 때 무조건 찾지 않았고, 자신에게 어울리지 않으면 발길을 돌려 바로 그곳을 떠났다. 그는 자신의 제자들보다 더 괴팍했고, 평생 돌아다니면서도 결국 자신에게 맞는 일자리를 찾지 못했다. 68세 이후로 그는 철저하게 포기했다.

떠돌이 선비

14.3

스승님께서 말씀하셨다.
"나라에 도가 있으면 말을 곧게 하고 행동을 곧게 하며, 나라에 도가 없으면 행동을 곧게 하면서 말은 공손하게 한다."

子曰, 邦有道, 危言危行. 邦無道, 危行言孫.

"위危"는 글자 그대로 보면 분명히 "손孫"(겸손할 손遜으로 읽음)과는 상반된다. 포주包注에서는 여厲로 풀이했고, 『정주』에서는 고高로 풀이했다. 주주朱注에서는 "위危"를 높고 험준한 것, "손孫"을 저열하고 공손하고 고분고분한 것으로 풀이했다. 일반적으로 앞의 것은 언행이 격렬한 것을 형용하고, 뒤의 것은 유순하다는 의미로 이해한다. 그러나 『광아』「석고 1」에서는 "위危"자를 "단端" "직直" "공公" "정正" 등의 글자와 같은 종류로 분류하고 나서 "올바른 것이다正也"라고 풀이했는데, 왕염손의 『광아소증廣雅疏證』 1권에서는 이것을 인용하면서 "위危"는 '바르다'의 의미라고 보았다. 나는 보다 정확하게 말하면 여기서 말한 "위危"는 '곧다直'는 의미라고 생각한다. 예를 들어 「위영공」 15.7에서 "나라에 도가 있으면 화살처럼 곧았고, 나라에 도가 없어도 화살처럼 곧았다"라고 말했는데, 바로 "화살矢"을 가지고 '곧음直'을 비유했고, 『한서』「가손지전賈捐之傳」에 대한 안사고顔師古의 주와 『후한서』「당고전

黨錮傳」의 이현李賢의 주에서도 "위언危言"을 직언直言, 즉 곧은 말로 해석했다.

옛날 사람은 난세에는 "팽팽한 줄처럼 곧으면 죽음의 길이 곁에 있고, 갈고리처럼 굽히면 오히려 제후에 봉해지네"[9]라고 말했는데, 이 말은 동요에서 인용한 것으로 오늘날의 말로 하면 "알랑방귀 뀌는 사람은 세상을 휘젓고 다니지만, 정직한 사람은 한 발자국도 떼기 힘들다"는 의미가 될 것이다. 공자의 처세철학은 사람은 마땅히 곧은 방법으로써 다른 사람을 섬겨야 하지만, 세상에 도가 있는 경우와 도가 없는 경우의 처신 방법이 같지 않다. 세상에 도가 있으면 곧은 말을 하고 곧게 행동하고, 도가 없으면 행동은 곧게 할 수 있지만, 말은 그렇게 해서는 안 된다. 말은 반드시 조심하고 신중하여 가능한 한 후퇴하여야 한다. 난세에 대한 공자의 태도는 매우 현실적이지만, 더러운 패거리들과 함께 물드는 것이나 세상과 영합하는 것 등에 대하여 그는 긍정하지 않았다. 그러나 위험 속으로 뛰어든다거나, 고집스럽게 굶어 죽는다거나, 감옥 속에서 웅크리고 있거나 하는 것 등에 대해서도 그는 찬성하지 않았다.

난세에는 말하는 데 신중해야 한다

14.4

스승님께서 말씀하셨다.
"덕이 있는 사람은 반드시 말을 하지만, 말을 하는 사람이라고 해서 반드시 다 덕이 있는 것은 아니다. 어진 사람은 반드시 용기가 있지만, 용기가 있는 사람이라고 해서 반드시 다 어진 것은 아니다."

子曰, 有德者必有言, 有言者不必有德. 仁者必有勇, 勇者不必有仁.

노나라의 숙손표叔孫豹와 진나라의 범선자范宣子가 "죽은 후에도 영원히 남아 있을 것"이란 어떤 것인가에 대해 토론을 벌인 적이 있다. 범선자는 귀족이 대대로 녹봉을 받는 것이 바로 영원한 것이라고 생각했고, 숙손표는 그에 동의하지 않으면서 이렇게 말했다. "저는 '최상은 덕행을 쌓는 것이고, 그다음은 업적을 세우는 것이고, 그다음은 훌륭한 말을 남기는 것이다'라고 들었습니다. 이런 것들은 오랜 세월이 흐르더라도 없어지지 않으니 이것을 영원한 것이라고 합니다."[10] 공자는 "덕"을 "말" 앞에 놓았다. "인"과 "용기"의 관계에 대해서도 "인"을 "용기" 앞에 두었다.

덕과 말과 인과 용기

14.5

남궁괄이 공자에게 문제를 내놓았다.
"예羿는 활을 잘 쏘았고, 오奡는 배를 밀고 다녔지만
모두 제 명에 죽지 못했습니다. 우임금과 직稷은
몸소 농사를 지었는데도 천하를 차지했습니다."
스승님께서는 아무 대답도 하시지 않았다.
남궁괄이 나가자 스승님께서 말씀하셨다.
"이 사람은 군자로구나. 이 사람은 덕을 숭상하는구나."

南宮适問於孔子日, 羿善射, 奡盪舟, 俱不得其死然. 禹稷躬稼而有天下. 夫子不答.
南宮适出, 子日, 君子哉若人. 尙德哉若人.

"남궁괄이 공자에게 물었다"에서 "남궁괄"의 자는 자용子容으로 「공야장」 5.2에 나오는 남용이다. 여기서는 이름을 불렀는데, 꼭 무슨 깊은 뜻이 있어서 그렇게 부른 것은 아니다. 그는 사소한 것에도 몹시 조심하고 신중했던 사람으로 당연히 재능을 뽐내는 것을 싫어하는 사람이었다. "물음問"과 관련하여 말하면, 고대의 이른바 물음은 꼭 의문문이었던 것은 아니다. 예를 들어 여기서 말한 물음이 바로 의문문이 아니다. 이른바 물음은 그저 자기의 판단을 말하고 공자의 의견을 한번 타진해보려는 것, 즉 그가 말한 이 네 명의 인물에 대해 공자는 어떻게 생각하고 있는지 들어보려는 것이다. 이것은 문제이기는 하지만 의문문은 아니다.

"예羿는 활을 잘 쏘았고, 오奡는 배를 밀고 다녔다." 남궁괄이 논의한 사람은 모두 전설적으로 내려오는 하夏나라 역사 속의 인물이다. "예羿"는 궁국窮國(유궁씨有窮氏)의 임금으로 활을 잘 쏘는 것으로 유명했고, "오奡"는 과국過國의 임금으로 자를 "요澆"라고도 했다. 전설에 따르면 그는 대단히 용맹하고 힘이 세서 육지에서도 배를 밀고 다녔다(진흙탕 위를 운행하는 도구, 혹은 썰매를 육지에서 끌고 다녔다)고 한다. 고염무의 『일지록』 7권에서는 현행본 『죽서기년』과 『초사』 「천문」에 기록된 요澆가 짐심斟鄩(하나라의 도성 이름)을 칠 때 배를 뒤엎어 없애버렸다는 고사에 근거하여 "탕주蕩舟(원래는 盪舟)", 즉 배를 뒤집는 것이라고 풀이했다. 예와 오는 손을 잡고 하나라를 찬탈했지만 소강少康에 의해 멸망당했다. 우임금은 하 왕조의 개국 군주이고, 직稷은 우임금의 농관農官이었다. 남궁괄의 판단은 우임금이나 직은 묵묵히 농사를 지었는데도 도리어 천하를 얻었지만, 그와 달리 예와 오는 모두 강인했음에도 불구하고 비참한 죽음을 맞이했다는 것이다.

남궁괄이 제기한 문제에 대해 공자는 아무 대답도 하지 않고 있다가 남궁괄이 나간 다음에 그는 군자이고 도덕이 고상한 사람이라고 오히려 그를 칭찬했다. 왜 그랬을까? 나는 그가 남궁괄의 말에 반드시 그리고 완전히 찬동한 것은 결코 아니었기 때문이라고 생각한다. 남궁괄은 사소한 것에도 몹시 조심하고 신중했고, 잘난 체하고 지기 싫어하는 태도에 반대했는데, 공자는 그 점을 매우 칭찬했고, 우임금과 직은 옛날의 성현으로서 그 역시 반대하지 않았다. 그러나 "우임금과 직은 몸소 농사를 지었는데도 천하를 차지했습니다"라는 말은 결국 어느 정도 번지의 말과 비슷한 맛이 났고 공자는 그것을 듣기 싫어했다. 공자는 남궁괄의 삶의 태도에 대해 칭찬했다. 그 때문에 그를 찬미했다. 그러나 그가 한 말에 대해서는 평가를 보류해두었다. 왜냐하면 말하기가 거북했기 때문에 아예 아무 말도 안 한 것이다.

남궁괄은 군자이다

14.6

스승님께서 말씀하셨다.
"군자이면서 어질지 못한 자는 있지만,
소인이면서 어진 사람은 없다."

子曰, 君子而不仁者有矣夫, 未有小人而仁者也.

공자의 가치 체계에서 인자仁人는 군자보다 높다. 공자는 군자와 소인의 구분에 엄격했다. 그가 말한 이 두 종류의 사람은 두 가지 다른 의미를 가지고 있다. 하나는 신분이나 지위의 높고 낮음이고, 다른 하나는 도덕이나 교양의 높고 낮음이다. 두 짝의 개념은 모순된다. 공자는 신분상의 군자가 반드시 도덕적인 군자는 아니고, 군자에도 어질지 못한 사람이 있기 때문에 일률적으로 말할 수 없지만, 신분상의 소인과 도덕적인 소인은 오히려 기본적으로 중복되는 개념이고, 신분이나 지위가 낮으면 도덕이나 교양은 반드시 낮고, 또 그들은 모두 어질지 못하다고 일괄적으로 말할 수밖에 없다고 보았다.

군자와 소인

14.7

스승님께서 말씀하셨다.
"누군가를 사랑한다면 그를 위해 애쓰지 않을 수 있을까?
누군가에게 충성한다면 그를 위해 생각하지 않을 수 있을까?"

子曰, 愛之, 能勿勞乎. 忠焉, 能勿誨乎.

"누군가를 사랑하다"는 인仁이고, "애쓰다"는 여기서 다른 사람을 위해 모든 힘을 쏟는 것을 가리킨다.

"누군가에게 충성하다"는 다른 사람을 위해 마음을 다하는 것이다. "그를 위해 생각하지"에 해당되는 "회誨"는 여기서 모謀로 읽는다. 즉 가르친다는 의미가 아니라 고려하고 계획한다는 의미로서 다른 사람을 위해 생각하고 아이디어를 짜내는 것이다.

전국 시대의 문자에서 모謀자를 쓰는 방법 가운데 가장 자주 보이는 것은 심心부와 모母부에 속하는 것으로 후회하다는 의미의 회悔자와 같다.[11] 『설문』「언부」에 따르면 옛 글자에 보이는 모謀자의 구성은 구口부와 모母부에 속하거나 혹은 언言부와 모母부에 속하기도 하는데, 이때는 가르치다는 의미의 회誨자와 같다.

마음을 다하고 노력을 다하다

14.8

스승님께서 말씀하셨다.
"나라의 정령을 만들 때 비심裨諶이 초안을 만들었고,
세숙世叔이 검토했고, 행인行人 벼슬을 맡은 자우子羽가 손질했고,
동리東里에 살던 자산子產이 윤색했다."

子曰, 爲命, 裨諶草創之, 世叔討論之, 行人子羽修飾之, 東里子產潤色之.

이것은 정나라에서 정령을 어떻게 기초했는지를 설명한 것이다. 자산이 거느린 창작팀은 모두 네 명이었다.

"비심裨諶"은 정나라 대부였으며 비조裨竈라고도 불렀다. 심諶은 다음에 나오는 문장에서 볼 때 그의 자인 것 같다. 그는 정나라 도읍 이외의 농촌에 대해 매우 깊이 이해하고 있었고 새로운 일을 기획하는 데 뛰어난 사람이었다. 비심은 문건의 기초를 책임지고 먼저 초고를 썼는데, 그것을 "초안을 만들다草創之"라고 말했다.

"세숙世叔"은 즉 유길游吉을 가리키고 자는 태숙太叔이다. 세숙은 자태숙子太叔에 대한 별칭이다. 그는 아주 문채가 있었고 초고를 검토하고 다듬는 책임을 지고 있었다.

"행인行人 벼슬을 맡은 자우子羽"는 바로 공손휘公孫揮로서 자우는 그의 자이다. 행인行人은 외교의 책임을 지니고 있는 그의 관직 이름이

다. 그의 말은 사령辭令이었고, 2고(두 번째 원고)를 검토하고 다듬는 책임을 지고 있었으며, 특히 사령의 수정을 책임지고 있었는데, 그것을 "손질하다修飾之"라고 말했다.

"동리東里에 살던 자산子産"은 바로 공손교公孫僑이다. 그는 자주 동리東里에서 살았고, "정나라 7대 귀족七穆"의 하나에 속하는 국씨國氏였다. 앞에서 설명한 문건은 세 번에 걸쳐 그 원고를 바꾸고 그가 마지막으로 검토하고 다듬었는데, 그것을 "윤색하다潤色之"라고 말했다.

자산이 정치를 맡고 있을 때 네 명의 신하가 그를 도왔다. 한 명은 풍간자馮簡子이고 이름과 자는 자세히 알 수 없으며, 그는 큰일을 위해 생각을 결정할 수 있는 능력이 있었는데 여기서는 언급하지 않았다. 두 번째는 자태숙, 즉 여기서 말한 세숙이고, 세 번째는 공손휘, 즉 여기서 말한 행인 자우이고, 네 번째는 여기서 말한 비심이다.[12]

공자가 칭찬한 것은 정나라에서 정령을 발표할 때는 반드시 뒤쪽 세 사람과 자산이 공동으로 기초하고 비심이 기층을 이해하고 나서 먼저 초고를 쓰고 그런 다음에 세숙에게 넘겨 토론하게 했고, 그런 다음에 자우에게 수식하게 했고, 마지막으로 자산이 원고를 확정하게 했다는 점이다. 네 사람은 각기 장점이 있었고 그 장점들은 매우 잘 어우러졌다.

자산은 정나라에서 가장 유명한 집정대신으로 『좌전』 양공 8년(기원전 565)에 처음 보인다. 기원전 554년에 자전子展이 국정을 맡고 있을 때 자산은 소정少政에 임명되어 비로소 경卿이 되었다. 기원전 544년 자피子皮가 국정을 맡았다. 그다음 해에 자피는 정권을 자산에게 넘겨주었다. 그가 정권을 담당한 시간은 비교적 길었으며, 기원전

522년에 이르러서야 죽었다. 자산이 정권을 맡고 있을 때 공자는 겨우 8세였고, 그가 죽을 때 공자는 30세였다. 이 사람은 공자에게는 한 세대 전의 사람이다. 이 장의 말을 언제 했는지에 대해서는 그 연대를 판정하기가 쉽지 않지만, 자산이 죽고 난 뒤, 즉 공자 나이 30세 이후일 것이다.

비첨과 세숙과 행인자우와 동리자산

14.9

어떤 사람이 자산子產에 대하여 묻자, 스승님께서 말씀하셨다.
"은혜로운 사람이다."
자서子西에 대하여 묻자 이렇게 대답하셨다.
"그 사람! 그 사람!"
관중에 대하여 묻자 이렇게 대답하셨다.
"어진 사람이다. 백씨의 변읍駢邑 300리를 빼앗아버렸는데, 백씨는 거친 밥을 먹으면서도 죽을 때까지 원망하는 말을 하지 않았다."

或問子產. 子曰, 惠人也. 問子西. 曰, 彼哉彼哉. 問管仲. 曰, 人也.
奪伯氏駢邑三百, 飯疏食, 沒齒無怨言.

이 문장 역시 공자가 정계의 선배를 품평한 말이다. 첫째는 자산을 평가했고, 둘째는 자서를 평가했고, 셋째는 관중을 평가했다.

"자산子產"에 대하여 공자는 그는 "혜인惠人", 즉 백성들에게 은혜를 베푼 사람이라고 말했다. 자산은 향교鄕校를 훼손하지 않았다. 공자는 "사람은 자산이 어질지 않다고 말하지만, 나는 그 말을 믿지 않는다"고 말했는데,[13] 이는 바로 그가 백성에게 은혜를 베풀었음을 찬양한 것이다. 자산이 임종하기 전에 후사를 유길游吉(즉 앞 장에 나오는 세숙世叔)에게 부탁하고, 그가 정권을 맡은 다음에 반드시 매서움으로써 너그러움을 보완해주어야 한다고 말했다. 이는 그가 덕과 위엄을 확립하지 못하고 정치가 너그러운 쪽으로만 흐르면 혼란이 초래될 것을 걱정했기 때문이다. 자산이 죽은 뒤 유길이 정권을 맡았는데 차마 매섭게 하지 못하고 너그럽게 정사를 펴다가 정나라에 많은 도적이 일어나는 결과를 초래하고 말았다. 그는 어쩔 수 없이 군대를 파견하여 그들을 진압했다. 공자는 자산이 임종 때 남긴 말에 대해서도 높이 평가했는데, 그가 체현한 것이 바로 인애仁愛이고, 그가 남긴 인애를 "옛 사람이 남겨준 사랑古之遺愛"이라고 부를 수 있다고 생각했다.[14]

"자서子西"는 바로 초나라 소왕昭王의 영윤인 공자 신申[15]이다. 자서는 오나라 군대가 초나라로 쳐들어온 뒤 소왕을 보좌하여 나라를 되찾은 공신으로 두 번에 걸쳐 정권을 양보했지만, 역시 영令이라는 이름을 가지고 있었다. 그러나 섭공의 권고를 듣지 않고 백공의 난이 일어나도록 하여 고통 속에서 죽었다. 공자는 그를 무시하면서 "그 사람! 그 사람!"이라고 말했다. "그 사람! 그 사람!"의 의미는 경멸의 뜻으로서 요즘 말로는 "그 인간, 그 인간"과 같다.

"관중管仲"에 대하여 공자는 찬양하기도 하고 비판하기도 했는데, 여기서는 찬양했다. "사람이다人也"에 대하여 청대의 주빈朱彬은 "인하다仁也"라고 읽어야 한다고 생각했다.(『경전고증經傳考證』) 청수더는 "『논어』의 "인人은 인仁과 통용된다. 예를 들면 '사람이 우물에 빠졌다井有仁焉' '효도와 우애야말로 인의 근본일 것이다孝弟爲仁之本與' 등등 그 예는 매우 많다. 주씨의 해석이 우수하다. 『가어家語』「교사敎思」 편에서 자로가 관중의 사람됨에 대해 물었는데, 공자는 '어질다仁也'라고 대답했다. 위진 시대의 구설이 이와 같았다면 그에 따라야 할 것 같다."[16] 관중은 백씨가 차지하고 있던 식읍을 몽땅 박탈했다. 그 때문에 백씨는 그저 거친 밥을 먹을 수밖에 없었지만, 죽을 때까지 원망하는 말을 하지 않았다. 이런 점을 통해 관중은 강경한 인물로서 대단한 권위를 지니고 있었음을 알 수 있다. 『순자』「대략大略」에서 "스승님께서 자산에 대해 은혜로운 사람이지만, 관중만은 못하다고 하셨다"[17]라고 한 것 역시 구설이지만, 분명히 나름의 안목을 가지고 있다.

"백씨伯氏"에 대하여 『황소皇疏』에서는 "이름은 언偃이다"라고 말했지만 무엇을 근거로 한 말인지는 자세하지 않다.

나는 공자가 한 이 말의 중점은 인정仁政을 강조하는 데 있다고 생각한다. 그는 어진 정치란 너그러움과 엄격함을 조화시키는 것이지 너그러움 일변도여서는 안 된다고 생각했다. 위에서 설명한 세 사람에 대한 공자의 평가에서 관중이 가장 높다. 관중은 비록 엄격하기는 했지만 인을 잃지 않았다. 자산은 은혜를 베푸는 것으로 유명했지만, 임종 때 엄격함으로써 너그러움을 보완할 줄 알아야 한다고 유언한 것 역시 괜찮았다. 자서의 인仁은 '부녀자의 인婦人之仁', 즉 하찮은 인정으로 마지막에는 목숨까지도 끌고 들어가게 되기 때문에 가장 낮은 등급에 속한다.

이 세 사람 가운데 태어난 해는 관중이 가장 이르고, 자산이 그다음이고, 자서가 가장 늦다. 초나라 소왕이 공자를 부르려 했지만 곧 자서의 반대에 부딪혔다. 자서에 대해 마융은 정나라 자서, 즉 공손하公孫夏라고 생각했다. 주주朱注에서는 초나라 자서, 즉 공자 신申이라고 생각했다. 학자들은 마융의 주를 따르는 경우가 많지만 맞지 않다. 공자가 들고 있는 사람은 모두 국정을 맡은 명신名臣이다. 정나라에는 이미 자산이 있었으니 다시 자서를 들 필요가 없었고, 정나라의 자서는 또 국정을 맡은 적이 없었으며 특히 정치적으로 유명하지도 않았다. 여기서는 주주朱注를 따른다.

자산과 자서와 관중

14.10

스승님께서 말씀하셨다.
"가난하면서 원망하지 않는 것은 어렵지만,
부자이면서 교만하지 않는 것은 쉽다."

子曰, 貧而無怨難, 富而無驕易.

인생에는 매우 많은 어려운 관문이 있다. 가난함은 거대한 난관이다. 옛날 사람은 "검소한 데서 사치스러운 데로 들어가기는 쉽지만, 사치스러운 데서 검소한 데로 들어가기는 어렵다"[18]라고 했다. 그러나 이 "쉽다"는 것 자체에도 "어려움"이 숨어 있다. 가난한 사람은 그 가난으로부터 벗어나려고 생각하며, 부를 쌓는 데 조급해하고 또 그에 대해 강렬한 충동을 느끼는 것이 당연하다. 그러나 부잣집 아이는 돈 쓰는 것을 조금 쉽게 생각하지만, 가난한 집 아이는 돈 쓰는 것을 어렵게 생각한다. 왜냐하면 그는 돈을 본 적이 없기 때문이다.

가난하면서 원망하지 않는 것은 어렵다

14.11

스승님께서 말씀하셨다.
"맹공작은 진晉나라의 조씨趙氏나 위씨魏氏의 가신을
맡는 데는 충분한 능력을 갖고 있지만,
등滕나라나 설薛나라의 대부를 맡을 수는 없을 것이다."

子曰, 孟公綽爲趙魏老則優, 不可以爲滕·薛大夫.

맹공작은 노나라 대부로서 맹씨 일족 출신이다. 『사기』「중니제자열전」에 따르면 "공자가 스승으로 모신 사람"이었고, 공자가 찬양한 선현先賢에 속한다. 이 사람은 『좌전』 양공 25년, 즉 기원전 548년에 보이고, 당시에 공자는 겨우 4세였다.

맹공작은 진나라 조씨와 위씨의 "노老(가신)"를 지냈는데, 그것은 넉넉하고 여유 있는 것이었다. 그러나 등나라와 설나라의 대부를 지낼 수는 없었다. 진나라는 대국이고, 등나라와 설나라는 노나라 부근의 작은 나라였다. 공자는 왜 이런 이야기를 한 것일까? 공주孔注에서는 다음과 같이 해석했다. "맹공작의 성품은 욕심이 적고 조씨와 위씨는 현자를 탐냈기 때문에 가신은 아무런 직책이 없었고, 따라서 여유가 있었다. 등나라와 설나라는 작은 나라로서 대부의 정무가 번잡스러웠기 때문에 그런 일을 할 수 없었다."[19] 그가 말하고자 하는 것은 맹공작은 마음이 깨끗하고 욕심이 없는 사람으로서 그가 대국에서 작은 관리 하는 것은 비교적 가벼웠고 일을 처리하기에 여유가 있었지만, 작은 나라에서 큰 관직을 맡는 데는 적합하지 않았다는 것이다. 그런 것은 피곤하기 때문이다.

맹공작

14.12

자로가 완전한 사람에 대해 묻자 스승님께서 대답하셨다.
"장무중臧武仲의 지혜와 공작公綽의 무욕과
변장자卞莊子의 용기와 염구冉求의 재능에 예악으로 꾸민다면
완전한 사람이라고 할 수 있을 것이다."
"오늘날의 완전한 사람은 왜 꼭 그래야만 합니까?
이익을 보면 의로움을 생각하고, 위험을 보면 목숨을 내놓으며,
오랫동안 어려운 지경에 빠져 있어도 평소의 말을 잊지 않으면
완전한 사람이라고 할 수 있을 것입니다."

子路問成人. 子曰, 若臧武仲之知, 公綽之不欲, 卞莊子之勇, 冉求之藝, 文之以禮樂, 亦可以爲成人矣. 曰, 今之成人者何必然. 見利思義, 見危授命, 久要不忘平生之言, 亦可以爲成人矣.

"성인成人"은 완전한 사람이라는 말과 같다.(『집주』)

"장무중臧武仲의 지혜"에서 장무중은 노나라 대부, 즉 장손흘臧孫紇인데, 무武는 시호이고, 중仲은 항렬을 나타내며, 흘紇은 이름이다. 그는 매우 똑똑한 사람이었던 것 같다.

"공작公綽의 무욕"에서 공작은 바로 앞에서 말한 맹공작이다. 그는 마음이 깨끗하고 욕심이 없는 사람이었던 것 같다.

"변장자卞莊子의 용기"에서 변장자는 『집해』의 주생렬周生烈에 대한 주에서 노나라 변읍의 대부이며, 전국과 진한 시기에는 그에 관한 전

설이 매우 많았다고 했다. 『순자』「대략」에서는 "제나라 사람은 노나라를 치고 싶어했지만, 변장자 때문에 망설이면서 감히 실행하지 못했다"[20]라고 했고, 『좌전』 양공 16년에서는 "제나라 임금이 노나라의 성읍成邑을 포위하자 맹유자속孟孺子速이 제나라 군대와 맞서 싸웠다. 제나라 임금이, '용기를 좋아하는 사람이구나. 물러나 그가 명성을 얻도록 하자'라고 말했다"[21]고 했다. 예전에는 앞의 글에 나오는 "변장자"가 바로 뒤의 글에 나오는 "맹유자속"이 아닌가 하고 의문을 품었다. 즉 맹유자속은 바로 맹장자孟莊子이고, 중손속仲孫速이라고도 불렀는데, 맹장자는 변을 채읍으로 가지고 있었기 때문에 변장자라고도 불렀다는 것이다. 그러나 이런 견해에 대해 청수더는 증거가 부족하다고 생각했다.[22]

"염구冉求의 재능"의 염구는 정사에 뛰어나고 다재다능했다.

공자는 이 네 명의 유덕자가 예악의 수양을 더한다면 "완전한 사람"에 속할 수 있다고 말했다. 이것은 공자의 대답이다. 두 번째 "왈曰" 이하의 글에 대하여 어떤 사람은 공자의 말이라고 생각하기도 하고(『집주』), 어떤 사람은 자로의 말이라고도 한다.(『집주』에 인용된 호씨의 설.) 나는 말투를 볼 때 그것은 자로의 말이라고 생각한다. 공자가 말한 것은 주로 이전 사람(염구는 예외)이었다. 자로는 말대꾸하는 것을 좋아했는데, 그는 "오늘날의 완전한 사람"으로서 공자의 기준을 수정했다. 자로가 제시한 기준은 세 가지뿐이다. 하나는 "이익을 보면 의로움을 생각하는 것"인데, 이는 "무욕"이다. 둘은 "위험을 보면 목숨을 내놓는 것"인데, 이는 "용기"이다. 셋은 "오랫동안 어려운 지경에 빠져 있어도 평소의 말을 잊지 않는 것"이다. "요要"는 "약約"으로 읽는다. 비록 곤경에 빠져 있더라도 자신의 뜻을 바꾸지 않고 여전히 자신이 한 말을 준수하는 것이다. 이 세 가지는 모두 자로의 성격에 부합한다. 그 가운데는 "지혜智"나 "다재다능藝"이 없고 "예악禮樂"도 없다.

중유仲由 역시 변읍 사람으로서 바로 중仲을 씨로 삼고 있다. 그는 중손씨와 무슨 관계일까? 조상이 무슨 관계가 있지 않은지 생각해볼 만하다. 공자가 언급한 장무중과 맹공작은 연대가 공자보다 이르고 변장자 역시 그럴 것이다. 다만 염유는 공자보다 29세 적다. 이 장의 말은 언제 한 것인지 자세히 알 수 없다.

장무중과 맹공작과 변장자

14.13

스승님께서 공명가公明賈에게 공숙문자公叔文子에 대해 물으셨다.
"선생은 정말로 말을 않고, 웃지 않고, 받지 않습니까?"
공명가가 대답했다.
"말을 전한 자가 지나쳤습니다. 선생은 때가 되면 말씀하시는데 사람들이 그분의 말씀을 싫어하지 않고, 즐거워야 웃으시는데 사람들은 그의 웃음을 싫어하지 않고, 의로울 경우에만 받으시는데 사람들은 그분이 받는 것을 싫어하지 않습니다."
스승님께서 말씀하셨다.
"그분이 그렇습니까? 그분은 어떻게 그러실 수 있을까요?"

子問公叔文子於公明賈曰, 信乎夫子不言不笑不取乎. 公明賈對曰, 以告者過也. 夫子時然後言, 人不厭其言. 樂然後笑, 人不厭其笑. 義然後取, 人不厭其取. 子曰, 其然. 豈其然乎.

"공숙문자公叔文子"는 출헌공出獻公의 아들 성자당成子當, 즉 계찰이 위나라 육군자라고 말한 사람 가운데 한 명인 공숙발公叔發이다.[23] 공숙公叔은 씨이고 문자文子는 시호이며 발發이 그의 이름이다.

"공명가公明賈"의 태어나고 죽은 해는 알 수 없다. 그 역시 위나라의 신하였는데, 공명公明은 씨氏이고 가賈는 이름이다.

공숙문자는 위나라의 현명하고 유능한 인재였고 기풍이 매우 뛰어났다. 공자는 그의 특징에 대해 "말을 않고, 웃지 않고, 받지 않는다"

고 들었기 때문에 공명가에게 정말로 그런지를 물었다. 공명가가 그것은 말을 전하는 사람이 잘못 전했으며, 공숙문자는 그저 행동거지가 항상 합당할 뿐이라고 말했다. 그는 말을 해야 할 때 말하고 말하지 말아야 할 때는 말을 하지 않으며, 즐거울 때만 웃고 즐겁지 않으면 웃지 않으며, 받아야 할 것만 받고 받지 말아야 할 것은 받지 않는다는 것이다. 그 때문에 다른 사람이 그의 말과 웃음과 받는 것에 대해 조금도 싫어하지 않는다고 했다. 공자는 '그런가, 정말 그렇단 말인가'라고 말했다.

이 장의 이야기는 공자가 위나라에서 두 번에 걸쳐 벼슬을 한 기간, 즉 기원전 495년에서 기원전 493년 혹은 기원전 488년에서 기원전 485년 사이에 한 말일 것이다.

공숙문자

14.14

스승님께서 말씀하셨다.
"장무중臧武仲은 방防을 포기하는 대가로 자기 후손이 노나라에서 벼슬할 수 있도록 해줄 것을 요구했는데, 설령 그가 강요한 것이 아니라고 말하는 사람이 있다 하더라도 나는 믿지 않는다."

子曰, 臧武仲以防求爲後於魯, 雖曰不要君, 吾不信也.

"방防"은 지금의 취푸시 동쪽으로 장씨의 사읍私邑이었다. 이 일은 『좌전』 양공 14년에 보인다.

장씨臧氏는 노나라 삼환 이외의 다른 한 갈래의 중요한 귀족이었다. 장무중은 본래 장선숙臧宣叔의 후실이 낳은 막내아들이었는데, 선숙이 장자를 폐하고 다른 아들을 태자로 세워 비합법적으로 즉위시키자 그는 계씨의 폐립에 참여하여 똑같이 장자를 폐하고 다른 아들을 태자로 세웠다. 그리하여 폐위당한 계씨의 장자에게 죄를 지었을 뿐만 아니라 맹씨에게도 죄를 지었는데, 맹씨와 계씨의 갈등 속에서 발을 붙일 수 없게 되었다. 그는 무함誣陷을 받았고 또 포위까지 당해 결국 제나라로 도망갔다.

공자는 그를 총명하다고 말했는데, 그 주된 이유는 두 가지이다. 첫째는 그는 매우 분명했고, 계씨는 그를 좋아했지만 실제로는 그를 죽였고, 맹장자가 죽은 뒤 필연적으로 목숨을 잃는 재앙이 뒤따랐다. 둘째는 그가 도망간 뒤 폐위당한 형이 돌아와 장씨를 계승하게 했으며 아울러 자기 사읍인 방을 교환조건으로 내걸고 노나라 양공에게 이 일을 비준해줄 것을 요청했다.

전문傳文의 말미에 실려 있는 공자의 평가는 장무중을 이해하는 데 도움을 준다. 그는 "지혜롭게 행동하기 어렵다. 장무중의 지혜로움은 노나라에서 받아들여지지 않았는데, 거기에는 이유가 있었다. 일처리가 사리에 맞지 않았고, 행동이 서도恕道에 맞지 않았기 때문이다. 『하서』에 '이 일을 생각할 때는 이 일에 마음을 둔다'는 말이 있는데, 이것은 사리에 맞고 서도에도 맞다"[24]라고 말했다. 그 의미는 장무중은 매우 총명했지만, 노나라에 의해 받아들여지지 않았고, 거기에는 당연히 이유가 있었다는 것이다. 즉 장자를 폐하고 다른 아들을 세우는 것은 "일처리가 사리에 맞지 않는 것"에 속하며, 폐위당한 사람에게 죄를 얻은 것은 "행동이 서도에 맞지 않은 것"에 속한다. 공자는 장무중이 방읍을 넘겨준 것은 협박적 성격을 띠고 있다고 생각했다.

장무중

14.15

스승님께서 말씀하셨다.
"진나라 문공은 속이고 정직하지 못했으며, 제나라 환공은
정직하고 속이지 못했다."

子曰, 晉文公譎而不正, 齊桓公正而不譎.

"휼譎"은 속인다는 뜻이며, 정직하다는 의미의 "정正"과 상반된다.

제나라 환공과 진나라 문공은 공자 이전의 두 패왕이다. 왕을 존중하면서 패자에 대해서는 천시했던 맹자와는 달리 공자는 이 두 종류의 패주에 대하여 결코 일률적으로 부정하지는 않았다. 그러나 이 두 사람 중에서 공자는 특히 제나라 환공을 더 좋아했다. 왜냐하면 그는 존왕양이尊王攘夷했고, 패霸를 왕보다 뒤에 둠으로써 완전히 합법적이었으며, 결코 사악한 마음을 일으킨 적이 없었기 때문인데, 이것은 "정직하고 속이지 못한 것"이다. 진나라 문공은 달랐다. 그의 존왕尊王은 "천자를 등에 업고 제후들을 호령"한다는 느낌을 받게 했는데, 이것이 "속이고 정직하지 못한 것"이었다. 『좌전』 양공 28년에서 성복 전투 이후 그는 주나라 천자를 하양으로 불러 천토踐土의 맹약을 거행했고, 이 기회를 빌려 제후를 모았다. 이런 종류의 존왕은 제나라 환공과 달랐기 때문에 공자는 찬성하지 않았다. 진나라 문공에 대한 그의

평가는 기본적으로 부정적인 것이었다. 전해오는 글 가운데 이 일에 대한 공자의 평론이 있다. 공자는 "신하로서 군주를 오라고 부른 것은 모범적인 것이라고 할 수 없다. 그러므로 (『춘추』에) '천왕天王께서 하양河陽을 순수하셨다'라고 썼는데, 이는 그 장소가 잘못되었음을 말한 것이고 또 덕을 밝힌 것이다"[25]라고 말했다.

진나라 문공과 제나라 환공

14.16

자로가 말했다.
"환공이 공자 규糾를 죽이고 소홀召忽이 따라 죽었지만,
관중은 죽지 않았습니다."
그리고 또 말했다. "어질지 않은 것이지요?"
스승님께서 말씀하셨다.
"환공은 아홉 번이나 제후들의 회합을 주도하면서도 군사력을
사용하지 않았는데, 이는 관중의 힘이었다. 그는 이처럼 어질었다,
이처럼 어질었어."

子路曰, 桓公殺公子糾, 召忽死之, 管仲不死. 曰, 未仁乎. 子曰, 桓公九合諸侯, 不以兵車,
管仲之力也. 如其仁, 如其仁.

공자는 제나라 환공에 대해 매우 칭찬했고, 따라서 관중에 대해서도 매우 칭찬했다. 그의 제자 자로는 이에 대해 다른 견해를 가지고 있었다. 자로는 정의감이 불타는 사람으로서 어려움에 처해도 구차하지 않고 차라리 지조를 지키기 위해 죽을 사람이었다. 그는 이렇게 생각했다. 즉 관중과 소홀은 모두 공자 규를 보좌하다가 권력쟁탈전에 실패하자 소홀은 절개를 지키기 위해 죽었는데, 이는 좋은 것이다. 반면 관중은 살아 있었는데, 이는 치욕이다. 관중은 아마도 "인"의 경지에 도달하지 못했을 것이라고 자로는 생각했다. 그러나 공자는 그의

의견에 동의하지 않았다. 그는 환공이 제후들을 아홉 번이나 규합했는데, 이는 국가와 국가 간의 예교적 회합이지 군사적 동맹을 위한 회합이 아니었다. 그것은 관중의 힘이었고, 그는 존왕양이尊王攘夷에 대해 큰 공을 세워 "인"자에 완전하게 부합하는 사람이라고 생각했다.

사람에 대한 공자의 평가는 당시의 인물에 대해서든 아니면 이전 사람에 대해서든 모두 "인"자를 거의 사용하지 않았지만, 관중에 대하여 그는 "인"자를 썼다.

관중 1

14.17

자공이 말했다.

"관중은 어진 사람이 아닙니까? 환공이 공자 규를 죽였는데도
죽지 못하고 또 그를 도왔습니다."

스승님께서 말씀하셨다.

"관중은 환공을 도와 제후의 패자가 되게 했고, 단숨에 천하를
바로잡게 했으며, 백성들은 오늘날까지 그의 은혜를 입고 있다.
관중이 아니었다면 우리는 어쩌면 머리를 풀어헤치고 옷섶을
왼쪽으로 묶고 있을 것이다. 구렁텅이 속에서 스스로 목매 죽으면서도
그것을 깨닫지 못하는 필부필부匹夫匹婦의
작은 신용과 어찌 같겠느냐?"

子貢曰, 管仲非仁者與. 桓公殺公子糾, 不能死, 又相之. 子曰, 管仲相桓公,
霸諸侯, 一匡天下, 民到于今受其賜. 微管仲, 吾其被髮左衽矣. 豈若匹夫匹婦之爲諒也,
自經於溝瀆而莫之知也.

"머리를 풀어헤치고 옷섶을 왼쪽으로 묶고 있을 것이다"에 해당되는 원문 가운데 "피被"는 피披와 같다. 머리를 풀어헤치고 옷섶을 왼쪽으로 향하게 하는 것은 이적夷狄의 특징이고, 화하華夏에서는 머리를 묶고 옷섶을 오른쪽으로 묶는다.

"필부필부의 작은 신용"에 해당되는 원문 가운데 "필부필부匹夫匹婦"

는 보통 백성이고, "양諒"은 주남周南과 소남召南 그리고 위나라 등의 지역에서 약속을 지킨다는 뜻의 방언으로 쓰이던 글자이다.[26] 여기서는 작은 신용을 가리킨다. "양諒"은 또 "양亮"이라고도 쓴다. 『맹자』「양혜왕하」에 "맹자는 '군자가 신용이 없으면 어떻게 지조를 지킬 수 있겠는가'라고 말했다"[27]라고 기록하고 있다. 공자와 맹자는 모두 의가 있으면 큰 신용이고, 큰 신용은 반드시 지켜야 한다고 보았다. 그러나 작은 신용은 상황에 따라 바뀔 수 있다. 상황에 따라 변통할 줄 모르고 일률적으로 고집하는 것은 양諒에 속한다.

"자경어구독自經於溝瀆"은 자기 스스로 구렁텅에서 목매 죽는 것이다.

관중에 대한 공자의 평가는 매우 높았지만, 자공은 그에 대해 이의를 제기했다. 제나라 환공이 관중이 모시고 있던 주인을 죽였는데도, 관중은 지조를 위해 죽지 못한 것은 물론, 주인을 배반하고 오히려 제나라 환공을 보좌하여 자신의 옛날 적을 도왔다는 것은 말이 안 된다고 생각했다. 그러나 공자는 여전히 관중이 잘한 점을 말하면서 우리 모두는 그에게 감사해야 한다고 말했다. 만약 관중이 없었다면 우리는 머리를 풀어헤치고 옷섶을 왼쪽으로 묶어 이적으로 전락하고 말았을 것이라는 이유에서다. 그는 관중이 필부필부처럼 작은 신용을 지키기 위해 무책임하게 자살했어야 한다고 생각하지 않았다.

관중 2

14.18

공숙문자公叔文子의 신하인 대부 준僎이 문자와 함께
공실의 대신으로 승진했다.
스승님께서 그 소식을 듣고서 말씀하셨다.
"문文이라는 시호를 내릴 만하다."

公叔文子之臣大夫僎, 與文子同升諸公. 子聞之, 曰, 可以爲文矣.

공숙문자라는 호칭에서 '문'은 시호이며, 그의 가신의 이름이 준僎인데, 다른 책에 전해오는 것을 본 적은 없고 오직 여기서만 나온다.

공숙문자와 대부 준이 함께 조정의 관리가 되었는데, 그것이 왜 문이라는 시호에 어울리는지는 분명하지 않다. 공자가 이전에 자공의 물음에 대답한 것, 즉 공문자에게 왜 문이라는 시호가 주어졌는지에 대해 공자의 대답은 "배우는 데 부지런하고 또 배우는 것을 좋아했으며, 아랫사람에게 묻는 것을 부끄러워하지 않았다. 이 때문에 그를 문이라고 부른다"[28]라는 것이었다. 아마도 그는 "배우는 데 부지런하고 또 배우는 것을 좋아했으며, 아랫사람에게 묻는 것을 부끄러워하지 않았"기 때문에 대부 준에게 가르침을 요청했던 것 같다. 공자가 이 일을 논한 것은 공자가 위나라 영공 밑에서 벼슬하던 3년 사이, 즉 기원전 495년에서 기원전 493년 사이일 것이다. 그가 공숙문자의 시호에 대해 이야기했다는 것은 공숙문자가 이미 죽어서 누군가가 추서한 것임을 설명한다.

공숙문자의 신하인 대부 준

14.19

스승님께서 위나라 영공의 무도함에 대해 말씀하시자
계강자季康子가 말했다.
"그렇다면 왜 나라를 잃지 않은 것이오?"
스승님께서 말씀하셨다.
"중숙어仲叔圉가 빈객을 접대하고, 축타祝鮀가 종묘를 관리하고,
왕손가王孫賈가 군대를 관리하고 있습니다.
이러한데, 어떻게 나라를 잃겠습니까?"

子言衛靈公之無道也, 康子曰, 夫如是, 奚而不喪. 孔子曰, 仲叔圉治賓客, 祝鮀治宗廟,
王孫賈治軍旅. 夫如是, 奚其喪.

공자와 계강자가 위나라 영공에 대해 비평했다. 공자는 위나라 영공의 무도함에 대하여 말했다. 그러자 계강자가 그렇다면 왜 그 나라가 붕괴되지 않고 남아 있느냐고 물었다. 공자는 위나라에는 다음과 같은 세 명의 현신이 있기 때문이라고 말했다. 중숙어, 즉 공문자孔文子는 빈객의 접대와 외교적 재능에 뛰어났다. 축타의 자는 자어子魚로서 위나라 영공의 태축太祝(제사를 관장하는 관직)이었으며 종묘 제사에 뛰어났다. 왕손가는 군사 방면에 뛰어났다. 「옹야」 6.16에서 공자는 "말재간이 좋다佞"는 말로 축타를 평가했는데, 그는 언변이 뛰어난 사람이었다.

이 세 사람은 오나라 계찰季札이 극찬했던 육군자六君子(거원蘧瑗, 사구史狗, 사추史鰌, 공자 형荊, 공손발公叔發, 공자 조朝)보다 후세의 인물로 보인다. 공자와 계강자의 이 대화는 기원전 484년에 공자가 노나라로 돌아온 뒤에 이루어진 것 같다.

중숙어, 축타, 왕손가

14.20

스승님께서 말씀하셨다.
"큰 소리 치면서 부끄러워할 줄 모른다면
그 말을 실천하는 것은 어렵다."

子曰, 其言之不怍, 則爲之也難.

"작怍"은 부끄러워하는 것이다. 큰 소리나 떵떵 치고 조금도 얼굴을 붉힐 줄 모른다면 일을 잘 처리하기 어렵다. 공자는 수양 없이 말만 잘하는 무리를 좋아하지 않았고, 큰 소리만 치고 부끄러워할 줄 모르는 사람을 특히 싫어했다.

말하는 데 신중하다

14.21

진성자가 간공簡公을 시해했다.
공자께서는 목욕을 하고 입조하여 애공에게 아뢰었다.
"진항이 자신의 군주를 시해했습니다. 그를 치시기 바랍니다."
애공이 말씀하셨다.
"저 세 사람에게 가서 말하시오."
공자께서 말씀하셨다.
"제가 대부의 뒤를 따르는 사람이라서 아뢰지 않을 수 없습니다.
그런데 임금께서는 '저 세 사람에게 가서 말하시오'라고
말씀하시는군요." 그 세 사람에게 가서 말했더니
안 된다고 했다. 공자께서 말씀하셨다.
"제가 대부의 뒤를 따르는 사람이라서 알리지 않을 수 없습니다."

陳成子弑簡公. 孔子沐浴而朝, 告於哀公曰, 陳恒弑其君, 請討之. 公曰, 告夫三子.
孔子曰, 以吾從大夫之後, 不敢不告也. 君曰告夫三子者. 之三子告, 不可.
孔子曰, 以吾從大夫之後, 不敢不告也.

"진성자陳成子"의 이름은 항恒이고 제나라 귀족 진희陳僖의 아들이다. 그가 제나라 간공을 시해한 것은 기원전 481년으로 그 사건은 『좌전』 애공 14년에 보인다. 당시 공자는 "제나라를 칠 것을 세 번 요청請伐齊三"하면서 노나라 임금이 군대를 파견하여 그를 토벌할 것을 희망했다. 노나라 임금은 공자에게 권력을 잡고 있던 삼환에게 가서 말하

라고 했는데, 그러나 삼환은 공자의 요청을 거절했다.

"공公"은 노나라 애공이다.

"삼자三子"는 연대를 추산해보면 맹의자孟懿子, 숙손무숙叔孫武叔, 계강자季康子 등일 것이다.

"대부의 뒤를 따르는 사람이라서"라는 말은 「선진」 11.8에 보이는데, 공자가 자신의 신분을 말할 때 스스로 전직 관리였다고 표현한 것이다.

이 해에 공자는 『춘추』를 절필했고, 안연이 죽었다.

진성자가 제나라 간공을 시해했다

14.22

자로가 임금을 모시는 것에 대해 묻자 스승님께서 대답하셨다.
"속이지 말 것이며, 표정에 신경쓰지 말고 간언하도록 해라."

子路問事君. 子曰, 勿欺也, 而犯之.

자로가 임금을 모시는 방법에 대해 묻자 공자는 그에게 거짓말하지 말고 상대방의 얼굴 표정에 신경쓰지 말고 간언하라고 말했다.

임금 모시기

14.23

스승님께서 말씀하셨다.
"군자는 위로 통하고, 소인은 아래로 통한다."

子曰, 君子上達, 小人下達.

"군자는 위로 통한다"는 것은 천명에 통달하는 것이고, "소인은 아래로 통한다"는 것은 눈앞의 이익에 통달하는 것이다. 뒤에 나오는 14.35를 참조하기 바란다.

공자와 소인

14.24

스승님께서 말씀하셨다.
"옛날에 공부하는 사람은 자신을 위했고, 오늘날 공부하는 사람은 남을 위한다."

子曰, 古之學者爲己, 今之學者爲人.

공부는 마땅히 자기를 위해 학습하는 것이지 다른 사람을 위해 공부하는 것이 아니다. 나는 자기를 위해 공부하는 것은 바로 자기가 흥미를 느끼는 것과 좋아하는 것을 위해 공부하는 것이며, 일자리를 찾거나 밥벌이를 찾는 것은 표면상으로는 자기를 위한 것이지만 사실은 다른 사람을 위한 것이라고 이해한다.

옛날에는 자신을 위해 공부했다

14.25

거백옥이 공자께 사람을 보내자, 공자께서는
그와 함께 앉아서 물으셨다.
"선생은 어떤 사람이오?"
거백옥이 보낸 사람이 대답했다.
"선생께서는 잘못을 줄이고 싶어하지만 그러지 못하십니다."
심부름 온 사람이 나가자 스승님께서 말씀하셨다.
"훌륭한 사자로다, 훌륭한 사자로다!"

蘧伯玉使人於孔子. 孔子與之坐而問焉, 曰, 夫子何爲. 對曰, 夫子欲寡其過而未能也.
使者出, 子曰, 使乎使乎.

"거백옥蘧伯玉"은 거원蘧瑗의 자이다. 『좌전』 양공 29년에는 오나라 계찰이 위나라에 가서 "위나라에 군자가 많은 것"에 대해 극찬했는데, 그가 든 육군자는 거원, 사구, 사추, 공자 형, 공손발, 공자 조 등이다.

거백옥의 특징은 스스로를 반성하기 좋아하는 데 있었다. 60세 때는 59년 동안 잘못 살았다고 생각했고,[29] 50세 때는 49년 동안 잘못 살았다고 생각했다.[30] 공자가 위나라에 있을 때 그는 사람을 보내 공자를 만나게 했다. 공자는 사자에게 거백옥이 무엇을 하는 사람이냐고 물었고, 사자는 그가 잘못을 줄이고 싶어하지만 그렇게 하지 못한다고 말했다. 공자는 크게 감동하고 "훌륭한 사자야, 훌륭한 사자야" 라고 연거푸 말했다.

거백옥

14.26

스승님께서 말씀하셨다.
"그 지위에 있지 않으면 그에 해당되는 정사를 의논하지 않는다."
증자께서 말씀하셨다.
"군자의 생각은 자신의 지위를 벗어나지 않는다."

子曰, 不在其位, 不謀其政. 曾子曰, 君子思不出其位.

"그 지위에 있지 않으면 그에 해당되는 정사를 의논하지 않는다"는 구절은 「태백」 8.14에 이미 나왔다. 이 말은 오늘날에는 관용어가 되었다. 증자의 말 역시 사람은 자기 권한을 벗어나서 정무를 처리하려고 생각해서는 안 된다는 것을 말하고 있다.

그 자리에 있지 않으면 그 정무에 대해 의논하지 않는다

14.27

스승님께서 말씀하셨다.
"군자는 자신의 말이 자신의 행동보다 지나친 것을 부끄러워한다."

子曰, 君子恥其言而過其行.

말하는 것이 실천하는 것보다 더 듣기 좋은 것을 공자는 부끄럽게 생각했다. 「이인」 4.22의 "스승님께서 말씀하셨다. '옛날 사람은 말을 할 때 실천할 수 있는 범위를 벗어나지 않았고, 자기가 말한 것을 몸으로 실천하지 못하는 것을 부끄러워했다'"를 참조할 것.

말이 행동보다 앞서는 것은 부끄럽다

14.28

스승님께서 말씀하셨다.
"군자의 도에는 세 가지가 있는데 나는 할 수 있는 것이 없다.
어진 사람은 근심하지 않고, 지혜로운 사람은 현혹되지 않고,
용기 있는 사람은 두려워하지 않는다."
자공이 말했다.
"스승님께서는 스승님 자신을 말씀하고 계십니다."

子曰, 君子道者三, 我無能焉. 仁者不憂, 知者不惑, 勇者不懼. 子貢曰, 夫子自道也.

어진 사람은 근심하지 않고, 총명한 사람은 흐리멍덩하지 않고, 용감한 사람은 두려워하지 않는다. 공자는 이 세 가지가 "군자의 도"에 속하지만 애석하게도 내가 할 수 있는 것은 없다고 말했다. 자공은 말솜씨가 뛰어났다. 그는 스승이 말한 것(군자의 도—옮긴이)은 바로 스승 자신에 대한 것이라고 말했다.

군자의 도

14.29

자공이 자신을 다른 사람과 비교하자 스승님께서 말씀하셨다.
"자공아, 네가 현명하다고 생각하느냐?
나는 그럴 틈이 없다."

子貢方人. 子曰, 賜也賢乎哉. 夫我則不暇.

"방인方人"은 다른 사람과 비교하기를 좋아하는 것이다.(『집주』) 다른 사람과 비교하면 화가 나서 죽는다는 속담이 있다. 동물행동학자들은 사람만 그런 것이 아니라고 한다. 즉 두 마리의 쥐를 함께 두어도 모두 그런 문제가 발생한다고 말한다. 자공은 자기보다 나은 사람과 비교하는 것을 좋아했다. 공자는 너는 정말로 다른 사람보다 강하냐? 나라면 그런 일로 마음 졸일 시간이 없을 것 같다고 말했다.

다른 사람과 비교하면 화나서 죽는다

14.30

스승님께서 말씀하셨다.
"다른 사람이 자기를 알아주지 않는 것을 걱정하지 말고,
자기에게 능력이 없음을 걱정해라."

子曰, 不患人之不己知, 患其不能也.

유사한 표현이 『논어』에 매우 많다. 예를 들어 「학이」 1.1의 "사람들이 알아주지 않아도 성내지 않는다", 1.16의 "남이 자기를 알아주지 않는 것을 근심하지 않고, 남을 알지 못함을 근심한다", 「위영공」 15.19의 "군자는 능력이 없는 것을 근심하고 다른 사람이 자기를 알아주지 않는 것을 근심하지 않는다" 등이 그것이다.

공자는 자기는 다른 사람이 자신을 알아주지 않는 것이 두렵지 않다고 자주 말했다. 그가 그렇게 말하지만, 만약 스스로 자신을 격려하는 것이라면 그런대로 이해할 수 있다. 그러나 그 말을 항상 입에 달고 있다면, 그것은 조금 의심이 들게 하는 것이다. 왜냐하면 최고의 사랑은 스스로 자신이 사랑한다는 것을 알지 못하고, 가장 높은 것은 스스로 자신이 높다는 것을 알지 못하기 때문이다. 잊어버려야 얻게 되는데, 이는 마치 생물적인 본능과 같다. 동물행동학자들은 동물이 사람보다 더 진실되며 사람에 대한 보답도 사람의 그것을 능가하며,

그들의 감정은 대부분 본능에서 발생한다고 말한다. 만약 정말로 이름에 대해 개의치 않는 사람이라면, 늘 입에 달고 있을 필요는 없다. 입에 달고 있다는 것이 바로 그에 대해 안심하지 못하고 있는 것이다. 사실 내면의 세계에서 볼 때 공자는 살아 있을 때와 죽은 뒤의 이름에 대해, 특히 죽은 뒤의 이름에 대해 오히려 무척 중시했다. 다른 사람이 자신을 이해해주지 않는 것 때문에 그는 몹시 고독을 느꼈다. 뒤에 나오는 14.35와 다음 편의 15.20을 참조할 것.

다른 사람이 알아주지 않음을 두려워하지 말아라

14.31

스승님께서 말씀하셨다.
"다른 사람이 거짓말할 것이라고 미리 속단하지 말고,
다른 사람이 미덥지 못할 것이라고 미리 추측하지 말아라.
그럼에도 미리 느낄 수 있다면 현명한 것이다."

子曰, 不逆詐, 不億不信, 抑亦先覺者, 是賢乎.

"불역사不逆詐"는 다른 사람이 거짓말 하는가 아닌가에 대해 예상하지 않는 것이다.

"불억불신不億不信"은 다른 사람이 신용을 중시하는가, 아닌가에 대해 미리부터 추측하지 않는 것이다. "억億"은 억臆으로 읽는데, 추측의 의미이다.

공자는 만약 네가 이렇게 하지 않더라도 상대방의 음모를 미리 알아차릴 수 있다면 너는 매우 현명하다고 말했다.

속임수에 빠지지 않는 법

14.32

미생무微生畝가 공자께 말했다. "구야, 너는 어째 그리 허둥거리며 편히 있지 못하느냐? 말재간 부리느라 그러는 것 아니냐?"
공자께서 말씀하셨다. "감히 말재간 부리려는 것이 아니라, 완고한 사람을 미워하는 것입니다."

微生畝謂孔子曰, 丘何爲是栖栖者與. 無乃爲佞乎. 孔子曰, 非敢爲佞也, 疾固也.

"미생무微生畝"는 생몰년을 알 수 없다. 『한서』「고금인표古今人表」에는 "미생회尾生晦"라고 쓰고 있으며, 『통지通志』「씨족략氏族略」에서는 "노나라 무성武城 사람"이라고 했다. 공주孔注에서는 곧 미생고尾生高라고 하면서 「고금인표」에 또 다른 "미생고"가 있는데, 이는 전국 시대 고서에서 약속을 잘 지킨 자로 크게 칭찬한 사람이라고 말했다.

"서서栖栖"는 바로 "안절부절 못하며 불안해하는 모양"을 의미하는 "서서恓恓"이고, 바빠서 편안할 틈이 없다는 의미이다. 그는 공자에게 너는 실패하여 전전하고 사방으로 돌아다니면서 유세하는데 그것은 "말재간佞"에 해당되는 것이 아니냐고 말했다. 공자는 나는 말솜씨를 뽐내려는 것이 아니라 이놈들이 너무 완고한 것이라고 변명했다.

입술이 타고 입이 마르는 것은 무엇 때문인가?

14.33

스승님께서 말씀하셨다.
"천리마는 그 힘을 일컫는 것이 아니라 그 결과를 일컫는 것이다."

子曰, 驥不稱其力, 稱其德也.

"천리마는 그 힘을 일컫는 것이 아니라"의 원문 가운데 "기驥"는 천리마이고, "칭稱"은 일컫는다는 의미이다. "천리마는 그 힘을 일컫는 것이 아니라 그 덕德을 일컫는 것이다." 말에게 무슨 "덕德"이라고 일컬을 만한 것이 있을까? 정현은 "조량調良", 즉 잘 훈련된 것이라고 생각했다. 그러나 "덕德"은 얻는다는 의미의 득得[31]으로 풀이할 수 있고, 또 그것이 달리는 결과가 도대체 어떤가를 가리키는 것 같다. 즉 노새인지 말인지는 끌고 나와 슬슬 걸어다니게 해보면 금세 알 수 있다. 마지막 지점까지 달려간 말이 정말로 좋은 말이다.

마지막 지점까지 달려간 말이 정말로 좋은 말이다

14.34

어떤 사람이 물었다.
"은덕으로써 원한을 갚으면 어떻습니까?"
스승님께서 말씀하셨다.
"은덕에 대해서는 무엇으로 갚을까요? 원한에는 똑같은 것으로 갚고,
은덕으로써 은덕을 갚아야 합니다."

或曰, 以德報怨, 何如. 子曰, 何以報德. 以直報怨, 以德報德.

"혹설或說"은 어떤 사람이 말한 것이다. 그는 공자에게 은덕으로써 원한을 갚으면 어떤가 하고 물었다. 공자는 만약 은덕으로써 원한을 갚는다면, 은덕에 대해서는 무엇으로 갚을 것인가, 설마 원한으로써 갚자는 것은 아닐 테지, 라고 말했다. 아무래도 안 되겠지라고 말하면서 차라리 "원한에는 똑같은 것으로 갚고, 은덕에는 은덕으로 갚는" 것이 좋다고 한 것이다. "원한에는 똑같은 것으로 갚고"에 해당되는 원문 "이직보원以直報怨"은 바로 원한과 대등한 것으로써 원한을 갚아야 한다는 것으로 "원한에 대해서는 원한으로 갚는 것"이기도 하며, "은덕에는 은덕으로 갚는 것"과도 같은 것이다.

이 장의 말은 매우 중요하다. 『노자』 제63장에 "은덕으로써 원한을 갚는다"[32]는 말이 있다. 과거에는 모두 노자가 공자보다 나이가 많기

때문에 그의 책이 『논어』보다 이를 것이고, 이 말은 공자가 『노자』에 대답한 것이라고 생각했다. 그런 주장은 믿을 수 없다. 노자라는 사람은 공자보다 이를 수 있지만, 책은 꼭 그렇지 않고, 오히려 그와는 반대일 것이다. 『노자』와 『논어』와 『묵자』 중에서 어떤 것이 이르고 어떤 것이 늦은지 보는 기준이 있다. 즉 누가 누구를 반대했는지를 보는 것이다. 『묵자』가 공자를 비판했다는 것은 가장 분명하다. 그의 「상현」 「상동」 등 10편은 모두 공자를 비판했다. 『노자』의 "올바른 말은 반대인 것처럼 보인다"[33]는 말은 무엇과 반대되는 것일까? 역시 공자와 반대된다.[34] 공자는 누구를 비판했을까? 묵자를 비판했을까? 그는 묵자를 비판하지 않았고, 또 비판할 수도 없었다. 노자를 비판했을까? 이 토론을 제외하고는 역시 전혀 대화가 없었다. 다른 사람을 비판할 때는 반드시 대상이 있어야만 가능한 것이다. 『논어』와 『노자』 중 어느 것이 이르고 어느 것이 늦은가는 매우 분명하지 않은가? 나는 이것이 『논어』가 『노자』에 대답한 것이라고 생각하지 않는다.

"원한에는 똑같은 것으로 갚고"에 해당되는 "이직보원以直報怨"에 대하여 주주朱注에서는 "사심 없이 지극히 공정한 마음至公而无私"으로 원한을 갚는 것이라고 설명했는데, 이러한 해석에는 문제가 있다. 나는 그 구절을 정직하다는 의미의 직直으로 원한을 갚는다고 말한 것이 아니라 대등한 것으로 원한을 갚는다고 말한 것이라고 이해하고 있다. 여기서 말한 직直은 사실 '값하다'는 의미의 "치値"로 읽어야 하고, 그 뜻은 원한으로 원한을 갚는다는 것이다.

이 장에는 대칭이 되는 두 쌍의 구절들이 있다. 한 쌍은 "은덕으로 원한을 갚는 것"과 "원한으로 은덕을 갚는 것"이고, 다른 한 쌍은 "은

덕으로 은덕을 갚는 것"과 "원한으로 원한을 갚는 것"이다. 공자의 태도는 도대체 어떤 것이었을까? 『예기』「표기」에서는 바로 이 대칭이 되는 두 쌍의 구절들에 대해 이야기하고 있다. 한 쌍은 "은덕에 은덕으로 보답하면 백성들이 서로 권할 것이다. 원한에 원한으로 보답하면 백성들이 서로 징계할 것이다"[35]이고, 다른 한 쌍은 "원한에 은덕으로 보답한다면 그는 너그럽고 어진 사람이다. 은덕에 원한으로 보답한다면 그는 형벌로 다스려야 할 사람이다"[36]이다. 공자는 은덕으로 은덕을 갚는 것은 백성들이 선으로 향하도록 유도하는 것이고, 원한으로 원한을 갚는 것은 백성들을 처벌하여 악하게 만드는 것이라고 생각했다. 이것이 그의 기본 태도이다. "은덕으로 원한을 갚는 것"과 "원한으로 은덕을 갚는 것"은 그가 볼 때 모두 "통상적인 예禮之常"가 아니다. 앞의 것은 윗사람이 아랫사람에게 지나치게 관대한 것이고, 뒤의 것은 아랫사람이 윗사람에게 지나치게 흉악한 것이다.(『공소』 참조)

이밖에 공자는 왜 "원한으로 원한을 갚는다"고 직접 말하지 않고, "원한에는 똑같은 것으로 갚는다"고 말했을까? 이 문제 역시 토론해볼 만한 가치가 있다. 이것은 일종의 언어유희가 아닐까 하는 의심이 든다. "덕德"자의 고문자는 세 가지 형태로 썼다. 두인변彳과 곧을 직直부로 구성된 것, 곧을 직直부와 마음 심心부로 구성된 것, 곧을 직直부와 마음 심心부 그리고 두인변彳을 추가한 것 등 세 종류였는데, 어떤 종류든 상관없이 모두 곧을 직直부에 속하고 득得의 음을 가지고 있다.

14.35

스승님께서 말씀하셨다.
"나를 알아주는 사람이 없구나!"
자공이 말했다.
"왜 스승님을 알아주는 사람이 없다고 하십니까?"
스승님께서 말씀하셨다.
"하늘을 원망하지 않고, 사람을 탓하지 않고,
아래로 사람의 일을 배우고 위로 천명에 통달했는데,
나를 알아주는 자는 하늘일 것이다."

子曰, 莫我知也夫. 子貢曰, 何爲其莫知子也. 子曰, 不怨天, 不尤人, 下學而上達.
知我者其天乎.

"하학이상달下學而上達"에 대해 공주孔注에서는 "아래로 사람의 일을 배우고 위로 천명에 통달했다"[37]라고 말했다.

공자는 자신이 다른 사람에게 알려지는 것이나 혹은 다른 사람에게 알려지지 않은 것은 자기 자신이 결정할 수 없는 것이라고 생각했다. 그는 그저 사람이 해야 할 일을 다 하고 나서 천명을 따를 뿐이라고 보았다.

공자는 다른 사람이 자기를 알아주지 않는 것에 마음 쓰지 말라고 자주 말했지만, 이 문장에서는 다른 사람이 자신을 알아주지 않는 것을 몹시 신경 쓰고 있으며 아울러 어찌해볼 수 없음에 속이 조금 쓰린 심정을 드러내고 있음에 주의해야 한다. 그는 비록 "하늘을 원망하지 않고, 사람을 탓하지 않는다"고 말했지만, 여전히 탄식하면서 자신을 알아주는 것은 하늘뿐이라고 생각했다.

하늘은 나를 이해할 것이다

14.36

공백료가 계손씨에게 자로를 비방했다.
자복경백이 그 일에 대해 알리고 나서 다음과 같이 말했다.
"계손씨는 공백료의 말에 현혹되었습니다. 공백료 정도면
제 힘으로 죽여서 그 시신을 시장통이나 조정 앞에
전시해놓을 수 있습니다."
스승님께서 말씀하셨다.
"도가 실행되는 것과 실행되지 않는 것은 천명에 달려 있고,
도가 사라져버릴 것인지 아닌지도 천명에 달려 있다.
공백료 그가 천명을 어찌하겠는가?"

公伯寮愬子路於季孫. 子服景伯以告, 曰, 夫子固有惑志, 於公伯寮, 吾力猶能肆諸市朝.
子曰, 道之將行也與, 命也. 道之將廢也與, 命也. 公伯寮其如命何.

"공백료公伯寮"는 노나라 사람으로 자는 자주子周이고 『사기』「중니제자열전」에 보인다. 그러나 『공자가어』「칠십이제자해七十二弟子解」에는 그가 없다. "소愬"는 비방한다는 뜻이다. 그는 계씨에게 가서 자로에 대한 험담을 늘어놓고 공자를 팔아먹었기 때문에 예전에는 그가 공자의 제자가 아닐 것이라고 의문을 제기했고, 공자의 제자라 하더라도 유다와 같은 배신자로서 스승을 팔아 영달을 추구한 사람이라고 생각했다. 그 때문에 명대의 정민정程敏政이라는 사람은 공백료에 대한 배

향配享을 그만둘 것을 요청했고 그 결과 그를 공묘孔廟에서 몰아냈다.

"자복경백子服景伯" 역시 노나라 사람으로 자복子服은 씨이고, 경景은 시호이며, 백伯은 항렬을 나타낸다. 그의 이름은 하何이다. 자복씨는 중손씨의 한 갈래이고, 호칭에서 볼 때 그는 귀족이었을 것이다. 「중니제자열전」과 「칠십이제자해」에는 이런 이름의 제자가 없다. 그러나 그는 공자에게 몰래 소식을 전해주었고 또 직접 공백료를 죽이려고 했으며, 그야말로 제자보다 더 제자 같았다.

"계손씨는 공백료의 말에 현혹되었습니다. 공백료 정도면 제 힘으로 죽여서 그 시신을 시장통이나 조정 앞에 전시해놓을 수 있습니다"에 해당되는 원문은 어떻게 끊어 읽어야 할까? 주주朱注에서는 "공백료公伯寮" 다음에서만 한 번 끊어 읽었다. 그러나 『사기』와 『집해』에서는 모두 "지志"자 아래에 주를 달았다. 여기서는 세 개의 구로 끊어 읽는다. "부자夫子"는 계씨를 가리킨다. 이 세 구에서 말하고 있는 것은 계씨가 비록 어리석은 생각을 매우 많이 하고 있지만, 공백료 이놈을 이야기할 때 나는 힘이 불끈 솟아 그를 처치하여 시체를 길거리에 던져놓을 수 있다는 의미이다. 고대에는 일반적으로 사람을 죽인 다음 시장통에 시신을 진열해놓거나 혹은 조정에 3일 동안 진열해놓았는데, 그것을 "사저시조肆諸市朝"라고 한다.

자복경백이 공자에게 이렇게 잘했고, 사람을 죽이는 일까지도 감히 할 수 있다고 했기 때문에 예전에는 그 사람이야말로 공자의 제자라고 믿고 싶어했다. 다행히도 공자가 인자했기 때문에 이 공포스러운 행동을 제지했다. 그는 나의 도가 통용되는 것이나 통용되지 못하는 것이나 모두 천명을 따르는 것인데, 공백료가 천명을 어떻게 할 수 있겠느냐고 말했다.

이 장의 이야기는 밑도 끝도 없다. 우리는 공백료가 계씨 쪽에 가서 무엇을 이야기했는지조차도 분명하게 알 수 없고, 자복경백이 왜 그를 죽이려고 했는지도 알 수 없다. 여기서 말하는 "계씨"는 계환자이거나 계강자일 테지만, 정확하게는 알 수 없다. 자로가 계환자의 가신이 된 것은 기원전 498년이었다. 기원전 498년에 그는 공자를 따라 노나라로 돌아온 뒤 계씨 쪽에서 일했다. 그는 주유열국 시기를 전후로 해서 계씨 밑에서 두 번 일했다. 그러나 기원전 480년에 자로는 위나라에서 죽었다. 이 장의 대화는 기원전 498년이거나 혹은 기원전 484년에서 기원전 480년 사이에 이루어진 것으로 보인다.

공백료가 천명을 어찌할 것인가

14.37

스승님께서 말씀하셨다.
"현명한 자들은 혼란한 세상을 피했고,
그다음은 위험한 곳을 피했고,
그다음은 표정이 좋지 않은 사람을 피했고,
그다음은 나쁜 말을 피했다."
스승님께서 말씀하셨다.
"이런 것을 앞장서서 실천한 자는 일곱 사람이다."

子曰, 賢者辟世, 其次辟地, 其次辟色, 其次辟言. 子曰, 作者七人矣.

"피辟"는 피한다는 의미의 피避와 같다. 공자는 천하에 도가 없으면 "사피四避", 즉 네 가지에 대해 피할 줄 알아야 한다고 주장했다.

"피세辟世"는 혼란한 세상을 피하는 것이다. 세는 시대이고, 시간이며 누구도 피할 수 없기 때문에 이 조항이 가장 어렵다. 정현의 주에서는 백이와 숙제와 우중虞仲이 피세避世, 즉 혼란한 세상을 피한 사람이다.

"피지辟地"는 위험한 곳을 피하는 것이다. 공자는 "위험한 나라에는 들어가지 말고, 혼란한 나라에는 살지 않는다"[38]고 말했는데, 비교적 안전한 곳으로 피하는 것이 가장 좋다. 정현의 주에서는 하조荷篠·장저長沮·걸닉桀溺 등이 피지, 즉 위험한 곳을 피한 사람이라고 말했다.

"피색辟色"은 표정이 좋지 않은 사람을 피하는 것이다. 정현의 주에서는 유하혜柳下惠와 소련少連이 피색, 즉 표정이 좋지 않은 사람을 피한 사람이라고 말했다.

"피언避言"은 나쁜 말을 피하는 것이다. 정현의 주에서는 하괴荷蕢와 초나라 광인 접여接輿 등이 피언, 즉 나쁜 말을 피한 사람이라고 했다. 피색과 피언은 사실 피인避人(나쁜 사람을 피하는 것)이다. 난세에는 나쁜 사람이 매우 많다.

"작자칠인作者七人"은 앞장서서 사피, 즉 네 가지 피해야 할 것을 실천한 사람이다. 정현의 주에서는 앞에서 언급했던 열 사람이고, "칠인七人"은 "십인十人"의 잘못이라고 말했다.(『형소』에서 인용) 포함包咸의 주에서는 장저, 걸닉, 장인丈人, 석문石門, 하괴荷蕢, 의봉인儀封人, 접여接輿 등이라고 했다.(『집해』에서 인용) 왕필의 주에서는 백이, 숙제, 우중虞仲, 이일夷逸, 주장朱張, 유하혜, 소련 등이라고 했다.(『황소』에서 인용) 이것들은 모두 추측에 의한 것이다. 이들의 주장을 비교해보면 왕필의 주가 좀 더 합리적이다. 첫째, 그는 일곱 사람을 들면서 글자를 고치지 않았고, 둘째, 그가 든 일곱 사람은 모두 공자 이전의 사람인 것 같기 때문에 "앞장서서 실천한 자"라고 말한 것이 비교적 적합하지만, 정현의 주는 사람이 너무 많고 글자를 고쳐서 좋지 않다. 포함의 주에서 든 사람은 모두 공자가 만났던 사람이지 가장 이른 사람이 아니다.

공자가 중시한 사람 가운데 정계의 요인과 옛날의 성현 외에 괴인怪人이 많이 포함되어 있다는 점을 우리는 『논어』를 읽을 때 주의해야 한다. 이들은 『장자』에 적지 않게 나오고, 어떤 사람은 고대의 괴인이고 어떤 사람은 당시의 괴인이다. 당시의 괴인은 모두 공자와 이야기를 나눴고, 공자는 초조해하지도 않았고 화를 내지도 않았다. 왜냐하면 그는 괴인이 나쁜 사람이 아니라는 것을 알고 있었기 때문이다. 『논어』에 등장하는 괴인의 명단은 다음과 같다.

⑴ 옛날에 이견을 가진 자(정치적 견해가 다른 자): 예를 들어 은대의 삼 대인, 즉 미자微子와 기자箕子와 비간比干.[39] 주대의 두 대인, 즉 백이와 숙제. 백이와 숙제는 "주나라의 곡식을 먹는 것을 부끄럽게 생각"했는데, 녹봉을 원하지 않았을 뿐 아니라 목숨마저도 필요 없다고 생각했다. 옛날에는 도덕의 고상함과 인격의 고결함을 말할 때 이 두 사람을 대표적인 예로 들었다.

⑵ 옛날의 일민逸民(이전 왕조의 유신과 이전 왕조에 충성을 지키는 젊은이): 예를 들어 백이, 숙제, 우중, 이일, 주장, 유하혜, 소련.[40] 「미자」 18.9에 나오는 태사지大師摯 등 여덟 명도 이 부류에 포함시켜야 할 것이다.

⑶ 옛날의 은둔자(산림에 은거하여 직접 농사를 짓고 전답을 가꾸던 자): 『논어』에 보이는 사람은 주로 네 명이다. 접여,[41] 장저,[42] 걸닉,[43] 제초기를 멘 노인荷蓧丈人[44] 등이 있고, 또 하괴자荷蕢者(삼태기를 진 사람)가 있는데,[45] 옛날에는 그 사람 역시 혼란한 세상을 피해 사는 현인 혹은 은둔자라고 말했다.

⑷ 옛날의 광사狂士: 한 명은 초나라의 자상백자子桑伯子인데, 항상 웃통을 벗고 다녔다.[46] 또 한 사람은 공자와 이전부터 잘 알고 지내던 원양原壤이다.[47] 그 사람 역시 제멋대로 행동하면서 예절에 구애를 받지 않았다.

⑸ 그리고 의봉인儀封人[48]과 석문石門의 문지기[49] 등이 있다. 이 두

사람은 모두 작은 관리로서 앞에서 말한 어느 부류에도 속하지 않지만, 예전에는 그 두 사람을 괴인 속에 포함시켰다.

이 수완 좋은 이들은 모두 고대의 괴인들로서 자발적으로 스스로를 주변화시켰고, 자발적으로 주류 사회에서 비껴나 있었다. 공자가 만났던 은둔자들, 그들이 공자를 신랄하게 비판하고 냉소했다고 생각해서는 안 된다. 오히려 그들은 모두 공자에게 최고의 존경과 찬사를 보냈다. 공자는 그가 살고 있는 세계에서 그들이야말로 청렴하고, 그들이 진정으로 무시하는 것은 바로 혼탁한 세상이라는 것을 알고 있었다. 그는 그들과 대화하려고 시도했지만 모두 거절당했다. 왜냐하면 공자가 여기저기 돌아다니면서 만나는 사람에게 충고를 아끼지 않았지만, 그들이 볼 때는 모두 다 완전히 나쁜 놈들인데 무엇 때문에 그렇게 정력을 낭비하는지, 그리고 무엇을 그렇게 안타까워하는지 이해하지 못했기 때문이다. 공자는 맑은 물과 흙탕물이라는 두 길 사이에서서 의지할 데도 없고 몸 둘 데도 없이 방황했다. 깨끗함을 좋아하지만 도리어 깨끗한 곳에 몸을 두려고 하지 않았고, 더러움을 싫어하지만 또 더러움에 대한 정을 잊을 수 없었다. 그것은 마치 「야반도주夜奔」라는 영화의 주인공 린충林冲이 "물가로 뛰어 들어가는 데 집중하다가 머리를 돌려 천조天朝를 바라보았다"는 것과 같다.

네 가지를 피함

14.38

자로가 석문石門에서 묵었다. 문지기가 물었다.
"어디서 오시오?"
자로가 대답했다.
"공씨 댁에서 옵니다."
"불가능하다는 것을 알면서도 하려고 하는 그 사람 말이오?"

子路宿於石門. 晨門曰, 奚自. 子路曰, 自孔氏. 曰, 是知其不可而爲之者與.

"석문石門"은 노성의 외문外門이다. "문지기"에 해당되는 원문 "신문晨門"은 새벽에 성문 여는 것을 맡은 말단 관리이다. 공자에 대한 그의 평가는 매우 정확하다. 공자의 일생은 "불가능하다는 것을 알면서도 하려고 한 것"이었다. 공자는 은둔자들과는 다르다. 은둔자는 "불가능하다는 것을 알고서는 피한 사람"과 "불가능하다는 것을 알고서는 도망간 사람"이다.

불가능하다는 것을 알면서도 하다

14.39

스승님께서 위나라에서 석경을 연주하고 계실 때
삼태기를 짊어지고 공씨 댁 문을 지나가던 사람이 말했다.
"시름이 실려 있구나, 저 경 치는 소리여!"
그러고 나서 또 말했다.
"천박하구나, 깽깽거리는 소리여! 자기를 알아주지 않으면
그만두면 될 텐데. 물이 깊으면 옷을 입은 채 건너고,
물이 얕으면 옷을 걷어 올리고 건너야지."
스승님께서 말씀하셨다.
"확고하구나! 논박할 수가 없겠어."

子擊磬於衛, 有荷蕢而過孔氏之門者, 曰, 有心哉, 擊磬乎. 旣而曰, 鄙哉, 硜硜乎. 莫己知也, 斯己而已矣. 深則厲, 淺則揭. 子曰, 果哉. 末之難矣.

공자가 음악을 배울 때 스승은 노나라의 악관으로 경磬을 연주하던 양襄, 즉 사양자師襄子였다. 『공자가어』「변악辨樂」에는 다음과 같은 기록이 있다. "공자는 사양에게서 금琴을 배웠는데, 양자가 '나는 비록 경을 연주하는 것을 직책으로 하고 있지만, 금에 대해서도 능하다'고 말했다."[50] 공자는 슬瑟을 연주할 수 있을 뿐만 아니라 경도 연주할 수 있었는데, 모두 그에게서 배운 것이다. 경은 석판으로 만든 악기로, 흔히 편종처럼 배열하고 연결하여 만들며 걸어놓고 연주한다.

"삼태기를 짊어지고 공씨 댁 문을 지나가던 사람"에 대하여 전통적인 해석에서는 모두 고대의 은둔자라고 말한다. 은둔자의 전통적인 모습은 농부가 아니라 어부였다. "하荷"는 어깨에 물건을 메고 손으로 받쳐 든 것이며, "궤蕢"는 풀로 엮은 광주리, 즉 삼태기이다.

"천박하구나, 깽깽거리는 소리여!"에서 "비鄙"는 속기이고, "갱갱硜硜"은 경을 두드리는 소리인데, 갱硜과 경磬은 옛 음이 같았다.

"물이 깊으면 옷을 입은 채 건너고, 물이 얕으면 옷을 걷어 올리고 건너야지"라는 말은 『시경』「패풍邶風·포유고엽匏有苦葉」에 나온다. "여厲"는 옷을 입은 채로 강을 건너는 것이고, "게揭"는 옷을 걷어 올리고 강을 건너는 것이다. 세상을 살아가는 것은 물을 건너는 것과 같다. 깊은지 얕은지를 알아야 한다.

"확고하구나! 논박할 수가 없겠어"에 해당되는 원문 가운데 "과果"는 단호한 것이고, "말지末之"는 하나의 굳어진 말인데, 말末은 없다는 의미의 멸蔑과 통하며, 이 말은 방법이 없다는 의미를 나타낸다. "난難"은 논박하는 것이다.

이것은 공자가 위나라에서 벼슬을 할 때 뜻을 얻지 못하고 집에서 경을 연주할 때 풀로 만든 광주리를 메고 가던 어떤 사람이 문 앞을 지나면서 그 소리를 듣고서는 공자가 시름이 깊다는 것을 곧 알아차렸다는 것을 말하고 있다. 그는 이렇게 경을 연주하는 것은 걱정거리가 있기 때문이라고 말했다. 조금 뒤 그는 공자가 그렇게 두드려서 울리는 땡땡땡 소리에는 속기가 너무 많이 배어 있다고 말했다. 사람이 당신을 이해해주지 않는다는 것이 바로 당신의 걱정거리 아니냐는 것이다. 『시경』에서 강물이 깊으면 옷을 입은 채로 그대로 강을 건너고, 강물이 얕으면 옷을 걷어 올리고 강을 건넌다고 했는데, 세상사의 깊고 얕음을 당신은 알아야만 한다는 것을 의미한다. 그가 말하고자 하는 것은 세상의 도가 이렇게 악화되었고, 당신이라고 모르는 것은 아닐 터인데 굳이 다른 사람에게 당신을 이해해달라고 끝없이 치근거려 무엇 하겠냐는 것이다. 공자는 그 말을 듣고서는 당신이 이렇게 극단적으로 말씀하시니 저는 할 말이 없습니다(당신과는 논쟁할 방법이 없습니다)라고 말할 수밖에 없었다.

이 장은 공자가 다른 사람이 나를 알아주지 않음을 걱정하지 말라고 말했으면서도 사실은 몹시도 신경 쓰고 있었다는 점을 충분히 설명해주고 있다.

공자가 경을 연주하다

14.40

자장이 말했다.

"『서』에서 '고종高宗은 상을 치를 때 3년 동안 말을 안 했다'라고 했는데 무슨 뜻인지요?"

스승님께서 말씀하셨다.

"왜 꼭 고종뿐이겠느냐? 옛날 사람은 모두 그랬다. 군주가 돌아가시면, 모든 백관은 3년 동안 총재에게서 정무를 들었다."

子張曰, 書云, 高宗諒陰, 三年不言. 何謂也. 子曰, 何必高宗, 古之人皆然. 君薨, 百官總己以聽於冢宰三年.

"고종高宗"은 은대의 고종, 즉 무정武丁이다. "고종은 상을 치를 때 3년 동안 말을 안 했다"는 기록은 『서경』 「무일」 편에 보인다. "양음諒陰"은 『예기』 「상복사」에는 "양암諒闇"으로 되어 있고, 『상서대전』에는 "양암梁闇"으로 되어 있다. 옛날에는 두 가지 설이 있었다. 하나의 학설은 양諒을 신信으로 풀이하고 암闇을 암暗으로 읽으면서 신용을 지키면서 말을 하지 않는 것을 가리킨다고 보았다.[51] 다른 하나의 학설은 양諒을 양涼으로 읽고 암闇을 암盦 혹은 암庵으로 읽으면서 효자가 상을 치를 때 거주하는 여막, 즉 추위를 막는 풀집을 가리킨다고 보았다.(정현 주) 자장이 물은 것은 즉 "3년상"이었고, 공자의 해석은 옛날에는 군주가 죽으면 새로운 군주는 3년 동안 복상하고, 3년 동안 말을 하지 않고, 3년 동안 정무를 보지 않았다는 것이다. 백관의 일은 모두 총재대리에게 맡겼다. 자장의 나이가 어린 것으로 보아 이 대화는 공자 만년에 이루어졌을 것이다.

3년 동안 말을 하지 않는다

14.41

스승님께서 말씀하셨다.
"윗사람이 예를 좋아하면 백성들 부리기가 쉽다."

子曰, 上好禮, 則民易使也.

비슷한 말이 「자로」 13.4에 나왔는데, 참고할 만하다. 그 문단은 다음과 같다. "윗사람이 예를 좋아하면 백성들이 감히 공경하지 않을 수 없고, 윗사람이 의를 좋아하면 백성들이 복종하지 않을 수 없고, 윗사람이 믿음을 좋아하면 백성들이 진심으로 대하지 않을 수 없을 것이다. 이렇게 되면 사방의 백성들이 자식을 포대기로 싸서 업고 모여들 것이다." 그러나 이 장의 말은 윗사람이 예禮로 백성을 부린다는 것이 결코 아니다. 예는 군자와 대인에게 쓰는 것이지 일반 백성들과는 관계가 없다.

윗사람이 예를 좋아하면 백성들 부리기가 쉽다

14.42

자로가 군자에 대해 묻자 스승님께서 대답하셨다.
"공경하는 마음으로 자신을 수양하여라."
"그렇게 하면 끝입니까?"
"자기를 수양하여 다른 사람을 편안하게 해주어라."
"그렇게 하면 끝입니까?"
"자기를 수양하여 백성을 편안하게 해주어라.
자기를 수양하여 백성을 편안하게 해주는 것은 요임금이나
순임금도 어렵게 생각하셨던 것이다."

子路問君子. 子曰, 修己以敬. 曰, 如斯而已乎. 曰, 修己以安人. 曰, 如斯而已乎.
曰, 修己以安百姓. 修己以安百姓, 堯舜其猶病諸.

이 장의 내용은 매우 중요하다. 공자가 정의한 세 가지 최고의 사람을 언급하고 있다. 독자들은 이 장을 읽을 때 반드시 「옹야」 6.30과 대조하고 참고해보아야 한다.

좀 길지만 「옹야」 6.30의 내용을 인용해보자.

자공이 물었다.
"만약 어떤 사람이 백성들에게 널리 베풀어 많은 사람을 구제할 수 있다면 어떻습니까? 그를 어질다고 할 수 있을까요?"

스승님께서 대답하셨다.

"어찌 어진 데서 그칠 일이겠느냐. 분명히 성스러운 것이야. 요임금이나 순임금도 그렇게 하지 못함을 병으로 여기셨지. 인이라는 것은 자기가 일어서고 싶으면 남을 일으켜주고, 자기가 이루고 싶으면 남을 이루게 해주는 것이다. 가까운 데서 구체적인 예를 찾을 수 있으면 그것이 바로 인의 실천 방법이라고 할 수 있을 것이다."

"백성들에게 널리 베풀어 많은 사람을 구제하는 것"은 성聖이고, "자기가 일어서고 싶으면 남을 일으켜주고, 자기가 이루고 싶으면 남을 이루게 해주는 것"은 인仁이다. 인보다 낮은 단계는 무엇일까? 그 점에 대하여 그는 말한 것이 없다.

여기서 보여주고 있는 자로와 공자의 세 번의 물음과 세 번의 대답은 사람의 세 가지 경지를 이야기한 것으로서 한 단계씩 한 단계씩 높아지고 있다.

첫 번째 단계: 자로가 공자에게 군자란 무엇인가를 물었고, 공자는 자기의 수양을 잘하고 또 다른 사람을 존경하는 것이 바로 군자라고 대답했다. "이以"는 접속사 이而의 의미이다.

두 번째 단계: 자로는 거기서 끝나느냐고 물었고, 공자는 더 높은 단계는 자기 수양을 잘하고 또 다른 사람을 편안하게 할 수 있는 능력이 요구된다고 대답했다. 이 단계 역시 당연히 군자이다. 그러나 일반적인 군자, 협의의 군자를 넘어선다. 「옹야」 6.30과 비교해보면 사실은 어진 사람이라는 것을 알 수 있다.

세 번째 단계: 자로가 또 여기서 끝나느냐고 물었고, 공자는 더 높은

단계는 자기 수양을 잘하고 또 천하의 백성을 안정시킬 수 있는 능력이 요구된다고 대답했다. 그러나 이 일은 요임금이나 순임금도 골칫거리였다고 말했다. 이 단계 역시 군자이지만, 어진 사람보다 더 높다. 「옹야」 6.30과 비교해보면 사실은 성인이라는 것을 알 수 있다.

여기서 주의해야 할 것은 "인人"은 "중衆" 혹은 "백성百姓"과 다르다는 점이다. "인人"은 상류 사회의 군자이고, "중" 혹은 "백성"은 하층의 대중이다.

자로가 군자에 대해 묻다

14.43

원양原壤이 가랑이를 벌리고 앉아 스승님을 기다리고 있었는데,
스승님께서 말씀하셨다.
"어려서 불손하고 우애가 없었고, 커서는 이렇다 할 것도 없었으며,
늙어서도 죽지 않는 것은 도둑이다."
그러고 나서 지팡이로 그의 정강이를 때렸다.

原壤夷俟. 子曰, 幼而不孫弟, 長而無述焉, 老而不死, 是爲賊. 以杖叩其脛.

"원양原壤"의 태어나고 죽은 해는 알 수 없다. 노나라에 원씨가 있었는데, 이 사람은 원헌原憲과 씨氏가 같다.

"손제孫弟"는 "손제遜弟" 혹은 "손제遜悌"라고도 쓰는데, 어른에 대해 공손하고 순종한다는 뜻이다.

『예기』「단궁하」에서는 다음과 같이 말하고 있다. 원양은 공자의 오래된 친구이고 어려서부터 잘 알고 지냈다. 원양의 어머니가 죽자 공자는 그를 도와 뒷일을 처리했는데, 그 와중에 원양은 오히려 관 위로 올라가 아무런 일도 없다는 듯 노래를 불렀다. 공자는 기분이 나빴지만, 곁으로 지나가면서 못 들은 척했다. 함께 간 사람이 공자에게 그 일을 그만두라고 권했지만, 공자는 우리 두 사람은 어려서부터 잘 알고 지냈는데, 이 정도의 체면은 못 세워줄 것이 없다고 말했다. 『황소

皇疏』에서는 원양이 "세속 밖의 성인으로서 예교禮敎에 구속받지 않았고", 공자는 "세속 안의 성인으로서 항상 예교를 일삼았다"고 말했다. 원양은 제멋대로 행동하면서 세속의 예절에 구애받지 않은 사람이었던 것 같다.

이 장의 내용은 매우 재미있다. 원양은 집에서 공자를 기다렸는데, 그는 무릎을 꿇은 것이 아니라 두 다리를 쭉 펴고 있었다. 내가 미국의 대학에 있을 때 학생들이 복도에서 이렇게 앉아 있는 것을 자주 보았다. 그 혼자 집에 있으면서 휴식을 취할 때라면 오히려 괜찮지만 공자가 자기 집에 이르러도 그는 이 자세로 손님을 맞이했는데, 그것은 예의가 아니었다. 옛날 사람이 앉는다고 말하는 것은 모두 무릎을 꿇고 앉는 것으로 엉덩이를 발뒤꿈치 위에 두는 것인데 이것을 정금위좌正襟危坐, 즉 옷깃을 바로잡고 단정하게 앉는다고 한다. "단정하게 앉는 것危坐"은 바로 무릎을 꿇고 앉는 것이다. 그가 그렇게 앉은 것을 옛날 사람은 "기거箕踞"라 불렀고 "이夷"라고도 불렀는데, 두 다리를 나란히 뻗는 것이다. "사俟"는 기다리는 것이다. 그는 마음속으로 집에 오는 사람은 다른 사람이 아니라 어릴 때부터 나와 친하게 지내던 공구 녀석 아니냐고 생각하고 있었을 것이다. 공자가 도착하자 그가 이런 모양을 하고 있는 것을 보고서는 너무도 어이가 없어서 욕을 퍼부어댔다. 너 이 녀석, 어렸을 때는 못됐었고, 커서는 구제불능이더니, 이 나이 처먹도록 죽지도 않고 살아서 그야말로 몹쓸 늙은이로구나. 공자는 원양이 쭉 펴고 있는 두 다리를 보고서는 정말로 온몸이 부르르 떨리도록 화가 나서 몽둥이로 힘껏 후려쳤다. "경脛"은 정강이다.

"늙어서도 죽지 않는 것은 도둑이다"는 타이완 사람이 자주 쓰는 말이다. 그들은 흔히 마지막 한 글자를 빼버리고 "늙어서도 않는 것老而不"이라고만 말한다. 그리고 정적政敵을 "노적老賊"이라고 부른다. 우리나라 할머니들이 자신의 늙은 동반자를 욕할 때 자주 쓰는 말 역시 "늙어도 죽지 않는 물건"이라는 것이다. 그러나 『석명』 「석장유釋長幼」에서는 "늙어도 죽지 않는 것을 신선이라고 한다"라고 했다. 즉 신선 역시 늙어도 죽지 않는다.

공자는 예의를 중시하지 않는 사람을 싫어했다. 원양은 그의 소꿉동무이고, 두 사람은 서로를 너무도 잘 알고 있다. 그는 공자에 대해 무례하게 대했고, 공자 역시 그에게 무례하게 대했으며, 몽둥이마저 휘둘렀다.

공자가 손찌검하고 때리다

14.44

궐당闕黨에서 젊은이가 소식을 전했는데,
어떤 사람이 그에 대해 물었다. "발전할 사람입니까?"
스승님께서 말씀하셨다.
"나는 그가 자리에 그냥 앉아 있는 것을 보았고,
어른들과 나란히 함께 걸어가는 것을 보았는데, 발전을 추구하는
사람이 아니라 빨리 성취하고 싶어하는 사람이오."

闕黨童子將命. 或問之曰, 益者與. 子曰, 吾見其居於位也, 見其與先生並行也, 非求益者也, 欲速成者也.

"궐당동자闕黨童子"에서 궐당闕黨은 궐리闕里(취에리)에 있던 마을 조직이다. 궐리는 공자의 고향이다. 오늘날 취푸에 가면 모두 취에리의 공묘孔廟와 공부孔府에 간다. 취에리는 마을 이름이고, 고대에도 이 마을 이름이 있었다.(예를 들어 『순자』「유효」) 공자는 유년 시절에 아버지를 잃고 자신의 어머니와 외갓집으로 돌아가서 살았는데, 여기가 그의 외갓집, 즉 안씨顏氏들이 모여 사는 곳이다. "동자童子"는 20세 이하의 미성년자인데, 다만 어린아이는 아니고 반쯤은 어른이 된 어린이다. 이 젊은이는 자기를 드러내길 좋아하는 사람으로 그는 예의를 차려야 하는 곳에서 사령을 전달하는 책임을 지고 있었는데, 어떤 사람이 그가 발전을 추구하는 인물인지 물었다. 공자는 내가 보기에 앉을 때는 감

히 어른과 함께 앉았다가 함께 일어서고 걸을 때는 감히 어른과 어깨를 나란히 맞대고 걷는 것을 보니 절대로 발전할 사람이 아니고 그저 발전하고 싶어 조급해하는 사람일 뿐이며, 확실히 눈에 거슬린다고 말했다. 그가 볼 때 이 사람은 버릇이 없고 법도를 알지 못하며 예의에 밝지 못했다. 발전하고 싶어 조급해하는 사람과 발전할 사람은 서로 다르고, 그 차이는 여기에 있다.

『맹자』「고자하」에서 "천천히 걸으면서 어른 뒤를 따라가는 것을 공손하다고 하고, 빨리 걸어서 어른을 앞질러 가는 것을 공손하지 않다고 한다"[52]라고 말했는데, 궐당 젊은이의 행위는 바로 "부제不弟", 즉 앞 장에서 말한 "불손제不孫弟"에 속한다.

궐당동자

제15편 위영공 衛靈公

이 편은 짧은 장의 격언이 많다. 몇 가지 말은 내가 좋아한다. 예를 들어 다음과 같은 구절들이다. "군자는 긍지를 품고 있되 다투지 않고, 무리에 섞이되 파벌을 만들지 않는다"(15.22), "군자는 말만 듣고서 사람을 발탁하지도 않고, 사람만 보고서 말을 물리치지 않는다"(15.23), "인 앞에서는 스승에게도 양보하지 않는다."(15.36)

15.1

위나라 영공이 공자에게 군진에 대하여 물었다.
공자께서는 다음과 같이 대답하셨다.
"제기祭器와 관련된 일에 대해서 들은 적이 있습니다만,
군대와 관련된 일은 배우지 못했습니다."
그리고 다음 날 바로 떠나셨다.

衛靈公問陳於孔子. 孔子對曰, 俎豆之事, 則嘗聞之矣. 軍旅之事, 未之學也. 明日遂行.

"진陳"은 군진을 의미하는 진陣과 같다. 진陳은 옛날 글자체이고 진陣은 나중에 생겨난 속자체이다. 수당 시기에 진을 친다는 의미의 진은 진陣으로 쓰는 경우가 많았지만, 선진과 양한 시기에는 모두 진陳으로 썼다. 동한의 허신은 진陳자를 진나라의 진자라고 했고 지攴방을 덧붙인 진敶자를 진열하다는 의미를 나타내는 진이라고 하여 이 두 글자를 구별하려고 했다. 당시에는 아직 진陣자가 없었다.(『설문說文』의 攴부와 自부)[1] 북제北齊의 안지추顔之推는 진을 치다는 의미의 진은 『육도』『논어』『좌전』 등에서 모두 진陳으로 썼지만, "세간에는 부阜방에 수레를 의미하는 거車자를 붙인 글자를 쓴 책이 많다"[2]라고 했고, 또 "『창힐편蒼頡篇』『이아爾雅』 및 근래의 자서에는 다른 글자가 없는데, 오직 왕희지의 『소학장小學章』에서만 부阜방에 거車자를 붙인 글자를 썼다"[3]라고 했다.

『소학장』은 바로 『수서』「경적지」에 기록된 왕희지의 『소학편』이다. 안지추의 고증에 따르면 후세에 진陣으로 진陳을 표시하는 것이 널리 유행하게 되는 것은 진대晉代까지 거슬러 올라갈 수 있다.

위나라 영공이 진법에 대해 물은 것은 군사에 대한 가르침을 구한 것으로 진법에만 국한된 것이 아니다. 예를 들어 『상박초간』의 「조말지진曹沫之陳」은 노나라 장공이 조말에게 진법에 대하여 물은 병서인데, 군사 전반에 대한 논의를 내용으로 하고 있다.

"제기祭器"에 해당되는 원문 "저두俎豆"의 저俎는 고기를 써는 작은 도마이고, 두豆는 국이나 장류를 담는 기물이다. 두 가지 모두 동으로 제작한 것도 있고 나무로 제작한 것도 있는데, 여기서는 제기를 가리킨다.

"군대"에 해당되는 원문 "군려軍旅"와 관련하여 살펴보면, 고대의 군대 편제는 등급이 매우 많았다. 옛날 사람은 "오졸"을 최하 등급의 편제를 가리키는 말로 썼고, "군려"를 최고 등급의 편제를 가리키는 말로 썼다.[4] 여기서 군려는 군대를 가리킨다.

『좌전』 애공 11년에 따르면 공문자가 대숙질大叔疾을 공격하려고 하면서 공자에게 가르침을 구했다. 그때 공자는 말했다. "호궤胡簋의 일에 대해서는 배운 적이 있습니다. 그러나 전쟁에 대한 것은 들은 적이 없습니다." "호胡"는 바로 호련을 의미하는 호瑚이고, 호瑚와 궤簋는 모두 곡식류의 식품을 담는 제기로 이 두 말은 판에 박은 듯이 비슷하다. 공자는 예를 아는 것으로 저명했다. 소철蘇轍은 협곡의 회합에서 제나라 신하 여미犁彌가 제나라 임금에게 "공자는 예를 알지만 용기가 없기 때문에 만약 내萊 지역 사람에게 군사를 동원하여 노나라 임금을 협박하게 한다면 반드시 뜻을 이룰 것입니다"[5]라고 말했는데, 위나라 영공도 공자에 대해 이러한 인상을 가지고 있었으며, 그는 공자가 능숙하게 할 수 있는 것은 예에 관한 것이지 군사에 관한 일이 아니라는 점을 알고 있으면서도 진법을 물은 것은 일부러 공자를 난처하게 하려고 한 것이며, 공자는 그의 의도를 확실하게 알아차렸기 때문에 다음 날 위나라를 떠났다고 설명했다.(『고사古史』) 그러나 이와 같은 추측이 반드시 맞다고는 할 수 없다.

공자가 위나라 영공 밑에서 벼슬을 한 것은 위나라 영공이 재위한 마지막 3년, 즉 기원전 495년에서 기원전 493년이었다. 그가 위나라를 떠난 것은 기원전 493년이었다. 여기에 기록하고 있는 것은 공자가 위나라를 떠나기 하루 전의 일로 날짜까지 정확하다고 할 수 있다.

공자는 군사 이야기를 좋아하지 않았다

15.2

진陳나라에서 양식이 떨어지자 따르는 자들이 병이 나서
일어날 수가 없었다. 자로가 화가 나서 뵙고 말했다.
"군자도 곤궁에 처할 때가 있습니까?"
스승님께서 말씀하셨다.
"군자는 곤궁이 닥치면 그것을 견디고,
소인은 곤궁이 닥치면 곧 제멋대로 날뛴다."

在陳絕糧, 從者病, 莫能興. 子路慍見曰, 君子亦有窮乎. 子曰, 君子固窮, 小人窮斯濫矣.

고대의 승려들은 대부분 고행승으로서 일도 없었고 수입도 없었으며, 여기저기 떠돌면서 구걸에 의지하여 살았다. 성인 역시 이와 같았다. 그들은 거지라고 불리는 것과 끊을 수 없는 인연이 있었다. 지식인은 원래 자유로운 직업인이다. 자유로운 직업인의 특징은 다른 사람이 베풀어주는 은덕에 의지하는 것이다. 즉 누군가 그를 부양해주어야 한다. 성인의 이야기에서 박해받는 내용을 빼놓을 수 없다. 당대唐代의 승려 현장玄奘은 불경을 구하러 갔다가 81번의 재난을 만났고 굶기를 밥 먹듯이 했다.

공자가 주유열국할 때 대체로 세 번의 큰 재난이 있었다. 한 번은 광匡을 지날 때 포위된 것(기원전 496)으로 「자한」 9.5에 나온다. 또 한

번은 송나라의 사마환퇴司馬桓魋가 그를 죽이려고 한 것(기원전 492)으로 「술이」 7.23에 나온다. 또 다른 한 번은 진陳나라에서 식량이 떨어진 것(기원전 489)으로, 바로 여기서 말하고 있는 것이다. 이것이 세 번째 맞이한 대재난이었다.

"재진절량在陳絕糧"은 바로 진나라에서 식량이 떨어진 것이다. "양糧"은 『석문』에서 정현의 주에 본래 "장粻"으로 기록되었다고 인용하고 있는데, 글자는 달라도 의미는 같다. 맹자는 "군자께서 진나라와 채나라 사이에서 재앙을 만났는데, (진나라나 채나라의) 군주나 신하들과 교류가 없었기 때문이다"[6]라고 하여 식량이 떨어진 지역을 진나라와 채나라 사이라고 말했다. 『순자』 「유좌」에서도 이 일에 대하여 언급했는데, "7일 동안 익힌 음식을 먹지 못했다. 명아주 풀로 끓인 국에는 곡식 알갱이 하나 없었고 제자들이 모두 굶주려 초췌한 기색이었다"[7]고 말했다. 즉 7일 동안 불로 밥을 짓지 못하고 야채만 날로 먹고 곡식을 먹지 못해서 견딜 수 없을 정도로 굶주렸다는 것이다. 당시에 자로는 그런 상황을 납득할 수 없었기 때문에 공자는 그에게 큰 이치에 대하여 많은 설명을 해주면서, 내가 "낙엽 진 뽕나무 아래"에서 뜻을 이룰 수 없으리라는 것을 네가 어떻게 알겠느냐고 말했다. 양경楊倞은 "낙엽 진 뽕나무는 9월의 때이고, 공자는 당시에 아무것도 걸치지 않은 채 이 나무 아래에 있었다"고 주석을 달았다. 이 설명에 따르면 상황이 더욱 구체적이다. 그들은 나뭇잎이 다 떨어져버린 뽕나무 아래서 배를 곯고 있었던 것이다. 그때의 굶주림은 모두에게 굶는 일의 비참함을 맛보게 했다. "따르는 자들이 병이 나서 일어날 수가 없었다"는 모두들 배가 고파서 기어가지도 못한 것을 말한다.

"견디고"에 해당되는 원문 "고固"는 옛 주에서는 모두 견고하다는 의미로 해석했다. 그 속에는 주희의 주도 포함된다. 그런데 주희의 주는 정자의 설을 인용하여 "고궁固窮"을 "그 궁핍함을 고수하다"로 해석했는데, 이것은 선택할 만한 것이 못 된다.

당시에 자로는 화가 나서 발을 동동 구르면서 "군자도 곤궁에 처할 때가 있습니까"라고 말했다. 즉 군자도 이렇게 굶주려야 하느냐는 것이었다. 공자는 "군자는 곤궁이 닥치면 그것을 견디고, 소인은 곤궁이 닥치면 곧 제멋대로 행동한다"라고 말했다. 즉 군자는 당연히 곤궁함을 받아들이지만, 소인처럼 곤궁함을 참지 못하고 곤궁에 처한다고 해서 바로 히스테리를 부리지 않는다는 것이다.

여기서 두 사람이 말한 "군자"는 말은 같지만, 그에 대한 이해가 다르다.

자로가 말한 군자는 체면이 있는 사람인데, 반드시 식사를 해야 할 뿐만 아니라 아주 잘 먹어야 한다. 그것은 마치 옛일을 생각하는 자가 과거에는 교수였기 때문에 난리통이라 하더라도 사채일탕四菜一湯(네 가지 요리와 한 가지 탕)이 있어야 한다고 하는 것과 같다. 그가 말한 것은 "신분으로서의 군자"이다. 신분으로서의 군자는 귀족이다.

공자가 말한 군자는 그런 종류의 군자가 아니다. 그가 말한 것은 "도덕적 군자"였다. 도덕적 군자에게는 군자로서의 풍격이 있다. 그러나 꼭 돈이나 권세가 있는 것도 아니고, 그런 것을 잘 얻지도 못하며, 배고픔을 면하기 어렵다. 군자는 곤궁에 처하더라도 그것은 역시 풍격이 있는 곤궁이다. 그는 앞 편에서 "가난하면서 원망하지 않는 것은 어렵지만, 부자이면서 교만하지 않는 것은 쉽다"[8]라고 말했다. 소인의 특징은 곤궁을 참지 못하고, 곤궁이 닥치면 바로 불평하며 심지어는 크게 성질을 부린다. 공자가 말하고자 한 것은 너의 이 같은 태도가 바로 "곤궁이 닥치면 곧 제멋대로 날뛴다"는 것에 해당된다는 것이다.

군자는 배고픔을 면할 수 없다

15.3

스승님께서 말씀하셨다.
"사야, 너는 나를 많이 배워서 기억하고 있는
사람이라고 생각하느냐?"
자공이 대답했다.
"그렇습니다. 아닙니까?"
"아니다. 나는 하나로 꿰고 있다."

子曰, 賜也, 女以予爲多學而識之者與. 對曰, 然, 非與. 曰, 非也, 予一以貫之.

공자는 간결한 것으로 복잡한 것을 제어할 것을 강조했다. 그는 자기가 특별히 총명하다는 것을 인정하지 않았을 뿐만 아니라 지식이 많다는 것, 기억력이 좋다는 것 등을 모두 인정하지 않았다.

"지識"는 두 가지 독법이 있다. 하나는 기억을 나타내는 것이고, 다른 하나는 인식을 나타내는 것이다. 여기서는 앞의 것을 가리킨다.

사람의 기억에는 두 종류가 있다. 하나는 무턱대고 통째로 외우는 기계적인 기억이고, 다른 하나는 이해를 기초로 연상에 의존하는 기억이다. 공자가 한 말의 의미는 이런 것이다. 너는 내가 많은 것을 배우고 억지로 외워서 모든 것을 기억하고 있는 것이라고 생각하느냐? 그렇지 않다. 사실 나는 "하나로 꿰는" 원칙에 의지하고 있다.

이 "하나로 꿰다"의 "하나"는 핵심적인 단어 혹은 핵심적인 예와 같이 겉으로 드러나는 단서가 아니라 원리나 원칙과 같이 속으로 관통하는 단서인 것이다. 청대의 이중부李中孚는 다음과 같이 말했다. "유문정劉文靖은 구문장丘文莊의 학식이 넓으면서도 요점이 거의 없는 것을 가리켜 구중심丘仲深(구문장의 자)은 비록 흩어진 돈은 있지만 그것을 꿸 만한 돈줄이 없어 아쉽다고 말했다. 유문장이 그 말을 듣고서는 웃으면서 말했다. '유자귀劉子貴는 비록 돈줄은 있지만 거기에 꿰어 넣을 흩어진 돈이 없다.'"[9] 흩어진 돈과 돈줄은 비유가 매우 실감 난다. "하나로 꿰고 있다"는 것은 바로 돈줄처럼 뿔뿔이 흩어져 있는 기억들을 하나로 연결하는 것이다.

중국 학계에서 중국 자체를 연구하는 사람은 매우 많고 글이나 책 역시 대단히 많지만, 병폐는 쓸데없이 자질구레하기만 하고 이론적 통찰력과 내용에 대한 전반적인 파악이 결핍되어 있다는 것이다. 즉 그저 흩어진 돈만 있을 뿐 돈줄이 없는 것이다. 그리하여 서구의 학자와 일본의 학자들로부터 무시당하고, 다른 사람의 비판에 직면해서는 오히려 그 비평을 겸허하게 받아들이지 않고 상대방을 비난하면서 나는 많은 돈을 가지고 있기 때문에 너보다 훨씬 부자라고 말한다. 「이인」 4.15에서 공자는 "나의 도는 하나로 꿰어져 있다"라고 말했고, 증자는 공자의 "도"는 "충서"라고 설명했다.

1950년대에 중국에서는 각종 "반동적인 민간단체"를 단속하고 탄압했는데, 그중에는 "일관도一貫道"라고 부르는 것이 있었다. "일관도"는 타이완에서 적지 않은 신도를 거느리고 있다.

하나로 꿰고 있다

15.4

스승님께서 말씀하셨다.
"유야, 덕을 아는 이가 드물구나."

子曰, 由. 知德者鮮矣.

공자는 자로에게 도덕을 이해하는 사람이 너무 적다는 것을 말했다. 그는 매우 고립되어 있었다.

도덕을 이해하는 사람이 매우 적다

15.5

스승님께서 말씀하셨다.
"아무것도 안 하는 것으로 다스린 자는 순임금일 것이야.
무엇을 했는가? 몸을 공손하고 똑바로 하고서 왕위에
앉아 있었을 따름이다."

子曰, 無爲而治者其舜也與. 夫何爲哉. 恭己正南面而已矣.

"아무것도 안 하는 것으로 다스리는" 것은 도가가 숭배하는 통치술이다. 도가는 아무것도 안 하는 것으로 다스리는 무위의 정치와 황로술을 말했는데, 그것은 황제黃帝를 모델로 삼은 것이다. 이러한 주장은 도가에서 가장 많이 언급했지만, 다른 사람도 말하지 않은 것은 아니다. 거의 모두 이러한 이상을 말했고 유가 역시 말했는데, 그들은 초기 전설 속의 무위의 정치를 높이 평가하는 태도를 취하고 있었다. 그렇지만 공자가 강조한 것은 성왕이 몸을 단정하게 하고 있는 것이고, 먼저 자기 자신부터 시작하는 것이며, 그가 모델로 삼은 것은 요임금과 순임금이었다.

황제는 저고리와 치마를 늘어뜨리고만 있어도 천하가 다스려졌는데, 주로 전문가가 나라를 다스린 것이다. 이른바 "칠보七輔" "육상六相" "사사四史" 등이 바로 전문가에 의한 치국을 강조한 것이다. 전국 시대와 진한대에 유행한 황제서는 바로 이러한 종류의 이야기에 의존하고 있다.

『상서』의 「요전堯典」과 「순전舜典」에서도 군주와 신하의 기능 분담을 말했는데, 각자 자기의 직책을 맡는 것은 유가에서 근본으로 삼는 방법이며, 사마천이 말한 순임금의 22명의 신하[10] 역시 강력한 힘을 가진 지도자 그룹이다.

도가든 유가든 이른바 무위라는 것은 사실 못하는 것이 없는 무불위無不爲이다. 우두머리는 숙련된 전문가가 아니지만, 그는 숙련된 전문가를 선발할 수 있고, 관리할 수 있고, 또 그들을 쓸 수 있다. 즉 "한 명의 멍텅구리가 한 무리의 총명한 사람을 관리하는 것"으로서 당연히 근심을 덜고 힘을 덜 수 있다.

무위의 정치

15.6

자장이 길을 떠나는 것과 관련하여 조언을 청하자
스승님께서 말씀하셨다.
"말은 진실하고 믿음이 가게 하고, 행동은 성실하고
공손하게 해야 한다. 그러면 비록 야만의 나라에서도 통할 것이다.
말에 진실과 믿음이 없고, 행동에 성실성과 공손함이 없다면
비록 도시에서 가까운 곳이라 하더라도 통하겠느냐?
걸어다닐 때는 이 말이 눈앞에 펼쳐져 있어 그것을 보는 듯이 하고,
수레를 탈 때는 수레 끌채 앞 횡목에 이 말이 가로로 씌어져 있어
그것을 보는 듯이 해라. 그렇게 된 다음에야 떠나도록 해라."
자장은 그 말을 허리띠에 적었다.

子張問行. 子曰, 言忠信, 行篤敬, 雖蠻貊之邦行矣. 言不忠信, 行不篤敬, 雖州里行乎哉.
立, 則見其參於前也, 在輿, 則見其倚於衡也, 夫然後行. 子張書諸紳.

"행行"은 길을 떠나는 것, 즉 멀리 떠나는 것을 가리킨다. 고대의 일서日書(점술서)에서 길 떠나는 것을 묻는 것은 일종의 전문적인 것이었다.

"만맥지방蠻貊之邦"은 야만의 국가이다. 고대에는 "만蠻"자로써 중국 남방의 소수민족을 가리키는 경우가 많았다. "맥貊"은 중국 동북쪽의 소수민족을 가리킨다. "맥貊"은 옛날 책에서 "맥貉"이라고도 썼다. 여기서 "만맥"은 고대의 모든 야만 지역을 총칭하는 말이다.

"주리州里"는 앞의 것과 상반되며 개화된 지역을 가리킨다. 고대의 국야제도國野制度에서 도시 주변은 주리로 편제되었다.

"입立"은 땅 위에 서는 것이다. 걸어갈 때는 땅 위에 서야 하는데, 그것은 "재여在輿"와는 상반된다. "재여"는 수레를 타고 가는 것이다.

"눈앞에 펼쳐져 있다"에 해당되는 원문 "참어전參於前"의 "참參"은 '참조하다'라고 할 때의 '참'으로 읽어야 하는데, 왕인지는 "앞에 마주보고 있는 것相直於前"의 의미, 즉 마치 글자가 자기 앞에 씌어 있어 자기 얼굴을 똑바로 마주 보고 있는 것과 같이 하는 것이라고 말했다.

"의어형倚於衡"은 마치 어떤 글자를 수레의 멍에에 가로로 써놓은 것과 같다고 말하는 것이다.

자장이 길을 떠나면서 조언을 청하자 공자는 "말은 진실하고 믿음이 가게 하고, 행동은 성실하고 공손하게 해야 한다"라는 두 마디로 대답했다. 그는 자장이 이 두 마디를 기억하기를 바랐고, 어디를 가든 잊지 말기를 바랐다. 길을 걸어갈 때는 눈앞에 이 두 마디가 펼쳐져 있어야 하고, 수레에 타고 있을 때도 눈앞에 역시 이 두 마디가 펼쳐져 있어야 한다. 이 두 마디에만 의지하여 온 천하를 두루 돌아다니라는 것이다. 자장은 간책簡冊을 가지고 있지 않았기 때문에 이 두 마디를 허리띠에 급히 기록해두었다.

"신紳"은 허리에 두르는 큰 띠에서 아래로 늘어뜨려놓은 부분이다. 관리로 있는 사람이나 유자儒者는 홀笏을 요대에 꽂아놓는다. 이렇게 차려입은 사람을 진신지사搢紳之士라 불렀고, 오늘날에는 간단하게 줄여 신사라고 부른다. 신사의 신은 한쪽 끝이 앞쪽에 있는데, 아래로 늘어뜨려져 있어서 마치 양복의 넥타이 같다. 넥타이는 군대에서 기원했다고 한다. 로마 시대에도 있었지만, 오늘날의 양복은 19세기의 산물이다. 서양의 젠틀맨은 목에 그런 꼬랑지를 매달았지만, 동양은 허리에 그런 꼬랑지를 매달았다. 자장이 왼손으로 넥타이 식의 그 한쪽 끝을 치켜 올려서 마치 판독版牘(목판에 글을 써서 만든 책이나 편지)처럼 손으로 받쳐 들고서는 오른손으로 그 위에 글자를 써넣는 것을 상상해볼 수 있다. 그것은 다급할 때 마침 떠오른 아이디어였다. 오늘의 상황으로 바꾸어서 생각해보면 만약 수첩이 없다면 넥타이에 쓸 수 있을 것이다.

"자장은 그 말을 띠에 적었다"라는 이 구절에 대해 어떤 사람은 백서帛書의 발명과 관련이 있다고 말했다. 중국의 백서는 언제 발명되었을까? 방직사를 쓰는 사람이나 서적사를 쓰는 사람 모두 큰 관심거리다. 첸춘쉰錢存訓 선생은 백서의 발명은 적어도 기원전 6~7세기라고 말했는데, 주로 이 구절의 내용에 근거를 두고 있다.[11] 사실 이 증거는 결코 신빙성을 둘 만한 것이 아니다. 왜냐하면 자장은 스승의 말을 허리띠에 적었고, 그것은 우연적인 행위일 뿐이지 허리띠가 바로 백서라고 말하기는 좀 낯 뜨겁다.

자장은 나이가 어렸다. 공자가 위나라에서 노나라로 돌아왔을 때 자장은 겨우 20세였으니 이 단락의 말은 당연히 공자가 만년에 한 것이라고 할 수 있을 것이다.

자장이 허리띠에 글을 쓰다

15.7

스승님께서 말씀하셨다.
"정직하도다, 사어史魚여! 나라에 도가 있으면 화살처럼 곧았고,
나라에 도가 없어도 화살처럼 곧았다. 군자로다, 거백옥蘧伯玉이여!
나라에 도가 있으면 벼슬에 나아갔고, 나라에 도가 없으면
뜻을 접어 속에 품고 있을 줄 알았다."

子曰, 直哉史魚. 邦有道如矢. 邦無道如矢. 君子哉蘧伯玉. 邦有道則仕. 邦無道則可卷而懷之.

"사어史魚"는 곧 사추史鰌이고, 자는 자어子魚인데, 『논어』에서는 이곳에만 나온다.

"거백옥蘧伯玉"은 「헌문」 14.25에 이미 나왔다.

이 두 사람은 모두 위나라의 명신이었다. 그들은 헌공獻公·상공殤公, 도망갔다가 다시 돌아온 헌공·양공襄公·영공靈公 등을 모셨고, 그들은 계강자와 더불어 "위나라 영공의 무도함"을 비판했다. 그러나 위나라 영공이 무도했음에도 도망가려고 하지는 않았다. 그런데 위나라 영공 이전 어느 때 "나라에 도가" 있었던가? 모르겠다.

공자의 처세철학은 언제든지 올바른 도로써 사람을 섬겨야 한다는 것이다. 나라에 도가 있으면 마땅히 세상에 나가서 관리가 되어야 하고, 나라에 도가 없으면 당연히 은퇴해야 하는 것이다. 원칙은 견지되

어야 하고, 목숨도 잃을 수 없다. 이 문단의 말은 공자가 위나라에서 벼슬을 하던 기간, 즉 기원전 495년에서 기원전 493년 혹은 기원전 488년에서 기원전 485년 사이에 했을 것이다.

사어와 거백옥

15.8

스승님께서 말씀하셨다.
"말을 해야 하는데도 말하지 않으면 사람을 잃고,
말을 해서는 안 되는데도 말을 하면 말을 잃는다.
지혜로운 자는 사람을 잃지 않고, 또 말을 잃지도 않는다."

子曰, 可與言而不與之言, 失人. 不可與言而與之言, 失言. 知者不失人, 亦不失言.

공자는 말하는 데 신중하면서도 말하는 것에 대해 강조했다. 그는 사람과 이야기를 나누어야 할 때 말하지 않는 것은 "사람을 잃는 것"이고, 사람과 이야기를 나누지 말아야 할 때 말하는 것은 "말을 잃는 것"이며, 정말로 총명한 사람은 "사람을 잃"지도 않고, 또 "말을 잃"지도 않는다고 생각했다. "말을 해야 하는데도 말하지 않는 것"은 사실을 숨기는 것에 속하고, "말을 해서는 안 되는데도 말을 하는 것"은 조급해하는 것에 속한다.

사람을 잃는 것과 말을 잃는 것

15.9

스승님께서 말씀하셨다.
"뜻 있는 선비와 어진 사람은 삶을 추구하기 위해
인을 저버리지 않고, 제 몸을 희생해서라도 인을 이룬다."

子曰, 志士仁人, 無求生以害仁, 有殺身以成仁.

공자는 생명을 열렬히 사랑했고, 결코 목숨을 가볍거나 소홀하게 여기지 않았다. 그러나 정말로 귀한 것이지만 인의仁義의 가치는 더욱 높다. 그는 뜻 있는 선비와 인자는 구차한 삶을 위해 인을 손상하지 않고, 오직 인을 위해 의연히 헌신한다고 말했는데, 이것을 "살신성인殺身成仁"이라고 부른다.

살신성인

15.10

자공이 인의 실천에 대해 묻자 스승님께서는
다음과 같이 말씀하셨다.
"기술자가 자기가 맡은 일을 잘하려고 할 때는 반드시
먼저 도구가 잘 들게 준비한다. 마찬가지로 이 나라에 살 때는
이 나라 대부들 가운데 현명한 자를 섬기고,
이 나라 선비들 중에서 인자仁者를 친구로 삼아야 한다."

子貢問爲仁. 子曰, 工欲善其事, 必先利其器. 居是邦也, 事其大夫之賢者, 友其士之仁者.

자공이 인의 실천, 즉 어떻게 해야 인에 부합하는 일을 할 수 있는가를 물었다. 공자는 먼저 그 나라의 엘리트, 가장 우수한 대부, 가장 인을 중시하는 선비 등과 좋은 관계를 맺어야 한다고 생각했다. 그것은 바로 기술자가 물건을 잘 만들기 위해서는 먼저 공구를 잘 갖추어야 하는 것과 같다.

여기서 우리가 주의해야 할 것은 공자가 "이 나라 대부들 가운데 현명한 자"를 언급할 때는 섬긴다는 의미의 "사事"자를 썼고, "이 나라 선비들 중에서 인한 사람"을 언급할 때는 친구로 사귄다는 의미의 "우友"자를 썼다는 점이다. 여기서 그는 자공의 신분을 "선비士"로 보고 있었음을 알 수 있다. "우友"는 너그럽다는 의미의 "유侑"와 관계가 있

다. 이 두 글자는 기본적으로는 평행관계에 있다. 서주의 금문에서 책봉冊封 의식을 설명할 때는 항상 "우자右者"가 명령을 받는 자를 모시고 참석했는데, 이와 같은 "우자"가 바로 "우友"이다.

자공이 인을 묻다

15.11

안연이 나라 다스리는 방법을 묻자 스승님께서는
다음과 같이 말씀하셨다.
"하나라의 달력을 시행하고, 은나라의 수레를 타고,
주나라의 면류관을 쓰고, 음악은 「소韶」와 「무武」를 쓴다.
정나라의 소리를 추방하고, 아첨꾼을 멀리한다.
정나라의 소리는 음탕하고 아첨꾼은 위험하다."

顏淵問爲邦. 子曰, 行夏之時, 乘殷之輅, 服周之冕, 樂則韶舞. 放鄭聲, 遠佞人.
鄭聲淫, 佞人殆.

안연은 어떻게 국가를 다스리는가를 물었고, 공자의 대답은 네 가지였다.

(1) "행하지시行夏之時"는 하나라의 시령을 실행한다는 것이다. 옛날에는 "삼정三正"의 학설이 있었다. 하정夏正은 건인建寅(첫 봄 정월을 정월로 함)이고, 은정殷正은 건축建丑(겨울의 막바지 12월을 정월로 함)이며, 주정周正은 건자建子(한창때의 겨울 11월을 정월로 함)였다. 춘추 시대에 이르러 진晉나라에서는 하정을 사용했고, 노나라에서는 주정을 사용했다. 지금 『대대례』에는 「하소정夏小正」 편이 있는데, 원래 별도로 시행되던 것으로, 전해오는 말에 따르면 그것은 하대의 월령이다.

(2) "은나라의 수레를 탄다." "노輅"는 옛날 책에는 "노路"로 쓰기도

하는데, 비교적 고급에 속하는 마차이다. 말을 길들이는 것과 마차의 발명은 중앙아시아와 서아시아가 모두 중국보다 이르다. 『세본』에서는 "해중이 수레를 만들었다奚仲作車"고 말했는데, 아마도 하대에 이미 마차가 있었던 것 같다. 그러나 중국에서 가장 이른 마차는 고고학적 발견에서 볼 때 현재까지는 상대商代 초기의 증거물만 있을 뿐이다.

⑶ "주나라의 면류관을 쓴다." 주나라 사람은 입고 쓰는 것을 중시했다. 겉모습이 당당하고 화려했고, 특히 모자를 아주 잘 만들었다.

⑷ "음악은 「소韶」와 「무武」를 쓴다." 옛날 사람이 말한 "악樂"은 성악, 기악, 무용 등 세 가지를 모두 포괄하는 말이다. 유월은 여기의 "무舞"는 "무武"로 읽어야 한다고 고증했다.(『군경평의』)[12] 사마천은 "305편을 공자는 모두 거문고를 타며 노래하면서 「소韶」 「무武」 「아雅」 「송頌」 등의 음에 맞게 하려고 했다"[13]라고 말했는데, 그 역시 「소」와 「무」를 함께 언급했다. 공자는 고전음악을 좋아했다. 서양 사람은 항상 "고전"이라는 말로 희랍과 로마를 찬미한다. 그러나 그들의 고전음악은 사실 결코 오래된 것이 아니라 단지 18세기 말에서 19세기 초의 음악일 뿐이다. 공자 시대에 가장 유명했던 고전음악은 여섯 가지가 있었다. 하나는 「운문雲門」으로 황제黃帝의 음악이다. 둘은 「함지咸池」로 당요唐堯의 음악이다. 셋은 「대소大韶」로 우순虞舜의 음악이다. 넷은 「대하大夏」로 하나라 우임금의 음악이다. 다섯은 「대확大濩」으로 상나라 탕왕의 음악이다. 여섯은 「대무大武」로 주나라 무왕의 음악이다. 이 여섯 가지 음악 가운데 공자가 가장 좋아한 것은 「소」였고, 그다음이 「무」였다.[14] 그는 제나라에서 「소」를 연주하는 소리를 듣고서는 "석 달 동안 고기 맛을 알지 못했다"[15]라고 말했다.

이 네 가지 조목은 모두 예를 제정하고 음악을 만드는 것에 속한다.

이밖에 공자는 또 몇 가지 나쁜 것을 반드시 깨끗하게 제거해야 한다는 점에 대하여 보충 설명을 했다.

하나는 "정나라의 소리를 추방"하는 것이다. "방放"은 몰아내는 것인데, 여기서는 깨끗이 제거하는 것을 가리킨다. "정나라의 소리"는 유행음악으로서 아악과는 상반된다. 당시의 유행음악은 주로 정나라, 송나라, 위나라, 제나라 등의 통속음악이었다. 특히 남녀 간의 열정적인 애정에 관련된 음악[16]이었는데, 공자는 이들 음악을 "음淫"이라고 평가했다. "음淫"은 음탕한 것이다. 고전음악은 대단히 고아하기 때문에 일반 백성들은 들어봐야 이해할 수도 없었고 또 들을 수도 없었다. 설령 남녀 간의 열정적인 애정이라 하더라도 음탕하지 않은 것도 있지만, 군자는 도덕적인 음악만 들었다. 유행음악은 그것과 같지 않았다. 누구든 마음과 느낌으로 깨달았기 때문에 공자는 싫어했고, 그것들이 모두 음탕하다고 말했으며, 없애버리지 않으면 안 된다고 했다.

또 하나는 "아첨꾼을 멀리한다"는 것이다. 이에 해당되는 원문의 "원遠"은 피하는 것이다. "영인佞人"은 말솜씨가 뛰어나고 듣기 좋은 교활한 말을 늘어놓는 사람이다. 공자는 그런 사람을 싫어했으며 그런 사람에 대하여 "태殆"라고 평가했다. "태"는 위험한 것이다.

예전에 네 구로 된 말이 있었다. 미국 집에 살고, 독일 차를 몰고, 일본 여자를 아내로 삼고, 중국 음식을 먹는다.(이설이 많지만 다 거론하지 않겠다.) 공자는 역법은 하대의 것이 좋고, 차는 상대의 것이 좋고, 모자는 주대의 것이 좋고, 음악은 고전음악이 좋기 때문에 이런 서로 다른 시기의 좋은 것들을 한곳에 모아놓는 것이 가장 좋다고 말했다.

오늘날 중국의 역법과 자동차와 모자는 이미 전반적으로 서구화되었고, 음악 역시 무참히 패해 산산이 부서져버렸다. 겨우 남아 있는 것 중에서 중국 자체의 보배 혹은 문화의 정수라고 할 만한 것은 그저 중국 의학·경극·방술·무술·중국 음식 등 많지 않은 몇 가지에 불과하고, 거기에 중국어와 중국의 글자와 중국인이 있다. 그러나 이런 것들마저 모두 맛이 변해버리고 말았다.

안연이 나라를 다스리는 방법을 물었다

15.12

스승님께서 말씀하셨다.
"사람이 먼 근심이 없으면 반드시 가까운 근심이 있다."

子曰, 人無遠慮, 必有近憂.

"먼"과 "가까운"은 시간적인 거리라고도 할 수 있고, 공간적인 거리라고도 할 수 있다. 이 말은 이미 관용어가 되었다.

먼 근심이 없으면 반드시 가까운 근심이 있다

15.13

스승님께서 말씀하셨다.
"틀렸어! 여색을 좋아하듯이 덕 있는 사람을 좋아하는
사람을 나는 보지 못했다."

子曰, 已矣乎. 吾未見好德如好色者也.

이 장과 「자한」 9.18은 중복된다. 공자는 그만두자, 미인을 좋아하는 것과 똑같이 덕 있는 사람을 좋아할 수 있는 사람을 나는 아직 만나보지 못했다고 말했다. 사마천은 위나라 영공이 부인인 남자南子와 함께 수레를 타면서 공자에게는 뒤쪽 수레에 타고 따라오라고 명령하고 난 다음 사람 앞에서 한껏 뽐냈으며, 그 뒤에 공자는 이 장의 말을 했고 이 일 때문에 위나라를 떠났다고 말했다.[17] 그러나 이 편 1장에서 공자가 위나라를 떠난 것은 위나라 영공이 진법을 물었기 때문이라고 말했다. 아마도 두 가지 원인이 모두 작용했을 것이다. 이 문장에서 "틀렸어"에 해당되는 원문 "이의호已矣乎"는 철저한 절망을 나타내고 있다. 만약 사마천의 말이 믿을 만하다면 이 부분의 말은 당연히 기원전 493년 이전에 했을 것이다.

덕이 있는 자를 좋아하는 사람을 보지 못했다

15.14

스승님께서 말씀하셨다.
"장문중臧文仲은 자리를 훔친 자다!
유하혜柳下惠가 현명하다는 것을 알고 있으면서도
그에게 자리를 내주지 않았다."

子曰, 臧文仲其竊位者與. 知柳下惠之賢而不與立也.

"장문중臧文仲"은 바로 장손진臧孫辰으로 「공야장」 5.18에 이미 나왔다.

"입立"은 자리를 뜻하는 "위位"와 같은 뿌리를 가진 글자이다.

"유하혜柳下惠"는 노나라의 현인이다. 옛 주에서 모두 이 사람은 『좌전』 희공 26년과 문공 2년에 나오는 전금展禽이라고 말했다. 전금의 이름은 획獲이고 자는 금禽인데, 순서가 계季, 즉 끝에 속하기 때문에 전계展季라고도 부른다. 유하柳下는 버드나무 아래 살았기 때문에 호가 된 것이다. 고대의 읍리邑里 이름은 흔히 나무 이름을 따다 짓는 경우가 많았다. 혜惠는 시호이다. 그의 관직은 사사士師였다. 사사는 귀족의 소송 사건을 담당하는 관리이다.

장문중은 유하혜가 현명하다는 것을 알고 있었으면서도 자리를 방치한 채 주지 않았기 때문에 공자는 그를 "자리를 훔친 자"라고 욕했다. "자리를 훔치다"를 속어로 "변소를 차지하고 앉아서 똥을 누지 않는다"고 말한다. 우리 중 많은 교수는 관직에 있는 몇몇 사람과 마찬가지로 퇴직 공포증을 갖고 있다. 일단 자리에서 내려오면 몸과 마음이 곧바로 붕괴되고 심지어는 일순간에 황천길로 직행하기도 한다. 그들은 항상 여러 가지 핑계를 찾아 뻔뻔스럽게도 물러나지 않는다. 물러나지 않을 뿐만 아니라 똑똑하고 능력 있는 사람에 대해 질투하고 친하게 지내는 사람이 아니면 절대로 자리를 내어주려고 하지 않는다. 이런 종류의 사람이 바로 "자리를 훔치는 자"에 속한다.

자리를 훔치는 자

15.15

스승님께서 말씀하셨다.
"스스로에 대해서는 엄격하게 따지고 다른 사람에 대해서는
가볍게 따지면 남의 원망을 피할 수 있을 것이다."

子曰, 躬自厚而薄責於人, 則遠怨矣.

"스스로에 대해서는 엄격하게 따지다"에 해당되는 원문 "궁자후躬自厚"는 "궁자후책躬自厚責", 즉 스스로에 대하여 엄격하게 따진다는 말을 줄여 부른 것으로 "박책薄責", 즉 가볍게 따지는 것과 반대된다.

원망을 멀리하다

15.16

스승님께서 말씀하셨다.
"'어떻게 할까, 어떻게 할까'라고 말하지 않는 사람에 대해서는
나도 그를 어떻게 해야 할지 모르겠다."

子曰, 不曰如之何, 如之何者, 吾末如之何也已矣.

"말末"은 업신여기거나 멸시하다는 의미의 멸蔑로 해석한다.

그저 앞으로 나아가기만 하거나, 뒤로 물러나기만 하고, 대가를 따지지 않고 또 나중에 발생할 결과를 따지지 않고, 아무런 생각도 없고 또 아무런 양심도 없는 그런 사람이 있다면, 우리는 그런 사람을 어떻게 해야만 하는 걸까? 공자는 "어떻게 하지? 어떻게 하지?" 하고 걱정하지 않는 사람은 나도 그 사람을 어떻게 해야 할지 모르겠다고 말했다.

어떻게 할까

15.17

스승님께서 말씀하셨다. "하루 종일 함께 모여 있으면서 화제가 의義에 미치지 못하고 그저 사소한 지혜를 자랑하기만 좋아한다는 것은 이해하기 어려운 일이다."

子曰, 羣居終日, 言不及義, 好行小慧, 難矣哉.

이것은 소인이 여럿 모여 있는 상황이다. "소혜小慧"는 사소한 지혜이다. "이해하기 어려운 일이다"는 자기는 이렇게 하기가 매우 어렵다는 것을 형용한 말이다. 이와 같은 감탄은 「양화」 17.22에서 "스승님께서 말씀하셨다. '종일토록 배부르게 먹고 아무 생각도 안 한다면 그런 사람은 틀렸다'"라고 한 데서도 보이는데, 바둑 두는 것은 이것보다 더 심하다고 생각했다. 이 문단의 말은 그것과 매우 비슷하다.

공자는 군자라면 이러쿵저러쿵 여러 가지에 대해 말하면서 화제가 의에 미치지 못한다는 것은 그 자신으로서는 절대로 상상할 수 없다고 생각했다. 오늘날 우리는 "단위單位"라고 부르는 곳에서 자주 이러한 분위기가 연출되어 재잘재잘거리고 꾸물꾸물거린다. 나는 그런 것을 보고 "소인배들의 나라에 아침 햇살이 찬란하다"라고 말한다.

소인배들

15.18

스승님께서 말씀하셨다.
"군자는 의義를 바탕으로 삼고 예禮로써 그것을 실행하고,
겸손함으로써 그것을 드러내며, 믿음으로써 그것을 이룬다.
그러한 사람이 군자이다."

子曰, 君子義以爲質, 禮以行之, 孫以出之, 信以成之. 君子哉.

"군자는 의를 바탕으로 삼는다." 의는 마음속에 묻고 있는 것이고 바탕에 속하는 것이다. 바탕은 내재적인 것이고, 그가 이런 것을 다른 사람에게 꺼내 보여주려고 한다면 이와 발톱을 드러내 위협할 수 없고, 반드시 겸손해야 하는데, 이를 "겸손함으로써 그것을 드러낸다"라고 했다. 그리고 "예로써 그것을 실행한다"는 것은 의를 집행하고 의를 수호하는 데 예를 기준으로 삼는다는 것이다. 어떻게 집행하고 어떻게 수호할 것인가? 믿음에 달려 있다. 즉 말한 것을 반드시 지키는 것이다. 공자는 이 네 가지를 지킬 수 있다면 비로소 군자라고 할 수 있다고 생각했다.

군자

15.19

스승님께서 말씀하셨다.
"군자는 능력이 없는 것을 근심하고 다른 사람이 자기를
알아주지 않는 것을 근심하지 않는다."

子曰, 君子病無能焉, 不病人之不己知也.

이것은 공자가 반복적으로 강조한 사상, 즉 남이 알아주지 않는 것을 걱정하지 말고 자기가 무능한 것을 걱정하라는 것이다.[18]

남이 알아주지 않는 것을 걱정하지 말고
자신의 무능을 걱정하라

15.20

스승님께서 말씀하셨다.
"군자는 죽고 나서 이름이 기려지지 않는 것을 싫어한다."

子曰, 君子疾沒世而名不稱焉.

나는 앞에서 공자는 유명해지기를 원하지 않은 것이 아니었고, 다른 사람이 알아주지 않는 것을 걱정하지 않은 것이 아니었다고 말했다. 사람에게는 살아 있을 때의 이름과 죽은 뒤의 이름이 있는데, 그는 이름에 대하여 대단히 중시했고, 특히 죽은 뒤의 이름에 대해 중시했다. 공자는 또 이익을 원하지 않은 것이 아니었다. 그는 녹봉에 대해서도 매우 중시했다.

나는 잭 런던Jack London이 '명예와 이익 두 가지 다른 것 중에서 한 가지를 고른다면 이익을 원할 것이며, 만약 이익이 있다면 이름을 원할 것'이라고 말한 것을 기억한다. 오늘날 학계에서 이름이라는 것은 썩었을 뿐만 아니라 또 넘쳐나서, 이른바 "명사名士"라는 말은 거의 욕이나 다름없다. 허명과 실리 중에서 나는 차라리 이익을 선택하겠다.

죽은 뒤에 이름 없어지는 것을 걱정하다

15.21

스승님께서 말씀하셨다.
"군자는 자기에게서 찾고, 소인은 남에게서 찾는다."

子曰, 君子求諸己, 小人求諸人.

공자는 오직 "무욕無欲"만 하면 "강剛함"에 부합한다고 생각했다.[19] "무욕"의 의미는 마음을 깨끗이 하고 욕심을 줄이는 것이 아니라 다른 사람에게 요구하지 않는 것이다. 주희의 주에서는 양씨의 설을 인용하여 앞의 세 장을 의미가 서로 연관되는 한 세트로 해석했다. 만약 그렇게 해석한다면 이 세 개의 장의 의미는 "남이 알아주지 않는 것을 걱정하지 않고,"[20] "죽어서 이름이 남지 않는 것을 두려워하며"[21] "또 자기 자신에게 의지하는 것"[22]이 될 것이다.

군자는 자기에게서 찾고, 소인은 남에게서 찾는다

15.22

스승님께서 말씀하셨다.
"군자는 긍지를 품고 있되 다투지 않고, 무리에 섞이되
파벌을 만들지 않는다."

子曰, 君子矜而不爭, 羣而不黨.

"긍지를 품고 있되 다투지 않는다"는 것은 자신을 아끼고 소중히 여기면서 다른 사람과 다투지 않는 것이다.

"무리에 섞이되 파벌을 만들지 않는다"는 것은 여러 사람과 어울리면서 자기를 보통 사람으로 여기고 기꺼이 군중의 한 사람으로 받아들이되 결코 패거리나 도당 혹은 작은 집단을 만들지 않는 것이다. 나는 이 말을 대단히 좋아한다. 「술이」 7.31의 "군자는 편을 가르지 않는다"를 참조하기 바란다.

'정치적 입장'이라는 란을 써넣어야 할 때 나는 "군중" "당파 없음"이라고 쓴다. 나는 "무리에 섞이되 파벌을 만들지 않는다"고 줄곧 말해왔다.

그런데 어떤 사람이 나에게 잘난 척하지 말라고 하면서 "무당파 인사"는 "애국적 인사" 혹은 "민주적 인사" 등과 같이 나이가 좀 많아지면 어떤 특수한 신분을 가지는 사람이라야 그렇게 부를 수 있는데,

내가 그런 정도에 부합하느냐는 것이다. 나는 그저 군중일 뿐이라고 한다.

나는 좀 어리둥절해졌다. 만약 나 같은 사람이 "당파를 가진 인사"에 속하고 또 "무당파 인사"에는 속하지 않는다면 나는 뭐하는 물건인가? 그리고 "애국적 인사"와 "민주적 인사"가 뭔지 나는 모르겠다. 그럼 "애국하지 않는 인사" 혹은 "민주적이지 않은 인사"가 있다는 건가?

군중은 당연히 멍청한 존재이다.

긍지를 품되 다투지 않고 무리에 섞이되 파벌을 만들지 않는다

15.23

스승님께서 말씀하셨다.
"군자는 말만 듣고서 사람을 발탁하지도 않고,
사람만 보고서 말을 물리치지 않는다."

子曰, 君子不以言擧人, 不以人廢言.

"발탁하는 것擧"과 "물리치는 것廢"은 서로 반대된다. 발탁하는 것은 물리치지 않는 것이고, 물리치는 것은 발탁하지 않는 것이다.

사람과 말은 같은 것이 아니다. 좋은 사람도 나쁜 말을 할 수 있고, 나쁜 사람도 좋은 말을 할 수 있다. 동일한 사람의 말이라도 좋은 것이 있고 나쁜 것이 있다. 그러므로 말을 가지고 사람을 천거해서도 안 되고, 또 사람만 보고서 그의 말을 물리쳐서도 안 된다. 이전에 신민학회新民學會(1918년 마오쩌둥 등이 창립한 애국 및 반군벌운동 단체—옮긴이)의 회원들은 정기적으로 자아비판을 했는데, 마오쩌둥은 그 자신의 폐단을 일러 '자주 사람만 보고 그 사람의 말을 물리치고, 말만 듣고서 사람을 물리치는 것'이라고 말했다.

"말만 듣고서 사람을 물리치지 않는 것"과 "말만 듣고서 사람을 발탁하지 않는 것"은 크게 다르다. "말만 듣고서 사람을 발탁하지 않는 것"은 당신이 하는 정확한 몇 마디 말에 의해서가 아니라 전반적으로 당신을 긍정하여 당신의 발탁을 극력 추진하는 것이다. “말만 듣고서 사람을 물리치지 않는 것”은 당신이 말한 몇 마디 잘못된 말에 의해서가 아니라 당신을 전면적으로 부정하고 그 때문에 당신을 쓰지 않는 것이다.

말만 듣고서 사람을 천거하지 않는다

15.24

자공이 물었다.
"평생 동안 실천할 만한 한마디 말로 어떤 것이 있습니까?"
스승님께서 대답하셨다.
"그것은 서恕일 것이다. 자기가 원하지 않는 것을
남에게 시키지 않는 것이다."

子貢問曰, 有一言而可以終身行之者乎. 子曰, 其恕乎. 己所不欲, 勿施於人.

공자가 자공에게 선물한 한마디 말은 바로 "자기가 원하지 않는 것을 남에게도 시키지 말아라"라는 것이다. 이 구절의 말은 서도恕道에 해당되는데, 「안연」 12.2에도 보인다.

자기가 원하지 않는 것을 남에게도 시키지 말아라

15.25

스승님께서 말씀하셨다.
“내가 사람을 대할 때 누군가를 헐뜯고 누군가를
칭찬한 적이 있었을까. 만약 칭찬한 적이 있다면
그에 대해 이전에 살펴본 적이 있었을 것이다.
이 백성들은 삼대 때부터 올바른 도를 시행해왔다.”

子曰, 吾之於人也, 誰毁誰譽. 如有所譽者, 其有所試矣. 斯民也, 三代之所以直道而行也.

“시試”는 「자한」 9.7의 “나는 시험을 보지 않았기 때문에 재능이 많다”의 “시試”인데, 여기서는 자세히 살피는 것을 가리킨다.

공자는 자문자답했다. 내가 누군가에 대해 욕을 했던가? 내가 누군가를 칭찬했던가? 누군가를 욕한 것은 그가 말을 하지 않았기 때문에 그가 왜 욕을 했는지 알 수 없다. 누군가를 칭찬할 때 그는 언제나 “살펴본 적이 있다”, 즉 직접 검증하여 근거가 있는 것이기 때문에 결코 빈말이 아니다. 그가 칭찬할 때는 반드시 근거가 있었던 것이다.

공자는 복고주의자이다. 그는 상고의 삼대는 바로 이처럼 올바른 도를 밀고 나가던 사람에 뿌리 내리고 있었다고 생각했다.

올바른 도

15.26

스승님께서 말씀하셨다.
"나는 역사서에서 궐문闕文을 볼 수 있다.
말을 가지고 있는 자는 다른 사람이 타도록 빌려준다.
그러나 지금은 그런 사람이 없다."

子曰, 吾猶及史之闕文也. 有馬者, 借人乘之, 今亡矣夫.

공자는 많이 듣고 의심이 되는 부분은 그대로 남겨둘 것을 주장했다. 즉 자기가 이해할 수 없는 것에 대하여 그냥 그대로 남겨두는 것이 가장 좋다고 생각했다. 그는 사관의 기록 속에서 "궐문闕文"을 볼 수 있다고 말했다. 이 "궐문"을 남겨두는 것은 후세 사람이 올바로 보충하도록 하기 위한 것으로서 그것은 마치 자기가 말을 가지고 있으면서 다른 사람에게 빌려주어 타도록 하는 것과 같다는 것이다. 그는 이러한 정신은 현재 이미 사라지고 없다고 말했다.

의심되는 부분은 남겨둔다

15.27

스승님께서 말씀하셨다.
"교활한 말은 덕을 어지럽히고, 작은 일을 참지 못하면
큰 계획을 망가뜨린다."

子曰, 巧言亂德. 小不忍則亂大謀.

공자는 "말재주 피우는 것"을 반대했고, 또 "작은 일을 참지 못하는 것"을 반대했는데, 듣기 좋은 번드르르한 말은 도덕을 망가뜨릴 수 있고, 약간의 억울함도 참지 못하면 거대한 계획을 망가뜨릴 수 있으며 큰일을 망칠 수 있다고 생각했다.

작은 일을 참지 못하면 큰 계획을 혼란에 빠뜨린다

15.28

스승님께서 말씀하셨다.
"많은 사람이 싫어하더라도 반드시 살펴보아야 하며,
많은 사람이 좋아하더라도 반드시 살펴보아야 한다."

子曰, 衆惡之, 必察焉. 衆好之, 必察焉.

공자는 여론에 대하여 회의적인 태도를 가지고 있었다. 그는 여론이 모두 좋다고 말하거나 모두 나쁘다고 말하면 오히려 의심스럽다고 생각했다. 나는 이러한 태도를 대단히 높이 평가한다.[23]

군중의 평가를 꼭 믿을 수 있는 것은 아니다

15.29

스승님께서 말씀하셨다.
"사람은 도를 넓힐 수 있지만, 도는 사람을 넓혀주지 않는다."

子曰, 人能弘道, 非道弘人.

도는 인간이 추구하는 목표이지 사람이 이름을 내도록 돕는 것이 아니다.

도는 사람을 넓혀주지 않는다

15.30

스승님께서 말씀하셨다.
"잘못을 저지르고도 고치지 않는 것, 이것을 잘못이라고 한다."

子曰, 過而不改, 是謂過矣.

잘못이 있음에도 불구하고 고치지 않는 것은 가장 큰 잘못이다. 그러나 세상의 잘못은 매우 많고 자기의 잘못도 매우 많기 때문에 그것들을 다 고치기에는 너무 번거롭다. 자기의 잘못도 다 고치지 못한다. 예를 들면 글을 쓸 때 몇 번이나 교정을 보아도 여전히 잘못이 나타난다.

잘못이 있는데도 고치지 않는 것이 가장 큰 잘못이다

15.31

스승님께서 말씀하셨다.
"나는 하루 종일 먹지도 않고 밤새도록 잠을 자지도 않고
생각해보았지만, 도움이 되지 않았고, 배우는 것만 못했다."

子曰, 吾嘗終日不食, 終夜不寢, 以思, 無益, 不如學也.

『대대례』「권학」에 이런 말이 있다. "공자는 '나는 종일 생각만 해본 적이 있는데 잠깐 동안이나마 배우는 것만 못하더라'라고 말했다."[24] 『순자』「권학」에도 같은 말이 있다. 다만 "공자께서 말씀하셨다孔子曰"라는 말은 없다. 「위정」 2.15에는 "스승님께서 말씀하셨다. '배우기만 하고 생각하지 않으면 미혹에 빠지고, 생각만 하고 배우지 않으면 의혹에 빠진다'"라는 말이 있다. 여기서 말하고 있는 것이 바로 "생각만 하고 배우지 않으면 의혹에 빠진다"는 것이다.

종일 생각하는 것보다 잠시라도 배우는 것이 더 낫다

15.32

스승님께서 말씀하셨다.
"군자는 도를 추구하지만, 먹을 것을 추구하지 않는다.
농사를 지어도 굶주림이 그 속에 있지만, 배우면 녹이 그 속에 있다.
군자는 도를 걱정할 뿐 가난을 걱정하지 않는다."

子曰, 君子謀道不謀食. 耕也, 餒在其中矣. 學也, 祿在其中矣. 君子憂道不憂貧.

인류 사회에는 빈부의 분화가 발생하면서부터 정신노동자와 육체노동자, 다스리는 자와 다스림을 받는 자의 모순이 발생했다. 공자의 생각은 매우 분명하다.

사람은 먹을 것을 찾기 위해 땅을 파면 팔수록 배가 더욱 고파진다. 그것은 책을 읽는 것보다 전도가 밝지 않다. 공자는 비록 배고픔 속에서 책을 읽지만, 그것은 별것 아니고, 오직 독서를 마치기만 하면 장래에 관리가 되어 녹미를 받음으로써 이전의 적자를 다 보충할 수 있다는 것을 알고 있었다. 그래서 그는 "도를 추구하지만, 먹을 것을 추구하지 않는다" "도를 걱정하고 가난을 걱정하지 않는다"라고 말했던 것이다.

후세의 「권학문」에서 "책 속에 황금이 있고, 책 속에 천종千鍾의 녹미가 있고, 책 속에 옥 같은 미녀가 있다"라고 한 것은 이 문단의 내용에서 시작된 것이다. 공자는 직접 농사짓는 것을 반대하고 채소 가꾸고 농사짓는 것을 싫어했는데, 그 이유는 이런 데 있었다.(그는 "농사와 면학의 전문가"라고 말하지 않았다.) 그 어르신은 채소 심고 농사짓는 것은 첫째는 체면이 서지 않는 것이고, 둘째는 타산이 맞지 않는 것이라고 생각했다.

군자는 도를 걱정하고 가난을 걱정하지 않는다

15.33

스승님께서 말씀하셨다.
"지혜가 그들에게까지 미치더라도 인으로써 그들을 지키지 못한다면
비록 얻었다 하더라도 반드시 그들을 잃을 것이다.
지혜가 그들에게까지 미치고 인으로써 그들을 지킬 수 있더라도
그들 위에 근엄하게 군림하지 않으면 백성은 공경하지 않을 것이다.
지혜가 그들에게까지 미치고 인으로써 그들을 지킬 수 있고
그들 위에 근엄하게 군림하더라도 그들을 동원할 때
예로 하지 않으면 아직 완전한 것이 아니다."

子曰, 知及之, 仁不能守之. 雖得之, 必失之. 知及之, 仁能守之. 不莊以涖之, 則民不敬. 知及之, 仁能守之, 莊以涖之, 動之不以禮, 未善也.

"근엄함으로 군림하지 않으면 백성들이 공경하지 않는다"는 「위정」 2.20의 "그들을 대할 때 엄숙하게 하면 공경하고臨之以莊則敬"라는 문장을 참조하면, 이 문단의 원문에 나오는 "이涖"는 바로 "임臨"이다. 아래의 일반 백성들에게 장중한 모양을 보여주지 않으면 백성들은 공경하지 않을 것임을 말하고 있다.

동원할 때는 예로 한다

15.34

스승님께서 말씀하셨다.
"군자는 작은 일을 통해 알아볼 수 없지만 큰일을 맡을 수 있고,
소인은 큰일은 맡을 수 없지만 작은 일로 알아볼 수 있다."

子曰, 君子不可小知而可大受也, 小人不可大受而可小知也.

이 문단에서는 군자는 작은 일로 시험해볼 수 없지만, 중책을 맡길 수 있으며, 소인은 중책을 맡길 수는 없지만, 그릇의 크기는 매우 쉽게 알아볼 수 있다는 것을 말하고 있다.

군자와 소인

15.35

스승님께서 말씀하셨다.
"백성들은 인을 물이나 불보다 더 무서워한다.
그러나 물이나 불 속에 뛰어들었다가 죽은 자를 나는 보았지만,
인을 실천하다가 죽은 자를 보지는 못했다."

子曰, 民之於仁也, 甚於水火. 水火吾見蹈而死者矣, 未見蹈仁而死者也.

마융과 주희는 모두 인과 물과 불은 똑같이 백성들의 삶을 위해 필요한 것이지만, 사람은 물속에 뛰어들었다가 빠져 죽고, 불 속에 뛰어들었다가 타 죽을 수 있지만, 인 속에 뛰어들어서는 죽을 수 없다고 설명했다. 그러나 나는 다르게 이해한다. 이것은 인민들이 인에 의존하는 것이 물이나 불보다 심하다는 것을 말하는 것이 아니라 인민들은 인을 피하면서 혹시나 미처 피하지 못할까 걱정하는데, 그 정도가 물이나 불보다 더 심하다는 것을 말한 것이다. 이 말은 공자의 실망을 나타낸 것이다. 공자는 통치자에 대해 실망했을 뿐만 아니라 일반 백성들에 대해서도 실망했다. 그가 말하고자 한 것은 일반 백성은 모두 그의 "인"을 피해가고 마치 물이나 불을 피하듯이 멀리 돌아간다는 것이다.

사람은 모두 좋은 사람이 좋다고 말하지만, 현실 생활 속에서 그들

은 오히려 왕왕 그런 사람을 피하면서 혹시나 미처 피하지 못할까 걱정한다. 아무도 좋은 사람이 되려고 하지 않는데, 이것은 몇천 년 전에만 있었던 일이 아니다.

백성들은 인을 물이나 불보다 더 무서워한다

15.36

스승님께서 말씀하셨다.
"인 앞에서는 스승에게도 양보하지 않는다."

子曰, 當仁, 不讓於師.

나는 이 구절을 좋아한다. 아리스토텔레스가 "나는 나의 스승을 사랑하지만, 나는 진리를 더 사랑한다"라고 한 말 역시 이와 같은 것을 표현하고 있다. 대단히 교활한 학생들은 이렇게 말한다. "나는 나의 스승을 사랑하고, 또 진리를 사랑한다" 혹은 "나는 나의 스승을 사랑하고, 오직 나의 스승의 진리만 사랑한다." 오늘날 특히 심각한 것은 스승도 도구가 되어버려서 아무것도 사랑하지 않는다는 점이다.

인 앞에서는 스승에게도 양보하지 않는다

15.37

스승님께서 말씀하셨다.
"군자는 두터운 신망이 있지만 작은 믿음에 얽매이지 않는다."

子曰, 君子貞而不諒.

"두터운 신망"에 해당되는 원문 "정貞"은 공주孔注와 황간의 소에서는 바를 정正자로 해석했다. 정貞을 정正으로 해석할 수 있는 근거는 『광아』「석고 1」에 보인다. 정貞자는 옛 글자에서 본래 솥을 의미하는 정鼎자를 빌려서 표현했고, 옛날 책에서는 자주 고정한다는 의미의 정定자의 가차자로 사용되었으며, 나중에는 위에 '점친다'는 의미의 복卜자가 덧붙여지자 또 점을 쳐 길흉을 알아본다는 의미의 정貞자로 사용되었다. 복사卜辭의 명사命辭(묻고자 하는 사항을 적은 말)에서는 자주 "정貞"자로 결정을 바라는 일을 이끌어냈는데, 어떤 것은 묻는 말이고, 어떤 것은 그렇지 않다. 서양 학자들은 정은 물음과 아무 관계가 없고, 전혀 묻는 말이 아니라고 하지만 나는 동의하지 않는다. 고문자에서 묻는 것을 의미하는 문問과 듣는 것을 의미하는 문聞은 본래 모두 문聞으로 썼고, 그저 사실을 분명히 해서 믿을 만한 소식을 얻기만 하면 되는 것이었기 때문에 묻기 위한 구절인가 아닌가의 문제는 전혀 중요하지 않았으며, 결정으로 해석하는 것과 물음으로 해석하는 것이 조금도 모순되지 않았다. 정定자는 면宀(갓머리부)에 속하고 정正은 소리를 나타내며 또 정正과 통용된다. 정貞과 정鼎은 성모가 단端이고 운모가 경耕인 글자이고, 정定은 성모가 정定이고 운모가 경耕인 글자이며, 정正은 성모가 장章이고 운모가 경耕인 글자이다.[25] 그 글자들은 옛 음이 서로 비슷했고 의미가 서로 관련이 있는 한 그룹에 속하고 뿌리가 같다. 여기서 "정貞"은 신용을 지킨다는 의미인데, 신용을 지킨다는 의미는 정定에서 파생되어 나온 것이다.

"양諒"은 「헌문」 14.7에 보인다. "정貞"과 "양諒"은 모두 믿음이다. 그러나 이 두 가지 믿음은 다르다. "정"은 원칙을 준수하는 믿음으로 원칙에 위반되지만 않는다면 융통이 가능하다. "양"은 그렇지 않다. 그것은 작은 믿음에 얽매이고 죽음으로써 약속을 지킨다. 공자가 "말에는 반드시 믿음이 있고, 행동에는 반드시 과단성이 있다"라고 말한 사람은 "자기 고집을 꺾을 줄 모르는 소인"인 것이다.[26] 맹자도 "대인은 말에 반드시 믿음이 있어야만 하는 것이 아니고, 행동에 반드시 과단성이 있어야만 하는 것은 아니며, 언행이 의에 부합하기만 하면 된다"[27]라고 말했다. "말에는 반드시 믿음이 있고, 행동에는 반드시 과단성이 있다"는 말을 사수하면서 한쪽으로 치우쳐 융통할 줄 모르는 것이 바로 여기서 말하는 "양"이다.

군자는 두터운 신망이 있지만 작은 믿음에 얽매이지 않는다

15.38

스승님께서 말씀하셨다.
"군주를 섬길 때 맡은 일을 경건하게 처리하고
녹봉에 대한 것은 그다음 일로 한다."

子曰, 事君, 敬其事而後其食.

"맡은 일을 경건하게 처리하고"에 해당되는 원문 "경기사敬其事"는 곧 "경사敬事"이다. 「학이」 1.5를 참조하기 바란다. "경사敬事"는 고대의 상용어로서 맡은 직책에 충실하고, 맡은 직책을 엄격히 지킨다는 의미이다. 여기서는 군자가 공로를 세우지 못하면 녹봉을 받지 않고, 군주를 섬길 때는 일을 먼저 처리하고, 그런 다음에 녹봉 문제를 얘기한다는 것을 말하고 있다.

직책에 충실하다

15.39

스승님께서 말씀하셨다.
"가르칠 때는 사람의 종류를 따지지 않는다."

子曰, 有教無類.

이것은 공자의 가르침의 원칙으로 많은 사람이 다 알고 있는 것이다. 그 말의 다른 한 측면은 "자질에 따라 교육한다因材施教"는 것이다. "가르칠 때는 사람의 종류를 따지지 않는다"는 것은 『논어』에 나오는 말이고, "자질에 따라 교육한다"는 말은 그렇지 않다. 뒤의 것은 정이程頤·장식張栻 등의 말이다.[28]

가르칠 때는 사람의 종류를 따지지 않는다

15.40

스승님께서 말씀하셨다.
"길이 다르면, 함께 일을 계획하지 않는다."

子曰, 道不同, 不相爲謀.

이 문단의 말은 오늘날 관용어가 되었다.

신앙은 논쟁을 일으키기 가장 쉬운 문제이고 또 토론하기에 가장 적절하지 않은 문제이기도 하다.

"길이 다르다道不同"는 것은 근본적인 원칙이 다른 것이다. 예를 들어 정치적 입장이 다르고, 종교적 입장이 다르고, 학술적 견해가 다른 것 등이다. 이들 가운데서 종교는 금기가 가장 많고 배타성이 가장 강하다. 종교가 있는 사람은 신앙이 다르면 근본적으로 의견의 일치를 볼 수 없고 어떤 일을 함께 할 수 없으며, 따라서 그저 "함께 일을 계획하지 않을" 뿐이다. 그러나 비록 신앙과 종교가 같지 않은 사람도 한 부류이고 종교적 신앙이 없는 사람 역시 한 부류이기는 하지만, 신앙과 종교가 있는 사람이 오히려 다른 종교에 대하여 더욱더 포용할 수 없으며, 종교적 신앙이 없는 사람은 오히려 그들이 차지하려고 하는 대상이라는 점을 우리는 잊어서는 안 된다.

이전에 미국에서 어떤 종교의 전도자들은 방문판매하듯이 했다.

이런 사람과 마주치면 나는 항상 정중한 태도로 "죄송합니다, 저는 종교를 믿지 않습니다"라고 말하곤 했다. 그것을 본 미국 친구는 나에게 그것은 잘못이라고, 그것도 아주 큰 잘못이라고 말했다. 만약 그들의 방해로부터 완전히 벗어나고 싶다면 가장 좋은 해결책은 내가 다른 종교를 믿고 있다고 해야 한다는 것이다.

길이 다르면 함께 일을 계획하지 않는다

15.41

스승님께서 말씀하셨다.
"말은 표현하는 것일 뿐이다."

子曰, 辭達而已矣.

"말"에 해당되는 원문 "사辭"는 언사言辭라고도 할 수 있고, 문장文辭이라고도 할 수 있다.

"표현하는"에 해당되는 원문 "달達"은 사상을 표현하는 것으로, 말하고 싶은 뜻을 분명하게 말하고 명백하게 쓰는 것이다.

번역에서는 신信·달達·아雅를 중시해야 한다. 글을 쓸 때도 역시 신·달·아를 중시해야 한다. 신信은 정확한 것이고, 달達은 막힘없이 표현하는 것이고, 아雅는 아름다운 것이다.

나는 젊었을 때 신과 아에 특히 빠져들며, 휘황찬란하고 화려한 수식으로 글을 쓰고 감정을 표현하는 것을 문학성의 최고라고 생각했고, 나중에 학술에 종사하고 나서는 또 글을 쓰는 데 '노티'를 내고 거드름 피우면서 갑이니 을이니 병이니 정이니 하는 식으로 한약방의 약 이름 늘어놓듯이 줄줄이 늘어놓고서는 특출한 학문적 성취라도 이루어놓은 체했다. 나중에야 비로소 나는 알았다. 즉 글을 쓰는 것은 말하는 것과 같이 자연스럽고 유창해야 하고, 말을 하는 것 역시 간단하면서도 분명하게 하여 한번 보고 곧 알 수 있도록 하는 것이 가장 중요하고 또 가장 쉬운 것이라는 것을 알았다.

이제 나는 공자의 "달", 즉 표현하는 것이 확실히 매우 중요하다는 데 적극 찬성한다.

말을 분명하게 한다

15.42

스승님께서 사면師冕을 만날 때 계단이 나오면 스승님께서는 "계단입니다"라고 말씀하셨고, 좌석이 나오면 스승님께서는 "자리입니다"라고 말씀하셨다. 모두 앉으면 스승님께서는 그에게 "아무개는 여기 있고, 아무개는 저기 있습니다"라고 알려주셨다. 사면이 나가자 자장이 물었다.

"악사와 그렇게 말하는 것이 도리입니까?"

스승님께서 대답하셨다.

"그렇다. 그렇게 하는 것이 본디 악사를 보좌하는 도리이다."

師冕見, 及階, 子曰, 階也. 及席, 子曰, 席也. 皆坐, 子告之曰, 某在斯, 某在斯. 師冕出, 子張問曰, 與師言之道與. 子曰, 然, 固相師之道也.

공자는 음악을 열렬히 사랑했고, 음악계의 인사와도 교류했으며 그들의 반 정도는 장님이었다.

"사면師冕"은 면冕이라는 이름을 가진 악사였다. 고대의 사師에는 여러 종류가 있었다. 한 종류는 악관으로서의 사, 즉 『주례』「춘관」의 악사樂師, 대사大師, 소사小師, 경사磬師, 종사鍾師 등과 「미자」 18.9의 "대사大師" "소사少師" 등이 바로 이런 부류에 속한다. 또 다른 한 종류는 사보師保[29]로서의 사이다. 『주례』「지관」의 사씨가 여기에 속하는데, 그와 같은 사는 서주 동기의 명문에서 보면 실제로 일종의 군사 교관이었다. 예를 들어 서주 동기에 자주 보이는 "사 아무개師某"는 바로 이런 종류의 교관이다. 여기서 말하는 "사면師冕"은 악관으로서 그는 맹인이었다.

"아무개는 여기에 있고, 아무개는 저기에 있습니다"의 아무개는 자리에 앉아 있는 각 사람의 이름이며, 높은 사람은 자字를 불렀고 낮은 사람은 이름을 불렀다. 『상박초간』「용성씨容成氏」에서는 상고의 태평성대 때는 모든 병자가 직업에 있어 합리적인 배정을 받을 수 있었다고 말했다. 이것은 당연히 이상적인 말이다. 그렇다고 해서 완전히 다 허구는 아니다. 예를 들면 고대에는 항상 장님을 악사로 썼고, 절름발이를 문지기로 쓰는 것이 전통이었다.

산시山西 지방에는 장님이 호금胡琴을 연주하고 태평소를 연주하는 악단이 매우 많았는데, 길에서는 한 사람이 다른 한 사람을 이끌어 주었다. 영화「오래된 우물老井」에서 연주를 한 아빙阿炳 역시 장님이었다. 공자는 사면을 보살필 때 매우 꼼꼼하고 무척 참을성 있었다. 모든 계단과 자리마다 하나하나 가리키면서 설명해주었는데 그것은 맹인 악사를 대하는 예의로 공자는 그것을 "악사를 보좌하는 도리"라 불렀다.

악사를 보좌하는 도리

제16편 계씨 季氏

이 편의 1장과 13장은 비교적 길다. 각 장은 공자의 말을 기록하고 있으며, "공자께서 말씀하셨다孔子曰"는 말을 많이 쓰고 있다. 예를 들어 16.1~16.7과 16.9~16.11 등이 그러하다. 그러나 16.8에서는 "스승님께서 말씀하셨다子曰"라고 쓰고 있으며, 16.3에서는 "말씀하셨다曰"라고 썼다. 16.12와 16.14에서는 말한 사람을 적지 않았다. "공자께서 말씀하셨다孔子曰"는 말은 『논어』 후반부에 많이 보이고, 이 편에 가장 많이 모여 있다.

16.1

계씨가 전유顓臾를 치려고 했다. 염유와 계로가 공자를 만나서 말했다.
"계씨가 전유와 전쟁을 벌이려 합니다."
공자께서 말씀하셨다.
"염구야, 그것은 너의 잘못 아니냐? 전유는 옛날 선왕께서 동몽東蒙의 제사를 주관하도록 하셨고, 이미 노나라 강역 안에 있으니 노나라의 속국이다. 그곳을 쳐서 어쩌겠다는 것이냐?"
염유가 말했다.
"선생(계씨)은 그렇게 하려고 하지만, 저희 두 신하는 모두 원하지 않습니다." 공자께서 말씀하셨다.
"염구야, 주임周任이 이런 말을 했지. '온힘으로 직무를 다하고 잘할 수 없으면 그만둔다.' 위험이 닥쳤는데도 도와주지 않고, 넘어졌는데도 부축하지 않는다면, 곁꾼을 써서 무엇 하겠느냐? 그리고 네가 하는 말은 틀렸다. 호랑이나 코뿔소가 우리에서 뛰쳐나오고, 구갑과 옥기가 상자 안에서 깨졌다면, 그것은 누구의 잘못이겠느냐?" 염유가 말했다.
"지금 전유는 견고하고 비읍에서 가깝습니다. 지금 빼앗지 않으면 후세에 분명히 자손들의 근심거리가 될 것입니다."
공자께서 말씀하셨다.
"염구야, 군자는 자기가 하고 싶어한다는 것을 인정하지 않고, 꼭 이유를 찾아 변명하려 하는 그런 말투를 싫어한다. 나는 국가를 다스리는 자는 적음을 근심하지 않고 고르지 못함을 걱정하며, 가난을 근심하지 않고 안정되지 못함을 걱정한다고 들었다. 대개 고르면 가난한 사람이 없고, 조화로우면 적다고 느끼지 않을 것이며, 안정되면 무너질 위험이 없을 것이다. 이와 같기 때문에 멀리 있는 사람이 복종하지 않으면 문덕文德을 닦아 오게 하고,

이미 왔으면 편안하게 해주어야 한다. 지금 자로와 염구 너희가 선생(계씨)을 돕고 있는데, 멀리 있는 사람이 복종하지 않기 때문에 그들을 오게 할 수 없고, 나라의 민심은 갈라져 뿔뿔이 흩어지고 있는데 그것도 지키지 못하면서 나라 안에서 전쟁을 일으킬 생각을 꾸미고 있구나. 나는 계손씨의 근심은 전유에 있는 것이 아니라 자기 집 가림막 안에 있지 않나 생각한다."

季氏將伐顓臾. 冉有季路見於孔子曰, 季氏將有事於顓臾. 孔子曰, 求, 無乃爾是過與. 夫顓臾, 昔者先王以爲東蒙主, 且在邦域之中矣, 是社稷之臣也. 何以伐爲. 冉有曰, 夫子欲之, 吾二臣者皆不欲也. 孔子曰, 求, 周任有言曰, 陳力就列, 不能者止. 危而不持, 顚而不扶, 則將焉用彼相矣. 且爾言過矣, 虎兕出於柙, 龜玉毁於櫝中, 是誰之過與.
冉有曰, 今夫顓臾, 固而近於費. 今不取, 後世必爲子孫憂. 孔子曰, 求, 君子疾夫舍曰欲之而必爲之辭. 丘也聞有國有家者, 不患寡而患不均, 不患貧而患不安. 蓋均無貧, 和無寡, 安無傾. 夫如是, 故遠人不服, 則修文德以來之. 旣來之, 則安之.
今由與求也, 相夫子, 遠人不服, 而不能來也. 邦分崩離析, 而不能守也. 而謀動干戈於邦內. 吾恐季孫之憂, 不在顓臾, 而在蕭墻之內也.

이 장은 염유와 계로가 함께 계씨에게서 벼슬을 할 때 일어난 일이다. 본문에 나오는 "계씨"와 "계손씨"는 계강자이다.

"전유顓臾"는 지금의 산둥성 핑이현平邑縣의 동쪽으로 풍성風姓이라는 옛 나라가 있던 곳이다. 제로齊魯(산둥성의 별칭)는 옛 나라들의 박물관이다. 산둥의 옛 나라는 동이 계통, 특히 풍風과 이嬴 두 성에서 많이 나왔다. 풍성이라는 옛 나라는 태호太昊로부터 전해져 오는 나라였고, 이성이라는 옛 나라는 소호少昊로부터 전해져 오는 나라였다. 『좌전』 희공 21년에 다음과 같은 기록이 있다. "임任나라와 숙宿나라와 수구須句나라와 전유顓臾나라는 풍風성으로 태호大皞와 제수濟水의 제사를 관장했고, 중원의 여러 나라에 복종하고 그들을 섬겼다."[1] 이 네 개의 작은 나라는 모두 노나라 고성 부근에 있었고 임任은 서남쪽에, 숙宿과 수구須句는 서북쪽에, 전유顓臾는 남쪽으로 치우친 동쪽에 있었다. 맹자는 사방 50리가 되지 않는(길이와 폭이 50리에 못 미치는) 작은 나라는 천자에게 직접 보고할 수 없고, 부근의 대국에 부속될 수밖에 없는데, 그것을 "부용附庸"이라고 부른다고 했다.[2] 이들 작은 나라는 모두 노나라의 부용이었다. 이때 삼환이 노나라 공실을 넷으로 나눠 계씨가 4분의 2를 차지함으로써 세력이 가장 컸다. 전유는 계씨의 봉읍인 비의 서북쪽에 있었고 비읍費邑(지금의 산둥성 페이현 서북쪽)에서 겨우 80리 거리였다. 계씨는 전유를 쳐서 집어삼킬 계획을 꾸미고 있었고, 염유와 자로는 이 일을 공자에게 보고했다. 공자는 크게 화를 내면서 그들 두 사람을 한바탕 꾸짖었다.

"그것은 너의 잘못 아니냐?"란 말은 너희가 그렇게 한 것이고, 아무래도 너무 지나쳤다는 것을 의미한다. 이 구절의 원문 가운데 "시是"자에 대하여 유월俞樾은 '참'이라는 의미를 나타내는 "식寔"자 혹은 "실實"자로 읽어야 한다고 생각했다.(『군경평의』)[3]

"전유는 옛날 선왕께서 동몽東蒙의 제사를 주관하도록 하셨다"의 "선왕"은 주나라의 천자를 가리키고, 동몽은 몽산蒙山으로 노나라 동쪽에 있기 때문에 동몽이라고 부른다. 『한서』 「지리지」에서는 태산군

泰山郡에 몽음현蒙陰縣(지금의 산둥성 멍인현 서남쪽)이 있고, 서남쪽으로 몽산이 있으며 몽산에는 사당이 있다고 했다. 그 사당이 바로 후세에 이 산에 제사지내는 사묘祠廟이다. 일찍이 전유가 제사의 책임을 맡고 있었는데, 그것이 "동몽의 제사를 주관하는 것東蒙主"이다.

"노나라 강역 안에 있다"에서 "방邦"은 『석문』에 인용하면서 어떤 판본에서는 "봉封"으로 쓰기도 했다. "방邦"자와 "봉封"자는 어원이 같다. 여기서는 전유가 노나라의 국토 혹은 봉토 범위 안에 있음을 말하고 있다.

"노나라의 속국이다"라는 말은 전유가 부용국 신분의 신하로 노나라를 섬기고 있다는 것을 말하고 있다.

"주임周任"은 『좌전』 은공 6년에 보이는데, 마융의 주에서는 "옛날의 훌륭한 사관"이라고 말했지만, 그 연대는 고증할 수 없다.

"온힘으로 직무를 다하고 잘할 수 없으면 그만둔다." 원래의 이야기 배경은 명확하지 않은데, 여기서 말하는 의미는 아마도 신하가 어떤 관직에 취임하면 먼저 자기가 그 일을 감당할 수 있는지 없는지를 고려해야 하고, 만약 감당할 수 없으면 일찌감치 그만두어야 한다는 것을 가리키는 것 같다.

"위험이 닥쳤는데도 도와주지 않고, 넘어졌는데도 부축하지 않는다면, 곁꾼을 써서 무엇 하겠느냐?" 만약 너의 주인이 높은 곳에서 떨어질 위험이 있는데도 네가 그를 한번 끌어당기지도 않거나 혹은 넘어질 위험이 있는데도 네가 그를 부축 한번 하려고 하지 않는다면 너에게 그를 도우라고 해서 무엇하겠느냐, 라는 것을 의미한다.

"호시虎兕"의 "호虎"는 호랑이이고, "시兕"는 옛날 주장들이 모두 같지 않지만, 여러 설을 모아보면 특징은 다음과 같다. 소와 비슷하고 색깔은 푸르고, 하나의 뿔이 있고, 가죽은 갑옷으로 쓸 수 있다. 그것은 분명히 오늘날 코뿔소라고 부르는 동물이다. 그런데 옛날 책에는 이와는 별도로 시犀자가 있다. 시犀와 시兕는 다른 점이 있다. 『이아』「석수釋獸」에서 시兕와 시犀를 별개의 것으로 나누고, 시兕의 특징은 "소와 비슷하다"고 했고, 시犀의 특징은 "돼지와 비슷하다"고 했다. 이 둘은 모두 오늘날의 코뿔소(무소)에 속하지만 여전히 두 종류이다. 동물학자의 고증에 따르면 갑골문과 옛날 책에 나오는 "시兕"는 인도물소Rhinoceros unicornis이며 형체가 비교적 크고, "시犀"는 자바물소 Rhinoceros sondaicus이며 형체가 비교적 작다.

"합柙"은 동물 우리이다. 『석문』에서는 옛날 판본을 인용하여 "갑匣"이라고 쓰기도 한다. 합柙의 고문자의 형태는 호虎부와 달羍부에 속하고, 마치 호랑이가 머리에 수갑을 쓰고 있는 것 같은 모양을 형상화한 것으로 본래는 호랑이를 감옥에 넣거나 우리에 가두는 것을 가리키는 글자였다.

"구龜"는 여기서 점을 치는 구각龜殼과 구판龜版을 가리킨다. 고대에는 먼 곳에서 가져왔는데, 그 당시에는 보물이었다. 출토·발굴한 홍산옥기紅山玉器와 상주옥기商周玉器는 모두 옥으로 만든 모조품이다.

"독櫝"에 대해서는 「자한」 9.13을 참조하기 바란다. 앞에서 우리는 이런 종류의 동으로 만든 기물은 고고학적 발견이 매우 많고, 대부분 여성의 무덤에서 출토되었다는 점을 지적했다. 과거에 진후묘지 63호 묘에서 "동정형방합銅鼎形方盒" 한 점이 출토되었는데, 안에 옥기가 담겨 있었고, 그 가운데 옥구각玉龜殼이 있었다. 이런 종류의 함에 대하여 린메이천林梅村 교수는 궤匱라고 고증했는데,[4] 사실 궤匱라고 부르는 것이 더 적합하다. 궤가 바로 독櫝이다.[5]

"군자는 자기가 하고 싶어한다는 것을 인정하지 않고, 꼭 이유를 찾아 변명하려 하는 그런 말투를 싫어한다"에 해당되는 원문 가운데 "질疾"은 미워하는 것이다. "사왈욕지舍曰欲之"는 일부러 자기가 무엇을 하고 싶은지 말하지 않는 것이다. "필위지사必爲之辭"는 기필코 할 말을 찾아 구실로 삼는 것이다.

"국가를 다스리는 자"에 해당되는 원문인 "유국유가자有國有家者"는 본래 "유방유가자有邦有家者"로 써야 하는데, "국國"자는 한 고조를 피휘하여 고친 글자이다.

"적음을 근심하지 않고 고르지 못함을 걱정하며, 가난을 근심하지 않고 안정되지 못함을 걱정한다." 위의 구는 『춘추번로春秋繁露』「도제度制」와 『위서魏書』「장진혜전張普惠傳」에서 인용하면서 "가난을 걱정하지 않고 고르지 못한 것을 걱정한다"라고 했다. 청대의 유월은 『춘추번로』에 근거하여 그것을 "가난을 근심하지 않고 고르지 못함을 걱정하며, 적음을 근심하지 않고 안정되지 못함을 걱정한다"[6]라고 바꾸었고, "적음寡"과 "가난貧" 두 글자는 뒤바뀐 것이며, 아래 글의 "고르면 가난한 사람이 없고均無貧"는 "가난을 근심하지 않고 고르지 못함을 걱정하며"를 받고, "조화로우면 적다고 느끼지 않을 것和無寡"과 "안정되면 무너질 위험이 없을 것安無傾"은 "적음을 근심하지 않고 안정되지 못함을 걱정한다"를 받는 것이라고 생각했다.(『군경평의』)[7] 이렇게 고치는 것은 매우 타당한 것같이 보이지만, "가난貧"과 "적음寡"은 같은 뜻이기 때문에 설령 위치를 바꾼다 해도 문장의 의미에는 영향을 주지 않는다. 아래의 세 구에서 "고름均"은 당연히 "가난貧"과 대응하지만, "적음寡"은 오히려 "안정安"과는 전혀 대응하지 않으며, "조화로우면 적다고 느끼지 않을 것和無寡" "안정되면 무너질 위험이 없을 것安無傾"이라고 되어 있는 것은 사실 고치지 않고 그대로 읽어도 의미가 통한다.

이 두 구는 매우 중요하고, 오늘날에도 여전히 의미가 있다. "적음寡"과 "가난貧"은 재화가 적은 것으로 경제발전의 문제에 속하고, "고름均"은 빈부 격차가 적은 것으로 사회적 공평의 문제에 속한다. "화和"는 화해이고, "안安"은 안정이며 이것들은 국가 안전의 문제에 속한다. 발전은 당연히 '만고불변의 진리硬道理'이다. 그러나 먼저 일부분의 사람이 부유해지도록 하는 것이 쉽고, 함께 부유해지는 것은 어렵다. 온 누리에 감로가 내리도록 하기에는 비용이 너무 크다. 그 때문에 "적음을 근심하지 않고 고르지 못함을 걱정하며"라고 말한 것이다. "가난을 근심하지 않고 안정되지 못함을 걱정한다"는 것 역시 어려운 문제이다. 부자의 최대 문제는 안전감의 결핍이다. 예를 들어 세계 제일의 부자 나라 미국은 모든 병력을 동원하여 걸핏하면 전쟁을 일으키고, 하루 종일 테러리즘에 맞서고 있는데, 그것이 바로 안전감의 결핍이다. 알거지는 두려워할 것이 하나도 없다.

"개蓋"자 아래의 세 구는 해석 부분이 들어간 것이다. "이와 같기 때문에"는 이 세 구절 앞에 나오는 "고르지 못함을 걱정하는 것"과 "안정되지 못함을 걱정하는 것"을 가리킨다. 멀리 있는 사람을 회유하는 것은 고대의 정치적 이상이었다. 공자는 한 국가가 만약 공평의 문제와 안전의 문제를 해결하지 못한다면 멀리 있는 사람이 복종하지 않을 것이라고 생각했다. 복종하지 않으면 어떻게 할 것인가? 스스로 무덕武德을 닦는 것이 아니라 그저 스스로 문덕文德을 닦는 방법밖에 없다. 그러면 줄곧 난동을 부리면서 복종하지 않던 자들도 복종하게 할 수 있을 것이다.

"이미 왔으면 편안하게 해주어야 한다." 이미 그들을 회유하여 오게 했다면 그들을 잘 어루만져 그들로 하여금 안심할 수 있도록 하는 것이다. 오늘날에는 용법이 조금 변했다. 즉 당신이 기왕 오셨으니 잘 지내도록 하라는 의미로 바뀌었다. 중국 고대에는 변방 지역에서 위威·화化·진鎭·무撫·안安·영寧·회懷·귀歸 등과 같은 글자를 지명으로 삼는 것을 특히 좋아했다. 예를 들어 요령 지역의 영원寧遠, 북경의 회유懷柔, 화북 지역의 회래懷來와 선화宣化, 내몽골의 수원綏遠, 산서 지역의 정변定邊과 정변靖邊, 감숙 지역의 안화安化와 정원靖遠 등이 그것이다. 이른바 "오게 하다來之"와 이른바 "편안하게 해주다安之" 등은 모두 강경책과 회유책을 함께 쓰는 것이다.

오늘날 먼 곳에서 온 사람을 받아들이는 정책 역시 이와 같다. 세계 각국의 사람들은 어디를 가든 먼 곳으로부터 와서 귀화할 때는 주로 이민국을 찾는다. 이민국은 귀화국이라고도 부르는데, 먼 곳에서 온 사람의 귀화 문제를 전문적으로 다룬다. 유럽 각 나라와 일본은 모두 먼 곳에서 온 사람의 귀화를 두려워한다. 미국은 건국의 원칙이 있기 때문에 표면상으로는 이민을 환영하지만 속마음은 이민 오는 것을 두려워한다. 전 세계의 난민은 모두 "자유세계"를 찾아가지만, "자유세계"는 놀라 미치려고 한다.

"자기 집 가림막 안에"는 노나라 군주가 있는 곳을 가리킨다. 그에 해당되는 원문 가운데 소장蕭牆은 심부름 온 사람의 시선을 가리는 낮은 담장이다. 고대 궁실에서는 흔히 입구 쪽에 가림막을 설치했다. 그것은 마치 후세에 나타난 영벽影壁(가림벽)이나 병풍과 같았다. 천자는 문 밖에 가림막을 설치했는데, 그것을 외병外屛이라 불렀다. 제후는 문 안쪽에 가림막을 설치했는데, 그것을 내병內屛이라 불렀다. 대부는 발을 설치했고, 사士는 장막을 설치했는데 역시 비슷한 역할을 하는 것들이다. 이런 가림막을 바로 소장蕭牆이라 불렀다. 공자가 말하고자 한 것은 계손씨가 근심하는 것이 결코 전유가 아니라 노나라 군주라는 것이다. 그는 노나라 군주가 스스로 목숨을 끊고 전유가 그를 위해 내통하지나 않을까 두려워했다. 당시 공자는 화를 냈는데, 주로 염유에 대해 화를 냈다. 왜냐하면 두 사람이 함께 계손씨 밑에서 벼슬을 하고 있었지만, 염유는 계씨의 재宰, 즉 가신의 우두머리로서 자로보다 책임이 더 컸기 때문이다. 그는 계씨가 전유를 치는 목적은 공실의 힘을 약화시키는 것이라고 생각했다. 그는 염유와 자로가 그것을 잘 알고 있으면서도 일부러 죄를 범했고 그만두도록 말리지 않았으며, 게다가 그것이 자신들의 생각이 아니라 계씨가 그렇게 하려는 것이라고 하며 책임을 회피했고, 심지어 전유는 성지城池가 견고하고 비읍費邑만큼 가까이 있으니 그곳을 병탄하지 않는다면 장래에 반드시 계씨의 후환으로 작용할 것이라고 변명을 늘어놓았지만, 공자는 그것이 악인을 도와 나쁜 짓을 하는 것이라고 생각했다.

이 일은 역사서에는 전혀 기록이 없다. 『논어』가 유일한 단서이다. 염유가 계씨의 재가 된 것은 기원전 492년, 즉 계강자가 집정이 된 이후이다. 그가 이 직책을 맡은 기간은 매우 길었다. 자로가 계씨의 재가 된 것은 중궁과 염유의 앞이었고 즉 기원전 498년이었는데, 곧 사직하고 공자를 따라 주유열국했다. 그가 공자를 따라 노나라로 돌아 온 것은 기원전 484년이었고, 다시 계강자를 모신 것은 그다음 해였다. 이 때문에 우리는 계씨가 전유를 치려고 계획을 꾸민 것은 기원전 484년에서 기원전 480년 사이여야 한다고 추정할 수 있다.

계손씨의 근심은 전유에 있지 않았다

16.2

공자께서 말씀하셨다.
"천하에 도가 있으면 예악禮樂과 정벌征伐이 천자에게서 나오고,
천하에 도가 없으면 예악과 정벌이 제후에게서 나온다.
제후에게서 나오면 대개 열 세대 이후에 잃어버리지 않는 경우가
드물고, 대부에게서 나오면 다섯 세대 이후에 잃어버리지 않는 경우가
드물며, 대부의 가신이 국정을 잡으면 세 세대
이후에 잃어버리지 않는 경우가 드물다. 천하에 도가 있으면
정권은 대부에게 있지 않고, 천하에 도가 있으면 백성들이
정치에 대해 논의하지 않는다."

孔子曰, 天下有道, 則禮樂征伐自天子出. 天下無道, 則禮樂征伐自諸侯出.
自諸侯出, 蓋十世希不失矣. 自大夫出, 五世希不失矣. 陪臣執國命, 三世希不失矣.
天下有道, 則政不在大夫. 天下有道, 則庶人不議.

동주東周의 역사 전체는 예악 붕괴의 역사이다. 공자는 이 역사적 과정에 대해 총체적인 평가를 내리고 있는데, 부정적인 성격이 강하다.

"예악禮樂과 정벌征伐"은 대내적·대외적 각종 정령을 가리킨다. "예악禮樂"은 대내적 권력을 대표하고, "정벌征伐"은 대외적 권력을 대표한다. 이들 정령이 천자에게서 나오는가, 혹은 제후에게서 나오는가, 혹은 대부에게서 나오는가, 혹은 대부의 가신이 정령을 휘어잡고 있는가

하는 것은 정치권력의 아래로의 교체 과정을 말한다. 아래로 교체된 결과는 "잃어버리지 않는 경우가 드물다", 즉 끝장나지 않는 경우가 거의 없다는 것이다.

끝장나는 데 시간이 얼마나 걸릴까? "십세十世" "오세五世" "삼세三世" 등은 어떻게 이해해야 할까? 여기서 검토해보기로 하자.

먼저 "십세十世"에 대해 알아보자. 고대에서 말하는 "세世"는 세대교체의 평균적인 햇수로서 30년이다. "십세十世"는 300년이다. 평왕의 동천(기원전 770)에서 공자의 죽음(기원전 479)까지가 도합 291년으로 이 숫자에 가깝다. 여기서 "십세"는 주나라 천자를 가리키는 것이지 제齊나라, 진晉나라, 노魯나라 등과 같은 제후를 가리키는 것이 아니다. 그러나 평왕의 동천에서부터 공자가 죽을 때까지 왕이 13명이었는데, 그것은 조금 많은 것 같다. 동주 시기에는 "예악과 정벌이 제후에게서" 나왔는데, 그것은 사실 제나라 환공에서 시작했다. 제나라 환공에서 공자의 죽음까지 사이의 주왕은 오히려 딱 10명, 즉 희왕僖王·혜왕惠王·양왕襄王·경왕頃王·광왕匡王·정왕定王·간왕簡王·영왕靈王·경왕景王·경왕敬王 등 열 명의 왕이었다. 아마도 이 열 명의 왕이 바로 공자가 말한 "십세十世"일 것이다.

"오세五世"는 "대부大夫"를 가리키며 경卿까지도 포함하기 때문에 경대부이다. 당시에 각 나라에는 권세 있는 집안에서 나온 대신들이 있었다. 예를 들어 제나라에는 고高·국國·포鮑·진陳 등이 있었고, 노나라에는 맹孟·숙叔·계季 등 삼환三桓이 있었고, 정나라에는 칠목七穆이 있었고, 진晉나라에는 육경六卿이 있었다. 그러나 공자가 가리키는 것은 노나라의 계씨, 즉 문자文子·무자武子·평자平子·환자桓子·강자康子

등 오세五世였다.

"삼세三世"는 "대부의 가신이 국정을 잡는 것"으로 경대부의 가신, 예를 들어 양화陽貨와 공산불요公山弗擾 같은 이를 가리킨다. 양화는 계평자와 계환자를 섬겼고, 무자武子 때는 이미 계씨의 정권을 장악했으니 이것이 마침 "삼세三世"이다.

공자가 말한 "오세"와 "삼세"는 모두 노나라 국내의 일을 이야기한 것이다.

공자가 "천하에 도가 있으면 백성들이 정치에 대해 논의하지 않는다"라고 말한 것은 현대의 민주제와 완전히 상반된다.

천하에 법도가 없을 때 1

16.3

공자께서 말씀하셨다.
"녹봉에 대한 권한이 공실公室을 떠난 지 다섯 세대가 지났고,
정권이 대부에게 넘어간 지 네 세대가 지났다.
그러므로 저 삼환의 자손은 쇠락할 것이다."

孔子曰, 祿之去公室五世矣, 政逮於大夫四世矣, 故夫三桓之子孫微矣.

계씨가 노나라 정권을 전횡한 것을 말한 것이다.

나라의 군주가 작록爵祿에 대한 통제권을 상실한 지가 이미 다섯 세대가 지났고, 정령이 대부들의 수중으로 떨어진 지는 이미 네 세대가 지났다. 『정주鄭注』에서는 "오세五世"는 노나라의 선공宣公·성공成公·양공襄公·소공昭公·정공定公 등 다섯 임금이고, "사세四世"는 계씨의 무자武子·평자平子·환자桓子·강자康子 등이라고 말했다.

"그러므로 저 삼환의 자손은 쇠락할 것이다"는 이런 추세를 따라 발전해간다면 삼환의 후대는 반드시 쇠망할 것이라고 예언할 수 있다는 것이다.

천하에 법도가 없을 때 2

16.4

공자께서 말씀하셨다.
"이익이 되는 친구가 세 가지이고, 손해가 되는 친구가 세 가지이다.
정직한 사람과 사귀는 것, 신용이 있는 사람과 사귀는 것,
아는 것이 많은 사람과 사귀는 것은 이익이다. 아첨하기 좋아하는
사람과 사귀는 것, 겉과 속이 다른 사람과 사귀는 것,
말재주가 뛰어난 사람과 사귀는 것은 손해다."

孔子曰, 益者三友, 損者三友. 友直, 友諒, 友多聞, 益矣. 友便辟, 友善柔, 友便佞, 損矣.

이것은 교우의 도리인데, 그 속에는 경제학이 있다.

앞에서 공자는 두 차례에 걸쳐 "자기만 못한 사람을 친구로 삼지 말아라"라고 말했다.[8] 그것은 바로 투입과 산출 그리고 비용에 대한 계산을 고려한 것이다.

여기서 공자는 사귀어서 수지가 맞는 친구가 세 종류 있고, 사귀어서 손해가 나는 친구가 세 종류 있다고 말했다. 즉 정직하고, 약속을 잘 지키고, 견문과 지식이 풍부한 사람과 친구로 사귀면 유익하고, 아첨 잘하고, 거짓되고, 구변 좋은 친구를 사귀면 손해라는 것이다. 이것을 "이익이 되는 친구가 세 가지, 손해가 되는 친구가 세 가지"라고 부른다.

"직直"은 정직한 사람이다. "편벽便辟"은 윗사람을 모실 때 아첨하

고, 알랑거리며 영합하기 좋아하는 사람이다. "편便"은 무언가를 하는 데 편리하다, 어떤 것에 능숙하다는 뜻이다. "벽辟"은 "폐嬖"로 읽는데, "총폐寵嬖", 즉 총애받는 사람이라는 의미이다.

"양諒"은 신용을 지키는 사람, 특히 신용을 사수하는 사람이다. "선유善柔"는 표면으로는 공손하고, 겉과 속이 다르며, 웃음 속에 칼을 품고 있는 사람이다.

"다문多聞"은 견문이 넓고 아는 것이 풍부한 사람이다. "편녕便佞"은 언변이 능수능란한 사람이다. "편便"의 뜻은 위에서 설명한 것과 같다.

"선유善柔"와 "편녕便佞"은 바로 "교묘한 말과 아부하는 표정"이다.

이익이 되는 세 친구, 손해가 되는 세 친구

16.5

공자께서 말씀하셨다.
"이익이 되는 즐김이 세 가지이고, 손해가 되는 즐김이 세 가지이다.
예악으로 절제하는 것을 즐기는 것, 다른 사람의 장점 말하기를
즐기는 것, 많은 현명한 친구를 사귀기 좋아하는 것 등은 이익이다.
욕망에 따라 마음껏 즐기는 것, 빈둥거리면서 놀기를 즐기는 것,
먹고 마시며 즐기기를 좋아하는 것 등은 손해다."

孔子日, 益者三樂, 損者三樂. 樂節禮樂, 樂道人之善, 樂多賢友, 益矣.
樂驕樂, 樂佚遊, 樂宴樂, 損矣.

이것은 군자의 기호를 말한 것으로 그 속에는 역시 경제학이 들어 있다.

공자는 예악으로 자기 행위를 절제하는 것을 좋아하고, 다른 사람의 좋은 말을 이야기하기 좋아하고, 많은 친구를 사귀는 것을 좋아하는 것은 유익하다고 말했다. 그리고 하고 싶은 것을 실컷 하는 것을 좋아하고, 한가롭게 빈둥빈둥 노는 것을 좋아하고, 먹고 마시며 즐기는 것을 좋아하는 것은 손해라고 말했다. 이것을 "이익이 되는 세 가지 즐거움, 손해가 되는 세 가지 즐거움"이라고 한다.

이 두 장은 『곽점초간』 『어총』 제3권에 있는 한 단락과 형식이 비슷하다. 그 단락에서는 다음과 같이 말하고 있다. "의를 실천하는 사람

과 사귀는 것은 이익이다. 엄숙한 사람과 같이 있는 것은 이익이다. 일어나서 문장을 익히는 것은 이익이다. 버릇없는 사람과 함께 있는 것은 손해다. 배우지 못한 사람과 같이 노는 것은 손해다. 평소에 아무것도 익히지 않으면 손해다. 자기가 잘하는 것을 스스로 자랑하는 것은 손해다. 자기의 모자란 부분을 스스로 내보이는 것은 이익이다. 한가롭게 노는 것은 이익이다. 뜻을 숭상하는 것은 이익이다. 마음에 새겨두는 것은 이익이다. 하지 않는 것이 있는 것은 이익이다. 기필코 하는 것은 손해다."[9] 흥미로운 것은 『논어』에서는 "빈둥거리면서 놀기를 즐기는 것樂佚遊"이 "손해損"에 속한다고 말했지만, 죽간문에서는 오히려 "빈둥거리면서 노는 것은 이익이다遊佚, 益"라고 말했다는 점이다.

이익이 되는 세 가지 즐거움, 손해가 되는 세 가지 즐거움

16.6

공자께서 말씀하셨다.
"군자를 모실 때 어울리지 않는 것이 세 가지 있다.
말할 차례가 되지 않았는데 말하는 것을 조급함이라고 한다.
말할 차례가 되었는데도 말하지 않는 것을 은폐라고 한다.
표정을 보지도 않고 말하는 것을 장님이라고 한다."

孔子曰, 侍於君子有三愆. 言未及之而言謂之躁, 言及之而不言謂之隱, 未見顔色而言謂之瞽.

「위영공」 15.8의 "말을 해야 하는데도 말하지 않으면 사람을 잃고, 말을 해서는 안 되는데도 말을 하면 말을 잃는다. 지혜로운 자는 사람을 잃지 않고, 또 말을 잃지도 않는다"라는 기록을 참고하기 바란다.

"삼건三愆"은 세 가지 종류의 적절하지 않은 행위이다. "건愆"은 본래 잘못을 가리키는 말이다. 여기서 말한 세 종류의 적절하지 않은 행위는 다음과 같다. 군자가 아직 말하지 않았는데 먼저 나서서 말하는 경우에 그것을 "조급한 것躁"이라고 한다. 군자가 이미 말을 했는데도 대답하지 않는 경우는 "숨기는 것隱"이라고 한다. 군자의 표정을 살피지 않고 제 맘대로 떠드는 것을 "장님瞽"이라고 한다.

옛날 책에 이와 비슷한 말이 있다. 예를 들어 『순자』 「권학」에서는 "말해서는 안 되는데도 말을 하는 것을 조급하다고 하고, 말을 할 만한데도 말하지 않는 것을 숨는 것이라 하고, 기색을 살피지 않고서 말하는 것을 장님이라고 한다"[10]라고 말했고, 『염철론』「효양」에서는 "말할 차례가 돌아오지 않았는데도 말하는 것은 오만이다"[11]라고 말했다.

『석문』에서는 "『노론魯論』에서는 조躁를 오傲로 읽는다"는 말이 있는데, "조躁"와 "오傲"의 옛 음은 모두 소宵부에 속하는 글자로 성모聲母가 비슷하기 때문에 서로 바꿔 쓸 수 있었다. 『노론』에서는 "오傲"라고 썼는데, 이는 '빌려 읽기假讀'에 속하는 다른 글자이다. 그러나 이러한 다른 글자는 오히려 의미상의 차이를 가져왔다. 두 가지 읽기 방법 가운데서 『고론』에서 "조躁"라고 한 것이 더 좋다.

군자를 모시는 데 세 가지 걸맞지 않은 행위

16.7

공자께서 말씀하셨다.
"군자에게는 세 가지 경계해야 하는 것이 있다. 젊은 시절에는 혈기가 안정되지 않았기 때문에 여색에 빠지는 것을 경계해야 하고, 장년이 되어서는 혈기가 한창 강하기 때문에 싸우는 것을 경계해야 하고, 늙어서는 혈기가 이미 쇠퇴했기 때문에 재물 얻는 것을 경계해야 한다."

孔子曰, 君子有三戒. 少之時, 血氣未定, 戒之在色. 及其壯也, 血氣方剛, 戒之在鬪. 及其老也, 血氣旣衰, 戒之在得.

『회남자』「전언」에 이와 비슷한 말이 있는데, 다음과 같이 쓰고 있다. "대개 사람의 본성은 젊어서는 난폭하고, 장년이 되어서는 포악하고, 늙어서는 이익을 좋아한다."[12] 『황소皇疏』에서는 "젊은 시절少之時"은 20세 이하이고, "장년이 되어서"는 30세 이상이고, "늙어서"는 50세 이상이라고 보았다. 옛날 사람의 "젊음少"과 "장년壯"에 대한 말은 비교적 통일되어 있다. 그러나 "노년老"의 개념은 그다지 확정적이지 않다. 50세도 노인이고, 60세도 노인이고, 70세도 노인이다. 이 문단에서는 군자가 다음과 같이 세 가지 경계해야 할 것이 있음을 말했다. 20세 이하에서는 혈기가 안정되지 않았기 때문에 여색을 좋아하는 것을 경계해야 하고, 30세에서 40세까지는 혈기가 바로 왕성하기 때문에 싸우는 것을 경계해야 하고, 50세 이상은 혈기가 쇠진하기 때문에 재물을 탐하는 것을 경계해야 한다.

옛날 사람은 여색을 좋아하는 것, 싸움을 좋아하는 것, 재물을 탐하는 것 등이 모두 혈기와 관련 있는 것이라고 생각했다. 특히 싸움을 좋아하는 것은 우리 동물계의 대선배님들께서 바로 그렇다. 예를 들면 다음과 같다. (1) "화내는 것은 혈기의 작용에 의한 것이다. 싸움은 바깥에 있는 근육과 피부에 의한 것이다. 화가 나는데도 밖으로 발설하지 못하면 속에서 점점 팽창하여 결국 그것이 종기가 된다."[13] (2) "하늘은 만물을 덮어주고 있고 땅은 받쳐주고 있으며, 만물은 육합 안에 포함되어 있고 우주 사이에 의존하고 있는데, 음양에 의해 생겨난 모든 동물은 혈기의 정화를 가지고 있다. 어떤 것은 이빨이 있고 뿔이 있으며, 어떤 것은 앞발톱이 있고 뒷발질할 수 있는 다리가 있으며, 어떤 것은 날개를 펴 하늘로 올라갔다가 마음대로 후려칠 수 있다. 그리고 어떤 것은 다리로 걸어다니고, 어떤 것은 꿈틀거리면서 나아간다. 그런데 기쁠 때는 함께 모이고 화날 때는 서로 치고받고 싸우며, 유리한 것을 보고서는 그쪽으로 몰려가고, 해로운 것을 보고서는 그로부터 달아나는데, 이러한 실정은 모두가 같다."[14]

그리스의 의사 갈론Gallon은 기원후 2세기에 사체액설四體液說을 주장했다. 그는 사람의 기질은 체액에 의해 결정된다고 생각했다. 중국의학에서는 혈기血氣를 중시했고, 혈血을 음으로, 기氣를 양으로 설명했다. 현대 의학에서는 사람의 성적 충동과 순간적인 반응은 내분비에서 생산되는 호르몬 수준과 관련이 있다고 생각한다. 여색을 좋아하는 것은 남성 호르몬과 관련이 있고, 싸움을 좋아하는 것은 아드레

날린과 관련이 있다.

나이 어린 사람은 기혈氣血이 왕성하고 여색을 좋아하고 싸움을 좋아하는데, 이런 종류의 충동은 바뀔 수 있다. 태감太監(내시)이 거세를 하면 먹는 것을 좋아하고 주둥이가 유별나게 강해진다고 한다. 사람이 늙으면 호방함이 사라지고 "뛰어남了不起"이 "늙어서 일어서지 못함老不起"으로 변하며,[15] 여색을 좋아하고, 싸움을 좋아하던 힘이 메말라 버려도 상관없다. 노인이나 노파는 다른 취미가 있다. 예를 들어 그들은 주식을 사거나 복권을 산다. 이런 종류의 놀이는 몹시 자극적이라서 환갑의 노인도 고삐 풀린 말과 같이 된다. 그러나 공자는 "재물 얻는 것을 경계해야 한다"라고 말했다. 만약 기필코 얻어야 한다는 데 뜻을 두면 심장과 혈관이 견뎌내질 못할 것이다.

군자가 경계해야 할 세 가지

16.8

공자께서 말씀하셨다.
"군자는 두려워하는 것이 세 가지 있다. 천명을 두려워하고,
대인을 두려워하고, 성인의 말씀을 두려워한다.
소인은 천명을 알지 못하므로 두려워하지 않고 대인을 함부로
업신여기며 성인의 말을 함부로 대한다."

孔子曰, 君子有三畏. 畏天命, 畏大人, 畏聖人之言. 小人不知天命而不畏也,
狎大人, 侮聖人之言.

이 문단에서 말하고자 하는 것은 세 가지이다. 즉 군자가 두려워하는 것이고, 또 공자가 두려워하는 것이기도 하다. 하나는 "천명"이고, 둘은 "대인"이고, 셋은 "성인의 말씀"이다.

공자는 천명을 공경했으며, 뜻대로 되지 않을 때나 고난을 당할 때는 다급하게 하늘을 불렀다.

"대인大人"은 "소인小人"과 상반되며, 신분과 지위가 있는 사람이다. 이 말은 『역경』에 자주 보이는데, 그 가운데 「사師」의 상육上六에 "대군大君"이라는 말이 있고, 『상박초간』에는 "대군자大君子"라는 말이 있으며, 『마왕퇴백서』 본에서는 "대인군大人君"이라고 했고, 쌍고퇴雙古堆 본은 현행본과 같다. 나는 이것들은 모두 "대인군자大人君子"를 가리키는 것이 아닐까 하는 의문이 든다. 대인과 군자는 유사한 말이다. 그러나 여기서 말한 "대인"은 군자가 두려워하는 사람, 즉 관리로서 일반적인

군자보다 더 높다.

"성인의 말씀"은 고대 성왕이 남겨준 교훈이다.

소인은 이와 같을 뿐만 아니라 천명을 공경하지 않고, 대인을 무서워하지도 않고 성인의 말을 감히 모독하기도 한다. "압狎"의 본래 의미는 습관이다. 그러나 하인의 눈에는 영웅이 없다는 말과 같이 습관은 자주 경멸을 불러오기 때문에 확장된 의미 가운데 경멸의 뜻이 들어 있다.

마르크스는 무산자는 두려운 것이 없다고 했는데, 사실 무지한 자 역시 두려운 것이 없다. 왕숴王朔(중국의 현대 작가—옮긴이)는 "나는 부랑자인데, 내가 누굴 두려워할까"라고 말했다. 그는 책 한 권을 썼는데, 그 제목은 『무지한 사람은 두려움이 없다無知者無畏』였다.

군자가 두려워하는 것 세 가지

16.9

공자께서 말씀하셨다.
"태어나면서부터 아는 사람은 상등급이다.
배워서 아는 사람은 그다음이다. 곤란을 겪고 나서
배우는 사람은 또 그다음이다. 곤란을 겪고 나서도
배우지 않는 사람은 백성으로서 하등급이다."

孔子曰, 生而知之者上也, 學而知之者次也. 困而學之, 又其次也. 困而不學, 民斯爲下矣.

공자는 인물을 품평할 때 지력의 높고 낮음을 기준으로 하면 네 등급이 있다고 했다. "생이지지生而知之"는 똑똑한 사람으로 태어나 배우지 않아도 할 수 있는 사람으로 제1등급이다. "학이지지學而知之"는 후천적인 학습을 통하여 할 수 있는 것으로 제2등급이다. "곤이후학困而后學"은 곤란한 일을 겪어 돌아가지 못한 다음에야 비로소 배우는 사람으로 제3등급이다. "곤이불학困而不學"은 곤란한 일을 겪고서도 배우지 않는 것으로 제4등급이다.

공자는 "가장 지혜로운 사람과 가장 어리석은 사람은 변화시킬 수 없다"[16]고 말했고, "중인 이상의 사람과는 상급의 지혜에 대하여 이야기할 수 있지만, 중인 이하의 사람과는 상급의 지혜에 대하여 이야기할 수 없다"[17]고 말했다. 이 네 등급에서 제1등급은 상지上智로 오직 성인만이 도달할 수 있다. 그것은 혈통론의 개념과 관련이 있다. 귀족은 태어나면서부터 특별히 좋은 조건을 갖기 때문에 일반인에 비해 지식이 있고 교양이 있으며 타고난 우월감이 있다. 공자는 그럴 수 없었다. 그는 한 번도 자신이 제1등급에 속한다고 인정하지 않았다. 제2등급과 제3등급은 대체로 중인中人에 해당된다. 자발적으로 배우든 수동적으로 배우든 어쨌든 배우는 것이다. 그는 오직 자신이 제2등급에 속한다는 것만 인정했다. 즉 목마른 사람처럼 지식을 배우는 데 부지런히 노력하고, 목숨을 바쳐 공부하며, 아울러 한결같음을 유지할 수 있는 부류이다. 제4등급은 하우下愚로서 가르칠 수 없고 고칠 수도 없으며, 그저 바보로 계속 살아가게 내버려둘 수밖에 없다.

지혜의 네 등급

16.10

공자께서 말씀하셨다.
“군자는 아홉 가지를 생각한다. 볼 때는 분명한가 아닌가를 생각하고, 들을 때는 분명하게 알아들었는가를 생각하고, 얼굴의 표정은 온화한가 아닌가를 생각하고, 몸가짐은 공손한가 아닌가를 생각하고, 말할 때는 충실한가 아닌가를 생각하고, 일을 처리할 때는 경건한가 아닌가를 생각하고, 의문이 들 때는 누구에게 물어야 할 것인가를 생각하고, 화가 치밀 때는 어떤 후환이 생길까를 생각하고, 재물을 보고서는 의로운 것인가 아닌가를 생각한다.”

孔子曰, 君子有九思. 視思明, 聽思聰, 色思溫, 貌思恭, 言思忠, 事思敬, 疑思問, 忿思難, 見得思義.

여기서 말한 “생각한다”에 해당되는 원문 “사思”는 고려하다, 혹은 깊이 생각하다의 뜻이다. “색色”과 “모貌”는 다르다. 색色은 “안색顏色”이다. 안색은 표정이다. 모貌는 몸가짐으로서 몸이 만들어내는 모양이다. “말할 때는 충실한가 아닌가를 생각하고, 일을 처리할 때는 경건한가 아닌가를 생각하고”라는 말은 말한 것에 책임을 지고, 일을 처리할 때 진지하게 책임을 진다는 것이다. 일에 대해 신중하다는 것은 바로 맡은 일에 책임을 지는 것이다.

이 장에서 말하고자 하는 것은 군자에게는 다음과 같은 아홉 가지 고려해야 할 것이 있다는 것이다. 관찰할 때는 확실히 알았는가 생각해야 하고, 경청할 때는 분명히 알아들었는가를 생각해야 하고, 얼굴 표정이 부드러운가를 생각해야 하고, 몸가짐이 공손한가를 생각해야 하고, 말하는 것이 성실한가를 생각해야 하고, 일처리가 믿음직스러운가를 생각해야 하고, 의문이 있으면 누구에게 가르쳐달라고 부탁할 것인가를 생각해야 하고, 화를 내고서는 무슨 후환이 있을지를 생각해야 하고, 물건을 가져갈 기회가 생기면 가져가도 되는지를 생각해야 해야 한다.

옛날 사람으로는 사사명史思明이, 요즘 사람 가운데서는 허쓰징何思敬과 마쓰충馬思聰 등이 공자의 이 "아홉 가지 생각"에서 따다 이름을 지었다.

군자에게는 아홉 가지 생각이 있다

16.11

공자께서 말씀하셨다.
"선한 사람을 보거든 미치지 못할 것처럼 생각하고, 선하지 못한 사람을 보거든 뜨거운 물에 손을 넣은 것처럼 생각한다.
나는 그런 사람을 보았고, 나는 그런 말을 들었다. 은둔해 살면서 자신의 뜻을 추구하고, 의를 실천하면서 자기 주장을 달성한다.
나는 그와 관련된 말은 들었지만, 그런 사람을 보지 못했다."

孔子曰, 見善如不及, 見不善如探湯. 吾見其人矣, 吾聞其語矣. 隱居以求其志, 行義以達其道. 吾聞其語矣, 未見其人也.

이것은 은둔자들에 대한 공자의 비평이다.

"선한 사람을 보거든 미치지 못할 것처럼 생각하고, 선하지 못한 사람을 보거든 뜨거운 물에 손을 넣은 것처럼 생각한다." 좋은 것을 보면 따라가지 못할까 걱정하고, 좋지 않은 것을 보면 끓는 물속에 손을 넣은 것처럼 무서워한다. 이것은 은둔자들이 제 몸을 깨끗이 하면서 자중자애하는 것을 형용한 것이다. 공자는 '나는 이런 사람을 보았고 그에 대한 말도 들은 적이 있지만 별로 대단할 것 없더라'라고 말했다.

"은둔해 살면서 자신의 뜻을 추구하고, 의를 실천하면서 자기의 주장을 달성한다." 이것이야말로 공자가 찬성하는 행동이다. 즉 은둔해 사는 동안 신념을 견지하고 가능한 한 모든 것을 다하여 자신의 주장을 밀고 나가는 것이다. 그는 그런 것과 관련된 말은 내가 들어본 적이 있지만 그런 사람을 만나본 적은 없다고 말했다. 다들 말하는 것은 쉽지만 실천하는 것은 어렵고, 그렇게 행동해야 한다는 것을 진실로 받아들이는 사람은 아무도 없다는 것이다.

공자의 특징은 손에 쥐는 데 중점을 둔다는 것이다. 그는 당시의 정치에 대하여 불만을 가졌음에도 불구하고 정치에 종사할 기회를 결코 포기하려 하지 않았다. 그는 노나라 임금을 비판했고 계씨를 비판했으며 양화를 비판했다. 그러나 그러면서도 그들의 부름에 응했고, 나와서 관리가 되었다. 국내에서 안 되면 국외로 나갔고, 자기가 안 되면 제자를 파견했다. 예를 들어 중유·염옹·염구 등이 계씨 쪽에 가서 관리를 했는데, 그가 잠입하도록 파견한 것으로 그들을 통해 계씨에게 영향력을 행사하고 계씨를 바꾸려고 생각했던 것이다. 공자의 기준에서 볼 때 양화와 공산불요는 나쁜 놈 중의 나쁜 놈이었지만, 그들이 부를 때도 공자는 마음이 흔들렸다. 그는 제자를 파견하여 적의 심장 속으로 침입함으로써 그에게 검은 호랑이의 심장을 꺼내오게 하고 싶었지만, 효과에서 볼 때 그다지 바람직한 일이 아니었고, 오히려 유문儒門 자체가 바뀌었다. 역부족이라서 어쩔 수 없는 일이었다.

은둔자에 대한 공자의 비판

16.12

제나라 경공은 말 4000필을 소유하고 있었는데,
죽는 날 백성들이 그를 칭송할 만한 것이 없었다.
백이와 숙제는 수양산 아래서 굶어 죽었지만,
백성들은 오늘에 이르기까지 그들을 칭송한다.
바로 이것을 두고 하는 말인가보다.

齊景公有馬千駟, 死之日, 民無德而稱焉.
伯夷叔齊餓于首陽之下, 民到于今稱之. 其斯之謂與.

"제나라 경공은 말 4000필을 소유하고 있었다." 제나라는 대국으로 "천승千乘의 나라"에 속한다. 전차가 많으면 말도 자연히 많다. "백성들이 그를 칭송할 만한 것이 없었다"에서 원문 "덕德"은 가능을 나타내는 득得으로 읽으며, 「태백」 8.1의 "백성들은 그를 어떻게 칭송해야 할지 알지 못했다"와 같이 일반 백성들이 무슨 말로 그를 형용해야 할지 몰랐다고 말한 것이다.

"백이와 숙제"는 고죽국孤竹國 군주의 두 아들이었다. 주나라가 은나라를 멸망시킨 뒤 주나라의 곡식 먹는 것을 부끄럽다고 생각하여 고사리를 따먹고 주린 배를 채우다가 수양산 아래서 굶어 죽었다.

"수양首陽"이 어디를 가리키는가에 대하여 옛날에는 포판蒲阪설, 기산서북岐山西北설, 농서隴西설, 요서遼西설, 언사偃師설 등이 있었다. 수양산은 오늘날 산시성山西省 융지시永濟市 서남쪽에 있는 푸저우蒲州진인데, 레이서우산雷首山 혹은 서우산首山이라고도 부르며, 한대에는 이곳에 수산궁首山宮을 세웠다. 구설에서는 백이와 숙제가 주나라의 곡식을 먹지 않고 수양산 아래로 도망가 숨어 살고 들완두를 먹으면서 목숨을 이어갔다고 했다. 그러다가 어떤 여자가 당신들은 주나라의 곡식을 먹지 않는다지만, 땅에서 나는 풀 한 포기와 나무 한 가지라도 주 왕조의 것 아닌 것이 있냐고 말했다. 그들은 울분이 치밀어 들완두마저도 먹지 않고 결국에는 굶어 죽었다고 한다.[18]

사마천은 『사기』에서 위청衛青과 곽거병霍去病을 이광李廣과 대비하면서 소건蘇建이 겪었던 진짜 실화를 인용하여 말했다. "대장군(위청)은 지극한 존중을 받았지만, 천하의 사대부가 그를 칭송할 말이 없었다."[19] 이장군은 그와 달리 "공손하고 신중해서 마치 촌사람 같았고, 입으로는 유창하게 말하지 못했다."[20] 그러나 "그가 죽은 날에는 그를 알고 있는 사람이든 알지 못하는 사람이든 세상 사람들이 모두 극도로 슬퍼했다."[21]

후세 사람은 동정하는 데는 항상 인색하지만, 억울하고 한 맺힌 이야기일수록 더 쾌감을 느낀다.

제나라 경공과 백이·숙제

16.13

진항陳亢이 백어伯魚에게 물었다.
"선배님은 뭔가 특별한 것을 들었겠지요?" 백어가 대답했다.
"아니야. 이전에 홀로 서 계시는데 내가 빠른 걸음으로
마당을 지나가자, '시를 배웠느냐?'고 물으시더군.
'아직 못 배웠습니다'라고 대답했어. 그랬더니 '시를 배우지 않으면
말을 할 수 없다'라고 하셨어. 그래서 물러나 시를 배웠지.
다른 날 또 홀로 서 계시는데 내가 빠른 걸음으로 마당을 지나가자
'예를 배웠느냐'고 물으시더군. '아직 못 배웠습니다'라고 대답했어.
그랬더니 '예를 배우지 않으면 입신立身을 할 수 없다'라고 하셨어.
나는 물러나서 예를 배웠지. 이 두 가지를 들었어."
진항은 물러나서 기뻐하면서 말했다.
"하나를 물어서 셋을 얻었네. 시의 중요성을 들었고, 예의 중요성을
들었고, 또 군자께서 자기 자식을 멀리한다는 것을 들었어."

陳亢問於伯魚曰, 子亦有異聞乎. 對曰, 未也. 嘗獨立, 鯉趨而過庭. 曰, 學詩乎.
對曰, 未也. 不學詩, 無以言. 鯉退而學詩. 他日, 又獨立, 鯉趨而過庭. 曰, 學禮乎.
對曰, 未也. 不學禮, 無以立. 鯉退而學禮. 聞斯二者. 陳亢退而喜曰, 問一得三,
聞詩, 聞禮, 又聞君子之遠其子也.

"진항陳亢"의 자는 자금子禽이고 여기서는 이름을 불렀다. 그는 『논어』에서 세 번 나오는데, 이 장 외에 「학이」 1.10과 「자장」 19.25에 나온다.

"백어伯魚"는 공자의 아들 공리孔鯉인데, 그는 진항의 연장자로서 진항보다 21세가 많았고, 여기서는 이름을 불렀다. 「안연」 11.8과 「양화」 17.10을 참고하기 바란다.

이 장의 대화에서 오묘함은 진항이 호기심을 가지고 있었다는 점이다. 그는 공리가 공자의 아들이기 때문에 일반인이 듣지 못했던 가르침을 아마도 공자로부터 들을 수 있었을 것이라고 생각했다. 그러나 그가 오랫동안 물어봤지만, 공리는 무슨 특별한 것을 듣지 못했고, 다만 예외가 두 번 있었다고 말했다. 한번은 공자가 혼자 마당에 서 있었는데, 그가 쪼르르 마당을 가로질러갈 때 공자가 불러 세웠다. 공자가 시詩를 배웠느냐고 물었고, 공리는 아니라고 대답했으며, 공자는 시를 배우지 않으면 말을 할 수 없다고 말했다. 그래서 그는 돌아가 시를 배웠다. 한번은 그가 또 쪼르르 마당을 가로질러가고 있을 때 공자가 마침 마당에 서 있었으며, 역시 혼자였다. 공자는 너는 예禮를 배웠느냐고 물었고, 공리가 아니라고 대답하자 공자는 예를 배우지 않으면 입신할 수 없다고 말했다. 그래서 그는 돌아가 예를 배웠다. 그는 그가 공자로부터 들은 가르침은 바로 이 열두 글자라고 말했다. 진항은 공리가 있는 곳에서 돌아와 무척 기뻐했다. 그는 내가 하나만 물었을 뿐인데 결국 세 가지를 얻었다고 중얼거렸다. 하나는 서둘러 시를 공부하는 것이고, 둘은 서둘러 예를 공부하는 것이고, 셋은 군자는 아들에 대해서도 거리를 유지하고 계시면서 보통의 제자와 다를 것이 아무것도 없다는 것이다.

과거에 어떤 노선생은 생각은 수공예를 하는 사람과 차이가 없었지만 가장 뛰어난 특색과 기량(재능)은 집에 남겨두어 아들이나 며느리에게 전해주고 특히 제자들에게 가르쳐주지 않았다. 어떤 사람은 심지어 아들을 대학원생으로 받아들이거나 혹은 대학원생을 전도양양한 사윗감으로 만들어주기도 한다. 공자는 자기 아들에 대하여 그렇게 하지 않았다.

후세 사람들이 아버지의 가르침을 "정훈庭訓" 혹은 "정문庭聞"이라고 하는 것은 바로 이곳을 출전으로 한 말이다. 당나라 때 『서보書譜』를 쓴 손과정孫過庭은 바로 여기서 이름을 딴 것이다. 원문의 "시"와 "예"는 일반적인 것을 가리키는 것이기 때문에 책 표시를 하지 않는다.

하나를 물어서 세 가지를 얻다

16.14

군주의 아내에 대하여 군주가 부를 때는 부인夫人이라 하고,
부인이 스스로를 부를 때는 소동小童이라 하고, 국내 사람이
부를 때는 군부인君夫人이라 하고, 다른 나라 사람 앞에서
그녀를 가리킬 때는 과소군寡小君이라 하고, 다른 나라 사람이
그녀를 부를 때 역시 군부인君夫人이라고 한다.

邦君之妻, 君稱之曰夫人, 夫人自稱曰小童. 邦人稱之曰君夫人, 稱諸異邦曰寡小君.
異邦人稱之亦曰君夫人.

이 단락은 말한 사람이 누군지 분명하지 않지만, 내용은 『춘추』의 범례와 배우 비슷하다. 그곳에서는 군주의 부인에 대한 다섯 가지 호칭을 이야기했다. 즉 군주가 그녀를 부를 때는 "부인夫人"이라 하고, 그녀가 자신을 부를 때는 "소동小童"이라 하고, 국내 사람이 그녀를 부를 때는 "군부인君夫人"이라 하고, 그녀 자신이 국외의 사람에 대하여 스스로를 부를 때는 "과소군寡小君"이라 하고, 기타 국가의 사람이 그녀를 부를 때는 "군부인君夫人"이라고 하는 것 등 모두 다섯 가지이다.

『예기』「곡례」에서는 다음과 같이 말했다. "공후公侯에게 부인이 있으면, 부인은 천자에 대해서는 스스로를 노부老婦라고 부르고, 제후에게는 스스로를 과소군寡小君이라고 부르며, 자신의 군주에게는 소동小童이라고 부른다."[22] "부인은 천자에 대해서는 스스로를 노부老婦라고

부르고"[23]라는 말은 여기에 없기 때문에 한 가지를 더해서 모두 여섯 가지이다. 『예기』「잡기」에서는 "다른 나라의 군주에게 부고를 보낼 때 (…) 부인의 상에 대해서는 "과소군불록寡小君不祿이라 불렀는데",[24] 이는 부고訃告를 위한 호칭으로 이곳에서 말한 "다른 나라에서의 호칭"의 예와 같다.

"부인夫人"의 원 뜻은 "그이那口子"[25]이다. 천자의 첫 번째 배우자를 후后라고 부르고 그 밖의 배우자를 부인夫人이라고 부른다. 중산왕묘中山王墓에서 동판 하나가 출토되었는데, 그 위에 「조역도兆域圖」, 즉 왕묘의 개발계획도가 새겨져 있다. 그림에는 왕의 묘가 가운데 있고 왼쪽(동쪽)에 두 기의 묘가 있는데 한 기는 이미 고인이 된 옛 왕후의 것이고 한 기는 부인의 것이며, 오른쪽(서쪽)에도 두 기의 묘가 있는데, 한 기는 새 왕후의 것이고 한 기는 부인의 것이다. 중산中山이 왕이라는 호칭을 쓴 것은 천자에 견준 것이고, 한 명의 왕후와 두 명의 부인이 있었다. 제후의 첫 번째 부인[26]에 대한 일반적인 호칭은 부인이다. 그러나 경우에 따라 부르는 방법이 달랐다.

여기서 재미있는 것은 제후의 배우자가 천자 앞에서 자신을 부를 때 "노부老婦"라 불렀다는 것인데, 그 뜻은 할머니라는 말과 같다. 또 남편에 대하여 스스로를 "소동小童"이라 불렀는데, 그 뜻은 어린 계집애라는 말과 같다. "과소군寡小君"이라는 호칭 역시 매우 재미있다. 제후는 군주이고, 그 배우자 역시 군주라 불렀다. 이는 천자의 배우자를 후后라고 부르고 천자 그 자체에 대해서도 후后라고 부르는 것과 같이 두 가지는 같다. 동주의 동기 명문에 있는 "군" 가운데 어떤 것은 여군이다. 예를 들어 뇌고돈擂鼓墩 2호묘에서 출토된 성군영호盛君

縈瑚와 화상령和尙岭 2호묘에서 출토된 증중화군진묘수좌曾仲化君鎭墓獸座의 명문에 보이는 "성군盛君"은 증후曾侯의 배우자이고, "증군曾君"은 초위씨楚蔿氏[27]의 배우자로서 바로 여군女君이며, 성盛과 증曾은 그의 어머니이다.

제17편 양화 陽貨

이 편에서 가장 주목할 만한 가치가 있는 것은 17.1, 17.5, 17.7 등 세 장이다. 공자는 생활을 도모하는 데는 서툰 사람이었고, 세상에 쓰이기 위해 조급해한 사람이었다. 그는 관직의 유혹을 받으면 그 일을 해보고 싶어 안달했는데, 주로 이 세 개의 장에 잘 나타나 있다. 공자 인격의 복잡성을 연구하는 데 이 세 개의 장을 읽지 않을 수 없다. 그 밖에 17.25에서는 여자와 소인은 돌보기 어렵다고 말하고 있어 이 장 역시 매우 유명하다. 중국의 성차별 문제와 여성 문제를 연구할 때 읽지 않을 수 없다.

17.1

양화가 공자를 뵙고자 했지만, 공자께서 만나지 않으시자
공자께 돼지를 보냈다. 공자께서 그가 집을 비우기를 기다렸다가
가서 절을 하셨다. 길에서 만나자 공자께 말했다.
"자, 당신께 드릴 말씀이 있소."
그는 계속해서 혼잣말로 주고받았다.
"보물을 품고서 그 나라를 혼란에 빠지게 한다면
어질다고 할 수 있겠소?"
"그렇다고 할 수 없지요."
"정사에 종사하는 것을 좋아하면서 자주 때를 놓치는 것을
지혜롭다고 할 수 있겠소?"
"그렇다고 할 수 없지요."
"세월은 흘러가고, 시간은 나를 기다려주지 않습니다."
공자께서 말씀하셨다.
"좋습니다. 내 관직에 나가겠소."

陽貨欲見孔子, 孔子不見, 歸孔子豚. 孔子時其亡也, 而往拜之. 遇諸塗. 謂孔子曰, 來. 予與爾言. 曰, 懷其寶而迷其邦, 可謂仁乎. 曰, 不可. 好從事而亟失時, 可謂知乎. 曰, 不可. 日月逝矣, 歲不我與. 孔子曰, 諾. 吾將仕矣.

"양화陽貨"는 바로 양호인데, 호虎와 화貨 가운데 어떤 것이 이름이고 어떤 것이 자인지 그다지 분명하지 않다. 그는 『논어』에서는 오직

이곳에만 나온다. 그는 계씨의 가신이었고, 계평자, 계환자 등을 모셨으며, 주로 기원전 515년에서 기원전 486년 사이에 활동했다. 그는 상전을 말아먹었고, 또 상전을 배반한 소인이었다. 기원전 502년 삼환의 가신과 결탁하여 삼환을 제거하려고 했으나 성공하지 못했다. 기원전 501년에 먼저 제나라로 도망갔다가 나중에는 진나라로 도망갔고, 마지막으로 조간자趙簡子에게 몸을 의탁했다. 『사기』 「공자세가」에서는 공자가 어머니를 잃었을 때(공자가 17세가 되기 전) 계씨가 선비들을 대접하자, 삼베 끈으로 허리를 묶고 갔다가 양호에게 크게 꾸짖음을 당했다고 했다. 이 일은 논쟁의 여지가 있지만, 그의 나이는 공자보다는 많았을 것이다.

"공자께 돼지를 보냈다"에 해당되는 원문 가운데 "귀歸"는 『노론』에서 귀歸로 쓰고 있고, 『고론』과 『정주』본에서는 궤饋로 쓰고 있다.

"그가 집을 비우기를 기다렸다"에 해당되는 원문 시기망야時其亡也에서 "시時"는 기다린다는 의미의 대待로 읽는다.

"보물을 품고서"에 해당되는 원문 회기보懷其寶와 관련하여 청대의 호소훈胡紹勛은 "보寶"는 몸으로 예를 들어 『노자』 제71장의 "적을 무시하면 나의 보물을 거의 잃어버리게 될 것이다"[1], 『여씨춘추』 「선기」의 "자신의 큰 보배를 아끼다"[2] 등의 용례와 같다고 생각했다.[3] 그러나 "회기보懷其寶"를 회기신懷其身, 즉 "몸을 품고 있다"로 풀이하면 무슨 뜻인지 문맥이 통하지 않는다. 『황소皇疏』에서는 "보寶"가 도를 가리킨다고 했는데, 이것이 맞다. "보寶"를 도로 풀이하는 것은 『광아』 「석고 3」에 보이는데, 여기서는 공자가 몸에 지니고 있는 능력을 가리킨다.

이 장에서는 양화가 공자를 관직에 나오라고 불렀다는 것을 이야기하고 있다. 양화가 공자를 만나고 싶어했지만 공자가 만나주지 않자 그는 예물로 작은 돼지 한 마리를 두고 갔다. 당시의 예절에 따르면 공자는 양화의 집에 답방을 가야 하지만, 그는 일부러 양화가 없는 때를 골라 그의 집을 방문했다. 그런데 생각지도 못하게 길에서 그와 정면으로 마주쳤다. 양화는 인과 지혜로움에 대해 공자와 이야기하는 것을 좋아하여 일부러 물었다. 당신 몸에 지닌 능력으로 벼슬하려 하지 않고 국가가 혼란한 것을 보면서도 상관하지 않는 것을 어질다고 할 수 있겠느냐? 그렇게 말할 수 없다. 그러면 당신은 관리가 되고 싶어하면서도 항상 기회를 놓쳐버리는데 지혜롭다고 할 수 있느냐? 그렇게 말할 수 없다. 시간은 날아가고 나이는 사람에게 양보하지 않는다. 공자는 그저 그렇다, 그래, 내가 나가서 관직을 맡겠다고 말할 수밖에 없었다.

이 장에서 나오는 세 개의 "왈曰"자 뒤에 펼쳐지는 말은 모두 양화가 한 말이지 공자가 한 말은 아니다. 공자의 말은 "공자께서 말씀하셨다孔子曰"는 말 뒤에 나오는 다섯 글자밖에 없다. 명대의 학경郝敬은 이미 양화의 말은 자문자답으로서 형식이 『사기』「유후세가」에서 장량이 말한 "팔불가八不可"와 같다[4]고 지적했다.[5] 장량의 말은 일곱 개의 왈曰자를 사용하여 다음과 같이 쓰여 있다.

"지금 폐하는 항적項籍의 죽을 운명을 제어하실 수 있습니까?"

"그렇게 할 수 없다."

"그것이 바로 불가능한 첫 번째 이유입니다."

"무왕이 주紂왕을 치고 그의 후손을 송나라에 봉한 것은 주紂의 머리를 얻을 수 있을 것이라고 계산했기 때문인데, 지금 폐하께서는 항적의 머리를 얻으실 수 있습니까?"

"그렇게 할 수 없다."

"그것이 바로 불가능한 두 번째 이유입니다. 무왕이 은나라에 들어가 상용商容이 살던 고을을 표창하고, 기자의 구속을 풀어주고, 비간의 무덤에 봉분을 쌓아주었습니다. 지금 폐하께서는 성인의 무덤에 봉분을 올려주고, 현자가 사는 마을을 표창하고, 지자智者가 사는 문을 지날 때 예를 표하실 수 있습니까?"

"그렇게 할 수 없다."

"그것이 바로 불가능한 세 번째 이유입니다. 무왕은 거교鉅橋(창고 이름)의 곡식을 풀고 녹대鹿臺(창고 이름)의 돈을 나눠줘 가난한 사람에게 은혜를 베풀었습니다. 지금 폐하께서는 부고府庫의 재물을 풀어 가난한 사람에게 은혜를 베풀 수 있으십니까?"

"그렇게 할 수 없다."

"그것이 바로 불가능한 네 번째 이유입니다. 은나라 정벌에 대한 일을 다 마치고 나서 전쟁을 멈추고 문교를 펼쳤으며, 무기를 처박아놓고 호랑이 가죽으로 덮어놓음으로써 세상 사람들에게 다시는 무기를 사용하지 않을 것임을 보여주었습니다. 지금 폐하께서 무력을 중지하고 문교를 펴며, 다시는 무기를 사용하지 않을 수 있으십니까?"

"그렇게 할 수 없다."

"그것이 바로 불가능한 다섯 번째 이유입니다. 화산의 남쪽에 말을 쉬게 함으로써 할 것이 없음을 보여주었습니다. 지금 폐하께서 쓸데없다고 말을 쉬게 할 수 있으십니까?"

"그렇게 할 수 없다."

"그것이 바로 불가능한 여섯 번째 이유입니다. 도림의 북쪽에 소를 풀어놓고 다시는 물자를 모아 수송하지 않을 것임을 보여주었습니다. 지금 폐하께서 소를 풀어놓고 다시는 물자를 모아 수송하지 않을 수 있으십니까?"

"그렇게 할 수 없다."

"그것이 바로 불가능한 일곱 번째 이유입니다. …"[6]

학씨 뒤로 청대 왕인지의 『경전석사』 제2권에서도 옛날 책에 "한 사람이 말하면서 자문자답한 경우에는 왈曰자를 넣어 구별한" 예가 있다고 하면서 「양화」의 이 장을 예로 들었다.[7]

이 장의 대화는 시간상으로 기원전 505년에 이루어졌을 것이다. 기원전 509년에 노나라 정공이 즉위했다. 기원전 505년에는 계환자가 정권을 잡았고, 양화가 계환자를 체포했다. 이해에 그는 공자에게 가서 벼슬을 하라고 권했지만, 공자는 기원전 501년 양화가 진晉나라로 도망간 뒤에야 나와서 벼슬을 했다. 그는 그저 나와서 관직을 맡겠다고만 말했을 뿐 지금 바로 나와서 관리가 되겠다고는 말하지 않았다.

공자의 마음이 흔들리다 1

17.2

스승님께서 말씀하셨다.
"사람의 본성은 서로 비슷하지만, 습성은 서로 차이가 크다."

子曰, 性相近也, 習相遠也.

『삼자경』의 "사람의 본성은 서로 비슷하지만, 습성은 서로 차이가 크다"고 한 말은 이 장에 근거한 것이다.

공자는 '본성性'에 대하여 이야기한 것이 매우 적다. 공자는 사람과 사람은 본성상으로는 피차가 근접해 있는 것이라고 생각했다. 그들의 다른 점은 주로 후천적으로 길러진 습관의 다름에 기인한 것이다. 이것은 일반적인 상황이다. 다음 아래 구절의 말은 보충할 필요가 있다.

"성性"은 "생生"자와 관계가 있다. 성은 태어나면서부터 가지고 있는 것이다. 사람이 잠재력 혹은 천부적인 것이라고 말할 때 사실은 매우 저급한 것, 생물적 본능의 것이지만, 언급되는 대상은 매우 신비롭다. 『상박초간』에는 「성자명출性自命出」이라는 글이 있는데, 거기서 주장하고 있는 것은 "본성은 목숨에서 나오고 목숨은 하늘에서 내려온 것이다"[8]라는 점이다.

사람의 본성은 서로 비슷하다

17.3

스승님께서 말씀하셨다.
"가장 지혜로운 사람과 가장 어리석은 사람은 변화시킬 수 없다."

子曰, 唯上知與下愚不移.

공자는 사람의 본성은 서로 비슷하지만 여전히 차별이 있다고 생각했다.

"상지上智"는 즉 상등급의 지혜를 가진 사람이고, 태어나면서부터 아는 사람으로 가장 똑똑한 것이다. "하우下愚"는 곤란을 겪고서도 배우지 않는 사람이고, 따라서 가장 어리석은 사람이다. 이 둘 사이에 끼어 있는 것이 이른바 "중인"[9]으로 대다수의 보통 사람은 모두 이 부류에 포함된다. 공자는 상지와 하우는 모두 후천적인 교육에 의해 바뀔 수 없으며, 바뀔 수 있는 것은 중인뿐이라고 생각했다. 윗글에서 말한 일반적인 상황은 바로 중인에 대하여 말한 것이고, 상지와 하우는 예외에 속한다. 그들의 본성은 결코 비슷하지 않다.

가장 지혜로운 사람과 가장 어리석은 사람

17.4

스승님께서 무성武城에 가셔서 거문고 소리에 맞춰
부르는 노래 소리를 들으셨다.
스승님께서는 빙그레 웃으시면서 말씀하셨다.
"닭을 잡는 데 왜 소 잡는 칼을 쓰느냐?"
자유子游가 대답했다.
"예전에 저는 스승님으로부터 '군자가 도를 배우면 사람을 사랑하고,
소인이 도를 배우면 부리기 쉽다'고 하신 말씀을 들었습니다.
스승님께서 말씀하셨다.
"제자들아, 언의 말이 맞다. 아까 한 말은 농담이었다."

子之武城, 聞弦歌之聲. 夫子莞爾而笑, 曰, 割雞焉用牛刀. 子游對曰, 昔者偃也聞諸夫子曰,
君子學道則愛人, 小人學道則易使也. 子曰, 二三者. 偃之言是也. 前言戲之耳.

이것은 자유가 무성의 읍재로 재직할 당시 공자와 자유가 나눈 대화이다.

"무성武城"은 오늘날 산둥성 페이현 남쪽으로서 노나라 도성인 곡부 부근에 있던 작은 읍이다.

"거문고 소리에 맞춰 부르는 노래 소리." 공문에서는 예악을 배우고 슬을 타고 시를 노래하는 교과가 있었는데, 여기서는 자유가 그곳에서 추진한 교화를 가리킨다.

"빙그레 웃으시다"에 해당되는 원문 가운데 "완莞"은 『석문』이 참고한 책에 비름 혹은 자리공을 뜻하는 "현莧"으로 되어 있었다. "현莧"은 관寬자에 속하는 글자로서 두 글자는 서로 통한다.

공자가 무성에 가서 참관할 때, 무성은 작은 지방으로 교화를 추진하기에는 이상적인 지역이 아닐 것이라고 생각하고 있었는데, 자유는 작은 문제를 좀 요란스럽게 처리하고 있었다. 그래서 그에게 "닭을 잡는 데 왜 소 잡는 칼을 쓰느냐"라고 말했다.

자유는 나는 선생님께서 "군자가 도를 배우면 사람을 사랑하고, 소인이 도를 배우면 부리기 쉽다"라는 가르침을 들은 적이 있다고 대답했다. 군자가 도를 배우면 자기를 대하는 마음을 다른 사람에게까지 넓혀가고, 다른 사람에게 은혜를 베푸는데, 이것은 "애인愛人", 즉 남을 사랑하는 것에 해당된다. 소인이 도를 배우면 온순하게 변해서 부리는 데 편리하여 역시 좋은 일이다. 그가 말하고자 하는 것은 내가 무성에서 하고 있는 일은 바로 이러한 "애인" 정신을 구현하고 있는 것이 아니냐는 것이다. 일반 백성들이 교화를 받아들인다면 그것이 바로 "이사易使", 즉 부리기 쉽다는 효과가 아니냐는 것이다.

공자는 제자들아, 언언의 말이 맞다, 내가 방금 한 말은 농담이었다고 말했다.

17.5

공산불요公山弗擾가 비읍費邑에서 반란을 일으키고 나서 초청하자
스승님께서 가시려 했다. 자로가 불쾌해하면서 말했다.
"가실 곳이 없으면 그만두실 것이지,
왜 꼭 공산씨에게 가려 하십니까?" 스승님께서 말씀하셨다.
"나를 부르는 자가 어찌 까닭이 없겠느냐? 만약 나를 쓰려는 자가
있다면 나는 그곳을 동주東周로 만들어놓겠다."

公山弗擾以費畔, 召, 子欲往. 子路不說, 曰, 末之也已, 何必公山氏之之也.
子曰, 夫召我者, 而豈徒哉. 如有用我者, 吾其爲東周乎.

"공산불요公山弗擾가 비읍費邑에서 반란을 일으키고"에서 "공산불요"는 『황소』 본에는 "공산불요公山不擾", 즉 『좌전』의 공산불뉴公山不狃로 되어 있다. 이 자는 (양호에 이어) 노나라의 두 번째 나쁜 놈이었다. 기원전 505년 공산불요는 이미 계씨의 비읍 읍재였다. 그는 삼환을 축출하려는 양호의 정변에 참여했다. 그러나 양호가 진나라로 도망간 뒤 그는 계속 노나라에 남아 있었다. 이 일은 『사기』 「공자세가」에 정공 9년에 일어난 것으로 기록되어 있는데, 이는 기원전 501년, 즉 양호가 진나라로 도망간 것과 같은 해이다. 그러나 『좌전』에서는 그 일을 기록하지 않았고, 다만 기원전 498년에 공자가 중유를 계씨의 읍재로 파견한 것과 명령을 받들어 삼도를 타도한 것과 공산불뉴와 숙손첩이 비

읍 사람을 이끌고 노나라를 습격하고 비성의 타도를 저지한 것 등에 대해서만 기록했다. 당시 노나라 정공은 계씨의 궁인 무자대武子臺로 피신했고, 공자는 그를 보호하면서 신구수申句須와 낙기樂頎에게 무자대 아래로 내려가 반격할 것을 명하여 결국 공산불뉴와 숙손첩을 패퇴시켰다. 두 사람은 제나라로 도망갔다가 나중에 오나라로 도망갔다.

"그만두실 것이지"에 해당되는 원문 가운데 "말末"은 포기한다는 의미의 멸蔑과 통하고 "지之"는 간다는 의미이다.

여기서 주의할 필요가 있는 것은 공산불요가 공자를 초빙하자 공자의 마음이 흔들렸다는 점이다. 공자의 마음이 흔들린 원인은 당시의 난국에서 경대부가 제후를 능가하고 배신陪臣(가신)이 경대부를 능가하여 피차가 삼각관계의 매우 미묘한 국면을 형성하고 있었던 데 있다. 공자의 시대는 "홍동현洪洞縣에는 좋은 사람이 없다"[10]는 말과 같이 제후와 경대부와 가신 등은 모두 좋은 것이 아니었다. 그러나 이 세 가지 나쁜 것들은 서로 물고 물리는 관계를 이루고 있었다. 당시 공실은 나약해져 있었는데, 문제는 군주에게 있었던 것이 아니라 신하에게 있었다. 공자의 원칙은 공실을 수호하는 것이었다. 그가 나와서 일을 하려고 할 경우 그에게는 두 가지 선택만 가능했다. 한 가지는 위로부터 아래로 내려가는 방법으로서 권신을 지지하고 가신을 공격하여 공실을 수호하는 것이고, 다른 한 가지는 아래로부터 위로 올라가는 방법으로 가신을 지지하면서 권신을 공격함으로써 공실을 수호하는 것이다. 그는 뒤쪽의 방법을 선택하려고 생각하다가 최종적으로 앞의 방법을 선택했다.

공자는 마음이 흔들렸는데, 자로는 반대하면서 갈 만한 곳이 없다고 해서 기어이 공산씨 쪽에 가서 일을 해야겠느냐고 말했다.

공산불요의 초청에 대하여 최술의 『수사고신록洙泗考信錄』과 조익의 『해여총고陔餘叢考』에서는 모두 결코 그런 일이 없었다고 했지만, 청수더는 의문으로 남겨두는 것이 더 좋다고 생각했다.[11]

주제를 좀 벗어난 이야기를 해보자. 공자의 망설임은 우리에게 많은 것을 생각하게 한다. 나쁜 놈에게는 대·중·소가 있고, 책략에는 지지支·연대聯·반대反가 있는데, 이 두 가지의 순열조합은 여섯 가지가 가능하다. 가장 나쁜 놈(대)은 중간의 나쁜 놈(중) 혹은 조금 나쁜 놈(소)과 연합하거나 혹은 그들을 반대할 수 있고, 중간의 나쁜 놈과 조금 나쁜 놈 역시 다른 두 종류와 연합하거나 반대할 수 있다. 그 중에서 한 가지 나쁜 놈을 반대한다고 해서 그 밖의 나쁜 놈들은 분명히 좋은 사람일 것이라고 말할 수는 없을 것이다. 특히 정치가들의 적과 친구는 하루 만에도 바뀐다. 어제의 나쁜 놈이 오늘은 좋은 놈이 될지는 확실하지 않다. 반대도 마찬가지다. 사담 후세인과 빈 라덴은 모두 한때는 미국의 지지를 받았었지만, 적과 친구의 변화는 너무도 빨랐다.

좋은 사람이 하나도 없는 세계에서 우리는 항상 나쁜 놈 한 명을 뽑아서 좋은 사람으로 여긴다. 궁지에 빠져 더 이상 갈 곳이 없는 사람이 아무 길이나 하나 골라 출구로 삼는 것과 같다.

공자의 고뇌는 여기에 있었다.

공자의 마음이 흔들리다 2

17.6

자장이 공자께 인에 대해 묻자, 공자께서 말씀하셨다.
"다섯 가지를 세상에 실행할 수 있는 사람이 어진 사람이다."
그것이 무엇인지 묻자 이렇게 대답하셨다.
"공손, 관용, 신뢰, 부지런함, 은혜 등이다. 공손하면
모욕을 당하는 일이 없고, 관용을 베풀면 많은 사람을 얻고,
신뢰가 있으면 사람이 맡기고, 부지런하면 공이 있고,
은혜를 베풀면 충분히 사람을 부릴 수 있다."

子張問仁於孔子. 孔子曰, 能行五者於天下爲仁矣. 請問之. 曰, 恭寬信敏惠.
恭則不侮, 寬則得衆, 信則人任焉, 敏則有功, 惠則足以使人.

자장이 인에 대해 묻자 공자는 "공손, 관용, 신뢰, 부지런함, 은혜"로 대답했다. 이 다섯 가지 조목 중에서 자장에게 결핍되어 있는 것은 관용이다. 그 가운데서 앞의 세 조목은 나중에 나오는 「요왈」 20.1에도 보인다.

청수더는 이 장은 『제론』 「자장」 편의 글이 여기에 잘못 들어가 있는 것이고, 체제는 「요왈」 20.2에서 "다섯 가지 미덕五美과 네 가지 악덕四惡"을 말한 문단과 같다고 보면서 이 편에 끼워 넣어서는 안 된다고 생각했다.[12] 사실 『논어』의 편차에는 본래 아무런 조리가 없고, 서로 관련된 내용의 장구가 한곳에 몰려 있지 않으며, 중복되는 것이 많은데,

이런 것은 모두 정상적인 현상으로 후세 문장의 체계를 가지고 바로 잡아서는 안 되고, 특히 착간錯簡이라고 불러서는 안 된다. 출토 발굴된 간책簡冊 제도에서 볼 때 착간은 그런 의미가 아니다.[13]

공손, 관용, 신뢰, 부지런함, 은혜

17.7

필힐佛肸이 초빙하자 스승님께서 가려고 하셨는데, 자로가 말했다.
"예전에 저는 스승님으로부터 이런 말씀을 들었습니다.
'제 몸으로 직접 나쁜 짓을 한 사람에게 군자는 가지 않는다.'
필힐은 중모읍에서 반란을 일으켰는데도 스승님께서는
가려고 하시는데, 어쩌자는 것입니까?"
스승님께서 말씀하셨다.
"그래. 그런 말이 있었지. 그런데 견고한 것은 아무리 갈아도
닳지 않는다고 말하지 않았더냐? 흰 것은 아무리 물을 들여도
검어지지 않는다고 말하지 않았더냐? 내가 무슨 조롱박이냐?
어찌 매달아놓기만 하고 먹지 않는 것일 수 있겠느냐?"

佛肸召, 子欲往. 子路日, 昔者由也聞諸夫子日, 親於其身爲不善者, 君子不入也.
佛肸以中牟畔, 子之往也, 如之何. 子日, 然, 有是言也. 不日堅乎, 磨而不磷.
不日白乎, 涅而不緇. 吾豈匏瓜也哉. 焉能繫而不食.

"필힐佛肸"은 『한서』「고금인표古今人表」에서는 "불힐茀肸"이라고 쓰고 있다. 진나라 조간자趙簡子의 가신이었다.

"제 몸으로 직접 나쁜 짓을 한 사람"은 바로 이랬다 저랬다 하면서 언행에 신의가 없고, 자기가 자기를 배반하는 그런 사람이다. 예를 들어 『사기』「공자세가」에서 "지금 필힐은 직접 중모읍에서 반란을 일으켰다"[14]라는 말로 이 구절을 해석했다.

"중모中牟"는 조간자의 봉읍으로 오늘날 허난성 허비鶴壁시의 서쪽에 있었다.

"견고한 것은 아무리 갈아도 닳지 않는다"에 해당되는 원문 가운데 "인磷"은 얇다는 뜻이다. 여기서는 갈아도 얇아지지 않는다는 것을 말하고 있다.

"검은 물을 들여도 검어지지 않는다"에 해당되는 원문 가운데 "날涅"은 바로 반석礬石으로 흑색 염료의 일종이다. "치緇"는 흑색의 비단을 말한다. 여기서는 물들여도 검어지지 않음을 말하고 있다.

"포匏"는 조롱박이다.

필힐이 조씨의 영지인 중모의 읍재가 되었지만 오히려 중모에서 조씨에게 반기를 들었다. 이 반란은 앞 절의 공산불요의 반란과 같이 가신이 경대부를 배반한 경우에 속한다. 필힐은 공자를 초빙했고, 공자는 마음이 흔들렸다. 자로가 선생님은 우리에게 "제 몸으로 직접 나쁜 짓을 한 사람"에 대해 군자는 절대 협조하지 않는다고 가르치지 않았느냐, 현재 필힐이 반란을 일으키고 나서 초빙하자 선생님은 기어코 가시려고 하는데, 이것을 어떻게 해석해야 하느냐고 말했다. 공자는 진정으로 굳은 것은 갈아도 갈아도 얇아지지 않고, 진정으로 결백한 것은 물들여도 물들여도 검어지지 않는다고 말했다. 나는 언제까지나 벽에 걸어놓은 조롱박처럼 그저 보기만 좋고 먹기에는 좋지 않은 그런 것일 수는 없지 않느냐고 말했다.

이 두 번에 걸친 마음의 동요는 공자의 형상에 대한 논쟁을 불러일으켰다. 예전에는 세세하게 변명하면서 공자의 위대함을 옹호했는데, 몹시 우스꽝스럽다.

한 가지 주장은 공자가 공산불요나 필힐의 초빙에 어떻게 정말로 응했겠는가, 그는 그저 이 기회를 빌려 제자들의 생각을 한번 탐색해 보려는 것일 뿐이었다는 것이다.[15] 다른 한 가지 주장은 공자가 마음이 흔들린 것은 그의 사람됨이 너그럽고 마음씨가 좋아서 천하에 변화시키지 못할 사람은 없고, 못할 일이 없다고 생각했기 때문이라는 것이다. 즉 어떤 경우든 한 가닥 희망이라도 있다면 온갖 방법을 다 시도해보아야 하는데, 초빙에 응한 것은 그를 바로잡기 위한 것이라는 주장이다.[16] 또 한 가지 주장은 공자가 공산불요나 필힐의 초빙에 대하여 그저 거절하지 않았을 뿐이고 정말로 간 것은 아니었는데, 자로의 천박한 식견으로 공자의 깊은 뜻을 어떻게 알 수 있었겠으며, 그 두 인간은 비록 좋은 놈들이 아니긴 했지만 반기를 든 대상이 대부였고, 공실의 힘을 강화하려고 한 것이었기 때문에 노나라를 보존하고 진나라를 보존하는 데는 공이 있었고 그 자체로 사람의 마음을 통쾌하게 하는 부분이 있었다[17]는 것이다.[18]

필힐이 중모에서 반란을 일으킨 것은 『사기』「공자세가」, 『설원』「입절」, 『신서』「의용」 등의 책에 보이고, 그 일은 기원전 490년의 일로서 『좌전』 애공 5년에 조앙이 중모를 포위했다고 한 것과 같은 사건이다.

공자의 마음이 흔들리다 3

17.8

스승님께서 말씀하셨다.
"유야, 여섯 가지 말과 여섯 가지 폐단에 대해 들어보았느냐?"
자로가 대답했다.
"아직 들어보지 못했습니다."
"앉아라, 내 너에게 말해주겠다. 인을 좋아하면서 배우기를 좋아하지 않으면 그 폐해는 어리석음으로 나타난다. 지혜를 좋아하면서 배우기를 좋아하지 않으면 그 폐해는 방탕함으로 나타난다. 신용을 좋아하면서 배우기를 좋아하지 않으면 그 폐해는 자기를 해치는 것으로 나타난다. 정직을 좋아하면서 배우기를 좋아하지 않으면 그 폐해는 날카로운 말로 공격하는 것으로 나타난다. 용기를 좋아하면서 배우기를 좋아하지 않으면 그 폐해는 혼란을 일으키는 것으로 나타난다. 강한 것을 좋아하면서 배우기를 좋아하지 않으면 그 폐해는 오만방자하고 우쭐대는 것으로 나타난다."

子曰, 由也. 女聞六言六蔽矣乎. 對曰, 未也. 居. 吾語女. 好仁不好學, 其蔽也愚. 好知不好學, 其蔽也蕩. 好信不好學, 其蔽也賊. 好直不好學, 其蔽也絞. 好勇不好學, 其蔽也亂. 好剛不好學, 其蔽也狂.

"여섯 가지 말六言"은 다음에 전개되는 여섯 개의 구절이다.

"여섯 가지 폐단六蔽"은 배우지 않음으로써 발생되는 여섯 가지 폐단이다. "폐蔽"는 폐弊로 읽으며 결점을 가리킨다.

"거居"는 앉으라고 가리키는 것으로, 공자는 자로에게 걷지 말고 잠시 앉으라고 했다.

아래 글은 공자가 자로에게 말한 것으로 주로 자로의 "덕을 좋아하면서 배우기를 좋아하지 않는 것"을 겨냥하고 한 말이다. 공자는 그저 덕만 있으면 안 된다고 생각했다. "인을 좋아하면서 배우기를 좋아하지 않을 때" 그 폐해는 우매하고 무지한 것이다. "지혜를 좋아하면서 배우기를 좋아하지 않을 때" 그 폐단은 지키는 것 없이 산만하다는 것이다.(지식이 체계적이지 않음.) "신용을 좋아하면서 배우기를 좋아하지 않을 때" 그 폐단은 사람에게 심각한 피해를 끼친다는 것이다.(다른 사람에게 이용당하기 쉽기 때문에 오히려 자기 자신을 해침.) "정직을 좋아하면서 배우기를 좋아하지 않을 때" 그 폐단은 과격하고 싸움을 좋아한다는 것이다. "용기를 좋아하면서 배우기를 좋아하지 않을 때" 그 폐단은 윗사람을 침범하고 사회적 혼란을 일으키는 것이다. "강한 것을 좋아하면서 배우기를 좋아하지 않을 때" 그 폐단은 오만방자하고 잘난 체하는 것이다.

여섯 가지 말과 여섯 가지 폐단

17.9

스승님께서 말씀하셨다.
"그대들은 왜 시詩를 배우지 않느냐? 시는 대화의 화제를
이끌어낼 수 있고, 사회 풍속을 관찰할 수 있고,
인간관계를 잘 처리할 수 있고, 사회 병폐를 비판할 수 있다.
가까이는 부모를 섬길 수 있고, 멀게는 임금을 모실 수 있다.
그리고 동물이나 식물의 이름을 많이 알 수 있다."

子曰, 小子何莫學夫詩. 詩, 可以興, 可以觀, 可以羣, 可以怨.
邇之事父, 遠之事君. 多識於鳥獸草木之名.

이것은 공자가 시를 배울 때의 좋은 점에 대하여 논한 것이다.

공자는 제자를 부를 때 "그대들小子"이라고 했는데, 이러한 호칭은 서주 금문에도 보인다.

좋은 점은 여섯 가지이다. "흥興"은 화제를 끌어내는 것이고, "관觀"은 풍속을 관찰하는 것이고, "군群"은 사람과의 관계를 처리하는 것이고(사회학을 예전에는 "군학群學"이라고 번역했음), "원怨"은 사회의 병폐를 비판하는 것이고, "이지사부邇之事父"는 가깝게는 부모에게 효도하고 봉양하는 것이고, "원지사군遠之事君"은 멀게는 군주를 모시고 받드는 것이다. 아버지와 자식은 가까운 것에 속하고, 군주와 신하는 먼 것에 속한다. 이것은 다섯 번째 항목이다. "동물이나 식물의 이름을 많

이 알 수 있다"는 것은 아학雅學(문자훈고에 관한 학문), 지학地學, 박물학博物學, 본초학本草學 등의 범주에 속하는데, 이것은 여섯 번째 항목이다.

시를 배움

17.10

스승님께서 백어에게 말씀하셨다.
"너는 「주남周南」과 「소남召南」을 익혔느냐?
사람이 「주남」과 「소남」을 익히지 않으면 마치 벽을 바라보고
서 있는 것과 같다."

子謂伯魚曰, 女爲周南召南矣乎. 人而不爲周南召南, 其猶正牆面而立也與.

"백어伯魚"는 바로 공자의 아들 공리孔鯉이고, 여기서는 자를 불렀는데, 이는 이 글을 기술한 사람의 말투이지, 공자의 말투는 아니다.

공자가 공리에게 시를 배우라고 했다는 것은 「계씨」 16.13에도 보이는데, 여기서는 그에게 「주남」과 「소남」을 배우라고 했다.

"「주남周南」과 「소남召南」"은 간략하게 "이남二南"이라고 한다. 오늘날 『시경』은 풍風·아雅·송頌 가운데 풍은 아나 송 앞에 있고, 15국풍은 "이남"을 머리로 삼고 있는데, 『의례』에서는 그것을 "정가正歌"라고 부른다. "남南"은 "하夏"에 대응하여 말한 것으로 성주成周 이남의 초楚나라와 등鄧나라 등의 나라를 가리키며, "주남"과 "소남"은 주공과 소공이 나누어 다스린 남쪽 나라인데, 어떻게 나누었는지는 분명하지 않다. 이 일은 주공과 소공이 섬陝지역을 나누어 다스린 것과 주공·소공이 원래 어디에 봉해졌나와 관련이 있다. 공자는 시를 배우고 「주

남」과 「소남」을 배우지 않는 것은 앞쪽에 벽이 가로막혀 있어 그 너머에 있는 것은 아무것도 볼 수 없는 형국과 같다고 말했다.

이남

17.11

스승님께서 말씀하셨다.
"예가 어쩌니 저쩌니 말한다고 해서 옥이나 비단을 말하는
것이겠는가? 음악이 어쩌니 저쩌니 말한다고 해서
종이나 북을 말하는 것이겠는가?"

子曰, 禮云禮云, 玉帛云乎哉. 樂云樂云, 鐘鼓云乎哉.

"옥이나 비단"에 해당되는 원문인 "옥백玉帛"은 옥기와 비단이다. 이 두 가지 물건은 고대에 예의 교류에서 가장 자주 쓰던 예물이었다.

"종이나 북"에 해당되는 원문인 "종고鍾鼓"는 두 종류의 타악기인데 앞의 것은 쇠붙이(청동)로, 뒤의 것은 가죽으로 만들었다. 종고는 예의가 진행되는 상황에서 음악을 연주할 때 가장 자주 사용되던 악기였다.

공자는 예악의 정신은 실질과 규범의 작용이 그것이 의존하고 있는 물질적 형식보다 중요하다고 생각했다. 예는 결코 예물이 아니고, 음악은 결코 악기가 아니다.

예와 음악

17.12

스승님께서 말씀하셨다.
"겉모습은 매섭게 보이면서 속마음이 허약한 것을 소인으로
비유하자면 바로 벽에 구멍을 뚫고 들어가는 좀도둑과 같다."

子曰, 色厲而內荏, 譬諸小人, 其猶穿窬之盜也與.

"색려이내임色厲而內荏"은 겉모습이 매서우면서 내심은 허약한 것이다.

"벽에 구멍을 뚫고 들어가는 좀도둑"에 해당되는 원문인 "천유지도穿窬之盜"에서 "유窬"는 벽에 구멍을 뚫는 좀도둑이다. 공주孔注와 황소皇疏에서는 유窬를 유逾로 읽고 천穿을 벽을 뚫는 것으로 해석했으며, 유窬를 무덤을 넘는 것으로 해석했는데, 사실 유窬 그 자체에 구멍을 뚫는다는 의미가 있기 때문에 유逾자로 고쳐 읽을 필요가 없다. 원대의 진청상陳天祥이 이미 그 점에 대해 깊이 있는 의문을 제기했다.(『사서변의四書辨疑』)[19] 좀도둑은 구멍을 잘 뚫으며 쥐도 구멍을 잘 뚫는다. 그래서 "서절鼠竊", 즉 쥐새끼 같은 도둑이라고 부른다. 쥐새끼 같고 개 같은 좀도둑들은 모두 겉으로는 강한 것 같지만 속은 무르다.

겉으로는 강한 것 같지만 속은 무르다

17.13

스승님께서 말씀하셨다.
"마을의 위선자는 덕의 도둑이다."

子曰, 鄕原, 德之賊也.

"마을의 위선자"에 해당되는 "향원鄕原"은 향원鄕愿이라고도 쓰는데, 그것은 한 고을에서 외모가 진실하고 온후한 사람이고, 아울러 거짓으로 꾸민 그 같은 모습으로 대중의 환심을 사는 훌륭하신 선생님이다. 『맹자』「진심하」를 참조하기 바란다. 원愿의 본래 의미는 신중하고 온후한 것이지만, 여기서 말하는 "향원鄕愿"에는 부정적인 의미가 포함되어 있다. 공자는 이런 사람을 반대했고, 그런 사람을 "덕의 도둑德之賊", 즉 유덕자의 자리를 훔친 사람이라 불렀다. "적賊"과 "도盜"는 다르다. "적賊"은 몸에 상해를 입히는 죄(예를 들어 살인이나 사람을 해치는 것 등)이고, "도盜"는 재산을 침범한 죄(예를 들어 절도, 강탈 등)이다.

마을의 위선자

17.14

스승님께서 말씀하셨다.
"길에서 듣고 그것을 길에서 말하는 것은 덕을 포기하는 것이다."

子曰, 道聽而塗說, 德之棄也.

"도塗"는 도途와 같고, 이는 길의 뜻이다. "덕을 포기하는 것이다"에 해당되는 원문 "덕지기야德之棄也"는 덕을 버리고 행하지 않는 것인지, 아니면 유덕자가 그를 버리는 것인지 등에 대해 예전부터 논쟁이 있었다.[20] 사실 이 구절은 윗글의 "덕지적야德之賊也"와 같은 형식의 구절인데, 앞 장의 표현이 보다 합리적이다. 왜냐하면 "덕지적德之賊"은 어쨌든 유덕자가 그를 훔친다고 해석할 수 없기 때문이다. 공자는 길에서 들은 말을 길에서 퍼뜨리고, 근거 없는 풍설을 믿는 것은 덕을 포기하고 행하지 않는 것이라고 생각했다.

길에서 듣고 그것을 길에서 말하다

17.15

스승님께서 말씀하셨다.
"시골뜨기와 함께 임금을 모실 수 있을까?
그런 사람은 관직을 얻기 전에는 얻지 못할까봐 걱정하고,
이미 얻고 나서는 그것을 잃어버릴까봐 근심한다. 만약 잃어버릴까
걱정하기 시작하면 무슨 일이든 하려고 든다."

子曰, 鄙夫可與事君也與哉. 其未得之也, 患(不)得之. 旣得之, 患失之. 苟患失之, 無所不至矣.

"비부鄙夫"는 시골뜨기다. 비鄙는 도현都縣과 같이 차급 성읍의 시골이고, 그곳에서 살고 있는 사람은 당연히 촌뜨기이다.

"얻을까봐 걱정하다患得之"에 대하여 소동파는 "얻지 못할까봐 걱정하다患不得之"로 써야 한다[21]고 생각했다.[22] 『순자』「자도」, 『잠부론』「애일」 등에는 "얻지 못할까봐 걱정하다患不得之"라고 바로 되어 있는데, 이 구절에 "아니 불不"자를 보충해야 한다는 것을 알 수 있다.

시골뜨기는 불행한 아이로 본래 가지고 있는 장점은 순박함과 귀여움이다. 그들은 일에 몰두하면서 유별난 적극성을 발휘한다. 그러나 순박하고 깨끗했던 장점은 더러움에 물든다. 그들은 이익 추구에 대한 추동력에 의해 이익 앞에서는 목숨을 돌보지 않고 나쁜 일을 하는데도 대단한 적극성을 보인다. 촌티로 눈을 못 뜨고 있을 때는 세상

물정을 알아야 한다. 그러나 돈의 관문, 권력의 관문, 미인의 관문 등은 넘기가 어렵고, 계급적 원수나 민족적 원한과 같은 것은 한순간에 갚기 어려워 몹시 답답해한다. 돈을 본 적이 없으면 당연히 돈에 대해 눈을 뜨지 못한다. 없으면 얻지 못할까 두려워하고, 있으면 아쉬움을 떨치지 못하고, 아쉬워하면 수단과 방법을 가리지 않고 무슨 못된 짓이든 다 한다. 이것은 가난한 집 아이의 비극이다.[23]

가난한 집 아이의 비극

17.16

스승님께서 말씀하셨다.

"옛날에 백성들에게는 세 가지 병폐가 있었는데, 지금은 그런 것마저 없다. 옛날의 광인狂人은 거침없이 자유롭게 살았지만, 오늘날의 광인은 방탕하다. 옛날의 긍지를 가진 사람은 정중했지만, 오늘날의 긍지를 가진 사람은 조급하다. 옛날의 어리석은 사람은 정직했지만 오늘날의 어리석은 사람은 속일 뿐이다."

子曰, 古者民有三疾, 今也或是之亡也. 古之狂也肆, 今之狂也蕩. 古之矜也廉, 今之矜也忿戾. 古之愚也直, 今之愚也詐而已矣.

"광인狂人"에 해당되는 원문인 "광狂"은 두 가지로 나뉜다. 하나는 자기를 풀어놓고 자유자재하면서 아무것에도 구속받지 않는 것이고, 다른 하나는 무법천지로 난폭하여 다른 사람에 대하여 마음대로 하는 것이다.

"긍矜" 역시 두 가지가 있다. 이 글자에 대한 풀이는 장중함·정중함의 뜻이 있을 뿐만 아니라 조급함·절박함의 뜻이 있다. 공자는 "군자는 긍지를 품고 있되 다투지 않는다"[24]라고 했는데, 그에 해당되는 원문 "군자긍이부쟁君子矜而不爭"에서 "긍矜"은 장중함·정중함의 뜻이고, "쟁爭"은 조급함·절박함의 뜻이다. 여기서는 "쟁爭" 대신 "분려忿戾"라고 말했다.

"어리석은 사람"에 해당되는 원문인 "우愚"는 진짜와 가짜로 나뉜다. 거짓으로 꾸민 정직은 남을 속이는 정직으로 옛날에는 그것을 "매직賣直(정직을 내세워 명성을 얻음)"이라 불렀다.

공자는 옛날 사람들에게는 광狂(자유분방함), 긍矜(긍지), 우愚(우직함) 등 세 가지 병폐가 있었는데, 오늘날 사람들에게서는 그런 병폐마저도 없어져버렸다고 말했다. 고대의 자유분방함은 곧은 말을 하면서 거리낌이 없는 것이었지만, 오늘날의 자유분방함은 방탕하여 걷잡을 수 없는 것이고, 고대의 긍지는 엄숙하게 자신을 단속하는 것이었지만, 오늘날의 긍지는 다른 사람에게 난폭한 것이며, 고대의 우직함은 지나치게 솔직한 것이었지만, 오늘날의 우직함은 솔직함을 가장하는 것이다.

옛사람의 천진함

17.17

스승님께서 말씀하셨다.
"교묘한 말과 아부하는 표정에는 인이 드물다."

子曰, 巧言令色, 鮮矣仁.

이 장의 말은 「학이」 1.3에서 이미 한 번 나왔다.

17.18

스승님께서 말씀하셨다.
"자주색이 붉은색을 빼앗는 것을 미워하고,
정나라 음악이 아악을 어지럽히는 것을 미워하며,
말 잘하는 사람이 국가를 전복하는 것을 미워한다."

子曰, 惡紫之奪朱也, 惡鄭聲之亂雅樂也, 惡利口之覆邦家者.

이것은 공자가 미워하는 세 가지 일이다. 첫 번째는 "자주색紫"을 미워했는데, 자주색 옷이 붉은 옷의 지위를 빼앗는 것은 좋지 않다고 생각했다. 두 번째는 "정나라의 음악鄭聲"을 미워했는데, 정나라의 음악이 아악의 지위를 빼앗는 것은 좋지 않다고 생각했다. 세 번째로는 "말 잘하는 사람利口"을 미워했는데, 능수능란한 말솜씨는 국가를 전복시킬 수 있기 때문에 역시 좋지 않다고 생각했다. 그가 미워한 것은 모두 당시 사회에 유행하던 것들이다.

제나라 환공과 노나라 환공은 모두 자색을 좋아했는데, 당시에 자색의 옷은 매우 비쌌다고 한다. 그러나 공자는 홍색이 바로 정색이라고 생각하여 그와 같은 유행을 매우 싫어했다. 정나라의 음악은 당시 유행하던 음악이다. 그것은 당시의 고전음악, 즉 아악과는 매우 달랐는데, 공자는 역시 그것을 좋아하지 않았다. "말 잘하는 것"은 당시 정치가들 사이에 유행하던 것으로 전국 시대 이후로 특히 그 같은 기세를 막을 수 없었다. 입심이 안 되면 관직을 얻을 수 없었고, 공자는 특히 이것을 반대했다. 유행을 반대한 것은 공자의 특색이다.

공자가 싫어한 세 가지

17.19

스승님께서 말씀하셨다.
"나는 아무 말도 안 하고 싶다."
자공이 말했다.
"스승님께서 말씀을 안 하시면, 저희는 무엇을 기록합니까?"
스승님께서 말씀하셨다.
"하늘이 무슨 말을 하느냐? 그래도 사시가 운행되고
만물은 생겨난다. 하늘이 무슨 말을 하느냐?"

子曰, 予欲無言. 子貢曰, 子如不言, 則小子何述焉. 子曰, 天何言哉.
四時行焉, 百物生焉, 天何言哉.

공자는 화가 나서 정말로 말을 하고 싶지 않다고 말했다. 아마도 그는 정치에 대해서 몹시 절망했던 것 같다. 자공은 선생님께서 말씀을 하지 않으시면 우리 이 제자들은 또 무슨 소용이 있겠느냐고 말했다. 제자들은 바로 스승의 도를 기록하여 후세로 전파하는 사람이다. 공자는 자신을 하늘에 비유하면서 하늘은 말을 하지 못해도 사시는 여전히 운행되고 있고 만물은 여전히 태어나 자란다고 말했다.

공자는 말을 하고 싶어하지 않았다

17.20

유비孺悲가 공자를 만나 뵙고자 했으나
공자께서는 병을 핑계로 거절하셨다. 말을 전하는 사람이
문을 나서자 슬瑟을 가져다가 노래를 불러 그가 듣도록 했다.

孺悲欲見孔子, 孔子辭以疾. 將命者出戶, 取瑟而歌, 使之聞之.

"유비孺悲"는 태어난 해와 죽은 해를 알 수 없다. 『집해』에서는 노나라 사람이라고 했다. 『예기』「잡기」에서는 "휼유恤由가 죽었을 때 애공이 유비孺悲를 시켜 공자에게 보내 사상례를 배우게 했는데, 『사상례士喪禮』는 이때 책으로 만들어졌다"[25]라고 말했다. 이전 사람 가운데 어떤 이는 유비를 공문의 제자로 보았다.

이 사람은 공자를 방문하여 문전박대를 당했다. 공자는 분명히 집에 있으면서도 병이 났다는 핑계로 만나지 않고, 심부름꾼을 시켜 그에게 알리도록 했다. 만나지 않은 것도 만나지 않은 것이지만, 자신이 고의로 만나지 않는다는 것을 유비가 알아차리도록 했다. 그래서 그는 슬瑟을 꺼내다가는 일부러 슬을 타면서 소리 높여 노래를 부름으로써 나는 바로 집에 있다, 나는 일부러 너를 만나지 않는 것이라는 사실을 유비가 알도록 했다. 만나지 않은 이유는 무엇일까? 잘 모르겠지만, 아마 아무도 소개하지 않았거나 혹은 공자가 그를 좋아하

지 않았을 것이다. 이 장은 매우 재미있다. 서양 사람이 읽을 때 몹시 이상하게 생각할 것이다. 예를 들어 영국의 신교도 목사 데이비드 콜리David Collie는 『사서』를 번역했는데, 그는 중국인의 마음속에는 군주와 아버지는 있어도 하느님은 없고, 중국인은 거짓말하기 좋아하는 민족이라고 말하면서 유비가 공자를 만난 이 일을 그 전형적인 예로 들었다.

중국인은 예禮를 좋아한다. "예절은 지나쳐도 이상하게 생각하지 않는다"라든가 "관리는 예물을 가지고 온 사람을 때리지 않는다"는 속담이 있다. 그러나 중국인의 예는 대부분이 허례虛禮다. 예를 들어 우리 고향에서는 낮에 동향인들이 모두 큰 그릇을 내밀고서는 쪼그리고 앉아 길게 줄을 서 있는데, 누군가 길 한가운데를 지나가면 그들은 관례에 따라 "이리 와서 같이 좀 드세요"라고 말할 것이다. 이는 예의상 해보는 빈말이다. 그러면 지나가던 사람은 역시 머리를 좌우로 흔들면서 "먹읍시다, 먹읍시다"라고 일일이 답례한다. 절대로 안 먹겠다고 말해서는 안 되고, 먹었다고 말해서도 안 되며, 가서 먹어서는 더더욱 안 된다. 내가 네이멍구에 있을 무렵 동향인이 항상 하던 말이 있다. "식사에 초대하는 것이 예의지만, 솥에 당신이 먹을 쌀이 없다."

일부러 만나지 않음

17.21

재아가 물었다.

"3년상은 기간이 너무 깁니다. 군자가 3년 동안
예를 익히지 않으면 예는 분명히 망가질 것입니다. 3년 동안
음악을 하지 않으면 음악은 분명히 무너질 것입니다.
옛 곡식이 없어지면서 새로운 곡식이 올라오는 데나 불씨 얻을
나무를 바꾸는 데도 1년이면 충분합니다."

스승님께서 말씀하셨다.

"쌀밥을 먹고 비단옷을 입는 것이 너는 편안하겠냐?"

"편안합니다."

"네가 편안하면 그렇게 해라. 군자는 거상 기간에 기름진 것을
먹어도 맛있는 줄 모르고 음악을 들어도 즐거운 줄 모르고,
집에 있어도 편안하지 않다. 그래서 그렇게 하지 않는 것이다.
지금 너는 편안하다고 하니 그렇게 하도록 해라."

재아가 나가자 스승님께서 말씀하셨다.

"재여는 어질지 못하구나. 자식이 태어나 3년이 지나야
부모의 품을 떠난다. 3년상은 천하에 통용되는 상례喪禮이다.
재여도 자기 부모로부터 3년 동안 사랑을 받았을까?"

宰我問, 三年之喪, 期已久矣. 君子三年不爲禮, 禮必壞. 三年不爲樂, 樂必崩.
舊穀既沒, 新穀既升, 鑽燧改火, 期可已矣. 子曰, 食夫稻, 衣夫錦, 於女安乎.
曰, 安. 女安, 則爲之. 夫君子之居喪, 食旨不甘, 聞樂不樂, 居處不安, 故不爲也.
今女安, 則爲之. 宰我出. 子曰, 予之不仁也. 子生三年, 然後免於父母之懷.
夫三年之喪, 天下之通喪也, 予也有三年之愛於其父母乎.

"기간이 너무 깁니다"에 해당되는 원문 가운데 "기期"는 바로 「자로」 13.10에서 말한 "기월期月"로서 올해의 어떤 달부터 내년의 어떤 달까지 꽉 찬 1년을 의미한다.

"옛 곡식이 없어지면서 새로운 곡식이 올라온다"는 말은 매년 가을의 "등례登禮", 즉 새로운 양식을 창고에 넣는 의식을 가리킨다.

"불씨 얻을 나무를 바꾼다"에 해당되는 원문 "찬수개화鑽燧改火"에서 "찬수鑽燧"는 나무를 문질러 불씨를 얻는 것과 부싯돌로 불씨를 얻는 것을 가리킨다. 고대에는 특별히 제작한 동경(청동거울)으로 태양광을 반사하여 불을 얻었는데, 이런 동경을 양수陽燧라 불렀다. "개화改火"는 불씨를 얻는 나무를 계절에 따라 바꾸는 것이다. 고대 월령[26]에서는 사시의 계절에 따라 무슨 나무를 써서 불을 얻을 것인지에 대하여 서로 다르게 규정했는데, 이것을 개화라 불렀다. 예를 들어 봄에는 느릅나무와 버드나무에서 얻었고, 여름에는 대추나무와 은행나무에서 얻었고, 가을에는 떡갈나무와 졸참나무에서 얻었고, 겨울에는 회나무와 박달나무에서 얻었다.

공자는 "3년상三年喪"을 제창했고, 재아는 그에 찬성하지 않았다. 그는 상복을 입는 기간은 1년이면 충분하다, 만약 꼭 3년이어야 한다면 그것은 불가능하다, 반드시 "예괴악붕禮壞樂崩", 즉 예는 망가지고 음악은 무너지는 상황이 초래될 것이라고 말했다. 공자는 몹시 화가 나서 그에게 상복을 입는 기간에 쌀밥을 먹고 비단옷을 입으면 너의 마음이 편안하냐고 물었다. 재아는 참기 어려운 것은 별로 없다고 말했다. 공자는 군자가 상복을 입는 동안에는 맛있는 것을 먹으려 해도 먹을 수 없고, 좋은 음악을 들어도 즐겁지 않은데, 네가 만약 마음이 편안하다면 그렇게 하라고 말했다. 재아는 한마디 대꾸도 못하고 가버렸다. 공자는 매우 화가 나서 그가 어질지 못하다고 욕했고, 어린아이가 태어나면 3년이 지나야 비로소 부모의 품으로부터 벗어날 수 있는데, 재아, 저 재아는 그래 자기 부모에게 그런 식으로 보답하려고 하느냐고 꾸짖었다. 이것은 그들 스승과 제자 두 사람 사이에서 벌어진 몹시 유쾌하지 못한 일이었다.

여기서 "군자가 3년 동안 예를 익히지 않으면 예는 분명히 망가질 것입니다. 3년 동안 음악을 하지 않으면 음악은 분명히 무너질 것입니다"라고 한 말이 바로 "예괴악붕禮壞樂崩"이라는 말의 출전이다. 『한서』의 「무제기」「예문지」「초원왕전」 등에서는 모두 "예괴악붕禮壞樂崩"으로 쓰고 있는데, 후세에는 "예붕악괴禮崩樂壞"로 쓰는 경우가 많아졌다.

예가 망가지고 음악이 붕괴되다

17.22

스승님께서 말씀하셨다.
"종일토록 배부르게 먹고 아무 생각도 안 한다면
그런 사람은 틀렸다. 육박六博과 바둑이 있지 않은가?
그런 놀이를 하는 것이 더 현명하다."

子曰, 飽食終日, 無所用心, 難矣哉. 不有博奕者乎. 爲之, 猶賢乎已.

"육박六博과 바둑"에 해당되는 원문 "박혁博弈"은 중국 고대의 두 가지 기예棋藝를 가리킨다. "박博"은 육박六博으로서 전국과 진한 시기에 매우 유행했는데 오래전에 맥이 끊겼다.(당 이전으로 추측됨.) 그때 사용하던 도구들의 실물이 많이 출토되었고, 돌을 움직이는 노선도 이미 알고 있지만,[27] 구체적으로 어떻게 두는지는 아직 알 수 없다. "혁弈"은 바둑으로서 오늘날에도 여전히 두고 있다. 이 두 종류의 기예가 도대체 어느 시기에 발명된 것인지 분명히 알 수 없다. 『좌전』 양공 25년에서 "분기奔棋"를 언급하고 있는데, 박博에 대해서는 언급하지 않았다. 이 장에서는 박과 혁을 동시에 언급하고 있는데 이는 연대가 비교적 이른 기록, 특히 박博에 대해서는 가장 이른 기록이다.

공자는 하루 종일 배부르게 먹고 실컷 마시고 아무것도 안 하며, 머리를 조금도 쓰지 않는 것은 사실 매우 참기 힘든 일이라고 말했다.

그는 바둑을 두는 것이 오히려 어영부영 날을 보내는 것보다는 훌륭하다고 말했다.

바둑과 장기

17.23

자로가 말했다.
"군자는 용기를 숭상합니까?"
스승님께서 말씀하셨다.
"군자는 의를 최고로 친다. 군자에게 용기만 있고
의가 없다면 난을 일으킬 것이며, 소인에게 용기만 있고
의가 없다면 도적이 될 것이다."

子路曰, 君子尙勇乎. 子曰, 君子義以爲上. 君子有勇而無義爲亂, 小人有勇而無義爲盜.

"상尙"은 무엇을 높게 생각하는 것이다. 옛날 사람은 재산의 침범을 "도盜"라 불렀다. 예를 들어 절도와 강탈이 그에 해당된다.

자로는 용기로 유명하다. 그는 공자에게 군자는 용기를 높은 것으로 생각하느냐고 물었다. 공자는 용기가 있고 의가 없는 것을 반대했다. 공자는, 군자는 의를 높은 것으로 생각한다고 말했다. 군자가 용기만 있고 의가 없으면 곧 윗사람을 침범하고 사회적 혼란을 일으킬 수 있으며, 소인이 용기만 있고 의가 없으면 곧 좀도둑이나 강도가 될 수 있다고 하면서 특별히 그를 훈계했다.

의는 용기보다 위에 있다

17.24

자공이 말했다.
"군자 역시 미워하는 것이 있습니까?"
스승님께서 말씀하셨다.
"미워하는 것이 있다. 다른 사람의 단점을 말하는 것을 미워하고,
아래에 있으면서 윗사람을 헐뜯는 것을 미워하고,
용감하면서 예의가 없는 사람을 미워하고,
과감하면서 꽉 막힌 사람을 미워한다."
"사야, 너도 미워하는 것이 있느냐?"
"다른 사람의 공적을 훔쳐 자기 지식으로 삼는 사람을 미워하고,
겸손하지 못한 것을 용감한 것으로 착각하는 사람을 미워하고,
다른 사람의 단점을 까발리는 것을 솔직한 것이라고 착각하는
사람을 미워합니다."

子貢曰, 君子亦有惡乎. 子曰, 有惡. 惡稱人之惡者, 惡居下流而訕上者, 惡勇而無禮者, 惡果敢而窒者. 曰, 賜也亦有惡乎. 惡徼以爲知者, 惡不孫以爲勇者, 惡訐以爲直者.

여기서 말한 "오惡"는 "호好"와 상반된다. "호好"는 좋아하는 것이고, "오惡"는 미워하는 것이다.

"아래에 있으면서 윗사람을 헐뜯는 것을 미워하고"에 해당되는 원문 가운데 "거하류居下流"는 한대 석경에 "거하居下"라고만 쓰여 있고 "유流"자가 없다. "유流"자는 삭제해야 한다.

"산訕"은 비방하는 것이다.

"질窒"은 일설에 꽉 막힌 것을 뜻한다고 하고, 또 다른 일설에는 멋대로 화내는 것을 의미한다고 한다.

"요徼"를 공주孔注에서는 표절의 뜻이라고 말했다.

"알訐"은 사람 앞에서 공격하는 것, 즉 다른 사람의 단점을 공격하고 사적인 비밀을 폭로하여 상대방을 난처하게 만드는 것인데, 한대에는 "면절面折"이라고도 했다.[28]

공자는 군자라면 네 종류의 사람을 증오한다고 말했다. 다른 사람에 대해 나쁜 말을 하는 사람, 상급자를 비방하는 사람, 용감하면서 예의가 없는 사람, 완고하면서 융통성이 없는 사람이다.

자공은 자기도 세 종류의 사람을 증오한다고 말했다. 남의 것을 표절해서 똑똑한 척하는 사람, 무례한 것을 용감하다고 여기는 사람, 면전에서 공격하는 것을 솔직하다고 생각하는 사람이 그것이다.

군자가 미워하는 것

17.25

스승님께서 말씀하셨다.
"여자와 소인만이야말로 돌보기 어렵다. 가까이하면
불손해지고, 멀리하면 원망한다."

子曰, 唯女子與小人爲難養也, 近之則不孫, 遠之則怨.

"여자와 소인만이야말로 돌보기 어렵다." 이것은 공자의 명언으로서 오늘날까지도 비판을 받고 있다. "여자"는 많은 여성 동포에 대한 총칭이다. "소인"에 대해 주주朱注에서는 "심부름하는 하인"이라고 보았고, 아울러 "여자와 소인"을 "신첩臣妾"으로 해석했다. 어떤 사람은 남자는 일부분만 노예였으며, 여자는 오히려 전부 그리고 영원히 노예라고 말했다. 여자야말로 원시적 의미의 노예라는 것이다.

오늘날 세계에는 아직도 2000만의 노예가 있는데, 주로 인신의 자유가 없는 창녀나 어린 소년공이다.

첸무는 주주朱注를 그대로 따라 공자가 말한 것은 "하인을 잘 다스리는 것 역시 제가齊家의 한 가지 일"[29]이라고 설명했는데, 듣기에 좀 좋다. 가정은 사회의 실험실이고, 여자와 소인은 모두 국가에 동량(당연히 남자)을 제공하기 위해 기량을 연마해야 한다는 것을 말하는 것 같다. 소로천蘇老泉도 "마치 하인을 다스리듯이 병사를 다스린다(『가

우집嘉祐集』)"라고 말했다. 첩과 계집종과 하인을 잘 관리할 수 있다면, 아마도 천군만마를 지휘할 수 있을 것이다.

"가까이하면 불손해지고, 멀리하면 원망한다"에 해당되는 원문 가운데 "손孫"은 『논어』에서 겸손할 "손遜"으로 읽는 경우가 많다. 『좌전』 희공 24년에 부진어富辰語가 "여자의 은덕은 끝이 없고, 부녀자의 원한은 한이 없다"[30]라고 말했다. 두주杜注에서는 "여자들의 마음은 가까이해주면 만족할 줄 모르고, 멀리하면 끝없이 원망한다"[31]라고 설명했는데, 이 장의 말과 비슷하다. 우리는 공자가 여성에 대하여 매우 깊이 이해하고 있었음을 알 수 있다. 예를 들어 「안연」 12.10의 "사랑할 때는 상대방이 살기를 바라다가 미워할 때는 상대방이 죽기를 바란다. 살기를 바랐다가 또 죽기를 바란다"는 말이 바로 매우 날카로운 관찰이고, 그가 인용한 『시경』의 "정말로 재물 때문이 아니라 그이의 마음이 변했기 때문이다"라는 구절 역시 아내를 버리는 것을 형용한 것이다. 하찮은 인정이라는 의미의 "부녀자의 인婦人之仁"은 남자를 어린애로 여기고 몹시 아끼는 것으로서 당연히 죽네 사네 하는 상황이 연출될 수 있다.

이 장에서 한 말은 비판을 받고 있는데, 그것은 성차별을 포함하고 있기 때문이다. 여권주의자들은 동의하지 않고, 많은 여성 동지도 동의하지 않는다. 어떤 사람은 원만한 해결을 위해 이것은 성차별이 아니라고 말한다. 왜냐하면 그는 또 소인을 언급했는데, 소인은 항상 남자가 아니었냐는 것이다. 그러나 공자가 말한 여자는 전칭全稱이고, 소인은 남성의 일부분일 뿐이다. 그가 여자들을 전면적으로 부정했고, 차별했다는 점을 부정할 수는 없다. 공자가 살던 시대에 여자들을 차별하는 것은 자연스럽고 당연한 것이었다. 차별하지 않는 것이 도리어 몹시도 이상한 일이었다. 예를 들어 공문의 제자 가운데 70명의 제자든 혹은 3000명의 제자든 모두 남자이고, 여성은 한 명도 없었다. 있었다면 오히려 이상한 일로서 사람들이 그들에 대하여 풍속을 해치는 부랑자라고 말했을 것이다. 공자의 시대는 말할 것도 없고, 5·4 혹은 신해혁명 이전에는 모두 불가능한 것이었다.

류둥劉東은 공자가 그렇게 말하는 것에는 어떤 잘못도 없다고 말한다. 왜냐하면 그것은 "사실에 대한 묘사"이지 "가치판단"이 아니기 때문이라는 것이다. 이 주장 역시 공자를 변호하는 것이다. 그는 여자와 소인은 군자에 의해 부양되는 것이 아닌가, 그렇다. 여자와 소인은 교양이 없지 않은가, 그렇다. 그들은 "가까이하면 불손해지고, 멀리하면 원망하지" 않는가, 그렇다. 그렇다면 그것이 바로 "돌보기 어려운 것難養"이 아니냐는 것이다. 공자는 역사적 제약이 있기는 했지만, 그 어르신은 "박애와 대동大同의 마음" "뿌리 깊고 견고한 보편적 인본주의의 이상" 등을 지니고 있었다. 그는 그렇게 사람을 사랑하고, 그렇게 사람을 가르쳤다. 따라서 "만약 여성들이 이미 평등하게 교육을 받을 권리를 가진 오늘날까지 공자가 살았더라면 그는 첫 번째로 자기의 '난양론難養論'을 수정할 가능성이 매우 높다." 현대의 독자들에 대하여 그는 한 가지를 건의한다. 즉 남자는 "공자 당시의 어떤 현상에 대한 묘사를 영원불변의 가치판단으로 오해해서는 안 되고", 여성도 "공자가 당시에 항상 여자에 대해 무시하는 태도를 가졌던 것에 대해 분노와 불만을 나타내서는 안 된다." 그들이 그렇게 하기보다는 "상대적으로 평등한 교육의 권리는 현재 이미 확보하고 있는데, 이를 충분히 이용하여 여성의 인격을 이전과는 비교할 수 없을 정도로 발전시킬 계획을 세우는 것이 더 낫다." 결론적으로 서둘러 자신의 교양을 높여야 한다는 것이다.[32]

리쩌허우도 비슷한 견해를 지니고 있다. "이 장은 현대 여성으로부터 가장 많은 비난을 받고 있다. 많은 사람이 비평하는 글을 쓰는가 하면, 많은 사람이 변호하는 글을 쓰고 있는데, 사실은 모두 필요 없다. 그와는 반대로 나는 이 구절의 내용은 여자들이 지닌 성격상의 어떤 특징을 매우 정확하게 묘사했다고 생각한다. 그들을 친밀하게 대하면 그들은 때로는 지나치게 함부로 대하고, 제멋대로 비웃고 욕하고 소란을 피운다. 그런데 조금이라도 소원하면 곧바로 한없이 원망한다. 이러한 심리나 성격적 특징은 본래 좋고 나쁨과는 상관이 없다. 그저 성별의 차이로 말미암아 발생하여 달라진 것일 뿐이다. 그것은 심리학적 사실이지, 포폄의 의미를 포함하고 있는 것은 결코 아니라고 말해야 할 것이다. 특히 '소인'과 여자를 함께 언급했는데, 그것은 무슨 이치가 있는 것이라고 말하기는 어렵다. 그러나 이 '소인'을 일반인으로 이해하거나 혹은 수양이 비교적 낮은 지식인이라고 풀이해도 역시 통한다고 말할 수 있다.[33] 중국 전통 사회에서는 여성에 대하여 당연히 매우 불공평했고 또 매우 비합리적이었다. 공학孔學이 특히 그랬다. 그러나 서구 중세기 기독교에서 여성을 영혼이 없다고 생각하거나 '무녀巫女'를 대대적으로 불태웠던 심각한 박해 등은 오히려 중국보다 한 수 위였다.[34]

나는 "난양론難養論"이 일종의 현상에 대한 묘사라는 주장에 동의한다. 그러나 그것은 그저 일종의 현상에 대한 묘사일 뿐이라는 주장에 대해서는 동의하지 않는다. 성별 차이는 심리적인 문제가 아니라 사회·역사적인 문제이다. 무시하는 말을 했다면, 그 자체로 포폄에 속한다. 그것은 당연히 가치판단이다. 공자는 여자와 소인을 무시했는데, 이 사실은 변명할 필요가 없다. 오늘날 어떤 사람은 성인을 미화한 나머지 마침내 "여자女子"를 "여자汝子"[35]로 읽고 "소인小人"을 "어린아이小孩"로 읽는데, 정말로 황당하다.

여자와 소인은 돌보기 어렵다

17.26

스승님께서 말씀하셨다.
"나이 마흔이 되어서 다른 사람으로부터 욕을 먹으면
그 사람은 끝난 것이야."

子曰, 年四十而見惡焉, 其終也已.

"견악見惡"은 다른 사람으로부터 욕을 먹는 것이다.

옛날 사람의 수명은 짧았다. 40, 50이면 살 만큼 산 것이고, 60, 70이면 이득을 본 것이다. 왕궈웨이王國維는 51세 때 쿤밍호昆明湖에 뛰어들면서 "50의 나이에서 부족한 것은 죽음뿐이다"라고 말했다. 공자는 "나이 마흔 혹은 쉰이 되어도 이름이 알려지지 않으면 그 역시 두려워할 만한 가치가 없다"[36]라고 말했다. 이 단락은 주어가 없고, 다른 사람을 가리키는 것인지, 아니면 자조스럽게 한 말인지 두 가지 의견이 있다. 『집해』와 주주朱注는 앞의 설을 주장했고, 청대 유월의 『제자평의』에서는 뒤의 설을 주장했다.[37] 어쨌든 공자가 마흔 살 이후에도 욕을 먹으면 그 한 인생은 볼 장 다 본 것이라고 생각했다는 점은 어느 정도 긍정할 수 있을 것이다.

마흔 살

제18편 미자 微子

이 편은 맨 앞의 말로 제목을 삼았는데, 기타의 편과 같다. 그러나 주제는 상대적으로 집중되어 있다. 주로 관직을 버리고 산림 속으로 도망가 숨어 사는 사람, 은사隱士와 일민逸民을 포함한 사람이다. 공자는 관직의 유혹을 받았으며, 관리가 되고 싶어서 안달이 났었는데, 그와 관련된 내용은 앞의 편에 주로 보인다. 이 편에서는 공자에 대한 은사들의 무시와 조소, 그리고 공자의 위축과 말 못할 속사정을 이야기하고 있다. 그것은 앞 편과는 완전히 상반된다. 『장자』에 역시 이런 종류의 조소가 포함된 문장이 있는데, 그것은 은사의 사상을 대표한다고 할 수 있다. 고대의 공자 비판에서는 『장자』가 대표적이었고, 문혁 때 공자를 비판할 때도 『장자』를 이용했는데, 양자는 대조하면서 참고할 만하다.

「양화」와 「미자」는 모두 공자의 처세 방법을 연구하는 데 중요한 문헌이다. 공자는 당시 사회에 대하여 반쯤은 협조적이었고 반쯤은 비판적인 태도를 취했다. 그것은 은사들이 철저하게 협조하지 않은 것과는 다르다. 그는 한편으로는 자기의 정치적 이상을 견지했지만, 당시 통치자들에게 받아들여질 수 없었으며, 다른 한편으로는 생각이 트인 군주를 찾으려 하면서 목숨을 걸고 자기의 정치적 주장을 퍼뜨렸다. 그는 당시의 사회 정치에 대하여 몹시 불만스러워했고, 따라서 은사들의 비협조적 태도에 대해 매우 칭찬했다. 그러나 또 협조하지 않으면 자신의 정치적 주장을 추진할 수 없고, 그렇게 되면 지나치게 소극적인 무위로 흐르게 될까봐 두려워했다. 그 때문에 그는 여전히 정치생활에 대한 참여를 포기하려 하지 않았다.

은사의 태도는 "불가능하다는 것을 알고 도망가 숨는 것"이다. 그의 태도는 "불가능하다는 것을 알면서도 하려고 하는 것"이다. 그는 가장 좋은 선택이란 "가능한 것도 없고, 불가능한 것도 없는 것無可無不可"이라고 생각했다. 그러나 사실은 '깨끗함淸'과 '혼탁함濁' 두 가지 길 가운데 어느 하나 녹록한 것은 없었고, 조정朝廷과 강호江湖 중 어디서도 받아들여지지 않았으니, 서글픈 일이었다.

18.1

미자는 떠났고, 기자는 노예가 되었고,
비간은 간언하다가 죽었다.
공자님께서 말씀하셨다.
"은나라에는 세 명의 어진 사람이 있었다."

微子去之, 箕子爲之奴, 比干諫而死. 孔子曰, 殷有三仁焉.

"미자微子"는 미微에 분봉을 받았고, 이름은 계啓로서 상나라 왕 주紂의 서출 형이었다. "기자箕子"는 주의 숙부였고 "비간比干" 역시 주의 숙부였다. 그들은 모두 상왕 주의 친족, 즉 이른바 동성의 신하였다. 그러나 상왕의 폭정에 찬성하지 않고 비협조주의를 채택했다. 그 방식은 달랐다. 미자는 그를 떠나 도망갔고, 기자는 거짓으로 미친 척하면서 세상을 피했으며, 비간은 억지로 간언하다가 죽었다. 공자는 그들에 대하여 이해와 존중과 찬상讚賞을 표시했다.

"인仁"은 공자의 최고의 도덕적 평가로서, 다른 사람에 대하여 쉽게 인정해주지 않는 덕목이었다. 공자는 그들에 대해 "은나라에는 세 명의 어진 사람이 있었다"라고 칭찬했는데, 가장 높은 평가라는 것을 알 수 있다. 이 세 사람 중에서 비간이 가장 용감했다. 송대 이래의 도덕적 표준에 따르면 가장 절개가 있었다. 그러나 간언하는 데 역부족이어서 주가 그의 심장을 갈라 죽였기 때문에 가장 처참한 최후를 맞았다.

예전에는 미자가 도망갔고, 기자가 거짓으로 미친 척한 것은 절개가 있는 것이라고 할 수 있는가의 문제를 놓고 논쟁을 벌였다. 특히 미자는 도망갔는데 무슨 영웅 축에나 들 수 있는지 논쟁이 더욱 컸다. 그러나 여기서 골치 아픈 문제는 공자 그 어르신이 세 사람 모두를 좋다고 말했다는 것. 어떻게 해야 할까? 모두 그저 빙빙 돌려가면서 이렇게 말할 수밖에 없었다. 미자는 맏형으로서 종사를 보존해야 할 대임이 있었기 때문에 죽을 수 없었고 또 남아 있을 수도 없었기 때문에 도망간 것은 옳았다. 비간은 죽고, 미자는 떠나고, 기자는 부모의 나라를 떠나지 않고 차라리 거짓으로 미친 척하면서 치욕을 참아가며 중대한 임무를 맡아 "인이 앞 사람(미자)과 뒷사람(비간)을 합칠 정도여서 성인(공자)의 마음을 얻었으니"[1] 특히 더 갸륵하다.[2]

사실 우리는 이 문장을 읽으면서 송대 사람이 이해했던 도덕을 가져다가 표준으로 삼음으로써 오직 목을 매거나 물속으로 뛰어드는 등 죽음으로 모든 것을 해결해야만 비로소 완전한 사람인 것으로 여길 필요는 전혀 없다.[3] 공자의 처세와 "은둔자隱逸之民"에 공통점이 있었다는 것, 즉 그는 결코 털끝만큼의 의미 있는 저항도 하지 않았다는 것을 우리는 알아야 한다. 미자와 기자의 태도는 사실 은둔자의 태도이다. 공자는 그들의 비협조주의와 무저항주의에 완전히 찬동했다.

무도한 세상을 어떻게 할 것인가? 병법과 도덕의 모순이 있다.

병법에는 싸움戰, 화합和, 항복降, 도주走가 있는데, 실력을 비교해 보고 나서 선택해야 한다. 『손자』 「모공謀攻」에서는 "엇비슷하면 싸울 수 있고, 적으면 도망갈 수 있고, 비교가 안 되면 피할 수 있다"[4]고 말했다. 즉 실력의 정도를 설명한 것이다. 실력이 비슷할 때는 한번 싸워볼 수 있다. 실력이 현격하게 차이가 날 때는 그저 도망가는 수밖에 없다. 실력이 모자라면 그저 피하는 수밖에 없다.

비간은 싸웠고, 기자는 피했고, 미자는 도망갔다. 그들은 모두 협조나 항복을 선택하지 않았다. 협조하지도 않고 항복하지도 않은 것은 비협조주의이다. 예전에는 도덕으로 말하면 비간이 가장 높아 표창할 만하다고 생각했다. 그러나 기자와 미자는 도덕과 병법을 절충하면서도 자신의 뜻을 굽히지 않았고, 자기 몸을 치욕스럽게 만들지 않았다. 협조하지 않기만 해도 좋은 것이다.

공자의 일생은 "불가능하다는 것을 알면서도 하려고 하는 것"으로서 반은 협조했고, 반은 협조하지 않았다. 전쟁, 도주, 피함, 화합, 항복 중에서 전쟁이 한쪽 끝이라면 항복은 다른 한쪽 끝이며, 중간 상황은 도주하고, 피하고, 화합하는 것이다. 공자의 태도는 도주와 피함과 화합 사이에서 머뭇거린 것이다. 그와 은둔자의 공통점은 비협조주의와 무저항주의이고, 다른 점이라면 그는 아직 마음을 접지 않고, 줄곧 자신의 이상으로 군주를 감동시키려고 생각하면서 이리저리 뛰어다니면서 호소했는데, 사실은 뛰려고 하면서도 뛰지 않았고, 피하려고 하면서도 피하지 않았으며, 화합하려고 하면서도 화합하지 않았고, 우왕좌왕하다가 길 없는 막다른 곳에 이르러 사방이 벽으로 둘러싸인 난관에 봉착하여 마치 집 잃은 개 같았다.

은일隱逸의 은隱은 숨는 것이고, 일逸은 도망가는 것인데, 이는 중도좌파이다.

공자는 숨은 것같이 하면서도 숨지 않았고, 도망가는 것같이 하면서도 도망가지 않았고, 화합하는 것같이 하면서도 화합하지 않았는데, 이는 중도우파에 속한다.

『논어』에서 "인仁"은 가끔 "인人"으로 사용되는데, 여기서 말한 "삼인三仁"은 본래 글자 그대로 읽는다. 만약 "삼인三人", 즉 "세 사람"으로 읽는다면 쓸데없는 말이 되고 만다.

세 명의 어진 사람의 순서에 대해 옛날 책에서는 다르게 인용했다. 누가 먼저이고 누가 나중인지 다툴 필요가 없다. 왜냐하면 공자의 서술은 병렬관계이기 때문이다.

은나라에는 세 명의 어진 사람이 있었다

18.2

유하혜는 사사士師로서 세 번 쫓겨났는데, 사람들이 말했다.
"당신은 떠나는 것이 좋지 않겠소?"
"바른 방식으로 사람을 섬기는데, 어디 간들
세 번 쫓겨나지 않겠소? 그릇된 방식으로 사람을 섬기려고 한다면
굳이 부모의 나라를 떠날 필요가 있겠소?"

柳下惠爲士師, 三黜. 人曰, 子未可以去乎. 曰, 直道而事人, 焉往而不三黜.
枉道而事人, 何必去父母之邦.

여기서는 "머무름留"에 대하여 이야기하고 있다. 앞에서 도망가는 것은 협조하지 않는 방법의 한 종류라고 말했다. 만약 도망가지 않는다면 그저 남아 있을 수밖에 없다. 남아 있으면 억울한 일을 당하지 않기가 어렵다.

"유하혜柳下惠"는 이미 「위영공」 15.14에 나왔는데, 그의 관직은 사사士師였다. 사사는 귀족의 소송사건을 담당했다.

유하혜는 사사 일을 하면서 원칙을 너무 강조하여 많은 사람의 미움을 샀고, 세 번이나 파면당했다. 어떤 사람이 당신은 노나라를 떠나 다른 나라로 갈 수는 없느냐고 권고했다. 그는 만약 내가 원칙을 강조하고 올바른 방식으로 사람을 대한다면 어디로 도망간들 파면당하지 않겠는가, 만약 내가 원칙을 강조하지 않는다면 일이 순조롭게 진행되

고 다른 사람과 원만한 관계를 유지하게 되어 여기 있어도 편안할 텐데, 왜 굳이 자기 조국을 떠난단 말이냐고 말했다.

유하혜는 도망가는 것을 반대했고, 차라리 자기 조국에 남아 굴욕을 당하는 것이 도덕적으로 매우 고상하다고 생각했다. 이 사람 역시 고대 일민逸民의 일종이다. 공자는 그를 존경했다. 그러나 그를 본받으려고 하지는 않았다. 그는 노나라에서 뜻을 얻지 못하고 주유열국했다. 주유열국은 바로 "부모의 나라를 떠나는 것"이다.

춘추전국 시기에 사士는 유동성이 매우 강했고, 조국의 개념은 산산이 부서졌다. 그러나 세상을 떠돌면서 둘러보아도 피붙이가 없을수록 사람은 더 쉽게 향수에 빠져든다.

오늘날도 고대와 같다. 성청盛成 선생은 프랑스에서 교포로 살았다. 그는 불어로 『나의 어머니』를 써서 프랑스 문학계에 대단히 큰 영향을 끼쳤고, 바진巴金과 함께 프랑스명예군단훈장을 받았다. 그는 평생 동안 외국에 거주했는데, 마지막 노년에 이르러 조국으로 돌아왔다. 그는 중국에 들어서자마자 하염없이 뜨거운 눈물을 흘렸다. 첸중수錢鍾書는 해외에서 유학을 마치고 나서 조국으로 돌아온 뒤로는 한 번도 출국장 문턱을 넘은 적이 없었다. 양장楊絳(첸중수의 아내)은 그들이 외국에서 공부하는 것을 거절하는 데는 반대했지만, 그러나 그들 역시 "부모의 나라를 떠나지 않았다"고 말했다. "부모의 나라를 떠나지 않았다"는 것은 무슨 면목 없는 일이라고는 할 수 없다.

오늘날 어떤 사람은 늘 민족주의에 대해 함부로 헐뜯기를 좋아한다. 서구어의 민족주의는 국가주의로서 중국어의 의미와 완전히 같지는 않다. 민족주의에는 많은 종류가 있다. 국가를 최고로 여기면서 도처에서 사람을 속이는 제국주의에 대해서는 당연히 반대한다. 약소국가는 기만당하고 모욕당하기 때문에 자신의 국가를 강화하지 않을 수 없고, 스스로 힘을 길러 스스로를 지키는 것은 당연히 공감받을 만하다. 우리는 앞의 것을 국제주의라고 부르면서 뒤의 것을 민족주의라고 부를 수 없으며, 대국의 쇼비니즘(광신적이고 배타적인 애국주의)으로 소국의 쇼비니즘을 반대할 수 없다.

자기 고향을 열렬히 사랑하고, 자기 동포를 열렬히 사랑하고, 자기 문화를 열렬히 사랑하고, 자기의 생활 습관을 열렬히 사랑하는 것은 인류 공통의 감정이다. 나는 중국 밥 먹는 것을 좋아하고, 중국말 하는 것을 좋아하고, 중국인과 함께 지내는 것을 좋아하고, 중국 문화를 누리는 것을 좋아하고, 자기가 좋아하는 것을 스스로 즐기는 것을 좋아하며, 누군가 내게 화내는 것이 싫고, 다른 사람을 속이는 것도 싫다. 이런 것은 어느 것이든 비난할 수 없다.

부모의 나라를 떠나지 않다

18.3

제나라 경공이 공자에 대한 대우에 관하여 말했다.
"계씨와 같이 대접해주는 것은 내가 할 수 없고,
계씨와 맹씨의 중간으로 대우하겠소."
"내가 늙었는가보오. 나는 쓸 수 없소."
공자는 떠났다.

齊景公待孔子曰, 若季氏則吾不能, 以季孟之間待之. 曰, 吾老矣, 不能用也. 孔子行.

이것은 "떠남去"에 대해 이야기한 것이다. "부모의 나라를 떠나는 것"이 아니라 외국에서 본국으로 돌아오는 것이다.

"대待"는 고대의 풀이에서는 머물러 있음의 뜻이 있었고, 또 대우한다는 뜻이 있었다. 이 구절에는 두 개의 "대待"자가 있다. 『사기』「공자세가」에서는 이 구절을 옮겨 쓰면서 앞의 "대待"자는 사마천이 "지止"자로 바꿔 썼는데, 그것은 머물러 있음을 의미하고, 뒤의 "대待"자는 사마천이 "봉奉"자로 바꿔 썼는데, 공자에게 지급할 녹봉의 대우를 가리킨다. 이것은 그 자신의 구어체로 바꿔 쓴 것이다. 사실 문장의 의미에서 볼 때 이 두 개의 "대待"자는 한 가지로 보아도 좋다. 즉 두 글자 모두 공자에게 보수를 지급하는 문제를 이야기한 것이다.

이 장은 제나라 경공이 공자에게 그를 관리로 쓸 때 얼마나 높게 대우할 것인가를 이야기한 것이다. 그는 공자에게 이렇게 말했다. 당신이 계씨와 같은 정도를 요구하여 여기 우리나라에서 상경上卿을 맡으려고 한다면 그것은 안 될 것이다. 너무 높다. 맹씨와 같이 여기 우리나라에서 하경下卿을 맡는다면 또 당신이 섭섭해할 것이다. 가장 좋은 방법은 그 둘의 중간으로 하는 것이다. 이것은 맨 처음 한 말이다. 나중에 그는 다시 나는 너무 늙어서 당신을 쓸 수 없다고 말했다. 공자는 그저 떠날 수밖에 없었다. 여기 나오는 두 개의 "왈曰"자 뒤의 말은 모두 제나라 경공이 한 것이다. 두 번째 단락은 공자가 한 말이 아닙니다.

공자는 도대체 왜 중용되지 않았을까? 안영晏嬰의 배척을 받았다고 한다. 안영은 백의수사白衣秀士(관직을 맡지 않은 뛰어난 선비) 왕륜王倫과 같았다. 예를 들어 『묵자』「비유하非儒下」에 바로 그와 같은 해석이 있다. 『묵자』에 따르면 제나라 경공이 공자의 사람 됨됨이가 어떤지 물었는데, 안영이 대답하지 않자 다시 물었다. 안영은 공자가 백공白公의 난에 참여했고, 백공과 똑같이 나쁜 사람이라고 말했다. 제나라 경공이 공자를 이계尼溪에 봉하자 그는 또 반대했다. 그러나 이것은 이야기일 뿐이다. 공자는 기원전 517년에 제나라에 갔고, 제나라 경공은 기원전 490년에 죽었으며, 안영은 기원전 506년 이전에 죽었다. 공자가 초나라에 간 것은 기원전 489년이고, 백공의 난은 기원전 479년으로 공자는 백공의 난에 참여할 수 없었으며, 제나라 경공 역시 안영이 이렇게 말하는 것을 들을 수 없었다.

공자가 제나라를 떠난 것은 제나라 경공 31년으로 기원전 517년에 해당되며 당시에 공자는 겨우 35세로서 늙었다고 할 수 없다. 경공은 그에 비해 20세가 많았다. 따라서 늙었다고 말할 수 있는 것은 경공뿐이었다. 경공은 55세로서 고대의 기준에서 볼 때 늙었다고 말할 수 있다. 그러나 경공이 늙었든 안 늙었든, 봉급이 많든 적든 모두 핑계일 뿐이었다.

공자가 제나라 경공을 만나다

18.4

**제나라 사람이 여악女樂을 보내왔다.
계환자가 그것을 받아들여 3일 동안 조회를 열지 않자,
공자는 떠났다.**

齊人歸女樂, 季桓子受之, 三日不朝, 孔子行.

이 장 역시 "떠남去", 즉 공자가 노나라를 떠난 원인에 대해 이야기하고 있다. 공자가 주유열국한 것은 소극적인 도피가 아니라 외국에 유세하여 일할 만한 관직을 찾기 위함이었다.

"제나라 사람이 여악女樂을 보내왔다"에 해당되는 원문 가운데 "귀歸"는 앞의 「양화」 17.1의 "귀歸"자와 같이 여기서도 "궤饋" 혹은 "유遺"로 읽는데, 보내다의 의미이다. "여악女樂"은 노래하고 춤추는 기녀이다. 당시에 제나라에서 노나라 정공에게 노래하고 춤추는 기녀를 보냈고, 계환자가 그것을 받아들여 3일 동안 조회를 열지 않자, 공자는 크게 불만을 느꼈다. 이 때문에 노나라를 떠났다.

공자가 노나라를 떠난 것은 노나라 정공 44년으로 기원전 497년, 즉 공자 나이 55세 때였다.

공자가 노나라를 떠나다

18.5

초나라 광인 접여가 공자가 있는 곳을 지나면서 말했다.
"봉황이여, 봉황이여, 어찌 덕이 시들었는가. 지나간 것은
탓할 수 없고, 오는 것을 좇을 수 없네. 그만두어라, 그만둬.
지금 정치에 종사하는 사람은 위험하도다."
공자는 내려가 그와 말해보려고 했다. 그는 공자를 피해
달려갔기 때문에 그와 말해볼 수가 없었다.

楚狂接輿歌而過孔子, 曰, 鳳兮鳳兮, 何德之衰. 往者不可諫, 來者猶可追. 已而已而.
今之從政者殆而. 孔子下, 欲與之言. 趨而辟之, 不得與之言.

미치광이는 정상적인 사회로부터 배척을 받는다. 미친 척하는 것 역시 세상을 피하는 방법의 일종이다.

"접여接輿"는 초나라의 유명한 미치광이이며, 옛날 책에서는 그를 매우 자주 언급했다. 고대에 미친 척한 자 가운데는 몸에 옻칠을 하고 문둥병 환자를 가장한 사람이 있었고, 머리카락을 풀어헤치거나 혹은 머리카락을 삭발하여 범죄자처럼 하고 다닌 사람도 있었다. 그는 바로 이와 같은 모습을 하고 있었다고 한다.[5]

접여는 『장자』 「소요유」와 「인간세」에도 보인다. 「인간세」에서는 다음과 같이 쓰고 있다. "공자가 초나라에 갔을 때 초나라 미치광이 접여가 그 문 앞에서 노닐면서 말했다. '봉황이여, 봉황이여, 어찌 그리 덕

이 시들었는가? 다가올 세상은 미리 기다릴 수 없고, 지나간 세상은 돌이킬 수 없네. 천하에 도가 있으면 성인은 나와서 다스리고, 천하에 도가 없으면 성인은 자기 생명을 보전한다네. 오늘날과 같은 시대에는 형벌만 면해도 다행일세. 행복은 깃털보다 가볍지만, 아무도 그것을 간직할 줄 모르고, 재앙은 땅보다 무겁지만, 아무도 그것을 피할 줄 모르네. 그만두자, 사람에게 덕을 베푸는 일을 그만두자. 위험하다, 목표를 정해놓고 달려가는 것은 위험하다. 납가새풀이여, 납가새풀이여 내 갈 길 막지 마라. 나는 발길을 돌려 물러나니 내 발을 상하게 하지 마라.'"[6] 가사가 여기에 있는 것보다 더욱 상세하다.

"봉황이여, 봉황이여." 봉황새가 나타나는 것을 고대에는 상서로움으로 여겼다. 공주孔注에서는 접여가 "공자를 봉황새에 비유한 것"은 "봉황새는 성군이 나와야만 나타나는 것"이기 때문이라고 말했다. 접여는 당시 정치는 이미 극에 달할 정도로 나빠져서 구제할 수 있는 약이 없다고 생각했다. 그는 공자, 당신은 어쩌자고 이렇게 남의 웃음거리가 되었느냐, 과거의 잘못은 그냥 흘러가게 내버려두고, 다가올 일은 아직 이르다, 그만둬라, 그만둬, 현재 정치에 종사하고 있는 사람은 모두 매우 위험한데, 당신은 어쩌자고 아직도 그 사람을 상대하고 있느냐고 말했다.

이와 같은 은자들의 시정時政에 대한 비판을 공자는 매우 칭찬했다. 논리적으로 보면 양자 사이에는 생각이 일치하는 부분이 있다고 말할 수 있다. 그러나 그는 접여와 이야기하고 싶었지만 접여는 오히려 그와 이야기하고 싶어하지 않고, 외면하고 가버렸다.

「인간세」에서는 공자가 초나라에서 이 초나라 미치광이를 만났다고 말했다. 만약 이 말을 믿을 수 있다면 그 일은 기원전 489년에 있었을 것이다.

이백의 「여산의 노래를 시어사 노허주에게 부친다廬山謠寄盧侍御虛舟」라는 시에 "나는 본래 초나라 미치광이, 봉황새 노래로 공구를 비웃었지"라는 구절이 있다. 그는 유명한 대시인大詩人인데, 뜻밖에도 접여를 자신과 비교하고, 공자에 대해서는 바로 그의 이름을 불렀다. "봉황새 노래"는 바로 접여의 노래를 가리킨다.

초나라 미치광이 접여

18.6

장저長沮와 걸닉桀溺이 함께 쟁기질하면서 밭을 갈고 있었는데,
공자가 그곳을 지나면서 자로에게 나루터를 물어보게 했다.
장저가 말했다.
"저기 고삐를 잡고 있는 사람은 누구시오?"
자로가 말했다.
"공구라고 합니다." "노나라의 공구 말이오?"
"그렇소." "그 사람은 나루터를 알고 있을 것이오."
자로는 걸닉에게 물었다. 걸닉이 말했다.
"당신은 누구시오?"
"중유라고 합니다."
"노나라 공구의 제자 말이오?" 자로가 대답했다.
"그렇소."
"도도하게 흐르는 물결, 온 세상이 모두 이런데, 누가 그것을
바꾸겠소? 그리고 당신은 사람을 피하는 선비를 따르느니 차라리
세상을 피하는 선비를 따르는 것이 어떻겠소?"
이렇게 말하고는 씨앗 덮는 일을 그치지 않았다. 자로는 가서 금방
있었던 일을 보고했다. 스승님께서는 실망스러운 듯 말씀하셨다.
"새나 짐승들과는 함께 살 수 없다. 내가 이 사람들과 함께 살지
않고 누구와 함께 산다는 말인가? 세상에 도가 있다면 내가 바꾸는
일에 끼어들지 않을 것이다."

長沮　桀溺耦而耕, 孔子過之, 使子路問津焉. 長沮曰, 夫執輿者爲誰. 子路曰, 爲孔丘. 曰, 是魯孔丘與. 曰, 是也. 曰, 是知津矣. 問於桀溺. 桀溺曰, 子爲誰. 曰, 爲仲由. 曰, 是魯·孔丘之徒與. 對曰, 然. 曰, 滔滔者天下皆是也, 而誰以易之. 且而與其從辟人之士也, 豈若從辟世之士哉. 耰而不輟. 子路行以告. 夫子憮然曰, 鳥獸不可與同羣, 吾非斯人之徒與而誰與. 天下有道, 丘不與易也.

은자는 세상을 피하지만 어쨌든 밥을 먹어야 하는데, 밥을 먹지 않으면 그 결말은 바로 백이와 숙제같이 된다. 그 때문에 그들은 흔히 직접 밭을 갈아 경작했다. "장저長沮"와 "걸닉桀溺"은 바로 이와 같은 은자이다.

"함께 쟁기질하면서 밭을 갈고 있었는데"에 해당되는 원문인 "우이경耦而耕"에서 "우경耦耕"은 두 사람이 함께 쟁기질하여 밭을 가는 경작 방법의 일종이다.

"집여執輿"는 바로 고삐(소나 말을 끄는 줄)를 잡고 소를 모는 것이다.

"도도滔滔"는 현행본에는 이렇게 되어 있지만, 정현본에는 "유유悠悠"로 되어 있다.

"우耰"는 우耰라고 부르는 일종의 농기구를 사용하여 땅을 갈아 파종한 다음 흙으로 씨앗을 덮는 것이다.

"실망스러운 듯"에 해당되는 원문 "무연憮然"에서 "무憮"는 물건을 잃어버린 듯 실망하여 낙담하는 것이다.

"이 사람"에 해당되는 원문 가운데 "도徒"는 무리의 뜻이다. 예를 들어 『노자』 제50장의 "(사람은) 태어났다가 죽어간다. 태어나는 무리가 10분의 3이고, 죽어가는 무리가 10분의 3인데, 백성들은 태어나고 또 태어나지만, 움직일 때마다 사지死地로 가는 사람이 10분의 3이다"[7]라든가 『은작산한간』「기정奇正」의 "그러므로 형체가 있는 것들은 이름 붙일 수 없는 것이 없고, 이름이 있는 것들은 이기지 못할 것이 없다"[8]

에서 말한 "도徒"는 모두 그와 같은 의미이다.

여기서 말한 이야기를 다시 음미해보자. 장저와 걸닉이 들에서 밭을 갈고 있었고, 부근에 큰 강이 있었다. 공자는 이곳을 지나면서 강을 건너려고 했다. 그는 수레를 멈추고 자로를 보내 그들에게 나루터가 어디에 있는지 물어보게 했다. 장저는 저 고삐를 잡고서 수레를 모는 사람이 누구냐고 물었다. 자로는 공구라고 대답했다. 그는 공자에 대해 바로 이름을 불렀는데, 당시에 어른에게 다른 사람을 소개할 때는 이렇게 부를 수 있었다. 장저는 노나라의 그 공구란 말이냐고 물었다. 자로는 그렇다고 대답했다. 장저는 그렇다면 그는 당연히 나루터가 어디 있는지 알 것이라고 말했다. 그의 말 속에는 뼈가 들어 있었다. 그 의미는 공자는 똑똑하기로 유명한 사람 아니냐, 세상의 모든 출구가 어디에 있는지 당연히 다 알 터인데, 무엇 때문에 나에게 와서 묻느냐는 것이다. 그는 나루터를 세상의 출구에 비유했다. 자로는 난감해져서 걸닉에게 물었다. 걸닉은 너는 누구냐고 물었다. 그는 자신이 중유(스스로 자기 이름을 부름)라고 말했다. 걸닉은 공구의 제자냐고 물었고, 그는 그렇다고 대답했다. 걸닉은 근처의 물을 가리키면서 현재 온통 도도하게 흘러가는 이 세계는 저 드넓은 물결과 같은데 누가 그것을 바꿀 수 있겠는가, 너는 "피인지사避人之士", 즉 사람을 피하는 선비를 따라다니지 말고 차라리 "피세지사避世之士", 즉 세상을 피하는 선비를 따르는 것이 좋지 않겠냐고 말했다. 그는 말을 마치고 그저 흙으로 씨앗을 덮는 일에만 몰두하면서 자로에게 더 이상 대꾸하지 않았다. 걸닉이 말한 "피인지사"는 나쁜 사람에게 협조하기를 거절하기만 하는 것으로 공자가 바로 그런 사람이다. "피세지사"는 인간 세상을 완전히 포기하고 그와 단절하는 것으로서 그와 장저가 바로 그런 사람이다. 그들은 보다 많은 사람이 자신들의 대열에 참여하여 온통 도도하게 흘러가는 이 세계를 함께 배척할 것을 원했다. 자로는 돌아가서 자신이 들은 것을 공자에게 말했고, 공자는 몹시 실망하여 섭섭해하는 모습으로 한참을 있었다. 그리고 그는 말했다. 어쨌거나 나는 그들처럼 산림 속에 은거하면서 짐승들과 함께 살 수는 없을 것 같다. 내가 사람이라는 존재와 함께 살지 않으면 또 무엇과 함께 살 것인가? 만약 세상에 도가 있다면, 내가 무엇 때문에 기어코 그것을 고치려고 하겠는가? 공자의 관점은 세상이 어지러워질수록 더욱더 그 속에 섞여야 한다는 것이다.

장저와 걸닉

18.7

자로가 따르다가 뒤처졌고, 그러다가 한 노인을 만났는데
지팡이로 제초기를 메고 있었다. 자로가 그에게 물었다.
"당신은 우리 선생님을 보셨소?"
노인이 말했다.
"사지를 부지런히 움직이지 않고, 오곡도 분간하지 못하는
사람이 어떻게 선생이오?"
그는 지팡이를 꽂아놓고 김을 맸다. 자로는 두 손을 맞잡고
서 있었다. 그는 자고 가라며 자로를 만류하고 닭을 잡고 기장밥을
해서 먹게 했으며, 자기의 두 자식을 소개시켰다. 다음 날 자로는
길을 떠나 그 사실을 보고했다. 스승님께서 말씀하셨다.
"은자로구나."
자로에게 돌아가서 뵙도록 했다. 자로가 그 집에 도착했을 때
그는 나가고 없었다. 자로가 말했다.
"벼슬을 하지 않는 것은 의를 무시하는 것이다. 장유長幼의 예절은
폐지할 수 없으면서 군신君臣의 의는 왜 없애려고 하는가?
자기 몸을 깨끗이 하고자 하면서 중대한 인륜을 어지럽혔다.
군자가 벼슬하는 것은 그러한 의를 실행하기 위함이다.
도가 시행되지 않고 있다는 것은 이미 알고 있다."

子路從而後, 遇丈人, 以杖荷蓧. 子路問曰, 子見夫子乎. 丈人曰, 四體不勤, 五穀不分, 孰爲夫子. 植其杖而芸. 子路拱而立. 止子路宿, 殺雞爲黍而食之, 見其二子焉. 明日, 子路行以告. 子曰, 隱者也. 使子路反見之. 至, 則行矣. 子路曰, 不仕無義. 長幼之節, 不可廢也. 君臣之義, 如之何其廢之. 欲潔其身, 而亂大倫. 君子之仕也, 行其義也. 道之不行, 已知之矣.

여기서 말한 하조장인荷蓧丈人, 즉 김매는 도구를 멘 노인 역시 은자의 한 명이다. 동시에 몸소 농사를 짓는 늙은 농민이기도 하다. 고대 회화에는 산림에 은일하면서 사는 고사高士를 흔히 농부나 어부 혹은 나무꾼으로 그렸다. 『유림외사』 제1회의 왕면王冕 역시 농민이다.

"종從"은 종縱 혹은 종蹤과 같고, 뒤를 바짝 따른다는 뜻이다.

"조蓧"는 밭에서 김을 매는 도구이다.

"두 손을 맞잡고 서 있었다." 옛날 사람은 손을 내려뜨리는 것을 거만하다고 생각했고, 두 손을 맞잡고 있는 것을 공손하다고 생각했다. 『예기』「곡례」에 "길에서 선생을 만나면 뛰어나가 똑바로 선 다음 공수拱手한다"[9]라고 했는데, 이것은 자로가 어른에 대하여 존경심을 표시하는 모습이다.

원문에서는 공자가 앞에서 수레를 몰면서 갔고 자로는 뒤에서 걸어갔다. 걸음이 바퀴를 따라가지 못하고 무리(공자와 그의 제자들: 그들은 길에서 서로를 자주 잃어버렸다)를 놓쳤다. 자로는 길에서 노인을 만났는데, 지팡이로 제초 도구를 메고 있었다. 자로가 당신은 우리 선생님을 보지 못했느냐고 물었다. 노인은 너희 몇몇 사람은 사지를 놀려 부지런히 힘쓰지 않고 오곡도 구분하지 못하는데, 누가 너의 스승이냐고 말했다. 노인은 지팡이를 땅에 꽂아놓고서 그저 김을 매기만 했다. 자로는 두 손을 맞잡고 공손하게 서서 그에게 매우 예의 바르게 행동했다. 아마도 감동을 받았는지, 노인은 자고 가라고 그를 만류하고 닭을 잡고 밥을 지어 그를 대접했고, 또 자신의 두 아들을 인사시켰다. 다음 날 자로는 공자를 만나 그 일을 공자에게 알렸다. 공자는 그 사람은 분명히 은자의 한 사람일 것이라고 말하고 자로에게 얼른 가서 그 노인을 찾아보라고 했다. 그러나 자로가 그 집에 도착했을 때 노인은 이미 집을 나가고 없었다. 이 이야기 속의 노인은 농사를 지으면서 사는 은자이다. 그가 볼 때 공자와 같은 사람은 노동하는 것을 좋아하지 않고 관리가 되는 것을 좋아하는 사람으로서 자신과는 같은 길을 가는 사람이 아니었다. 그래서 그의 말에서는 비꼬는 분위기가 묻어났다. 이 절 마지막 문단에서 자로는 이렇게 말한다. 관직에 나가지 않는 것은 의롭지 못한 일이다. 장유長幼의 예절은 버리지 못하면서 군신君臣의 의는 어떻게 폐지할 수 있을까? 만약 세속에 물들지 않고 자신만 잘 지내면서 관직에 나가는 것을 포기한다면 그것은 "중대한 인륜을 어지럽히는 행위"에 속하고, 군자가 관직에 나가는 것은 자신의 주장을 실현하기 위한 것이며, 이러한 주장이 통용되지 않는다는 점에 대해서는 이미 일찍부터 짐작하고 있었는데, 하찮은 일에 그리 놀랄 것이 뭐 있겠는가. 자로의 말은 누구에게 한 것일까? 옛날 주에서는 하조장인의 두 아들에게 한 것으로, 그들에게 하조장인이 돌아오면 전해달라고 한 것이라고 말했다. 자로가 말하고자 한 것은 당신 어르신이 당신들 두 자식을 불러내 예를 갖추라고 한 것은 장유長幼의 질서를 알고 있다는 것인데, 어차피 장유의 질서를 알고 있다면 마땅히 군신君臣의 의를 알아야 한다. 관직에 나가는 것이 바로 군신의 의이며, 군주가 좋지 않을 때 당신에게는 오직 한 가지 책임, 즉 간언을 해야 할 책임밖에 없지만, 이와 같은 노력을 포기하는 것은 옳지 않다는 것이다. 옛날 주에서는 이것이 자로가 공자의 말을 전한 것이라고 생각했지만, 원문에는 그런 말이 없다. 오직 송대 초기 복주각본福州刻本에서만 "자로가 말했다子路曰"를 "자로가 돌아가자, 스승님께서 말씀하셨다子路反, 子日"라고 인쇄하여(『집주』 참조), 아예 이 문단의 말을 공자의 말로 간주했다. 사실 관리가 되고 싶은 충동은 자로가 스승보다 더 강렬했고, 이 말이 자로의 입에서 나왔다고 해도 이상하다고 여길 만한 것이 전혀 없다.

제초기를 멘 노인

18.8

일민은 백이伯夷, 숙제叔齊, 우중虞仲, 이일夷逸, 주장朱張,
유하혜柳下惠, 소련少連이다. 스승님께서 말씀하셨다.
"자기 뜻을 굽히고 자기 몸을 치욕스럽게 하지 않은 사람은
백이와 숙제일 것이다."
유하혜와 소련에 대해서 이렇게 말씀하셨다.
"뜻을 굽히고 몸을 치욕스럽게 했다. 말은 조리가 있었고,
행동은 인심에 맞았으며 그것뿐이었다."
우중虞仲과 이일夷逸에 대해서는 이렇게 말씀하셨다.
"은둔하여 지내면서 말을 버리고, 자기 몸을 깨끗이 했고,
관직을 버린 것은 권도에 맞았다. 나는 이들과 다르다.
꼭 해야 할 것도 없고, 절대 해서는 안 될 것도 없다."

逸民, 伯夷叔齊虞仲夷逸朱張柳下惠少連. 子曰, 不降其志, 不辱其身, 伯夷叔齊與. 謂柳下惠少連, 降志辱身矣, 言中倫, 行中慮, 其斯而已矣. 謂虞仲夷逸, 隱居放言, 身中淸, 廢中權. 我則異於是, 無可無不可.

"일민逸民"은 산림에 숨어 살면서 벼슬에 나가 관리가 되는 것을 달가워하지 않는 사람으로, 그런 사람 가운데는 이전 왕조에 충성하는 노인이나 젊은이가 적지 않았다. 옛날 사람은 "제왕을 섬기지 않고 자기 일을 고상하게 여긴다"[10]라거나 "정신을 수양하면 부귀한 사람을 내려다볼 수 있고, 도의가 깊으면 왕후를 가볍게 볼 수 있다"[11]라고

말했는데, 바로 이런 사람의 특징이다. “은둔하여 지내면서 말을 버리고”에 해당되는 원문 가운데 “방언放言”은 언론을 폐기한다는 의미이다. 여기서 말한 일곱 명의 사람은 모두 고대의 가장 유명한 “일민逸民”이다.

“백이伯夷, 숙제叔齊”는 바로 고죽군의 두 아들이다. 무왕이 상商을 무너뜨린 뒤 그들은 협조하지 않고 주나라의 곡식을 먹는 것을 거부하고 들완두로 허기를 메우면서 살다가 결국 수양산 아래서 굶어 죽었다. 『사기』에는 「백이숙제열전」이 있는데, 70개 열전의 첫 번째 자리에 있다. 이는 인품의 최고 등급임을 보여준다. 『후한서』는 처음으로 「일민전」을 두었고, 『진서』 이후부터는 「은일전」이라 불렀는데, 이런 종류의 사람만 전문적으로 모아 전기를 만들었다.

“우중虞仲, 이일夷逸”에서 우중은 오吳나라 중옹仲雍의 후손으로 우虞나라의 시봉始封 군주이다. 우虞는 오부吳部에 속하고, 이 글자는 오吳와 통용되었다. 『사기』 「오태백세가吳太伯世家」에서 태백太伯과 중옹仲雍 두 사람은 태왕이 계력季歷과 창昌을 세우려고 하는 것을 알고서는 형만荊蠻으로 도망가서 스스로 구오句吳라 불렀다고 했다. 태백이 먼저 즉위하여 구오의 임금이 되었고, “태백이 죽자 동생 중옹이 즉위했는데, 이 사람이 오나라 중옹仲雍이다. 중옹이 죽자 아들 계간季簡이 즉위했다. 계간이 죽자 아들 숙달叔達이 즉위했다. 숙달이 죽자 아들 주장周章이 즉위했다. 이때 주 무왕이 은나라를 무너뜨리고 태백과 중옹의 후손을 찾다가 주장을 만났다. 주장은 이미 오나라의 군주로 있었기 때문에 주장의 동생 우중虞仲을 주나라 북쪽 옛 하나라가 있던 곳에 봉했는데, 이 사람이 우중으로서 제후의 반열에 들었다.” 우중은 무왕이 찾아가 얻은 인물이며, 그 후 비로소 우나라 군주로 발탁되었는데, 그는 스스로를 "일민"이라 불렀다. 이일夷逸은 『시자尸子』에 보이지만, 그의 사적은 분명하지 않다.

"주장朱張"은 『석문』에서 왕필의 주를 인용하여 "주장의 자는 자궁子弓이고, 순경荀卿은 그를 공자와 비교했다"라고 말했다.

"유하혜柳下惠, 소련少連"에서 유하혜는 이미 18.2, 그리고 앞의 「위영공」 15.24에서 나왔다. 『논어』에서 모두 세 번 나온다. "소련少連"은 『예기』 「잡기」에 보이는데, "동이의 아들東夷之子"이라고 하며 공자는 그가 상喪을 잘 치렀다고 말했다.

이들 일곱 사람에 대한 공자의 평가는 다음과 같다. 백이와 숙제는 최일류로서 철저하게 협조하지 않았으며, 굴복하지 않았을 뿐만 아니라 존엄을 유지했고, 가장 고상했다. 유하혜와 소련은 같다. 그들은 도망가는 것도 달가워하지 않았고, 죽는 것도 달가워하지 않았으며, 그저 억울함을 받아들일 수밖에 없었다. 그러나 언행은 절개가 있었고 훼손되지 않았다는 점 역시 칭송할 만한 가치가 있다. 우중과 이일은 산림에 은거하면서 아무 말도 하지 않았고, 깨끗함으로 몸을 보존한 것은 역시 책략에 들어맞았다. 주장은 아무것도 말하지 않았는데, 그 원인이 무엇이든 이전 사람들의 추측은 매우 많지만 반드시 다 믿을 수 있는 것은 아니다. 공자가 이들 은사와 다른 점은 "꼭 해야 할 것도 없고, 절대 해서는 안 될 것도 없다"는 것, 즉 협조하지 않았을 뿐만 아니라 나와서 일하는 것을 거절하지도 않았다는 것이다.

은둔자

18.9

태사大師였던 지摯는 제나라로 갔고 아울러 아반亞飯이었던
간干은 초나라로 갔고, 삼반三飯이었던 요繚는 채나라로 갔고,
사반四飯이었던 결缺은 진나라고 갔고, 고鼓를 연주하던 방숙方叔은
황하 가로 갔고, 도鼗를 연주하던 무武는 한수 가로 갔고,
소사少師였던 양陽과 경磬을 연주하던 양襄은 해변으로 갔다.

大師摯適齊, 亞飯干適楚, 三飯繚適蔡, 四飯缺適秦, 鼓方叔入於河,
播鼗武入於漢, 少師陽 擊磬襄入於海.

"태사大師였던 지摯"는 즉 「태백」 8.15의 "사지師摯"이다. "경磬을 연주하던 양襄"은 바로 『공자가어』 「변악辨樂」에서 말한 "사양자師襄子"이다. 「변악」에서는 "공자는 사양자에게서 금을 배웠는데, 양자는, '내가 비록 경을 연주하는 관리지만 금에 정통하다'라고 말했다"[12]라고 기록하고 있다. 공자가 금을 배우고 경을 배울 때 바로 사양을 스승으로 삼았다. 청수더는 이 악관이 공자와 동시대 사람일 것이라고 추단했는데, 매우 일리가 있다.

"도鼗"는 손으로 흔드는 발랑고撥浪鼓의 일종이다.

여기서 말한 여덟 사람이 어느 시대 사람이고 어느 나라의 악관인지에 대하여 사람들 사이에서 여러 추측이 있었다. 앞에서는 태사였던 지는 사지이고, 경을 연주하던 양이 바로 사양자라고 말했다. 만약

이 두 사람이 노나라 악관이었다면 그 밖의 사람도 마찬가지다. "태사大師"는 여덟 사람의 우두머리이다. 그 밖의 일곱 사람은 모두 그의 부하 관리이다. 악관임에도 "반飯"이라고 부른 까닭은 어디에 있을까? 원래 고대의 천자와 제후는 식사할 때 악단이 시중을 들었다. 옛사람들은 밥을 먹을 때 일반 백성들은 두 끼만 먹었는데, 천자는 비교적 밥 먹는 것을 중시하여 하루에 네 끼를 먹었고, 끼니마다 악관이 음악을 연주하여 식사 분위기를 돋우었다. 오늘날 서구 각국에는 호화로운 대연회가 있는데 역시 항상 악단의 반주가 곁들여진다. "고鼓"는 북을 연주하는 악관이다. "파도播鼗"는 도鼗를 연주하는 악관이다. "소사少師"는 "태사大師"를 보좌한다. "격경擊磬"은 경磬을 연주하는 악관이다. 관직명 뒤에 붙은 것은 악관 개인의 이름이다.

당시에는 "예괴禮壞", 즉 예만 망가진 것이 아니라 "악붕樂崩", 즉 음악까지 붕괴되었다. 이들 악관은 사방으로 흩어지고 달아났다. 제나라로 간 사람도 있고, 초나라로 간 사람도 있고, 채나라로 간 사람도 있고, 진나라로 간 사람도 있고, 황하 유역으로 간 사람도 있고, 장강 유역으로 간 사람도 있고, 해변으로 간 사람도 있었다. 옛날 사람은 주도가 쇠퇴하자 주인疇人(천문과 역산의 전문가)이 별처럼 흩어졌다고 했다. 이들 악관 역시 일민의 범주에 속한다.

도망간 악관

18.10

주공周公이 노공魯公에게 말했다.
"군자는 자기 혈육을 소홀히 해서는 안 되고, 대신을 쓰지 않아
원한을 품게 해서는 안 되고, 이전 왕조의 옛 관리는
극히 사악하여 도리를 벗어나지 않았다면 버리지 않아야 하며,
한 사람에게 모든 것을 요구해서는 안 된다."

周公謂魯公曰, 君子不施其親, 不使大臣怨乎不以. 故舊無大故, 則不棄也. 無求備於一人.

"주공周公이 노공魯公에게 말했다." "주공周公"은 주공 단旦을 가리키고 "노공魯公"은 노나라 임금 백금伯禽, 즉 주공 단의 맏아들을 가리킨다. 여기서 한 말은 주공이 백금을 노나라에 봉하는 임명사를 기록한 것이다. 청대 고염무의 『일지록』에서는 손보동孫寶侗의 말을 인용하여, 『좌전』 정공 4년에 나오는 축타의 말에는 주나라에서 백금을 노나라에 봉하는 임명사를 「백금」이라 불렀다는 언급이 있는데, 『서경』 100편 속에는 들어 있지 않다고 했다.[13] 여기서 말한 임명사는 「백금」의 사라진 문장 중 일부일 것이다.

"시施"는 느슨하게 한다는 의미의 "이弛"자와 통하는데, 옛날 판본에는 "이弛"로 쓰고 있다.

"이전 왕조의 옛 관리는 극히 사악하여 도리를 벗어나지 않았다면

버리지 않는다"에 해당되는 원문 가운데 "고구故舊"는 일반적으로 오랜 친구, 오랜 우정이라고 생각한다. 그러나 이 편에서 서술하고 있는 것은 모두 관직을 버리는 것과 관련이 있다. 나는 여기서 말한 "고구"는 반드시 오랜 친구나 오랜 우정을 가리키는 것이 아니라 백금을 노나라에 봉하고 나서 받아들인 여섯 부족의 은민殷民, 특히 이전 왕조의 옛 관리를 가리키는 것이 아닐까 하는 의문이 든다. 여기서 설명하고 있는 것은 바로 「요왈」 20.1의 "일민을 채용했다"이다. "대고大故"는 사악하여 도리를 크게 벗어난 것을 가리킨다. 공주孔注에서 "대고大故는 사악하고 도리를 벗어난 일을 말한다"라고 말했다. 『예기』「단궁상」에서는 "그러므로 군자는 대고大故가 없다"는 기록이 있는데, 그에 대한 정현의 주에서는 "대고는 사악하고 도리를 벗어난 일을 말한다"고 말했다. "사악하고 도리를 벗어난 일"이란 고대의 이른바 "열 가지 악행은 용서하지 않는다十惡不赦"의 "열 가지 악행"의 하나이고, 혈육, 즉 자기 할아버지, 할머니, 아버지, 어머니 등을 때리거나 죽이는 것을 가리킨다.[14]

임명사에서 네 가지를 말했다. 첫째, 자기 동족을 버리고 쓰지 않는 일이 없어야 한다. 둘째, 대신이 중용되지 않아 원한을 품도록 해서는 안 된다. 셋째, 이전 왕조의 관리는 사악하고 도리를 벗어난 죄가 없으면 쓰지 않고 버려두어서는 안 된다. 넷째, 한 사람에게 완전무결을 강요해서는 안 된다. 즉 한 사람이 무슨 능력이든 다 갖추고 있기를 바라서는 안 된다. 이 네 가지 조항은 모두 노나라 정부를 조직하는 것과 관련이 있다.

18.11

주나라에는 백달伯達, 백괄伯适, 중돌仲突,
중홀仲忽, 숙야叔夜, 숙하叔夏, 계수季隨, 계과季騧 등
여덟 명의 선비가 있었다.

周有八士, 伯達伯适仲突仲忽叔夜叔夏季隨季騧.

이 명단에 있는 여덟 사람은 모두 은나라 유민遺民에 속한다.

"주나라에는 여덟 명의 선비가 있었다." 『국어』「진어사」에서는 주의 문왕이 "산의 관리를 담당하는 '여덟 명의 관리八虞'에게 의견을 구했고, 괵중虢仲 및 괵숙虢叔 등과 정사를 계획했다"[15]는 기록이 있는데, 위소韋昭의 주에서 가규賈逵와 당고唐固의 설을 인용하여 산의 관리를 담당하는 여덟 명의 관리, 즉 "팔우八虞"는 바로 여기서 말한 "팔사八士"이며 모두 우관虞官에 있었다고 말했다. 『일주서逸周書』의 「화오和寤」와 「무오武寤」에서는 무왕이 상나라를 무너뜨릴 때 "윤씨팔사尹氏八士"가 있었다고 말했다. 예전에는 "윤씨팔사" 역시 여기서 말한 여덟 명을 가리킨다고 생각했다. 여기서 말한 "백달伯達"과 "중돌仲突"에 대해 예전에는 그들이 바로 『일주서』「극은克殷」에 나오는 "남공백달南公百達"과 "남궁홀南宮忽"이라고 생각했다. "백괄伯适"에 대해서는 예전에 『묵자』「상현」과 『상서대전』 권1 및 『사기』「주본기」 등에 나오는 "남궁괄南

宮括" 혹은 "남궁괄南宮适"이라고 생각했다. 『논어』「태백」 8.20에서 "무왕은 '나는 유능한 신하 열 명이 있다'고 말했다"라고 언급했는데, 마융의 주와 정현의 주에 따르면 그 속에도 남궁괄이 있다. 이들은 모두 주나라 초기의 명신들이고, 남궁괄은 특히 뛰어난 명신이다.[16]

이 여덟 사람 가운데 백伯자를 쓰고 있는 사람이 두 명이고, 중仲자를 쓰고 있는 사람이 두 명이고, 숙叔자를 쓰고 있는 사람이 두 명이고, 계季자를 쓰고 있는 사람이 두 명이다. 만약 그들이 두 개의 갈래에서 나와 백·중·숙·계로 나뉘어 각각 두 명이 되었다고 한다면 그래도 이해할 수 있다. 그러나 포주包注에서는 그들을 네 쌍의 쌍둥이[17]라고 말했는데, 이는 전혀 믿을 수 없다.[18]

윤씨는 작책作冊[19] 관직을 맡은 윤씨일 수 있으며 이는 사관의 우두머리이다. 혹은 주나라의 세습 귀족, 즉 서주 금문에 나오는 고성姞姓 윤씨(예를 들어 윤숙정尹叔鼎)일 수도 있다. 남궁씨는 그가 살았던 궁실로 이름을 삼은 것이다. 서주 동기에 나오는 우정盂鼎은 바로 남궁씨에게서 나왔다. 어떤 학자는 남궁씨가 희성姬姓이라고 생각했다.[20]

주나라에는 여덟 명의 선비가 있었다

제19편 자장 子張

이 편은 주제가 상대적으로 집중되어 있는데, 주로 공문 제자들이 직접 스승으로부터 들었던 말을 기록하고 있다. 그 특징은 모든 말은 다 제자들의 말이고, 공자의 말은 한 구절도 없다는 것이다. 그러나 그 속에 반영되어 있는 것은 여전히 스승의 사상이고, 대부분은 공자의 말을 전달한 것이다.[1] 공자로부터 들은 말 가운데 제자들이 각자 기억하고 있는 것이 때로는 서로 모순되기도 하는데, 사실은 공자가 바로 제자들 각자의 약점에 초점을 맞춰 말한 것이기 때문에 "인재시교因材施敎", 즉 사람의 자질이나 상황에 맞춘 교육의 예를 아주 잘 보여주는 것이라고 할 수 있다. 그 가운데서 자장의 말(19.1-3), 자하의 말(19.4-13), 자유의 말(19.14-15), 증자의 말(19.16-19), 자공의 말(19.20-25) 등은 기본적으로 모두 공문 후진이 한 말이다. 그들은 대개 공자의 말을 전달하고 있지만, 공자가 직접 한 말은 한 구절도 없다.

19.1

자장이 말했다.
"선비는 위험 앞에서는 목숨을 바치고, 이익 앞에서는
의롭고자 하고, 제사를 지낼 때는 경건하고자 하고,
장사를 치를 때는 슬프고자 하는데, 이렇게 하면 괜찮을 것이다."

子張曰, 士見危致命, 見得思義, 祭思敬, 喪思哀, 其可已矣.

이것은 공자의 말을 요점만 따다가 서술한 것으로 이전의 편에서 나온 어구가 많이 보인다.

"선비는 위험 앞에서는 목숨을 바친다"에서 "선비士"는 바로 군자이다. "위험 앞에서는 목숨을 바친다"는 위험에 직면해서는 용기가 있든 없든 생명을 내건다는 것이다. 「헌문」 14.12에서는 "위험을 보면 목숨을 내놓는다"고 했다. 그 아래의 몇 개의 구는 다르다. 모두 "사思" 자가 있다. "사思"는 희망을 나타내지만, 어떠어떠하기만을 바라는 것이다.

"이익 앞에서는 의롭고자 하고"는 이득이 될 만한 것에 직면해서는 그것을 가져야 할지 말아야 할지를 깊이 생각해보아야 한다는 것이다. 같은 말이 「헌문」 14.12, 「계씨」 16.10 등에도 보인다.

"제사를 지낼 때는 경건하고자 하고, 장사를 치를 때는 슬프고자

한다"는 것 역시 공자의 사상이다. 「팔일」 3.12, 3.26, 「안연」 12.2 등을 참조하기 바란다.

이 네 가지 조목은 모두 앞에서 설명했던 말이다.

위험 앞에서 목숨을 바친다

19.2

자장이 말했다.
"덕을 고수하고 있으면서 널리 실천하지 않고 도에 대한 믿음이 독실하지 않다면, 어떻게 있다고 말할 수 있으며, 어떻게 없다고 말할 수 있겠는가?"

子張曰, 執德不弘, 信道不篤, 焉能爲有. 焉能爲亡.

자장은 "덕을 고수하는 것執德"과 '도에 대한 믿음信道'을 강조하면서 그렇게 하지 않으면 사람이 아니라고 생각했다.

"덕을 고수하고 있으면서 널리 실천하지 않고 도에 대한 믿음이 독실하지 않다"는 말은 「안연」 12.10과 12.21에서 자장과 번지가 "덕을 높이는 방법崇德"을 물었는데, "덕을 높이는 것崇德"이 바로 "덕을 널리 실천하는 것弘德"이라고 말했다. 이 말들은 모두 공자의 가르침과 관련이 있다.

"어떻게 있다고 말할 수 있으며, 어떻게 없다고 말할 수 있겠는가?" 이런 것을 가지고 있는 사람은 많지 않고, 이런 것이 없는 사람이 적지 않다면, 그것은 별로 대수로울 것이 없다는 의미이다.

덕의 실천과 도에 대한 믿음

19.3

자하의 문인이 자장에게 교우에 대해 묻자 자장이 말했다.
"자하는 어떻게 말하던가?" 문인이 대답했다.
"자하는 '괜찮은 사람은 사귀고, 괜찮지 않은 사람은 물리쳐라'라고 말했습니다." 자장이 말했다.
"내가 들은 것과는 다르다. 군자는 현자를 존중하고 대중을 포용하며, 선한 사람을 칭찬하고, 능력 없는 사람을 불쌍히 여긴다. 내가 큰 현자라면 다른 사람에 대해 받아들이지 못할 것이 어디 있겠는가? 내가 현자가 아니라면 사람들이 나를 거부할 것이니 내가 어떻게 사람들을 물리칠 것인가?"

子夏之門人問交於子張. 子張曰, 子夏云何. 對曰, 子夏曰, 可者與之, 其不可者拒之. 子張曰, 異乎吾所聞. 君子尊賢而容衆, 嘉善而矜不能. 我之大賢與, 於人何所不容. 我之不賢與, 人將拒我, 如之何其拒人也.

"자하의 문인." 자하는 문학에 뛰어났는데, 공문 제자 중에서 후세에 대단히 큰 영향을 끼친 인물이며, 특히 학술 분야에 큰 영향을 끼쳤다. 공자가 죽고 난 뒤 그는 서하西河에서 가르쳤는데, 제자들이 매우 많았다. 예를 들어 위魏나라 문후文侯, 전자방田子方, 단간목段干木, 이극李克, 증신曾申, 오기吳起, 금활리禽滑離, 공양고公羊高, 곡량적穀梁赤, 고행자高行子 등이 모두 그의 제자였다. 한대의 경학은 그와 가장 큰 관계가 있다.

"군자는 현자를 존중하고 대중을 포용하며, 선한 사람을 칭찬하고, 능력 없는 사람을 불쌍히 여긴다."『한시외전』 권9에 따르면 자공 역시 이런 말을 했는데, 공자로부터 직접 들은 것으로 추측된다.

자하와 자장은 교우交友의 방법이 달랐으며, 서로 모순되는 것처럼 보인다. 예전에는 자장이 자하에 비해 높다고 말했지만, 옳지 않다. 그들이 말한 것은 모두 공자에게 직접 들은 것이다. 자하가 들은 것은 바로 자하의 단점에 대한 것이고, 자장이 들은 말은 바로 자장의 단점에 대한 것으로 각기 가리키는 의미가 다르다. 우리는 모두 공자가 "전손사는 지나치고, 복상은 미치지 못한다"[2]라고 말한 것을 알고 있다. 이 두 사람의 단점은 자장은 지나치고 자하는 미치지 못한 데 있었다. 동한의 채옹蔡邕은 이렇게 말했다. "자하의 문인이 자장에게 교우에 대해 물었는데, 두 사람은 공자로부터 각기 다른 것을 들었다. 그렇기 때문에 교우에 대한 가르침에서 복상은 관대했기 때문에 사람과 거리를 두라고 알려주었고, 전손사는 편협했기 때문에 대중을 포용하라고 알려주었다. 각자 자신의 행실에 따라 바로잡는 것이다. 중니의 정도正道는 대중을 두루 사랑하고 어진 사람과 친하게 지내는 것이다. 그러므로 선한 사람이 아니면 좋아하지 않고, 어진 사람이 아니면 친하게 지내지 않고, 올바른 도리로써 교유하고 인으로써 사귀면 별 탈이 없을 것이다."[3] 이 설명이 가장 합리적이다. 자하는 사람을 대하는 데 관대했다. 그래서 공자의 충고는 사귈 만한 사람과는 사귀고, 사귈 만하지 못한 사람은 물리쳐야 한다고 충고하여 그가 사람을 구별하도록 하고, 온다고 아무나 다 받아들이지 말도록 했다. 자장은 사람을 각박하게 대했다. 그래서 공자는 너보다 뛰어난 사람은 존중해야 하고 너보다 못한 사람은 포용해야 하며, 다른 사람의 장점은 칭찬해주어야 하고, 다른 사람의 부족한 점은 동정해주어야 한다고 충고함으로써 그가 사람을 좀 포용하도록 했다. 두 가지 대답은 서로 충돌하는데, 그 원인은 바로 이런 데 있었다. 이 문장은 공자의 인재시교因材施教, 즉 "자질에 따라 교육을 베푸는 방법"을 매우 잘 보여주고 있다. 공자의 말은 대부분 제자의 결점을 겨누고 한 말로서 같은 문제에 대해서도 흔히 다른 대답을 내놓았다. 예를 들면 똑같이 밥을 먹는 문제라 하더라도 뚱뚱한 사람과 마른 사람이 만약 함께 와서 무엇을 먹어야 좋을지를 묻는다면, 그는 뚱뚱한 사람에게는 "적게 먹고 많이 움직여라"라고 말했을 것이며, 마른 사람에게는 "생선과 고기를 많이 먹어라"라고 말했을 것이다. 이 두 가지 대답 중 어떤 것이 맞고 어떤 것이 틀렸다고 말할 수 없다.

이 장은 자하와 대비하고 있으며 아래의 문장과 교차하는 부분이 있다. 그러나 주로 자장에 대해 이야기하고 있다.

사람들이 거부하다

이상 세 장의 내용은 자장이 직접 공자에게서 들은 것이다.

19.4

자하가 말했다.
"비록 작은 길이라도 분명히 볼 만한 것이 있겠지만,
그곳을 통해 멀리 가려면 아마 흙이 묻을 것이다. 이 때문에
군자는 그렇게 작은 길로 가지 않는다."

子夏曰, 雖小道, 必有可觀者焉, 致遠恐泥, 是以君子不爲也.

이하의 열 개 장은 학문에 대한 논의를 위주로 하고 있다.

이 문장은 자하의 입에서 나왔다. 그러나 『한서』「예문지·제자략」의 '소설가서小說家序'와 『한서』「채옹전」에서는 오히려 공자의 말이라고 했다. 적어도 한대 경학자들은 이것을 자하가 공자로부터 직접 들은 것이라고 생각했다. 공자가 왜 자하에게 이런 이야기를 해야 했는지는 19.12를 보기 바란다. 자하는 경예에 뛰어났고 학문이 가장 훌륭했다. 그러나 그의 결점은 세세한 데 빠지는 것이었다. 그래서 공자는 작은 길(즉 사소한 기술)이라도 당연히 볼 만한 곳이 있지만, 먼 길을 가는 데(즉 원대한 일을 하는 데) 쓰기에는 아마도 장애가 될 것이므로 군자는 그렇게 하지 않는다고 말했다.

작은 길

19.5

자하가 말했다.
"매일 모르던 것을 배우고, 매달 자기가 잘하는 것을
잊지 않게 복습한다면 배우기를 좋아한다고
말할 수 있을 것이다."

子夏曰, 日知其所亡, 月無忘其所能, 可謂好學也已矣.

학문을 하는 데는 온고지신溫故知新, 즉 옛것을 익히고 새것을 아는 것이 필요하다. 멍청한 곰이 옥수수 끼고 가듯이 해서는 안 된다. 곰은 주머니가 없기 때문에 몽땅 다 양쪽 겨드랑이에 끼고 가려 하는데, 한쪽 겨드랑이에 끼고 나면 다른 쪽에 끼었던 것들을 떨어뜨리고 만다.

이 장은 바로 「위정」 2.11의 "옛것을 익히고 새것을 안다"는 말의 의미이다. "매일 모르던 것을 배우는 것"은 "새것을 아는 것"이고, "매달 자기가 잘하는 것을 잊지 않게 복습하는 것"은 "옛것을 익히는 것"이다. 앞의 것은 "지知"(인식)이고, 뒤의 것은 "식識"(기억과 소화)이다. 이 말의 근원은 아마도 공자일 것이다.

지와 식

19.6

자하가 말했다.
"널리 배우고 생각을 집중하며, 철저하게 묻고 가까운 데서 생각하면, 인仁은 그 속에 있다."

子夏曰, 博學而篤志, 切問而近思, 仁在其中矣.

학문은 배우고 묻는 것이다. 즉 한편으로는 배우는 것이고, 다른 한편으로는 묻는 것이다. 배우는 것은 시야가 넓어야 하고 정신을 집중해야 한다. 이것이 "박학博學", 즉 널리 배우는 것이고 "독지篤志", 즉 생각을 집중하는 것이다. 물음은 한 가지는 다른 사람에게 묻는 것이고, 다른 한 가지는 자기 자신에게 묻는 것이다. "생각思"은 바로 자기가 자기에게 묻는 것이다. 물음과 생각에서 최대의 금기는 실제나 주제와 동떨어지는 것이다. "절切"과 "근近"은 모두 가까움의 뜻이 있기 때문에 서로 같은 뜻으로 해석할 수 있으며 모두 문제를 단단하게 얽어 묶는 것이다.

나는 학술에는 두 단계가 있는데, 높은 단계와 낮은 단계가 다르다고 생각한다. 학은 지식을 배우는 것으로 구분짓고 경계를 나누며 오로지 자기의 이 한 가지 행위에만 관여하며 모든 것은 지식의 생산을 중심으로 한다. 분업 체계 속에 있는 사람은 학술의 주류를 바짝 따르면서 함께 걷고 함께 뛰며 책 표지에 익숙하고 자료에 익숙하며, 학계 사람에 익숙하고 학술 동태에 익숙하지만, 이것은 사람이 학문을 하는 것이 아니라 학문을 이용해 처세하는 것이다. 이것은 그저 시대의 흐름에 참여하는 것, 시대의 흐름에 부합하는 데 지나지 않는다. 물음이야말로 보다 높은 단계에 이르는 길이다. 그것은 문제를 중심에 둔다. 따라서 지식은 도구이며 자료이고, 연구는 여러 학과를 통합하며, 구분과 경계는 그 의의를 상실한다.

이 말 역시 공자가 한 것으로서 자하가 작은 길로 빠지는 것을 걱정하여 한 말인 것 같다.

배움과 물음

19.7

자하가 말했다.
"모든 기술자는 시장에 살면서 자기 일을 이루고,
군자는 배움으로써 도를 획득한다."

子夏曰, 百工居肆以成其事, 君子學以致其道.

"백공百工"은 기술자이다. "사肆"는 상점이거나 작업장이라고 할 수 있고, 또는 앞쪽에는 상점이고 뒤쪽에는 마당이 있는 작업장이라고 할 수 있다. 온갖 전문화된 기술자가 분업하고 협업하는 곳이다.

군자는 기술자처럼 널리 배우고 생각을 집중해야 하며, 철저하게 묻고 깊이 생각해야 하고, 총체적 감각이 있어야 하며, 상상력이 있어야 한다. 자하의 장점은 세밀한 데 있고, 단점 역시 세밀한 데 있었다. 이 말 역시 공자가 그에게 훈계한 것이라고 생각된다.

지식의 생산은 학술의 분업과 전문화에 힘입은 것이며, 19세기, 특히 20세기 이후로 대단히 두드러진 성과를 내고 있는데, 병폐 역시 매우 두드러지고 있다. 인문학술에서 특히 뚜렷하다. 그 병폐는 갈수록 매너리즘에 빠져 거대한 시야와 예술적 상상력이 없어진다는 것이다.

학술의 공장화

19.8

자하가 말했다.
"소인은 잘못을 저지르면 꼭 꾸며대려고 한다."

子夏曰, 小人之過也必文.

자하는 소인이 잘못을 저지르면 반드시 잘못을 감춘다고 말했다.

잘못을 덮어 숨기다

19.9

자하가 말했다.
"군자에게는 세 가지 변화가 있다. 멀리서 보면 엄숙해 보이고, 가까이서 접해보면 따스하고, 말하는 것을 들어보면 매섭다."

子夏曰, 君子有三變. 望之儼然, 卽之也溫, 聽其言也厲.

자하는 군자가 사람에게 주는 느낌은 멀리 떨어져서 볼 때는 위엄이 있어 보이고, 가까운 곳에서 접촉해보면 매우 온화하고, 그가 말하는 것을 들어보면 또 매우 매섭다고 말했다. 오늘날에는 이 말의 의미가 이미 변하여 대단한 권위자나 작은 전문가를 추켜세울 때, 특히 자기 스승을 추켜세울 때 이런 말을 쓰는데, 읽는 사람으로 하여금 닭살 돋게 한다.

군자에게는 세 가지 변화가 있다

19.10

자하가 말했다.

"군자는 신뢰를 얻은 다음에 백성에게 일을 시킨다. 신뢰가 없으면 백성은 자기를 학대하는 것으로 여긴다. 그리고 신뢰를 얻은 다음에 간언한다. 신뢰가 없으면 군주는 자기를 비방하는 것으로 여긴다."

子夏曰, 君子信而後勞其民. 未信, 則以爲厲己也. 信而後諫. 未信則以爲謗己也.

동물들은 모두 경계심을 가지고 다른 사람이 자신을 해치지나 않을까 두려워하는데, 사람도 마찬가지다.

자하는 군자가 백성에게 일을 시킬 때는 반드시 먼저 백성으로부터 신뢰를 얻어야 하며, 그렇지 않으면 그들이 자신들을 학대하는 것으로 생각할 것이라고 말했고, 군자가 군주에게 간언을 할 때는 반드시 먼저 군주로부터 신뢰를 얻어야 하는데, 그렇지 않으면 군주는 자신을 비방하는 것으로 생각한다고 말했다.

이것은 "신뢰"의 중요성을 설명한 것이다.

먼저 신뢰를 얻는다

19.11

자하가 말했다.
"중요한 원칙에서는 한계를 넘지 말아야 하고,
세부적인 행동에서는 상황에 따라 차이를 두어도 좋다."

子夏曰, 大德不踰閑, 小德出入可也.

자하는 작은 길에 빠져 있었다. 여기서는 큰 대목에서는 상궤를 벗어나면 안 되며 세부적인 데서는 융통성을 발휘할 수 있다고 말했는데, 역시 공자의 가르침일 것이다.

중요한 원칙과 세부적인 행동

19.12

자유가 말했다.
"자하 문인의 제자는 집 안 청소하고, 손님과 대화하고,
나아가고 물러서는 일은 잘하지만, 이런 일들은 지엽적인 것이다.
근본적인 것은 없으니 어떻게 하려는 것인가?"
자하가 그 말을 듣고서 말했다.
"허 참, 자유가 지나치다. 군자의 도에서 어떤 것을 먼저
가르치게 하고, 어떤 것을 나중으로 미뤄 게을리 할 것인가?
풀이나 나무에 비유하면 종류에 따라 구별이 있는 것과 같다.
군자의 도를 어찌 속일 수 있을까? 시작이 있고
마침이 있는 것은 오직 성인뿐일 것이다."

子游曰, 子夏之門人小子, 當洒掃應對進退, 則可矣, 抑末也. 本之則無, 如之何.
子夏聞之, 曰, 噫. 言游過矣. 君子之道, 孰先傳焉. 孰後倦焉. 譬諸草木, 區以別矣.
君子之道, 焉可誣也. 有始有卒者, 其惟聖人乎.

"집 안 청소하고, 손님과 대화하고, 나아가고 물러서는 일"은 빈객을 접대하는 여러 의례의 세부적인 항목을 가리킨다. "쇄소灑掃"는 물을 뿌리고 바닥을 쓸어 집 안을 깨끗하게 하는 것이다. "응대應對"는 빈객을 접대할 때의 일문일답이다. "진퇴進退"는 빈객을 접대할 때의 일진일퇴하는 것으로 말할 때도 규칙에 맞아야 하고 움직일 때도 규

칙에 맞아야 한다.

"어떤 것을 먼저 전하고, 어떤 것을 나중으로 미뤄 게을리 할 것인가"는 먼저 도를 전한 사람은 누구이고, 나중에 지친 사람은 누구인지를 묻는 것이다. 모든 일에는 시작이 어렵지만, 결말을 맺는 것 역시 쉽지 않다는 속담이 있다. 옛날 사람은 "시작이 없는 것은 없지만, 끝이 잘 완결되는 경우는 드물다"[4]라고 말했는데, 이 역시 시작은 쉽지만 그것을 끝까지 지속하는 것은 어렵다는 것을 말한 것이다.

"풀이나 나무에 비유하면 종류에 따라 구별이 있는 것과 같다"는 말은 바로 풀이나 나무처럼 똑같이 분류하고 세세한 차이로부터 시작해야 한다는 것이다.

"시작이 있고 마침이 있는 것은 오직 성인뿐일 것이다." 시작이 있고 끝이 있는 것은 오직 한결같음이 있는 사람일 뿐이지 결코 성인은 아니다. 자하가 이렇게 말한 것은 공자의 도에 위반된다.

자유와 자하는 모두 문학에 뛰어났지만, 서로 맞지 않았다.

자유는 자하를 비평하면서 그는 지엽적인 것만 있고 근본이 없다고 생각했다. 그의 제자는 예의의 세세하고 지엽적인 부분에 너무 주의를 기울인 나머지 예의의 근본을 잃어버렸다. 다시 말하면 참깨를 따느라 수박을 놓친 것과 같은 경우라고 할 수 있다는 것이다. 자하의 특징은 세세한 데 있고, 세세하기 때문에 행동이 느렸다. 공자가 "복상은 미치지 못한다"[5]고 말한 원인도 여기에 있었다.

공자는 자하를 비판했고, 그는 감히 복종하지 않을 수 없었지만, 자유가 그를 비판할 때 그는 그렇다고 인정하지 않았다. 그는 도를 배우는 것은 순서에 따라 차근차근 나아가는 것이며 중요한 것은 처음과 끝이 있는 것이라고 말했다. 시작이 없으면 끝이 없다. 사람은 모두 작은 일에서부터 시작한다. 작은 것이 없다면 어떻게 큰 것이 있을 수 있겠는가. 도를 배우는 것은 바로 "집 안 청소하고, 손님과 대화하고, 나아가고 물러서는 일"과 같은 작은 일에서부터 시작해야 한다. 자하는 소도小道를 중시했고, 자유는 대도大道를 중시했는데, 이것이 두 사람의 다른 점이다.

이 장은 자유와 비교한 것이고, 다음에 나오는 자유의 말과 겹치는 부분이 있다. 그러나 주로 자하에 대해 말한 것이다.

뿌리와 끝, 시작과 마침

19.13

자하가 말했다.
"벼슬에 나아가 여유가 있으면 배우고,
배우다가 여유가 있으면 벼슬에 나아간다."

子夏曰, 仕而優則學, 學而優則仕.

"벼슬에 나아가 여유가 있으면 배우고"의 원문에 있는 "우優"는 여유가 있다는 의미이지 우수하다는 의미가 아니다. 「헌문」 14.11의 "스승님께서 말씀하셨다. '맹공작은 진晉나라의 조씨趙氏나 위씨魏氏의 가신을 맡는 데는 충분한 능력을 갖고 있지만, 등滕나라나 설薛나라의 대부를 맡을 수는 없을 것이다'"라는 문장의 원문에 나오는 "우優"자 역시 이와 같은 의미이다. 『집해集解』와 『황소皇疏』 등에서는 모두 이 구절을 "실천하고서도 여력이 있다行有余力"의 의미라고 설명했다. 「학이」 1.6의 "이런 것들을 실천하고서도 여력이 있으면 곧 글을 배운다"를 참조하기 바란다.

"배우다가 여유가 있으면 벼슬에 나아간다"의 원문에 있는 "우優" 역시 같은 의미이다.

이 문단의 의미는 관리가 된 사람은 관직을 마치고 나서 학문을 한다거나, 마치 오늘날의 관리처럼 관리 일을 하고 있는 사람이라도 또 교수일을 해야 한다거나, 혹은 학문을 마치고 나면 관리가 된다거나, 과거의 독서인처럼 과거시험을 통해 관리가 된다는 것이 아니다. 이 문장은 관리가 된 사람이 만약 여력이 있으면 공부해야 하고, 공부하다가 만약 여력이 있으면 관리가 되어야 한다는 것을 말하고 있다.

오늘날은 "학문이 높아지면" 고등교육 관리층으로 뽑힐 수 있고, 혹은 반대로 고위 관리가 되면 반드시 대교수大教授가 된다. 소교수가 아니라 대교수가 되고, 선발하는 것이 아니라 승인하는 것이다. 누가 중국의 전통이 끊어졌다고 말하는가?

배우다가 여유가 있으면 벼슬에 나아간다

이상의 열 개 장은 자하의 말을 기록한 것이다.

19.14

자유가 말했다.
"상사喪事에서는 슬픔에 이르면 그만이다."

子游曰, 喪致乎哀而止.

"애哀"는 통慟과 달리 그저 담담한 슬픔일 뿐이다. 자유는 상사에는 슬퍼하되 그 슬픔이 "애哀"에 이르면 충분하다고 말했다.

슬픔

19.15

자유가 말했다.
"내 친구 자장은 아주 어려운 일을 한다.
그런데도 아직 인에 이르지 못했다."

子游曰, 吾友張也, 爲難能也, 然而未仁.

"아주 어려운 일을 한다"에 해당되는 원문인 "난능難能"은 쉽지 않은 것이다. 「헌문」 14.1에서 공자는 "실천하기 어렵다고 할 수는 있겠지만, 어질다고 할 수 있을는지는 모르겠다"고 말했는데, 그 속에서 말한 "난難"자는 이곳과 쓰임이 비슷하다. 공자는 선하지 않은 것을 행하지 않는 것은 그저 쉽지 않다고 할 수는 있겠지만 아직 어질다고 할 수 없다고 생각했다.

자장은 아직 인에 도달하지 못했다 1

이상 두 개의 장은 자유의 말을 기록한 것이다.

19.16

증자가 말했다.
"자장은 당당하지만, 그와 함께 인을 실천하기가 어렵다."

曾子曰, 堂堂乎張也, 難與並爲仁矣.

"당당堂堂"은 본래는 좋은 말이다. 그러나 지나쳐서는 안 된다. 자장은 태도가 단정하고 항상 티를 냄으로써 다른 사람이 접근하기 어렵게 했는데, 이것이 그의 결점이었다.

자장에 대한 증자의 평가는 그는 조금도 부드러운 맛이 없고 함께 지내기 어렵기 때문에 함께 인을 추구할 수 없다는 것이다.

이 문단에 대해 옛 주에서는 모두 자장의 겉모습은 당당해 보이지만, 인의 실천이라는 면에서는 천박하다는 것을 비판한 것이라고 말했다. 그러나 청대의 왕개운王闓運은 그와 정반대로 이 문장이 자장을 칭찬한 것으로 자장의 고상한 행실은 따라갈 수 없고 근본적으로 그와 비교할 수 없음을 말하는 것이라고 설명했다.(『논어훈論語訓』)[7]

내가 보기에 이 말에는 칭찬과 비난이 모두 들어 있다. 증자는 자장이 아직 인의 경지에 도달하지 못했다고 생각했다.

자장은 아직 인에 도달하지 못했다 2

19.17

증자가 말했다.
"나는 스승님으로부터 들었다. 사람은 자신의 감정을
모두 드러내는 법이 없는데, 만약 있다면,
분명히 혈육을 잃었을 때일 것이다."

曾子曰, 吾聞諸夫子. 人未有自致者也, 必也親喪乎.

사람은 어려서부터 자기의 정서를 통제하는 법을 배우고, 때때로 몹시 억누른다.

공자는 사람은 자기감정을 맘껏 발산할 기회를 갖기가 매우 어려운데, 있다면 반드시 혈육이 죽었을 때일 것이라고 말했다.

이것은 증자가 공자의 말을 전달한 것이다.

혈육을 잃은 아픔

19.18

증자가 말했다.

"나는 스승님으로부터 들었다. 맹장자孟莊子의 효는 다른 사람도 할 수 있지만, 아버지가 임명한 신하와 아버지의 정치적 조치를 바꾸지 않은 것은 따라 하기 어려운 것이다."

曾子曰, 吾聞諸夫子. 孟莊子之孝也, 其他可能也. 其不改父之臣與父之政, 是難能也.

이것도 공자의 말을 전달한 것이다.

"맹장자孟莊子"는 바로 중손속仲孫速으로 노나라 양공을 섬겼고 공자의 선배였다. 그는 유명한 효자였다.

공자는 맹장자의 효를 다른 사람이 배우기 쉽고 옆 사람도 똑같이 흉내낼 수 있지만, 부친이 남겨놓았던 가신家臣과 정치 규범을 그는 조금도 바꾸지 않았는데, 그것을 따라 하는 것은 매우 어려울 것이라고 말했다. 그의 부친은 맹헌자孟獻子, 즉 중손멸仲孫蔑이다.

공자는 "3년 동안 아버지가 하시던 방식을 고치지 않는다면, 효자라고 할 수 있을 것이다"[8]라고 말했는데, 맹장자는 이 말과 정확하게 부합한다.

맹장자

19.19

맹씨가 양부陽膚를 사사士師로 임명하자, 양부가 증자에게
가르침을 청했다. 증자는 이렇게 대답했다.
"윗사람이 도를 잃어 민심이 떠난 지 오래되었다. 만약 이러한
상황을 이해한다면 불쌍하게 여겨야지 기뻐해서는 안 될 것이다."

孟氏使陽膚爲士師, 問於曾子. 曾子曰, 上失其道, 民散久矣. 如得其情, 則哀矜而勿喜.

"맹씨가 양부陽膚를 사사士師로 임명했다." 여기서 말한 맹씨는 맹경자孟敬子이다. 마융은 주에서 "맹경자는 노나라 대부 중손첩仲孫捷이다"라고 말했다. 그는 공자보다 46세 어렸고, 증자와 같은 나이였다. 『예기』「단궁하」에서도 그를 언급하고 있는데, 정현의 주에서 "경자敬子는 무백武伯의 아들이고 이름은 첩이다"라고 말했는데, 그는 양부陽膚를 사사士師로 추천했다. 당시에 증자는 이미 제자들을 받아들이고 있었고, 양부는 증문曾門의 일곱 제자 중 한 명이었다.

맹경자는 또 「태백」 8.4에도 보인다. 그곳에서는 "증자가 병이 들었을 때 맹경자孟敬子가 문병 갔다"고 기록했다. 맹경자가 양부를 사사로 임명하자, 양부는 증자에게 가르침을 청했다. 이 일은 분명히 문병을 간 뒤, 즉 기원전 480년 이후의 일일 것이다.

맹씨는 양부를 사사로 천거했는데, 사사는 소송사건을 담당하는

관리다. 증자는 그에게 현재 윗사람이 도를 잃었기 때문에 민심이 흩어진 지 이미 오래되었다, 만약 네가 사건들을 심문하여 범죄 사실을 발견한다면 너는 그들을 불쌍하고 가련하다고 생각해야지 절대로 기쁘게 생각해서는 안 된다고 가르쳤다.

불쌍하게 여기고 기뻐하지 말아라

이상 네 개의 장은 증자의 말을 기록한 것이다.

19.20

자공이 말했다.
"주紂의 악행이 그렇게까지 심하지는 않았을 것이다.
그러므로 군자는 하류에 있는 것을 싫어한다. 세상의 모든 악명이
다 그곳으로 모여들기 때문이다."

子貢曰, 紂之不善, 不如是之甚也. 是以君子惡居下流, 天下之惡皆歸焉.

어린애는 착한 사람과 나쁜 사람의 이야기 듣는 것을 좋아하는데, 어른도 마찬가지다. 그와 같은 이야기는 이야기의 흐름이 매우 명쾌하다. 예를 들어 요순堯舜과 걸주桀紂가 대표적이다. 전자는 좋은 사람의 아이콘이 되었지만, 후자는 나쁜 사람의 아이콘이 되었기 때문에 아무리 공정하고 편견 없는 의견이라 해도 그들은 발붙이기가 매우 어렵다. 도덕과 여론은 증폭기이다. 좋은 것은 말을 할수록 더욱 좋아지고, 나쁜 것은 말을 할수록 더욱 나빠지며, 좋은 것은 더 좋게 말하려 하고, 나쁜 것은 더 나쁘게 말하려 한다.

자공은 "주紂의 악행이 그렇게까지 심하지는 않았을 것이다"라고 말했는데, 주가 꼭 모든 사람이 추악하게 묘사해놓은 그런 모습은 아니었을 것이라는 주장이다. 그는 용감하게 나쁜 사람에 대해 공평하게 말했는데, 그것은 정말 대단하다.

"그러므로 군자는 하류에 있는 것을 싫어한다. 세상의 모든 악명이 다 그곳으로 모여들기 때문이다"는 말은 군자는 주紂와 같은 불리한 위치에 있는 것을 가장 두려워하는데, 그 이유란 무슨 나쁜 일이든 모두 그 한 사람에게 집중되기 때문이라는 것이다. 그것은 마치 모든 더러운 물이 지세가 낮은 오수지汚水池로 흘러드는 것과 같다는 이야기다.

옛사람들은 "여러 사람의 입은 쇠도 녹인다"[9]고 말했다. 오늘날의 말로 하면 망가진 북을 사람들이 몰려들어 멋대로 두드리는 것, 무너져가는 벽을 여러 사람이 달려들어 밀어버리는 것, 즉 불난 집에 부채질하는 것이다. 이것들은 여론의 무서움을 비유한 말들이다. 이 장은 다음의 다섯 장과 관련이 있을 것이다. 첸무는 이 여섯 장 가운데 19.22–25는 모두 공자 사후에 일어난 일이라고 주장했는데,[10] 내가 보기에 19.20, 19.21 역시 마찬가지다. 공자가 죽은 뒤 무슨 일인지는 몰라도 공자를 깎아내리고 자공을 높이려는 하나의 조류가 일어났다. 자공은 그것을 감지하고 있었던 것일까?

군자는 하류에 있는 것을 싫어한다

19.21

자공이 말했다.
"군자의 잘못은 마치 일식과 월식 같다.
잘못을 저지르면 사람들이 모두 보고, 그것을 고치면
사람들이 모두 우러러본다."

子貢曰, 君子之過也, 如日月之食焉. 過也人皆見之, 更也人皆仰之.

이 말은 누구에 대해 이야기한 것일까? 아마도 역시 공자일 것이다.

자공은 군자에게 잘못이 있는 것은 마치 일식과 월식 같아서 그의 잘못을 다른 사람들이 모두 볼 수 있지만, 그 잘못을 고치기만 하면 모든 사람이 여전히 그를 존중하는데, 그것은 마치 빛이 가려져 있는 시간은 그저 잠시일 뿐이고, 검은 어둠이 지나가면 사람들은 다시 밝은 빛을 볼 수 있는 것과 같은 이치라는 것이다.

공자가 죽은 뒤 자공은 현명함으로 유명해졌다. 당시에 떠돌던 헛소문은 공자의 어떤 잘못을 붙들고 그 한 가지 약점을 공격하면서 나머지 다른 부분은 생각하지 않는 그런 것이었던 것 같다. 자공은 몸을 던져 스승을 변호하고 나섰다. 이와 같은 말은 이어서 또 있다.

군자의 잘못은 일식과 월식 같다

19.22

위나라 공손조公孫朝가 자공에게 물었다.
"중니께서는 어떻게 공부를 하셨습니까?"
자공이 말했다.
"문무文武의 도가 이 땅에서 사라지지 않고 사람에게 남아 있었다.
그 가운데서 현명한 사람은 중요한 것을 알고 있었고,
현명하지 못한 사람은 작은 것을 알고 있었으며,
문무의 도를 가지고 있지 않은 사람이 없었는데,
스승님께서 어디에선들 배우지 않으셨겠으며,
또 굳이 정해진 스승이 있어야 할 필요가 있었겠느냐?"

衛公孫朝問於子貢曰, 仲尼焉學. 子貢曰, 文武之道, 未墜於地, 在人. 賢者識其大者, 不賢者識其小者. 莫不有文·武之道焉. 夫子焉不學, 而亦何常師之有.

"위나라 공손조公孫朝"는 태어나고 죽은 해를 알 수 없다. 그는 오직 이곳에만 보인다. 『좌전』에는 두 명의 공손조公孫朝가 있는데, 한 명은 노나라의 신하(소공 26년)이고, 한 명은 초나라의 신하(애공 17년)인데, 이곳에서 "위衛"자를 넣은 것으로 보아 그들과는 다른 제3의 인물임을 알 수 있다.

이 사람의 문제는 헛소문, 즉 공자의 학력과 관련된 헛소문에서 발생했을 것이다. 그는 자공에게 공자는 누구에게서 배웠으며, 자신의 스승은 도대체 어떤 사람이냐고 물었다. 그는 아마도 공자가 자주 들먹이던 문무의 도라든가 문왕이나 무왕 등은 옛날 사람으로서 당시에도 이미 시간적인 거리가 매우 멀었는데(적어도 500여 년), 공자는 그 옛날의 상황을 어떻게 알았는지, 단언하기는 어렵지만 공자 자신이 개인적으로 만들어낸 것일지도 모른다고 생각했을 것이다. 자공은 문왕과 무왕이 살아 있지는 않지만 문왕과 무왕의 도는 아직 남아 있기 때문에 현명한 사람은 그중에서 큰 도리를 이해하고 있었고, 현명하지 못한 사람도 그 속에서 작은 도리를 이해하고 있었으며, 누구든 이런 종류의 도리에 접촉할 수 있었기 때문에 우리의 스승님이 어디에선들 배울 수 없으셨겠느냐고 물었고, 그러니 굳이 고정된 스승이 필요했겠느냐고 말했다.

문별을 강조하는 사람은 말할 때마다 항상 스승을 들먹거리기를 좋아한다. 그런데 스승의 스승은 누구인가 하는 것이 때로는 중요한 문제가 된다. 공자는 독학으로 큰 인재가 되었고, 배우는 데 특별히 고정된 스승이 없었다. 배우는 데 특별히 고정된 선생이 없었기 때문에 비로소 대가라고 불렸다.

배우는 데 특별히 고정된 선생이 없었다

19.23

숙손무숙叔孫武叔이 조정에서 대부들에게 말했다.
"자공은 중니보다 똑똑합니다."
자복경백子服景伯이 그 말을 자공에게 알려주자, 자공이 말했다.
"궁궐의 담장에 비유한다면 나의 담장은 어깨에도 못 미쳐
집 안의 좋은 것을 다 엿볼 수 있다. 그러나 스승님의 담장은
몇 길이나 되기 때문에 그 문을 찾지 못하면 속으로 들어갈 수 없고,
종묘의 아름다움을 보지 못하고, 온갖 건물이 많이 들어차 있는 것을
보지 못한다. 그곳으로 들어가는 문을 찾은 사람은 적다.
그러니 그분이 그렇게 말하는 것도 당연하지 않느냐?"

叔孫武叔語大夫於朝日, 子貢賢於仲尼. 子服景伯以告子貢. 子貢日, 譬之宮牆,
賜之牆也及肩, 窺見室家之好. 夫子之牆數仞, 不得其門而入, 不見宗廟之美, 百官之富.
得其門者或寡矣. 夫子之云, 不亦宜乎.

"숙손무숙叔孫武叔"은 숙손씨에게서 나온 사람으로 시호는 무武이고 항렬은 숙叔이며 이름은 주구州仇인데, 무숙의자武叔懿子라고도 부른다.

"자공은 중니보다 똑똑합니다." 이 말은 자공을 높이고 공자를 깎아내리려는 것이다.

"자복경백子服景伯"은 「헌문」 14.36에도 보인다. 「헌문」 14.36에서는 공백료가 계씨 쪽에 가서 자로를 비방하자 자복경백이 공백료를 죽

이려 했다고 말했다. 그것은 공자가 살아 있을 때이고, 이것은 공자가 죽은 뒤의 일이다. 그는 공자를 무척 좋아했다.

"온갖 건물이 많이 들어차 있는 것"에 해당되는 원문 가운데 "관官"은 옛날 관館자인데, 여기서는 관館으로 읽는다.[11] 관館은 가옥이고, 부富는 많다는 뜻이다.

"그분이 그렇게 말하는 것도 당연하지 않느냐"에서 그분夫子은 숙손무숙을 가리킨다.

공자가 죽은 뒤 숙손무숙은 조정에서 대신들에게 자공이 공자보다 더 훌륭하다는 헛소문을 퍼뜨렸는데, 모든 명망 있는 귀족이 거의 다 그 말을 들었다. 자복경백 역시 그 자리에 있었다. 그는 이 말을 자공에게 말했다. 그에 대해 자공은 이렇게 말했다. 내가 어떻게 공자와 비교될 수 있겠느냐? 건물의 담장에 비유해서 말해보기로 하자. 나의 담장은 겨우 어깨쯤에 오는 낮은 담장이고, 담장이 낮기 때문에 담장 안에 어떤 좋은 건물이 있는지를 보는 것은 매우 쉽다. 공자의 담장은 그와 다르다. 그것은 여러 길이나 되는 높은 담장이고, 문을 찾아서 그리고 문을 통해 담장 안으로 들어가지 못한다면 담장 안의 종묘가 얼마나 아름다운지, 담장 안에 얼마나 많은 집이 있는지 볼 수 없는 것과 같다는 것이다. 숙손무숙이 무엇을 알겠는가? 그는 공자의 문이 어디에 있는지도 몰랐기 때문에 이렇게 말하는 것도 이상할 것이 없다.

공자의 담장

19.24

숙손무숙이 중니에 대해 험담을 하자, 자공이 말했다.
"그렇게 하지 말거라. 중니를 험담해서는 안 된다.
일반 사람들 가운데 현명한 사람은 구릉과 같아서 넘을 수 있지만,
중니仲尼는 해나 달과 같아서 넘어설 수 없다.
사람이 비록 해나 달을 스스로 배척한다고 하더라도
해와 달이 무슨 손상을 입겠느냐? 그저 자신의 분수를 모른다는
것을 드러낼 뿐이다."

叔孫武叔毁仲尼. 子貢曰, 無以爲也. 仲尼不可毁也. 他人之賢者, 丘陵也, 猶可踰也.
仲尼, 日月也, 無得而踰焉. 人雖欲自絕, 其何傷於日月乎. 多見其不知量也.

"숙손무숙이 중니에 대해 험담을 했다." 앞의 것은 자공을 높인 것이고, 여기서는 공자를 헐뜯는 것이다. 그가 도대체 무슨 나쁜 말을 했는지 여기서는 한 글자도 언급하지 않았다.

"무이위야無以爲也"는 그렇게 하지 말라는 것이다.

"중니는 해나 달과 같다"는 말에 대해서는 위의 19.21을 참조하기 바란다. 여기서도 해와 달을 비유로 들고 있는데 아마도 같은 것일 것이다.

"그저 자신의 분수를 모른다는 것을 드러낼 뿐이다"에 대하여 『집해』에서는 이 구의 의미를 "자신의 기량을 모르고 있음을 스스로 드

러내는 것이다"라고 설명했다. 이 구절에 해당되는 원문 가운데 "다多"는 복건본伏虔本에서 "지祇"로 되어 있고, 해설에서는 "지祇는 적適이다"라고 말했다. 왕인지의 『경전석사』 권9에 "옛사람들에게 다多와 지祇는 같은 음이었다"라는 주장이 있고, 그 속에는 이 장의 예가 포함되어 있다. 상고의 음에서 "다多"는 단모가부端母歌部, 즉 성모는 단端이고 운모는 가歌인 글자이고, "지祇"는 장모지부章母支部, 즉 성모는 장章이고 운모는 지支인 글자이며, "적適"은 서모지부書母支部, 즉 성모는 서書이고 운모는 지支인 글자이다. 뤄창페이羅常培와 저우쭈모周祖謨 선생은 다음과 같이 말했다. "가부歌部와 지부支部는 『시경』의 운에서는 구분이 매우 분명한 별개의 두 부에 속한다. (…) 그러나 주나라 말엽에 이르면 가부歌部의 글자는 지부支部의 글자와 상통하는 예가 이미 나타난다. (…) 서한 시기에 이르면 가부와 지부의 혼용이 더욱 보편화된다."[12]

이 말은 숙손무숙이 공자를 헐뜯었다는 것을 설명한 것이다. 자공은 다시 이번에도 "해와 달"을 언급했다. 그는 공자를 해와 달에 비유했다. 즉 보통 사람은 아무리 높아도 그저 구릉 정도밖에 안 되기 때문에 오르려고 마음만 먹으면 충분히 넘을 수 있다. 그러나 공자는 그렇지 않다. 그의 고명高明함은 해나 달과 같기 때문에 공자를 비방하는 것은 자기 분수를 모르는 짓이라는 것이다.

중니는 해나 달과 같다

19.25

진자금陳子禽이 자공에게 말했다.

"스승님은 왜 그렇게 겸손하십니까? 중니가 어떻게 스승님보다 현명하단 말입니까?"

자공이 말했다.

"군자는 한마디 말로 자신의 지식을 드러내고, 한마디 말로 자신의 무지를 드러낸다. 그러므로 말이란 신중하게 하지 않으면 안 된다. 내가 스승님에게 미칠 수 없는 것은 마치 사다리를 타고 하늘에 오를 수 없는 것과 같다. 스승님께서 만약 국가를 얻어 다스릴 기회가 있었다면, 우리가 흔히 말하듯이 기강을 세우려고 했다면 바로 세웠을 것이고, 백성을 이끌고자 했다면 백성이 바로 따랐을 것이고, 백성을 위로하고자 했다면 그들이 바로 다가왔을 것이고, 백성을 동원하려고 했다면 그들은 바로 합심하여 협력했을 것이다. 그분은 살아서는 영광스러웠고, 돌아가셔서는 슬픔을 남겼는데, 내가 어떻게 그분에게 미칠 수 있겠는가?"

陳子禽謂子貢曰, 子爲恭也, 仲尼豈賢於子乎. 子貢曰, 君子一言以爲知, 一言以爲不知, 言不可不愼也. 夫子之不可及也, 猶天之不可階而升也. 夫子之得邦家者, 所謂立之斯立, 道之斯行, 綏之斯來, 動之斯和. 其生也榮, 其死也哀, 如之何其可及也.

"마치 사다리를 타고 하늘에 오를 수 없는 것과 같다"는 말은 『주비산경周髀算經』에 보인다.

"만약 국가를 얻어 다스릴 기회가 있었다면"에 해당되는 원문인 "득방가得邦家"에 대하여 공주孔注에서는 "제후 및 경대부가 되는 것을 뜻한다"고 말했다.

"그분은 살아서는 영광스러웠고, 돌아가셔서는 슬픔을 남겼다"는 말은 공자가 이미 세상에 있지 않음을 설명하는 것이다.

공자가 죽자 자공이 공자보다 훌륭하다고 말한 사람은 숙손무숙 외에 진陳나라의 자금子禽이 있었다.

자금은 즉 진항陳亢으로 이 장 외에 「학이」 1.10과 「계씨」 16.3에도 보인다. 여기서는 자를 불렀다.

예전에는 자금이 자공의 제자가 아닐까 의심했는데, 그럴 가능성이 크다. 자공에 대한 그의 이 같은 아부는 공손추가 공자에게 아부를 떨었던 것을 생각나게 하는데,[13] 맹자가 아직 죽기 전에 그는 맹자를 성인으로 수립하려고 생각했다. 내가 살아오면서 경험하고 체험한 것을 통해 볼 때 그가 자공의 제자일 가능성은 대단히 크다. 현재 대학에서는 스승을 존경하고 진리를 중시할 것을 강조하는데, 스승을 존경하는 것은 종종 스승에게 아부하는 것으로 이해되기도 한다. 병아리 같고 토끼 같은 수많은 녀석은 특히 스승에게 아부를 잘하는데, 그것은 한 세대에서 다음 세대로 전해 내려간다. 그들의 마음은 맑은 거울과 같다. 즉 스승에게 아부하지 않으면 누구에게 아부할 것이냐고 생각하면서 대부분의 학생은 스승에게 아부한다.

자금은 자공에게 말했다. 선생님께서는 너무 겸손하십니다. 중니가 정말 선생님보다 낫다는 말씀입니까? 자공이 말했다. 군자는 그저 한 마디 말만 가지고도 그가 무엇을 알고 있고 무엇을 알지 못하는지 알 수 있다. 너는 말하는 데 있어 정말로 조심하지 않으면 안 된다고 말이다. 그는 이어서 다음과 같이 명확하게 말했다. 공자는 높아서 자신이 미칠 수 없다고. 공자가 만약 제후의 정사를 맡았거나 혹은 대부의 일을 맡았더라면 분명히 세워야 할 것은 세웠을 것이고, 실행해야 할 것은 실행했을 것이며, 멀리 있는 사람이 와서 복종하고, 한 사람이 부르면 백 사람이 호응했을 것이다. 그분은 살아서는 큰 영광을 얻었고, 죽어서는 큰 슬픔을 얻었다. 내가 어떻게 그분에게 미칠 수 있겠느냐.

『사기』「공자세가」에서는 자로가 위나라에서 죽고, 공자가 병이 나자 자공이 서둘러 노나라로 돌아와 스승을 만나 뵈었는데, 공자가 말했다. "사야, 너는 왜 이렇게 늦게 왔느냐?" 그는 안회가 죽고 자로가 없어진 뒤에 자공이 가장 중요하다는 것을 알았다. 공자가 죽은 뒤 제자들은 모두 3년 동안 복상했다. "3년 동안 심상을 마치고 서로 이별하고 떠날 때 곡을 하면서 각자 다시 슬픔을 다했고, 어떤 이는 다시 남았다. 오직 자공만이 무덤가에 오두막을 짓고 총 6년이 지나서야 떠났다."[14]

공자가 죽은 뒤 숙손무숙을 필두로 하여 많은 사람이 공자를 비난하면서 자공보다 현명하지 못하다고 생각했지만, 자공은 자신의 스승을 지켜냈다.

살아서는 영광스러웠고, 죽어서는 큰 슬픔을 남겼다

이상의 여섯 개 장은 자공의 말을 기록한 것이다.

제20편

요왈 堯曰

이것은 현행본 『논어』의 마지막 편이다. 형식은 이전의 19편과 다르다. 이 편은 세 개의 장만 있고, 앞의 두 장은 두 개의 큰 단락으로 이루어져 있으며, 비교적 장황하다. 1장은 전반부와 후반부 등 두 쪽으로 나뉘고, 전반부는 다시 세 개의 절로 나뉘는데, 모두 고본 『상서』에서 뽑은 것으로 옛날에 천자가 하늘로부터 명을 받은 것은 천하의 안위가 그 한 몸에 있고, 무슨 문제가 일어나든 책임은 모두 자기에게 있으니 스스로를 벌주는 데 용감해야 한다는 것을 설명하고 있다. 후반부는 네 개의 절로 나뉘는데, 공자 자신의 말인 것 같고, 치국治國과 치민治民을 설명하고 있으며 내용은 「위정」과 관련이 있다. 2장은 자장이 공자에게 정치에 종사하는 문제에 대해 가르침을 청한 것이다. 3장은 매우 짧은데, 공자의 몇 마디 말로 이루어져 있을 뿐이고, 군자의 수양과 관련이 있다. 이 세 개 장을 『제론齊論』 『노론魯論』에서 한곳에 합쳐 놓은 점은 현행본과 같지만, 『고론古論』은 뒤쪽에 있는 두 개 장을 나누어서 제21편으로 만들고 편 제목을 「종정從政」이라고 했는데, 옛날 사람은 이것을 "두 개의 「자장」"[1] 이라 불렀다. 이전 사람들은 이 편에 대해 토론할 때 종종 다음과 같이 고심하면서 깊이 탐구했다. 1장은 이 책 전체의 후서後序 혹은 보유補遺이고, 뒤쪽에 있는 이른바 "두 개의 「자장」" 중 두 번째 장과 "공자께서 말씀하셨다孔子曰"라는 말이 붙어 있는 세 번째 장은 또 서序 뒤에 붙여놓았다.[2] 사실 옛날 책에서 각 편에 대한 편집은 짧은 장과 조각조각 흩어진 구를 억지로 한데 긁어 모아서 이루어진 것으로 후세의 글쓰기와 같은 것을 요구해서는 안 된다. 옛날 책에서는 서를 뒤쪽에 붙였는데, 그에 대한 예는 매우 많다. 그러나 『논어』는 짧은 문장들을 긁어 모아놓은 것으로 본래부터 조리가 없기 때문에 꼭 이 편을 서라고 지적하는 것은 전혀 필요치 않다.

이 편은 매우 난잡하고 내용이 딱딱하며, 글 자체에 문제가 매우 많다. 나의 해석은 번거로움을 면하기 어려울 것 같다. 독자들은 인내심을 가지고 꼼꼼하게 읽어주기 바란다.

20.1

요임금께서 말씀하셨다.

"아, 그대 순이여. 하늘의 역수曆數(왕이 될 차례)가 그대로 정해졌으니, 성실하게 중용을 견지하도록 하여라. 천하의 백성들이 고통과 빈곤에 빠지면 하늘이 그대에게 내린 녹위祿位도 영원히 끊어질 것이다."

순임금도 우임금에게 역시 이와 같이 훈계하셨다.

(탕임금이) 말씀하셨다.

"저 소자 이履는 삼가 검정 수소를 제물로 바치면서 빛나고 빛나신 하느님께 감히 그리고 분명하게 아뢰니다. 저는 죄가 있는 자를 함부로 용서하지 않았고, 하느님의 신하를 숨기지 않았으니 선택은 하느님의 마음에 달려 있습니다. 저 자신에게 만약 죄가 있다면 그것은 온 세상 사람들 때문이 아니고, 온 세상 사람들에게 죄가 있다면 그 죄는 저 자신에게 있습니다."

"주나라에서 크게 베풀어 착한 사람들이 부자가 되었습니다. 비록 주나라와 친분이 있다 해도 어진 사람보다는 못했습니다. 백성들에게 허물이 있다면 그 책임은 저 한 사람에게 있습니다."

도량형 제도를 신중하게 결정하고, 법도를 심사하고, 황폐해진 관리 제도를 복원하자 사방의 정사가 잘 돌아갔다. 멸망한 나라를 일으키고, 끊어진 세대를 이어주고, 일민逸民을 채용하자 천하 백성들의 마음이 돌아왔다. 중시한 것은 백성들의 양식과 상례와 제사였다. 너그러우면 많은 사람의 지지를 얻고, 믿음이 있으면 백성들이 맡기고, 부지런하면 공적이 있고, 공정하면 백성들이 기뻐할 것이다.

堯曰, 咨. 爾舜. 天之曆數在爾躬, 允執其中. 四海困窮, 天祿永終. 舜亦以命禹. 曰, 予小子履, 敢用玄牡, 敢昭告于皇皇后帝. 有罪不敢赦. 帝臣不蔽, 簡在帝心. 朕躬有罪, 無以萬方. 萬方有罪, 罪在朕躬.

周有大賚, 善人是富. 雖有周親, 不如仁人. 百姓有過, 在予一人.

謹權量, 審法度, 修廢官, 四方之政行焉.

興滅國, 繼絕世, 擧逸民, 天下之民歸心焉.

所重民食喪祭.

寬則得重, 信則民任焉, 敏則有功, 公則說.

이 장은 일곱 개의 절로 나눌 수 있는데, 사실 일곱 개의 장과 같다.

제1절은 옛날 책에서 베낀 것으로 내용은 요임금이 순임금에게 명령하는 말이다. 이 절은 분명히 『상서』와 관련이 있고, 현행본 「순전舜典」의 내용과 대략 대응되며 옛 「우서虞書」와 같은 종류에 속한다. 구설에서는 이 절이 현행본 『서경』 「대우모大禹謨」에서 베낀 것이라고 보았으나, 당연히 맞지 않다. 또 변위辨僞 학자들은 현행본 「대우모」는 『논어』를 베낀 것이라고 말하지만, 역시 맞지 않다. 현행본 「대우모」에는 다음과 같이 비슷한 말이 있다. "제왕 승계의 순서가 너에게 이르렀으니, 너는 마침내 군왕의 자리에 오를 것이다. 인심人心은 요동쳐 극히 위험하고 도심道心은 극히 미미하여 드러나지 않으니 오직 정성을 들이고 전념하여 착실하게 중도의 길을 유지하도록 하여라. 검증되지 않은 말은 듣지 말고, 백성들의 의견을 참작하지 않은 계획은 실행하지 말아라. 백성이 받들어 모시는 것은 군왕이 아니냐? 군왕이 두려워하는 것은 백성이 아니냐? 백성은 군왕이 아니면 누구를 모시겠느

냐? 군왕은 백성이 아니면 누구와 더불어 국가를 보위할 것이냐? (군왕과 백성의 관계는 이처럼 밀접하니 너는 신중해야 한다. 너의 직무를 신중히 행사하고, 네가 행하고자 하는 바를 경건하게 시행하여라. 만약 천하의 백성이 곤궁에 빠지고 가난에 시달린다면) 너의 녹위祿位는 영원히 끝날 것이다."[3] 똑같은 부분은 그저 처음과 끝 두 구뿐이다. 그 밖의 부분은 어디에 근거한 것인지 분명하지 않다. 예전에는 "인심은 요동쳐 극히 위험하고 도심은 극히 미미하여 드러나지 않는다"는 『순자』「해폐」에서 『도경道經』을 인용한 "인심(일반 사람의 마음)은 위험하고, 도심(도를 깨달은 사람의 마음)은 미세하다"[4]라는 구절을 베낀 것이라고 말했으나[5] 그 역시 반드시 그런 것은 아니다. "착실하게 중도의 길을 유지하도록 하다"라는 말은 다른 책에는 보이지 않는다. 그러나 송대에 출토된 '전국조서잠명대구戰國鳥書箴銘帶鉤'에 이 말이 새겨져 있는데, 분명히 후대 사람의 위조는 아닐 것이다. 「대우모」는 『고문상서』인데, 변위학자들은 위서를 배척하면서 그것은 이 한 절에서 베낀 것이라고 생각했지만, 사실은 위진 무렵의 사람이 볼 수 있었던 것이 무엇이었는지 우리는 전혀 알 수 없다. 한대와 전국의 고본은 어땠는지 우리는 역시 분명히 알 수 없다. 과거에 『상서』의 변위는 주로 옛날 책에 인용된 문장을 조사하는 데 의존했으며, 증거 조사 결과 본래 이들 인용문이 고본 『상서』에서 온 것임을 증명하고 그 유래가 매우 깊다는 것을 긍정했다. 그러나 도리어 현행본이 바로 이들 인용문을 긁어 모아 이루어진 것이라는 반박에 쓰였다. 이것은 방법적으로 큰 문제를 지니고 있다. 예를 들어 『육도』라는 책은 송본과 당본이 다르고, 당본과 한대의 간본簡本 역시 다르다. 주요 원인은 부단히 개편되면서 문구가 달라졌을 뿐만 아니라 구조 역시 달라진 데 있는데, 인용문을 긁어 모아 이루어진 것이라고 모두 꼭 그렇게 말할 수 없게 되었다. 더군다나 이 구절은 "순임금도 우임금에게 역시 이와 같이 훈계하셨다"라고 말했을 뿐만 아니라 유사한 구절을 순임금이 우임금에게 명령한 다른 편에서도 볼 수 있다. 만약 현행본 「대우모」가 이 장의 말을 베낀 것이고, 또 「하서夏書」의 어떤 편에 대응하는 것이라고 말한다면, 이 한 편만 꼭 그런 것이 아닐 것이다. 다음에 이어서 인용하고 있는 글 역시 같은 말을 그저 『논어』만 인용하지 않았고, 그 밖의 다른 옛날 책도 인용하고 있다는 점을 설명해주고 있다. 따라서 「대우모」가 『논어』를 베꼈다는 것을 우리는 수긍할 수 없다.

두 번째 절 역시 옛날 책에서 베낀 것이다. "왈曰"자 앞에 빠진 글이 있는데, 말하는 사람은 탕임금이다. "저 소자 이履는"은 탕임금이 스스로 자기 이름을 부른 것이다. 『세본』에서는 탕의 이름은 천을天乙이라고 했다. 예전에는 탕임금의 본명은 이履이고, 나중에 천을로 바꾸었다고 말했지만, 맞지 않다. 상대商代에 이름 짓는 방법은 주나라와 달랐다. 갑골복사甲骨卜辭에 따르면 천을은 탕의 일명日名[6]이다. 이履와 탕湯은 이름과 자의 관계 혹은 한 사람이 두 개의 이름을 가진 경우일 것이다. 예를 들어 수受는 또 주紂라 불렀고, 일명日名을 제신帝辛이라고 했던 것과 같다. 이 구절에 대해 공주孔注에서 "이履는 은殷나라 탕湯임금의 이름이다"라고 했는데, 맞다. 『정주鄭注』에서는 왈曰자를 그 위에 있는 "순임금도 우임금에게 역시 이와 같이 훈계하셨다舜亦以命禹"에 붙여 "순임금도 우임금에게 역시 이와 같이 훈계하면서 말씀하셨다舜亦以命禹曰"라고 썼는데 틀렸다. 또 공주에서는 "이것은 걸桀을 칠 때 하늘에 고한 글이다"라고 말했는데, 현행본 「탕서」는 걸을 치기 이전에 맹서한 것이고, 「탕고」는 걸을 치고 난 뒤에 고한 것으로 피차가 대응된다. 따라서 마땅히 「탕서」여야 한다. 그러나 「탕서」에는 "선택은 하느님의 마음에 달려 있습니다簡在帝心"에서부터 "그 죄는 저 자신에게 있습니다罪在朕躬"에 이르는 부분이 없다. 그 부분은 오히려 「탕고」에 보이는데, 구체적으로 다음과 같이 되어 있다. "선택은 하느님의 마음에 달려 있습니다. 죄가 어찌 저 온 세상 사람들에게 있겠습니까, 저 한 사람에게 있습니다. 저 한 사람에게 죄가 있고, 저 온 세상 사람들에게는 죄가 없습니다."[7] 「탕고」 역시 고문에 속하며, 변위학자들은 그 속에 있는 이 문장이 『논어』에서 베낀 것이라고 단정하지만, 근본적으로 틀렸다. 사실 이 단락의 문장은 다른 책에서도 인용했고 결코 『논어』에서 베낀 것이라고 인정할 수 없다. 그 구체적인 증거는 다음과 같다.

⑴ 『국어』 「주어상」: "「탕서」에서 '저 한 사람에게 죄가 있을지언정 만백성에게는 죄가 없습니다. 만백성에게 죄가 있다면 그 책임은 저 한 사람에게 있습니다'라고 말했다."[8]

⑵ 『묵자』 「겸애하」: "저 소자 이履는 검은 수컷을 희생으로 바치면서 하느님께 아룁니다. 오늘날의 큰 가뭄에 대한 책임은 저에게 있습니다. 제가 하늘과 땅에 죄를 지었을지도 모르겠습니다만, 착한 사람은 함부로 덮어두지 않고, 죄가 있는 자를 감히 용서하지 않겠사오니 선택은 하느님께 달려 있습니다. 온 세상 사람들에게 죄가 있다면 그 책임은 저 자신에게 있습니다. 저 자신에게 죄가 있다면 온 세상 사람들에게 미침이 없기를 바라옵니다."[9]

(3)『여씨춘추』「순민」: "옛날 탕임금이 하나라를 정복하고 천하를 바로잡았다. 큰 가뭄이 들어 5년 동안 수확을 못하자 탕임금은 몸소 상림에 가서 기도했는데, 그때의 기도문은 다음과 같다. '저 한 사람에게 죄가 있으니 만백성에게까지 미치지 않게 해주십시오. 만백성에게 죄가 있더라도 그 책임은 저 한 사람에게 있습니다. 그러니 한 사람의 불민함 때문에 상제나 귀신들은 백성들의 목숨을 해치는 일이 없기를 바랍니다.' 그러고 나서 머리카락을 자르고 손을 묶어 자기 자신을 희생으로 바쳐 하느님에게 복을 빌었다. 백성들은 매우 기뻐했고, 마침내 큰 비가 내렸다."[10]

(4)『논형』「감형」: "전해져오는『서』에서 이렇게 말하고 있다. '탕임금이 7년 동안 가뭄이 닥쳐 몸소 상림에 가서 기도를 올리면서 자신이 저지른 여섯 가지 잘못을 질책하자 하늘에서 마침내 비가 왔다.' 어떤 사람은 다음과 같이 말하기도 한다. '5년이다. 그때 기도한 말은 나 한 사람에게 죄가 있으니 만백성에게는 미치지 않도록 하십시오. 만백성에게 죄가 있다면 그 잘못은 저 한 사람에게 있습니다. 한 사람의 불민함으로 인하여 하느님이나 귀신들은 백성들의 목숨을 해치는 일이 없기를 바랍니다.' 이렇게 말하고 자신의 머리카락을 자르고 자신의 손을 묶어 자기 자신을 희생으로 바쳐 하느님에게 복을 빌었다. 하느님은 몹시 기뻐하셔서 마침내 때에 맞는 비를 내렸다."[11]

앞의 네 가지 문장은 이 글이 탕이 걸을 칠 때 하늘에 고한 고본「탕서」에서 나왔다거나 혹은 탕이 상림에서 기도한 다른 한 편의 일문에서 나왔음을 증명하는데, 두 가지 모두 고본『상서』에 속한다. 공주에서는 "『묵자』가「탕서」를 인용했는데, 그 말이 이와 같다"라고 말했다. 그러나 그는 이 문장이 「탕고」에서 베낀 것이라고는 전혀 말하지 않았고, 이 문장은 「탕서」를 베낀 것이라고도 말하지 않았다. 이는 매우 신중한 태도이다. 왜냐하면 『논어』가 본 책은 선진의 고본이기 때문이다. 그러한 고본은 『국어』나 『묵자』 등의 책에서 인용한 책과 비슷했지만, 후세에 볼 수 있는 것과는 달랐다. 앞에서 설명한 인용문은 탕임금이 상림에서 기도드린 글이지 탕임금이 걸을 칠 때 하늘에 알린 글이 아닌 것 같다. 공주에서 "이것은 걸을 칠 때 하늘에 알린 글이다"라고 했지만 아마도 기술에 잘못이 있었거나 두 가지 모두에 이 문장이 들어 있었을 것이다. 우리가 진정으로 인정할 수 있는 것은 『논어』의 이 구절은 고본 『상서』의 일문이라는 점이다. 앞의 구절도 같다.

세 번째 절 "주나라에서 크게 베풀어 착한 사람이 부자가 되었습니다" 역시 옛날 책에서 베낀 것이다. 현행본 『상서』 「무성」에 "온 세상에 크게 베풀어 만백성이 기꺼이 복종했다"[12]라는 구절이 있는데, 이는 유사한 구절이다. "비록 주나라와 친분이 있다 해도 어진 사람보다는 못했습니다. 백성에게 허물이 있다면 그 책임은 저 한 사람에게 있습니다." 현행본 『상서』 「태서」에는 "비록 지극히 가까운 사람이 있다 하더라도 어진 사람만 못합니다. 하늘은 백성들이 보는 것을 통해 보고, 하늘은 백성들이 듣는 것을 통해 듣습니다. 백성들에게 잘못이 있다면 그 책임은 저 한 사람에게 있습니다"[13]라는 구절이 있는데, 역시 유사한 구절이다. 현행본 「무성」은 고문이고 「태서」 역시 나중에 나왔는데, 변위학자들은 그것들의 대응되는 문구 역시 『논어』에서 베낀 것이라고 생각했지만, 마찬가지로 아무런 근거가 없다. 사실 유사한 말을 『상서대전』, 『회남자』「주술」, 『한시외전』, 『설원』「귀덕」 등에서 인용하고 있을 뿐만 아니라 『묵자』「겸애」에도 보인다. 앞의 문장을 참고하면 이 구절 역시 고본 『주서』에서 인용한 것이라고 생각한다. "선인善人"은 이전에 네 번 나왔고,[14] 우리는 이미 그 말이 가지고 있는 복합적 의미에 대해 검토했다.

앞의 세 절은 고본 『상서』에서 베낀 것이고, 공통점은 자신을 책망하고 있다는 점이다. 요임금이 순에게 명령한 것, 순임금이 우임금에게 명령한 것, 탕왕과 무왕이 하늘에 알린 것 등도 모두 이와 같다. 과거에 변위학자들은 항상 "인용을 통한 반박법"을 사용했기 때문에 겉으로는 매우 타당한 것같이 보였지만 사실은 문제가 매우 많았다는 점을 나는 지적하고 싶다. 사료를 검토할 때는 신중한 것도 좋고 의심해보는 것도 좋지만, 그런 태도들은 본래 사료를 합리적으로 이용하기 위함이다. 만약 그저 부정하기 위해서라면 함부로 현행본을 가져다가 써서는 안 되고, 고본 역시 함부로 가져다가 써서는 안 되는데, 그렇다면 검토는 그 의의를 잃고 말기 때문이다.

네 번째 절에서 "권량權量"은 도량형 제도에 해당된다. "법도法度"는 법률과 규칙과 제도이다. "수폐관修廢官"은 이미 황폐해져버린 관리 제도를 회복하는 것이다. 이런 것들은 모두 옛사람들이 말한 "정사政"에 해당된다.

다섯 번째 절은 구절의 형식 및 구조가 앞의 구절과 같다. 고대의 정복에서 가장 골치 아픈 일은 종족이 다르고, 신앙이 다르고, 언어가 다르고, 문화가 다르다는 점이다. 역사상 가장 단순하고 또 가장 보편적인 방법은 종족을 완전히 말살하고, 종교를 완전히 말살하고,

언어를 완전히 말살하고, 문화를 완전히 말살하는 것이다. 이런 것들은 모두 어리석은 방법이다. 중국의 정치적 전통은 "대일통大一統", 즉 이른바 "광활한 영토大地域 국가"를 특히 좋아하는 데 있다. 광활한 영토 국가의 규모는 어떤 방법으로 만든 것일까? 주로 모든 것을 다 받아들이는 방법을 쓴다. "인심을 얻은 사람은 천하를 얻고, 인심을 잃은 사람은 천하를 잃는다"는 것이다. 중국의 정치적 전통은 "오족공화五族共和"이다. 전국과 진한에 유행한 오제五帝를 함께 제사지내는 것은 초기의 "오족공화"이다. 우리가 선택한 방법은 종족이 공존하고, 종교가 공존하고, 언어가 공존하고, 문화가 공존하는 것이며, 특히 "죽이는 것을 최소화하고 남겨두는 것을 최대화"하는 것이다. 피정복 민족의 귀족과 그 후예를 우대함으로써 이이제이以夷制夷하는 것이다. 이는 가장 현명한 방법이다. "흥멸국興滅國"은 멸망당한 국가를 회복하는 것이다. "계절세繼絕世"는 그들의 제통祭統을 이어주는 것이다. "거일민擧逸民"은 그들의 유신遺臣을 중용하는 것이다. 마치 공자가 꿈에서도 회복하고 싶어하던 서주와 같다. 서주는 상商을 멸망시키고 비록 상나라 주紂의 목을 베기는 했지만 주의 아들을 녹보祿父에 봉하고, 은의 유민을 우대하여 새로운 땅에서 다시 시작하도록 했다. 그리고 상용商容이 살던 고을을 표창하고, 비간의 묘에 봉분을 쌓아주고 심지어는 상왕조의 군대, 이른바 은팔사殷八師까지 모두 받아들였다. 신농, 황제, 요, 순, 우 등의 후예들 역시 봉지를 얻었다. 이는 인심의 수습을 통해 문제를 해결하는 것이다. 그래서 "천하 백성들의 마음이 돌아왔"던 것이다. 문혁 때 비공, 즉 공자 비판이라는 말이 자본주의로의 복귀에 대한 비판이라는 말로 사용된 것은 매우 유명하다. 공자는 서주를 추앙했고, 서주의 "유원능이柔遠能邇", 즉 먼 곳의 사람을 회유하고 가까운 곳의 사람과 친하게 지내는 정책에 대하여 크게 칭찬했다. 이는 정치가들이 창안한 것이지 공자가 만들어낸 것이 아니다. 그는 그저 문文·무武·주공周公의 방법을 추앙했을 뿐이다.

여섯 번째 절은 "중시한 것은 백성의 양식과 상례와 제사였다"이다. 이에 해당되는 원문 "소중민식상제所重民食喪祭"에 대하여 과거에는 두 가지 독법이 있었다. 그중 한 가지는 백성民과 양식食과 상례喪와 제사祭를 병렬로 보는 것으로 공주孔注가 이러한 독법을 취하고 있다. 다른 한 가지는 양식과 상례와 제사를 병렬로 보고 그것을 백성의 세 가지 일이라고 해석하는 것으로 주주朱注가 이러한 독법을 취하고 있다. 주주는 현행본 「무성」의 "백성들에게 다섯 가지 윤리 규범을 가르치는 것을 중시했고, 백성들의 양식과 상례와 제사를 중시했다"[15]는 구절에 의거하고 있는데, 「무성」은 고문으로 대부분 함부로 믿지 않는다. 그러나 만약 우리가 변위학자들처럼 선입견을 위주로 하여 「무성」은 『논어』에서 베낀 것이라고 주장하지 않는다면 그 역시 일종의 이해가 아니라고 할 수 없고, 특히 문맥이 잘 통하는 이해이다.

일곱 번째 절은 「양화」 17.6에 비슷한 말이 있는데, 그곳에서는 이렇게 말한다. "자장이 공자께 인에 대해 묻자, 공자께서 말씀하셨다. '다섯 가지를 세상에 실행할 수 있는 사람이 어진 사람이다.' 그것이 무엇인지 묻자 이렇게 대답하셨다. '공손, 관용, 신뢰, 부지런함, 은혜 등이다. 공손하면 모욕을 당하는 일이 없고, 관용을 베풀면 많은 사람을 얻고, 신뢰가 있으면 사람들이 맡기고, 부지런하면 공이 있고, 은혜를 베풀면 충분히 사람을 부릴 수 있다.'" 「요왈」 편에는 "공손하면 모욕을 당하는 일이 없고"라든가 "은혜를 베풀면 충분히 사람을 부릴 수 있다" 등의 말은 없고, "공평하면 기뻐한다公則說"라는 한 구절이 더 나온다. 이 네 구절은 "믿음이 있으면 백성이 맡기고"에 해당되는 것으로서 한대 석경 등 고본에는 이 구절이 없을 때가 많다. 예전에는 이 구절을 두고 후대 사람이 「양화」 17.6에 의거해서 추가해 넣은 것이 아닐까 의심했다.[16] 청대 진전陳鱣의 『논어고훈論語古訓』과 비교해 보면 이 문단은 인정仁政이 무엇인가에 대해 이야기하고 있음을 알 수 있다.

단편적인 말들을 한데 모으고 이것저것 묶어서 완성한 것이 옛날 책의 최초의 모습이다. 옛날 책에는 중복되는 것이 많은데, 그 원인은 두 가지다. 하나는 여러 사람의 손에 의해 기록되어 한 시기에 이루어진 것이 아니기 때문이고, 두 번째는 정리할 때 이설을 함께 보존해두면서 아울러 일관성을 추구하지 않았기 때문이다.

고본 『상서』 및 기타

20.2

자장이 공자께 물었다.
"어떻게 해야 정사에 종사할 수 있습니까?"
스승님께서 말씀하셨다.
"다섯 가지 미덕을 존중하고 네 가지 악덕을 물리치면
정사에 종사할 수 있을 것이다."
자장이 물었다.
"다섯 가지 미덕이 무엇입니까?"
스승님께서 말씀하셨다.
"군자로서 은혜를 베풀면서도 낭비하지 않으면, 일을 시켜도
원망하지 않고, 욕망은 있어도 탐욕이 없고, 넉넉하게 생각하면서도
교만하지 않고, 위엄이 있으면서도 사납지 않을 것이다."
자장이 말했다.
"은혜를 베풀되 낭비하지 않는다는 것은 무엇입니까?"
스승님께서 말씀하셨다.
"백성이 이롭게 생각하는 것으로 그들을 이롭게 해준다면,
이것이 은혜를 베풀면서도 낭비하지 않는 것이 아니겠느냐?
시킬 만한 일을 가려 일을 시킨다면 또 누가 원망하겠느냐?
인을 추구하다가 인을 얻었는데 또 무엇을 탐내겠느냐?
군자는 많든 적든, 혹은 크든 작든 함부로 태만하지 않으니
이것이 바로 넉넉하게 생각하면서도 교만하지 않은 것이 아니냐?
군자가 의관을 바르게 하고 먼 곳을 우러러보는 존엄한 모습은
위엄이 있으면서도 사납지 않은 것이 아니냐?"
자장이 말했다.
"네 가지 악덕은 무엇입니까?"
스승님께서 말씀하셨다.

"가르치지도 않고서 죄를 지으면 죽이는 것을 잔인하다고 하고,
미리 알려주지도 않고서 결과만 요구하는 것을 난폭하다고 하며,
명령은 늦게 내리고 기한을 독촉하는 것을 해치는 것이라 하고,
사람에게 재물을 나눠줄 때 인색하게 내준다면
그것을 벼슬아치의 쩨쩨함이라고 한다."

子張問於孔子曰, 何如斯可以從政矣. 子曰, 尊五美, 屛四惡, 斯可以從政矣. 子張曰, 何謂五美. 子曰, 君子惠而不費, 勞而不怨, 欲而不貪, 泰而不驕, 威而不猛. 子張曰, 何謂惠而不費. 子曰, 因民之所利而利之, 斯不亦惠而不費乎. 擇可勞而勞之, 又誰怨. 欲仁而得仁, 又焉貪. 君子無衆寡, 無小大, 無敢慢, 斯不亦泰而不驕乎. 君子正其衣冠, 尊其瞻視, 儼然人望而畏之, 斯不亦威而不猛乎. 子張曰, 何謂四惡. 子曰, 不敎而殺謂之虐. 不戒視成謂之暴. 慢令致期謂之賊. 猶之與人也, 出納之吝謂之有司.

"다섯 가지 미덕을 존중하고 네 가지 악덕을 물리치면"에 해당되는 원문 "존오미, 병사악尊五美, 屛四惡"은 『후한서』 「채준전祭遵傳」에서는 "준미병악遵美屛惡"이라고 썼으며, 「한평도상장군비漢平都相蔣君碑」에서는 "준오병사遵五迸四"라고 썼다. "준遵"은 따르다의 의미이다. "병屛"은 제거하다라는 의미이다. 그 용법이 옛날 책에서 흔히 말하는 "석모임모釋某任某"와 대략 같다. "석釋"은 버리다의 뜻이고, "임任"은 의존하다의 뜻이다.

자장이 정치에 종사하는 도리를 묻자 공자는 "다섯 가지 미덕을 존중"하고, "네 가지 악덕을 물리치"라고 말해주었는데, 그중에 다섯 가

지 조항은 마땅히 따라야 할 것이고, 네 가지 조항은 응당 없애버려야 할 것이다.

"다섯 가지 미덕"은 무엇일까?

(1) "은혜를 베풀면서도 낭비하지 않는다"는 것은 인민들에게 유리한 것이 무엇인가를 파악해야만 비로소 그들에게 도움이 되는 무엇을 줄 수 있다. 백성들에게 베푼다면서 그것이 도리어 금전상 손해를 끼치는 일이어서는 안 된다는 것이다.

(2) "일을 시켜도 원망하지 않는다"는 것은 인민들이 감당할 수 있는 일을 선택하여 시키면 백성들은 자기 힘을 다하면서도 오히려 원망의 말을 하지 않는다는 것이다.

(3) "욕망은 있어도 탐욕은 없다"는 것은 인민들의 정상적인 요구를 최대한 만족시켜주고 그들로 하여금 원하는 것을 얻을 수 있다고 느끼도록 하며, 심지어 그들의 탐욕을 이끌어내면 백성들은 드디어 자신들의 염원에 따르면서 오히려 탐욕을 품지 않는다는 것이다.

(4) "넉넉하게 생각하면서도 교만하지 않는다"는 것은 사람이 많든 적든, 일이 크든 작든 모두 함부로 태만하지 않으면 자존감을 충분하게 갖고 오히려 조금의 교만한 태도도 없어진다는 것이다.

(5) "위엄이 있으면서도 사납지 않다"는 것은 의관을 똑바로 하고 몸가짐을 단정히 하여 사람들에게 숙연하게 보여 존경하는 마음이 생기도록 하고, 찬바람이 나도록 위엄을 부리면 오히려 전혀 무섭지 않다는 것이다.

이 다섯 가지 조항은 인정仁政을 설명한 것이다. (1)에서 (3)까지는 "정사政"에 대한 것이고, (4)와 (5)는 "바로잡음正"에 대한 것이다. "일을 시켜도 원망하지 않는다"는 말은 「이인」 4.18에 보이고, "넉넉하게 생각하면서도 교만하지 않는다"는 말은 「자로」 13.26에 보이며, "위엄이 있으면서도 사납지 않다"는 말은 「술이」 7.38에 보인다.

"네 가지 악덕"은 무엇일까?

(1) "가르치지도 않고서 죄를 지으면 죽이는 것"이다. 이는 백성을 버려두고 가르치지 않고 살인을 통해 금지하는 것이다.

(2) "미리 알려주지도 않고서 결과만 요구하는 것"이다. 이는 요구사항을 제시하지 않고 그저 결과만을 따지는 것이다.

(3) "명령은 늦게 내리고 기한을 독촉하는 것"이다. 이는 감독에는 힘쓰지 않으면서 기한을 정해놓고 완성하라고 다그치는 것이다.

(4) "사람에게 재물을 나눠줄 때 인색하게 내준다면 그것을 벼슬아치의 쩨쩨함이라고 한다"는 것이다. 이 구절은 인색함을 통해 가혹함을 설명한 것이다. 그 의미는 이렇다. 앞에서 말한 세 조항에 대하여 너무 가혹하게 요구하는 것은 마치 재물을 담당하는 관리가 사람에게 물건을 내주면서 도리어 아까워하는 것과 같은데, 이는 인색한 것은 아니지만 책임감 있다고 할 수는 없다는 것이다.

이 네 개의 조목은 가혹한 정치에 대해 설명한 것이다. 앞의 세 조목은 "학虐" "폭暴" "적賊"이라고 부른다. "학虐"은 잔인한 것이고, "폭暴"은 난폭한 것이며, "적賊"은 사람을 해치는 것으로 모두 나쁜 의미를 지닌 말들이다. 네 번째 조목은 앞의 세 가지 조목과는 달리 앞의 것들에 대한 총정리이다.

다섯 가지 좋은 것과 네 가지 나쁜 것

20.3

공자께서 말씀하셨다.
"천명을 알지 못하면 군자가 될 수 없다. 예를 알지 못하면
설 수 없다. 말을 알지 못하면 사람을 알 수 없다."

孔子曰, 不知命, 無以爲君子也. 不知禮, 無以立也. 不知言, 無以知人也.

공자는 군자에게는 세 가지 앎이 있음을 강조했는데, 구체적으로는 지명知命, 즉 천명을 아는 것과 지례知禮, 즉 예를 아는 것과 지언知言, 즉 말을 아는 것 등이다.

"지명知命"의 명命은 천명으로 인간사에서 가장 예측할 수 없는 것이다. 『곽점초간』「성자명출性自命出」에서는 다음과 같이 말하고 있다. "본성은 명命으로부터 나왔고, 명은 하늘로부터 내려왔다."[17] 명에는 두 종류가 있다. 하나는 죽고, 살고, 오래 살고, 일찍 죽는 것과 관련된 것, 즉 생명을 의미하는 명으로서 "죽고 사는 것은 명에 달렸다"고 말할 때의 "명命"이다. 다른 하나는 형편이 막히고 펴지고 재난을 만나고 행운을 만나는 것, 즉 운명을 의미하는 명으로서 "부귀는 하늘에 달렸다"고 말할 때의 "명命"이다.[18] 고대의 술수가術數家와 의가醫家, 현대의 과학자 등은 사람이 명에 대해 어느 정도 영향력을 가지고 있으며, 그것을 예측하거나 혹은 바꿀 수 있다고 믿는다. 예를 들면 현재 인간

의 평균 수명은 높아졌고, 바람이 불 것인지 아닌지, 비가 내릴 것인지 아닌지 등도 예보할 수 있다. 그러나 결국 이 두 가지 명은 모두 인간의 힘을 다하고, 지혜와 기술을 다하더라도 최종적으로는 제어할 수 없는 것이다. 공자는 천명을 경외했고, 명을 알지 못하면 군자가 될 수 없다고 생각했다.

"지례知禮"에서 예禮는 사회적인 윤리 기강으로 행위규범이다. 공자는 사람으로서 세상을 살아가려면 예에 맞아야 한다고 생각했다. 군자가 되기 위해서는 이 조항 역시 무시할 수 없다.

"지언知言"은 사람이 교제하는 도구이다. 기록하는 것이든 혹은 말하는 것이든 사람과 사람이 서로 교류하는 데 있어서 말이 없으면 방법이 없다. 군자가 되기 위해서는 이 조항 역시 무시할 수 없다.

뒤쪽의 두 조항, 즉 "예를 알지 못하면 설 수 없다"에 해당되는 원문 가운데 "입立"은 자립이고, "말을 알지 못하면 사람을 알 수 없다"에 해당되는 원문 가운데 "지인知人"은 다른 사람을 잘 알고 다른 사람을 이해하는 것이다. 인간사의 범위 안에서 이 두 조항 역시 무시할 수 없다.

세 가지 앎

제2부

『논어』 읽기의 네 가지 필독 지식

제1장
그 책을 읽으면 그의 사람됨을 알 수 있다

『논어』는 공문의 후학들이 편찬한 책으로 그 안에서 많은 이가 말을 하고 있다. 즉 공자와 공문의 제자 그리고 그 밖의 사람들이다. 말을 하는 사람들은 또 당시의 사람 혹은 죽은 사람 등을 언급하고 있다. 이 말들을 누가 기록했고, 책으로 편찬했는지는 중요하지 않다. 중요한 것은 책에서 누가 이야기하고 있고, 그들이 언급하고 있는 사람은 또 누구인지 하는 것이다. 먼저 이야기해야 할 것은 『논어』에는 어떤 사람들이 나오는가 하는 것이다.

『논어』에 나오는 사람은 매우 많은데(156명), 중심인물은 공자이다. 먼저 공자에 대해 알아보고 나머지 사람들을 얘기해보도록 하자.

사마천은 『사기史記』 「공자세가孔子世家」의 찬사에서 다음과 같이 쓰고 있다. "『시』에 다음과 같은 구절이 있다. '높고 높은 산은 고개 들어 쳐다보게 만들고, 넓고 넓은 길은 걸어가게 만든다.' 비록 나는 공자의 시대로 되돌아갈 수 없지만, 마음으로는 몹시 동경하고 있다. 나는 공자의 책을 읽을 때 그의 사람됨을 짐작해볼 수 있었다."[1] 모두 『논어』를 읽고 이와 같은 희망을 가졌을 것이다. 공자를 이해하려면 「공자세가」를 읽어보아야 하고, 그의 제자들을 이해하려면 『사기』「중니제자열전仲尼弟子列傳」을 읽어보아야 한다고 나는 제안한다. 공자는 한 무제가 대대적으로 선전하고 떠받든 성인이고, 사마천은 측근에서 시중을 들면서 그 시대적 영향을 깊이 받았다. 그는 공자의 고택을 방문했고, 공벽에서 나온 책을 읽었다. 사마천이 읽은 책 중에는 『공자제자적孔子弟子籍』이 포함되어 있었다. 그 책은 당시까지 전해져오던 것으로서 고문으로 베껴 쓴 공문 제자의 인명부였다. 사마천은 심지어 공자의 후예인 공안국孔安國에게 직접 가르침을 구했기 때문에 그의 기록은 가장 귀중한 것이다.[2]

『공자가어孔子家語』와 『공총자孔叢子』 등은 공자가 남겨놓은 관련 자료이지만, 과거에는 함부로 사용하지 못했는데, 오늘날 볼 때 역시 중요한 참고 자료이다.[3]

나는 공자의 일생을 한번 개괄하고, 이력서를 쓰듯이 다섯 항목으로 나누어 이야기하려고 한다.

1. 공자상: 어느 산동 대장부에 대한 상상

공자는 주유열국 때 관상을 잘 보는 정나라 사람 한 명을 만난 적이 있었다. 그는 공자를 만화처럼 묘사했다. 공자의 상반신은 성인의 상이지만, 하반신은 틀렸고, 의기소침해서 기력이 전혀 없어 마치 집 잃은 개와 같았다고 말했다. 자공이 공자에게 이 사람이 한 말을 들려주자 공자는 전혀 화내지 않고 도리어 내 모습이 어떤가는 조금도 중요하지 않다고 하면서, 그가 나를 집 잃은 개와 같다고 한 것은 매우 정확하다고 말했다.[4]

이 책의 제목은 바로 이렇게 해서 정해진 것이다.

공자는 어떤 모양이었을까? 아무도 모른다. 우리는 그저 만년의 초상화를 빌려 자유롭게 상상해볼 수 있을 뿐이다. 이와 같은 초상화는 종류가 많다. 어떤 것은 표범 같은 눈을 동그랗게 뜨고 있는 모습으로 그렸거나, 혹은 뻐드렁니를 훤히 드러내고 있는 모습으로 그린 것도 있는데, 사실 멋있지는 않다. 화가가 공자를 일반 사람과는 다른 모습으로 신비스럽게 그리려고 생각할수록 사람들에게 주는 인상은 더욱더 괴이해진다. 공자에 대한 성인화 작업은 종종 요괴화로 끝나곤 했다.

당연하게도 이런 종류의 초상화도 비교적 마음에 든다. 예를 들어 공묘孔廟의 석각 화상은 어느 정도 괜찮다. 그런 종류의 형상은 주로 명청 이후의 작품이다. 현재 가장 인상적인 것은 이른바 「선사공자행교상先師孔子行教像」이라고 부르는 것이다. 이 초상화는 당의 오도자吳道子에게 전해진 것으로 누가 그린 것인지 언제 그려진 것인지 알 수 없다. 당연히 공자를 보고서 그린 것이 아니지만, 그래도 정말로 산동인山東人의 맛이 난다. 아마도 어느 산동 사람을 보고 그렸을 것이다.

산동인에게는 어떤 특징이 있을까? 첫째, 키 큰 사람이 비교적 많다. 사마천은 "공자의 키가 9척 6촌이었기 때문에 사람들은 모두 그를 키다리라고 부르면서 특이하게 여겼다"[5]고 말했다. 말하자면 키가 크다는 것이다. "9척 6촌"은 얼마나 큰 것일까? 서한의 척이 23.1센티미터인 점을 고려하면 221.76센티미터이다. 무톄주穆鐵柱나 야오밍姚明 등[6]과 비슷하거나 혹은 과장되었을 것이다. 그러나 고대에 어떤 지방의 사람은 확실히 비교적 컸다. 예를 들어 공자가 말한 장적長狄은 키가 매우 컸다.[7]

오늘날 루시난魯西南(산둥성 허쩌 부근), 쑤베이蘇北(장쑤성 북쪽), 환베이皖北(안후이성 창장長江 북쪽) 지역은 옛날부터 서로 왕래가 빈번했고 키가 큰 사람을 배출한 지역이다. 동북인은 대부분 산동인의 후예로 역시 키 큰 사람이 비교적 많다. 둘째, 초상화 속의 공자는 둥글둥글하고 큰 머리를 가지고 있는데, 역시 지역 특색이다. 검은 피부의 사람은 간장에 졸인 고기완자 같다. 하얀 피부의 사람은 양념 없이 쪄낸 고기완자 같다. 화이양淮揚 요리에는 마침 이 두 가지 종류가 있는데, 나는 다 좋아한다. 그 밖에 한 가지가 있다. 모두 소홀히 해서는 안 된다. 초상화 속의 공자는 허리에 검을 찼고, 두 손을 가운데로 모은 상태에서 허리를 조금 굽히고 있어 몸이 약간 앞쪽으로 기울어져 있다. 이러한 자세를 옛사람들은 "경절磬折"이라고 불렀는데, 음악 연주에 쓰는 석경처럼 구부러져 있다는 뜻이다.[8] 이 책에서는 "국궁鞠躬하는 것 같으셨다"[9]라고 묘사했는데, 그것은 손을 뒤로 하고 배를 내밀면서 우쭐거리는 모습과는 완전히 상반된다. 그것은 온화溫和·선량善良·공경恭敬·절검節儉·겸양謙讓 등의 미덕을 표시한 것이다.

우리는 이 그림을 공자의 '표준 초상화'로 간주하고 그의 이력서 위에 붙일 수 있고, 그 어르신의 사진으로 여기면서 상상력의 빈 곳을 채울 수 있다. 공자가 죽은 뒤 2000여 년이 지났고, 전해져오는 사진은 없으며, 모든 초상화가 후대의 상상으로 그린 것인데, 꼭 진짜라고 여길 필요가 뭐 있겠는가?[10]

재미있는 것은 노자상老子像 역시 이런 모습을 하고 있고, 또 "오도자"가 그렸다고 제목이 적혀 있는데, 조금이라도 주의하지 않으면 쌍둥이로 생각하기 쉽다.

그 밖에 한대에 그린 화상석에도 공자상이 적지 않다. 공자와 노자가 만나는 장면은 라파엘로의 「아테네학당」과는 다르다. 플라톤과 아리스토텔레스는 어깨를 나란히 하고서 정면을 향해 걸어오고 있다. 노자와 공자 두 사람은 몸을 돌려 얼굴을 서로 마주 보고 절하면서 읍을 하는데, 마치 일본인 같다. 그들 사이에는 또 어린아이가 한 명 서 있는데, 이는 전설 속의 항탁項橐이다.[11] 이런 종류의 초상화는 연대가 매우 이르지만, 모양이 너무 모호하여 표정이 명확하지 않다.

2. 공자의 출신과 성분

출신은 매우 중요하다. 과거에는 공문서에 기록할 때 결코 빠뜨릴 수 없는 것이었다. 공자가 만약 문서의 공란에 써넣는다면 그는 이렇게 써야 할 것이다. 나의 할아버지는 송나라 귀족이었고, 삼대를 조사해보면 노나라 무사였으며, 나의 성분은 노나라의 민간인이고, 출신은 비천하며 혈통은 고귀하다.[12]

공자의 공孔은 씨氏다. 『세본』 등의 기록에 따르면 그것은 공보가孔父嘉로부터 나왔다. 공보가는 바로 『좌전』에서 언급하고 있는 공보孔父이다.[13] 이러한 칭호는 이름과 자를 함께 부르는 예에 속하는데, 이름이 가嘉이고 자가 공보孔父였던 것이지, 성이 공孔이고 이름이 보가父嘉라는 것은 아니다.[14] 공자는 공을 씨로 삼은 것으로 "왕보王父(할아버지)의 자를 씨로 삼은 것", 즉 할아버지의 자를 동족의 이름으로 삼은 경우에 속한다. 그의 이 갈래는 관례에 따르면 고이睪夷(공보가의 손자)에서부터 일족을 형성하기 시작했고, 고이 할아버지의 자字를 가지고 동족의 이름을 삼았으며 이로부터 비로소 공씨라고 부르게 된 것이다.

공보는 공나라 귀족으로 뿌리를 소급하면 상나라 탕왕의 시대까지 올라간다. 공자는 노나라 사람들로부터 특별대우를 받았으며, 처음에는 조상의 덕을 보았다. 노나라 귀족 맹희자孟僖子는 공자가 "성인의 후예이다"라고 말했는데,[15] 주로 그의 혈통이 고귀하다는 점, 즉 선조가 상나라 왕의 후예라는 것(옛사람이 말한 '성인'은 상고의 현군을 가리킨다)을 가리켰다.

공보는 송나라에서 대사마의 직책을 맡았다. 그는 송나라 목공이 자식과 후손을 맡길 만큼 고명대신顧命大臣(임금이 임종 전에 국정의 중책을 맡기는 대신)으로서 지위가 매우 높았다. 그의 부인은 얼굴이 매우 예뻤고 많은 사람이 자주 쳐다볼 정도였다. 어느 날 길에서 송나라의 태재太宰 화보독華父督과 마주치고 나서 일이 잘못되었다. 화보독은 유명한 호색한으로서 "그녀가 오는 모습과 지나가는 모습을 눈으로 찬찬히 보고서는 '예쁘고도 아름답구나'"[16]라고 말했다.

당시에 송나라는 정나라와 매년 전투를 벌이고 있었으며, 10년 동안 11번이나 전쟁을 벌였기 때문에 백성들은 견딜 수 없었다. 화보독은 공보가 그 주모자라고 선동하고 나서 결국 공보를 죽이고 공자의 할머니를 강제로 차지했다. 송나라의 군주가 그에 불만을 품자 역시 피살되었다.[17] 공보가 죽은 뒤 가운이 쇠락했다.

공보의 후손들[18]은 "화씨의 핍박을 두려워하여 노나라로 도망쳤고"[19] 이때부터 노나라에 터전을 잡았다. 공방숙孔防叔의 장자는 공백하孔伯夏라고 부르는데, 그가 공자의 할아버지였다. 그의 아버지 숙량흘叔梁紇은 숙량叔梁이 자이고 흘紇이 이름으로 그 역시 이름과 자를 함께 부르고 있어 공보가와 같은 방식을 취하고 있다. 흘紇은 흘仡로도 읽을 수 있으며, 이는 용맹스럽고 씩씩하다는 뜻이다. 양梁은 강하고 거칠다는 의미를 가지고 있다. 이 때문에 자와 이름이 서로 부합되며, 바로 그의 사람 됨됨이와도 어울린다. 그는 노나라 추읍郰邑의 읍재(우두머리)였으며, 힘이 매우 셌다. 핍양偪陽의 전투에서 그는 혼자 힘으로 갑문閘門이 내려오지 못하게 떠받치고 있었다.[20] 전하는 말에 따르면 그의 키는 10척(약 2.31미터)으로 공자보다 더 컸다.[21]

공자는 군인의 세가世家였고, 앞 사람들은 모두 씩씩한 무인들이었으며, 부모 덕택으로 공자 역시 키가 컸고 대단히 우수한 유전인자를 물려받았다. 그러나 공자 자신은 어려서부터 예를 좋아했고, 특히 책 읽는 것을 좋아했다. 송나라와 노나라는 인접국으로 송나라는 상나라의 후예였고, 노나라는 주나라의 후예였다. 두 종류의 문화 모두 그에게 영향을 끼쳤다. 그는 노나라에서 태어나 노나라에서 자랐는데, 노나라 임금은 주공의 후예였다. 그는 서주 문화, 특히 주공의 예禮를 더욱 사랑했으며, 무武가 아니라 문文을 좋아했다.[22]

그의 집안은 송나라에서 북쪽으로 올라가 노나라로 이사 왔다. 송나라의 수도는 지금의 허난성 상추시商丘市으로 취푸에서 그다지 멀지 않다. 장광즈張光直 교수의 중미연합고고단은 그곳을 발굴하여 "상" 유물을 찾아보았으나 "상"과 관련된 것은 발굴하지 못하고 오히려 동주 시기의 송나라 성을 발굴했다.[23] 송 휘종 숭녕 3년(1104)에 그곳에서 송공의 성종成鐘이 출토되었는데,[24] 그 때문에 송 왕조에서는 송이라는 명칭의 사용을 상서로운 것으로 생각했다.

이것이 공자 이력서 상의 "출신"과 "성분"이다.

3. 공자의 성명과 가정

공자의 조상(공보가)은 일찍이 "국방장관"이었지만, 나중에 가세가 쇠락했고, 핍박을 받아 노나라로 이민을 갔으며, 지위는 이전보다 크게 못했다. 그의 이 일가족은 서자 지파 중에서도 서자 지파에 속했다.

공자의 아버지는 숙량흘이라는 이름이었는데, 그는 그저 "현급 간부"에 불과했고 지위는 그다지 높지 않았다. 사마천은 "흘은 안씨녀와 야합해서 공자를 낳았다"[25]고 했다. "야합野合"이란 게 무슨 뜻일까? 무언가에 감응해서 낳은 것을 의미한다면 어느 신령의 씨앗을 잉태한 것일까? 아니면 중매를 통해 정식으로 아내를 맞아들인 것이 아니라 불법적으로 동거한 것일까? 혹은 황량한 교외 들판의 아무도 없는 곳을 찾아가 그 은밀하고 좋은 일을 치른 것일까? 이전 사람들의 입씨름 역시 즐겁지 않은가? "비린비공批林批孔" 시절에 어떤 사람이 공자는 노예주 숙량흘이 소녀를 강간해서 태어난 것이라고 하여 타오르는 불길에 기름을 끼얹었다. 공자는 성인인데, 그가 어떻게 사생아일 수 있을까? 오늘날 사람들은 다들 그것은 절대로 불가능하다고 말한다. 많은 사람은 오히려 야합은 그저 공자 부모의 나이가 현격하게 차이 나기 때문에 혼인을 정식으로 할 수 없었고 수속을 완전하게 할 수 없었던 것을 말할 뿐이라고 믿고 싶어한다. 사실 야합은 바로 야합이지 결코 그렇게 복잡한 의미는 없다. 사마천은 오체투지五體投地할 정도로 공자를 숭배했기 때문에, 그 역시 고의로 성인을 욕되게 할 수는 없었을 것이다. 옛사람들이 성인의 위대함을 이야기할 때 큰일을 위해 치욕을 참아냈다는 것은 필수적인 복선이었는데, 이는 세계 공통의 방식이다. 공자의 어린 시절과 청년 시절은 "작은 배추"였다.[26] 그가 태어나고 얼마 안 있어 아버지가 세상을 떴고 어머니 역시 일찍 죽었기 때문에 고생을 참고 견뎠으니 가난할 뿐만 아니라 천하기까지 했다. 나는 "야합"이 이러한 상황에 대한 복선이라고 이해한다. 당시에 분명히 이와 같은 전설이 있었을 것이다. 그러한 이야기에서 강조하고 있는 것은 공자가 어려서부터 사람들로부터 차별대우를 받았다는 점이다.

공자의 출생과 관련하여 또 하나의 전설이 『공자가어』에 보인다. 숙량흘은 몸이 좋아서 생식력이 대단히 강했다. 그는 정실인 시씨施氏와의 사이에서 단숨에 9명의 딸을 낳았다. 그러나 남자아이가 없었기 때문에 아주 가까스로 첩을 구해 맹피孟皮라고 부르는 남자아이를 낳았지만, 그는 절름발이였다.(아마 소아마비를 앓았을 것이다.)[27]

공자의 아버지는 두 명의 아내를 얻었지만 모두 건강한 남자아이를 낳지 못했다. 그는 단념하지 않고 다시 안씨 집에 가서 구혼했다. 안씨가에는 세 명의 딸이 있었다. 그녀들의 아버지는 이들 어린 딸이 그가 너무 늙었다고 싫어할까봐 공자의 아버지는 "성왕의 후손"이라는 것, "키가 10자나 되고 무력이 가장 뛰어나다는 것"(공자보다 더 컸음), 출신이나 육체적으로 아무런 문제가 없다는 것 등을 특별히 설명했다. 첫째와 둘째는 신경을 쓰지 않았지만 셋째는 동의했다. 이 셋째 여자가 안징재顔徵在라 불리는 사람으로 바로 공자의 어머니였다.[28]

공씨 집안에 고추 달린 온전한 아이를 낳아주기 위해 안징재는 부근에 있는 이구산尼丘山(지금의 산둥성 쓰수이현泗水縣 서남쪽)에 가서 신에게 아들을 점지해달라고 기도했다. 그래서 공자의 이름이 구丘이고 자가 중니仲尼가 되었다.[29] 중니는 순서에 따라 붙인 자이다.[30] 옛날 사람들은 자를 불렀는데, 그것은 본래 존칭이었다. 공자가 죽고 난 뒤 노나라 애공의 추도사에서는 그를 "이보尼父"라고 불렀다.[31] "이보"가 바로 그의 자였다.(옛날 사람들이 자를 부를 때 남자의 경우에는 왕왕 보父자를 덧붙였고, 여자의 경우에는 왕왕 모母자를 덧붙였다.)

공자의 순서는 두 번째였고, 오우吳虞는 그에 대하여 "공이선생孔二先生"이라고 불렀는데, 해학적 의미가 담겨 있다. 5·4운동과 문화대혁명 시기에 많은 사람이 공자에 대하여 곧바로 그 이름을 불렀다. 예를 들어 자오지빈趙紀彬의 책에서는 오직 "공구孔丘"라고만 부르고 "공자"라고는 부르지 않았다.(다만 공자의 제자에 대하여 그는 오히려 자를 불렀다.) 가장 듣기 거북한 호칭은 "공씨네 둘째孔老二"[32]라는 것이었다. "공구"의 "구丘"자는 청나라 때는 결필缺筆(획을 빠뜨림)하여 그 이름을 직접 부르지 못했다. 이름을 부르는 것은 이미 예의에 어긋났으며, "둘째"라는 말은 특히 더 모욕적인 말이었다. 몇 년 전에 베이징의 지단地壇 서문 맞은편 길 서쪽으로 멀지 않은 곳에 음식점이 하나 있었다.

입구를 붉은색으로 장식한 그 집에서는 편채鞭菜(동물의 생식기로 만든 음식)만을 전문적으로 팔았는데, "둘째 형 식당老二哥餐廳"이라고 불렀다. 그런데 장사가 별로 안 되더니 결국에는 문을 닫았다. "둘째"와 "둘째 형"은 베이징에서 하류라는 의미를 가지고 있다.

이것이 이력서 상의 "성명"과 "가정"이다.

4. 공자의 본적—출생지와 거주지

『논어』에서는 공자를 "추인의 아들"이라고 부른다.[33] "추인郰人"이란 결코 추읍의 사람이라는 뜻이 아니고 추읍의 우두머리라는 의미이다. 사마천은 공자가 노나라 창평향 추읍에서 태어났다고 말했다.[34] 추郰와 추鄒의 옛날 음은 같았고, 역도원酈道元(북위 시대 지리학자)은 이 둘이 같은 지방이라고 생각했지만,[35] 허신은 다른 지방이라고 보았다.[36] 추鄒는 곧 주邾이며, 노나라 근처의 작은 나라로서 오늘날 산둥성 쩌우청시鄒城市 남쪽의 이산嶧山 끝자락에 있었는데 세간에서는 "지왕청紀王城"이라고 부른다. 현재 땅 위에 아직도 성벽 유적이 남아 있고, 벽돌과 기와 및 도자기 조각들을 도처에서 볼 수 있다. 이산은 태산泰山의 지맥으로 산 위에는 거대한 바위가 매우 많고, 진시황이 세운 이산각석嶧山刻石이 있다. 진나라가 천하를 통일하고 나서 "주邾"는 "추騶"로 이름을 바꾸었다. 그곳에서 출토된 진도량秦陶量(진나라 때의 양기)에는 열 개의 도장으로 진시황의 조서를 찍어낸 것 외에 그 도장을 제작한 장소로 "추騶"라는 글자를 써넣었는데, 한대의 고서에서는 그것을 또 "추鄒"라고 썼다. 추는 맹자의 고향이다. 추와 노는 유가의 지방이고, 옛사람들이 말하는 "추로진신의 선비鄒魯縉紳之士"는 바로 이 일대의 특산이었다. 공자가 출생한 추읍은 노나라의 읍이다. 취푸 동남쪽의 이구산尼丘山(오늘날 이산尼山 산이라고 부르는 것은 피휘한 것)에서 서쪽으로 5리 떨어진 곳에 있는 루위안촌魯源村이라고 한다.[37] 1925년에 캉유웨이康有爲는 이곳에 "옛 창평향古昌平鄕"이라는 비석을 세웠다. 그 위치는 대체로 추와 노를 연결한 직선의 오른쪽이고, 추로와 삼각형을 이루고 있는 형세이다. 나는 앞에서 공자의 아버지가 추읍의 우두머리였다는 점을 말했다.[38] 그가 추읍에서 출생한 것은 매우 자연스러운 것이었다. 공자가 이구산의 부자동굴夫子洞("곤령동굴坤靈洞"이라고도 부른다)에서 태어났다고 전해오는데, 이구산은 바로 추읍 부근에 있는 산이다. 그러나 공자가 3세 되던 때 그의 아버지가 죽었다. 공자의 어머니는 젊은 나이에 과부가 되었고, 명분도 지위도 없었기 때문에 그로부터 얼마 안 있어 공자를 데리고 외갓집으로 거처를 옮겼다. 그 때문에 공자는 어려서부터 곡부의 성 안에서 살았다. 그의 외갓집은 성 안에 있었다.

취푸의 노나라 고성은 1977~1978년에 발굴되었고 그에 대한 발굴 보고서가 있다.[39] 공묘孔廟와 공부孔府를 포함한 옛 곡부현의 성은 노나라 고성의 서남쪽에 있다. 이 일대는 노나라 고성의 평민들이 모여 살던 지역으로 옛날 베이징 남성의 쉬안우구宣武區와 같이 가난한 사람들이 살던 곳이다. 공자는 가난하고 지저분한 곳에서 자랐기 때문에 청빈의 맛을 알았다. 그래서 그는 항상 "인仁"과 "가난貧"을 하나로 묶었다. 그는 자신의 제자를 "현명하도다, 안회여! 밥 한 그릇에 물 한 모금으로 빈민촌에 살고 있구나"[40]라고 칭찬했다. 후세에 말하는 빈민촌陋巷은 바로 공묘孔廟와 공부孔府의 동쪽에 있다.

공자의 외갓집은 안씨였다. 노나라의 안씨는 희성姬姓 계열의 안씨와 조성曹姓 계열의 안씨가 있었다.[41] 그녀는 어떤 안씨였을까? 아직 확정지을 수 없다. 안씨들은 뿌리와 조상을 찾을 때 모두 자기가 안회의 후손이라고 말하고 다시 더 위로 올라가면 조성曹姓, 즉 주邾나라에서 갈라져 나온 소주국小邾國에서 유래한다고 말한다. 소주국과 관련하여 지금의 산둥성 짜오좡시棗莊市 산팅구山亭區 둥장촌東江村에서 2002년에 묘지가 발견되었는데, 여섯 기의 묘 가운데 3기 반이 도굴되었고 나머지 2기 반이 2003년에 발굴되었다. 나는 이 묘지에 가본 적이 있는데, 그곳에 비석이 하나 있었다. 그 비석에는 그것이 안씨 할아버지의 무덤이라고 씌어 있었다. 즉 안씨의 후손들이 그곳에 가서 절하고 특별히 세운 것이다.

옛날 사람들은 친척을 가장 중시했는데, 첫째는 혈친血親이고 둘째는 인친姻親이고 셋째는 의친(즉 보통 말하는 의리로 맺은 친분 관계)이었다. 공문의 제자 가운데 8명이 안씨 가문에서 나왔고,[42] 가장 유명한 제자가 안회였다. 공씨와 안씨 두 집안은 친척 집안이다. 이들 제자는 모두 공자가 자신의 외갓집에서 데려온 것이다.

공자가 죽은 뒤 성 북쪽 사수 가에 장사지냈는데, 나중에 공가의 가족묘, 즉 현재의 공림孔林이 되었다.

사마천은 자신이 노나라에 도착하여 공묘孔廟(공자의 사당)와 공묘孔墓(공자의 무덤)를 참관하고 하염없이 흐르는 눈물을 참을 수 없었다고 말했다. 당시 공자의 고향은 이미 박물관처럼 되어 있었다. 공묘는 원래 공자의 주택과 그의 제자들의 숙소였는데, 나중에 공자의 유물, 예를 들어 의관, 금슬琴瑟, 서적, 타고 다니던 수레 등을 진열해놓는 곳으로 바뀌었다. 공자의 무덤이 차지하고 있는 땅은 일경一頃이었는데, 적지 않은 제자가 묘지 주변에 살면서 계절마다 제사를 올리고 예의를 강습하여 마치 대학촌 같았다.[43] 역도원酈道元도 공묘는 저택의 크기가 일 경이고 세 칸의 방으로 구성되어 있는데, 공자는 서쪽 방에 모셔져 있고 공자의 어머니는 북쪽 방에 모셔져 있으며, 부인은 동쪽 방에 모셔져 있다고 말했다. 공묘에는 공자의 수레가 있는데, 그것은 정말 진귀한 문물이다. 안회가 죽자 안회의 아버지가 공자에게 수레를 팔아 안회의 관을 사자고 요구했지만 공자는 동의하지 않았다. 만약 지금 남아 있는 것이 원래의 유물이 맞다면, 바로 그 수레임에 틀림없다. 이 수레는 매우 유명하다. 무량사한화상석武梁祠漢畫像石에도 "공자의 수레孔子車"라고 제목을 붙인 것이 있다. 공묘 내부의 벽에는 예전에 공자상이 걸려 있었고, 그림에는 두 명의 제자(안회와 자로인지 아닌지는 분명치 않음)가 있는데, 손으로 책을 들고서 곁에서 시립하고 있다고 했지만,[44] 애석하게도 지금은 전하지 않는다. 그 그림이 사라지지 않았다면 분명히 "표준영정"이 되었을 것이다.

이것이 이력서 상의 "본적"이다.

5. 공자의 일생

공자는 일생 동안 크게 뜻을 얻지는 못했다.

그는 73년(혹은 74년)을 살았다. 이 정도 나이는 현재는 매우 일반적이지만 과거에는 굉장히 오래 산 축에 속한다. 『춘추』의 12 임금 가운데 양공襄公·소공昭公·정공定公·애공哀公 등 최후의 네 임금이 다스리는 세상을 공자는 모두 살아보았다. 공자가 10세 이전이었을 때 양공이 아직 살아 있었다. 10세 이후에는 소공·정공·애공 등이 다스리던 시기로 바로 춘추 말기에 속한다.

공자는 가난한 집 아이였다. 어렸을 때는 "가난하면서도 천했다."[45] 전해오는 말에 따르면 공자가 태어날 때 그의 아버지는 70세였고 어머니는 20세로서 그는 노양소음老陽少陰에 의해 태어난 것이다. 어떤 사람은 이런 아이가 특히 총명하다고 하는데 유전학적 근거가 있는 말인지는 모르겠다. 사마천은 어렸을 때의 공자가 일반 아이들과는 달리 놀 때는 항상 의례를 거행하는 것을 연출하곤 했다고 한다. 즉 "항상 제기를 늘어놓고 예의를 갖춘 모습을 연출했다"[46]는 것이다. 부모가 죽었을 때는 그 혼자서 장례를 치렀고 방산防山(지금 취푸의 동쪽에 있는 지역)에 합장했는데, 정말로 큰 효자였다. 복상 기간에 그는 계씨季氏의 연회에 참가했다가 양화陽貨에게 욕을 먹고 쫓겨나 매우 큰 자극을 받았다.[47] 사마천이 공자의 일생에 대하여 이야기할 때 어느 정도 세부적인 부분에 대해서는 그다지 분명하게 말하지 않았지만, 이전 사람들의 고증은 매우 많다.[48] 첸무錢穆가 쓴 『공자전孔子傳』(삼련서점, 2002)을 참고하기 바란다.[49]

나는 공자의 일생을 대략적으로 여섯 단계로 나누어 주요 사적을 다음과 같이 열거해보았다.

(1) 1~34세. 공자는 노나라에 있었다.(기원전 551~기원전 518) 이 기간에 있었던 몇 가지 사건은 비교적 분명하다. 즉 그가 출생한 뒤 3세 때 아버지를 잃었고 17세 때 어머니를 잃었으며, 19세 때 아내를 얻었고, 20세 때 아들을 낳았다. 그의 학력은 분명하지 않다. 공자는 스스로 자신은 "열다섯에 배움에 뜻을 두었다"[50]고 했는데 아마도 성 안의 향교에서 배웠을 것이다. 그러나 보다 높은 학문은 어디에서 배웠을까? 그 스스로 배운 결과일까 아니면 유명한 스승의 가르침을 받은 것일까, 모두 매우 알고 싶어하는 것이다. 공자가 죽은 뒤 위나라 공손조公孫朝가 자공에게 너의 스승은 누구에게서 학문을 배웠느냐고 물은 적이 있다. 자공은 "문왕과 무왕의 도"가 민간 속에 흩어져 있었기 때문에 그는 많은 사람에게서 배웠을 뿐 고정적인 스승은 없었다고 대답했다. 공자 자신은 "세 사람이 길을 갈 때 그 가운데 반드시 나의 스승이 있다"[51]고 말했다. 스승을 말해야 한다면 한 명도 없었다고 할 수도 있고, 매우 많았다고 할 수도 있다. 우리는 그저 공자가 27세 때 담郯나라의 임금에게 가르침을 청했다는 것만 알 수 있을 뿐이다. 그리고 그는 슬瑟과 경磬을 연주하는 법을 배웠는데 악사였던 양자襄子에게서 배웠다고 한다.[52] 악사 양자는 「미자」 18.9의 "경을 연주하던 양襄"으로서 바로 그 노나라 악관이다. 그 밖에 누가 있는지 분명하지 않다.[53] 청년 시절에 공자는 매우 불우했으며, 창고지기라든가 가축 기르기 등과 같은 사회의 하층민들이 했던 여러 일을 전전했다. 그러나 30세가 되어 그는 이름이 조금 났다. 제나라 경공이 안영과 함께 노나라를 방문하여 공자에게 예를 물었다. 그 때문에 그 뒤로 공자는 제나라로 가서 일자리를 찾으려고 했다. 공자는 스스로 자

신은 "서른이 되어서는 자립했다"라고 말했다.[54] 학자들은 공자가 학생들을 모아놓고 가르친 것은 아마도 이 시기 전후일 것이라고 추측한다.

⑵ 34~35세. 공자는 출국했다. 기원전 518년에 공자는 주 왕조의 도서관을 찾아 노자에게 예를 묻기 위해 낙양에 갔다고 한다. 오늘날 뤄양시 찬허구瀍河區 둥관대가東關大街에 비석이 있는데, 청나라 옹정 5년(1727)에 세운 것이다. 비석에는 "공자가 주나라에 예악을 물으러 갈 때 이곳에 왔다"라고 새겨져 있는데, 바로 이 일을 억지로 갖다 붙인 것이다. 공자가 노자를 만났는지 만난 적이 없는지의 문제와 관련하여 학자들은 왕왕 의문을 품었다. 그러나 기원전 517년 공자는 제나라에 갔는데, 그 일은 오히려 『논어』에서 언급하고 있다. 공자가 제나라에 가서 일자리를 찾는 것은 순조롭지 않았다. 제나라 경공은 그를 등용하지 않았다. 그는 등용 문제를 직접 말하지 않고, 먼저 공자에 대한 대우 문제를 꺼냈다. 그는 계씨가 받는 만큼의 봉급을 나는 줄 수 없다, 만약 준다면 그것은 "계씨와 맹씨의 중간쯤"일 것이라고 말했다. 그리고 나중에 핑계를 대면서 "나는 늙었다. 등용할 수 없다"[55]고 말했다. 옛날 사람들은 모두 그것은 안영晏嬰의 생각이라고 말했다.[56] 공자가 제나라에서 거둔 가장 큰 소득은 고전음악을 들은 것이다. 그는 「소韶」를 듣고 석 달 동안 고기 맛을 잊었다. 청대 가경嘉慶 연간에 지금의 산둥성 쯔보시淄博市 린쯔고성臨淄古城 동남쪽 사오위안촌韶院村에서 비석이 하나 출토되었는데 그 비석에 "공자가 「소」를 들은 곳"이라고 새겨져 있었고, 동시에 석경 여러 매가 출토되었다고 한다. 나중에 그 비석은 잃어버렸고 다시 그것을 본떠 글자를 새긴 비석을

세웠는데 그 연대는 청대 선통 3년(1911)이라고 한다. 이것 역시 당연히 억지로 만들어낸 이야기이다.

(3) 36~50세. 공자는 노나라로 돌아와 물러나 시서예악詩書禮樂을 연구하고 또 학생을 가르치고 길러내면서 학문에 몰두했다. 스스로 "마흔이 되어서는 흔들리지 않았다"고 말했고, 또 만약 마흔 살에도 다른 사람의 미움을 받는다면 그 사람의 일생은 끝난 것이다[57]라고 말했다. 이 시기는 그가 학문을 연구한 황금시대이다. 학문 연구를 매우 잘했기 때문에 당연히 애매모호한 것이 없어졌다. 공자가 살던 초기, 즉 20~42세 때 노나라 임금은 소공昭公이었고 집정대신은 계평자季平子였다. 기원전 509년에 노나라 정공이 즉위했다. 기원전 505년에 계환자는 정권을 잡았고 양화는 계환자를 잡았다. 이번에는 양화가 주동했다. 그는 작은 돼지를 안고 가 공자를 만나 그에게 벼슬에 나와줄 것을 요청했다. 공자는 구두로 그가 벼슬에 나갈 것이라고 말했지만, 바로 나와 관리를 하지는 않았다. 공자는 만년에 『역경』을 좋아했는데, 『역경』을 읽다가 가죽 끈이 세 번 끊어졌다. 그는 "내가 몇 년 동안 틈을 내서 50세의 나이로 『역』을 배워 큰 잘못을 없게 할 수 있었다"[58]라고 말했다. 그리고 스스로 "쉰이 되어서는 천명을 알았다"라고 말했는데, 아마도 『역경』을 읽고서 천명을 알았을 것이다. 기원전 502년은 그가 50세가 되던 해이다. "천명"은 무엇일까? 그것은 바로 나와서 관리가 되는 것이다.

(4) 51~54세. 공자는 노나라에서 벼슬을 했다. 기원전 501년 양화가 제나라로 도망갔다가 진晉나라로 도망갔으며, 공산불요公山弗擾가 비費에서 반란을 일으켰다. 공산불요는 공자를 초빙했는데, 공자는 가

고 싶었지만 가지 않았다. 이어 공자는 중도中都의 읍재로 임명되었다. 기원전 500년 공자는 노나라 사공에, 이어서 대사구에 임명되었다. 협곡의 회담에서 노나라 정공을 보좌했다. 기원전 498년에 자로가 계환자의 읍재가 되었다. 공자는 삼도의 타도에 나섰다. 먼저 후郈를 타도했고, 다음으로 비費를 티도하려 했지만 함락시키지 못했다. 공산불요가 노나라 정공을 공격하다가 공자에게 패배하여 제나라로 도망갔다가 오나라로 도망갔다. 자고子羔는 비費와 후郈의 읍재로 임명되었다. 공자는 노나라 대사구로서 재상의 직무를 대행하면서 소정묘少正卯를 처형했다.[59] 나중에 공자는 노나라 정공에게서 뜻을 이루지 못하자 출국하여 외국에서 일자리를 찾을 결심을 하게 된다. 그의 제자 안연·자로·염유·자공 등이 수행했다. 중궁仲弓은 자로를 대신해서 계씨의 읍재가 되어 국내에 남아 있었다.

⑸ 55~68세. 공자는 주유열국했다. 기원전 497년 공자는 노나라를 떠나 위衛나라로 갔다. 기원전 496년 공자는 위나라를 떠나 서쪽으로 가다가 광匡에서 포위당했고, 포蒲를 거쳐 위나라로 되돌아갔다. 기원전 495년에서 기원전 493년에 공자는 위나라 영공을 만나 위나라에서 벼슬을 했다. 기원전 494년에 노나라 애공이 즉위했다. 기원전 493년에 위나라 영공이 죽었고 공자는 위나라를 떠났다. 기원전 492년에 계강자가 정권을 잡았다. 염유가 노나라로 돌아가 중궁을 대신해서 계씨의 읍재가 되었다. 공자는 조曹나라, 송宋나라, 정鄭나라 등을 거쳐 진陳나라에 이르렀는데, 도중에 송나라의 사마환퇴司馬桓魋로부터 살해 위협을 받았다. 공자는 변장을 하고 도망쳤다. 이해는 공자가 60세가 되던 해로서 그는 스스로 "예순이 되어서는 귀가 순해졌

다"[60]고 말했다. "귀가 순해졌다"는 것은 무엇을 뜻하는 것일까? 확실히 알 수는 없지만, 아마도 외부의 일에 대하여 꿰뚫어보고 어떤 말이든 다 들어줄 수 있는 것을 의미할 것이다. 예를 들어 길에서 들을 수 있는 여러 은자의 비판 같은 것 말이다. 기원전 491년에서 기원전 489년에 공자는 진陳나라 민공湣公 밑에서 벼슬을 했다. 기원전 489년에 공자는 진나라를 떠나 채蔡나라로 갔는데, 진나라와 채나라 사이에서 양식이 떨어졌고, 다시 초나라 동북쪽 변방에 있는 섭현葉縣에 이르러 섭공葉公을 만나 초나라 소왕昭王을 만나게 해달라고 요청했지만 성공하지 못하고 섭에서 위나라로 돌아갔다. 기원전 488년에서 기원전 485년에 공자는 위나라의 출공出公 밑에서 벼슬을 했다. 기원전 484년(68세)에 공자는 계강자季康子의 부름에 응하여 노나라로 돌아갔다. 계강자가 그를 돌아오게 한 것은 주로 그의 제자들을 쓰려고 한 것이지 그 늙은이를 쓰려던 것이 아니었다. 그 자신도 이제는 어떤 벼슬도 할 수 없었다. 이번의 출국 여행에서 공자는 송·위·조·정·진·채 등 여섯 나라와 초나라의 변경을 다녀왔다. 그는 위나라와 진나라 등 두 나라에서 잠깐 동안 일한 것을 제외하고는 어떤 국가에서도 쓰려고 하지 않았다. 관상을 보던 정나라 사람이 그는 "피곤에 지쳐 마치 집 잃은 개 같다"고 말했고, 공자 자신도 그 말에 대해 "그렇지, 그렇지"라고 인정했다[61]는 것에 대하여 나는 위에서 언급했다.

(6) 69~73세. 공자는 노나라로 돌아왔다. 기원전 483년에 아들 공리孔鯉가 죽었다. 기원전 482년은 공자가 70세 되던 해이다. 공자는 스스로 "일흔이 되어서는 마음이 가는 대로 따라도 법도를 넘지 않았다"[62]고 했다. 당시에 공자는 이미 생애의 마지막 지점에 들어섰는데, "마

음이 가는 대로 따라도 법도를 넘지 않았다"는 것은 무슨 뜻일까. 역시 확실히 알 수 없지만 아마도 보다 더 자유로운 정신적인 경지의 일종일 것이다. 즉 말하고 싶은 대로 말하고, 하고 싶은 대로 하고, 그렇게 해도 모두 법도에 맞았다는 의미일 것이다. 사실 사람이 이 나이에 이르도록 살다보면 하고 싶은 대로 다 해도 아무것도 대수롭지 않게 생각되고 어떻게 되든 상관하지 않는다. 기원전 481년에 공자는 노나라의 역사 기록에 근거하여 『춘추』라는 책을 편찬했는데, 은공 원년부터 시작하여 애공 14년까지 이르는 역사서이다. 이해에 애공이 기린을 잡자 공자는 절필했고, 안연 역시 이해에 죽자 그는 말할 수 없을 만큼 극도로 상심했다. 기원전 480년(72세)에 자로가 위나라에서 죽었다. 그의 죽음이 너무 비참했기 때문에 공자는 또 한 번 엄청난 고통을 받았다. 기원전 479년에 공자가 죽었다.

공자는 벼슬을 얻기 위한 여행에서 주周에도 갔고 제나라에도 갔으며, 위衛나라와 진陳나라에서 벼슬을 했고, 조나라·송나라·정나라·채나라를 지나갔고, 초나라 변경에 있는 읍을 방문했다. 『한서漢書』 「유림전儒林傳」에서는 그가 "70여 군주에게 벼슬자리를 구했다"고 했는데 이는 과장된 말이다. 그러나 8~9개 나라에서는 늘 그렇게 했다. 고대에는 여행이 쉽지 않았는데, 그가 갔던 국가들만도 이미 적지 않다. 그러나 그의 족적은 의외로 오늘날의 산둥과 허난 두 성을 벗어나지 않았다. 실의에 빠졌을 때 그는 삐딱한 기분이 들어 "뗏목을 타고 바다를 떠다니고" 싶다거나[63] "구이九夷에서 살고" 싶다고 말했지만,[64] 주변의 대국 가운데서 그는 오직 초나라와 진晉만 고려하면서 가고 싶어 했고, 그러한 생각은 실현되지 못했다. 진秦나라나 연燕나라 등에 대해서는 근본적으로 생각도 하지 않았고, 주된 활동 범위는 여전히 동주東周의 안쪽이었다.

이것이 이력서 상의 "약력"이다.

6. 살아 있는 공자와 죽은 공자, 진짜 공자와 가짜 공자

공자는 도대체 어떤 사람이었을까? 미국 학자 레오넬 제슨Leonel M. Jesen은 선교사들이 만든 유가와 근대인들이 공자를 존경한 것은 모두 "인조 유교Manufacturing Confucianism"[65]라고 했다. 우리 역시 한대 이후 혹은 송대 이후로 머리를 조아리거나 무릎을 꿇고 큰절 하는 공자는 "인조 공자"라고 말할 수 있을 것이다. 현재의 공자는 더할 수 없이 거짓된 것이다. 살아 있는 공자와 죽은 공자는 같지 않다. 앞의 것은 진짜 공자이고 뒤의 것은 가짜 공자이다. 오늘날 무엇이든 가짜를 만들 수 있고 공자 역시 가짜로 만들 수 있다.

나는 내가 가지고 있는 기본 인상을 한번 이야기해보려고 한다. 내 얘기가 맞는지 틀리는지 독자 여러분이 한번 검토해보기 바란다.

1) 살아 있는 공자

오늘날 귀족이라고 말하는 것이 유행이다. 많은 사람이 "나는 도련님이다"라는 사실을 조사해냈다. 귀족은 이전 왕조에서 일하던 신하이거나 이전 왕조에 대해 충성을 지키는 젊은이들, 즉 과거의 것에 미련을 두고 있는 사람들이다. 주대에는 어떤 사람들이 과거의 것에 미련을 두고 있었을까? 송나라 사람들이다. 그들은 상왕商王의 후예였다. 송나라 사람들은 낡은 예를 들먹거리기를 좋아했다. 그 전형적인 대표자가 바로 송나라 양공襄公이다. 그는 자기 자신을 "망국의 후예"라고 불렀고, 고대의 군례軍禮를 사수하면서 "전투 대형을 갖추지 않은 적군을 공격하지 않을 것이다"[66]라고 말했다. 그 결과 전투 대형을 완료한 초나라에 패배했고 치료할 수 없을 정도로 큰 부상을 입어 죽고 말았다. 마오쩌둥은 그것을 두고 "얼간이 같은 인의와 도덕"[67]이라고 불렀지만, 문학을 하는 사람들은 그가 "중국의 돈키호테"라고 말하는 것을 더 좋아한다. 나는 중국에 또 한 명의 돈키호테가 있는데, 그는 바로 공자라고 말한다. 공자 역시 송나라 사람의 후예였다. 그러나 그가 이야기하려고 한 낡은 예는 상나라 사람들의 예가 아니라 주공의 예였다. 왜냐하면 그는 노나라에서 태어났기 때문이다.

'살아 있는' 공자는 전형적인 복고주의자였다. 서주가 멸망하고, 동주가 쇠락하고, 귀족의 전통이 크게 붕괴되고, 예가 망가지고 악이 무너지자 그는 그것들을 눈 뜨고 볼 수 없었고, 좌시할 수 없었다. 그는 당시에 귀족이 아니었지만, 오히려 귀족보다 더한 귀족으로서 오로지 그들이 끝장날까봐 걱정했고, "문명을 찬란하게 뽐내던" 주대의 문화도 그들과 함께 사라져버릴까봐 걱정했다. 그는 반드시 주공의 예를 회복해야 한다고 죽자 사자 집요하게 그들을 설득했다. 그러나 노나라 임금은 듣지 않았고, 그 밖의 다른 국가의 군주들도 듣지 않았다. 그는 영락하여 유랑하면서 곳곳으로 뛰어다녔지만, 누구도 그의 말을 귀담아 들으려 하지 않았다. 그는 마치 돌아갈 집을 잃어버린 개 같았다. 길을 가던 내내 많은 은자, 즉 당시 사회에 협조하지 않는 것을 이

념으로 삼는 사람들이 모두 그를 조소하면서 "안 된다는 것을 알면서도 하려고 하는" 사람이라고 비꼬았다. 그러나 그는 평생 동안 주공에 대한 꿈속에서 살았다. 그것은 마치 세르반테스가 그려낸 돈키호테와 같이 우습기도 하고 귀엽기도 했다.

2) 죽은 공자

몹시 재미없다. 기본적으로 노자가 말한 추구芻狗, 즉 허수아비 개이고, 오늘날 사람들의 말로 하면 진열품·도구·장난감 인형이다. 역대의 황제들은 모두 그를 받들었는데, 받들수록 더욱더 높아졌고, 받들수록 더욱더 가짜가 되었다.

공자가 세상에 살아 있을 때는 천자가 아니었고, 공작의 제후도 아니었고, 후작의 제후도 아니었으며 성인도 아니었다. 공자 마음속의 성인은 요순과 같은 성왕으로서 태어날 때부터 총명했고 또 가장 총명했으며 권력과 지위를 가지고 천하의 백성을 안정시킬 수 있었다. 이와 같은 위대한 구세주, 전국 인민의 위대한 구세주에 대하여 공자는 결코 그들과 비교할 수 없다고 말했다.[68] 공자는 권력도 지위도 없었고, 나라를 구하거나 백성을 구제할 방법이 없었다. 그것은 분명한 사실이었다.

그러나 그의 제자들은 마음을 하나로 모으고 힘을 한곳에 집중했다. 다른 일은 잘 의논하면서도 이 일은 반드시 스승을 대신하여 주도적으로 처리했다.

공자가 살아 있을 때 그는 "태어나면서부터 알고 있는" 사람이 아니라는 것을 분명하게 이야기한 적이 있다.[69] 그는 그저 자기가 배우기를 좋아한 것과, 근면하고 검소한 것을 늘 견지하면서 사는 사람이라는 것을 인정하면서도 결코 자기가 매우 총명하다고는 생각하지 않았다. 자공이 다른 사람들에게 그의 스승은 "하늘이 내린 위대한 성인"이라고 말했지만, 공자는 즉시 부정했다.[70] 공자가 성인이 된 것은 공자 사후의 일로서 자공의 걸작이었다. 재여宰予와 유약有若도 이러한 운동에 참여했다.[71] 스승은 분명하게 나는 총명하지 않다고 말했다. 그런데 그들은 어떻게 총명하지 않을 수 있냐면서 인류가 생겨난 뒤로 그 누구도 스승과 비교할 수 없다고 말했다. 그들은 단호하게 공자의 말을 듣지 않았다.

맹자 역시 공자의 말을 듣지 않았다. 그는 공자를 "집대성자集大成者" "성인으로서 세상의 변화에 적응한 사람聖之時者"이라고 하면서 성인, 성인 하는 말을 입에서 떼어놓지 못했다. 공자는 성인이 모두 죽은 사람이고, 살아 있는 사람 가운데는 결코 볼 수 없다고 분명하게 말했지만,[72] 맹자는 오히려 기를 쓰고 공자가 바로 살아 있는 성인이라고 말했다.

그리고 순자가 있다. 그는 순임금과 우임금이 "성인 가운데 권력을 얻은 사람"이고, 공자는 "성인 가운데 권력을 얻지 못한 사람"이라고 말했다.[73] 성인은 본래 권력과 세력을 가진 사람인데, 그는 권력이나 세력이 없는 사람도 성인이 될 수 있다고 말했다. 이는 순자의 수정주의이다.

내 생각은 이렇다. 그들은 분명히 스승이 지나치게 겸손했다고 생각했다. 그 어르신 당신은 당연히 말하기 쑥스러웠을 것이다. 우리 제자들은 그러나 말하지 않을 수 없다. 그 어르신이 안 계시니 더욱더 이야기해야 한다.

이렇게 해서 공자의 칭호는 갈수록 많아졌다.

노나라 애공 16년(기원전 479)에 공자가 죽자 노나라 애공은 이 "늙은 공안부장"에게 애도사誄(조사弔辭)를 내렸지만, 태공을 "상보尙父"라고 부른 것처럼 그를 그저 "이보尼父"라고만 불렀다. 즉 자만 일컫고 이름은 일컫지 않았던 것이다. 자를 부르는 것은 고대에는 지위가 낮은 사람과 나이가 어린 사람이 지위가 높은 사람과 나이가 많은 사람에게 쓰던 방식이다. 당시의 추도사는 고작해야 이 정도였다. 무슨 왕王이라든가, 공公이라든가, 후侯라든가, 성聖이라든가, 사師라든가 하는 수식어는 하나도 없었다.

전국 시기와 진대에 공자는 평범한 사람이었다. 비록 명성이 높았지만 그래도 많은 학자와 비평가 가운데 한 사람일 뿐이었다. 그는 자신이 각광을 받을 것이라고는 꿈에도 생각하지 못했을 것이다.

공자가 각광받기 시작한 것은 한대에 이르러서이다.

한대 이후로 공자는 공후公侯에 견주어져 "포성선이공褒成宣尼公"이라는 시호가 주어졌다. 북위北魏 이후로 시호를 고쳐 "문성이보文聖尼父"라고 불렀는데, "문文"자와 "성聖"자가 덧붙여진 것이다. 수대의 문제는 "선사이보先師尼父"라는 칭호를 추증하여 "선사先師"라는 칭호를 쓰기 시작했다. 당대의 현종은 칭호를 "문선왕文宣王"으로 고쳤다. 명대의 가정嘉靖 9년(1530)에 왕이라는 호칭을 없애고 오직 "지성선사공자至聖先師孔子"라고만 불렀다. 청대에 이르러 순치황제는 처음으로 그를 "대성지성문선선사공자大成至聖文宣先師孔子"라고 불렀는데, 나중에는 여전히 명대의 제도를 따라 "지성선사공자"라고만 불렀다.[74]

허수아비 임금 같은 소왕素王인가, 아니면 독서인의 시조할아버지인가? 황제들은 여러 번 생각하고는 후자 쪽으로 더 기울어졌다. 그는 중국의 "위대한 교육자"였다.

3) 진짜 공자는 훈장訓長의 창시자이다

역대의 통치자들은 공자에게 봉호封號(제왕이 수여하는 칭호)를 주었는데, 모두 추봉追封에 속하며 오늘날의 말로 하면 추인에 속한다. 이들 휘황찬란한 직함은 거의 모두 가짜다. 왕王이니 공公이니 후侯니 성聖이니 하는 것들은 모두 가짜이고, 진짜는 오직 한 가지, 즉 사師뿐이다. 공자는 민간에서 학교를 열어 새로운 군자를 배양했고, 그들에게 고서를 읽히고 옛날의 예를 익히게 했으며, 그런 다음 관리, 그가 생각하는 좋은 관리가 되도록 가르쳤다. 그의 제자 중에서 관리가 된 사람은 매우 많았다. 후세의 독서인은 다른 사람을 가르치는 사람이거나 혹은 다른 사람의 가르침을 받거나 상관없이, 그리고 관리가 될 준비를 하든 혹은 이미 관리가 된 사람이든 상관없이 모두 그를 스승으로 받들었다. 중국 고대의 직업신은 선先아무개라는 형식으로 부른다. 예를 들어 농사를 지을 때는 선농先農을 받들어야 하고, 양잠을 할 때는 선잠先蠶을 받들어야 하고, 목수가 되어서는 노반魯班을 존숭해야 한다. 따라서 선사는 가장 이른 스승을 일컫는 말이다. 베이징에 있는 공묘孔廟 옆의 집은 국자감國子監[75]이다. 공자는 훈장訓長의 시조할아버지다. 이 말은 진짜다. 그는 살아 있을 때 훈장이었다.

4) 가짜 공자는 역대 통치자의 이데올로기이다

한대 이후로 공자를 높였는데, 그 주된 이유는 공자를 가져다가 이데올로기, 특히 독서인을 지배하는 이데올로기로 삼으려는 것이었다. 진시황은 천하를 통일하고 학술을 통일하려 했지만 실패했고, 독서인과 사이가 틀어져 분서갱유焚書坑儒가 초래되었다. 한대의 무제는 다른 제자백가를 다 몰아내고 유가의 학술만 존중했으며, 독서인에 대하여 온화한 손짓을 보내고 다독여준 다음에야 비로소 국면이 근본적으로 전환되었다. 그가 독존유술獨尊儒術, 즉 유가의 학술만 존중했던 것은 그 목적이 학술의 부흥에 있었던 것이 아니라 사상을 통일하여 천하의 영웅들이 모두 사정거리 안에 들어오도록 하려는 데 있었던 것이다. 공자가 죽고 난 뒤에 공자라는 사람은 없어졌지만 사람들의 마음은 줄곧 그에게 의지하고 있었다. 역대의 왕조는 대대로 황제를 위하여 사상思想의 문門으로 언론을 통제했고, 그때마다 모두 그에게 의존했다. 따라서 그는 선전부장·교육부장·출판국장 등과 같았다.

나는 살아 있는 공자, 진짜 공자를 좋아하고, 죽은 공자, 가짜 공자를 좋아하지 않는다.

붙임 – "집 잃은 개"의 출전

공자가 정나라에 갔을 때 제자들을 놓쳐버렸다. 공자는 홀로 외성外城의 동문에 서 있었다. 어떤 정나라 사람이 자공에게 말했다. "동문에 어떤 사람이 있는데, 그 이마는 요임금같이 생겼고, 그 목덜미는 고요皐

陶처럼 생겼고, 그의 어깨는 자산子産처럼 생겼는데, 허리 아래로는 우임금보다 3치 정도 모자라더이다. 피곤에 지친 모습이 마치 집 잃은 개 같았습니다." 자공은 그 말을 사실대로 공자에게 말했다. 공자는 흔쾌하게 웃으면서 말했다. "외모에 대한 말은 틀렸다. 그러나 집 잃은 개 같다는 말은 맞다, 맞아."[76]

선생님께서 정나라를 지나실 적에 제자들을 놓쳐버리고 홀로 외성 문밖에 서 계셨다. 어떤 사람이 자공에게 말했다. "동문에 어떤 사람이 있는데, 머리는 요임금을 닮았고, 목은 고요皐繇를 닮았고, 어깨는 자산을 닮았던데, 허리 아래부터는 우임금보다 3치가 모자라고 피곤에 지친 모습이 마치 집 잃은 개 같았습니다." 자공이 그 말을 공자에게 말하자, 공자가 후 하고 한숨을 짓더니 웃으면서 말했다. "외모에 대한 말은 틀렸지만, 집 잃은 개 같기는 하지. 그렇지, 그래."[77]

공자가 정나라에 갔을 때 제자들을 놓쳐 서로 떨어져버렸다. 공자는 홀로 외성 동문에 서 있었다. 어떤 정나라 사람이 자공에게 말했다. "동문에 어떤 사람이 있는데, 그 두상은 요임금같이 생겼고, 그 목덜미는 고요皐陶처럼 생겼고, 그의 어깨는 자산子産과 비슷하게 생겼습니다. 그런데 허리 아래로는 우임금보다 3치 정도 모자랐습니다. 피곤에 지친 모습이 마치 집 잃은 개 같았습니다." 자공은 그 말을 사실대로 공자에게 말했다. 공자는 흔쾌하게 웃으면서 말했다. "외모에 대한 말은 틀렸다. 그러나 집 잃은 개 같다는 말은 맞다, 맞아."[78]

선생님께서 정나라를 지나실 적에 제자들을 놓쳐버리고 홀로 외성 문 밖에 서 계셨다. 어떤 사람이 자공에게 말했다. "동문에 어떤 사람이 있는데, 키는 9자 6치이고, 크고 똑바른 눈에 이마가 툭 튀어나왔으며, 머리는 요임금을 닮았고, 목은 고요皐陶를 닮았고, 어깨는 자산을 닮았던데, 허리 아래부터는 우임금보다 3치가 모자라고, 마치 집 잃은 개처럼 피곤해 보였소." 자공이 그 말을 공자에게 하자, 공자가 웃으면서 탄식조로 말했다. "외모에 대한 말은 틀렸지만, 집 잃은 개 같기는 하지. 그렇지, 그래."[79]

공자가 위나라(정나라)의 동문을 나와 고포자경姑布子卿을 맞이했다. 공자가 말했다. "너희는 수레를 한쪽에 대놓아라. 어떤 사람이 와서 반드시 내 관상을 볼 것이다. 기록해두도록 해라." 고포자경 역시 말했다. "너희는 수레를 한쪽으로 끌고 가거라. 성인이 오실 것이다." 공자가 수레를 내려 걸어갔다. 고포자경은 그를 앞에서 바라보면서 50걸음을 걸어갔고, 그를 뒤에서 바라보면서 50걸음을 걸어간 다음 자공을 돌아보면서 말했다. "이분은 어떤 사람이시오?" 자공이 대답했다. "저의 스승님으로서 이른바 노나라의 공구라는 분이십니다." 고포자경이 "노나라의 공구이시라는 말입니까? 저는 예전부터 들어봤습니다"라고 말했다. 자공이 물었다. "저의 스승님은 어떻습니까?" 고포자경이 대답했다. "요임금의 이마에, 순임금의 눈에, 우임금의 목에, 고요의 입을 가지고 계십니다. 앞에서 보면 땅을 소유한 군왕의 상이 충분하지만, 뒤에서 보면 어깨는 높고 척추는 야위어 오직 이 점 때문에 앞에서 말한 네 성인의 경지에 못 미칩니다." 자공이 한탄스러운 모습을 보이자 고포자경이 말했다. "그대는 뭘 걱정하시오? 얼굴이 검지만 못생긴 건 아니고, 입은 튀어나와 있어 푹 꺼진 것이 아니며, 멀리서 바라볼 때나 지친 모습이 마치 상갓집 개 같은데 그대는 무엇을 걱정하시오?" 자공이 그의 말을 공자에게 전했다. 공자는 고포자경의 평가에 대하여 사양하지 않았지만, 오직 상갓집 개 같다는 평가에 대해서만 사양하면서 말했다. "내가 어찌 감히 그런 일을 감당하겠는가?" 자공이 말했다. "얼굴이 검지만 못생긴 건 아니고, 입은 튀어나와 있어 푹 꺼진 것이 아니라는 것은 저도 알겠습니다. 그러나 상갓집 개에 대해서는 알지 못하겠습니다. 사양할 게 뭐가 있겠습니까?" 공자가 말했다. "사야, 상갓집 개를 너만 보지 못했단 말이냐? 주인이 시신을 염하여 관곽에 안치하고 제기를 늘어놓고 제사를 지내는 동안 그 개는 사방을 돌아보아도 먹이를 줄 만한 사람이 아무도 없다. 위로 현명한 군주가 없고 아래로는 현명한 방백方伯이 없다. 왕도가 쇠퇴하고 정교政教가 실종되어 강자는 약자를 능멸하고 많은 자가 적은 자를 해친다. 백성들은 내키는 대로 살아 아무런 기강이 없다. 이것이 사람들이 정말로 내가 해결해주기를 바라는 것이다. 내가 어떻게 감당하겠느냐?"[80]

나의 생각 : 이상의 다섯 가지 인용문은 모두 양한兩漢의 구설이다. 앞의 네 가지 인용문은 기본적으로 같고, 마지막 한 가지 인용문만 조금 다르며, 아울러 관상을 본 사람은 고포자경姑布子卿(유명한 관상가)이다. 이 이야기는 자공이 공자를 성인으로 만들고자 한 것과 관련이 있다. 이 이야기는 공자가 세상을 구제하는 데 열정적이었고, 세상에서는 그를 성인이라고 생각했다는 의미를 전달하려고 한다. 관상가

는 그의 이름을 들었지만, 그 풍모를 한번 보고 싶어한 것은 진짜 성인의 관상을 가지고 있는지 아닌지를 확인하고 싶었기 때문이다. 그의 판단은 공자의 상은 성인을 닮았으면서 또 닮지 않았고, 세상을 구제하려는 마음을 가진 상으로 제후들에게 두루 관직을 요구해보았지만 매번 뜻을 이루지 못했고 또 얻을 만한 상이 아니라는 것이다. "집 잃은 개"[81]는 결코 멸시하는 말이 아니다. 그것은 그가 때를 만나지 못한 것을 형용한 것일 뿐이다. 자공은 관상가의 말을 공자에게 했고, 공자는 오히려 집 잃은 개라는 평가를 인정할지언정 성인이라는 평가는 인정하지 않았다. 집 잃은 개가 멸시하는 말이 아니라고 한 이유는 바로 이것이다. 이것은 비록 옛날이야기지만 매우 깊은 의미를 지니고 있다. 정말로 공자를 아는 말이라고 할 수 있다. 청대의 최술崔述은 무엇이든 다 의심했지만, 도통道統에 대해서는 의심하지 않았고, 결국 더 이상 진위를 분석하려 하지 않았다. 그는 책의 맨 앞에서 이렇게 말했다. "성인을 개에다 비유하는 데까지 가다니! 이런 말을 만들어낸 사람과 이런 말을 믿는 사람은 모두 성문聖門의 죄인이다. 이는 바로 제나라 동쪽 야만인들의 말이다. 그러므로 지금 모두 삭제한다."[82] 그는 사마천 등 여러 제현諸賢을 깡그리 죄인으로 몰아세움으로써 무단의 극치를 보여주었다. 구제강顧頡剛은 최술의 의고에는 한계가 있었고, 최술은 대담하게 회의하는 것으로 유명하지만, 오직 성인에 대해서만은 의심하지 않았고 의심하는 것을 허용하지도 않았으며, 대단히 많은 선입견을 가지고 있었다고 지적했다.[83] 변위학辨僞學은 방법일 뿐만 아니라 사상이기도 하다. 우리는 송대 이후의 변위辨僞에서 의심하거나 의심하지 않는 내재적 기준이 정통을 수호하고 사설을 물리치는

데 있지 않은 경우가 없었다는 점을 알아야 한다.(예를 들어 병서의 변위.) 제자백가의 책을 의심하는 것은 유가 경전을 높이려는 것이었으며, 위경僞經을 의심하는 것은 가법家法을 수호하려는 것이었다. 널리 퍼진 많은 위서는 오로지 버리기만 하고 사용하지 않았으며, 성립 연대를 심사할 만한 가치가 없는 것이었다. 그 심리 상태는 진나라 때의 분서焚書, 만주족이 세운 청나라에서 책을 금지하거나 불태웠던 것과 같다.

제2장

공문의 제자 및 기타

공자에 대한 이야기를 마쳤으니, 이제 『논어』에 나오는 기타 인물에 대하여 이야기해보자. 그들은 숫자로 볼 때 모두 155명이다.[1] 『논어』는 대화체이다. 만약 대화하는 사람이 누구이고, 대화에서 언급되는 사람이 누군지 분명히 해두지 않는다면 책을 읽을 때 긴가민가할 것이다. 나는 이들 인물을 한데 모아 소개하려고 한다. 공자의 아들은 공리孔鯉인데, 이미 1장에서 나왔기 때문에 여기서는 다시 말하지 않고 그 밖의 154명에 대해서만 이야기하기로 한다.

1.

먼저 공자의 제자를 보자. 이들은 모두 공자 주변 사람으로 가장 가까이 있었다.

공자의 제자는 몇 명이었을까? 사마천은 두 가지 의견을 내놓았다.

하나는 "제자가 대체로 3000명이었고, 육예에 능통한 사람이 72명이었다"[2]는 것이다. 말하자면 공자의 제자는 3000여 명이고, 그 가운데 성적이 탁월한 자가 72명이었다는 것인데, 이는 오행시령五行時令에서 말하는 행운의 숫자에 꿰어 맞춘 것이다.

다른 한 가지는 "공자는 '학업에서 통달한 사람이 77명이다'라고 말했다"는 것이다.[3] 즉 수업한 내용을 진정으로 성취한 자는 재적하고 있을 뿐만 아니라 문하생으로서 깊은 조예를 지닌 사람으로서 총77명이라는 것이다.

공자의 제자는 왜 그렇게 많았을까? 이는 우리 모두가 떠올리는 문제이다. 우리는 중국 근대에 신식 학당을 세우고 나서야 "학급 편성 수업 제도班級授課制"가 나타났다는 것을 알고 있다. "학급 편성 수업 제도"는 17세기 체코인 코메니우스Johann Amos Comenius가 창안한 것으로 몇몇 학생을 놓고 개별적으로 지도하는 것이 아니라 수십 명을 한 교실에 앉혀놓고 교사 앞에는 많은 책상이 있고 뒤쪽에는 칠판이 있으며 모두 함께 수업에 들어가는 것이다. 이것이 우리 모두가 다녔던 학교, 즉 공장식 학교이다.

공자가 살던 시대는 이렇지 않았다. 그의 주변에는 대개 두세 명의 학생만 있었다. 담화 효과가 가장 좋은 것은, 두 사람이 이야기할 때는 무릎을 맞대고 서로 마주보면서 흉금을 털어놓고 이야기하는 것이다. 세 사람이 이야기하는 것도 괜찮다. 두 사람이 이야기하고 한 사람이 듣거나 혹은 끼어들어 말하거나 혹은 돌아가면서 말한다. 세 사람 이상이 말할 때는 조금 소란스럽다. 공자의 담화는 일반적으로 "두세 사람二三子"이었고, 아무리 많아도 네 사람이었으며, 금琴을 연주하는 사람이 한 명 추가되기기도 했다.[4] 수업하는 것은 바로 스승을 모시고 이야기하는 것이었다. 혹은 실내에 앉아 이것저것 이야기하기도 하고 혹은 바깥을 걸으면서 이야기하기도 했다. 그 시절의 가르치고 배우는 방식을 나는 매우 흠모한다. 그러나 그렇게 학생을 데리고 있었다면 어떻게 몇천의 제자를 가질 수 있었을까? 오늘날이라 하더라도 한 명의 교수가 3000명의 학부생과 70명의 대학원생을 맡는다는 것은 불가능한 일이다.

사마천이 한 말은 거짓일까? 이점에 대해 이야기해보자.

그가 말한 숫자에서 구체적인 학생 수가 맞는지 틀린지 함부로 말할 수 없다. 그러나 제자가 매우 많았다는 점은 상상할 수 없는 것이 아니다.

예를 들어 뤼쓰몐呂思勉의 「강의자가 직접 가르치지 않는다講學者不親授」[5]라는 글을 읽어보자. 그는 "한대의 대가들이 가르친 제자는 매우 많았다"라고 했는데 많다는 것이 어느 정도까지 많다는 것일까? 『후한서』 「유림전」에서는 "학사가 잠깐 사이에 세워졌고, 식량을 싸들고 오는 사람이 순식간에 수천 명으로 늘어났다. 나이 많고 고명한 사람이 학사를 열어 학생을 가르치면 명부에 등록된 사람이 1만 명 이하로 내려가지 않았다"[6]라고 했다. 우리는 관련 기록을 통해 당시의 대가들은 문하의 제자가 1000명을 넘었고 명부에 기록된 제자는 1만 명을 넘는 경우가 자주 있었음을 알 수 있다. 이것은 동한 시기의 상황이다. 서한의 규모는 비록 그만큼 크지는 않았지만 역시 동한의 80퍼센트 내지는 90퍼센트였을 것이다.

이 말은 교수 한 명이 하나의 대학 전체 학생을 가르칠 수 있다고 말하는 것과 같다.

학생이 그렇게 많은데, 어떻게 가르칠까? 걱정할 것 없다. 그는 학생을 여러 층으로 나누었다.

편첩編牒은 그저 명성을 흠모하여 찾아와 명부에 등록된 학생으로서 오늘날과 조금 닮았다. 단기 훈련반에 다니고 증명서를 받으면 그러한 명의를 획득하게 되는 것일 뿐이다. 등록한 학생은 "저록著錄" 혹은 "재적在籍"의 제자라고 불렀으며, 그들 이외의 학생은 외곽의 제자인 것이다. 대가는 보통의 상황에서 결코 만나볼 수 없다.

문하생은 핵심 제자로서 스승 문하의 제자 속에 들어간다. 이러한 제자는 또 두 종류로 나뉜다. 하나는 문하에는 들어갔지만 안방에는 들어가지 못한, 즉 스승의 문에는 들어갔지만 스승의 안방에는 들어가지 못하여 스승으로부터 직접 가르침을 받지 못하고 기껏해야 뜰에서 한가롭게 산보하는 데 그친 제자이다. 다른 한 종류는 입실제자이다. 즉 스승의 거실에 들어가 주위에 다른 사람 없이 스승의 가르침을 직접 받은 제자이다. 예를 들어 서한의 대가 동중서董仲舒는 "장막을 쳐놓고 강의를 했다." 즉 커튼 뒤에 앉아 "3년 동안 뜰을 내다보지 않았다."[7] 뜰에 있는 사람은 자연히 그를 만나볼 수 없었다. 동한의 대가 마융馬融은 문하생이 400여 명이었지만, "대청에 올라 안방에 들어간 登堂入室" 제자는 50여 명뿐이었으며, 정현鄭玄이 그의 문하에서 나올 때까지 역시 3년 동안 한 번도 만나보지 못했다.[8]

스승을 만나보지 못한 학생은 어떻게 할까? 매우 간단하다. 학생에게 다른 학생을 데리고 아침에 배웠던 내용을 저녁 때 가르치도록 했다. 그들은 배운 과목을 그대로 가르쳐주었는데, 서로 돌아가면서 가르쳐주는 이런 것을 "도를 듣는 데 앞뒤가 있으며, 학업에는 전공이 있다"[9]라고 말했다. 『논어』를 읽으면서 우리는 많은 상황에서 대제자가 집 안에서 공자와 이야기하고 그 밖의 제자는 문 밖에서 기다리다가 공자가 나가면 비로소 대제자에게 몰려가 방금 스승이 무슨 내용을 강의했는지 묻는 것을 어렵지 않게 발견할 수 있다.(예를 들어 「이인」 4.15) 공자의 제자는 제자가 다른 제자를 데리고 있었기 때문에 바로 (강항과 같이) 재전제자를 포함했을 것이며 마치 피라미드식 판매와 같이 한 사람의 가르침이 많은 무리에 전달되기 때문에 당연히 사람의 수도 매우 많았을 것이다.

대가가 이렇게 제자를 거느린 것은 다음과 같은 오늘날의 우스갯소리를 떠올리게 한다. 어떤 교수가 자기 대학원생 제자에게 너 괜찮은 학생이다, 내 대학원 제자로 들어오라고 말했다. —그의 제자는 분명하게 알 수 없을 만큼 이미 많았다. 마치 사장이 공장 직원을 알아보지 못하는 것과 같다.[10] 그 때문에 뤼呂 선생은 "이 대가를 추종해봐야 무슨 이익이 있겠는가? 그 문하에 있는 것은 모두 허명을 흠모한 것이거나, 심지어는 그러한 명성에 편승하기 위한 것이 아닌 경우가 없다"고 말했다.

고대의 대가의 발전 추세는 자못 현재의 스타 가수와 비슷했다. 허명을 흠모하고 명성에 편승하기 위한 추종자들(오늘날은 "팬"이라고 부른다)이 매우 많았다. 먼 길을 와서 집을 짓고 방을 빌리는 것은 그저 풍모를 한번 보기 위한 것이지 반드시 스승을 만나보려는 것은 아니며, 어떤 구체적인 가르침을 얻기 위한 것은 더더욱 아니었다.

더 재미있는 점은 대가가 어떤 때는 공개 강연을 연다는 것이다.

"명예를 얻고 명성을 떨치기 위한 것"인데, 그것을 "대강연회"라고 부른다. 이것은 팬들이 대가를 볼 수 있는 유일한 기회인 것이다.

뤄 선생은 그와 같은 풍조가 한대 이후로 계속 존속되었으며 "모이는 자가 많으면 마음이 쉽게 흥분되었다"고 했다. 예를 들어 송명대의 대가가 강연할 때 통곡을 하면서 눈물 콧물을 흘리는 자가 있었다. 청대의 당견唐甄은 다음과 같이 말했다. "다섯 자 되는 자리에 올라가 호표의 가죽을 깔고 앉으면 그를 둘러싸고 듣는 사람이 수백 수천 명이었다. 당 아래 있는 자는 쳐다보아도 볼 수 없었고, 벽을 등지고 있는 자나 계단에 올라선 자는 볼 수는 있어도 들을 수는 없었고, 굉장히 가까운 거리에 있는 자는 듣더라도 알지 못했으며, 좌우에 있는 자는 알기는 해도 깨닫지 못했다. 이런 것을 강연을 보는 것이라고 한다. 많은 사람이 보기만 할 뿐 그들에게 무슨 이득이 되겠는가?"[11]

"강연 보기"는 일종의 연기이다. 연기를 하지 못하면 대가가 될 수 없다.

이 단락에서 말하고 있는 이야기는 매우 재미있다. 오늘날의 대가가 강연할 때도 이와 같은 경우가 흔하다. 다른 점이 있다면 마이크와 큰 스크린을 많이 사용한다는 점뿐이다.

뤄 선생의 책을 통해 우리는 공자의 제자가 한대에 비해 결코 많다고 할 수 없으며, 완전히 합리적인 범위 안에 있었다는 점을 분명히 알 수 있다.

그리고 공자와 제자의 관계 역시 매우 특수했다.

공문이든 묵가든, 그들의 교육 조직 혹은 학술 단체는 오늘날과 달랐다는 것을 우리는 알아야 한다. 어떤 사람은 하나의 결사체와 매우 흡사했다고 말한다. 스승(묵가에서는 거자巨子)은 두목 혹은 큰형님이었고, 핵심 제자는 각기 장기를 가지고 있어 서로가 기능을 분담했으며, 마치 비밀결사와 같이 제자가 제자를 거느리는 방식으로 여러 층을 형성하고 있었다. 덕이 높고 명망이 큰 사람(안회 등)은 최상층에 있었고, 그다음은 외교·재무·학술 등 몇 가지 부문이 있었다. 제자가 입문하여 스승으로 모실 때는 다른 사람의 소개를 통해야지 스승의 집 문으로 직접 뛰어 들어갈 수는 없었다. 스승을 만날 때는 유관儒冠을 쓰고 유복儒服을 입고 만남의 예(말린 고기 열 묶음)를 갖추고 면접을 거쳐야 했다. 부유한 제자는 옷감과 기부금을 바쳐야 했다. 예를 들어 공자가 주유열국할 때 자공이 사재를 털어 비용을 부담했을 것이다. 제자가 말을 듣지 않으면 스승은 그 밖의 학생으로 하여금 때리도록 할 수 있었다. 제자가 졸업하거나 졸업하지 않거나 하는 것은 없었고 죽을 때까지 곁에서 모셨고 어떤 제자는 자로와 같이 공자의 경호원이기도 했다. 스승은 학생의 자질에 따라 교육했고, 그들을 사방에 추천하여 관리가 되도록 했다. 벼슬에 나아가지 않을 경우에만 집에 머물면서 스승의 뒤를 바짝바짝 쫓아다녔다. 예를 들어 공자가 죽자 일부 제자들은 여전히 공자의 무덤 곁에서 살았다.[12] 스승과 제자의 관계는 아버지와 아들 같았고, 스승이 좋아하는 제자는 사위가 될 수 있었다. 스승이 수여하는 가장 높은 상은 자신의 딸이나 조카딸이었다.

이것이 내가 설명하고자 했던 부분이다.

공자가 가르쳤던 제자 중에서 가장 핵심적인 제자는 도대체 몇 명이나 되었을까? 한 가지 견해로는 「공자세가」에서 72인이라고 했고, 다른 한 가지 견해로는 「중니제자열전」에서 77명이라고 했다는 것을 앞에서 살펴보았다. 이설이 공존하는 것은 『사기』의 체제이다. 『공자가어』 「72제자해」에서 제목을 72인이라고 붙였고, 해당 편에서 열거한 사람은 여전히 77명으로, 역시 두 가지 설이다. 만약 이 서로 다른 기록을 대조하여 틀린 글자를 바로잡고 중복되는 부분을 없앤다면 사실은 77명이다.

이들 제자 중에는 "선진"과 "후진"의 구분이 있었다. "선진"은 초기 제자이고, "후진"은 후기 제자이다. 그들이 『논어』에 다 나오는 것은 아니다. 『논어』에 나오는 제자는 29명이다. 『논어』 각 장의 연대를 확정하기 위해 우리는 그들을 배우러 들어온 시기의 선후에 따라 3기 4그룹으로 나누고, 각 그룹은 모두 연령에 따라 순서를 정했다.[13]

1) 제1기

공자의 일부 제자는 그가 초년에 노나라에 살 때(1~35세) 받아들인 학생으로서 모두 다섯 명이다.

(1) 안무요顔無繇.(자는 계로季路, 기원전 545~기원전 ?) 안회의 아버지이고 노나라 사람이며, 공자보다 6세 어리다. 공문 제자 중에서 나이가 진상 다음으로 많았다. 그의 이름과 자 등은 자로와 완전히 같다.("요繇"와 "유由"는 통하는 글자임.)

(2) 염경冉耕.(자는 백우伯牛, 태어나고 죽은 해를 알 수 없다.) 노나라 사람으로 덕행으로 이름이 났다. 공부孔府 『성문지聖門志』와 『궐리광지闕里廣志』 등에서는 그가 공자보다 7세 적다고 했다. 그는 나병에 걸려 죽었

고 공자가 그를 문안 갔는데, 탄식을 연발하면서 이렇게 좋은 사람이 어째서 이런 몹쓸 병에 걸렸는가, 너무나 애석하다고 말했다고 한다.[14]

(3) 중유仲由.(자는 자로子路 혹은 계로季路, 기원전 542~기원전 480) 변卞읍(노나라의 읍으로 지금의 쓰수이泗水 동쪽 볜차오진卞橋鎭) 사람, 공자보다 9세 어렸고, 정사政事로 이름이 났다. 공자가 노나라 정공에게서 벼슬하던 기간에 그는 계환자季桓子의 읍재가 되었다.(기원전 498) 공자가 주유열국하던 기간에 그는 공자 곁을 따라다녔다. 노나라로 돌아가기 전에 위나라 포읍蒲邑의 읍재를 지내기도 했다.(기원전 488) 공자가 노나라로 돌아오자 그는 염유와 함께 계강자를 위해 일했고 위나라의 내란에서 최후의 죽음을 맞이했다.(기원전 480) 자로는 용맹과 위세로 이름이 났고, 성격이 급했으며 성질이 대단해서 항상 공자로부터 욕을 얻어먹었고 안회가 스승을 기쁘게 해주었던 것과는 달랐다.

(4) 칠조계漆雕啓.(자는 자개子開, 기원전 540~기원전 ?) 노나라 사람(혹은 채蔡나라 사람이라고도 함)으로 공자보다 11세 어렸다. 그는 전에 형벌을 받은 불구자였다.

(5) 민손閔損.(자는 자건子騫, 기원전 536~기원전 ?) 노나라 사람으로 공자보다 15세 어렸고, 덕행으로 이름이 났으며 유명한 효자였고 그의 부모형제는 모두 그를 칭찬했다.[15]

2) 제2기

공자의 제자 중 두 번째 부류는 그가 제나라에서 노나라로 돌아온 후(36~54세) 받아들인 학생으로 모두 8명이다.

(1) 염옹冉雍.(자는 중궁仲弓, 기원전 522~기원전 ?) 노나라 사람으로 공

자보다 29세 어렸고, 덕행으로 이름이 났으며, 아울러 정사에 재능이 있었다. 기원전 497년에서 기원전 493년에 그는 자로를 대신해서 계환자의 읍재를 지냈다.

⑵ 염구冉求.(자는 자유子有, 기원전 522~기원전 ?) 노나라 사람으로 공자보다 29세 어렸고, 정사로 이름이 났다. 기원전 492년에 그는 염옹을 대신해서 계강자의 읍재가 되었다.

⑶ 재여宰予.(자는 자아子我, 태어나고 죽은 해는 알 수 없다.) 노나라 사람으로 언어로 이름이 났다. 공자가 그에게 "썩은 나무로는 조각을 할 수 없고, 쓰레기로 쌓은 담장에는 흙손질을 할 수 없다"[16]라고 욕한 적이 있다. 그러나 그는 공문십철孔門十哲의 한 사람이고 가장 우수한 학생 그룹에 속한다. 『대성통지大成通志』「선현열전상先賢列傳上」에서는 그가 공자보다 29세 어렸다고 말했다. 공자가 죽은 뒤 그는 선배로서 자공이 공자를 성인으로 만드는 작업에 참가한 사람이다.

⑷ 안회顔回.(자는 자연子淵, 기원전 521~기원전 481) 노나라 사람으로 공자보다 30세 어렸고, 덕행으로 이름이 났으며, 스승의 칭찬을 자주 받았다. 그는 공자로부터 가장 인정받은 제자였다. 『장자』「전자방」에서 안회는 공자가 하는 대로 한다고 하여 "스승님께서 걸으면 저도 걷고, 스승님께서 빨리 가시면 저도 빨리 가고, 스승님께서 내달리시면 저도 내달립니다. 스승님께서 날아가시는 듯이 뛰시면, 저는 그저 눈만 동그랗게 뜨고 바라볼 뿐입니다"[17]라고 말했다. 그는 공자를 바짝 뒤따르려고 했지만 뒤따를 수 없다고 스스로 고백한 것이다.

⑸ 무마시巫馬施.(자는 자기子旗, 기원전 521~기원전 ?) 노나라 사람(혹은 진陳나라 사람이라고도 함)으로 공자보다 30세 어렸고, 단보單父의 읍

재를 지냈다.

(6) 고시高柴.(자는 자고子羔 혹은 계고季羔이고, 기원전 521~기원전 ? 혹은 기원전 511~기원전 ?) 제나라 사람으로 공자보다 30세(혹은 40세) 어렸고 키가 매우 작았으며 생김새는 매우 못생겼고, 역시 정사에 재능이 있는 제자였다. 기원전 498년 비읍費邑의 읍재(혹은 비읍과 후읍郈邑의 읍재), 무성武城의 읍재와 성읍成邑의 읍재 등을 역임했다. 나중에 그는 위나라 사사士師(재판관)의 직책을 맡았다. 그래서 위나라 사람이라는 설이 있다.

(7) 복부제宓不齊.(자는 자천子賤, 기원전 521~기원전 ? 혹은 기원전 502~기원전 ?) 노나라 사람으로 공자보다 30세(혹은 49세) 어렸고 단보의 읍재를 지냈다.

(8) 단목사端沐賜.(자는 자공子貢, 기원전 520~기원전 ?) 위나라 사람으로 공자보다 31세 어렸고 언어로 이름이 났으며 위나라와 노나라에서 벼슬을 했는데, 신양의 읍재를 지냈고, 제나라에서 죽었다. 그는 외교와 상업 분야에 탁월한 능력이 있었다. 공자가 죽은 뒤 그의 지위가 가장 높아 문하생들을 장악했던 것 같다. 공문에서 공자를 세우고 공자에게 성인의 칭호를 붙이는 데 그의 노력이 가장 컸다.

3) 제3기

공자의 제자 중 세 번째 부류는 그가 주유열국할 때 받아들인 제자로 모두 11명이다.

(1) 원헌原憲.(자는 자사子思, 기원전 515~기원전 ?) 노나라(혹은 송나라)

사람이고 공자보다 36세 어렸다.

⑵ 번수樊須.(자는 자지子遲, 기원전 515~기원전 ?) 제나라(혹은 노나라) 사람으로 공자보다 36세 어렸다. 농사짓는 것을 좋아한 중농파重農派로 공자는 그를 소인이라고 욕했다.[18]

⑶ 담대멸명澹臺滅明.(자는 자우子羽, 기원전 512~기원전 ? 혹은 기원전 502~기원전 ?) 노나라 무성(지금의 산둥성 페이현費縣 서쪽) 사람으로 공자보다 39세(혹은 49세) 어렸다. 그는 언언이 무성의 읍재로 재직할 때 발견한 인재로 나중에 초나라에 가서 세를 확산시켰는데, 300명의 제자를 거느렸다. 전해오는 말에 따르면 그는 용모가 못생겼다고 한다.

⑷ 진항陳亢.(자는 자항子亢 혹은 자금子禽, 기원전 511~기원전 ?) 진나라 사람으로 공자보다 40세 어렸다. 이 사람은 자공의 제자로서 공자의 재전제자일 것이다.

⑸ 공서적公西赤.(자는 자화子華, 기원전 509~기원전 ?) 노나라 사람으로 공자보다 42세 어렸고, 예를 좋아했으며 외교적 재능이 있었다.

⑹ 유약有若.(자는 자유子有, 기원전 508년~기원전 ? 혹은 기원전 518~기원전 ?) 노나라 사람으로 공자보다 43세(혹은 33세) 어렸다. 생김새가 공자와 매우 닮아서 공자가 죽은 뒤에 복상·언언·전손사 등이 공식적으로 유약을 추대하여 공자를 대신하도록 하고, 제자들의 문안을 받았는데, 증삼이 동의하지 않았다고 한다.[19] 한대에 전해오는 또 하나의 이야기가 있다. 유약이 공자의 자리에 앉아 제자들의 문안을 받을 때 제자들이 물으면 아무런 대답을 하지 못해 제자들로부터 야유를 받았다고 한다.[20] 공자가 죽은 뒤 자공이 공자를 성인으로 세우는 작업에 그도 참여했다.

(7) 복상卜商.(자는 자하子夏, 기원전 507~기원전 ?) 위衛나라 온현溫縣(지금 허난성 원현溫縣의 서남) 사람으로 공자보다 44세 어렸다. 문학으로 이름이 났고, 거보莒父의 읍재를 지냈으며, 또 위나라 영공을 섬겼다. 노년에는 서하西河에서 학문을 강론했으며, 위魏나라 문후文侯·전자방田子方·단간목段干木·이극李克·오기吳起 등이 그를 스승으로 모셨다. 그는 삼진三晉의 법술학에 많은 영향을 끼쳤다. 자하는 『시경』과 『춘추』에 해석傳을 붙였으며, 경학의 전수 방면에서 매우 유명했다. 이전 사람들은 그를 한대 경학의 비조鼻祖라고 말했다.[21] 공자가 죽은 뒤 그 역시 공문의 중요 인물이었다.

(8) 언언言偃.(자는 자유子游, 기원전 506~기원전 ? 혹은 기원전 516~기원전 ?) 항상 자하와 함께 거론되는 인물로서 오나라(혹은 노나라) 사람이고, 공자보다 45세(혹은 35세) 어렸으며, 문학으로 이름이 났고 무성의 읍재를 지낸 적이 있다.

(9) 증삼曾參.(자는 자여子輿, 기원전 505~기원전 432) 노나라의 남무성南武城(지금 산둥성 페이현 서쪽) 사람으로 공자보다 56세 어렸다. 송대 사람들이 도통을 중시할 때 자사와 맹자부터 위로 증삼까지 소급한다.

(10) 전손사顓孫師.(자는 자장子張, 기원전 503~기원전 ?) 진나라(지금의 허난성 화이양淮陽) 사람인데, 어떤 사람은 양성陽城(지금의 허난성 덩펑시登封市 동남쪽) 사람이라고도 하고, 어떤 사람은 노나라 사람이라고도 한다. 공자보다 48세 어렸으며 공자를 따라 진陳나라와 채蔡나라를 여행했다.

(11) 사마경司馬耕.(자는 자우子牛, 기원전 ?~기원전 481) 송나라의 귀족, 즉 송나라의 사마환퇴(하마터면 공자를 살해할 뻔한 사람)의 동생이다.

이 사람의 특징은 말이 많고 성격이 조급하다는 것이다.

위에서 말한 세 부류의 제자들 가운데 첫 번째 부류에서는 중유가 가장 능력이 있었으며 또 가장 유명했다. 그다음으로는 두 명의 도덕 샌님, 즉 염경과 민손으로 공자가 매우 칭찬했다. 그러나 그들은 후세에 아무런 영향을 끼치지 못했다. 두 번째 부류에서는 안회가 공자의 마음에 가장 들었던 제자였다. 그러나 공자를 바짝 쫓아다닌 것과 안빈낙도安貧樂道했다는 것을 제외하고는 후세 사람들은 그에 대하여 거의 아무것도 알지 못한다. 그다음으로는 염옹과 염구가 정사 방면에서 매우 중요한 인물로서 중유에 조금 뒤질 뿐이었다. 재여와 단목사는 언어 방면에서 가장 중요한 인물이다. 단목사는 정사 방면의 재목이기도 하다. 세 번째 부류 중에서 가장 이름이 높았던 사람은 5대제자이다. 하나는 겉모습이 공자와 비슷하고 고지식한 유약이고, 둘은 유약에 대해 복종하지 않았던 증삼이고, 셋은 문학에 특기를 지녔던 복상과 언언이고 넷은 중유와 같이 성격이 호방했던 전손사이다.

공자가 죽은 뒤 군룡무수群龍無首, 즉 많은 뛰어난 인물 중에 우두머리가 없었는데, 권위를 다시 세워야 할 필요성이 절실하게 대두되었다. 그때 두 가지 가장 중요한 일이 있었다. 첫째는 공문의 제자 중에서 단목사의 나이가 많고 위엄과 명성이 높았는데, 그가 공자를 성인으로 받들자는 운동을 시작했고, 유약과 재여가 그에 동참했다. 둘째는 단목사 자신은 전면에 나오지 않고 복상과 언언과 전손사가 공식적으로 유약을 추대하여 공자를 대신하도록 했다. 증삼은 그에 따르지 않았는데, 당시에는 소수파였다.

4) 기타

그 밖에 한 부류의 사람들은 연대를 조사할 수 없는 제자들로서 모두 다섯 명이다.

⑴ 공야장公冶長.(자는 자장子長, 태어나고 죽은 해를 알 수 없다.) 제나라 사람(혹은 노나라 사람이라고도 한다)으로 예전에 감옥 생활을 한 적 있었고, 공자는 그가 완전히 무고하다고 생각했다. 그래서 자신의 딸을 그에게 시집보냈다.[22]

⑵ 남궁괄南宮适.(자는 자용子容, 태어나고 죽은 해를 알 수 없다.) 노나라 사람으로 이 사람은 사소한 것에까지 신경을 쓰고 신중하여 자기 자신을 잘 보호했다. 공자는 이러한 제자를 좋아했다. 그래서 자기 형(맹피孟皮)의 딸을 그에게 시집보냈다.[23]

⑶ 증점曾点.(자는 자석子晳, 태어나고 죽은 해를 알 수 없다.) 증삼의 아버지이고 노나라 사람이었다. 양조羊棗(일종의 작은 감)를 좋아했는데, 공자의 눈에 그는 "광사狂士"로 보였다.[24]

⑷ 공백료公伯寮.(자는 자주子周, 태어나고 죽은 해를 알 수 없다.) 노나라 사람으로 계손씨 쪽에 가서 이간질을 했고, 자로를 비방했고, 공자를 팔았기 때문에 후세 사람들은 그가 공자의 제자가 아니었을 것이라고 의심한다. 명대의 가정 시기에는 심지어 그를 공묘孔廟에서 제거해버리기까지 했다. 그는 공문의 "유다"였다.

⑸ 금뢰琴牢.(자는 자개子開 혹은 자장子張, 태어나고 죽은 해를 알 수 없다.) 위나라 사람이다.

이상의 다섯 제자는 중요성이 그리 크지는 않다.

공자의 제자 중에는 노나라 사람이 대부분을 차지하고 그들 가운데 다음의 여덟 가족에 대해 주목해보아야 한다.

(1) 안씨顔氏: 안무요顔無繇, 안회顔回, 안행顔幸, 안고顔高, 안상顔相, 안지부顔之仆, 안쾌顔噲, 안하顔何 등이 있다. 『논어』에서는 안무요와 안회만 언급하고 있다.

(2) 염씨冉氏: 염경冉耕, 염옹冉雍, 염구冉求, 염유冉孺, 염계冉季 등이 있다. 『논어』에서는 염경과 염옹과 염구만 언급하고 있다.

(3) 칠조씨漆彫氏: 칠조계漆彫啓, 칠조치漆雕哆, 칠조도보漆雕徒父 등이 있다. 『논어』에서는 칠조계만 언급하고 있다.

(4) 증씨曾氏: 증점曾點, 증삼曾參 등이 있다. 그들은 모두 『논어』에 나온다.

(5) 진씨秦氏: 진상秦商, 진조秦祖, 진염秦冉(진비秦非와 동일인일 것이다) 등이 있다. 그들은 아무도 『논어』에 나오지 않는다.[25]

(6) 공서씨公西氏: 공서적公西赤, 공서점公西點, 공서여여公西輿如 등이 있다. 『논어』에서는 공서적만 언급하고 있다.

(7) 현씨縣氏: 교단鄡單(현단縣亶), 현성縣成 등이 있다. 그들은 아무도 『논어』에 나오지 않는다.

(8) 원씨原氏: 원헌原憲, 원항原亢 등이 있다. 『논어』에는 원헌만 나온다.

이밖에 몇몇 유학생이 있었다. 그들은 제나라, 송나라, 위나라, 진陳나라, 채나라, 초나라, 오나라, 진秦나라, 진晉나라 등에서 왔다.

공문의 제자들 중에는 빈한한 가정 출신이 많다. 예를 들어 여덟 명의 안씨와 세 명의 염씨와 중유, 증삼 등은 출신 배경이 공자와 비슷할 것이다. 즉 그들도 몰락한 집안의 자제들이었을 것이다. 특히 초기 제자들이 더욱 그랬다. 공자가 학교를 열었을 때 줄곧 중점을 기울여 흡수한 것은 이런 종류의 사람이었다. 사업이 번창해지자 비로소 부잣집 자제들이 문하에 들어왔다. 공자 만년의 제자 가운데 자공은 대상인이었고 사마우는 귀족이었다.

공문의 제자 가운데 가장 중요한 제자는 10여 명에 불과하다. 이 10여 명은 각기 전문적인 장기가 있었다. 옛날 사람들은 "4과10철四科十哲", 즉 덕행과의 "안연·민자건·염백우·중궁", 언어과의 "재아·자공", 정사과의 "염유·계로", 문학과의 "자유·자하"[26] 등에 대해 중시했다. 4과를 통해 인재를 뽑은 것은 왕망의 제도였고,[27] 10철을 배향한 것은 당대 개원 8년(720)에 확정되었으며,[28] 일반적으로 이들이 공문에서 가장 중요한 제자라고 생각한다. 그들 가운데 『논어』에서 가장 많이 나온 사람은 중유(42회)이고, 그다음은 단목사(38회)이고, 그다음은 안회와 복상(21회)이고, 그다음은 염구(16회)이다. 그 밖의 사람은 언언이 8회, 염옹이 7회, 재여가 5회, 민손이 4회, 염경이 2회 등이다. 10철 외에 또 다섯 명이 있는데, 역시 비교적 중요한 인물이다. 그들은 바로 번수, 공서적, 유약, 증삼, 전손사(자장) 등이다. 그들 가운데 가장 많이 나오는 사람은 자장(18회)과 증삼(15회)이고 그다음은 번수(6회)이고, 그다음은 공서적(5회)이고 그다음은 유약(4회)이다.[29]

이 10여 명 가운데 공자가 가장 사랑했던 사람은 덕행과의 제자였다. 예를 들어 제1기의 염경과 민손, 제2기의 안회 등과 같은 사람이다. 또 제3기의 증삼과 유약 등도 이 부류에 속한다. 그들은 모두 도덕샌님으로서 고지식하고 말수가 적었다. 언어과는 달랐다. 그들은 모두 말솜씨가 뛰어났고, 공공관계를 잘하는 사람들이었다. 제2기의 재여와 단목사가 대표자이다. 공서적도 이 부류에 속한다.(그 역시 2기의 제자이다.) 정사과는 치국治國과 용병用兵의 기술을 가지고 사람과 재물을 다루는 데 탁월한 재능을 지닌 사람들이다. 제1기의 중유는 큰 형님으로서 그는 계씨의 읍재를 지냈다. 제2기의 염경과 염구 역시 계씨의 읍재를 지냈다. 염옹은 덕행이 뛰어나다고 말하지만 실제로는 그 역시 정사의 인재였다. 전손사는 성격이 중유와 비슷하여 작은 자로였는데, 그 역시 이 부류에 집어넣을 수 있다. 문학과는 독서를 좋아하고 경예經藝에 뛰어났다. 경經은 경서이고 예藝는 예악인데, 제3기의 복상과 언언이 그 대표자이다. 뒤쪽 세 과의 제자는 다재다능했고 비교적 기민했으며 비교적 적극적으로 행동했고 또 비교적 실제적이었다. 공자는 덕행과의 제자를 좋아했고, 뒤쪽 세 과의 제자들에 대해서는 비교적 자주 비판했으며, 특히 정치에 종사하는 이들에 대해서는 늘 마음을 놓지 못했다. 그러나 대대적으로 선전하면서 그 어르신이 이름이 나도록 애쓴 사람은 누구였던가? 가장 적극적으로 행동한 이 제자들, 특히 능수능란한 언변을 소유하고 활동력이 강했던 자공이라든가, 그에게 크게 욕을 얻어먹었던 재여가 아니었던가? 번수는 비교적 특이한 유형이었다. 그는 성격이 자로나 자장 등과 비슷했을 뿐만 아니라 농사를 중시하고 경작을 좋아했지만 공자는 그를 유별나게 싫어했다.

공자가 죽은 뒤 5대 제자들 사이에 의견 충돌이 일어났다. 도덕고상파 증삼과 유약이 정통을 다투었고, 다재자능파 복상과 언언 및 전손사가 우열을 겨루었는데, 역시 공문의 내부 모순을 반영했다.[30]

공자의 제자는 성격이 서로 달라 대조를 이루었다. 예를 들어 안회는 말을 잘 들었고, 중유는 덤벙댔고 경솔했다. 제자에 대한 공자의 편애를 볼 때 덕성과 능력 중에서는 덕성을 중시했고, 능수능란한 말솜씨와 말수가 적고 과묵한 것 중에서는 말수가 적고 과묵하고, 또 보기에 약간 바보스러운—당연히 진짜로 바보스러워서는 안 된다—사람을 좋아했다. 예를 들어 민손과 염옹은 말하는 것을 좋아하지 않았고 모두가 도덕샌님이었다. 그와는 반대로 재여와 단목사는 언변이 뛰어났고 중유는 말이 많아 도덕샌님이 되기에는 어울리지 않았다. 공자는 중유를 억제하고 안회를 나아가게 했고, 단목사를 억누르고 안회를 나아가게 했는데 모두 이러한 기준과 관련이 있다. 공자는 제자들에 대해 칭찬을 하기도 하고 욕을 하기도 했다. 가장 많은 칭찬을 받은 사람은 안연이고, 가장 많은 욕을 먹은 사람은 중유이다. 중유는 욕을 얻어먹었지만 충성심이 활활 불타올랐다. 그와 공자의 관계는 『수호전』의 이규李逵와 두목 송강松江 관계와 조금 비슷했다.

『논어』의 몇 가지 우수한 점, 특히 작문 혹은 문학적인 장점 가운데 가리려고 해도 가려지지 않는 것을 보면 그 속에는 후대인들과 같은 거짓이 없다는 점이다. 책 속의 인물, 스승이든 10철이든 모두 보통 사람으로서 기뻐하고 화내고 웃고 욕하면서 조금도 숨기지 않았다. 위대한 스승이 높고 크고 완전해야 하고 성문聖門의 제자는 몸에 광채가 나야 한다고 누가 말했던가? 그들 스승과 제자가 한 덩어리가 되어 제자는 스승에게 대들고, 스승은 제자에게 욕한 것들을 모두 기록해 놓았다. 예를 들어 중유는 입에 욕을 달고 살았는데(그들은 함께 지낸지 오래되었고 서로가 아주 익숙했다), 조금도 체면을 세워주지 않았다. 염구가 계씨의 읍재를 지내면서 계씨의 재물 수탈을 돕자 공자는 학생들에게 "북을 울려 성토하라"[31]고 했다. 그들은 모두 10철에 들어가고, 후세 사람들이 머리 숙여 존경하는 인물들인데, 『논어』의 편찬자는 그런 점들을 조금도 감추지 않았다.

반고班固는 공자를 존경했고, 『한서』「고금인표古今人表」는 공자의 생각에 따라 사람을 아홉 등급으로 나누었다. 1, 2, 3등급이 한 부류로서 이들은 총명한 사람과 좋은 사람(성인聖人, 인인仁人, 지인智人)이다. 4, 5, 6등급이 한 부류로서 이들은 중인(중상, 중중, 중하)의 사람이다. 7, 8, 9등급이 한 부류로서 이들은 멍청한 사람과 나쁜 사람(하상, 하중, 하하의 어리석은 사람)이다. 공자는 첫 번째 등급에 속하고 제자들은 2, 3등급에 속하며 모두 옛날 사람들의 눈에는 총명한 사람이고 좋은 사람으로 비쳐졌다.

공문의 제자를 연구할 때 우리는 『문옹례전도文翁禮殿圖』의 기록과 한漢나라 화상석畫像石의 교정을 이용할 수 있다. 『문옹례전도』는 동한 흥평 원년(194)에 촉蜀의 태수 고진高眹이 "옛날에 건축한 문옹주공례전文翁周公禮殿"을 수리했는데, 전각에 그려진 벽화에 공자와 그의 제자 72인이 있었다. 동한의 화상석에도 공자가 노자를 만나는 것과 공자 뒤에 그의 제자들이 있는 것을 표현한 그림이 매우 많다.[32]

2.

『논어』에 나오는 기타 인물에 대하여 다시 이야기해보자.

기타 인물은 공자와 사제 관계가 없다. 어떤 사람은 공자가 언급한 사람(절대 다수를 차지함)이고, 어떤 사람은 그의 제자 혹은 다른 사람이 언급한 사람(비교적 적음)이다. 어떤 사람은 공자 이전의 인물로 오래전에 죽어 전혀 만나보지 못한 사람이고, 어떤 사람은 공자와 동시대의 인물로 그가 보았을 수도 있고 보지 못했을 수도 있다. 총 125명으로 공자의 제자들보다 많은 이들에 대해 이야기해보려고 한다.

1) 공자 이전의 인물(42명)

여섯 시기로 나뉜다.

첫째, 전설적인 당우唐虞 시기. 당우의 군주 요임금과 순임금, 순임금의 이관李官(법관) 고요, 요임금과 순인금의 직관稷官 기棄 등이 있다.[33]

둘째, 하대夏代. 하나라를 개국한 우임금이 있고, 궁씨窮氏의 임금 예羿와 과過나라 임금 오奡가 있다.

셋째, 상대商代. 상나라를 개국한 탕湯임금(책에서는 이履라고 부름)과 그를 보좌하여 천하를 얻은 명신 이윤, 상나라 최후의 임금 주紂와 그에게 협력하기를 거절했던 대신 미자微子와 기자箕子와 비간比干 그리고 오래 산 것 때문에 유명해진 노팽老彭 등이 있다. 그리고 주임周任이라고 부르는 사람이 있는데, 『좌전』 은공 6년에 나온다. 그의 연대를 고증할 수는 없지만, 상나라 사람이라고 보는 견해가 있다.

넷째, 주나라 이전. 왕위를 주나라 태왕의 장자, 즉 계력에게 양보하고 오나라로 도망가서 오나라의 시조가 된 태백, 주나라를 차지할 천명을 받았다고 전해지는 주나라 문왕 및 문왕 주변의 "여덟 명의 현명한 신하八虞", 즉 백달伯達·백괄伯适·중돌仲突·중홀仲忽·숙야叔夜·숙하叔夏·계수季隨·계과季騧 등이 있다.

다섯째, 서주. 서주를 개국한 군주인 주나라 무왕,[34] 성왕을 보좌하여 천하를 평정한 저명한 대신 주공周公 단旦, 노나라를 개국한 노나라 임금 백금伯禽, 주나라의 곡식을 먹는 것을 부끄럽게 여겨 수양산에서 굶어 죽은 고죽군의 두 아들인 백이伯夷와 숙제叔齊, 오중옹吳仲雍의 후예로서 우虞나라에 처음 분봉받은 임금 우중虞仲 등이 있다.

여섯째, 동주. 다음과 같은 인물들을 포괄한다.

⑴ 제나라. 춘추오패의 한 사람인 제나라 환공桓公 및 그와 관계있는 세 명의 역사적 인물이 있다. 하나는 그와 왕위를 다투었던 제나라 공자公子 규糾, 다른 하나는 공자 규를 보좌했지만 일이 실패로 끝나자 자살한 소홀召忽, 또 다른 하나는 공자 규를 보좌했다가 나중에 제나라 환공을 보좌하여 위망과 패업을 얻은 관중管仲 등이 있다. 그리고 백씨伯氏라는 사람이 한 명 더 있는데, 역사에서 고증할 수 없고, 오직 이 책에서만 보인다. 관중이 자기 읍을 빼앗을 때 원망하지 않았다고 하니 역시 이 시기의 인물이다.

⑵ 진晉나라. 춘추오패의 한 사람인 진나라 문공文公이 있다.

⑶ 노나라. 노나라 신하 장문중臧文仲, 유하혜柳下惠(전금展禽), 계문자季文子(계손의여季孫意如) 등이 있다. 계문자는 계씨의 제1대이다.

⑷ 위나라. 위나라의 신하 영무자甯武子(이름은 유俞)가 있다.

⑸ 초나라. 초나라의 신하 영윤令尹, 자문子文(투곡어토鬭穀於菟)이 있다.

이들 인물은 여섯 유형으로 나눌 수 있다. 한 유형은 상고의 제왕이다. 예를 들어 요, 순, 우, 탕, 문, 무 등으로 고대에 공인되었고, 공자 역시 칭찬을 아끼지 않았던 소위 성인들이다. 다른 한 유형은 상고의 현신으로 예를 들어 공자가 언급한 문왕의 "팔우八虞"와 주공과 노공魯公, 자하가 언급했던 고요皐陶와 이윤伊尹, 남궁괄이 언급했던 직稷 등이다. 그다음은 춘추의 패주로 예를 들어 제나라 환공, 진나라 문공 등이다. 그다음은 춘추의 현신으로서 예를 들어 관중이다. 그다음은 옛날의 은둔자로 예를 들어 백이, 숙제, 우중, 유하혜 등이다. 다음은 그 밖의 사람(예를 들어 천하를 양보한 오태백)이다. 이들 대부분은 좋은 사람이다. 그러나 자하가 언급한 예와 오, 자공이 언급했던 주 등은 고대에 악명이 높았고, 장문중 역시 공자의 비판을 받았다.

2) 공자와 같은 시대의 인물(78명)

(1) 주 왕실. 공자 당시의 주공이 있다.

(2) 제나라. 제나라 장공莊公과 그의 두 대신 최자崔子(최저崔杼)와 진문자陳文子(진수무陳須無), 제나라 경공景公과 경공의 현신 안평중晏平仲(안영晏嬰), 제나라 간공簡公과 그의 대신 진성자陳成子(진항陳恒) 등이 있다.

(3) 진晉나라. 진나라 중모中牟의 읍재 필힐佛肸이 있다.

(4) 노나라. 소공昭公·정공定公·애공哀公 등 노나라의 세 임금을 포함하여 소공의 부인 오맹자吳孟子가 있고, 여덟 명의 대신, 즉 첫째는 장씨에 속하는 장무중臧武仲(장손흘臧孫紇), 둘째는 맹씨에 속하는 맹장자孟莊子(중손속仲孫速)·맹의자孟懿子(중손하기仲孫何忌)·맹무백孟武伯(중손체仲孫彘)·맹경자孟敬子(중손첩仲孫捷), 셋째는 숙씨에 속하는 숙손무숙叔孫武叔(이름은 주구州仇), 넷째는 계씨에 속하는 계평자季平子(이름은 의

여意如)·계환자季桓子(이름은 사斯)·계강자季康子(이름은 비肥) 및 맹씨의 아들 맹공작孟公綽·맹지반孟之反·자복경백子服景伯, 계씨의 아들 계자연季子然, 계씨의 가신 양화陽貨와 공산불요公山弗擾 등이 있다. 이밖에 여덟 명의 악사, 즉 태사大師 지摯, 아반亞飯 간干, 삼반三飯 료繚, 사반四飯 결缺, 고방鼓方 숙叔, 파도播鼗 무武, 소사少師 탕湯, 격경擊磬 양襄 등이 있고, 임방林放·좌구명左丘明·유비孺悲·양부陽膚·미생묘微生畝·원양原壤·사면師冕·태재太宰 등과 석문石門의 문지기, 호향互鄕의 말붙이기 어려운 소년, 달항당인達巷黨人, 궐당동자闕黨童子 등이 있다.

(5) 위나라. 위나라 영공靈公과 출공出公 등 두 명의 군주, 영공의 부인 남자南子, 네 명의 저명한 대신, 즉 거백옥蘧伯玉·사어史魚·공자 형荊·공숙문자公叔文子 등이 있다. 이밖에 또 공문자孔文子·축祝·왕손가王孫賈·송조宋朝·극자성棘子成·공명가公明賈, 공숙문자의 대신 부선夫僎, 위공손조衛公孫朝·의봉인儀封人, 삼태기를 짊어지고 공자의 문 앞을 지나가던 사람 등이 있다.

(6) 송나라. 사마환퇴司馬桓魋가 있다.

(7) 정나라. 네 명의 저명한 대신, 즉 자산子產(공손교公孫僑)·비심裨諶(비조裨竈)·세숙世叔(유길遊吉)·자우子羽(공손휘公孫揮) 등이 있다.

(8) 진陳나라. 진陳 사패司敗가 있다.(이름은 알 수 없다.)

(9) 초나라. 자서子西(영윤令尹인 공자 신申), 섭공葉公(심제량沈諸梁) 등이 있다. 이밖에 초나라 광인 접여接輿(초나라의 은둔자)가 있다.

(10) 그 밖에 자상백자子桑伯子(간결한 일처리로 유명함), 장저長沮(은둔자), 걸닉桀溺(은둔자), 제초기를 짊어진 노인荷蓧丈人(은둔자) 등이 있다.

이들 인물은 네 부류로 나눌 수 있다. 하나는 각국의 군주로 구체적으로 보면 노나라의 소공, 정공, 애공 등 세 임금, 제나라의 장공, 경공, 간공 등 세 임금, 위나라의 영공, 출공 등 두 임금 등이다. 그다음은 각국의 경대부로서 구체적으로 보면 제나라의 최저·진문자·안영·전성자, 노나라의 계평자·계환자·계강자, 위나라의 거백옥·사어·공자형·공숙문자, 정나라의 자산·비심·세숙자우, 초나라의 영윤자서·섭공제량 등이다. 다른 한 종류는 각국의 은둔자들로서 구체적으로 보면 장저·걸닉·하조장인·초광접여 등이다. 다른 한 부류는 그 밖의 사람들이다.

공자는 이들에 대하여 악평은 비교적 많이 했다. 비교적 높이 평가한 사람은 소수의 재능 있는 신하, 예를 들어 제나라의 안영, 위나라의 거백옥, 정나라의 자산 등에 불과했다. 그리고 각국의 은둔자들에 대해서는 존경하는 마음을 표했다.

3) 시대가 불분명한 인물(5명)

미생고微生高(곧음으로 유명함), 변장자卞莊子(노나라 변읍의 대부로서 용맹으로 유명함), 이일夷逸(옛날의 은둔자), 주장朱張(옛날의 은둔자), 소련少連(옛날의 은둔자) 등이 있다.

공자가 인물을 품평할 때 드러나는 특징은 옛날에 대해서는 후하고 지금의 인물에 대해서는 박하다는 것이다. 좋다고 한 사람 중에는 옛날 사람이 많았고, 나쁘다고 한 사람 중에는 당시의 인물이 많았다.

『한서』「고금인표」에서는 사람을 아홉 등급으로 나누었는데, 공자가 언급한 사람 중에서 죽은 사람은 모두 42명이다. 「고금인표」의 맨 처음 1등급에 속하는 사람은 총 14명인데, 이들 중 죽은 사람이 8명이다. 만약 2등급에 속하는 사람 11명, 3등급에 속하는 사람 6명 등을 더한다면 좋은 사람은 대략 6할을 차지한다. 중간인 4등급에 속하는 사람은 9명이고 5등급에 속하는 사람은 3명이며, 6등급에 속하는 사람은 1명으로 대략 3할을 차지한다. 나쁜 사람은 7등급에 속하는 사람이 1명, 8등급에 속하는 사람은 없고, 9등급에 속하는 사람이 3명으로 모두 합해도 1할에 못 미친다.

그러나 살아 있는 사람은 다르다. 당시의 정치가들 중 대다수는 나쁜 놈, 즉 어리석은 군주가 아니면 난신적자亂臣賊子였다. 공자가 언급한 77명 중에 몇몇 사람(11명)은 「고금인표」에 보이지 않는다. 「고금인표」에 보이는 사람 중에서 좋은 사람, 1등급에 속하는 사람은 공자를 제외하고는 모두 전설 속의 인물이고, 2등급에 속하는 사람은 4명, 3등급에 속하는 사람은 12명이다. 중간의 사람인 4등급에 속하는 사람은 17명, 5등급에 속하는 사람은 9명, 6등급에 속하는 사람은 1명이다. 나쁜 사람인 7등급에 속하는 사람은 6명, 8등급에 속하는 사람은 12명, 9등급에 속하는 사람은 7명이다. 좋은 사람이 약 4분의 1을 차지하고 있고, 중간과 나쁜 사람이 4분의 3을 차지하고 있다. 당시에 깨끗한 사람이 너무 적었고, 진정으로 청렴결백한 사람은 그를 비웃고 조롱했던 은자들(장저, 걸닉, 하조장인, 초광접여와 같은 사람들)뿐이었다. 「고금인표」에서는 오직 한 사람만 4등급에 넣고 있는데, 불공평하다.[35] 그리고 연대가 분명하지 않은 5명이 있는데, 그들 중 네 사람은 「고금인표」에 나온다.

『논어』에서 언급한 156명 중에서 가장 높은 1등급은 성인이다. 공자가 말한 성인에 그 자신은 포함되지 않고, 자신의 제자도 포함되지 않으며, 그와 동시대의 다른 인물은 더더욱 포함되지 않는다. 공자가 말한 성인은 사실 모두 죽은 사람으로 상의할 여지가 전혀 없다. 그저 죽은 성인만 있을 뿐, 살아 있는 성인은 없다.

그러나 공자는 다시 권위를 획득하여 생전의 일을 관장할 수 있을 뿐만 아니라 죽은 뒤의 일까지 관장할 수 있게 되었다. 공자가 죽은 뒤 다들 공자가 성인이 아니라면 누가 성인이겠느냐고 말했다. 자공이 앞에서 창도하고(그리고 유약과 재여도 참여했다) 맹자와 순자가 뒤에서 화답했다. 누가 감히 반대할 수 있었겠는가? 한대 이후로 특히 정부가 후원하고 나서자 공자는 당연히 성인이었다. 나중에 공자는 성인일 뿐만 아니라 공자의 제자들도 성인이 되었다. 즉 안회는 복성復聖이고, 증삼은 종성宗聖이고, 자사는 술성述聖이고, 맹자는 아성亞聖이 되었다.

공자는 그들의 대대적인 선전을 거쳐 비로소 "대성지성선사大成至聖先師"로 탈바꿈했고, 역대 제왕의 스승일 뿐 아니라 모든 스승의 스승, 즉 문혁 때 쓰던 술어로 하면 "위대한 지도자偉大導師"[36]이기도 하다.

스승이 성인이라고 인정하지 않았는데, 제자가 어떻게 성인이라고 인정했을까?

제3장

옛사람들의 『논어』 읽기: 본문, 주석, 기타

앞의 1장과 2장에서는 사람에 대해 설명했고, 지금부터는 책에 대한 설명이다.

『논어』는 본래 어떤 책이었을까, 옛날 사람들은 그것을 어떻게 읽었을까, 지금 사람들은 그것을 어떻게 읽어야 할까, 이런 문제들에 대해 설명하는 것은 몹시 무미건조하다. 그러나 빼놓을 수는 없다. 나는 두 개 장에 걸쳐 거칠게나마 뼈대와 윤곽을 그려보고 각 장 끝에 우리가 『논어』를 읽을 때 어디서부터 시작해야 가장 좋을까 하는 문제에 대해 총괄적인 결론을 한번 내려보려고 한다. 그것은 읽기의 기초이다. 만약 독자들이 읽는 데 어렵다고 생각되면 이 두 장은 건너뛰고 나중에 읽어도 무방할 것이다.

1. 『논어』 본문

『논어』라는 책은 전국 시기에 편찬된 것으로, 모두 그렇게 여기고 있다. 그러나 전국 시기의 『논어』가 반드시 오늘날과 같은 모습은 아니었을 것이며, 어떤 말은 현행본 속에 있지만 어떤 말은 현행본 밖에 있을 것이고, 또 각기 다른 종류가 매우 많이 전해져오고 있었을 것이다. 당시의 『논어』는 어땠을지 출토되어 나온 것이 없기 때문에 우리는 알 수 없다. 우리는 그저 공자가 죽은 뒤 춘추 말년과 전국 초기에 그의 제자들 혹은 제자의 제자들이 크게 활약했다는 것과, 예를 들어 『맹자』에서 현행본 『논어』와 비슷한 12개의 구절을 인용하고 있는 것처럼 전국 중기 이후의 옛날 책에서 『논어』가 자주 인용되고 있다는 것을 알고 있을 뿐이다. 이밖에 『대대례』와 『예기』도 이와 같다. 특히 『예기』「방기坊記」에는 다음과 같은 이야기가 있다. "스승님께서 말씀하셨다. '군자는 자기 부모의 잘못에 대하여 관대하고 부모의 미덕에 대해서 존경한다.' 『논어』에서는 다음과 같이 말했다. '3년 동안 아버지의 방식을 고치지 말아야 효자라고 할 수 있을 것이다.'"[1] 이 글 속에 『논어』라는 명칭이 나올 뿐만 아니라 "3년 동안 아버지의 방식을 고치지 말아야" 한다고 했는데, 그것은 현행본 『논어』에 나오는 말이기도 하다.[2] 『예기』라는 책은 출토되어 나온 책을 통해서 볼 때 주요 부분은 전국 시기의 작품이라고 보아야 한다. 만약 이 책의 이름이 한대에 뒤섞여 들어간 것이 아니라면, 이 인용 부분은 바로 『논어』의 출현을 증명하는 가장 이른 근거인 것이다.[3] 오늘날 모두 『논어』가 편찬된 연대는 전국 시기 초기라든가, 중기라든가, 혹은 후기라는 등 이야기한다. 그런데 우리는 먼저 다음과 같이 물어보아야 한다. 우리 마음속의 『논어』는 어느 판본의 『논어』 혹은 어떻게 생긴 논어인가, 현행본과 같은 모양의 것인가, 아니면 어떤 형태로 형성되어가고 있는 과정 속에 있는 책인가? 이 문제는 매우 복잡하다. 학자들은 『곽점초간』 『노자』에 대해 토론할 때 바로 이러한 문제에 부딪혔다. 오늘날 『손자』 『노자』 『논어』는 성립 연대가 가장 이른 책이라고 말하지만, 그것들의 선후 연대의 관계가 도대체 어떻게 된 것인지에 대해서는 사실 여전히 토론해볼 만한 가치가 있다. 내 생각은 이렇다. 편집 과정(이 과정은 매우 길다. 설령 한대라 하더라도 여전히 계속 진행되고 있었을 것이다)에 있는 것은 접어두고 이야기하지 말고, 이 책의 내용과 그 구성 요소는 대략 공자와 맹자 사이인 전국 시대 초기에 형성되었고, 대략적인 연대는 기원전 479년에서 기원전 372년 사이에 들어갈 것이다.

『논어』는 본래 어록으로서 그것은 최초 기록의 모음집이거나, 혹은 대소대大小戴(대덕戴德과 대성戴聖)의 『기記』와 같은 방식의 유문儒門의 전기傳記(오늘날 말하는 전기가 아니라 스승의 말을 기록한 책)에서 뽑아서 편집한 것이거나, 혹은 두 가지 상황이 모두 존재할 것이다. 구체적인 상황은 앞으로의 조사를 기다려야 한다.

나의 인상은 이 책이 아마도 최초의 기록은 아니라는 것이다. 첫째, 이전 사람들은 『논어』의 증삼·유약·염구에 대해 가끔 "스승님子"이라고 부르며(민손에 대해 민자건이라 부르는 것은 자字를 부른 것으로 이와는 다르다), 이는 바로 『논어』가 그들 제자에 의해 편찬된 것이기 때문이라고 말했는데, 이러한 설명은 믿을 수 없다. 『논어』를 읽어보면 그 속의 각 장들이 반드시 동일한 원천에서 나온 것이 아니라는 것을 분명하게 느낄 수 있다.(예를 들어 공자에 대한 호칭이 같지 않다.) 둘째, 『논어』는 짧은 장이 많고, 어떤 내용은 다른 책에도 보이며, 『논어』보다 더 자세하다. 예를 들어 「자로」 13.2의 내용은 『상박초간』의 「중궁仲弓」에 보이고, 「자로」 13.22의 내용은 『예기』 「치의緇衣」의 마지막 장에 보이는데, 모두가 그렇다. 그것들 대부분은 베껴 썼거나 요약한 것이라는 게 내가 받은 느낌이다.

한대 초기의 『논어』는 어땠을까? 그것 역시 정확하게 알 수 없다. 우리는 그저 당시 사람들이 『논어』를 인용하면서 『논어』라고 부를 때가 드물었고, 상황이 선진과 같았다는 것만 알고 있을 뿐이다. 한 고조 때 『논어』 등 유가의 책은 아직 환영받지 못했다. 그러나 그는 유생의 모자에 오줌을 싸는 것이 그다지 온당하지 않다는 것을 매우 빨리 알게 되었다. 한나라 고조가 진나라를 전복시킬 수 있었던 것은 두 가지로 인심을 수습한 데 힘입은 것이다. 하나는 확실한 민족정책이고, 다른 하나는 확실한 지식인 정책이다. 이 두 가지를 배합하여 사용한 것이다. 한 고조 12년(기원전 196), 그가 세상을 떠나기 직전에 두 가지 중요한 조치가 있었다. 11월에 그는 회남淮南에서 돌아오다가 곡부曲阜에 들러 태뢰太牢를 갖추어 공자에게 제사를 지냈다.[4] 이것은 지식인의 명예를 회복시켜주기 위한 것이었다. 12월에는 공자가 호소하던 "계절세繼絶世(끊어져 없어진 종사宗祀를 이어줌)"를 공부하고, 명령을 내려 7국 중에서 후세가 끊어진 자, 즉 진시황秦始皇·초유왕楚幽王·위안희왕魏安僖王·제민왕齊湣王·조도양왕趙悼襄王 그리고 진승陳勝 등을 위해 수총守冢(묘지기)을 설치하게 하고 제사를 지내 흠향하게 했다. 진시황에 대한 대우를 가장 높게 하여 수총 20가를 내렸고, 그 밖의 사람들에게는 각각 10가를 내렸다.[5] 이것은 육국의 명예를 회복하기 위한 것이다. 이 두 가지 일은 모두 대대적인 복권으로 대단히 상징적인 의미가 있다. 사마천이 『사기』를 쓰면서 공자와 진섭陳涉을 병렬로 취급하여 자신이 쓴 30세가 속에 포함시켰다. 혜제惠帝 때 협서율을 해제한 것은 한층 진보한 것이다. 『논어』는 이러한 배경 아래서 다시 나왔다. 제자백가의 책과 함께 다시 나왔다.

『논어』가 다시 나오자 처음에는 제자서와 같은 것으로 보았다. 마치 "제자전기諸子傳記"와 같이 『논어』는 그저 유가의 전기(오늘날 의미하는 전기가 아닌)일 뿐이었다. 옛날 사람들은 책을 인용할 때 예를 들어 『손자병법』을 그저 "병법"이라고 부르듯이 장르의 명칭으로 부르는 것을 좋아했다. 『논어』도 한나라 초에는 이와 같았다. 그것들은 대부분 "전傳"이라고 불렸으며, 결코 경전으로 보지 않았다. 문제文帝 때 오경에 대한 학문이 아직 구비되기 전에 『논어』 『효경』 『맹자』 『이아』에 대해 먼저 박사를 두고서 그것을 "전기박사傳記博士"라고 불렀다.[6] 4대 전기 중에서 『논어』의 지위가 가장 높았다. 당시에 "전기 중에서 『논어』보다 위대한 것은 없다"라는 말이 있었다.[7] 무제 때는 큰 사건이 하나 일어났다. 즉 "공벽 속의 책"을 발견한 것이다. 그 속에는 고문으로 베껴 쓴 『논어』(21편)가 있었고, 오늘날의 『예』[8]의 전신, 즉 고문 『예』(131편)도 있었는데, 당시에는 같은 종류의 도서로 간주되었다. 왕충은 『논어』의 원서가 "수십 수백 편" 있다고 말했는데, 아마 이 두 책을 합해서 계산(152편)한 것 같다. 이것은 광의의 『논어』이다. 협의의 『논어』, 즉 현행본 『논어』와 대체로 상응하는 『논어』는 공안국孔安國에서부터 시작되었다고 한다. 공안국은 고문 『논어』를 노나라 사람 부경에게 가르칠 때 비로소 그 책의 이름을 『논어』로 정했다[9]는 것이다. 그는 이와 같은 『논어』는 공벽에서 나온 21편 외에 제齊·노魯·하간河間 등 세 종류의 책자가 있었고, 그 밖의 죽간문에 별도로 9편이 있기 때문에, 총 30편이 있다고 했다. 소제昭帝와 선제宣帝 때 고문본의 호칭을 이해하기 어려웠기 때문에 당시에는 "전傳"이라고 불렀고, 나중에야 비로소 예서로 옮겨 쓴 책자를 사용했으며, 통행본은 20편 본이었지만, 21편 본도 있었다. 편폭을 절약하고 휴대하기 좋게 『논어』는 8촌의 단간短簡에 썼다. 이상의 것은 왕충의 주장이다.[10]

왕충의 주장 외에 다른 한 가지 견해가 있는데, 『한서』「예문지·육예략」의 『논어』 류에 보인다. 『한지漢志』는 한대 성제成帝와 애제哀帝 시기의 『별록別錄』과 『칠략七略』에 근거하고 소제昭帝와 선제宣帝 이후의 상황을 반영했다. 당시 『논어』의 글은 본래 세 계통으로 나뉘어 있었다.[11]

(1) 『고론古論』. 고문본 21편. 왕충이 말한 것과 같다. 하안何晏은 그것이 『제론齊論』이나 『노론魯論』과는 편차의 배열이 다르고 글자 역시 차이가 있으며, 서로 대조해보면 다른 글자가 400여 자 있다고 말했다. 환담桓譚도 다른 글자가 6400자 있다고 말했다.[12] 이 책은 옛날에 공안국이 전수해준 것이지만 세상에 전해오지는 않고, 『한서』「예문지」에 본문만 수록했으며 사설師說이 없다. 하안의 『논어집해』에 모아놓은 여덟 개 학파八家 중에 공안국의 전이 있지만, 그 내력이 분명하지 않아 많은 학자들이 의심하는데, 그것은 아마도 부경扶卿과 마융馬融으로부터 전해져 내려오는 것 같다.[13]

(2) 『제론齊論』. 금문본 22편. 『고론』 『노론』에 비해 「문왕問王」 「지도

知道」 두 편이 많고, 똑같은 20편 안에서도 장구가 『노론』보다 매우 많다.(『고론』보다 많을 것으로도 추정된다.) 이 책에는 「제설」 29편이 있는데, 어디에서 나온 것인지에 대한 주석이 없다. 그러나 이런 종류의 작은 서설序說은 서한에 『제론』을 전수해준 자들 중에 왕길王吉·송기宋畸·공우貢禹·오록충종五鹿充宗·용생庸生 등이 있는데, 그 가운데 왕길이 가장 유명하다. 왕충은 그가 살던 당시에 전해오는 책에 대해 설명할 때 오직 20편본과 21편본만을 언급했고, 22편본에 대해서는 언급하지 않았다. 당시에 『제론』은 이미 실전했던 것 같다.

(3) 『노론魯論』. 금문본 20편. 이것과 『고론』은 모두 노나라 지역에서 전해지던 책인데, 오직 『고론』의 마지막 편에서 "자장이 물었다子張問"는 구절 이하를 잘라내서 별도의 편으로 만들고 제목을 「종정從政」이라 붙여 한 편이 많은 점만 다를 뿐이다. 앞의 것은 고문으로 베껴 쓴 구초본이고, 뒤의 것은 구전에 의거하여 예서로 쓴 신초본이며, 글자에는 차이가 있지만 두 책은 비교적 비슷했을 것이다. 『노론』의 전수자는 가장 많다. 그러나 『노론』을 전하는 자는 그 밖의 양가兩家를 함께 익혔던 것 같다. 왕충이 말했듯이 공안국은 『고론』을 노 지역 사람 부경에게 가르쳤고, 부경은 바로 『노론』을 전수해주었다. 이 책에는 「하후설夏侯說」 21편, 「안창후설安昌侯說」 21편, 「왕준설王駿說」 20편 등이 있다. 앞의 두 종류의 편수가 모두 『고론』을 따랐다는 것 역시 증명된 것이다. 그 가운데 "하후"는 바로 하후승夏侯勝이고, "안창후"는 바로 장우張禹이며, "왕준"은 왕길王吉의 아들이다. 「안창후설」은 바로 『장후론張侯論』의 전신이고, 후세에 전해지는 『노론』은 주로 이 책이다. 그런데 장우가 비록 하후승에게서 『노론』을 배우기는 했지만 또 왕길과

용생으로부터 『제설齊說』을 배우기도 했다. 왕준은 왕길의 아들로 원래는 『제설』을 배웠을 것이다. 이런 점을 통해 『노론』의 전수에서 『고론』과 『제론』을 함께 채택했다는 것을 알 수 있다.

성제成帝와 애제哀帝 무렵 육경의 책은 금문과 고문이 융합되어 장우의 『장후론』이 나타났다. 그것은 『한서』「예문지」 저록본 이외의 중요한 책이다. 『장후론』에서 글은 본래 『고론』을 아우르고 주석은 『제설』에서 수집하여 동한 때 가장 유행했으며, 그것은 바로 한희평석경漢熹平石經에서 채용한 표준본이었다. 동한 시기에 『고론』은 오직 마융만 전수했고, 『제론』은 아마도 이미 다른 체계 속에 편입되어 전수하는 사람이 없었으며, 『노론』은 『장후론』에 기대어 세상에 전해졌던 것 같다. 정현鄭玄은 마융의 학문을 전수했는데, 그의 주석본 역시 이와 같았다. 편의 순서와 각 장의 순서는 『노론』을 따랐고, 자구는 『고론』을 따랐으며, 아울러 『제설』을 뒤섞어놓은 것이었는데, 명성이 가장 높았다.[14] 현행본 『논어』의 근원은 『장후론』이다. 그러나 각 학파의 주석본은 약간씩 차이가 있고, 각종 집주본을 정리하여 또다시 새로운 차이를 낳았다. 이러한 차이에 대해서 주의해야 하지만, 그러나 결코 중요하지는 않다.

오늘날 『논어』를 연구할 때 우리가 이용할 수 있는 책은 주로 다음과 같은 네 가지이다.

(1) 죽간본 『논어』(이하 간본簡本 혹은 간본으로 줄여 부름). 즉 허베이성 딩저우定州의 팔각랑서한묘八角廊西漢墓에서 출토된 『논어』. 이것은 출토 및 발견 연대가 가장 이른 고본으로 매우 진귀하다. 간문에 대한

해석문은 허베이성 문물연구소 정주한묘죽간정리팀에서 편찬한 『정주한묘죽간논어定州漢墓竹簡論語』[15]에 수록되어 있다. 이 책의 하한 연대는 한대 선제 오봉五鳳 3년(기원전 55)보다 늦지 않고, 연대는 『한서』「예문지」 저록본에 앞서며, 대체로 왕충이 "한 소제 때 이르러 21편본을 읽었고, 선제 때는 그것을 태상박사太常博士에게 하사했다. 이때까지도 여전히 글자를 이해하기 어렵다고 말했고 전傳이라고 이름을 붙였는데, 나중에 예서로 베껴 써서 전수하고 송독했다"[16]라고 말한 이 시기의 범위 안에 들어가는 책이다. 이것은 서한 때의 책이다. 이 책이 앞에서 설명한 몇 가지 『논어』 중 어느 부류의 책에 속할까 하는 문제에서는 의견이 일치하지 않는다. 내가 보기에 서한 말기는 금문본과 고문본이 융합되는 시기로서 상황이 무위한간武威漢簡의 『의례儀禮』와 흡사하지만, 앞에서 설명한 세 가지를 기준으로 하여 어느 한쪽에 귀속시킨다는 것은 매우 어렵다.

(2) 『논어정씨주論語鄭氏注』(이하 『정주鄭注』 혹은 『정주』로 줄여 부름). 이 책은 오랫동안 분실되었는데, 청대 이후로 집일서輯佚書가 많이 나타났고,[17] 근대에 이르러 둔황敦煌과 투루판吐魯番에서 당사본 여러 종이 발견되었는데, 학자들이 깊이 연구하고 있다.[18] 이것은 동한 때의 책이다.

(3) 하안何晏의 『논어집해論語集解』(이하 『집해集解』 혹은 『집해』로 줄여 부름). 통행본은 완원阮元이 교각한 『십삼경주소』본, 즉 위魏의 하안이 기존의 '풀이를 모아놓은集解' 것에 송대의 형병邢昺이 해설疏을 붙인 책이다. 이 책은 동한 이후의 여덟 종류의 책을 통합하여 이루어진 것이고, 『정주』 이후로 가장 유행했다. 이 책 역시 돈황본敦煌本이 있고

학자들이 깊이 있게 연구했다.[19] 이 책은 삼국 시대의 것이다.

⑷ 황간皇侃의 『논어집해의소論語集解義疏』(이하 『황소皇疏』 혹은 『황소』로 줄여 부름). 원래의 책은 오래전에 잃어버렸지만, 일본에 옛 필사본이 여러 종류 남아 있다. 예를 들어 다이쇼大正 12년(1923)에 출판한 회덕당본이 그것이다. 청조가 중국으로 바뀌고 나서 『지부족재총서知不足齋叢書』로 인쇄한 것이 있는데, 이는 백수씨伯修氏의 교정본, 즉 『총서집성초편叢書集成初編』에 수록된 것을 기초로 삼은 것이다. 『사고전서』본에는 "이적유군夷狄有君" 장의 해설疏이 피휘로 인하여 삭제되었는데, 그것은 원래 모습이 아니다. 형병의 해설이 나오기 전에 그것은 가장 유명한 "주석본義疏"이었다. 황간은 육조六朝 시대 양梁나라 사람이고, 이 책은 육조본이다.

육조 이후의 문헌은 모두 2차로 생겨난 책으로서 그냥 놔두고 문제삼지 않는다.

2. 『논어』의 주석서

『논어』의 주석은 양이 매우 많은데, 여기서 그 목록표를 독자들에게 제공하기로 한다.

1) 양한·위진남북조의 구주舊注

⑴ 『논어정씨주』(앞의 설명 참조). 동한에서 가장 유명했고, 위진 이후로 점점 하안의 『집해』로 대체되었다.

(2) 하안의 『논어집해』(앞의 설명 참조). 『집해』에는 여덟 학자의 견해를 실었는데, 즉 공안국孔安國·포함包咸·주씨周氏·마융馬融·정현鄭玄·진군陳群·왕숙王肅·주생렬周生烈 등이고 하안까지 더하면 모두 아홉 학자가 된다. 공안국은 서한의 공안국을 가리키고, 주씨와 마융과 정현은 동한인이며, 진군과 왕숙과 주생렬은 삼국 시대 위나라 사람이다. 이것은 현존하는 가장 이른 시기의 구주舊註이다. 그 가운데 공안국은 『고론』을 위주로 전수했으며, 마융은 거기에 해석과 설명을 덧붙였기 때문에 『고론』에 속한다. 포함과 주씨는 『장후론』의 장구章句를 나누었고, 『노론』에 속한다. 정현의 주는 "『노론』의 편장에 『제론』과 『고론』을 참고"했기 때문에 종합파에 속하며, 진군과 왕숙과 주생렬은 『정주』에 주석을 붙였기 때문에 역시 정현과 같은 파에 속한다.

(3) 황간의 『논어집해의소』(앞의 설명 참조). 『황소』는 주로 하안의 『논어집해』에 해설을 붙인 것이지만, 강희江熙의 『논어집해』에서 인용한 책을 참고하기도 했다. 강희의 책은 13명 학자의 학설을 모아놓았는데, 그에 속한 사람은 위관衛瓘·무파繆播·난조欒肇·곽상郭象·채모蔡謨·원홍袁弘·원교袁喬·강순江淳·채계蔡系·이충李充·손작孫綽·주회周懷·범령范寧·왕민王珉 등이고, 거기에 강희를 더하면 14명이 되는데 모두 진대晉代 사람이다.(그러나 책에서 채계·주회·왕민에 대해서는 명칭을 밝히고 인용한 적이 없다.) 『황소』에서는 28명 학자의 학설을 모아놓았는데, 그에 속한 사람은 웅매熊埋·하창賀瑒("사설師說"이라고 하면서 인용함)·왕필王弼·장풍張馮·왕숙王肅·고환顧歡·양기梁冀(즉 양기梁覬)·심거사沈居士·안연지顏延之·심초沈峭·왕랑王朗·은중감殷仲堪·장봉계張封溪·진도빈秦道賓·임공琳公(즉 석혜림釋慧琳)·태사숙명太史叔明·수표季彪·무협繆

協·우희虞喜·포술苞述·육특진陸特進·저중도褚仲都·강장江長·유흠劉歆·유익庾翼·번광樊光·범승范升·채극蔡克 등이고, 거기에 황간을 더하면 모두 29명의 학자가 되는데, 역시 위진남북조 시기의 사람들이다.

이상의 세 책에서 인용된 사람은 중복되거나 명칭이 드러나지 않고 인용된 경우를 제외하면 모두 48명의 학자다.

그리고 『경전석문서록經典釋文序錄』과 『수서隋書』「경적지經籍志」에는 그 밖의 몇몇 사람의 주석본이 있다. 그들은 우번虞翻·초주譙周·최표崔豹·영씨盈氏·맹정孟整(맹리孟釐)·윤의尹毅·공등지孔澄之·우하虞遐·서막徐邈·노씨盧氏·양혜명陽惠明·허용許容·조사문曹思文·석승지釋僧智·도홍경陶弘景·서씨徐氏·사마씨司馬氏·장빙張憑(장빙張馮인 듯함)·응침應琛·조비曹毗·유량庾亮·왕몽王濛·장은張隱·치원郗原·왕씨王氏·강처도姜處道·범이范廙·장략張略·유현劉炫·서효극徐孝克·장충張沖 등 총 31명의 학자이다. 이들의 주석본 역시 대부분 위진남북조 시기의 구주이다. 청나라 사람이 수집해놓은 구주에는 또 한대 하휴와 마달, 그리고 양나라 무제의 주가 있다.[20]

(나) 당대의 주석

『당서唐書』「경적지經籍志」와 『신당서新唐書』「예문지藝文志」에 따르면 당대의 주석가로 왕발王勃·대선戴詵·가공언賈公彦·한유韓愈·장적張籍 등 총 5명의 학자가 있는데 그들이 주석한 책은 모두 사라지고 없다.

(다) 송 이후의 주석

송 이후의 주석은 매우 많아서 통계를 내기 어렵다. 여기서는 세 권의 책만 골라 독자에게 참고 자료로 제공한다.

(1) 형병邢昺의 『논어정의論語正義』(이하 『형소』로 줄여 부름). 즉 형병이 하안의 『논어집해』에 해석을 붙인 것으로 완원이 교각한 『십삼경주소』(中華書局, 1980, 2453~2536쪽)에 수록되어 있다.

(2) 주희朱熹의 『논어집주論語集注』(이하 『집주』로 줄여 부름). 주희의 『사서장구집주四書章句集注』(中華書局, 1983)에 수록되어 있다.

(3) 유보남劉寶楠의 『논어정의論語正義』(中華書局, 1990. 이하 『정의』로 줄여 부름). 이 세 권의 책 중에서 『형소』는 『십삼경』본의 표준이 된 "옛 해석舊疏"으로 "황씨의 번잡한 가지들을 잘라내고 간결한 의미義理로 이끌었"[21]고, 한대와 송대가 나뉘는 전환점을 이루었다. 『형소』가 나오고 나서 『황소』가 쇠퇴했다. 주자의 주는 의미義理에 뛰어나고, 『사서』 계통의 권위 있는 주석본으로서 송학의 대표작이다. 『정의』는 청대의 『논어』 고증을 집대성한 것이다. 보응유씨寶應劉氏는 『논어』 연구의 명문으로 유보남이 어렸을 때 유문기劉文祺 등과 제비뽑기를 해서 각기 하나의 경전을 탐구하기로 맹서했는데, 그는 『논어』를 뽑았고, 이때부터 전력을 다해서 『논어』를 연구했으나, 죽어서도 완성을 보지 못했다. 마지막으로 그의 아들 유공면劉恭冕이 뒤를 이어 책 편찬을 완성했다. 『정의』는 동치 9년(1870)에 처음으로 간행되었는데, 가장 늦고 가장 자세한 것으로서 청대 『논어』 연구의 대표작이다.

3. 『논어』의 책 제목, 편 제목, 장구의 구조

『논어』의 "논論"은 편찬하다라는 뜻이고, "어語"는 언어라는 뜻인데, 이것이 『논어』라는 제목이 지닌 글자 자체의 의미이다.[22] 『논어』 원서를 읽어보면 이 두 글자의 의미에 대하여 한 걸음 더 나아간 이해를 할 수 있을 것이다. 그 책의 각 편은 모두 공자의 말이나 그 제자의 말 및 그들 상호 간의 문답 혹은 기타 공문 이외의 사람들과 나눈 몇몇 담화로 구성되어 있으며, 굳이 해석해야 할 아무런 복잡한 의미를 지니지 않은 것처럼 보인다. 그러나 고대의 "어語"에는 여러 의미가 있다는 점에 대하여 우리는 주의해야 한다. 하나는 이야기적인 성격을 지닌 서술로서 한 사람이 이야기할 수도 있고, 여러 사람이 서로 대화할 수도 있는데, 특징은 "일事"과 결합될 때는 "사어事語"라고 부르기도 했다는 점이다. 그것은 사학 체제 속에서 대단히 적극적인 것의 일종으로 일반적으로 비교적 길다. 예를 들어 『국어國語』의 "어"가 바로 이런 종류의 "어"이다. 다른 하나는 제자백가의 글에서 항상 사용하는 서술 방식이다. 그 특징은 구체적인 사건은 빼놓고 의미만 이야기하는 것인데, 그 역시 서술체와 대화체의 두 종류가 있으며, 이것은 "제자백가어諸子百家語"라고 할 때의 "어"이고, 또 비교적 길다. 또 다른 하나의 종류는 "어왈語曰"이라고 할 때의 "어"인데, 그것은 "노인의 말을 듣지 않으면, 그 자리에서 손해를 본다"라고 말할 때의 "노인의 말"에 해당되며, 사실 관용어에 담겨 있는 역사적 연혁이라는 의미를 가진 "말"로서 앞의 두 종류와 비교하면 이것은 특히 짧다. 『논어』의 "어"는 첫 번째 종류의 "어"하고는 당연히 다르고, 일반적인 제자서의 "어"나

관용어에 담겨 있는 역사적 연혁으로서의 "어" 등과도 구별된다. 그것은 제자서에 비해 조금 짧고, 관용어에 비해 조금 길다. 특히 『논어』의 뒤쪽 10편 중 몇몇 장은 비교적 길다.

지금까지 『논어』라는 책 제목을 이야기했다.

현행본 『논어』의 20편에서 각 편의 제목은 "각 편 첫머리에 나오는 말을 뽑아 제목으로 삼은" 경우에 속한다. 편의 제목을 이런 식으로 정하는 것은 각 편의 시작하는 말에서 임의로 두 글자 혹은 세 글자를 뽑아서 이름표를 붙여두는 작용을 하는 것이지 각 편의 주제에 근거하여 제목을 정한 것이 아니다. 그러한 방식은 고서에서 매우 자주 보이는 것이며, 『논어』에 가장 적합한 방식이다. 왜냐하면 각 편은 짧은 장들을 합쳐놓은 것일 뿐 본래 공통의 주제를 가진 것이 아니기 때문이다. 주제 귀납이 불가능하기 때문에 해제 식의 설명을 쓸 필요도 없고, 쓴다 하더라도 각 장의 내용을 귀납해볼 수 있는 정도에 그칠 뿐이다. 예를 들어 「향당」에서 "몸가짐儀容"을 설명하는 내용이 비교적 많기 때문에 우리는 이 편의 주제가 몸가짐을 설명한 것이라고 말한다. 만약 우리가 정말로 내용적인 측면에서, 혹은 사상적인 측면에서 『논어』를 분석하고 싶다면 두 가지 작업을 할 수 있다. 하나는 주제에 대한 색인을 편찬하거나 혹은 주제별로 발췌하여 편집하는 것으로, 『논어』의 각 장 전부를 흩트린 다음 다시 조합하는 것이다. 그러나 이것은 분석이지 새로운 편찬이 아니라는 것을 분명히 알아야 한다. 다른 하나는 연대별로 색인을 편찬하거나 혹은 연대에 따라 그와 관련된 장절을 배열하는 것이다. 예를 들면 우리는 『사기』 「공자세가」를 들 수 있다. 사마천은 바로 『논어』의 몇 가지 이야기를 그의 연대 서술 속에 끼워 넣었는데, 역시 원서의 순서를 무시한 것이다. 그러나 그렇게 배열하는 것은 대략적인 것만 추구할 수 있을 뿐이다. 배열할 수 있는 것은 배열하고, 배열할 수 없는 것은 배열하지 못한다. 억지로 배열하거나 억지로 편집해서는 안 되고 문학적 상상력의 도움을 받아야 한다. 예를 들어 현재 몇몇 『공자전孔子傳』은 역사와 문학이 어지럽게 뒤섞인 것으로 그 속에 많은 상상을 불어넣은 것이다. 이것은 독자를 오도하는 것이다.

그리고 『논어』의 장구 구분 역시 매우 중요하다. 고서의 각 편은 장으로 구성되어 있고, 장은 구로 구성되어 있으며, 편과 편 혹은 장과 장은 피차의 시작 부분과 끝나는 부분이 다르고, 전후의 순서가 다른데, 그것은 문장의 의미를 이해하는 데 영향을 끼칠 수 있다. 예를 들어 앞에서 『제론』과 『노론』을 언급했는데, 그 두 가지 장구는 서로 다르다. 현행본 『논어』는 20편이고, 그것의 각 편이 어떻게 분장分章되어 있는가는 대체로 같다. 그러나 몇 개의 편은 좀 다르다. 예를 들어 「공야장」은 『집해』본에서 29개 장으로 나누었고, 『집주』본에서는 27개 장으로 나누었으며, 양보쥔楊伯峻은 28장으로 나누었고, 이 책에서도 28개 장으로 나누었다. 「향당」은 원래 장이 나뉘어 있지 않은 것인데, 『집주』본에서는 17개의 장으로 나누었고, 『황소』본과 『형소』본에서는 25개 장으로 나누었으며, 이 책에서는 25개 장으로 나누었다. 「양화」는 원래 26개의 장으로 나누어져 있었는데, 『집해』본에서는 24개의 장으로 나누었고, 이 책에서는 26개의 장으로 나누었다. 「요왈」은 현행본에는 3개의 장으로 나뉘어 있는데, 『고론』에서는 뒤쪽에 있는 두 개의 장을 따로 쪼개 하나의 편으로 만들었고, 이 책에서는 3개의 장으로 나누었다.

이것은 『논어』의 구조상의 특징이다. 우리는 한 장 한 장, 한 편 한 편 읽어가는 것 외에 그 전체적인 연관성을 파악해야만 한다.

4. 논어는 어록체의 수진본으로 편폭이 『노자』『역경』『손자』의 세 배이다

현존하는 제자서 가운데 『논어』는 매우 특수한 부류의 책이다. 이 책은 구조가 느슨한 어록체로 이루어져 있고, 주제에 따라 편을 나눈 것이 아니며, 각 편의 제목은 주제에 따라 정한 것이 아니다. 개별 장절은 좀 긴 것 몇 개를 제외하면 절대 다수의 장절은 두세 마디의 말이고, 장과 장도 대부분 관련이 없다. 이것은 서술체 혹은 대화체로 이루어진 다른 제자서와 완전히 다르며, 장을 나누고 편을 나누지 않은(오직 상하 두 부분으로 나눔) 『노자』와도 다르다. 『논어』가 어떻게 편찬되었을까 하는 점은 고서 형식에 대한 연구에서 매우 중요하다. 하나의 가능성은 그것이 입으로 한 말을 직접 기록한 것으로, 들을 때마다 수시로 기록해두었다가 최초의 면모를 유지하고 있었다는 것이다. 다른 하나의 가능성은 편폭이 비교적 긴 편장에서 발췌한 명언 모음집에 속한다는 것이다. 또 다른 가능성은 두 가지 정황이 모두 존재한다는 것이다. 중국의 어록은 『논어』 이후로 선종의 어록, 송명 이학의 어록, 연대가 최근의 것으로는 『마오주석어록毛主席語錄』이 있다. 이들 어록은 대부분 강연과 담화 가운데서 뽑아내 기록한 것이다. 다만『마오주석어록』은 글에서 발췌하여 수록한 것이다. 이 어록들의 특징은 선택적 성향이 매우 강하여 "경전화 중의 경전화"라고 말할 수 있을 것이다. 최초의 성분이 얼마나 남아 있는가 하는 문제와는 관계없이 모두 선택과 편집의 과정을 거쳐야 한다.『논어』의 편집과『주자어류朱子語類』는 유사한 부분이 있다. 현행본『주자어류』는 지주본池州本·요주본饒州本·건녕본建寧本·촉중본蜀中本·휘주본徽州本 등 여러 다른 간본簡本을 합해서 이루어진 것이다. 현행본『논어』, 즉『장후론』의 전신 역시『고론』『제론』『노론』과 하간본 등이 있었다. 이것이 첫 번째 점이다.

둘째, 우리가 주의해야 할 점은『논어』는 단간에 베껴 쓴 "수진본"이었다는 점이다. 오늘날의 책에서 8절지본, 16절지본, 32절지본 등은 인쇄에 쓰인 종이의 크고 작음, 인장의 접음·재단 등과 관련이 있다. 고대의 죽간 역시 긴 것과 짧은 것의 구분이 있었다. 왕궈웨이王國維 선생의 고증에 따르면 동한 시기 당시의 오경, 즉『시경』『서경』『예기』『역경』『춘추』 등은 모두 24척4촌의 큰 죽간에 썼지만(무위마저자武威磨咀子에서 출토된『의례』의 죽간이 바로 이와 같은 길이였다), 전기傳記는 그와 달리 비교적 짧은 죽간에 썼다. 예를 들어『효경』의 죽간은 비교적 짧아 1척2촌밖에 안 되었고,『논어』는 더 짧아서 겨우 8촌밖에 안 되었다. 이것들은 당시에 모두 "수진본"에 속하는 것들이었다.

한대에『논어』를 베껴 쓸 때는 짧은 죽간을 사용했는데, 다른 출토 자료들과 비교해볼 수 있다.『곽점초간』을 예로 들어보면 그 속에는 고척古尺으로 7촌 안팎의 죽간이 있었다. 이 초간에는 현대의 정리자가『어총語叢』이라고 부른 네 종류의 책이 있었는데 그 길이는 다음과 같다.

『어총』 제1권, 17.2-17.4센티미터, 대략 전국·서한 시기 고척으로 7.5촌에 해당

『어총』 제2권, 15.1-15.2센티미터, 대략 전국·서한 시기 고척으로 6.5촌에 해당

『어총』 제3권, 17.6-17.7센티미터, 대략 전국·서한 시기 고척으로 7.6촌에 해당

『어총』 제4권, 15.1센티미터, 대략 전국·서한 시기 고척으로 6.5촌에 해당

이들 죽간 역시 모두 "어語"라는 적록摘錄, 즉 발췌하여 수록한 글에 속하고 그중 『어총』 1-3권은 유가의 어총으로 바로 『논어』와 비슷하고, 특히 그중의 『어총』 3권은 형식이 유사할 뿐만 아니라 어구도 비슷한 곳이 있다. 예를 들면 다음과 같다.

『어총』 3권의 "도道에 뜻을 두고, 덕德과 친근해지고, 인仁을 가까이 하고, 예藝에 몰두한다"[23]는 구절은 「술이」 7.6의 "도道에 뜻을 두고, 덕德을 숙달하고, 인仁과 친근해지고, 예藝에 몰두한다"[24]와 대비할 수 있다.

『어총』 3권의 "억측을 부리지 않으셨고, 고집을 부리지 않으셨고, 주관적 편견에 사로잡히지 않으셨고, 독단을 부리지 않으셨다"[25]는 구절은 「자한」 9.4의 "억측을 부리지 않으셨고, 독단을 부리지 않으셨고, 고집을 부리지 않으셨고, 주관적 편견에 사로잡히지 않으셨다"[26]는 구절과 대비할 수 있다.

나는 초기의 『논어』 역시 이런 모양의 것이었고, 현재의 『논어』는 바로 이런 종류의 어총에서 '발췌하여 수록한 것摘錄'과 '선별하여 모아 놓은 것選編'이었다고 생각한다.

그리고 앞에서 언급한 팔각랑한간 『논어』는 본래 620매의 죽간이 있는데 남아 있는 것이 대부분을 차지하고 완전한 죽간은 길이 16.2센티미터로서 서한의 척으로 볼 때 대략 7촌에 해당된다. 이것들은 모두 초기 『논어』의 면모를 탐구하는 우리에게 귀중한 단서를 제공해준다.

현재의 『논어』는 글자 수가 1만5836자인데, 이 숫자는 중복되는 186자를 포함하지 않은 것이다.[27] 옛사람들은 글자 수를 통계낼 때 중복되는 글자를 세지 않았다. 이 숫자는 고서로서는 아주 긴 축에 들지 않는다. 그러나 『역경』 『노자』 『손자』 등과 비교해보면 오히려 매우 긴 편이다. 뒤의 세 책은 글자 수가 모두 5000~6000자 정도이다.[28] 『논어』의 편폭은 이들 책의 딱 세 배이다. 오늘날 우리가 글자를 쓸 때 5000자에서 1만 자까지는 그저 단문 한 편의 편폭에 불과하지만, 고대에는 그것이 한 권의 책이었다. 그것은 옛사람들의 독서와 받아들이는 양에 대한 이해를 반영할 수 있다. 즉 한 가지 경전을 매일 읽고 다달이 강론하는 것은 그들에게 있어서 얼마간의 편폭이어야 적합하고, 그들을 심란하게 하지 않을 수 있고, 혹은 눈이 침침해지거나 졸리게 하지 않을 수 있을 것이다.

5. 『논어』는 한대에 소학교의 도덕 교과서였고 경서를 읽기 위한 입문서였다

중국 고대의 학교는 소학과 대학의 구분이 있었다. 소학은 계몽 단계이고 대학은 심화 단계이다. 학제에 대해서는 옛날 책에 세 가지 다른 기록이 있다.

하나는 8세에 소학에 입학하여 서書(읽기와 쓰기)와 수數(산수)를 배우고, 15세에 대학에 입학하여 예악禮樂과 사어射御(활쏘기와 수레 몰기)를 배운다는 것인데, 『대대례』「보부保傅」, 『백호통白虎通』「벽옹辟雍」, 『한서』「식화지食貨志」 그리고 허신許愼의 「설문해자서說文解字敍」 등에 보인다. 다른 하나는 10세에 소학에 입학하여 서와 수를 배우고 13세에 악을 배우고 15세에 사어를 배우고 20세에 예를 배운다는 것인데, 이는 『예기』「내칙內則」에 보인다. 다른 하나는 13세에 소학에 입학하고 20세에 대학에 입학한다는 것인데, 이러한 견해는 『상서대전尙書大傳』에 보인다. 장태관초간長台關楚簡 『신도적申徒狄』에서도 이런 종류의 제도를 언급했다. 간문이 훼손되었기 때문에 전체를 읽을 수는 없다. 그러나 남아 있는 간문을 보면 그곳에서 설명하는 두 가지는 다음과 같았을 것이다. 하나는 7세 이전에 부모의 교육을 받고, 8살에 입학하여 1년 동안 산수를 배우고, 3년 동안 글쓰기를 배우고 3년 동안 말하기를 배우며, 15세 이후에는 예절, 음악, 활쏘기, 말타기 등을 배우는 것이고, 다른 하나는 7세 이전에 부모의 교육을 받고, 8세에 입학하여 글쓰기를 3년 동안 배우고, 말하기를 3년 동안 배우며, 13세 이후에는 예절, 음악, 활쏘기, 말타기 등을 배운다는 것이다. 공자는 자기는

"열다섯에 배움에 뜻을 두었다"[29]고 말했다. 어떤 사람은 공자가 학교에 다녔다고 말하고, 어떤 사람은 그렇지 않다고 하면서 공자는 자습을 통해 인재가 된 사람이라고 말한다. 공자가 만약 학교에 갔다면 아마도 「보부保傅」 등의 편에서 말한 대학 1학년에 속할 것이다.

한대의 교육은 선진을 계승했는데, 그때도 대학과 소학의 구분이 있었다. 소학에서는 역산(간지干支표와 구구단 외우기)과 서법을 배우고 『논어』와 『효경』을 읽었으며(9~14세), 대학에서는 오경을 익혔다.(15~20세) 『한서』 「예문지」에서는 『논어』와 『효경』을 육예경전(육경) 뒤쪽에 두었다. 즉 그것들을 경서를 읽는 입문서와 참고 자료로 여긴 것이다. 한대의 최식은 『사민월령』에서 "(11월에는) 물이 어는 것을 탐구하고 어린아이에게 『효경』과 『논어』의 편장을 읽고 소학에 들어가도록 명령했다"[30]라고 말했다. 여기서 『논어』와 『효경』은 당시의 도덕 교육을 위한 교과서이자 계몽 서적이었음을 알 수 있다. 한진漢晉 시기의 서북 간독簡牘, 예를 들어 돈황한간敦煌漢簡과 거연한간居延漢簡의 대부분은 변방 국방 초소의 군용문서인데, 그 가운데도 항상 『논어』와 『효경』이 있었다. 이는 당시의 소학 교과서가 어린아이 때부터 붙들기 시작하는 물건에 속했던 것임을 보여준다. 공자는 수제치평修齊治平이라고 하여 가정이 국가의 기초라고 생각했고, 도덕문장道德文章(즉 이른바 "문행文行")이라고 하여 도덕이 문장의 기초라고 생각했다. 당시에 책을 읽는 것은 관리가 되기 위함이었고, 관리가 되려면 먼저 마을의 모범(이른바 효렴孝廉)이 되어야 했으며, 이러한 모범이 되기 위해서는 『논어』와 『효경』을 읽어야 했다. 『논어』와 『효경』을 읽고 나서 비로소 오경을 읽었다.

송대 이후로 사서오경이라는 것이 있어서 『논어』와 『효경』 외에 『대학』과 『중용』이 더해졌지만, 순서는 여전히 사서를 읽고 그다음에 다시 오경을 읽는 것이었다. 이는 『논어』가 중국 전통문화에서 차지하는 실제의 지위를 말해주는 것이다.

공자와 『논어』의 관계에 대하여 그리고 중국의 도덕정치에 관하여 우리는 어떻게 보아야 할 것인가, 앞으로 세상에 크게 시행되어 중국을 구제할 뿐만 아니라 전세계를 구제할 것인가, 아닌가 하는 등의 문제에 대해서는 이 책의 결론에서 다시 논의하려고 한다. 먼저 공자의 책을 읽고, 그다음에 그의 사상을 평가하는 것이 이치에 들어맞는다고 생각한다.

마지막으로 지금까지의 이야기를 마무리해보도록 하자. 우리가 『논어』를 읽을 때 어떤 고서古書가 가장 중요할까?

앞에서 설명한 것은 주로 다음의 여섯 책이다.

(1) 간본簡本 『논어』(이하 "간본簡本" 혹은 "간본"으로 줄여 부름).

(2) 『논어정씨주論語鄭氏注』(정현의 주, 이하 『정주』로 줄여 부름. 글에 따라 서술할 때는 책 표시를 하지 않음).

(3) 『논어집해論語集解』(하안의 집해와 형병의 소, 이하 『집해』로 줄여 부름. 형병의 소만 지칭할 때는 『형소』라고 부르고, 글에 따라 서술할 때는 책 표시를 하지 않음).

(4) 『논어집해의소論語集解義疏』(황간의 집해와 소, 이하 『황소』로 줄여 부름. 글에 따라 서술할 때는 책 표시를 하지 않음).

(5) 『논어집주論語集注』(주희의 주, 이하 『집주』로 줄여 부름. 글에 따라 서술할 때는 "주주朱注" 혹은 "주주"로 부름).

(6) 『논어정의論語正義』(유보남의 집해와 소, 이하 『정의正義』 혹은 『정의』로 줄여 부름).

이 여섯 책 가운데 앞의 네 가지는 송대 이전의 고서이다. 고본古本과 고주古注는 '회집과 교정集校'을 거치고, '회집과 주석集注'을 거쳤다. 그 밖에 남겨진 것은 단지 몇 종류뿐이고 다른 것으로 대체할 수 없는 것이다. 그 가운데 (3)이 가장 유행하던 것이고, 우리가 사용하고 있는 본문은 주로 이것이다. 뒤의 두 종류는 송대 이후를 대표하는 두 가지 주석 계통, 즉 송학과 한학의 계통을 구분해주는 것으로서 역시 매우 중요하다. (5)는 비록 이정二程을 인용하고 있기는 하지만 주로 주희의 견해인데, 말로는 집주라고 하나 그다지 집주 같지 않다. 그의 주는 간단명료하여 읽기 좋다. 그러나 주관적 요소가 비교적 많고 이학理學의 맛이 너무 강하며, 선입견 위주의 편견 역시 비교적 많다. (6)은 그와는 달리 보다 충실하고 믿을 수 있다. 그것은 청대의 더욱 새롭고 더욱 많은 연구 성과를 흡수하여 뒤에 이루어졌지만 최고의 지위에 올랐다.

고서를 읽을 때 옛사람들의 주장을 얼른 열람하고 싶다면 (6)은 기타의 몇 가지 책보다 더욱더 중요하다. 그러나 이 책은 부피가 비교적 크고 내용이 복잡하기 때문에 반드시 선택의 과정을 거쳐야 비로소 번잡한 것을 간결하게 정리할 수 있다. 다음 장에서 이와 유사한 책, 즉 청수더程樹德의 『논어집석論語集釋』을 설명할 것이다. 청수더의 이 책은 그것보다 더욱 크지만, 이전 사람들이 무슨 이야기를 했는지 보려고 한다면 청수더의 책도 입문서로 삼을 수 있는데, 그 책은 유보남의 책에 있는 많은 내용을 이미 간추려 넣었다.

제4장

현대인의 『논어』 읽기와 기본 참고서

우리가 『논어』를 읽는 이유는 옛날 사람들과는 다르다. 『논어』는 옛날 책이지만, 우리는 옛날 사람이 아니다. 현대인이 옛날 책을 읽는 것은 옛날 사람이 읽던 것과는 다르다. 같을 수가 없고, 같을 필요도 없다. 나는 옛날 책을 읽을 때 가장 좋은 방법은 거꾸로 읽는 것이라고 주장한다. 즉 먼저 근현대 사람의 책을 읽고, 그런 다음 옛날 사람의 책을 읽어야 한다. 옛날 사람의 책은 주로 깊이 조사하는 데 사용하고, 입문에는 오히려 조금 늦게 나온 책이 더 좋다.

1.

『논어』를 읽는 데, 이전 사람들의 저작이 매우 많다. 앞의 설명에서 내가 소개한 것은 주로 옛날 책古本과 옛 해석古注이다. 앞에서 설명한 여섯 가지 책 외에 근현대 사람의 저작은 서점과 도서관에서 비교적 쉽게 찾을 수 있는데, 나는 10권의 책을 골라서 소개하면서 어떤 책이 비교적 좋은지 살펴보기로 하겠다.

(1) 청수더程樹德의 『논어집해論語集釋』, 중화서국, 1990(이하 『집석集釋』 혹은 『집석』으로 줄여 부름).

(2) 양수다楊樹達의 『논어소증論語疏證』, 과학출판사, 1955(이하 『소증疏證』 혹은 『소증』으로 줄여 부름).

(3) 자오지빈趙紀彬의 『논어신탐論語新探』, 인민출판사, 1976(이하 『신탐新探』 혹은 『신탐』으로 줄여 부름).

(4) 난화이진南懷瑾의 『논어별재論語別裁』, 복단대학출판사, 1990(원서는 臺北: 老古文化事業出版公司, 1976년판).

(5) 양보쥔楊伯峻의 『논어역주論語譯注』, 중화서국, 1958년판과 1980년판(이하 『역주譯注』 혹은 『역주』로 줄여 부름).

(6) 첸무錢穆의 『논어신해論語新解』, 삼련서점, 2002(원서는 1963년에 쓰였다).

(7) 쑨친산孫欽善의 『논어주역論語注譯』, 파촉서사, 1990.

(8) 진량녠金良年의 『논어역주論語譯注』, 상해고적출판사, 1995.

(9) 뉴쩌췬牛澤群의 『논어찰기論語札記』, 북경연산출판사, 2003.

(10) 리쩌허우李澤厚의 『논어금독論語今讀』, 삼련서점, 2004.

이상의 열 가지 책은 다음과 같이 네 종류로 나눌 수 있다.

첫 번째 종류는 집주류集注類의 작품으로 청대 학술의 연장선상에 있다. 이 종류의 책은 오직 하나가 있는데 바로 (1)이다. 청수더의 『집석集釋』은 화북인서국華北印書局의 1943년판으로 1949년 이전의 대표작이다. 청수더는 공자를 깊이 사랑하여 203종으로 『논어정의』를 훨씬 앞질렀으며, 가장 자세하고 완벽하다. 그것은 『논어정의』 이후의 견해들을 집대성한 작품으로서 옛날 사람들의 주장을 이해하고자 할 때는 이 책을 참고하는 것이 가장 좋다.

두 번째 종류는 (5), (6), (7), (8), (10)이다. 이 다섯 종은 모두 구어체白話 번역과 간명한 주석을 담은 보급판이다. 현대 독자들에게 가장 필요한 것은 이런 종류이다. 번역은 보급에 도움이 되는 것만이 아니라 질을 높이는 것이기도 하다. 저자 자신에 대한 이해와 어법관계에 대한 이해까지 포함한 많은 것이 모두 번역 속에 구현된다. 외국의 중국학자는 번역을 필요로 하고, 우리 역시 번역을 필요로 한다. 그 이유는 옛날과 지금 사이의 거리가 이미 날이 갈수록 멀어지고 있기 때문이고, 또 우리는 고대 중국 바깥에 서서 그것을 연구하기 때문이다. 우리의 이 책에는 역문, 즉 구어체白話 번역이 없다.[1] 독자들은 이 다섯 가지 책을 참고하기 바란다. 그 가운데 (5)는 이론 체계를 대부분 『논어정의』에 의존하고 있다. 양보쥔과 양수다는 숙부와 조카 관계이고, 두 사람 모두 저명한 문학사 연구의 전문가이다. 그 초고는 양수다의 심사를 거쳤고, 두 번째 원고는 왕리王力·펑유란馮友蘭·통디더童第德의 심사를 거쳤기 때문에 상당한 수준을 갖추었을 것으로 생각하고 있다. 문법에 치중한 것 역시 숙부와 조카인 두 양씨의 장점 중 하나이다. 1980년대 이전에 이 책은 중국 대륙에서 가장 유행했고 영향력이 매우 컸으며, 일반인들은 모두 그 책을 읽었다. 뉴쩌췬은 이 책에 대해 네 가지 점을 들어 비평을 가했다. "하나, 통속성이 강하고 연구성은 약하다. 둘, 구설을 많이 끌어 모으면서도 새로운 성과의 채택은 적다. 셋, 명백한 체제상의 오류가 가끔 보인다. 넷, 충분히 힘쓰지 않았고, 많은 노력을 기울이지 않았다."[2] 이 네 가지 지적 가운데 세 번째 지적을 제외하면 조금씩 중복되는 것 같지만, 나는 대체로 동의한다. 내가 받은 인상은 이 책의 주석이 지나치게 적고 지나치게 간단하다는 것이다. 적으면서도 요점을 잃었고, 때로는 주석을 달아야 할 곳에는 달지 않고, 주석을 달지 말아야 할 곳에는 도리어 달아놓았다. 의문스럽고 어려운 문제에 대해서도 고증이 결여되어 있다. 아울러 다소간의 새로운 견해가 없고, 그가 쓴 『춘추좌전주』에 크게 못 미친다. 그러나 전반적으로 볼 때 비교적 평이하고 믿을 만하다. (6)은 순전히 의미義理를 위주로 하고 있고, 이론 체계는 대부분 주주朱注에 의존하고 있으며, 성인의 기품을 부각시키는 데 많은 문장을 소비했다. 뉴쩌췬이 첸무에 대해 "최대의 졸작"이라고 비판한 것은 조금도 지나치지 않다. 그는 첸무의 주석이 "당시 사람이 쓴 글자는 한 글자도 언급하지 않았고, 특히 한마디도 인용하지 않았으며, (…) 개별적인 논의를 보면, 『제자계년諸子系年』의 명확한 분석(오류는 그다음 문제)은 항상 한 사람에 의해 만들어진 것이 아닐 것이라는 의혹을 불러일으킨다. 「향당」 마지막 장을 예로 들어보면 사리에 어긋남은 천씨(천리푸陳立夫를 가리킴) 못지않고, 낯뜨거움은 고금을 초월한다."[3] 첸무는 국학의 대가로 불린다. 그러나 평생의 저작 가운데 오직 『유향흠부자연보劉向歆父子年譜』와 『선진제자계년고변先秦諸子系年考辨』만이 역작에 속하고, 성인과 관련해서는 왕왕 낡아빠진 생각에서 벗어나지 못했다. 이 책은 고증은 적고 논의는 많아 참고할 만한 가치가 크지 않다. 그밖에 가장 유명한 것은 (10)이지만, 나는 (7)이 더 좋을 거라 생각한다.

이 책은 비록 알고 있는 사람이 그리 많지 않지만, 뛰어난 점은 주석이 비교적 깔끔하고 또 비교적 정확하다는 것이다. 특히 이 책은 문장의 상호 비교 및 보충 설명에 많은 공을 들여 『논어』를 가지고 『논어』를 해석하는 방식을 자주 썼으며, 서로간의 관계에 대하여 세밀한 주석을 달았는데, 이는 『논어』 이해에 있어 매우 중요하다.

세 번째 종류는 (2), (3), (9) 등이다. 이 셋째 종류는 고증적 성격을 띤 찰기札記이다. (2)의 저자는 문학과 사학계의 대선배이다. 양보쥔은 『소증』의 특징이 "삼국 이전에 『논어』를 인증한 모든 자료, 혹은 『논어』와 관련된 자료를 모두 『논어』 원문에 따라 해석을 붙여 열거하고 때로는 자기 의견을 말하고 평가를 덧붙였다"라고 말했다. 그러나 내가 읽어본 뒤에 느낀 소감은 이 책이 깨우친 부분은 있지만 심오한 도리를 보여주는 부분은 많지 않다는 것이다. (3)의 저자는 『논어』 연구에 많은 해를 보냈고, 그의 『논어신탐』은 1948년에 처음 출판되었으며(원래의 명칭은 『고대유가철학비판』), 본래는 한 학자의 주장이었지만, 나중에 세 번의 신판(1958, 1962, 1976)을 내고 나서는 자신의 "사상개조"를 반영할 수 있었다. 마지막에 나온 판은 문혁판이다. 이 책은 저자의 다른 책, 『공자의 소정묘 살해 문제에 관하여關於孔子誅少正卯問題』(인민출판사, 1973)와 함께 "비린비공批林批孔" 시기의 명저이다. 문혁판은 당연히 시대적 낙인이 찍혀 많은 사람이 정치적 이유 때문에 외면하고 읽지 않는다. 그러나 그 연구 수준은 실제로 현재 유행하는 새로운 저작보다 훨씬 뛰어나며, 세부 고증 가운데 대단히 많은 부분은 지금도 여전히 참고할 만한 가치가 있다. 뉴쩌췬은 "이 책은 비록 시류에 크게 영합하는 내용이 있지만, 결국 고증을 위주로 하면서 항상 이론으로 사람을 설득하려고 시도했으며, 또 이전에 일찍 나왔기 때문에 비린비공 기간에 나온 그의 다른 전문 저작과 동등하게 보아서는 안 된다"[4]고 말했다. 사실 그의 『공자의 소정묘 살해 문제에 관하여』도 정치적 요소를 제거한다면 역시 매우 중요한 참고서이다. ⑼는 문어체와 노트식 글쓰기를 보이고, 방대한 자료를 동원하여 증명했으며, 잡다한 설을 쓰기 좋아하고, 논리적으로 말하는 것을 좋아하고, 이전의 지식인을 혹평하기를 좋아하고, 당대의 명성가를 통렬하게 비판하고, 끝없이 넓은 것을 좋아하고, 주제 밖의 것을 발표했다. 저자는 『논어』를 숙독하고 역사상의 존공尊孔(공자 숭상)이나 비공批孔(공자 비판) 및 현재 불어닥치고 있는 복고 풍조 등에 대하여 독특한 견해를 가지고 있으며, 세속에 아부하지 않고 풍조에 휩쓸리지 않았다. 유행하는 독본에 대한 그의 평가는 앞에서 언급했는데, 나도 대체로 그에 찬성한다.

네 번째 종류는 강연록으로서 오직 한 권, 즉 ⑷밖에 없다. 이 책은 대만에서 여러 번 출판되었고, 대륙에서도 크게 유행하여 대부분의 사람이 그것을 『논어』 통속화의 모델이라고 생각한다. 그러나 뉴쩌췬은 "우활迂闊·진부陳腐·오류誤謬·배리背理 등이 골고루 갖추어져 있지만, 가볍고 특히 통속적인 형식으로 바꾸어 (…) 『논어』의 문장을 억지로 도입부로 삼은 저질스러운 수다와 허풍의 잡탕이다"라고 비판했다. 나는 그의 평가에 동의한다.[5]

위에서 든 열 가지 책에 대하여 나는 다음과 같이 제안한다. ⑸와 ⑺은 입문서로 택하기에 비교적 좋고, ⑶과 ⑼는 흥미로운 참고서이다. 이전 사람들(대체로 신해혁명 이전—옮긴이)의 『논어』 연구는 고증파든 의리파든 각기 장점이 있다. 우리가 주의해야 할 것은 이 책들은 일반적인 고서와 달리 이전 사람들의 연구가 "성인"의 분위기에 휩싸여 대부분 읽기 전에 많은 전제를 깔아놓거나 심리적인 암시를 던진다는 점인데, 의리파는 고증파에 비해 그러한 폐단이 더 크다. 오늘날의 보급본은 좋은 점이 하나 있다. 즉 편견과 설교가 비교적 적다는 것이다. 그러나 첸무의 책은 예외이다. 첸무가 쓴 종류의 책이 보여주는 문제는 주로 심리적인 문제와 신앙적인 문제 그리고 이데올로기적인 문제 등인데, 대부분이 외부로부터 간섭받은 것이지 텍스트 자체와는 아무 관계가 없다.

내 경우를 말하자면, 앞에서 설명한 책들 가운데 주로 참고한 책은 ⑴이다. 『집석集釋』은 자세할 뿐만 아니라 안목이 뛰어나다. 그리고 역대의 각 주석이 갖는 득실을 분명히 알고 있었으며, "한송대의 당파적 견해나 고증과 훈고의 논쟁"을 배제할 수 있었고, 취사선택의 기준이 비교적 좋다. 청씨는 다음과 같이 말했다. "하안의 『집해』가 통행되고 나서부터 정鄭·왕王의 주가 모두 자취를 감추었다. 주자의 『집주』가 통행되고 나서부터는 『집해』와 형邢·황皇 등 두 소疏가 또 자취를 감추었다." "유보남이 지은 『정의』는 인증引證이 정밀하고 해박하다. 이 책이 통행되면 형소邢疏가 사라질 수 있다."[6] 청수더는 옛 주석과 새로운 학설, 문자의 고증과 의미에 대한 탐구 등을 모두 받아들여 『정의』를 훨씬 초월했다. 모든 참고서 가운데서 『집석集釋』이 가장 기초이고 가장 중요하다. 비록 누락되거나 잘못된 부분이 있기는 하지만, 현재까지는 여전히 가장 좋은 참고서이다. 우리는 이 책을 기초로 하고, 이전 사람들의 연구 성과를 최대한 흡수하여 정수를 추출하고 간략화할 것이다. 나의 강의는 전통적인 구주, 예를 들어 『정주』『집해』『황소』『형소』『집주』 가운데 이 책(『집석』을 가리킴—옮긴이)에 보이는 책들은 모두 개별적인 예외를 제외하고는 일반적으로 권수나 페이지 수를 밝히지 않을 것이며, 그 밖에 이들 책의 주장에서 채택한 것에 대해서는 『집석集釋』을 그 출처로 밝힐 것이다. 그렇게 하면 각주를 간결하게 할 수 있을 것이기 때문이다.

2. 『논어』의 외국 번역본과 외국에서의 연구

『논어』는 한학 서적 가운데 서양 언어로 가장 일찍 번역된 책이다. 명대 만력 22년(1594)에 마테오리치가 사서四書를 라틴어로 번역했고, 그 뒤로 번역본이 계속해서 나왔다. 그러나 서양과 중국이 처음 만났을 때 피차가 모두 상대방에 대하여 종잡을 수 없었다. 공자와 『논어』에 대한 그들의 인상은 때로는 좋았고 때로는 나빴다. 16~18세기에는 광적으로 숭배했고(그러나 다른 목소리도 있었다), 19세기에는 험담이 매우 많았다. 서양인은 『논어』가 중국에서 높은 지위를 차지하고 있고 그 영향이 크다는 것을 모르지 않았다. 다만 그들은 국외인으로서 우리의 호오를 자신들의 호오로 생각할 수 없었고, 오히려 반대로 취사선택에서는 언제나 자신들의 기준을 따랐다. 우리 자신이 좋은가, 나쁜가는 당연히 그들의 관점에 영향을 끼칠 수 있다. 강희康熙·건륭乾隆 시기에 그들은 숭배했고, 강희·건륭 이후에 그들은 숭배하지 않았다. 1949년 이전과 1949년 이후, 1966년 이전과 1966년 이후, 1978년 이

전과 1978년 이후 중국의 이미지는 끊임없이 변하고 있었고, 그들의 이미지 역시 변하고 있었다. 그러나 우리는 서양에는 서양의 가치관이 있다는 점을 잊어서는 안 된다. 대세는 이미 19세기에 결정되었고, 그들이 아무리 변해도 그 근본에서 벗어나지는 않았다.

『논어』는 서양인에게 어떤 인상을 심어주었을까? 하나의 예를 들 수 있다. 헤겔은 동양의 철학을 논의했는데, 하나는 중국철학이고 또 하나는 인도철학이다.[7] 중국철학에 대해 그는 『논어』 『역경』 『노자』 등 세 권의 책을 들었다. 『논어』에 대해 그는 다음과 같이 말했다.

> 우리는 공자와 그의 제자들의 대화(아마 『논어』를 가리키는 것 같다 –중국어 역자)를 보면 그 속에서 이야기하고 있는 것은 일종의 상식적 도덕인데, 이런 상식적 도덕을 우리는 어디서나 다 찾아볼 수 있고, 어떤 민족에게서든 다 찾아볼 수 있으며, 어쩌면 좀 더 많을지도 모른다. 그것은 뛰어난 점이라고는 전혀 없는 것이다. 공자는 그저 실제적인 세상의 지혜로운 사람 중 한 명일 뿐이며, 그에게는 사변적인 철학이라곤 조금도 없다. 오직 조금 선량하고 원숙하고 도덕적인 교훈만 있을 뿐이다. 그 속에서 우리는 무슨 특별한 것이라고는 아무것도 얻을 수 없다. 키케로가 우리에게 남겨준 "정치적 의무론"은 바로 한 권의 도덕 교훈서이다. 그것은 공자의 모든 책보다 내용이 더 풍부하고 또 더 좋다. 우리는 그의 원저에 근거하여 다음과 같이 단언할 수 있다. 즉 만약 공자의 책이 전혀 번역된 적이 없었다면 그의 명성을 유지하는 데는 오히려 더 좋았을 뻔했다.(119~120쪽)

헤겔이 키케로의 책을 언급한 것은 그가 참조하고 대조한 것이다.[8] 자기네 서양에도 윤리도덕을 논한 책이 있고, 게다가 그 논의가 결코 손색이 없다면, 우리의 우월성은 어디에 있는 것일까? 대단히 장황한 것 같다. 『논어』는 서양에서 중국 자체의 책과 비교하더라도 문제가 있고, 그들의 인상 속에 이 책은 『노자』나 『손자』, 즉 문화적 배경이 불분명하고, 책 속에 사람이 거의 등장하지 않고, 이야기하는 내용이 모두 통용되는 이치이며, 또 철리와 기지가 풍부한 그런 책과는 다르고, 나아가 동양의 신비주의에 대한 그들의 무궁무진한 환상을 불러일으켜줄 수 있는 『역경』과도 달랐다. 『논어』가 그들에게 준 인상은 종교라고 하기에는 종교 같지 않고, 철학이라고 하기에는 철학 같지도 않으며, 사람이 많이 등장하고(156명), 두서가 없어 읽기 어려운 책이었다. 서양인이 『논어』를 읽을 때 특히 떨쳐버리기 어려운 한 가지 인상, 즉 멀건 맹탕 같다는 인상이 있었다. 예를 들면 레오넬 제슨Leonel M. Jesen의 책에는 몇 장의 삽화가 들어 있다. 「서재의 공자」(Gray Larson 그림)는 서구인들에게 유행하던 공자의 인상을 반영하고 있다고 할 수 있다. 즉 공자는 평범한 지자智者에 불과하다는 것이다. 그림에서 볼 때 공자는 거위털 펜을 들고 똑바로 엎드려 글자를 쓰고 있고, 칠판에는 그가 말했다고 여겨지던 격언, 즉 '길에는 안개가 끼어 있을 터이니 수레를 조심히 몰아라' '침대의 더러운 벌레에 물리지 않도록 하여라' '밖에는 비가 내리고 있으니 집 안에서 가만히 기다려라'[9] 등이 씌어 있다. 물론 최근에는 공자와 『논어』에 대한 관심이 올라가고 있다. 나는 미국과 프랑스에 모두 몇몇 번역본과 연구서가 있다는 것을 알고 있다. 그리고 어떤 사람은 우리 대신 연구해주고, 온갖 지혜를 짜

내 궁리하고, 공자를 위하여 좋은 말을 해준다.[10]

현재 서양의 언어로 번역된 한적漢籍 가운데 가장 큰 명성을 누리고 있는 것은 결코 『논어』가 아니다. 그와는 반대로 오히려 헤겔이 말한 그 밖의 두 책과 『손자병법』이다. 즉 첫째는 『노자』이고, 둘째는 『역경』이며, 셋째는 『손자』이다. 그 책들은 책방에서 가장 잘 팔리며, 새로운 번역본이 되풀이하며 나타나 불티나듯 팔리고 있다.

공자와 『논어』를 연구하는 것은 주로 학자와 한학자(외국에서 중국학을 연구하는 학자—옮긴이)들이다. 일반 대중은 알지도 못하고 또 관심을 두지도 않는다. 외국 학자들은 무슨 번역본을 가지고 있는지, 그리고 어떻게 연구하고 또 어떻게 평가하고 있는지 등에 대해 관심이 있는 독자라면 다음과 같은 책들을 찾아 읽어보기 바란다.

우선 로우Michael Loewe 교수가 편집한 『중국 고대 전적 독서 가이드中國古代典籍導讀』[11]는 읽어볼 만한 가치가 있다. 그가 독자들에게 추천한 영역본은 홍콩중문대학 중국문화연구소의 류뎬줴劉殿爵(D. C. Lau) 교수의 다음 번역본이다: *Confucisus The Analects(Lun yü)*, Harmondsworth: Penguin Books, 1979; reprinted, with Chinese text, Hong Kong: Chinese University Press, 1979.

앞에서 열거한 참고서 이외에 다음과 같은 책들도 소개할 만한 가치가 있다.

(1) Herrlee Gr. Creel, *Confucius and The Chinese Way*, New York: Harper & Row, Publishers, 1949. 이 책의 중국어 번역본: 『공자와 중국의 도』, 가오잔칭高專誠 옮김, 大象出版社, 2000.

(2) Herber Fingratte, *Confucius, The Secularas Sacred*, New

York: Harper & Row, Publishers, 1972. 이 책의 중국어 번역본: 『공자: 즉 평범하고 성스러움孔子:即凡而聖』, 펑궈샹彭國翔·장화張華 옮김, 江蘇人民出版社, 2002.

(3) Roger T. Ames and Henry Rosemont, Jr., *The Analects of Confucius: a Philosophical Translation*, New York: The Ballantine Publishng Group, 1998. 이 책의 중국어 번역본: 『논어의 철학적 해석論語的哲學詮釋』, 위진餘瑾 옮김, 정자둥鄭家棟 주편의 『신전통주의총서新傳統主義叢書』(중국사회과학출판사, 2003)에 수록되어 있다.

(4) Leonel M. Jesen, *Manufacturing Confucianism, Chinese Traditions & Universal Civilization*, Durham and London: Duke University Press, 1997.

(5) E. Bruce Brooks and A. Taeko Brooks, *The Original Analects, Sayings of Confucius and His Successors(論語辨)*, New York: Columbia University Press, 1998.[12]

서양 사람들은 공자를 중시하지만, 우리처럼 그렇게 중시하지는 않는다. 우리는 이를 분명히 알고 있어야 한다.

공자를 선전할 때 빛나고 위대한 중국문화라는 각도에서 선전하든 아니면 세상에 널리 퍼진 기타의 종교(기독교와 이슬람교)를 모방하든, 세상을 구제한다는 등의 유사한 학설을 이야기한다면, 중국에 대한 이미지를 좋게 하려다가 오히려 망가뜨리는 꼴이 되어 해롭기만 하고 전혀 이득 될 것이 없다. 세상에 널리 퍼진 다른 종교와 다툴수록 근본주의fundamentalism라는 혐의에서 벗어나지 못한다. 그들과 다투어 뭣하겠는가?

3. 간백簡帛 고서 속의 유교 서적

1970년대 이후, 특히 1990년대 이후 지하에서 출토된 죽간과 백서로 된 고서의 수량은 급격히 늘어났다. 그 가운데는 유교 서적이 적지 않다. 어떤 것들은 『논어』와 관련이 있고, 어떤 것들은 『대대례』나 『예기』 등 고서와 관련이 있다. 공문의 제자 중 매우 중요한 인물들은 모두 언급되었다. 이는 오늘날의 행운으로서 이전 사람들은 보지 못한 것들이다. 이 가운데 어떤 것들은 세상에 전해져오는 고서를 보충해 줄 수도 있고, 어떤 것들은 세상에 전해져오는 고서를 바로잡아줄 수도 있다. 이들 잃어버린 서적은 오늘날 『논어』를 연구하는 데 중요한 참고자료가 된다. 아래는 세 가지 발견이다.

1) 『곽점초간郭店楚簡』[13]

(1) 「치의緇衣」, 금본 『예기』에 이 편이 있다.

(2) 「오행五行」, 일서逸書, 『마왕퇴백서』에도 이런 종류가 있다. 이상의 두 가지는 함께 베껴 썼을 것이다.

(3) 「노목공문자사魯穆公問子思」, 일서.

(4) 「궁달이시窮達以時」, 일서. 이상의 두 가지는 함께 베껴 썼을 것이다.

(5) 「당우지도唐虞之道」, 일서.

(6) 「충신지도忠信之道」, 일서. 이상의 두 가지는 함께 베껴 썼을 것이다.

(7) 「성자명출性自命出」, 일서. 나는 제목을 「성性」으로 바꿨는데, 『상박초간』에도 이 종류가 있다.

(8) 「성지문지成之聞之」, 일서. 나는 제목을 「교敎」로 바꿨는데, 『상박

초간』에도 이 종류가 있다.

(9) 「육덕六德」, 일서. 나는 제목을 「육위六位」로 바꿨다.

(10) 「존덕의尊德義」, 일서. 이상의 네 가지는 함께 베껴 썼을 것이다.

(11) 『어총』 제3권, 일서. 나는 제목을 『부무악父無惡』으로 바꿨다. 나는 앞 장에서 다음의 세 가지는 모두 짧은 죽간에 베껴 쓴 것이고 형식은 『논어』와 유사하다는 점을 언급했다. 특히 이 종류의 몇몇 죽간에 쓰인 글은 「술이」 7.6 및 「자한」 9.4 등과 관련이 있다.

(12) 『어총』 제1권, 일서. 나는 제목을 『물유망생物由望生』으로 바꿨다.

(13) 『어총』 제2권, 일서. 나는 제목을 『명수名數』로 바꿨다.

2) 상하이박물관 소장 초간[14]

(1) 「성정론性情論」, 일서. 『상박초간』 제1권, 즉 『곽점초간』의 「성자명출」에 수록되어 있으며, 나는 제목을 「성性」으로 바꿨다.

(2) 「의衣」, 일서. 『상박초간』 제1권, 즉 『곽점초간』의 「치의」에 수록되어 있다.

(3) 「공자시론孔子詩論」, 「자고子羔」, 「노방대한魯邦大旱」, 일서. 마청위안馬承源은 이것들을 이처럼 세 가지로 잘못 분류했는데, 첫 번째 것은 『상박초간』 제1권에, 뒤쪽 두 가지는 『상박초간』 제2권에 수록되어 있다. 첫 번째 것은 공자의 말이고, 두 번째 것은 공자와 자고의 대화이고, 세 번째 것은 자공을 언급하고 있다. 그 가운데 두 가지는 "자고子羔"라는 편명을 가지고 있는데, 본래는 책 전체를 총괄하는 제목이다. 나의 전첩본 원고는 두 번째 종류를 첫 번째 종류 앞에 배치하여 하나의 책으로 만들고, 「자고」라고 제목을 붙였다.

⑷ 「군자위례君子爲禮」, 일서. 『상박초간』 제5권에 수록되어 있다. 이 편은 두 부분으로 나뉜다. 첫 번째 부분은 안연과 공자의 문답으로 「안연」 12.1과 관련이 있다. 두 번째는 자공과 공자의 문답인데, 그 속에서 자우子羽(담대멸명澹臺滅明)를 언급하고 있다. 이 편의 제목은 적당하지 않다. 장광위張光裕는 이 부분의 죽간에 쓰인 글은 아래쪽에 있는 「제자문弟子問」과 함께 베껴 썼을 것이라고 말했다. 사실 이 부분의 죽간에 쓰인 글은 기타 세 가지와 함께 베껴 쓴 것인데, 아쉽게도 쪼개지고 갈라져버렸고, 기타 세 가지는 아직 발표되지 않았다.[15]

⑸ 「제자문弟子問」, 일서. 『상박초간』 제5권에 수록되어 있다.

⑹ 「상방지도相邦之道」, 일서. 『상박초간』 제4권에 수록되어 있다. 이것은 공자와 자공의 대화인데, 나의 전첩본 원고에서는 제목을 「자공子貢」이라고 붙였다. 그 뒤쪽에는 다른 죽간문이 있는데, 역시 갈라져서 아직 발표하지 않았다.

⑺ 「종정從政」(갑편, 을편), 일서. 『상박초간』 제2권에 수록되어 있다. 이 편은 각 문단의 첫머리에 "다음과 같이 들었다聞之曰"라는 말이 있는 것으로 보아 분명히 공자의 제자가 선생에게서 직접 들은 것이고, 어떤 말은 『논어』와 비슷하다. 이 편의 제목은 적당하지 않다. 나의 전첩본 원고에는 제목을 「문지聞之」라고 붙였다.

⑻ 「중궁中弓」, 일서. 『상박초간』 제3권에 수록되어 있는데, 그 내용은 「자로」 13.2와 관련이 있다.

⑼ 「민지부모民之父母」, 일서. 『상박초간』 제2권에 수록되어 있고, 그 내용은 현행본 『대대례』 「공자한거」와 관련이 있다. 이 편의 제목은 적당하지 않다. 그것 역시 별도의 세 가지와 함께 베껴 쓴 것이다. 하나

는 현행본『대대례』「무왕천조武王踐阼」와 관련이 있고, 다른 둘은 안연·자로 등과 관련이 있는데, 아직 모두 발표하지 않았고 역시 갈라져 있다.

(10)「석자군로昔者君老」,「내례內禮」, 일서.『상박초간』제2권에 수록되어 있다. 뒤쪽의 것은 내용이 현행본『대대례』「증자립효曾子立孝」와 관련이 있다. 이 둘은 원래 한 권이었을 것이다. 별도로 또 한 가지가 있는데, 언유言游와 관련이 있으며, 그 역시 이것과 같은 권에 들어 있었을 것이다. 아직 발표하지 않았다.

(11)「계경자문어공자季庚子問於孔子」, 일서.『상박초간』제5권에 수록되어 있다.[16]

3) 팔각랑한간八角廊漢簡

(1)『논어論語』, 허베이성문물연구소 정주한묘죽간정리팀,『정주한묘죽간논어定州漢墓竹簡論語』, 문물출판사, 1997 참조.

(2)「유가자언儒家者言」, 정주한묘죽간정리팀, 유가자언석문儒家者言釋文,『문물文物』, 1981년 8기, 13-19쪽 참조.

『논어』고본은 죽간본 외에 돈황본이 있는데, 앞 장에서 이미 소개했기 때문에 여기서는 다시 설명하지 않는다.

4. 공자의 세계世系, 생애, 제자 등에 대한 고증

오늘날『논어』를 읽는 데는 여러 독법이 있을 수 있다. 가장 간단한 방법은 원서에 따라 한 장 한 장씩 읽어내려가면서 순서에 따라 읽는 것이다. 그 외에 두 가지 방법이 있는데, 그것을 흩어놓고 읽는 것이다. 그중 한 가지는 공자의 생애를 주축으로 삼고, 그의 제자와 기타의 인물들을 차례로 연결지어 『논어』의 장과 절을 가능한 한 연도별로 편성하는 것으로, 『논어』를 공자의 전기로 여기며 읽는 것이다. 다른 하나는 『논어』에서 언급한 사상과 개념을 주축으로 삼아 각 개념의 조목별로 관련된 문장을 귀납하고 총결하는 것이다. 『논어』의 편년은 사마천이 이미 시행해보았고, 청대에는 여러 종류가 있다. 나는 『논어』에 나오는 인물에 대하여 전면적으로 고찰했고, 각 장의 연대에 대해서도 연구했다. 뒤의 독법은 학자들이 많이 시행했다. 예를 들어 앞에서 든 몇 가지 백화 주역본注譯本에서는 뒤에 흔히 주제어에 대한 색인을 덧붙였다. 나는 이 책에서 그것을 철저하게 한번 정리하여 사상적 맥락이 더욱 분명해지도록 할 것이다.

공자의 생애와 세계 및 제자를 연구하는 것에는 『사기』 「공자세가」 「중니제자열전」 외에 두 권의 중요한 참고서가 있다. 한 권은 『공자가어』이고, 다른 한 권은 『공총자孔叢子』이다. 과거에는 모두 위서라고 배척했지만, 현재는 인식이 달라졌고, 의고疑古[17] 자체도 의심스러운 것일 수 있다.

『공자가어』는 과거에는 위서로 단정되었지만 타당하지 않다. 학자들은 출토 발굴된 자료, 예를 들어 쌍고퇴한간雙古堆漢簡과 팔각랑한간 등의 여러 내용이 『공자가어』(이하 『가어』)와 서로 부합한다는 점을 지적한다.[18]

이 책은 공안국에게 전해진 것이다. 현행본에는 공안국의 후서後序

가 있는데, 이 책은 『논어』를 편찬하고 남아 있던 문서들이고, 여씨 이후로 민간에 흩어져 있었는데, 호사가들이 간혹 자기 마음대로 덧붙이거나 빼버렸으며, 완전히 같은 일에 대해서도 들은 것을 전달하는 말이 달랐다고 말했다. 왕숙王肅의 서에서는 그 책을 공자의 22세 후손인 공맹孔猛에게서 얻었다고 말했다. 『한서』 「예문지·육예략」에서는 이 책을 논어류 목록에 넣고 27권이라고 기록했는데, 현행본은 14권 44편이고, 편과 권의 구분이 다르며, 문장 역시 같지 않다.(예를 들어 현행본 「72제자해」를 『사기』의 삼가주三家注에서 인용한 『가어』와 비교할 경우.) 당대의 안사고顔師古는 주에서 "오늘날 우리가 가지고 있는 『가어』가 아니다"라고 말했다. 옛날 책들은 끊임없이 새롭게 편집되었는데, 그것은 항상 있는 일로서 전혀 이상하게 생각할 것이 없다. 청대의 학자들은 왕숙을 가지고 정현의 학설을 공격하면서, 왕숙이 이 책을 주석했다는 것은 이 책을 가짜로 만들었다는 것이고, 고서와 같은 부분은 바로 고서를 베낀 것이며, 고서에서 찾아볼 수 없는 부분은 가짜로 만들어낸 것이라고 한마디로 잘라 말했다. 이러한 방법은 매우 보편적으로 쓰였다. 『고문상서』를 그렇게 가짜로 판정했고, 『금본죽서기년』 역시 그렇게 가짜로 판정했다.[19] 가짜라는 것을 증명하기 위해 그들은 옛날 책을 조사했는데, 그것은 매우 쓸모 있는 방법이었다.(『고사변』이 이런 방법을 계승했다.) 그런데 그것은 무엇을 증명해줄 수 있을까? 첫째, 옛날 책은 끊임없이 새롭게 다시 편집되었고, 둘째 이러한 편집에 쓰인 자료는 흔히 매우 긴 내력을 가지고 있었다. 가령 청대 진사가陳士珂의 『공자가어소증孔子家語疏證』은 매우 좋은 예가 된다. 정진鄭珍의 『한간전정汗簡箋正』 역시 같은 예다. 정씨는 선입견을 가지고 『설문』의 고문을 기준으로 삼아 『한간汗簡』이 위서라는 것을 온 힘을 다해 증명하려 했다. 그러나 그의 대대적인 증거 자료가 증명한 것은 바로 다음과 같은 것이다. 『한간』은 위서가 아니고, 그 책에서 인용하고 있는 고문 자료는 모두 매우 긴 내력을 지니고 있는데, 출토된 전국 시기의 문헌 자료가 이 점을 증명해줄 수 있다.

『공총자』의 상황은 약간 복잡해서 여기서 좀 길게 이야기하고 싶다. 전통적으로 그 책은 『논어』에 붙어서 전해졌기 때문에 『논어』를 연구할 때 읽지 않을 수 없다. 그러나 변위학자들은 그것을 불결한 것으로 취급하여 세상에서는 위서라고 불렀기 때문에 누구도 감히 그것을 이용하려고 하지 않았다. 송대 이후로 변위학이 성행하자 굉장히 많은 옛날 책이 의심을 받았다. 의심하는 것은 좋지만, 방법에 문제가 있었다. 주희를 예로 들어보면 그가 진위를 판정하는 것은 말투가 예스러운가, 예스럽지 않은가를 보고서는 잠깐 사이에 이 책은 동한 사람이 한 이야기 같다고 말하고, 잠깐 사이에 또 동한 사람도 아니고 더 나중 시기인 것 같다고 말하며, 심지어는 주석을 붙인 송대의 것은 모두 위조된 것이라고까지 말했다. 청대의 학자들은 자구字句를 고증하여 바로잡았고, 치밀했다. 그러나 진위를 판별하는 것은 주관적이었다. 뭐든지 유흠에게 뒤집어씌우거나 왕숙에게 뒤집어씌웠다. 그들은 이 책과 함께 공안국이 전수해준 『서경』 및 『공자가어』를 하나로 싸잡아 몽땅 왕숙의 위조품이라고 지목했고, 심지어는 왕숙이 이 책을 한 번 인용한 것(「성증론聖證論」)까지 모두 위조의 증거로 삼았다.[20] 사실 이 책의 서사 연대는 아무리 늦어도 한대 연광延光 3년(124)이라는 것이 매우 분명하고, 왕숙이 인용했을 뿐만 아니라 역도원酈道元도 인용했다. 설령 가장 보수적인 의견에 따라 연도를 단정한다고 하더라도 한위漢魏 무렵에도 이 책은 존재했다. 한위 무렵에 이 책이 있었는데, 왜 꼭 가짜라는 말인가? 왜 꼭 왕숙이 위조했단 말인가? 그런 이유로 읽어서도 안 되고 써서도 안 된단 말인가? 그와 같은 방법은 전면적인 반성을 요구한다.

목록의 기록을 살펴보면 「수지隋志」(『수서』「경적지」)에 이미 『공총』 7권이 있고, "진승박사 공부가 썼다陳勝博士孔鮒撰"라는 표제가 붙어 있으며, "『공총』과 『가어』는 모두 공씨가 전수해준 중니의 생각이다"라고 설명하고 있다. 그 의미는 그것들의 출처가 모두 옛 공자의 집이라는 것이다. 신구 「당지唐志」[21]와 「송지宋志」(『송서』「예문지」)에서도 7권으로 기록하고 있어 현행본과 같다. 「수지」에 처음 기록이 보인다고 해서 이전에는 분명히 없었을 것이라고 말할 수는 없다.(목록을 싣는 데 진위를 판정하라는 법은 없다.)

현행본 『공총자』는 한대의 고서로서 당연히 전혀 문제가 없다. 책 자체에서 볼 때 그것은 공씨 자손의 한 분파, 즉 서한 무제 때의 공장孔臧 및 공장의 후손들과 가장 큰 관계가 있을 것이다. 그 증거는 다음과 같다. 이 책의 제목 자체는 바로 공장 부친의 자字를 가지고 명명한 것이다. 이 책은 처음에는 『공총』이라고 부르다가 나중에 자子자를 추가하여 『공총자』라고 높여 불렀는데, 이것이 바로 그들 분파와 완전히 일치한다. 『한서』「예문지」에는 비록 『공총』 혹은 『공총자』라는 서명이 직접 나타나지 않지만, 목록에서 열거하고 있는 것 중에 이 책과 관련이 있는 세 권의 책이 있다. 첫 번째는 「육예략」의 효경류에 들어 있는 「소이아小爾雅」 한 편이고, 두 번째는 「제자략」의 유가류에 들어 있는 「태상료후공장太常蓼侯孔臧」 10편이며,[22] 세 번째는 「시부략」에 들어 있는 「태상료후공장부太常蓼侯孔臧賦」 20편이다.

이 책은 한 집안의 족보류의 책이다. 족보류의 책은 본래 연대가 다른 시기의 자료들로 구성되고, 연대와 작자가 비교적 복잡하여 일률적으로 말할 수 없다.

그 책의 7권 23편은 다음과 같이 네 부분으로 구성되어 있다.

(1) 권1의 「가언嘉言」「논서論書」「기의記義」와 권1의 「형론刑論」은 공자에 대한 기록이다.

(2) 권2의 「기문記問」「잡훈雜訓」「거위居衛」와 권3의 「순수巡守」「공의公儀」「항지抗志」는 자사에 대한 기록이다.

(3) 권3의 「소이아小爾雅」는 훈고訓詁를 설명한 것이다.

(4) 권4의 「공손룡公孫龍」「유복儒服」「대위왕對魏王」은 자고子高에 대한 기록이다.

(5) 권5의 「진사의陳士義」「논세論勢」「집절執節」은 자순子順(공겸孔謙)에 대한 기록이다.

(6) 권6의 「힐묵詰墨」「독치獨治」「문군례問軍禮」「답문答問」은 자어子魚(공부孔鮒)에 대한 기록이다.

(7) 권7의 「연총자連叢子」 상편의 주제는 공장에 대한 기록이고, 「서서敍書」는 공장의 가세와 공장의 작품을 설명한 것이고, 「간격호부諫格虎賦」「양류부楊柳賦」「악부鶚賦」「요충부蓼蟲賦」는 공장이 지은 부賦이고, 「여종제서與從弟書」「여자림서與子琳書」는 공장의 서신인데, 이것이 한 부분이다. 상편의 「서세敍世」와 「서세」 이후의 한 장, 그리고 하편은 공장의 후손을 이야기한 것으로 서한의 공림孔琳과 공황孔黃에서부터

동한의 장언長彦과 계언季彦까지 이야기했으며, 마지막에는 계언의 죽음으로 끝을 맺는다. 그때가 "연광延光 3년 11월 정축丁丑일", 즉 기원후 124년이다. 「서서」에서는 "공장은 글 10편을 쓰고서 끝을 맺었다. 그 이전에 부 24편을 지었지만, 4편은 문집에 없다. 그가 어려서 지은 작품이기 때문이다. 또 종제從弟에게 주는 글과 자식을 훈계하는 글을 썼다"[23]고 말했다. "글 10편을 썼다"는 것은 『한서』 「예문지」의 「공장孔臧」 10편이고, "부 24편을 지었다"는 것은 『한서』 「예문지」의 「공장부孔臧賦」 20편과 이 책에 수록된 4편의 부이며, "종제從弟에게 주는 글과 자식을 훈계하는 글을 썼다"는 것은 이 책에 수록된 두 통의 서신이다.

이 책의 주체는 앞의 6권이고 자어子魚에서 끝난 것은 공자·자사子思(공급孔伋)·자고子高(공천孔穿)·자순子順(공겸孔謙)·자어子魚(공부孔鮒) 등 6대를 기록하고, 자사 이전의 공리孔鯉와 자사 이후의 공백孔白·공구孔求·공기孔箕 등에 대한 기록이 없고, 내용의 하한은 진이며, 한대까지 내려가지는 않는다. 옛 제목이 "진승박사 공부가 썼다"(「수지隋志」)였던 것은 바로 이 점을 고려한 것이다. 그러나 이 부분은 아마도 공장과 공장의 후손이 옛글을 수집하여 기록하고 지난 일을 회고하여 쓴 것이지, 공부가 스스로 쓴 것은 아닐 것이다. 내 생각에 그것은 아마도 『한서』 「예문지」에서 언급한 「공장」 10편과 「소이아」에서 자료를 취한 것이 진정한 『공총자』였을 것이다.

제7권은 『연총자』라고 부르는데, 책의 제목이 매우 이상하다. 아마 『공총자』에 이어서 쓴다는 의미였을 것이다.[24] 이 마지막 권에는 오직 한 편이 있고, 그 한 편은 또 상편과 하편으로 나뉘어 있는데, 원래는 따로 떨어진 한 권의 책이었던 것처럼 "해제序錄" 같은 것이 있다. 그 책은 공자의 후예들에 대하여 계속 이어서 쓴 것이다. 공자의 후예는 자순子順 이후로 세 갈래로 나뉜다. 한 갈래는 공부, 즉 제6권 마지막 네 편의 주인공이고, 그의 후손은 명확하지 않으며, 「서서」에서는 "은나라의 전통을 이었고, 송나라의 고관이 되었다"[25]고 말했는데, 문중의 제사지내는 것을 계승했다. 다른 한 갈래는 공등孔騰, 즉 「답문」 말미에서 공부가 "동생 양襄을 훈계했다"[26]는 자양子襄이고(공등의 자가 자양임), 그의 후대는 「서서」에서 언급한 포성후褒成侯(즉 공패孔霸)와 공안국이다. 다른 한 갈래는 공언孔彦, 즉 공총자인데, 그의 후손이 공장으로 이어지는 갈래인 것이다. 공장에게는 자림子琳이 있었고, 자림에게는 자황子黃과 무茂가 있었고, 무의 후대로는 자국子國—자앙子卬—중환仲驩—자립子立—자원子元이 있었고 또 자풍子豐과 자화子和가 있었으며, 자화에게는 두 아들이 있었는데, 그들을 장언長彦과 계언季彦이라고 한다. 계언은 마지막 사람이다. 이 한 부분은 상편이고, 공장의 작품이며, 서한 시기의 것이다. 그러나 전반적인 서술 구조는 분명히 동한 시기의 것이다.

총결하면, 이 책의 편찬 연대는 대략 서한 무제에서 동한 장제章帝에 이르는 기간이었을 것이다. 그보다 이르더라도 많이 이르지는 않을 것이며, 그보다 늦더라도 아주 늦지는 않을 것이다.

이밖에 공자와 그의 제자를 연구하는 데 다음의 몇 가지 책을 더 참고할 만하다.

(1) 리치첸李啓謙·뤄청례駱承烈·왕스룬王式倫 편, 『공자자료휘편孔子資

料彙編, 山東友誼書社, 1991.

⑵ 청대 손성연孫星衍 등 엮음, 궈이郭沂 교보校補, 『공자집어교보孔子集語校補』, 齊魯書社, 1998.

⑶ 리치첸·왕스룬 편, 『공자제자자료휘편孔子弟子資料彙編』, 山東友誼書社, 1991.

⑷ 리치첸, 『공문제자연구孔門弟子研究』, 齊魯書社, 1988.

공자와 제자들이 모두 무슨 말을 했는지를 알아보고 싶다면, 우리는 『논어』 외에 무슨 자료를 찾아봐야 할까? 위의 네 책을 보는 것이 좋다.

마지막으로 나는 『논어』를 읽으면서 시간이 조금 모자랐기 때문에 이 책은 그저 반가공품에 불과하다는 것과 이 다음에 고칠 기회가 주어지기를 희망한다는 점을 말해두고 싶다.

결론

결론 1

공자는 자신은 성인이 아니라고 가르쳤다

이제 총정리를 좀 해볼 수 있을 터인데, 공자가 무엇을 이야기했는지, 모든 인상을 하나로 모아보기로 하자.

나라는 사람은 문혁 때 충격을 받아 비교적 의심이 많다. 나는 요란스러운 것을 대체로 모두 의심한다. 내가 『논어』를 읽은 것은 미신을 타파하기 위한 것이었다. 첫째로 타파하려고 한 것은 바로 "성인"이다.

공자를 읽을 때 우리는 그 자신은 빈한한 집안 출신이었지만, 조상은 매우 영광스러웠고 송나라의 커다란 귀족이었다는 점을 잊어서는 안 된다. 그의 제자는 대부분 가난한 집 아이였지만, 그는 그들에게 옛날 책을 읽도록 가르치고, 옛날 예를 익히도록 가르쳐 도리어 완전히 귀족의 표준으로 만들었다. 그는 이것을 빌려 오래전에 상실한 이상적인 상류사회를 만회하려고 생각했고, 그들로 하여금 어떻게 해야 진정한 군자가 될 수 있는지에 대해 생각해보도록 했다. 모든 문제에 대한 그의 관점은 이와 관련되어 있다.

성인은 귀족적 표준의 정점이고, 공자가 추구한 이상이었다.

1. 공자의 천명에 대한 견해

공자는 "오직 하늘이 크다"[1]라고 말했는데, 인간의 일은 천도에 근거한다고 보았다.[2] 그러나 자공은 자신은 스승이 천도에 대해 말하는 것을 거의 듣지 못했다고 말했다.[3] 과거에는 다들 공자가 천도에 대해 말하지 않았다는 인상을 가지고 있었다. 『곽점초간』「궁달이시窮達以時」가 발표된 뒤로 다들 태도를 바꿔 "아니다, 공자는 천도에 매우 관심이 많았다, 그렇지 않았다면 그가 무엇 때문에 '하늘과 인간의 구분天人之分'을 이야기했겠느냐"라고 말한다.[4]

천인 관계는 종교의 문제이고 또 철학의 문제이며, 모든 사상가가 관심을 가졌다. 상주 시기에 천자는 천명으로 합법성을 인정받았는데, 누가 감히 의심했겠는가? 모든 사람이 이 대전제를 승인했다. 그러나 똑같은 대전제라도 학자들의 생각은 같지 않았다.

공자는 천명을 두려워했고,[5] 귀신을 경외했다.[6] 이것은 고대사회에서 매우 정상적이다. 불경不敬이 오히려 비정상적인 것이었다. 그는 사명감이 매우 강했다. 어떤 이가 "천하에 도가 없어진 지 오래되었으나 하늘은 선생님을 목탁으로 삼으실 것이오"[7]라고 말했고, 그 자신도 그렇게 생각했다. 불운한 일이 닥치기만 하면 공자가 하늘을 부르고 명을 외쳤던 것도 이상할 것이 없다. 사마환퇴로 인한 환난과 광 지역에서 만난 환난 등에 직면하여 그는 하늘은 내가 죽기를 바라지 않는데,

그들이 나를 어떻게 하겠느냐고 말했다.[8] 염경이 병들자 그는 운명을 탄식했고,[9] 안연이 죽자 하늘을 불렀다.[10] 그는 천명을 매우 중시했다.

"천명을 알지 못하면 군자가 될 수 없다."[11] 공자는 만년에야 『역』을 배우면서 가죽끈이 세 번 끊어졌는데, 그것은 천명을 알기 위함이었다.[12]

공자는 천명을 중시했지만, 천지나 귀신에 대해서는 공경은 해도 멀리했고,[13] 오히려 사람을 먼저하고 귀신을 나중에 했으며, 살아 있는 사람을 죽은 사람보다 훨씬 중시했다.[14] 그는 당시 사람처럼 미신에 빠지지 않았고, "초자연적인 것이나 강압적인 것이나 질서를 어지럽히는 것이나 귀신에 대한 것 등"에 대해서도 말하지 않았다.[15] 그가 천명을 중시한 것은 천명의 천을 중시한 것이 아니라 천명의 명, 즉 인간의 일에 대한 하늘의 영향을 중시했다. 하늘은 무엇인지, 천도는 어떤 것인지 등에 대해서는 거의 말하지 않았다.

공자가 말한 명은 두 종류이다. 하나는 죽고 살고 오래 살고 일찍 죽는 것, 즉 생명을 의미하는 명이고, 또 하나는 형편이 막히고 펴지고 재난을 만나고 행운을 만나는 것, 즉 운명을 의미하는 명이다. 공자는 "죽고 사는 것은 명에 달렸고, 부유함과 고귀함은 하늘에 달렸다"[16]고 말했는데, 바로 이 두 가지 명을 설명한 것이다. 문혁 때 공자를 비판하면서 공자를 숙명론자라고 말했는데 조금도 틀리지 않았다. 죽고 살고 오래 살고 일찍 죽는 것을 어떻게 바꿀까? 즉 의학이 발달된 오늘날에도 바꿀(적어도 철저하게 바꿀) 방법이 없는데 숙명이 아니라면 어떻게 할까? 형편이 막히고 펴지고 재난을 만나고 행운을 만나는 것은 귀족사회에서는 일생 동안 운명으로 결정된 것으로서 사람이 어떻게 해볼 도리가 없는 것이었다.

당연히 뒤의 이 조목은 공자 시대에 이미 해이해졌고, 당시의 지식인, 이른바 사士, 즉 선비는 결국 자유롭게 유동하면서 일자리를 찾았다. 그러나 공자의 태도는 매우 완고했다. 그는 독서를 통해 녹봉을 구하고, 능력에 따라 밥을 먹으면서 부귀를 이룰 수 있지만, 그러나 부귀는 추구할 수 없으니[17] 그저 하늘에서 만두가 떨어지기를 기다릴 수밖에 없으며, 관리가 되지 않으면 가난과 배고픔 그리고 외로움을 참고 살면서 군자의 풍모를 유지해야 한다고 생각했다. 이것은 그의 귀족적 태도와 관련이 있다.

『묵자』는 이점에 대해 매우 불만스러워했고, 그가 쓴 「비명非命」은 바로 이런 종류의 명을 비판한 것이다. 「비명」에서 그는 일반 백성들이 그와 같은 명이라는 것을 알기 위해서는 무엇을 통해야 하느냐고 말했다. 또 「명귀明鬼」에서는 귀신의 중요성을 설명했는데, 옛날부터 지금까지 일반 백성들은 종교적인 요구가 매우 강렬했고, 종교가 없다면 그러한 욕구를 통제할 수 없다고 보았다. 그는 하층민과 연대감을 가지고 있었다. 이점은 공자와 다르다. 이 문제에서도 그는 반대 목소리를 냈다.

『노자』는 공자와 다르다. 『노자』야말로 사람이 근본이라고 설명하지 않았다. 『노자』가 강조한 것은 "사람은 땅을 본받고, 땅은 하늘을 본받고, 하늘은 도를 본받고, 도는 저절로 그러한 것을 본받는다"[18]는 것으로서 사람의 배후에 또 근본적인 것이 있다고 본 것이다. 하늘 그 자체에 대하여 『노자』는 『논어』보다 더 관심이 많았다.

2. 공자의 인성에 대한 견해

공자는 사람에 대해 관심을 가졌다. 그러나 사람의 몸에 대해서는 전혀 관심이 없었다. 사람에 대한 그의 관심은 성명性命을 기른다거나 신명神明에 정통할 것을 강조한 도가와는 달리 생물학이나 의학적인 관심이 아니었다. 그가 특히 관심을 가졌던 것은 인성이다. 인성은 무엇일까? 공자는 설명하지 않았다. 후대의 유자가 나타나 선악을 구별한 것은 바로 이 공백을 메운 것이다. 그러나 그들의 착안점은 다르다. 맹자가 성선을 강조한 것은 교화에 착안한 것이고, 순자가 성악을 강조한 것은 예법에 진력한 것이다.[19]

『논어』에서 인성을 말한 것은 오직 다음 두 번뿐이다.

자공이 말했다. "선생님의 문장은 들어볼 수 있지만, 선생님께서 성과 천도에 대해 말씀하시는 것은 들어볼 수 없다."[20]

스승님께서 말씀하셨다. "사람의 본성은 서로 비슷하지만, 습성은 서로 차이가 크다."[21]

『곽점초간』「성자명출性自命出」에서는 "본성은 생명에서 나오고, 생명은 하늘로부터 내려온다"고 했다. 인성은 천명에서 온 것이라는 주장이다.

공자는 사람 중에서 특별히 총명한 사람과 특별히 멍청한 사람, 특별히 착한 사람과 특별히 나쁜 사람은 그저 소수일 뿐이라고 생각했다. 사람과 사람의 수준은 대체로 비슷하고, 그저 후천적인 습관에 물들어 비로소 다르게 된다는 것이다. 이것은 그가 교화를 강조한 근거이다.

이지력에 근거하여 그는 사람을 세 종류로 분류했다. 하나는 "상지上智"로서 특별히 총명한 사람이다. 또 하나는 "하우下愚"로서 특별히 멍청한 사람이다.[22] 마지막은 "중인中人"으로서 앞의 두 종류의 사람 사이에 끼어 있다.[23] 상지는 "태어나면서부터 알고 있는 사람"인데,[24] 그는 자기 자신은 그런 사람이 아니라고 말했다.[25] 하우는 타고난 멍청이로 역시 그는 이런 사람이 아니었다.(공자는 그렇게 말한 적이 없지만 우리는 그를 대신하여 이렇게 말할 수 있다.) 공자는 자신에 대한 평가가 결코 높지 않았다. "나는 일반 사람과 같다"[26]고 했는데 역시 한 명의 보통 사람이었다. 보통 사람들은 또 둘로 구분된다. 하나는 "배워서 아는 사람", 즉 능동적으로 배우기를 좋아하고 배움을 통하여 총명해진 사람이고, 다른 하나는 "곤란을 겪고 나서 배우는 사람", 즉 곤란을 통해 억지로 배운 사람이다. 이 두 종류의 사람은 모두 공부가 필요하다. 그 밖의 두 종류는 공부가 필요 없다. 상지는 "태어나면서부터 아는 사람"으로 공부가 필요 없고, 하우는 "곤란을 겪고 나서도 배우지 않는 사람"으로 역시 공부가 필요 없다.[27] 공자는 공부가 필요한 사람이었고, 그 가운데서도 앞의 경우에 해당된다. "사람의 본성은 서로 비슷하지만, 습성은 서로 차이가 크다"[28]라는 것은 바로 중인에 대한 말이다.

『논어』에서 사람에 대한 공자의 논평은 매우 재미있다. 과거에는 도덕을 중시했지만, 모두 "어떤 사람이든 뒤에서 누군가가 그에 대해 말하고, 누구든 뒤에서 다른 사람에 대해 수군거린다"고 말했다. 입으로 인물의 좋고 나쁨을 평가하지 않는다면, 그것은 수양이 최고의 경지에 이른 것이다. 그런데 흥미로운 것은 공자가 사람에 대해 논평하고,

칭찬하거나 비난하는 것을 특히 좋아했다는 점이다. 그 속에는 살아 있는 사람도 포함되어 있었고 죽은 사람도 포함되어 있었으며, 권력자도 포함되어 있었고, 은둔자도 포함되어 있었으며, 또 자기 제자도 있었다.[29]

공자는 인물에 대해 논의하고 등급을 매겼다. 그는 옛날부터 오늘에 이르기까지의 사람을 여러 종류로 나누었는데, 등급이 가장 높은 사람은 성인에 속했다. 아래에서는 먼저 성인에 대해 이야기해보자.

3. 성인이란 무엇일까?

성인은 성자라고도 하는데, 사실은 성왕이고, 선진의 옛날 책에서는 모두 그렇게 말했다. 오늘날의 말로 번역하면 바로 슬기로운 영도자이다.

공자는 "군자는 두려워하는 것이 세 가지 있다. 천명을 두려워하고, 대인을 두려워하고, 성인의 말씀을 두려워한다"[30]라고 말했다. 성인을 누가 감히 존경하지 않겠는가? 『논어』 『묵자』 『노자』 등에서 모두 존경했다. 『노자』가 성인을 말한 것은 공자보다 많다. 전체 81장 가운데 3분의 1에서 성인을 말한다. 그들은 모두 성인을 믿었고, 성인은 좋은 사람 중에서도 좋은 사람이다. 속담에서는 좋은 사람이 항상 다수라고 한다. 오직 장자만 나쁜 사람이 다수라고 말하고, 심지어는 "성인이 죽지 않아서 큰 도둑이 그치지 않는다"[31]고까지 말했다. 성인은 일급의 좋은 사람이고, 몇백 년에 한 명이 나온다 해도 정말 농담이 아닐 것이다.

성인은 복고적인 색채를 띤 개념이다. 성인은 어떤 사람일까? 모두 죽은 사람이고, 살아 있는 사람은 한 명도 없다. 공자는 그 자신도 보지 못했다고 말했다.[32] 성인에게는 두 가지 조건이 있다. 하나는 총명한 것, 태어나면서부터 총명한 것이고, 다른 하나는 권력이 있어 백성을 편안하게 하고 백성을 구제하는 것이다.

이 두 가지 조건이 없으면 성인이 될 수 없다.

먼저 우리는 성인의 뜻은 '총명하다'라는 것에 주의해야 한다. 고문자에서 성인을 뜻하는 성聖자는 본래 왼쪽에 귀 이耳자와 오른쪽에 입 구口자를 쓰고 들을 청聽자와 같은 글자로서 성인은 천하의 정사를 듣는 사람으로 특별한 총명함이 요구되었다. 고어에서 총명하다고 할 때의 총聰자는 귀가 밝은 것이고 명明자는 눈이 밝은 것이다. 눈으로 보는 것이 진실이고, 귀로 듣는 것은 거짓이라는 속담이 있지만, 우리가 아는 것 중에는 들은 것이 본 것보다 훨씬 많다. 그래서 옛날 사람들은 귀를 더 강조했다.

태어나면서부터 총명한 것, 최고의 총명은 귀족 혈통론의 개념이다. 문혁 때 공자 비판에서 천재론을 비판한 것은 틀리지 않았다. 성인은 천재이며 태어나면서부터 총명한 놈이다. 공자는 이점을 믿었고, 옛날 사람들은 모두 이점을 믿었다. 그러나 공자는 자기가 바로 천재라고 말하지 않았고, 거꾸로 나는 그런 사람이 아니라고 몇 번이나 말했다.[33]

첫 번째 조건에 대해 공자는 자기에게 해당되지 않는다고 말했다.

다음으로 우리는 공자가 말한 성인은 고대의 성왕이라는 점에 주의

해야 한다. 송대 사람은 도통을 강조했는데 공자 이상의 사람, 즉 요·순·우·탕·문·무·주공 등 이들 성인은 모두 권력을 가진 이들이었고, 천하의 정사를 들을 수 있는 사람으로서 아무 문제가 없었다. 공자는 이들을 숭배했다. 그러나 그가 말한 성인은, 『논어』에 따라 말하면 주로 요임금과 순임금이었다.

공자는 인仁을 제창했고, 인은 당연히 매우 높은 조건이 요구되지만, 성스러움은 그러한 인보다 더 높다.

한번은 자공이 공자에게 물었다. 만약 "백성들에게 널리 베풀어 많은 사람을 구제할 수" 있는 사람이 있다면 그를 어질다고 할 수 있는가, 없는가 하고 말이다. 공자는 그것이 어떻게 인에서 그치겠느냐, 그야말로 성스러움일 것이며, 설령 요임금이나 순임금이 세상에 있다 해도 그렇게 해내기 매우 어려웠을 것이라고 대답했다. 공자는 어진 사람은 그저 추기급인推己及人, 즉 자기를 위하는 마음을 다른 사람에게까지 확장할 뿐으로 "자기가 일어서고 싶으면 남을 일으켜주고, 자기가 이루고 싶으면 남을 이루게 해주는" 것이 비록 성인과 비슷한 점이 있지만 그래도 성인과 같지 않다고 말했다.[34] 공자가 말한 인人은 민民과 상대되는 말로 그 함의가 다르다. 인人은 군자이고 상류사회의 사람이지만, 민은 백성이고 하층 대중이다.[35]

오직 전국 인민의 구세주만이 비로소 성인이고, 이것이 공자 마음속의 척도였다는 점을 우리는 알아야 한다.

그리고 또 한때 자로가 공자에게 군자에 대해 물었다. 공자의 대답은 "공경하는 마음으로 자신을 수양하는 것"이었다. 즉 자기의 도덕을 잘 수양하고 매우 공경해야 한다는 것이다. 자로는 좀 더 높은 단계에서는 어떤 것이 필요하냐고 물었고, 공자는 "자기를 수양하여 다른 사람을 편안하게 해주는 것", 즉 자기의 도덕을 수양할 뿐만 아니라 상류층 군자를 안정시킬 수 있어야 한다고 말했다. 군자보다 더 높은 이런 종류의 사람은 여러 측면에서 볼 때 분명히 어진 사람이다. 자로가 또 좀 더 높은 단계에서는 어떤 것이 필요하냐고 캐묻자 공자는 "자기를 수양하여 백성을 편안하게 해주는 것"이라고 말했다. 그는 "자기를 수양하여 백성을 편안하게 해주는 것은 요임금이나 순임금도 어렵게 생각하셨던 것이다"라고 말했는데, 이것은 분명히 성인이다.[36] 이것으로 자로가 말한 세 종류의 사람 중에서 성인이 가장 높고, 어진 사람이 그다음이고, 군자가 가장 낮다는 것을 충분히 설명해주고 있다.

성인의 두 번째 조건 역시 공자는 가지고 있지 않았다.

우리가 그를 성인이라고 부르는 것은 그를 욕하는 것이나 다름없다.

그는 결코 자신을 요임금이나 순임금과 비교할 수 없었다.

4. 공자는 어떻게 성인으로 둔갑했는가

공자는 결코 자신이 성인이라는 것을 인정하지 않았다. 그는 "성스러움과 인 같은 것을 내가 어떻게 감히 자임할 수 있겠는가"[37]라고 말했다. 그 이유에 대해서는 앞에서 설명한 그대로이다.

공자는 어떻게 해서 성인으로 둔갑한 것일까? 제자들에 의해서였다. 그는 제자들 때문에 유명해졌다.

『맹자』「공손추상」의 다음 구절들을 보기 바란다.

재아는 공자가 요임금이나 순임금보다 훨씬 더 현명하다고 말했다.[38]

자공은 인류가 발생한 이후로 그 어르신과 비교할 만한 사람은 없다고 말했다.[39]

유약은 어찌 사람의 높고 낮음에 그치겠는가, 어떤 존재가 이와 같겠는가? 성인과 백성은 모두 사람이다. 그러나 스승님은 우리 같은 무리와는 종류가 다르고, 누구도 공자보다 더 위대할 수 없다고 말했다.[40]

이와 같은 치켜세우기는 닭살을 돋게 할 뿐만 아니라 공자의 생각에도 반한다. 공자는 근본적으로 생각지도 못했던 내용들이다.

공자를 성인으로 수립하는 데는 자공이 가장 많은 노력을 기울였다.

자공은 공자 만년에 힘을 얻은 제자이다. 그는 스승에 대해 무한히 충성 했고, 무한히 사랑했으며, 무한히 신뢰했고, 무한히 숭배했다.

한때 노나라 태재가 자공에게 너의 스승은 "성자"이시냐, 왜 그렇게 다재다능하시냐고 물었다. 자공은 다음과 같이 대답했다. "하늘이 내리신 위대한 성인이시고 또 많은 능력이 있으십니다." 우리는 "하늘이 내린 총명함"이라는 이 말은 후세 관리들이 황제에게 아부할 때 쓰는 말임에 주의해야 한다. 자공이 말하고자 한 것은 나의 스승이 태어나면서부터 성인이라는 것은 당연하다는 것이다. 그러나 공자는 그 말을 듣고 오히려 그렇지 않다고 하면서 이렇게 말했다. 그 태재가 나를 어떻게 이해하겠느냐? 나는 어렸을 적에 가난했고 출신이 비천했다. 그 때문에 이런 능력들을 갖게 되었다. 군자(상등급의 사람)가 이런 능력을 가지고 있는가? 아니다.[41] 공자는 자공의 찬양을 그 자리에서 부인했다.

나중에 공자가 죽자 어떤 사람이 공자를 공격했다. 그는 공자는 이러이러한 점이 좋지 않다고 하면서 자공에 훨씬 못 미친다고 말했다. 그러나 자공은 여러 번 전면에 나서서 적극적으로 설명하여 자신의 스승을 단호하게 지켜냈는데, 보기 좋았다. 그런데 그는 뭐라고 말했을까? 그는 다음과 같이 말했다. 너희는 공격을 하면서도 높고 깊은 것을 너무 모른다, 내가 어떻게 우리 스승과 비교나 되겠느냐, "중니仲尼는 해나 달과 같아서 넘어설 수 없다"[42] "내가 스승님에게 미칠 수 없는 것은 마치 사다리를 타고 하늘에 오를 수 없는 것과 같다"[43]라고 말했다.

공자에 대한 대대적인 선전에서 그의 목소리가 가장 유력했다. 그는 스승을 하늘까지 올려놓았다.

자공의 공자 치켜세우기는 맹자에게 지대한 인상을 심어주었다.

맹자의 제자 공손추가 스승을 치켜세우면서 스승님께서는 이미 성인이시겠죠, 라고 하자 맹자는 이렇게 대답했다.

"아, 이게 무슨 말인가? 옛날 자공이 공자께 여쭈었다. '스승님께서는 성인이시겠죠?' 공자께서는 말씀하셨다. '성인은 내가 할 수 없는 것이다. 나는 배우는 데 싫증내지 않고 가르치는 데 지칠 줄 모른다.' 자공이 말했다. '배우는 데 싫증내지 않는 것은 지知입니다. 가르치는 데 지칠 줄 모르는 것은 인仁입니다. 어질고 지혜로우시니, 스승님께서는 이미 성인이십니다.' 이처럼 성인에 대해서는 공자도 받아들이지 않으셨는데, 이게 무슨 말인가?"[44]

비록 그렇기는 하지만, 공자가 당시에 그랬던 것처럼 맹자 역시 자신이 성인이라는 점을 결코 승인하지 않았다. 그러나 그는 자공의 말은 완전히 받아들였다. 나중에 맹자 자신도 성인이 되었다.

맹자는 공자가 "성인 중에서 시대적 임무에 가장 밝은 사람"[45]이라고 말했는데, 이것은 살아 있는 사람도 성인이 될 수 있다는 말과 같다. 이것이 첫 번째의 수정이다.

순자는 공자가 "성인 중에서 권력을 얻지 못한 사람"[46]이라고 말했는데, 이것은 공자에게는 비록 권력이 없었지만 여전히 위대한 구세주라는 말과 같다. 이것이 두 번째 수정이다.

그들은 모두 자공의 주장을 받아들여 공자를 성인으로 불렀다.

공자가 일생 동안 유감스럽게 생각한 것이 추봉追封을 통해 보충됨으로써 생전에는 없었던 것을 나중에 모두 갖추게 되었다.

역대 제왕의 공자에 대한 포봉褒封은 성聖 이외에 매우 많은 직함(예를 들어 왕王, 후侯, 공公 등)이 있었다. 예를 들어 당나라 때는 공자를 문선왕文宣王으로 불렀지만, 황제가 듣기에 몹시 귀에 거슬렸다. 하늘에는 두 개의 태양이 없고, 사람에게는 두 명의 주인이 없다는 생각에서 그는 왕王자를 없애는 것이 더 좋다고 생각했다.

사실 공자의 직함 중에서 스승師이라는 것 외에는 진실된 것이 하나도 없었다. 이와 같은 사후의 추인에 대해 공자는 상상도 못했을 것이다.

공자는 성인이 아니다.

5. 어떤 사람이 어진 사람仁人인가?

인仁은 공자 사상의 중심 개념이지만, 최고 개념은 아니다.

인이란 무엇일까? 간단하게 말해서 그것은 사람을 사람으로 대접하는 것으로 먼저 자기를 사람으로 대접하고, 자기가 자기 자신을 사랑하고 나서 다른 사람을 사랑하는 마음을 품고, 자기를 대하는 방식을 남에게까지 확장하여 다른 사람도 사람으로 대접하는 것이다. 이 개념은 나중에 다시 좀 더 설명할 것이다.

어진 사람仁人은 어진 자仁者라고도 하는데, 그것은 바로 인덕仁德, 즉 어진 덕을 가진 사람이다.

어떤 사람을 어진 사람이라고 할까? 공자는 "자기를 수양하여 다른 사람을 편안하게 해주는 것"[47] "자기가 일어서고 싶으면 남을 일으켜주고, 자기가 이루고 싶으면 남을 이루게 해주는 것이다"[48]라고 해석했다는 것은 앞에서 말했다. 여기서 말하는 "인人"의 범위는 비교적 좁고, "민民"과 같지 않다.

공자가 말한 어진 사람은 사실 매우 높은 존재이다. 앞에서 성인보다는 낮고 군자보다는 높다고 말했다. 이 칭호에 대해 그는 매우 인색했고, 결코 쉽게 다른 사람에게 허용하지 않았으며, 어떤 사람이 인에 해당되는 자격이 있는지 그는 입을 벌리지 않았다.

예를 들어 공문의 제자, 중유, 염구 등은 정사의 재능이 있었고, 공서적은 예의에 통달해 있었는데 모두 그가 마음에 들어 하던 제자였다. 맹씨 가족의 맹무백이 이 세 사람은 인에 이르렀냐고 그에게 물었다. 공자는 다음과 같이 대답했다. "유由는 천승의 나라에서 세금을 관리하는 일을 시킬 수 있을 정도이나, 그가 어진지는 모르겠습니다." "구는 1000가구 정도의 읍이나 백승의 가문에서 그를 읍재로 부릴 수 있을 정도이지만 그가 어진지에 대해서는 모르겠습니다." "적은 허리띠를 묶고 조정에 세워 빈객을 접대하면서 이야기를 나누게 할 수 있을 정도나 그가 어진지에 대해서는 모르겠습니다."[49]

초나라의 영윤 자문, 제나라의 진문자 등 두 사람은 모두 평판이 매우 좋았다. 자장이 공자에게 "영윤令尹 자문子文은 세 번이나 영윤이 되었는데도 기뻐하는 기색이 없었고, 세 번이나 그만두었는데도 섭섭해하는 기색이 없었습니다. 전임 영윤의 정사는 반드시 신임 영윤에게 알려주었습니다"라고 하면서 인에 이르렀냐고 물었다. 공자는 그것은 충이라고 할 수 있지만, 어떻게 인에 이르렀다고 할 수 있겠냐고 말했다. 자장은 또 공자에게 "최자崔子가 제나라 군주를 시해하자 진문자陳文子는 10승의 말을 가지고 있었지만 버리고 떠나갔습니다. 다른 나라에 이르러서는 '우리나라 대부 최자와 같다'라고 말하고 그곳을 떠났습니다. 또 다른 나라에 가서는 또 '우리나라 대부 최자와 같다'라고 말하고 그곳을 떠났습니다" 하면서 그가 인에 이르렀냐고 물었다. 공자는 그것은 청렴하다고 할 수는 있겠지만 어떻게 인에 이르렀다고 할 수 있겠느냐고 말했다.[50]

이와 같은 예를 통해 우리는 공자가 말한 인은 능력이 아니라 덕행이며, 일반적인 충성 혹은 청렴이 아니라 보다 높은 것임을 알 수 있다.

그렇다면 공자가 말한 어진 사람은 도대체 누구일까? 『논어』에 명확한 증거가 있는 사람은 미자微子, 기자箕子, 비간比干, 백이伯夷, 숙제叔齊, 관중管仲 등 여섯 사람이다. 이들은 모두 공자 시대에는 이미 죽은 사람이었다.

미자, 기자, 비간 등은 상대商代의 비협력자로서 상왕 주紂의 폭정에 항의하기 위해 미자는 울분을 품고 나라를 떠났고, 기자는 거짓으로 미친 척하면서 노비가 되었고, 비간은 억지로 간언하다가 살해되었다. 공자는 그들을 "삼인三仁"이라 불렀다.[51]

백이, 숙제는 상주 교체기의 비협조자로 폭력에 대해 폭력으로 대응하는 무왕에게 항의하기 위해 주나라의 곡식을 먹지 않고 수양산 아래에서 굶어 죽었다. 공자는 그들을 두고 "인을 추구하다가 인을 얻었는데, 또 무엇을 원망했겠느냐"라고 말했다.[52] 백이는 권력도 지위도 없었기 때문에 백성을 편안하게 할 수도 없었고, 백성을 구제할 수도 없었다. 공자의 기준에 따르면 성인에 해당할 수 없었다. 그러나 맹자는 다른 기준을 제시했다. 백이 그리고 이윤, 유하혜, 공자 등을 성인에 집어넣었는데,[53] 근본적으로 스승의 말을 듣지 않은 것이다.

관중은 공자에서 조금 가깝다. 이 사람은 비교적 복잡하다. 공자는 그에 대해 그다지 만족스러워하지 않았다. 그러나 그의 천자를 받들고 이민족을 물리치는 것, 아홉 번이나 제후들의 회합을 주도한 것, 단숨에 천하를 바로잡은 것 등에 대해서는 오히려 감지덕지하게 생각하여 그를 "그는 이처럼 인仁했다, 이처럼 인仁했어"라고 말했다.[54]

공문의 제자, 공자의 훌륭한 제자는 오히려 많이 있다. 예를 들어 덕행과의 안회顔回, 민손閔損, 염경冉耕, 염옹冉雍, 그리고 유약有若과 증자曾子 등이 있는데, 그들은 인에 이르렀는가? 공자는 말하지 않았다. 그러나 앞의 글에서 그 자신에 대해 "성스러움과 인 같은 것을 내가 어떻게 감히 자임할 수 있겠는가"[55]라고 말했다고 언급했다. 공자 자신조차 그 명칭을 감히 사용하지 못했는데 또 누가 감히 사용할 수 있었을까?

공자가 감히 사용하지 못한다고 말한 것은 내가 볼 때는 결코 겸손한 말이 아니다. "자기를 수양하여 다른 사람을 편안하게 해주어라修己安人"라는 말은 비록 천하를 안정시키는 것은 아니지만, 이 네 글자는 그에게 가벼운 무게가 아니었다. 상류사회를 좋게 만드는 것, 그것이 말처럼 그렇게 쉬운 것일까?

6. 한결같은 사람은 어떤 사람인가?

공자는 성스러움과 인 같은 것을 자신에게 감히 사용할 수 없다고 말했다. 성인과 선인善人을 그는 보지 못했다. 그가 볼 수 있었던 것은 그저 '한결같은 사람有恒者'뿐이었다.[56]

한결같은 사람은 한결같음을 유지하는 사람이다. 공자 자신은 결코 총명하지 않고, 태어나면서부터 총명한 것은 더더구나 아니며, 그저 "배우는 데 싫증을 내지 않고, 남을 가르치는 데 피곤해하지 않을"[57] 뿐이라고 말했다. "배우는 데 싫증을 내지 않고, 남을 가르치는 데 피곤해하지 않는 것"이 바로 한결같음을 유지하는 것이다. 공자 본인이 바로 한결같은 사람이었다.

위에서 인용한 『맹자』에서 자공이 공자를 치켜세운 것은 바로 이점을 근거로 한 것이다. 그는 한결같은 사람으로 성인을 대체했는데, 이것은 공자의 기준을 끌어내린 것이다.

마찬가지로 자유가 자하의 제자를 비판하자 자하가 "시작이 있고 마침이 있는 것은 오직 성인뿐일 것이다"[58]라고 한마디 했다. 이것 역시 공자의 기준을 끌어내린 것이다.

한결같은 사람은 중인 가운데 상등급에 속하는 사람일 뿐 성인과 같은 것이 절대 아니다.

7. 몇 가지 모호한 개념: 선인善人, 현인賢人, 성인成人

공자가 사용한 어휘 중에는 비교적 모호한 것이 몇 가지 있다.

1) 선인善人

선인은 글자 상으로 볼 때 좋은 사람이다. 좋은 사람이란 모호한 말이다.

공자는 성인을 만나보지 못했을 뿐만 아니라 그는 바로 선인도 만나보지 못했다고 말했다.[59] 이런 점에서 볼 때 선인은 매우 높은 경지에 이른 사람에 대한 칭호 같다. 장자는 오히려 세상에 선인은 적고 선하지 않은 사람은 많다고 말했다.[60] 공자 역시 그렇게 세상의 불합리한 점에 대해 분노하고 증오했을까? 아마 아닐 것이다. 나는 『논어』의 용법에서 선인과 현인은 비슷하지 않을까 하는 의문이 든다.

『논어』에서 선인을 말하고 있는 곳은 다섯 군데뿐이고, 말은 매우 분명하다. 그러나 다음과 같은 두 곳에서 우리는 그가 말한 선인 역시 권력과 지위를 가진 사람에 속하며, 정치적 조치를 내릴 만한 재능을 가진 사람이라는 것을 알 수 있다.

스승님께서 말씀하셨다. "'선인善人이 나라를 100년 다스리면, 잔혹한 사람을 감화시키고 형벌을 폐지한다'는 말이 있는데, 이 말을 교훈으로 삼아야 한다."(13.11)

스승님께서 말씀하셨다. "선인이 백성을 7년 가르치면 역시 전쟁에 내보낼 수 있을 것이다."(15.29)

2) 현인賢人

현인은 현자라고도 하는데, 대체적인 의미는 도덕적으로 높고 능력이 뛰어나다는 것이다. 이 말 역시 모호하며, 『논어』에서 공자가 현인이라고 부른 사람 중에는 죽은 사람도 있고 산 사람도 있다.

백이와 숙제는 죽은 사람이고, 공자는 그들을 "옛날의 현인"이라 불렀고, "인을 추구하다 인을 얻었다"고 말했는데, 인을 얻은 사람은 현인에 속한다는 것을 알 수 있다.

유하혜는 공자로부터 비교적 가까운 현인이다. 장문중은 일도 하지 않으면서 자리만 차지하고 있는 사람이었는데, 유하혜가 현명하다는 것을 분명히 알고 있으면서도 그에게 자리 하나를 내주려 하지 않았다.[61] 그 역시 죽은 사람이었다.

안회에 대해 공자는 "현명하다, 안회여"[62]라고 말했는데, 이는 살아있는 사람이었다.

현인은 선인과는 크게 같지 않은 것 같은데, 선인과 비교하면 척도가 좀 느슨한 것 같다.

자하는 "현인을 현인으로 여기는 것으로 여색을 좋아하는 것을 대체한다"[63]라고 말했다.

공자 역시 "나는 여색을 좋아하듯이 유덕한 사람을 좋아하는 사람을 보지 못했다"라고 말했다.[64]

유가와 묵가는 모두 현자를 높였지만, 도가에서는 현자를 존중하지 않았다.

3) 성인成人

『노자』 제45장에 "크게 완성된 것은 마치 부족한 것 같다"[65]라는 말이 있다. 여기서 성成은 결缺과 상대되는 말로 완전무결하다는 의미이다. 성인은 완전무결한 사람이다. 이 말은『논어』에서 오직 한 군데 나온다. 자로가 공자에게 성인이 무엇인지에 대해 물었고, 공자는 두 가지 대답을 내놓았다. 한 가지는 "장무중臧武仲의 지혜와 공작公綽의 무욕과 변장자卞莊子의 용기와 염구冉求의 재능에 예악으로 꾸민다면 완전한 사람이라고 할 수 있을 것이다." 즉 도덕 혹은 재능의 어떤 측면이 매우 완전무결한 것이다. 다른 한 가지는 기준이 좀 낮다. "오늘날의 성인成人"은 꼭 그와 같은 것은 아니다. 오직 "이익을 보면 의로움을 생각하고, 위험을 보면 목숨을 내놓으며, 오랫동안 어려운 지경에 빠져 있어도 평소의 말을 잊지 않을" 수 있기만 해도 성인 축에 들 수 있다.[66]

8. 군자: 소인, 야인野人, 비인鄙人에 상대됨(선비와 대인)

공자가 사용한 어휘 가운데 군자는 성인聖人, 인인仁人, 선인보다 낮다. 공자의 이상은 고대의 좋은 사람好人, 능력 있는 사람能人 등으로 모두 죽은 사람이다. 공자의 제자 육성 목표는 군자(선비士라고 부르기도 함)에 있었다. 『논어』에서 군자라는 말은 매우 빈번하게 나온다.

공자가 말한 군자는 귀족을 가리킨다.

군자란 무엇일까? 본래는 귀족이었다. 옛날의 군자는 신분이 있었고, 도덕과 학문적 역량을 갖추고 있었으며, 이름과 실질이 통일되어 있었다. 그러나 공자 당시의 군자는 그와 달리 이름과 실질이 꼭 통일되어 있는 것은 아니었다. 당시의 통치자들 대부분은 그저 귀족의 신분만 가지면서 도덕도 학문적 역량도 없는 거짓 군자였다. 또 어떤 사람은 공자나 그의 제자들처럼 귀족도 아니고 평민이나 천민 출신이지만 도덕과 학문적 역량이 있으면서 예전의 귀족을 닮은 진정한 군자였다. 그의 기준은 비록 옛날 군자에 있었지만, 육성 대상은 대부분 가난한 집 아이들로서 꼭 신분이 높았던 것은 아니다.

공자가 말한 군자에는 두 가지 의미가 있다.

1) 소인과 상대되는 사람

공자는 군자와 소인을 구별했는데, 주로 제자들에게 설명한 것이다. 이러한 군자는 특히 수양이 높고 도덕과 학문이 뛰어난 사람으로 "공경하는 마음으로 자신을 수양하는"[67] 사람이다. 소인은 그와 반대되는 말이다. 예를 들면 다음과 같다.

스승님께서 말씀하셨다. "군자는 대의大義에 대해 잘 알고 있고, 소인은 실리實利에 대해 잘 알고 있다."[68]

스승님께서 말씀하셨다. "군자는 평탄하고 넓으며, 소인은 항상 근심걱정에 쌓여 있다."[69]

스승님께서 말씀하셨다. "군자는 자기에게서 찾고, 소인은 남에게서 찾는다."[70]

공자가 군자라고 부른 사람은 복부제宓不齊,[71] 자산子産,[72] 남궁괄南宮适,[73] 거백옥蘧伯玉[74] 등이다.

2) 야인野人, 비인鄙人과 상대되는 사람

공자가 항상 입에 달고 있었던 군자라는 말은 앞에서 설명한 의미의 군자이다. 그러나 당시에는 또 하나의 군자가 있었다. 즉 귀족 신분을 가진, 본래적인 의미의 군자이다. 예를 들어 그는 이렇게 말했다. 나는 어려서 매우 비천했기 때문에 많은 재능을 갖게 된 것이다. 군자에게 이런 재능이 있느냐? 없다.[75] 이런 종류의 군자가 바로 두 번째 의미의 군자이다. 그는 또 초기에 그에게 예악을 배운 사람은 대부분 야인이었지만, 나중에 그에게 예악을 배운 사람은 대부분 군자였다고 말했다.[76] 이런 종류의 군자 역시 두 번째 의미의 군자이다. 『논어』에서 이런 종류의 군자와 상대되는 사람을 공자는 야인이라고 했다.

『논어』에는 또 야인과 비슷한 말로 비부鄙夫라는 것이 있다.[77]

야인은 시골에 살았으며, 요즘 말하는 촌뜨기에 해당된다. 비부는 더 먼 곳에 살았고, 두메산골에 사는 어리석은 사람이다.

비인은 야인보다 지위가 더욱 낮고 지적 능력이 특히 모자란다.

이들은 모두 본래적인 의미에서의 소인이다.

군자는 진정한 군자眞君子와 거짓 군자僞君子로 나뉘며, 공자는 그처럼 두 가지 기준을 가지고 있었지만, 소인에 대해서는 그렇지 않았다.

소인은 위장할 필요가 없기 때문에 모두가 진정한 소인이다.

여자는 공자가 볼 때 소인과 유사한 종류의 사람이다. 그는 "여자와 소인이야말로 돌보기 어렵다. 가까이하면 불손해지고, 멀리하면 원망한다"라고 말했다.[78] 여자를 차별하고 여자를 천시하고 여자를 무시하는 것이 과거에는 별 일이었겠는가? 오늘날 남녀평등·여성주의·여권주의 등을 의식한 학자들은 공자의 말이 공자의 이미지에 손상을 끼친다고 생각하고 언변을 아끼지 않으면서 자세하게 변명을 늘어놓는다. 구태여 그럴 필요가 있을까?

3) 선비士와 대인大人

『논어』의 선비와 공자가 강조한 첫 번째 종류의 군자는 대체로 대응된다. 『논어』에서 전문적으로 선비에 대해 논의하고 있는 곳은 여덟 개 장인데, 공자가 선비를 논의한 장은 여섯 개 장이 있다. 즉 「이인」 4.9, 「안연」 12.20, 「자로」 13.20, 13.28, 「헌문」 14.2, 「위영공」 15.9 등이 그것이다. 증자가 선비를 논의한 장은 한 장(「태백」 8.7)이 있고, 자장이 선비를 논의한 것이 한 장(「자장」 19.1)이다. 이밖에 『논어』에서 "선비士"를 언급한 곳은 여섯 개 장이 더 있다.

고대에 군자와 관련이 있는 또 하나의 말이 있는데, 그것은 바로 대인大人이다. 대인은 소인과 상반되는데, 신분이 있는 사람, 특히 관리를 가리킨다. 공자는 "군자는 두려워하는 것이 세 가지 있다. 천명을 두려워하고, 대인을 두려워하고, 성인의 말씀을 두려워한다"[79]라고 말했는데, 여기서 말한 "대인"이 바로 관리이다.

9. 공자는 복고주의자다

공자는 복고주의자다. 그는 자신이 "설명은 하되 새로 쓰지 않으며, 옛것을 신뢰하고 좋아하는" 사람으로 전설 속의 팽조彭祖와 같다고 말했다.[80]

공자의 이상은 성인이다. 그가 찬미한 고대는 성인이 생활하던 시대였다. 그가 싫어하던 당시는 바로 성인이 없는 시대였다. 성인이 생활하던 시대는 주로 당唐(요임금 시대)·우虞(순임금 시대)·삼대三代(하은주 시대) 등이다.

1) 공자가 찬미한 것은 먼저 당唐·우虞 시대이다

당과 우는 두 개의 왕조가 아니다. 요임금에서 순임금으로의 선양禪讓은 두 개인의 관계이고, 순임금에서 우임금으로의 선양 역시 같다. 공자는 요임금과 순임금을 칭찬하면서 두 번이나 "높고도 높도다巍巍乎"라고 말했다.[81] 요임금을 칭찬할 때는 주로 "오직 하늘이 큰데, 요임금만이 그것을 본받았다"라고 칭찬했다.[82] 이것은 고본『서경』「요전堯典」에 근거한 것이다. 현행본「요전」에서는 요임금이 희羲와 화和에게 "하늘의 이치를 엄숙하게 따르고, 해와 달 그리고 별들의 질서를 헤아려 경건한 마음으로 자연의 절기를 백성들에게 알려주어라"[83]라고 명령했다고 말했는데, 바로 이 점을 이야기한 것이다. 순을 칭찬할 때는 그에게 다섯 명의 위대한 현신賢臣이 있었다는 점과 무위의 정치를 시행했다는 점을 들어 칭찬했다.[84] 이것 역시 고본 「순전舜典」에 근거를 두고 있다.

2) 다음으로 공자는 삼대를 추숭했다

하나라의 성인은 우임금이다. 우는 경계선이다. 우 이전은 선양이었고, 우 이후는 세습과 혁명이었다. 공자가 우임금을 칭찬할 때는 주로 그의 치수 업적과 근면함과 검소함 등을 들었다. 이 역시 고본 「우공禹貢」에 근거한 것이다.

상나라의 성인은 탕湯임금이다.

주나라의 성인은 문왕文王·무왕武王·주공周公 등이다.

공자는 삼대의 예가 서로 계승되었기 때문에 어떤 것을 더하고 어떤 것을 뺐는지 알 수 있고, 모두 본보기로 삼을 수 있다고 생각했지만, 그가 보다 열렬히 사랑한 것은 서주西周였다.

3) 공자는 동주를 구제하려고 했다

서주가 멸망한 이후는 동주의 시기이다. 춘추 후기 주의 천자는 이미 천하를 호령할 수 없었다. 공자는 서주의 부흥은 동주에 대한 구제에서 시작해야 한다고 생각했다. 그는 "만약 나를 쓰려는 자가 있다면 나는 그곳을 동주東周로 만들어놓겠다"[85]고 말한 적이 있었다. 즉 어떤 나라에서 일을 하든 모두 동주를 구제하기 위한 것이었다. 그는 주로 노나라, 제나라, 위나라 등 세 나라에서 일자리를 찾았다. 그는

"제나라가 한 번 변하면 노나라에 이르고, 노나라가 한 번 변하면 도에 이른다"[86]라고 말했고, "노나라와 위나라의 정령은 형제다"[87]라고도 말했다. 이는 그의 개혁노선도이다. 그러나 제나라는 그를 실망시켰고, 노나라도 그를 실망시켰으며, 위나라 역시 그를 실망시켰다.

그의 행위는 결국 소귀에 대고 경을 읽은 꼴이었고, 호랑이에게 가죽을 내놓으라고 한 셈이었으며, 칼을 뽑아 물을 베고, 풍차에게 선전포고를 하는 것과 같이 허망한 것으로 끝나고 말았다.

10. 어떻게 살아야 할 것인가

사람으로서 살아가는 데는 생계를 도모하는 일과 처세가 포함된다. 먼저 생계 도모에 대하여 이야기해보기로 하자.

중국의 지식인은 생계를 도모하는 데 서툴고, 세상을 위해 일하는 데 조급하다.(리아오李敖의 말) 이것은 공자의 유산이다. 『논어』에서는 관리가 되어 녹을 타 먹는 것[88] 외에 한 번도 생계를 도모하는 문제에 대해 설명하지 않았다. 즉 관리가 되는 것을 제외하고는 생계를 꾸려나가는 문제에 대해서는 전혀 다루지 않았고, 특히 농사짓는 것에 대해서는 절대로 고려하지 않았다.[89] 그가 배양한 군자는 관직이 없는 상태에서는 반드시 굶을 각오를 해야만 한다. 즉 차라리 남루한 옷을 입고 거친 밥을 먹으며 낡아빠진 집에 살지언정 그 즐거움을 바꾸지 않는다는 것이다.[90] 그의 전형적인 주장은 "군자는 도를 추구하지만, 먹을 것을 추구하지 않는다"라든가 "도를 걱정하고 가난을 걱정하지 않는다"라는 것들이다. 그의 생각에 농사짓는 것은 배고픔만 가져올 뿐이고 글을 읽어야만 비로소 관리로서 밥을 먹고 살 수 있었다. 길게 볼 때, 관리로서 밥 먹고 산다는 것은 농사짓는 것보다는 분명히 타산이 맞다.[91]

처세는 세상에 도가 있는지 없는지를 보아야 한다. 도가 있다는 것은 무엇이고, 도가 없다는 것은 무엇일까? 공자는 다음과 같이 정의했다. "천하에 도가 있으면 예악禮樂과 정벌征伐이 천자에게서 나오고" "천하에 도가 있으면 정권은 대부에게 있지 않고" "천하에 도가 있으면 백성들이 정치에 대해 의론하지 않는다." "천하에 도가 없으면 예악과 정벌이 제후에게서 나온다. 제후에게서 나오면 대개 열 세대 이후에 잃어버리지 않는 경우가 드물고, 대부에게서 나오면 다섯 세대 이후에 잃어버리지 않는 경우가 드물며, 대부의 가신이 국정을 잡으면 세 세대 이후에 잃어버리지 않는 경우가 드물다."[92]

공자의 정의에 따르면 그의 시대는 당연히 무도한 사회, 즉 도가 없는 세상이었다.

공자는 위험한 국가와 혼란한 국가에서는 머무르면 안 된다고 생각했다.[93] 나라에 도가 있으면 반드시 나와서 관리가 되어야 한다. 그때도 관리가 되지 않고 빈천한 상태를 지키고 있는 것은 치욕이다. 나라에 도가 없으면 반드시 몸을 숨겨야 한다. 그때 나와서 관리가 되어 부귀를 추구하는 것 역시 부끄러운 것이다.[94] 그는 또 나라에 도가 있으면 말을 곧게 하고 행실을 곧게 해야 하고, 나라에 도가 없으면 말을 조심하고 원칙 없는 일은 해서는 안 되며, 원칙이 있다 하더라도 말을 해서는 안 된다고 타일렀다.[95] 한번은 공자가 안연에게 "쓰이면 뜻을 실행하고, 버려지면 숨는 것"을 누가 실천할 수 있을까라고 묻고는 바로 우리 두 사람일 것이라고 말했다. 자로가 그 말을 듣고서는 불만스런 심기를 드러내면서 전쟁을 한다면 선생님께서는 누구와 함께 하시겠느냐고 물었다가(위험에 빠진다면 누가 당신을 보호할 것 같으냐는 것을 의미하는 말) 공자로부터 된통 꾸지람을 들었다. 그는 너무 거칠고 무모하기 때문에 그런 것을 실천할 수 없다는 것이다.[96]

난세에 대한 공자의 기본 태도는 협조하지 않을 뿐만 아니라 저항하지도 않는 것이다. 또는 왕스샹王世襄 선생의 말을 빌리면 "자결하지도 않을 뿐만 아니라 이판사판으로 나가지도 않는 것"이었다. 이것이 공자의 처세 방식이다.

공자의 처세철학에는 양면성이 있다. 그중 한 측면은 "세상에 도가 없으면 숨는다"는 것으로서 이는 당시 은자들과의 공통점이다.

『논어』에서는 은자에 대해 자주 이야기하고 있다. 예를 들어 초나라 광인 접여接輿, 장저長沮, 걸닉桀溺, 제초기를 멘 노인荷蓧丈人 등이 그들이다.[97] 은자는 숨는다. 세상을 피하여, 땅을 피하여, 사람을 피하여, 무엇으로부터이든 피하여 숨는다. 공자는 "현명한 자들은 혼란한 세상을 피했고, 그다음은 위험한 곳을 피했고, 그다음은 표정이 좋지 않은 사람을 피했고, 그다음은 나쁜 말을 피했다"[98]라고 말했다. 합리적 측면에서 볼 때 협조하지 않는 것은 세상을 피하는 것보다 좋은 방법이 없다. 그러나 모든 시대를 거부하는 방법은 자살밖에 없다. 그다음은 땅을 피하는 것인데, 도시에서는 안 되고, 시골로 내려가야 하고, 본국에서는 안 되고 외국으로 나가야 한다. 그렇지 않으면 얼굴을 드러내지 말고, 말을 하지 말고, 누구와도 만나지 말아야 한다. 은사隱

士는 도덕이 고상하다. 공자는 그렇게 할 수 없었기 때문에 그는 은사를 존경했을 뿐만 아니라 마음속으로 찬탄해 마지않았다. 그러나 은사들은 그를 깔보았고 그를 조소했다. 은사는 철저하게 협조하지 않았지만, 공자는 오히려 세상에 대한 미련을 떨쳐버릴 수 없었고, 사람, 특히 권력을 가진 사람에 대한 미련을 떨쳐버릴 수 없었다. 바로 그 지점에서 서로의 길이 엇갈렸다. 그는 항상 나쁜 사람 속에서 좋은 사람을 찾으려고 생각했으며, 마지막까지 그러한 노력을 포기하려고 하지 않았다.[99]

그 밖에 일민逸民[100]이 있다. 그중 몇몇은 이전 왕조의 유신遺臣이었고, 몇몇은 비협조적인 명문 토박이들이었다. 이들 이미 죽은 사람에 대해 공자는 역시 찬탄하고 칭송했다.[101] 예를 들어 비간은 목숨을 바쳤고, 기자는 바보인 척했고, 미자는 도망갔는데,[102] 공자는 그들을 매우 칭찬했다. 주나라에는 백이와 숙제가 주나라의 곡식을 먹지 않았는데, 그들은 "인을 추구하다가 인을 얻었다."[103] 공자는 그들에 대해서도 칭송했다.

그러나 칭송은 칭송일 뿐, 그는 결코 본받지 않았다.

그는 백이와 숙제는 죽음으로써 자신의 뜻을 밝혀, "자기 뜻을 굽히고 자기 몸을 치욕스럽게 하지 않았다"고 했는데, 그것은 대단한 것이라고 말했고, 유하혜와 소련은 둥글둥글 살면서 온전함을 추구했다. 즉 "뜻을 굽히고 몸을 치욕스럽게" 했는데, 역시 매우 대단하다고 말했다. 우중과 이일은 "숨어 살면서 거침없이 말했는데" 역시 좋은 본보기라고 말했다. 이와 같은 것들을 그는 실천할 수 없었다. 그는 자신을 조소하면서 "나는 이들과 다르다. 꼭 해야 할 것도 없고, 절대해서는 안 될 것도 없다"[104]라고 말했다. "꼭 해야 할 것도 없고, 절대 해서는 안 될 것도 없다"는 말은 바로 모두를 칭송하면서도 전혀 본받지 않는다는 것이다.

『논어』에서 몇몇 사람에 대해 말한 것들 속에, 그의 처세철학을 반영한 것이 있다.

⑴ 그의 제자 남용은 하루 종일 "흰 옥에 있는 티는 갈아서 없앨 수 있지만, 이 말 속에 들어 있는 티는 어떻게 해볼 수 없구나"[105]라는 구절만 외우고 있었는데, 매우 사소한 것에도 신경 쓰고 조심하는 사람이었다.[106] 그는 나라에 도가 있으면 관리가 되는 것을 포기하지 않고, 나라에 도가 없으면 감옥으로 몸을 피할 수 있는 사람이었다. 공자는 이런 인재는 믿을 수 있다고 생각하여 아예 형의 딸을 그에게 시집보냈다.[107]

⑵ 공자는 영무자가 나라에 도가 있을 때는 총명한 사람이지만 나라에 도가 없으면 멍청한 척한다고 말했다. 공자에게 있어 그의 총명함은 배우기 쉽지만, 멍청함은 배우기 어려웠다.[108] 이런 종류의 사람은 기자와 같다. 공자는 그의 태도를 배우기 어렵다고 말했지만, 사실은 배우지 않은 것이다.

⑶ 그는 사어史魚와 거백옥蘧伯玉을 비교했다. 사어는 "나라에 도가 있으면 화살처럼 곧았고, 나라에 도가 없어도 화살처럼 곧았다."[109] 똑바르기가 마치 곧은 화살 같은데 이것이 어떻게 가능하겠는가? 한대의 동요에는 "활시위처럼 곧으면 죽음의 길이 곁에 있고, 낚시바늘처럼 굽으면 오히려 제후로 분봉받는다"라는 구절이 있는데, 오늘날

말로 하면 "성실한 사람은 반걸음도 걸어가기 힘들고, 아첨꾼은 천하를 휘젓고 다닌다"가 될 것이다. 이런 사람은 비간과 같이 도덕이 고상하다. 그러나 공자는 그저 "곧다"고 말할 수 있다고 했는데, 사실은 그만한 가치가 없었다. 거백옥은 그와 달랐다. 그는 "나라에 도가 있으면 벼슬에 나아갔고, 나라에 도가 없으면 뜻을 접어 속에 품고 있을 줄 알았다." 공자는 그를 "군자로다"[110]라고 칭찬했다. "뜻을 접어 속에 품고 있을 줄 알았다"는 말은 무슨 뜻일까? 첫째는 자기 뜻을 조금 굽히는 것이고, 둘째는 자기 뜻을 조금 감추는 것이다.

⑷ 유하혜는 사사士師로서 세 번 파면당했는데도 자기 조국을 떠나려고 하지 않았다. 그는 그 점과 관련하여 다음과 같이 말했다. "바른 방식으로써 사람을 섬기는데, 어디 간들 세 번 쫓겨나지 않겠소? 그릇된 방식으로 사람을 섬기려고 한다면 굳이 부모의 나라를 떠날 필요가 있겠소?"[111] 이런 종류의 사람을 공자는 역시 칭찬했지만, 앞에서 우리는 그가 난세에는 곧은 방법을 사용해서는 안 된다고 생각했다는 점에 대하여 살펴보았다. 그가 볼 때 난세에는 자기 뜻을 조금 굽히는 것이 좋다.

공자의 처세 태도를 가장 잘 개괄할 수 있는 한마디가 있다. 그것은 바로 "불가능하다는 것을 알면서도 하려고 한다"는 것이다.[112]

"불가능하다는 것을 알면서도 하려고 한다"는 말은 두 가지 의미로 이해할 수 있다. 한 가지는 시행할 수 없다는 것을 분명히 알고서도 억지로 하는 것인데, 이것은 '곧은 방식直道'이다. 다른 한 가지는 어차피 시행할 수 없다면 빙 돌아가서 하는 것도 무방하다는 것으로, 이것은 '굽은 방식曲道'이다. 공자는 뒤쪽에 속한다.

공자는 실패자였다. 그러나 그는 남의 말을 듣지 않는 외곬이었고, 빙빙 돌아가더라도 포기하지 않았다. 그의 집착은 대단했다.

그는 돈키호테였다.

결론 2

진짜 군자는 어떤 사람인가, 공자는 어떻게 설명했는가?

공자의 이상적 목표는 성인과 인자仁者이고, 현실적 목표는 군자와 한결같은 사람을 배양하는 것인데, 군자와 한결같은 사람을 배양하는 것은 그들로 하여금 관리가 되게 하고 당시 사회와 후세에 명성을 날리도록 하기 위함이었다는 점을 우리는 앞에서 설명했다. 총정리 해야 할 두 번째 사항은 공자의 현실적인 목표이다. 공자는 어떻게 가르쳤을까?(이는 그 자신은 어떻게 행동했는가 하는 문제이기도 하다.) 그의 도덕적 유산과 학술적 유산은 무엇일까? 여기서 한번 정리해보자.

아래와 같이 일곱 개 측면으로 나누어 이야기해본다.

1. 수행

공자는 도덕샌님으로서 그에겐 수행이 가장 중요했다. 그가 강조한 덕행은 주로 열 개의 큰 개념이다.

1) 인

인仁은 무엇일까? 제자가 인에 대해 묻자 공자의 제자마다 대답은 같지 않았다. 각각 정곡을 찌르는 것이기는 하지만 대부분은 정의가 아니다.

예를 들어 그는 "교묘한 말과 아부하는 표정에는 인이 드물다"[1]라고 말했고, "강하고, 굳세고, 질박하고, 어눌한 사람이 인에 가깝다"[2]라고도 말했다. 그는 감언이설을 늘어놓는 사람을 몹시 싫어했고, 침묵하거나 말수가 적은 사람을 좋아했다. 사마우가 인에 대해 묻자, 공자는 그가 입을 잘 놀리는 것을 싫어했기 때문에 바로 "어진 자는 말을 할 때 입이 무겁다"[3]라고 말함으로써 말하고 싶은 것이 있어도 좀 참으라고 한 것이다.

공자가 인에 대해 이야기한 것은 항상 이것저것 조리 없이 말하여 표면상으로는 인에 대해 대답하는 것으로 보이지만, 실은 기타 범주를 설명한 것이다. 예를 들면 다음과 같다.

⑴ 안연이 인에 대해 묻자 그는 "자기를 이기고 예로 돌아가는 것이 인이다"[4]라고 대답했는데, 이는 예禮를 설명한 것이고 개인과 예의 관계를 강조한 것이다.

⑵ 중궁이 인에 대해 묻자 그는 "자기가 원하지 않는 것을 다른 사람에게 시키지 말아라"[5]라고 대답했는데, 이는 서恕를 설명한 것이고, 개인과 타인의 관계를 강조한 것이다.

⑶ 번지가 인에 대해 묻자 그는 "평소에는 공손하고, 일을 처리할

때는 경건하고, 사람과 만날 때는 충실해야 한다"[6]라고 대답했다. 여기서는 인을 세 가지 덕목으로 분해했다.

⑷ 자장이 인에 대해 묻자 그는 "공손, 관용, 신뢰, 부지런함, 은혜"[7]라고 대답했다. 여기서는 인을 다섯 가지 덕목으로 분해했다.

그 밖에 공자는 인을 논하면서 항상 지혜와 용기를 인의 구체적인 표현으로 생각하여 이를 설명했다. 예를 들면 다음과 같다.

⑴ "지혜로운 자는 물을 좋아하고, 어진 자는 산을 좋아한다."[8]

⑵ "지혜로운 사람은 흔들리지 않고, 어진 자는 근심하지 않고 용감한 사람은 두려워하지 않는다."[9]

⑶ "어진 사람은 반드시 용기가 있지만, 용기가 있는 사람이라고 해서 반드시 다 어진 사람는 아니다."[10]

⑷ "지혜가 그들에게까지 미치더라도 인으로써 그들을 지키지 못한다면 비록 얻었다 하더라도 반드시 그들을 잃을 것이다. 지혜가 그들에게까지 미치고 인으로써 그들을 지킬 수 있더라도 그들 위에 근엄하게 군림하지 않으면 백성은 공경하지 않을 것이다. 지혜가 그들에게까지 미치고 인으로써 그들을 지킬 수 있고 그들 위에 근엄하게 군림하더라도 그들을 동원할 때 예로 하지 않으면 아직 완전한 것이 아니다."[11]

이것들은 모두 해답이 아니다.

공자의 표준 해답은 다음과 같은 두 조목이다.

⑴ 번지가 인에 대해 묻자 공자가 "사람을 사랑하는 것이다"라고 대답했다.[12]

⑵ 앞에서 우리는 어진 사람에 대해 설명할 때 공자는 "자기가 일어서고 싶으면 남을 일으켜주고, 자기가 이루고 싶으면 남을 이루게

해주는 것이다"[13]라고 해석했다는 점에 대해서는 이미 언급했는데, "자기를 수양하여 다른 사람을 편안하게 해주어라"[14]라는 것 역시 어진 사람을 가리킨다.

여기서 어질 인仁자와 사람 인人자는 관련이 있다. 첫째, 그것은 "인기인人其人"이라는 개념의 일종이다.[15] 가장 통속적인 말을 쓰면 그것은 바로 사람을 사람으로 대우해주는 것이다. 먼저 "수기修己", 즉 자기를 수양하는 것은 자기를 사람으로 대우하는 것이고, 다음으로 "안인安人", 즉 다른 사람을 편안하게 해주는 것은 다른 사람을 사람으로 대우하는 것이다. 둘째, 인人의 범위는 비교적 좁고, 민民의 개념과 다르다. 인은 상류 사람이고 민은 대중이다. 이점에 대해서는 앞에서 이미 설명했기 때문에 여기서는 다시 설명하지 않는다.

2) 의

의義자에 대한 옛날 사람의 해석은 마땅함,[16] 즉 마땅히 어떻게 해야 하는 것으로서 그것은 도덕적 자율이고, 사람에 대해 일정한 구속력을 갖는다.

의와 예는 다르다. 예는 외부의 규정이고, 의는 내심의 약속이다. 예는 의에 비해 보다 강제적이다.

공자는 군자와 소인을 설명할 때 정의義와 이익利을 통해 구분한다. 군자는 정의를 준칙으로 삼고 의롭지 않은 것은 취하지 않고, 불의로 얻은 것은 누리지 않는다. 소인은 그와 다르다. 오직 이익만을 도모하며 모든 것은 이익을 중심으로 움직인다.

⑴ "군자는 세상일에 대하여 해도 된다는 것도 없고 해서는 안 된

다는 것도 없으며, 의에 부합하는지에 달려 있다."[17]

⑵ "군자는 의를 바탕으로 삼는다."[18]

⑶ "군자는 대의大義에 대해 잘 알고 있고, 소인은 실리實利에 대해 잘 알고 있다."[19]

⑷ "불의로 얻은 부와 귀는 나에게는 뜬구름만 같아라."[20]

⑸ "이익을 보면 의로움을 생각한다."[21] "재물을 보고서는 의로운 것인가 아닌가를 생각한다."[22]

공자의 논의 중에서 다음과 같은 세 가지 점을 주목해 보아야 한다.

첫째, 정의는 용기와 매우 큰 관계가 있다. 예를 들면 다음과 같다.

⑴ 공자는 "마땅히 해야 할 것을 보고서도 하지 않는 것은 용기가 없는 것이다"[23]라고 말했는데, 용기는 정의에서 나온다는 것이다.

⑵ 자로가 "군자는 용기를 숭상합니까?"라고 묻자 공자는 "군자는 의를 최고로 친다. 군자에게 용기만 있고 의가 없다면 난을 일으킬 것이며, 소인에게 용기만 있고 의가 없다면 도적이 될 것이다"[24]라고 대답했다. 용기는 정의의 제약을 받는다는 것이다.

둘째, 군주가 신하를 부리는 것은 정의이고, 관리가 백성을 부리는 것도 정의이다. 예를 들면 다음과 같다.

⑴ 자로가 제초기를 멘 노인荷蓧丈人을 비판하면서 "군신君臣의 의"는 버릴 수 없고, 관리가 되는 것은 정의를 시행하는 것이며, 숨어 살면서 벼슬에 나아가지 않는 것은 정의롭지 못한 것이라고 말했다.[25]

⑵ 공자는 "군자의 도리"에는 네 가지 조건이 있다고 하면서 그중

하나가 "백성을 부림에 있어 의로운 것"라고 말했다.[26]

셋째, 공자는 잘못을 고쳐 정의를 실천하는 것을 "의를 따르다徙義" 혹은 "의를 실천하다之義"라고 불렀다. 예를 들면 다음과 같다.

⑴ "백성들이 의를 실천하도록 힘쓰고, 귀신을 공경하되 멀리한다면 지혜롭다고 할 수 있을 것이다."[27]

⑵ "덕을 닦지 못한 것, 학문을 강의하지 못한 것, 의로운 것을 듣고서도 실천하지 못한 것, 좋지 않은 것을 고치지 못한 것, 이것이 나의 근심거리다."[28]

⑷ "진실과 믿음을 위주로 하고 의를 따른다."[29]

3) 효(제弟와 효제孝弟 포함)

효는 고考와 노老 등의 근원을 가진 글자이며, 양로養老의 개념과 관련이 있다. 자식은 부모를 모시는 것이 인륜의 근본이다. 공자가 볼 때 그것은 정치적 방법의 근본이기도 하다. 그것은 사회적 관계의 기초이고, 또 군신 관계의 기초이기도 하다. 그는 효를 설명하면서 항상 아버지를 말했고 그다음은 부모를 말했으며, 어머니만 이야기한 것은 한 번도 없었다.

공자의 효에 대한 논의에서 주의할 만한 것이 다섯 가지 있다.

첫째, 효의 기본적인 의미는 효순孝順과 효경孝敬이다. 일마다 부모에게 순종하고 부모를 공경하고 살아 있을 때나 죽은 뒤에나 모두 효순하고 효경해야 한다. 부모가 살아 있을 때 절대로 위반하지 않을 뿐만 아니라 부모가 죽은 뒤에도 3년 동안 상복을 입고 또 부모의 방식을 바꾸지 않아야 하는데, 공자는 그것을 "거스르지 않는 것"이라 불렀다. 예를 들면 다음과 같다.

(1) 맹의자가 효에 대해 물었을 때 공자가 내린 정의는 "거스르지 않는 것" 즉 "살아서는 예로써 섬기고, 죽은 뒤에는 예로써 장사지내고, 예로써 제사지내는 것이다"[30]였다.

(2) 공자는 부모에게 권할 때는 반드시 완곡하게 말해야 하며, 듣지 않거든 그저 따라서 하는 수밖에 없다고 말했다.[31]

(3) 공자는 부친이 살아 있을 때는 아들이 어떻게 생각하고 있는지를 살펴보아야 하고, 아버지가 죽은 뒤에는 아들이 어떻게 행동하는지를 살펴보아야 한다고 말했다. 가장 중요한 시험은 부친이 막 세상을 떠났을 때 상복을 입는 기간에 그의 태도가 어떤가 하는 것이다. 상복을 입는 동안, 즉 "3년 동안 아버지가 하시던 방식을 고치지 않아"야만 비로소 효자라고 부를 수 있다.[32] 아버지가 하던 방침을 바꾸면 안 된다.

둘째, 효는 효양이고, 부모가 늙으면 항상 부양해야 한다. 그러나 그저 부양만 하고 공경하지 않으면 짐승을 기르는 것과 다를 게 없다. 예를 들면 다음과 같다.

(1) 자유가 효에 대하여 묻자 공자는 다음과 같이 대답했다. "오늘날의 효라는 것은 부모를 부양하는 것을 말한다. 개나 말도 모두 먹여준다. 공경하지 않으면 무슨 차이가 있느냐."[33]

(2) 자하가 효에 대하여 묻자 공자는 얼굴에 공경의 뜻이 드러나지 않는 것이야말로 곤란한 일이다. 그저 어른을 위해 애쓰는 것이나 먹고 마실 때 노인을 우선 대접하는 것만으로는 아직 효라고 할 수 없다고 말했다.[34]

셋째, 아들은 부모의 나이를 기억하고 있어야 한다. 세월이 갈수록 부모의 나이가 늘어나는 것은 한편으로는 기쁜 일이기도 하고, 다른 한편으로는 근심스러운 일이기도 하다.[35] 부모가 병이 나면 자식은 더욱 근심스러워한다.[36] 부모가 아직 살아 계신다면 절대로 멀리 여행 가지 않는다.[37] 이것들은 모두 효를 구체적으로 드러내주는 것들이다.

넷째, 효는 연속체로서 부모가 돌아가신 뒤 상복을 입는 것은 매우 중요하다. 공자는 3년상을 강조했다.

⑴ 자장이 『상서』에서는 "고종高宗은 상을 치를 때 3년 동안 말을 안 했다"[38]라고 했는데, 이것은 무슨 일이냐고 물었다. 그에 대해 공자는 이렇게 대답했다. 그것이 어찌 고종에서 그치겠느냐, 옛날 사람은 모두 그렇게 했다. 이전 군주가 세상을 떠나면 새로운 군주는 즉위하더라도 3년 동안 정사를 듣지 않았고, 모든 정사는 완전히 총재冢宰에게 맡겨 처리하게 했다.[39]

⑵ 공자는 3년상을 강조했고, 재여는 그것이 너무 길다고 생각하여 "군자가 3년 동안 예를 익히지 않으면 예는 분명히 망가질 것입니다. 3년 동안 음악을 하지 않으면 음악은 분명히 무너질 것입니다"라고 말하면서 1년으로도 충분하다고 했다. 공자는 매우 화가 나 재여는 양심이 너무 없다고 욕하면서 어린아이가 태어나서 3년이 지나야 비로소 부모의 품에서 떨어질 수 있는데 너는 어떻게 그에 대해 보답할 줄 모른다는 말이냐고 말했다. 그는 이어 "3년상은 천하에 보편적으로 통용되는 상례喪禮이다"라고 말하면서 너는 특별해서 부모로부터 그런 사랑을 받지 못했다는 것이냐고 되물었다.[40]

(3) 증자는 공자로부터 맹장자의 효에 대하여 들었는데, 가장 하기 어려우면서 고귀한 것은 부친이 돌아가신 뒤에도 여전히 "아버지가 임명한 신하와 아버지의 정치적 조치를 바꾸지 않았다"는 것이다.[41]

다섯째, 효와 자애는 쌍방향의 관계이다. 부모가 자녀를 사랑하는 것을 자애라고 부르고, 자녀가 부모를 사랑하는 것을 효라고 부른다. "효자孝慈"라는 말은 「위정」 2.20에 보인다.

그 밖에 효와 관련이 있는 것으로 제弟(제悌라고도 씀)가 있는데, 내친김에 한번 설명해보기로 한다.

고대 종법제는 장자長子 계승제이며, 큰형님에게 효경하는 것이 바로 부친의 계승자에게 효경하는 것이다. 효는 아들이 아버지를 섬기는 것이고, 제는 동생이 형을 섬기는 것으로 두 가지는 밀접하게 연관되어 있고, 항상 붙여서 쓴다. 예를 들면 다음과 같다.

(1) 유자가 말했다. "사람됨이 효성스럽고 우애가 있으면서 윗사람을 침범하는 자는 드물다." "효도와 우애야말로 인의 근본일 것이다."[42]

(2) 공자가 말했다. "젊은이는 집에 들어오면 효도하고 집을 나가면 우애롭다."[43]

(3) 자공이 어떻게 해야만 선비라고 부를 수 있느냐고 묻자 공자의 대답은 세 가지였다. 그 가운데 두 가지는 다음과 같은 것이었다. "문중 사람들이 효자라고 칭찬하고 고장 사람들이 우애 있다고 칭찬하는 것이다."[44]

(4) 공자는 원양에게 욕을 하면서 그는 "어려서 불손하고 우애가 없었다"[45]라고 말했다.

4) 친구(붕, 붕우)

'친구友'는 동료, 동업자, 학우 등이다. 친구로서의 '도리友道'는 동생으로서의 '도리弟道'의 확장이고 그 두 가지는 항상 함께 말한다. 예를 들어 어떤 사람이 공자에게 당신은 왜 나와서 정치를 하지 않느냐고 묻자, 공자는 『상서』에 "효는 부모에게 효순하고, 형제와 우애롭게 지내고, 그것을 정치에 펼치는 것이다"라고 한 말이 있다고 하면서 이 역시 정치하는 것이 아니냐고 물었다.[46] 『시』 소아 「유월」에 "장중張仲이 효도하고 우애 있었다"라는 구절이 있는데, 『이아』 「석훈」에서는 이 구절을 "부모에게 효도를 잘했고, 형제에게 우애롭게 잘 대했다"[47]라고 해석했다. "효우孝友"는 "효제孝弟"에 해당되는 말이라고 할 수 있다.

공자는 현자를 숭상했고 "많은 현명한 친구를 사귀기 좋아"[48]했다. 그와 관련된 그의 명언은 다음과 같다.

(1) "자기만 못한 사람을 친구로 삼지 말아라."[49]

(2) "현명한 자를 보면 그와 같아지고 싶어하고, 현명하지 못한 사람을 보면 속으로 나 자신을 반성한다."[50]

(3) "세 사람이 길을 가면, 그 가운데 반드시 나의 스승이 있기 마련이다."[51]

친구 사이의 도리에 대한 공자의 설명에는 두 가지 서로 다른 논조가 있다. 하나는 자하로부터 전수된 것으로 "괜찮은 사람은 사귀고, 괜찮지 않은 사람은 물리쳐라"[52]라고 했다는 것이다. 누구에게든 아무렇게나 대답해서는 안 된다는 것으로 기준이 좀 높다. 다른 하나는 자장으로부터 전수된 것으로서 "군자는 현자를 존중하고 대중을 포용하며, 선한 사람을 칭찬하고, 능력 없는 사람을 불쌍히 여긴다"[53]고 했다는 것인데, 자기보다 못한 사람에 대하여 관용을 베풀고, 도량을 좀 크게 가지라는 것이다. 두 가지 논조는 모순되는 것처럼 보이지만, 사실은 각각 대화 상대방의 정곡을 찌르는 면이 있다. 앞의 것은 엄격함에 무게를 두었고, 뒤의 것은 관용에 무게를 두었다.

'친구友'에 대한 다른 한 가지 표현은 '벗朋'인데, 두 가지는 항상 함께 붙여 쓰며, 붕우朋友라고도 부른다.[54]

옛날 책에서는 항상 "붕우"와 "형제"를 함께 말했다.[55] 사마우는 형제가 있었는데 모두 변변치 않았기 때문에 "사람은 모두 형제가 있는데, 나 혼자 없구나"라고 말했다. 자하가 그를 위로하면서 "온 세상 모든 사람이 다 한 형제다"[56]라고 말했는데, 이것이 바로 친구로 형제를 대체한 것이다.

5) 충

충은 간단하게 말하면 마음과 뜻을 다하는 것이다. 충과 충심은 관계가 있는데, 옛사람들은 글자의 조합을 분석하여 풀이했다. 그 가운데 "가운데中 있는 마음心이 충이다"[57]라는 풀이가 있다. 공자는 남을 위해 일을 꾸밀 때는 반드시 마음과 뜻을 다 바치고 참된 마음과 참된 뜻으로 임하라고 강조했다.

충은 사람을 섬기는 도리이고 다른 사람을 위해 일을 꾸미는 도리이다. 공자는 "사람과 만날 때는 충실해야 한다"[58]고 말했다.

'사람人'은 먼저 군주를 가리킨다. 그에 대한 예로 공자는 다음과 같이 말했다. "군주는 예를 갖추어 신하를 부리고, 신하는 충성으로 군주를 섬기는 것입니다."[59] 그다음으로 '사람人'은 고위 관리를 가리킨다. 그에 대한 예로 공자는 초나라의 영윤 자문은 세 번이나 영윤이 되었고 세 번이나 파면되었지만, 매번 물러나기 전에 새로운 영윤에게 업무를 설명해주었는데 이것을 충이라고 부른다고 말했다.[60] 마지막으로 '사람人'은 일반인을 두루 가리킨다. 예를 들면 증자의 세 가지 반성에서 세 번째 조목의 "다른 사람을 위해 도모하는 데 성실하지 않았는가"에서 말하는 사람이 바로 일반인이다.

충忠은 매우 많은 개념과 관련이 있다.

첫째는 효와 관련이 있다. 효는 충의 기초이다. 공자는 "효성과 자애로 대하면 충성할 것이다"[61]라고 말했다.

둘째는 '믿음信'과 관련이 있다. 다음 절을 참고하라. 공자는 항상 충과 신을 함께 말했는데, 그 빈도가 매우 높다. 충은 마음에 중점을 둔 것이고, 믿음은 말에 중점을 둔 것이다.

셋째는 '관대함恕'과 관련이 있다. 충은 마음을 다하는 것이고, 관대함은 마음으로 마음을 비교하여 두 마음이 서로 통하게 하는 것이다. 공자는 "나의 도는 하나로 꿰어져 있다"고 말했는데, 이것은 무엇을 말한 것일까? 증자는 "선생님의 도는 충서忠恕일 뿐이다"[62]라고 설명했다.

넷째는 '공경敬'과 관련이 있다. 충은 사람을 섬기는 것이고 공경은 일을 경건하게 받드는 것이다. 예를 들면 다음과 같다.

(1) 계강자가 어떻게 해야만 "백성이 공경하고, 충성하고 서로 권하도록" 할 수 있겠느냐고 묻자, 공자는 "엄숙하게 하면 공경하고, 효성과 자애로 대하면 충성할 것이며, 착한 사람을 발탁하여 그렇지 못한

사람을 가르치도록 하면 서로 권할 것입니다"[63]라고 대답했다.

(2) 번지가 인에 대해 묻자 공자는 다음과 같이 대답했다. "일을 처리할 때는 경건하고, 사람과 만날 때는 충실해야 한다. 그러면 비록 이적의 야만 지역에 가더라도 버림받지 않을 것이다."[64]

(3) 공자는 "군자는 아홉 가지를 생각한다"라고 말했고, 그 가운데 "말할 때는 충실한가 아닌가를 생각하고, 일을 처리할 때는 경건한가 아닌가를 생각한다"[65]는 것이 있다고 말했다.

6) 믿음(충신忠信 포함)

믿음은 간단하게 말하면 말한 것을 실천하는 것이다. 믿음은 말과 관계가 있다는 점을 옛사람들은 글자의 조합을 분석하여 풀이했는데, 그중에 "사람人의 말言은 속이지 않는다"라는 풀이가 있다.[66]

공자는 믿음을 중시했고, 그저 말한 것을 지키지 못할까 두려워했으며, 차라리 적게 말하거나 말하지 않고, 혹은 먼저 실행하고 나서 나중에 말하거나, 혹은 일을 다 끝내고 나서 말하거나 하려고 했다. 그와 관련하여 그는 다음과 같이 말했다.

(1) "사람으로서 믿음이 없으면 그래도 괜찮을지 모르겠다."[67]

(2) "옛날에는 말이 자기가 실천할 수 있는 범위를 벗어나지 않았고, 자기가 말한 것을 몸으로 실천하지 못하는 것을 부끄러워했다."[68]

(3) "약속을 해놓고서 지키지 못하는 자가 드물었다."[69]

(4) "군자는 말할 때는 어눌하고 행동에서는 민첩하기를 바란다."[70]

(5) "예전에 나는 사람을 대할 때 그가 하는 말을 듣고 그의 행위를 믿었는데, 지금 나는 사람을 대할 때 그가 하는 말을 듣고는 그의 행

위를 관찰하게 되었다."[71]

믿음에 대한 공자의 설명에는 세 가지 주목할 만한 점이 있다.

첫째, 정치를 할 때는 믿음이 없으면 안 된다는 것이다. 예를 들어 자공이 정치에 대해 묻자 공자는 먹을 것을 충분히 하는 것과 군사력을 충분하게 하는 것과 백성들의 믿음이라고 대답했다. 그는 그 셋 가운데서 하나를 제외한다면 첫째가 군사력이고 그다음이 먹을 것이며, 믿음만은 없앨 수 없다고 말했다. 그 이유는 전쟁에서 죽는 것이나 굶어 죽는 것은 기껏해야 죽는 것에 불과하고, "옛날부터 사람은 누구나 죽지만, 백성이 믿어주지 않으면 존립할 수 없다"[72]는 이유 때문이다. 통치자가 백성들을 부릴 때 반드시 백성들로부터 먼저 신뢰를 받아야 한다. 신하가 임금에게 간할 때도 군주로부터 먼저 신임을 얻어야 한다.[73]

둘째, 친구를 사귀는 데 믿음이 없으면 안 된다. 예를 들어 증자와 자하는 모두 "친구와 사귈 때"는 반드시 "말에 믿음이 있어야"[74] 한다고 강조했고, 자로도 "벗들에게 믿음을 준다"[75]라고 말했다.

셋째, 믿음에는 큰 믿음과 작은 믿음이 있다. 큰 믿음은 군자가 강조하는 믿음으로, 말한 것을 실천하는 것인데, 이는 "믿음이 의에 가깝다"[76]는 전제가 깔려 있다. 정의에 맞지 않더라도 "말에는 반드시 믿음이 있고, 행동에는 반드시 과단성이 있다"[77]는 것은 그저 작은 믿음에 불과하며, 그것은 소인이 강조하는 믿음이다. 뒤의 것은 "양諒"[78]이라고도 한다.

『논어』에서 충과 믿음은 함께 거론[79]될 뿐만 아니라 자주 붙여 쓴다.[80] 전국 시대에 "충신忠信"이라고 새긴 도장이 크게 유행했다.

7) 관寬

관寬은 관용, 너그럽게 용서하는 것, 다른 사람을 포용하는 것, 다른 사람을 용서하는 것 등을 의미한다. 그에 해당되는 예는 다음과 같다.

⑴ 공자가 말했다. "백이와 숙제는 옛날의 원한을 마음에 두지 않았기 때문에, 남을 원망하는 일이 거의 없었다."[81]

⑵ 공자가 말했다. "스스로에 대해서는 엄격하게 따지고 다른 사람에 대해서는 가볍게 따지면 남의 원망을 피할 수 있을 것이다."[82]

⑶ 공자가 말했다. "관용을 베풀면 많은 사람을 얻는다."[83]

⑷ 자장은 스승으로부터 다음과 같은 말을 들었다. "군자는 현자를 존중하고 대중을 포용하며, 선한 사람을 칭찬하고, 능력 없는 사람을 불쌍히 여긴다. 내가 큰 현자라면 다른 사람에 대해 받아들이지 못할 것이 어디 있겠는가? 내가 현자가 아니라면 사람이 나를 거부할 것이니 내가 어떻게 사람을 물리칠 것인가?"[84]

이와 같은 도덕적 성품은 위에 있는 사람에게는 불가결의 것이다. 그래서 공자는 다음과 같이 말했다. "윗자리에 있으면서 너그럽지 않고, 예를 행하면서 공경하지 않고, 상을 치르면서 슬퍼하지 않는 것을 내가 어떻게 가만 두고 보겠느냐?"[85]

8) 서恕

증자는 "선생님의 도는 충서일 뿐이다"[86]라고 말했는데, 여기서 공자의 사상에서 서가 매우 중요하다는 것을 알 수 있다.

서란 무엇일까?

공자의 정의는 "자기가 원하지 않는 것을 남에게 시키지 않는 것"[87]이다. 이것은 내 생각을 다른 사람에게 강요해서는 안 된다는 것을 말하고 있다. 그와 마찬가지로 다른 사람도 자신의 생각을 나에게 강요해서는 안 된다. 서는 실천하기가 매우 어렵다. 자공이 "다른 사람이 나에게 하기를 바라지 않는 것을 나 역시 다른 사람에게 하지 않으려고 합니다"라고 말하자 공자는 "사야, 그것은 네 능력이 미칠 수 있는 것이 아니다"[88]라고 말했다.

'서'는 자기 마음으로 남의 마음을 헤아리는 것이다. 속담에 반근을 8냥(반근)과 바꾸고 사람의 마음을 사람의 마음과 바꾼다는 말이 있다. 옛날 사람은 글자의 조합을 분석하여 풀이했는데, 그중에 "같음如과 마음心이 서恕자다"라는 풀이가 있다.[89] 이것이 서라는 글자의 본뜻이다.

서는 인과 관련이 있고, 둘은 떨어질 수 없이 밀접한 관련이 있다. 이점을 증명할 만한 예가 하나 있다. 중궁이 인에 대해 묻자 공자는 이렇게 대답했다. "자기가 원하지 않는 것을 남에게 시키지 않는 것이다."[90] 그러나 엄격하게 말하면 이것은 서이지 인이 아니다.[91]

우리는 옛날 사람이 말한 서란 오늘날 우리가 말하는 관서寬恕, 즉 너그러이 용서하는 것이 아니라는 점에 주의해야 한다. 용서하다는 의미는 관寬에서 나온 것이지 서恕와는 무관하다. 우리는 사람을 사람으로 대우하는 것이 인이고, 나의 마음으로 남의 마음을 헤아리는 것이 서이며, 인과 서는 모두 대등한 원칙을 가지고 있다는 점에 주의해야 한다.

어떤 사람이 "은덕으로 원한을 갚으면" 어떻겠느냐고 물었다. 공자는 그래야 한다고 생각하지 않았다. 그는 그러면 은덕에 대해서는 무엇으로 보답해야 하느냐고 되물었다. 그가 볼 때 정확한 행동은 "원한에는 그와 똑같은 것으로 갚고, 은덕으로 은덕을 갚아야" 하는 것이다. "덕德"자는 직直부에 속하고 득得은 소리를 나타낸다. 공자는 문자 유희를 하면서 고의로 "은덕으로써 원한을 갚는 것"을 "원한으로써 원한을 갚는 것"으로 읽었다. 그가 말하고 싶었던 것은 "원한과 대등한 것으로 원한에 보답해야 한다"는 것이다. 사실은 원한으로 원한을 갚는 것이다.[92] 공자는 "은덕으로 원한을 갚는 것"을 강조하지 않았고, 『노자』에 비로소 그와 같은 주장이 있다. 『노자』의 특징은 부드러움과 약함과 아래쪽을 중시한다. 무슨 일에서든 뒤쪽으로 물러나고 아래쪽으로 미끄러지는 것이다. 『노자』에서는 대등함을 강조하지 않았기 때문에 당연히 그렇게 말할 수 있을 것이다.

9) 공

공恭은 예와 관련이 있고, 예의의 겉모습에 속한다. 그에 해당되는 예는 다음과 같다.

⑴ 유자가 말했다. "공손함이 예에 가까우면, 치욕이 멀어진다."[93]

⑵ 공자가 말했다. "듣기 좋게 꾸민 말과 보기 좋게 꾸민 표정과 지나친 공경은 좌구명左丘明이 부끄러워하던 것이고 나 역시 부끄러워하는 것이다."[94]

⑶ 공자의 외모는 "온화하면서도 엄격하셨고, 위엄이 있으면서도 사납지 않으셨고, 정중하면서도 편안하셨다."[95]

⑷ 공자가 말했다. "공손하면서 예가 없으면 수고롭다."[96]

⑸ 공자가 말했다. 순임금은 "자신을 공손하고 똑바로 하고서는 왕위에 앉아 있었을 따름이다."[97]

공과 경은 후세에 자주 붙여서 말하는데, 그 두 가지는 『논어』에서 동시에 자주 나온다. 그러나 의미는 차이가 있다. 예를 들면 다음과 같다.

⑴ 공자가 자산에게 말했다. "자신의 몸가짐을 공손히 하고, 윗사람을 섬길 때는 공경한다."[98]

⑵ 자하가 말했다. "군자는 공경하면서 실수하지 않고, 다른 사람과 공손하게 지내면서 예를 갖춘다."[99]

⑶ 공자가 말했다. "평소에는 공손하고, 일을 처리할 때는 경건하게 한다."[100]

⑷ 공자가 말했다. "군자는 아홉 가지를 생각한다. (…) 몸가짐은 공손한가 아닌가를 생각하고, (…) 일을 처리할 때는 경건한가 아닌가를 생각한다."[101]

공과 경은 주로 다음과 같이 구별된다. 공은 자기와 관계가 있다. 즉 자기의 외모나 몸가짐과 관계가 있다. 경은 다른 사람을 받들어 모시는 것이라든가 다른 사람을 위해 일을 처리하는 것과 관계가 있다.

10) 경敬

경에는 여러 용법이 있다.

첫째는 천지와 귀신을 공경하는 것이다. 그에 해당되는 예는 다음과 같다.

⑴ 번지가 지혜에 대하여 묻자 공자는 다음과 같이 대답했다. “백성들이 의를 실천하도록 힘쓰고, 귀신을 공경하되 멀리한다.”[102]

⑵ 자하는 스승에게 들었다면서 다음과 같이 말했다. “죽고 사는 것은 운명에 달려 있고, 부귀는 하늘에 달려 있다.” 군자의 태도는 “공경하면서 실수하지 않는” 것이다.[103]

둘째는 군주를 공경하고 상급자를 공경하는 것이다. 그에 해당되는 예는 다음과 같다.

⑴ 공자가 말했다. “그들을 대할 때 엄숙하게 하면 공경할 것입니다.”[104]

⑵ 공자가 말했다. “다른 하나는 윗사람을 섬김에 있어 공경하는 것이다.”[105]

⑶ 공자가 말했다. “윗사람이 예를 좋아하면 백성들이 감히 공경하지 않을 수 없을 것이다.”[106]

⑷ 공자가 말했다. “지혜가 그들에게까지 미치고 인으로 그들을 지킬 수 있더라도 그들 위에 근엄하게 군림하지 않으면 백성은 공경하지 않을 것이다.”[107]

이 네 조목은 모두 윗사람을 섬길 때는 공경해야 한다는 것을 말하고 있다. 아랫사람이 윗사람을 대하는 것이 “경敬”이고, 윗사람이 아랫사람을 대하는 것은 “장莊”이다.

셋째는 부모를 공경하는 것이다. 그에 해당되는 예는 다음과 같다.

⑴ 자유가 효에 대해 묻자 공자는 부모를 부양하는 것과 개나 말을

기르는 것은 다르다면서 다음과 같이 말했다. “공경하지 않는다면, 그것과 무슨 차이가 있겠느냐?”[108]

⑵ 공자는 부모에게 권유할 때는 완곡하게 말해야 하며, 부모가 듣지 않거든 “다시 공경하고 뜻을 거스르지 않는다”고 말했다.[109]

넷째는 일반 사람을 공경하는 것이다. 그에 해당되는 예는 다음과 같다.

공자가 말했다. “안평중은 사람과 잘 사귄다. 오래 지나도 사람들이 그를 공경한다.”[110]

다섯째는 다른 사람을 위해 일을 꾸미거나 다른 사람을 위해 일을 처리할 때 경건하게 하는 것이다.[111] 그에 해당되는 예는 다음과 같다.

⑴ 공자가 말했다. “일을 경건하게 처리하고 믿음이 있다.”[112]

⑵ 공자가 말했다. “일을 처리할 때는 경건해야 한다.”[113]

⑶ 공자가 말했다. “군주를 섬길 때 맡은 일을 경건하게 처리하고 녹봉에 대한 것은 그다음 일로 한다.”[114]

⑷ 공자가 말했다. “일을 처리할 때는 경건한가 아닌가를 생각한다.”[115]

전국 시대에 “경사敬事”라고 새긴 도장이 유행했는데, 그 의미는 오늘날 말하는 “경업敬業”, 즉 자기가 맡은 일에 진지하게 전념한다는 의미에 가깝다.

11) 기타

첫째는 양讓이다.

양은 예와 크게 관련이 있다. 예양禮讓하고 예양하면서 반드시 양보해야 한다. 공자는 그에 대하여 다음과 같이 말했다. "예양禮讓으로 나라를 다스릴 수 있다면, 무슨 어려움이 있을까? 예양으로 나라를 다스릴 수 없다면, 예가 무슨 소용이 있을까?"[116] 태백은 "세 번이나 천하를 양보했는데" 공자는 그를 칭송했다.[117] 자로가 말을 하는 데 양보하지 않자 공자는 그것을 보고 어처구니없어 웃음을 지었다.[118] "군자는 다툴 일이 없는데, 꼭 있어야 한다면 활쏘기일 것이다."[119] 그러나 사례射禮마저도 계단을 오르거나 내려갈 때 읍양을 강조한다. 다만 활을 쏠 때는 평소와 똑같이 양보하지만은 않을 뿐이다. 공자가 말했다. "인 앞에서는 스승에게도 양보하지 않는다."[120]

둘째는 민敏이다.

민은 일을 처리하는 데 부지런한 것이다. 공자는 "일을 처리하는 데 신속하고 말하는 데는 신중한 것"[121] "말할 때는 어눌하고 행동에서는 민첩한 것"[122] "배우는 데 부지런하고 또 배우는 것을 좋아하는 것"[123] "옛것을 좋아하고 부지런히 탐구하는 것"[124] "부지런하여 공이 있는 것"[125] 등을 강조했다.

셋째는 혜惠이다.

혜는 특히 백성을 이롭게 하는 것이다. 공자는 다음과 같이 말했다. "소인은 혜택을 생각한다."[126] "소인은 실리實利에 대해 잘 알고 있다."[127] "백성을 보살피는 것養民"과 "사람을 부리는 것使人"은 모두 "혜택惠"에 의존한다.[128] 군자가 "백성이 이롭게 생각하는 것으로 그들을 이롭게 해줄" 수 있다면 "은혜를 베풀면서도 낭비하지 않는 것"[129]이다. 그는 자산을 "은혜로운 사람惠人"이라고 칭송했다.[130]

넷째는 중용이다.

중용은 두 극단을 잡고서 중간을 쓰는 것이다. 『상서』의 옛글에서 뽑아 쓴 말로 『논어』에 "성실하게 중용을 견지하다"라는 말이 있는데, 공자는 "중용이라는 덕은 정말로 위대하도다! 백성이 그것을 거의 실천하지 않은 지 오래되었다"[131]라고 말했다.

다섯째는 높은 사람에 대해 피휘하는 것이다.

예의 중요한 의미는 불평등이고, 어른과 아이, 지위가 높은 사람과 낮은 사람은 소홀히 생각할 수 없는 것이다. 공자는 신하는 군주에 대하여 피휘하고, 자식은 아버지를 위하여 숨겨주는 것을 강조했다. 예를 들어 노나라 소공이 오맹자를 아내로 맞아들이면서 동성불혼의 예를 위반하자 진사패가 그에게 "소공은 예를 알았습니까"라고 물었다. 공자는 소공이 무례한 것을 분명히 알고 있으면서도 오히려 그에게 "예를 알고 계신다"[132]고 말함으로써 공개적으로 거짓말을 했다. 그리고 섭공이 자기네 동네에 정직한 사람이 있는데, 아버지가 양을 훔치자 그 사람이 관가에 가서 고발했다고 말하자, 공자는 그것은 아니라고 생각했다. 그는 우리 고향에서는 그렇게 해서는 안 된다고 말했다. 아버지가 범죄를 저지르면 아들이 아버지를 위해 거짓말을 하고, 아들이 범죄를 저지르면 아버지가 아들을 위해 거짓말을 하는데, 정직함이란 그러한 비호 과정 속에 들어 있다는 것이다.[133] 이것은 공자의 충효 관념이다. 도덕 원칙에서 말하면 그의 주장은 앞뒤가 일치하는 것으로 나는 그의 입장을 이해할 수 있다. 그러나 누군가 이런 거짓말을 오늘날에도 할 수 있다고 말한다면 나는 동의하지 않는다.[134]

여섯째는 향원을 반대하는 것이다.

향원鄉愿은 한 마을 안에서 누구든 좋다고 여기는 무골호인이다. 이른바 무골호인은 제 뜻을 굽혀 세상에 아부하고, 모든 것을 여론에 따르면서 시비곡직을 따지지 않는 사람이다. 모든 사람이 좋다고 말하면 그는 곧 좋다고 말하고, 이 때문에 모든 사람이 그를 좋은 사람이라고 말한다. 공자는 "마을의 위선자鄉愿는 덕의 도둑이다"[135]라고 말했다. 다른 사람이 모두 칭찬하더라도 공자는 용감하게 욕했다. 그는 모든 사람이 나쁘다고 말하더라도 조심해야 하고, 모든 사람이 좋다고 해도 역시 조심해야 한다고 말했다.[136] 마을 사람이 모두 좋다고 말해도 꼭 좋은 것이 아니며, 마을 사람이 모두 나쁘다고 말해도 꼭 나쁜 것은 아니다. 그렇게 하는 것보다 오히려 어떤 사람이 좋다고 말하고 어떤 사람이 나쁘다고 말하는지를 보는 것이 더 바람직하다고 말했다. 좋은 사람이 좋다고 말하고, 나쁜 사람이 나쁘다고 말하면 그 사람은 굉장히 좋은 사람일 수 있다는 것이다.[137] 이런 정신은 매우 소중하다. 공자는 "삼군三軍에게서 장수를 빼앗을 수는 있지만, 필부匹夫에게서 그 뜻을 빼앗을 수는 없다"[138]고 말했는데, 이는 『논어』에서 가장 멋진 말이며,[139] 아마도 『논어』에서 가장 배우기 어렵고, 아무도 배우지 않는 말 중 으뜸일 것이다. 지식인 중에 기개가 있는지,

혹은 패기가 없는지 하는 문제는 전적으로 이 조목을 통해 가늠해볼 수 있다.

2. 예를 익히는 것

공자의 수행은 덕을 예禮의 안에 넣고 예로써 사람의 행위를 규범화하는 것이다.

1) 예를 배우지 않으면 입신立身할 수 없다

(1) 공자는 아들에게 "예를 배우지 않으면 입신立身을 할 수 없다"[140]고 말했는데, 이 말은 「요왈」 20.3에도 보인다.

(2) 공자는 "공손하면서 예가 없으면 수고롭고, 신중하면서 예가 없으면 소심해지고, 용감하면서 예가 없으면 문란해지고, 정직하면서 예가 없으면 융통성이 없다"[141]고 말했다. 공자는 자기가 몹시 싫어하는 것이 네 가지 있는데, 그중 한 가지는 바로 "용감하면서 예가 없는 것"[142]이라고 말했다.

2) 글을 널리 배우고, 예로써 제약한다

공자가 제자를 가르칠 때 이른바 "글을 널리 배우고, 예로써 제약한다"[143]라는 것이 있다. 일반 사람은 모두 번거로운 의식儀式으로 무장한 군자가 바로 유가라고 생각한다. 그러나 공자가 예에 대하여 강조한 것은 오히려 단순함이었다.

3) 하은주 삼대, 공자가 사랑한 것

⑴ 자장이 "10세世(300년)" 이후의 일을 알 수 있겠느냐고 묻자 공자는 다음과 같이 대답했다. "은나라는 하나라의 예제에 의거했는데, 그로부터 뺀 것과 더한 것을 알 수 있다." 삼대의 예에 대한 손익의 근거만 있다면 미래를 예측할 수 있고, 미래에 주대周代를 대체할 국가를 예측할 수 있으며, "100세(3000년)라 하더라도 예측할 수 있다"라고 말했다.[144]

⑵ 공자가 말했다. "하나라의 예에 대해서는 내가 말할 수 있지만, 기나라는 고증할 수 없다. 은나라의 예에 대해서는 내가 말할 수 있지만, 송나라는 고증할 수 없다. 문헌이 부족하기 때문이다. 충분하다면 나는 고증할 수 있을 것이다."[145]

공자는 역사를 볼 때 오직 하나의 기준만이 있었는데, 그것은 바로 예禮였다.

4) 예는 화해를 위한 것이지 평등을 위한 것이 아니다

⑴ 유자의 말 중에 매우 유명한 것이 있다. "예의 운용에서는 화해를 귀하게 여긴다. 선왕의 도에서는 이것을 보배로 여겼다. 큰일이든 작은 일이든 모두 그것을 기준으로 처리했다. 때로는 그것만으로는 안 통하기도 했다. 그것은 화해를 위한 화해에 그쳤기 때문인데, 예로써 조절하지 않으면 역시 통용될 수 없다."[146] 이것은 공자의 생각과 매우 잘 부합한다.

⑵ 공자가 말했다. "군자는 화해를 이루지만 동화되지 않고, 소인은 동화되지만 화해를 이루지 못한다."[147]

예는 삼대 때 만들어진 것인데, 삼대란 무엇일까? 그것은 소강小康일 뿐이지 대동은 아니다. 공자는 평등을 말하지 않았고 그저 화해만을 말했을 뿐이다. 그가 말한 "화和"는 화해이고 "동同"은 평등이다. 이른바 화해라는 것은 사실상의 평등을 예의 질서 속으로 집어넣음으로써 미리 혼란을 방지하려는 것이다. 예를 들어 돈 많은 부자와 가난한 서생이 어떻게 하면 함께 있으면서도 서로 편안하고 아무 일 없이 지낼 수 있도록 할 것인가? 군자는 화해를 중시하고 소인은 평등을 중시하는데, 이것은 필연적인 것이다. 예의 목표는 화해일 뿐이지 평등은 아니다. 그것은 사람을 3, 6, 9등급으로 나누고, 등급을 통해 질서를 수립하는데, 이것을 화和라고 부른다. 공자 역시 "대도大道가 시행되면, 천하는 공공의 것이다"라는 대동세계[148]를 지향했는데, 이른바 대동이란 그저 당우 시대나 해당되는 것이지 삼대도 그에 해당되지 않는다. 삼대는 가정과 사유제를 입국의 기본으로 하는 소강사회이다. 소강사회는 평등을 강조하지 않고 화해만 강조한다. 이른바 화해는 평화를 위한 화해가 아니라 가난한 사람과 부자가 함께 즐겁게 지내고, 예를 통해 절제하면서 불평등을 유지하는 것이다. 이것이 예의 실질이다. 『묵자』에서는 상동尙同과 겸애兼愛를 강조했는데, 이는 바로 공자를 겨냥한 것이다. 공자의 예에서 중시하는 것은 '차별別'이고, 인 역시 차등을 가진 사랑이지 결코 평등이나 박애가 아니다.

5) 가난하면서도 즐기고 부자이면서도 예를 좋아한다

자공이 "가난하면서도 아첨하지 않고, 부유하면서도 교만하지 않으면 어떠냐고 물었다. 공자는 괜찮다 하면서도 "가난하면서도 즐거워하고, 부유하면서도 예를 좋아하는 것"[149]보다는 못하다고 대답했다. "창고가 차면 예절을 알고, 의식이 족하면 영욕을 안다"[150]라는 속담이 있다. 가난한 사람은 예를 알지 못하고 본래부터 일상적인 도리 속에서 산다. 누구라도 그들은 예와는 아무 관련이 없다고 생각할 것이다. 애석하게도 기름기가 줄줄 흘러나올 만큼의 부자라 하더라도 꼭 예를 안다고 할 수 없다. 공자는 누구 들으라고 예를 말했을까? 대개는 부자들을 겨냥한 것이다. 공자는 그들이 세금을 조금 걷기를 희망했던 것이다.

예의 기능은 절제이고, 하층민이 용감하면서 무례하면 혼란이 발생하고, 그때 예는 조절 기능을 상실한다. 그것은 군자를 통제하는 것이다.

6) 예와 덕

공자 사상 가운데서 예와 덕은 서로 표리 관계에 있다.

예와 인에 대한 예를 들면, 공자는 인은 예의 전제이고, 인이 없으면 예 역시 그 의의를 잃는다고 생각하여 "사람으로서 어질지 않으면 예가 무슨 소용 있을까? 사람으로서 어질지 않으면 음악이 무슨 소용 있을까"[151]라고 말했다. 그런데 인이 무엇이기에 예와 떨어질 수 없다는 것일까? 공자는 이렇게 말했다. "자기를 이기고 예를 회복하는 것이 인이다. 일단 자기를 이기고 예를 회복하면, 세상 사람이 모두 인에 귀의할 것이다."[152] 그는 윗사람은 "지혜가 그들에게까지 미치고 인으로써 그들을 지킬 수 있고 그들 위에 근엄하게 군림하더라도 그들을 동원할 때 예로 하지 않으면 아직 완전한 것이 아니다"[153]라고 말했다.

예와 효의 예를 들면, 맹의자가 효에 대해 묻자 공자는 "거스르지 마십시오"라고 대답했다. 즉 부모의 뜻을 어기지 말라는 것이다. 번지가 그게 무슨 뜻이냐고 묻자 공자는 "살아 계실 때는 예로써 섬기고, 돌아가신 뒤에는 예로써 장사지내고, 예로써 제사지내는 것이다"[154]라고 설명했다.

예와 충의 예를 들면, 공자는 다음과 같이 말했다. "군주는 예를 갖추어 신하를 부리고, 신하는 충성으로써 군주를 섬기는 것입니다."[155]

7) 예와 음악

예와 음악은 옛날 책에서는 자주 붙여서 말했는데, 둘은 밀접한 관계가 있다.

귀족사회에서 예와 음악은 모두 예의의 일부분이다. 예는 사교와 관계가 있으며, 그것의 외재적 형식은 예물이고, 의식에서 흔히 경시할 수 없는 것이다. 음악은 오락과 관련이 있다. 그러나 의식에서는 도리어 오락뿐만 아니라 예의 과정의 일부분으로서 그것의 외재적 형식은 악기이다.

공자는 "예가 어쩌니 저쩌니 말한다고 해서 옥이나 비단을 말하는 것이겠는가? 음악이 어쩌니 저쩌니 말한다고 해서 종이나 북을 말하는 것이겠는가"[156]라고 말했는데, 그가 중시한 것은 예와 음악의 외재적 형식이 아니라 그것들의 정신적 실질이었다. 공자는 "시를 통해 시작하고, 예를 통해 근간을 세우고, 음악을 통해 완성한다"[157]라고 말했다. 이처럼 예와 음악은 모두 의식의 일부분이다.

8) 예와 '정령政'과 '형벌刑'

공자는 "정령으로 이끌고 형벌로 다스리면 백성들은 빠져나가면서도 부끄러움이 없다. 덕으로 이끌고 예로 다스리면 부끄러움을 갖고 규범을 따른다"[158]라고 말했다. 그는 덕으로 나라를 다스리고, 예로 나라를 다스릴 것을 주장했다. 그러나 정령이나 형벌이 불필요하다는 것이 아니라 덕과 예를 정령과 형벌 위에 두라는 것이다.

9) 예는 검소한 것이 좋고, 상례에서는 슬퍼하는 것이 좋다

⑴ 임방이 예의 근본에 대해 묻자 공자는 다음과 같이 대답했다. "예라는 것은 사치하는 것보다는 차라리 검소한 것이 좋고, 상을 치를 때는 능숙하게 처리하는 것보다는 차라리 슬퍼하는 것이 더 낫다."[159]

⑵ 공자가 말했다. "마면麻冕이 예에 맞지만, 오늘날에는 순박하게 하고 있는데, 검소하다. 나는 여러 사람이 하는 것을 따르겠다. 아래쪽에서 절하는 것이 예인데, 지금은 위에서 절을 하니 거만한 것이다. 비록 여러 사람의 경우와는 위배되지만 나는 아래에서 하는 쪽을 따르겠다."[160]

『묵자』는 절용節用과 절장節葬(간소한 장례)을 제창했고, 또 검소함을 추구했다. 그런데 "3년상"은 묵자가 볼 때 여전히 너무 사치스러운 것이었다. 『노자』 역시 사치하는 것을 반대했다.

10) 예가 망가지고 음악이 붕괴되다

재여가 3년상을 반대하면서 1년으로도 충분하다고 말했다. 그 과정에서 그는 한마디 명언을 남겼다. "군자가 3년 동안 예를 익히지 않으면 예는 분명히 망가질 것입니다. 3년 동안 음악을 하지 않으면 음악은 분명히 무너질 것입니다."[161] 이 구절은 "예괴악붕禮壞樂崩"이라는 말의 출전이다.

한 시대가 좋은가 좋지 않은가를 평가하려면 공자는 예악을 보아야 한다고 말했다. 그는 다음과 같이 말했다. "천하에 도가 있으면 예악禮樂과 정벌征伐이 천자에게서 나오고, 천하에 도가 없으면 예악과 정벌이 제후에게서 나온다. 제후에게서 나오면 대개 열 세대 이후에 잃어버리지 않는 경우가 드물고, 대부에게서 나오면 다섯 세대 이후에 잃어버리지 않는 경우가 드물며, 대부의 가신이 국정을 잡으면 세 세대 이후에 잃어버리지 않는 경우가 드물다. 천하에 도가 있으면 정권은 대부에게 있지 않고, 천하에 도가 있으면 백성들이 정치에 대해 의론하지 않는다."[162]

춘추 시대에는 예가 망가지고 음악이 붕괴되었다.

공자는 그의 시대에 대하여 그리고 당시의 정치가들에 대하여 언제나 비판했다. 무엇을 비판했을까? 바로 두 글자, 즉 "비례非禮"이다. 그는 노나라 군주를 비판했을 뿐만 아니라 삼환三桓, 특히 계씨에 대해 비판했고, 기타 국가의 정치가에 대해서도 비판했다. 즉 그가 존경하던 정치가인 관중에 대해서마저 그는 이렇게 비판했다. "관중이 예를 안다면 누가 예를 알지 못하겠는가?"[163]

3. 학문 연마

공자의 학문 연마는 주로 문文을 배우는 것이었다. 문을 배우는 것은 주로 육예류六藝類의 경전, 특히 『시경』과 『서경』이었다. 육예는 인문학술이고 옛날 사람들은 그것을 "문학文學"이라 불렀다.

1) 공자의 육예론

(가) 『시경』과 『서경』

(1) 공자는 『시경』과 『서경』을 외워서 인용했는데, 모두 아언雅言(표준말)을 사용했다.[164]

(2) 공자가 말했다. "시를 통해 시작하고, 예를 통해 근간을 세우고, 음악을 통해 완성한다."[165]

(3) 공자는 자기 제자들에게 너희는 왜 시를 배우지 않느냐고 물으면서 다음과 같이 말했다. "시는 대화의 화제를 이끌어낼 수 있고, 사회 풍속을 관찰할 수 있고, 인간관계를 잘 처리할 수 있고, 사회 병폐를 비판할 수 있다. 가까이는 부모를 섬길 수 있고, 멀게는 임금을 모실 수 있다. 그리고 동물이나 식물의 이름을 많이 알 수 있다."[166]

(4) 공자는 『시경』의 시 300수를 숙독한 사람이라도 그에게 정사를 맡겼을 때 전반적으로 잘 처리할 수 없다거나 외국에 사신으로 보냈을 때 단독으로 응대할 수 없다면 아무리 많이 배웠다 해도 무슨 소용이 있겠느냐고 말했다.

(5) 공자가 공리에게 너는 시를 배웠느냐고 물었다. 공리가 아직 안 배웠다고 말했다. 그러자 공자는 이렇게 말했다. "시를 배우지 않으면

말을 할 수 없다."[167]

⑹ 공자는 공리에게 너는 「주남」과 「소남」을 배웠느냐고 물었다. 그리고 그는 「주남」과 「소남」을 배우지 않으면 눈앞에 담장이 가로놓여 있는 것과 같다고 말했다.[168]

⑺ 공자가 말했다. "내가 위나라에서 노나라로 돌아오고 나서야 「아」와 「송」이 각기 제 모습을 찾았다."[169]

시와 예는 그야말로 쓸모없는 곳이 없다. 내정과 외교 등은 모두 그것과 떨어질 수 없다. 그가 시(그에 따라붙는 음악을 포함)를 정리한 것은 그가 위나라에서 노나라로 돌아온 이후, 즉 그의 만년의 일이다.

(나) 예와 음악

⑴ 공자는 제나라에 있을 때 「소韶」 연주를 듣고는 "석 달 동안 고기 맛을 알지 못했다"고 한다. 그는 '나는 사람이 음악을 이런 경지에 이르게까지 연주할 줄은 정말 생각도 하지 못했다'고 말했다.[170]

⑵ 공자는 다른 사람과 노래를 부를 때 만약 그 사람이 노래를 잘 부르면 반드시 그에게 다시 부르게 한 다음 함께 불렀다.[171]

⑶ 공자가 말했다. "태사 지摯가 처음 연주를 할 때 들었던 「관저」의 마지막 악절 소리가 내 귀에 쟁쟁하게 남아 있구나."[172]

⑷ 공자가 말했다. "정나라 음악이 아악을 어지럽히는 것을 미워한다."[173]

예악은 주로 예를 표현하고 음악을 연주하면서 배우는 것이지 꼭 책에 의해 배우는 것이 아니다. 『논어』에서는 예서禮書라는 것을 언급한 적이 없다. 그러나 음악은 시와 관련이 있고, 또 책과도 조금 관계가 있다. 공자는 고전음악을 좋아했고 통속적인 음악을 싫어했으며, 정나라 음악이 아악雅樂을 교란하는 것을 증오했다. 그가 가장 좋아하는 음악은 이른바 순임금의 음악이라는 「소韶」였다. 공자는 만년에 음악(시와 함께)을 정리했다. 그는 음악을 들으면서 세상과 작별한 것이다.

(다) 『역경』과 『춘추』

공자는 "내가 몇 년 동안 틈을 내서 50세의 나이로 『역』을 배워 큰 잘못을 없게 할 수 있었다"[174]라고 말했다.

『논어』에서는 『춘추』를 언급하지 않았다.

2) 공자의 배움에 대한 견해

(1) "열 가구가 사는 마을에 성실함과 신뢰에 대해서는 나 정도 되는 사람이 분명히 있겠지만, 나처럼 배우기 좋아하는 사람은 없을 것이다."[175]

(2) "옛날에 공부하는 사람은 자신을 위했고, 오늘날 공부하는 사람은 남을 위한다."[176]

(3) "세 사람이 길을 가면 반드시 나의 스승이 있기 마련이다. 그중에서 좋은 점은 따르고 좋지 않은 점은 고친다."[177]

(4) 위나라 공손조가 자공에게 공자는 누구에게서 배웠느냐고 묻자 자공은 이렇게 대답했다. "문무文武의 도가 이 땅에서 사라지지 않고 사람에게 남아 있었다. 그 가운데 현명한 사람은 중요한 것을 알고 있었고, 현명하지 못한 사람은 작은 것을 알고 있었으며, 문무의 도를 가지고 있지 않은 사람이 없었는데, 스승님께서 어디에선들 배우지 않으

셨겠으며, 또 굳이 정해진 스승이 있어야 할 필요가 있었겠느냐?"[178]

(5) "글을 널리 배우고, 예로써 제약한다."[179]

(6) "알고 있는 것은 좋아하는 것만 못하고, 좋아하는 것은 즐기는 것만 못하다."[180]

(7) "이런 것들을 실천하고서도 여력이 있으면 곧 글을 배운다."[181]

(8) "옛것을 익히고 새것을 알면 스승 노릇을 할 수 있을 것이다."[182]

(9) "알고 있으면 알고 있다고 하고, 알지 못하면 알지 못한다고 하는 것, 이것이 아는 것이다."[183]

(10) 공자가 자공에게 너와 안회 중에 누가 더 낫느냐고 묻자 자공이 내가 어떻게 감히 그와 비교할 수 있겠느냐고 하면서 그 이유에 대하여 다음과 같이 말했다. "안회는 하나를 들으면 열을 알고, 저는 하나를 들으면 둘을 압니다." 그 말을 듣고 공자가 말했다. "그만 못하지. 나와 너는 그만 못하지."[184]

(11) "아마도 알지 못하면서도 책을 쓴 사람이 있을 터이지만, 나는 그런 적이 없다. 많이 듣고 그 가운데서 좋은 것을 선택하여 따랐고, 많이 보고 기억한 것이며, 지능은 그다음 일이다."[185]

(12) "군자는 자기가 모르는 것에 대해서는 대개 의문으로 남겨두는 법이다."[186]

(13) "배우기만 하고 생각하지 않으면 미혹에 빠지고, 생각만 하고 배우지 않으면 의혹에 빠진다."[187]

(14) "나는 하루 종일 먹지도 않고 밤새도록 잠을 자지도 않고 생각해보았지만, 도움이 되지 않았고, 배우는 것만 못했다."[188]

(15) 달항達巷의 시골 사람이 말했다. "위대하십니다. 공자님이시여,

박학하시면서도 명성을 이룬 분야가 없으시구나." 공자가 그 말을 듣고서는 자기 제자들에게 말했다. "내가 무엇에 종사할까? 수레 모는 일에 종사할까, 아니면 활 쏘는 데 종사할까, 나는 수레 모는 일에 종사할까보다."[189]

(16) 공자가 증자에게 말했다. "나의 도는 하나로 꿰어져 있다." 다른 제자가 증자에게 그것이 무슨 뜻이냐고 묻자 증자는 다음과 같이 설명했다. "선생님의 도는 충서忠恕일 뿐이다."[190]

(17) 공자가 자공에게 자신은 결코 "많이 배워서 기억하고 있는" 것이 아니라 "하나로 꿰고 있"을 뿐이라고 말했다.[191]

(18) 공자는 네 가지 병폐 가운데 자기에게 해당되는 것은 하나도 없다고 했다. 『논어』에는 그것이 다음과 같이 나온다. "억측을 부리지 않으셨고, 독단을 부리지 않으셨고, 고집을 부리지 않으셨고, 주관적 편견에 사로잡히지 않으셨다."[192]

첨부: 자하子夏의 학문에 대한 견해

(1) "비록 작은 길이라도 분명히 볼 만한 것이 있겠지만, 그곳을 통해 멀리 가려면 아마 흙이 묻을 것이다. 이 때문에 군자는 그렇게 작은 길로 가지 않는다."[193]

(2) "매일 모르던 것을 배우고, 매달 자기가 잘하는 것을 잊지 않게 복습한다면 배우기를 좋아한다고 말할 수 있을 것이다."[194]

(3) "널리 배우고 생각을 집중하고, 철저하게 묻고 가까운 데서 생각하면, 인은 그 속에 있다."[195]

(4) "모든 기술자가 시장에 살면서 자기 일을 이루고, 군자는 배움으

로 도를 획득한다."[196]

(5) "벼슬에 나아가 여유가 있으면 배우고, 배우다가 여유가 있으면 벼슬에 나아간다."[197]

이 구절들은 아마 모두 공자로부터 유래했을 것이다. 예를 들어 첫 번째 구절에 대하여 한유漢儒들은 바로 공자의 말로 간주했다.[198]

4. 교육

『논어』에서 볼 때 공자의 제자 교육에는 주로 다음과 같은 네 가지 특징이 있다.

1) 가르칠 때 사람의 종류나 출신을 따지지 않았다

(1) 공자가 말했다. "말린 고기 10묶음 이상을 가져오면, 나는 가르쳐주지 않은 적이 없다."[199]

(2) 공자가 말했다. "가르칠 때는 사람의 종류를 따지지 않는다."[200]

공자의 제자 가운데 대부분은 가난한 집 아이들이었고, 그 자신 역시 원래 그랬다. 공자는 말린 고기 10묶음만 가져오면 누구에게나 모두 가르쳐주었다. 그러나 그의 제자들은 매우 많았고, 반드시 직접 가르칠 수 있었던 것은 아니다. 『논어』에서 보면 그를 모시고 한담할 때는 좌우의 측근에서 시중 들던 사람은 주로 10여 명의 제자였고, 매번의 담화에서는 사람이 더욱 적었는데, 겨우 "두세 명二三子"에 불과했다. 기타 제자는 그저 문 밖에서 몇 사람이 전달해주는 것을 들을 수 있을 뿐이었다.

2) 공자는 제자에게 숨기는 것이 없었다

공자는 "그대들은 내가 숨긴다고 생각하느냐? 나는 너희에게 숨기는 것이 없다. 나는 그대들과 함께 하지 않는 것이 아무것도 없다. 이것이 나다"[201]라고 말했다.

3) 깨우침을 주는 교육

⑴ 공자가 말했다. "말없이 기억하고 있고, 배우는 데 싫증을 내지 않고, 남을 가르치는 데 피곤해하지 않는 것 따위가 나에게 뭐 별것이겠는가?"[202]

⑵ 공자가 말했다. "마음속에 배움에 대한 열정이 가득하지 않으면 깨우쳐주지 않고, 표현하려고 애쓰지 않으면 표출하도록 해주지 않는다. 한 귀퉁이를 예로 들어줄 때 세 귀퉁이로써 대답하지 않으면 더 이상 계속하지 않는다."[203]

⑶ 안연이 말했다. "우러러보면 더욱 높으시고, 파헤쳐보려고 하면 더욱 견고하시구나. 바라보면 앞에 계시다가 어느 순간에 뒤에 계신다. 선생님께서는 차근차근 사람을 잘 이끌어주시고, 문文으로써 나를 넓혀주시고, 예禮로써 나를 다잡아주시니 그만두려 해도 그럴 수가 없다. 내 있는 재주를 다하면 마치 홀로 서 있는 것 같기도 하지만, 우뚝 앞을 가로막고 서 계시니 비록 따르고 싶어도 어떻게 시작해야 할지 길이 없다."[204]

공자 자신은 박학다식했고, 배우는 데 싫증을 느끼지 않았고, 남을 가르치는 데 피곤함을 몰랐다. 그는 제자를 가르칠 때 "차근차근 잘 타일러 가르쳤다." 이 구절에 해당되는 원문 가운데 "순순循循"은 조리가 있고, 논리가 정연하고, 차근차근한 것이고, "선유善誘"는 학생이 질문하도록 잘 이끌고, 문제의 본질에 대해 이야기하는 것이다. 학생이 만약 질문하지 않거나, 혹은 문제를 제기하지 않거나, 또는 "한 귀퉁이를 예로 들어줄 때 세 귀퉁이로써 대답하지 않으면" 더 이상 반복하지 않았다. 배움에는 두 가지 측면이 있다. "문文"은 책을 통한 지식으로 넓어야 하고, "예禮"는 행위 규범으로 간단해야 한다.

4) 제자의 결점과 각자의 자질에 따른 교육

이 조항은 송대인들이 『논어』에서 총괄적으로 도출해낸 것이다. 「자장」 편의 대화는 그 가장 전형적인 것이다. "각자의 자질에 따른 교육因材施教"은 『논어』에 나오는 말이 아니다.

5. 관직을 구함

공자는 열정적인 정치인이었다. 그가 제자를 길러낸 목표는 매우 명확하다. 그것은 바로 그들로 하여금 관직을 구하게 하고 관리가 되도록 하기 위함이었다. 관리가 되어 자기의 정치적 주장을 실현하자는 것이다. 『논어』에서는 관리가 되는 것을 "종정從政"이라 불렀고, 정치적 주장을 실행하는 것을 "위정爲政"이라 불렀다.

1) 관리 되기: 관리가 되기 위해 독서한다

⑴ 공자가 말했다. "군자는 도를 추구하지만, 먹을 것을 추구하지 않는다." 농사짓는 것은 배고픔을 벗어나게 해주지만 공부야말로 녹봉을 얻을 수 있게 해준다. 그래서 "군자는 도를 걱정하고 가난을 걱정하지 않는다"[205]고 말했던 것이다.

⑵ 공자는 3년을 공부하고서도 관직을 구하지 않는 사람(혹은 관직을 구하려고 하지 않는 사람)은 찾아보기 어렵다고 말했다.[206]

⑶ 공자는 나라에 도가 있어도 나와서 관직을 구하고 나라에 도가 없을 때도 나와서 관직을 구하는 것은 부끄러운 짓이라고 말했다.[207]

⑷ 공자는 군주를 섬길 때 맡은 바 일을 잘해야만 비로소 마음 편하게 녹봉을 가져갈 수 있다고 말했다.[208]

⑸ 자공은 만약 아름다운 옥이 있다면 그것을 상자 속에 넣어 보관해야 할지, 아니면 좋은 값을 줄 사람을 찾아 팔아야 할지를 물었다. 공자는 그 말을 듣고 이렇게 대답했다. "팔아야지, 팔아야지. 나는 바로 적당한 값을 쳐주고 사갈 사람을 기다리고 있다."[209]

⑹ 필힐이 중모中牟에서 반란을 일으키고 나서 공자를 찾아가자 공자는 마음이 흔들렸다. 그것을 보고 자로가 나는 스승님으로부터 군자는 자기 자신을 배반하는 일에는 참가하지 않는다고 들었는데, 지금 필힐이 그런 나쁜 일을 저질렀는데, 스승님께서 가신다면 그것을 어떻게 받아들여야 할지 모르겠다고 말했다. 그러자 공자는 이렇게 말했다. 맞다, 내가 그런 말을 한 적이 있다. 그런데 정말로 단단한 것은 갈아도 얇아지지 않고, 정말로 흰 것은 물들여도 검어지지 않는다는 말도 함께 하지 않았더냐? 내가 벽에 걸어둔 조롱박처럼 그저 보

기만 좋고 먹기에는 사나운 그런 것이란 말이냐?[210]

문혁 때 공자를 비판하면서 "관리가 되기 위한 독서"론을 비판했는데, 결코 억울한 것이 아니었다. 공자는 농사를 지으면 배가 고플 뿐이고, 관리가 되어야만 비로소 가난을 벗어나 부富를 이룰 수 있으며, 공부하는 것은 바로 관직을 구하기 위한 것이며(물론 그 나라에 도가 있어야 한다는 것을 전제로 한다), 한참 동안이나 공부하고 나서도 관리를 하지 못한다면 평생의 한으로 남을 것이라고 생각했다. 그는 아름다운 옥은 마땅히 값이 오를 때를 기다렸다가 팔아야 하며, 자기는 조롱박 같은 신세가 되고 싶지는 않다고 말했는데, 이것은 모두 그와 같은 생각을 나타낸 것이다. 그는 민간에서 섞여 살았고 여러 가지 비천한 일에 능통했다. 그러나 그런 능력, 특히 농사짓는 일을 경멸했다. 그가 그리워한 것은 귀족생활이었다. 즉 그는 싸우고 죽이는 무사들의 생활을 그리워한 것이 아니라 이전의 선배들로부터 전해 내려오는 고대문화를 그리워했던 것이다. 그로서는 문덕文德이 무공武功보다 중요했다.

『논어』에서는 자장이 관직을 구하는 방법을 배우려고 한 것[211]과 공자가 칠조개에게 벼슬을 하라고 한 것[212] 등을 언급했다. 공자는 제자를 관리로 파견했는데, 자로, 중궁, 염구, 자공 외에도 매우 많았다.

2) 정치적 주장의 실현: 공자의 시정施政 정신

(1) 공자가 말했다. "그 지위에 있지 않으면 그에 해당되는 정사를 의론하지 않는다."[213]

⑵ 공자가 말했다. "이름이 바르지 않으면 말이 순조롭지 못하다. 말이 순조롭지 못하면, 일이 이루어지지 않는다. 일이 이루어지지 않으면 예악이 일어날 수 없다. 예악이 일어나지 않으면 형벌이 적절하지 않게 된다. 형벌이 적절하지 않으면 백성들은 수족을 둘 데가 없다."[214]

⑶ 제나라 경공이 정치에 대해 묻자 공자는 이렇게 대답했다. "임금은 임금다워야 하고, 신하는 신하다워야 하며, 아버지는 아버지다워야 하고, 자식은 자식다워야 합니다."[215]

⑷ 공자가 말했다. "정령으로 이끌고 형벌로 다스리면 백성들은 빠져나가면서도 부끄러움이 없다. 덕으로 이끌고 예로 다스리면 부끄러움을 갖고 규범을 따른다."[216]

⑸ 어떤 사람이 공자에게 당신은 왜 나와서 관직을 맡거나 정치를 하지 않느냐고 물었다. 그에 대해 공자는 다음과 같이 대답했다. 『상서』에 "효는 부모에게 효순하고, 형제와 우애롭게 지내고, 그것을 정치에 펼치는 것이다"라는 말이 있는데, 이것 역시 정치를 하는 것 아니냐, 왜 꼭 관리가 되어야만 정치를 하는 것이라고 할 수 있겠느냐?[217]

⑹ 중궁이 계씨의 읍재가 되었을 때 정치를 어떻게 해야 할지 묻자 공자는 다음과 같이 말했다. "먼저 유사에게 모범을 보이고, 작은 잘못을 용서해주고, 똑똑한 인재를 채용해라." 중궁이 누가 똑똑하고 재능이 있는지 내가 어떻게 알 수 있느냐고 묻자 공자는 이렇게 말했다. "네가 알고 있는 사람을 채용하면, 네가 알지 못하는 사람을 다른 사람이 그냥 내버려두겠느냐?"[218]

⑺ 공자가 위나라를 떠날 때 염유가 수레를 몰았다. 공자는 사람이 참 많다고 말했다. 염유가 사람이 많아진 다음에는 어떻게 해야 하느

냐고 물었고, 공자는 그들을 부유하게 만들어야 한다고 대답했다. 염유가 부유하게 된 다음에는 무엇을 해야 하느냐고 묻자 공자는 그들을 교육시켜야 한다고 대답했다.[219]

⑻ 공자가 말했다. "백성들은 따르게 할 수는 있지만, 그들에게 알게 할 수는 없다." 즉 그들로 하여금 시키는 대로 따라 하게만 하고, 왜 그렇게 해야 하는지를 그들이 알게 해서는 안 된다는 것이다.[220]

⑼ 공자가 말했다. "나는 국가를 다스리는 자는 적음을 근심하지 않고 고르지 못함을 걱정하며, 가난을 근심하지 않고 안정되지 못함을 걱정한다고 들었다. 대개 고르면 가난한 사람이 없고, 조화로우면 적다고 느끼지 않을 것이며, 안정되면 무너질 위험이 없을 것이다. 이와 같기 때문에 멀리 있는 사람이 복종하지 않으면 문덕文德을 닦아 오게 하고, 이미 왔으면 편안하게 해주어야 한다."[221]

⑽ 자공이 정치에 대해 묻자 공자는 "식량을 충분하게 하는 것" "군사력을 충분하게 하는 것" "백성들이 믿게 하는 것" 등 세 가지 사항을 이야기했다. 자공이 만약 어쩔 수 없이 그 가운데서 하나를 없애야 한다면 어떤 것을 없애야 하느냐고 묻자 공자는 군사력이라고 말했다. 자공은 나머지 두 항목 가운데 꼭 한 가지를 없애야 한다면 어떤 것을 없애야 하느냐고 다시 묻자 공자는 식량이라고 대답했다. 그렇게 말하는 근거는 무엇일까? 공자는 이렇게 말했다. "옛날부터 사람은 누구나 죽지만, 백성이 믿어주지 않으면 존립할 수 없다." 전쟁에서 죽든 굶어 죽든 모두 옛날부터 있어왔던 것이지만, 인민의 신임이 없으면 자기 지위를 지켜나갈 방법이 없다는 것이다.[222]

⑾ 위나라 영공이 진법陣法에 대해 묻자 공자는 이렇게 대답했다.

"제기祭器와 관련된 일에 대해서 들은 적이 있습니다만, 군대와 관련된 일은 배우지 못했습니다." 그리고 공자는 다음 날 위나라를 떠났다.[223]

3) 공자의 정치적 이상은 삼대의 성왕이다

주로 「요왈」 20.1에 보인다. 「요왈」 20.1에는 "멸망한 나라를 일으키고, 끊어진 세대를 이어주고, 일민逸民을 채용했다"라는 구절이 있는데, 이 구절은 문혁 때 공자를 비판하던 중요한 포인트였다. 사실 이 문장이야말로 중국의 가장 귀중한 정치적 유산이다.

4) 공자의 정치 광고

공자가 말했다. "만약 나를 써주는 사람이 있다면 1년 안에 웬만큼 이루어내고 3년이면 성공을 거둘 것이다."[224]

6. 명성

중국에 사람은 얼굴로 살고 나무는 껍질로 살며, 기러기는 소리를 남기고 사람은 이름을 남긴다는 속담이 있다. 지식인은 누구보다 이름을 좋아하고, 공자도 결코 예외가 아니었다.

1) 명성이란 무엇이고, 통달했다는 것은 무엇인가

(1) 공자가 말했다. "사는 사리에 밝습니다."[225]

(2) 공자가 말했다. "인이라는 것은 자기가 일어서고 싶으면 남을 일

으켜주고, 자기가 이루고 싶으면 남을 이루게 해주는 것이다."[226]

(3) 자장이 우리 같은 선비는 어떻게 해야만 정통했다고 할 수 있는지 물었다. 공자는 네가 말하는 정통했다는 것은 무슨 뜻이냐고 되물었다. 자장은 "나라 안에서 확실히 유명해지고, 가문 안에서도 확실히 유명해지는 것입니다"라고 설명했다. 즉 군주 앞에서 그리고 경대부의 집에서 이름이 나는 것이라는 말이다. 공자는 그것은 유명해지는 것일 뿐 정통한 것이 아니라고 말했다. 그리고 구체적으로 정통하다는 것은 "품성이 곧고 의를 따르며, 다른 사람의 말을 세심하게 살피고 다른 사람의 표정을 자세하게 관찰하며, 다른 사람에 대해 자신을 낮추는 것이다. 이러한 사람은 나라 안에서 확실히 정통했고 집 안에서도 확실히 정통한 것이다"라고 설명했고, 유명해지는 것에 대해서는 "겉으로만 어진 모습을 가장하고 행동으로는 거스르면서도 자신이 여전히 어질다고 자처하여 의심하지 않는다. 그런 사람은 나라 안에서 확실히 유명하고 집 안에서도 확실히 유명하다"라고 설명했다.[227]

앞에서 유명하다로 번역한 문聞과 정통하다로 번역한 달達은 모두 유명하다 혹은 잘 알려져 있다는 의미이다. 그러나 명성에도 세속적인 명성과 참된 명성이 있다. 세속적인 명성은 문聞이고, 참된 명성은 달達이다. 문聞은 밖으로 알려진 허명이고, 달達은 명성이 사실과 부합하는 것이다.

2) 공자는 이름이 없었지만 유명해지기를 바랐다

(1) 달항達巷의 시골 사람이 말했다. "위대하십니다. 공자님이시여, 박학하시면서도 명성을 이룬 분야가 없으시구나."[228]

⑵ 공자가 말했다. "군자가 인에서 벗어난다면 어떻게 이름을 드높일 것이냐?"[229]

3) 공자는 다른 사람이 자신을 이해하지 못하는 것이 두렵다고 말했다

⑴ 공자가 말했다. "사람이 알아주지 않아도 성내지 않는 것 역시 군자가 아닌가?"[230]

⑵ 공자가 말했다. "남이 자기를 알아주지 않는 것을 근심하지 않고, 남을 알지 못함을 근심한다."[231]

⑶ 공자가 말했다. "다른 사람이 자기를 알아주지 않는 것을 걱정하지 말고, 자기에게 능력이 없음을 걱정해라."[232]

⑷ 공자가 말했다. "군자는 능력이 없는 것을 근심하고 다른 사람이 자기를 알아주지 않는 것을 근심하지 않는다."[233]

4) 공자는 아무도 알아주지 않는 것을 원망했고, 죽은 뒤에 이름이 남지 않을까 몹시 두려워했다

⑴ 공자가 말했다. "나를 알아주는 사람이 없구나!" 이 말을 듣고 자공이 말했다. "왜 스승님을 알아주는 사람이 없다고 하십니까?" 공자는 이렇게 설명했다. "하늘을 원망하지 않고, 사람을 탓하지 않고, 아래로 사람의 일을 배우고 위로 천명에 통달했는데, 나를 알아주는 자는 하늘일 것이다."[234]

⑵ 공자가 말했다. "군자는 죽고 나서 이름이 기려지지 않는 것을 싫어한다."[235]

7. 부귀

공자는 관리가 되려고 했고 도망가서 은둔하려고 하지 않았다. 늙어 죽을 때까지 기회가 없으면 어떻게 할 것인가 하는 것이 문제였다. 은사隱士는 목숨을 부지하기 위해 직접 논밭을 경작했다. 그러나 그는 오히려 농사짓는 것을 반대했다. 만약 부수입이나 저축이 없다면 그저 즐거운 마음으로 굶으면서 부귀는 나에게 뜬구름 같은 것이라고 생각할 수 있을 뿐이었다. 이것을 안빈낙도安貧樂道라고 부른다. 그의 제자는 반드시 그렇게 할 각오를 해야 했다.

⑴ 자공이 가난해도 아첨하지 않고 부자여도 오만하지 않으면 어떠냐고 묻자 공자는 이렇게 대답했다. "좋다. 그러나 가난하면서도 즐거워하고, 부유하면서도 예를 좋아하는 것보다는 못하다."[236]

⑵ 공자가 말했다. "부유함과 고귀함은 사람이 원하는 것이지만, 그에 합당한 방법으로 얻은 것이 아니라면 그것을 누리지 않는다. 빈곤과 비천함은 사람이 싫어하는 것이지만, 그에 합당한 방법으로 얻은 것이(아니)라면, 벗어나지 않는다."[237]

⑶ 공자가 말했다. "부富라는 것이 추구할 수 있는 것이라면 비록 시장 문지기일망정 나는 그것도 하겠다. 만약 추구할 수 없는 것이라면, 나는 내가 좋아하는 일에 종사하련다."[238]

⑷ 공자가 말했다. "잡곡밥을 먹고 물 마시고, 팔 베고 누우면 즐거움이 그 속에도 있더라. 불의로 얻은 부와 귀는 나에게는 뜬구름만 같아라."[239]

⑸ 공자가 말했다. "가난하면서 원망하지 않는 것은 어렵지만, 부자

이면서 교만하지 않는 것은 쉽다."[240]

(6) 공자가 진陳나라에서 양식이 떨어져 제자들이 굶주려 기어다니지도 못하게 되자 자로가 기분이 상해서 공자에게 군자도 이런 곤궁에 빠져야 하느냐고 말했다. 그러자 공자는 이렇게 대답했다. "군자는 곤궁이 닥치면 그것을 견디고, 소인은 곤궁이 닥치면 곧 제멋대로 날뛴다."[241]

옛날 사람은 "입을 것과 먹을 것이 충분해야 영욕榮辱을 안다"[242]라고 말했다. 사실 입을 것과 먹을 것이 충분하더라도 꼭 영욕을 아는 것은 아니다. 예를 들어 오늘날 사람이 그렇다.

『논어』에서 배우고자 할 때 무엇부터 배워야 할까? "곡식은 고운 것을 싫어하시지 않았고 회는 가느다란 것을 싫어하시지 않았다"[243]와 같은 것은 배우지 않아도 할 수 있는 것이다.

앞에서 "삼군三軍에게서 장수를 빼앗을 수는 있지만, 필부匹夫에게서 그 뜻을 빼앗을 수는 없다"[244]에 대하여 설명했는데, 이 항목이 가장 배우기 어렵다. 배우기 어려운 항목이 하나 더 있는데, 그것은 여기서 말한 "가난하면서도 즐거워한다" "불의로 얻은 부와 귀는 나에게는 뜬구름만 같아라"이다. 오늘날 기를 쓰고 『논어』를 배우려는 사람은 이 두 항목을 먼저 배우는 것도 무방할 것이다.(당연히 추상적으로 배우는 것이다.)

우리도 한번 시험해보자!

결론 3
공자의 유산: 유토피아에서 이데올로기까지[1]

오늘날 옛날 책을 읽을 때 한 가지 나쁜 폐단이 있는데, 그것은 바로 책을 쌓아놓고 보지 않으면서 무슨 소용이 있냐고 그저 묻기만 하는 것이다. 공자는 우리와 매우 멀리 떨어져 있었다. 즉 오늘날로부터 2000여 년 전에 그는 우리가 그를 가져다가 어딘가에 쓰리라고는 꿈(그는 그저 주공 꿈만 꿨다)에도 생각하지 못했을 것이다.

후세 사람은『논어』가 다음과 같은 두 가지 점에서 크게 유용하다고 말한다. 하나는 천하를 다스릴 수 있고, 다른 하나는 도덕을 배울 수 있기 때문에 천하를 다스리는 사람에 의해 연구된다는 것이다. 이 두 용도는 또 하나의 용도, 즉 도덕으로 천하를 다스리는(중국을 구제할 뿐만 아니라 세계를 구제하는) 한 가지 용도라고 말할 수 있다.

신성화된 공자와 도덕화된 정치는 전통적인 "중국의 이데올로기"이다.

1. 반 권의 『논어』로 세상을 다스릴 수 있을까

공자가 가장 활기를 띤 것은 송대 이후이다.

조광윤趙匡胤은 졸병이었고, 주원장朱元璋은 농민이었으며, 원대와 청대는 모두 기마와 궁술로 천하를 빼앗은 이민족 왕조였다. "재상은 반드시 지식인을 써야 한다"는 사실에 대해 그들은 이전 왕조보다 더욱 분명히 알고 있었다.

현재 공자를 설명하는 방식은 주로 정주程朱(정이천과 주희)와 육왕陸王(육구연과 왕수인)에 따른 것이다. 『논어』는 주로 도덕수양이라는 주장의 뿌리는 송대에 있다. 송대는 공자 존숭의 황금시대였다.

송대에는 유명한 전설이 있었다. 송 태조와 태종의 재상이었던 조보趙普는 "반 권의 『논어』로 천하를 다스렸고" 또 주장이 매우 생동감 있는 사람이었다. 그는 "반 권으로는 태조(송 태조)를 보좌하여 천하를 안정시켰고, 반 권으로는 폐하(송 태종)를 보좌하여 태평을 이루었습니다"라고 말하고, 20편 전부 용도에 맞게 쓸 수 있다고 말했다. 조보는 평생 동안 오직 한 권의 책만 읽었는데, 그것은 바로 『논어』라고 한다. 그는 바로 배워서 바로 써먹었는데, 24시간 이내에 바로 효과가 나타났다고 말했다.[2]

홍예洪業(1893-1980, 중국 근현대의 사학자)는 어려서 『논어』를 읽다가 역시 이와 같이 전해오는 말을 접했다. 그는 다음과 같이 말했다.

> 가숙의 스승님께서 나를 가르칠 때 『논어』부터 시작했는데, 그때 나는 대략 10세 무렵이었다. 당시에 스승님께서 말씀하셨다. "이것은 비범한

명저이다. 송 초의 재상 조보는 이 책의 반 권으로 천하를 다스렸다."
나는 몹시 흥분되었다. 몇 달이 지나지 않아 결국 『논어』를 전부 다 외웠다. 어린 나이에 자부심에 겨워 이렇게 생각했다. 조보는 겨우 반 권이었는데, 나는 전부다. 천하를 바로잡으려 하는데 감히 노력하지 않을 수 있을까?

그러나 이 말은 남송 중엽의 『낙암어록樂菴語錄』에 보이는데, 조보로부터 200년의 시간적 차이가 있고, 이보다 더 이른 단서는 아마 없는 것 같다. 홍예는 "반 권의 『논어』로 세상을 다스렸다"라는 말은 그저 후대 사람 사이에 전해오는 이야기일 뿐이었다는 점을 고증했다. 그는 이 말은 마치 어린 워싱턴이 앵두나무를 잘랐다는 이야기처럼 후대 사람의 상상과 날조에 의한 것일 뿐, 근본적으로 믿을 수 없다고 말했다.[3]

『논어』는 난잡하고 무질서한 책인데, 조보는 어떻게 반 권으로 천하를 안정시키고, 반 권으로 천하를 다스렸을까? 누구도 알 수 없다. 원래의 책 역시 용도에 따라 두 부분으로 나눌 수 없다. 그러나 많은 사람은 여전히 『논어』라는 책으로 확실히 천하를 다스릴 수 있다고 믿고 있다.

최술崔述, 즉 구제강顧頡剛이 추숭한 최동벽崔東壁 선생은 다음과 같이 말했다.

제자들의 정치에 대한 물음에 공자가 대답한 것이 많다. 중궁의 물음에 대답한 말[4]이 가장 훌륭하고 중요하다. (…) 옛날 사람은 반 권의 『논어』

만 가지고 천하를 다스렸다. 만약 이 장을 숙독하고 힘써 실행할 수 있다면 재상이 되더라도 역시 우아하고도 남음이 있을 터이니 굳이 반 권까지 갈 것이 뭐 있겠는가?(『논어여설論語餘說』)[5]

홍예는 조보가 "반 권의 『논어』로 천하를 다스린다"고 얘기한 것에 대해 비록 결코 믿지 않았지만, 『논어』로써 천하를 다스릴 수 있다는 점에 대해 그는 오히려 깊이 믿어 의심치 않았다. 그는 공자의 말 중 어느 한 장 어느 한 대목, 어느 한 글자 어느 한 구절로도 충분히 천하를 다스릴 수 있다고 믿었다. 그는 『논어』의 명언과 훌륭한 구절을 그 예로 들었는데, 온통 하나의 믿을 "신信"자뿐이라고 말해도 충분하다.[6]

송대 이후로 학자들은 옛날 책을 의심하기 좋아했지만, 가장 크게 의심하던 학자라도 이와 같은 효과에 대해서는 오히려 깊이 믿어 의심치 않았다. 무엇이든 다 의심할 수 있지만, 성인에 대해서는 의심할 수 없다고 생각했기 때문이다.

공자의 신성이 도전을 받은 것은 5·4운동에 이르러서이다.

전반서화론全盤西化論의 대표자 후스胡適의 말을 그대로 오늘날로 옮겨놓는다 하더라도 역시 매우 공평하고 타당하다고 할 것이다. 그는 우리가 퇴출시켜야 할 것은 오직 공자의 신성성神聖性이고, 회복시켜야 할 것은 오히려 공자의 진면목, 즉 선진 제자의 일원으로서의 진면목일 것이라고 말했다.[7]

『고사변』은 이 운동의 직접적인 산물이다. 후스의 제자 구제강은 성인(공자)의 성인(삼황오제와 요·순·우)에 대해서까지도 감히 의심을 품었다.

중국의 이데올로기는 첫 번째로 강력한 도전에 직면했다.

바람이 얼굴을 스친다. 바람은 해상에서 불어온다.

나는 베이징대학에서 『논어』를 강의하고, 마지막 수업을 끝마치고 나서 학생들에게 물었다. "반 권의 『논어』로 천하를 다스린다"는데, 여러분은 이 주장을 믿느냐? 만약 그렇게 믿는다면 여러분이 어떻게 『논어』로써 천하를 다스린다는 것인지, 즉 어떤 말을 쓰고, 어떻게 다스리고, 무엇을 다스린다는 것인지 구체적으로 나에게 말해주기 바란다. 물론 여러분이 이미 국가의 지도자가 되었다고 가정하고 이 물음에 대답하기 바란다. 그들은 아무도 대답하지 않았다. 오직 한 학생이 자기 아버지는 어려서부터 자기에게 공자님 말씀은 어겨서는 안 된다고 했다고 말했다.

어떤 사람(당연히 지식인)은 그가 가장 살고 싶은 시대는 송대라고 말했다.

나는 그가 말한 송대는 분명히 동쪽에서 한 조각을 골라내고 서쪽에서 한 조각을 골라내고, 위쪽에서 한 조각을 골라내고 아래쪽에서 한 조각을 골라내서 나름대로 짜 맞춘 것으로서 송강宋江(『수호전』 108영웅의 두목)이나 방랍方臘(북송 말 농민 반란의 우두머리)도 없고, 요遼나라나 금金나라 혹은 서하西夏가 없는 그런 종류일 것이라고 생각한다.

소동파는 오직 자기가 놀러 간 산이나 즐긴 물만 보고서 시문을 지었다.

송 휘종은 자신이 쓴 글자와 자신이 그린 그림만 보고서는 골동품을 즐겼다.

그 당시의 세상은 어땠을까? 『송사宋史』의 각 장면은 예고편이 있기[8] 때문에 내가 길게 이야기할 필요가 없을 것이다.

"반 권의 『논어』로 천하를 다스린다"는 말의 상징적 의의는 실제적 의의보다 더 크다.

『춘추』를 가지고 소송사건을 판결하고, 『하거서河渠書』를 가지고 우물을 판다는 것은 모두 오래된 이야기이다. 장쿤姜昆과 리원화李文華의 만담 가운데 『사진은 이렇게 찍어』라는 것을 보면 소홍서小紅書(마오쩌둥 어록)[9]를 사람들이 모두 외운다. 그것은 만능의 위력을 발휘했고, 모든 사람이 배웠으며, 당시에는 절대로 이견이 있을 수 없었다.

『논어』로써 『어록』을 대체한다고 해서 의미가 있을까?[10]

천하를 다스리는 것은 누구의 일일까? 공자는 "그 지위에 있지 않으면 그에 해당되는 정사를 의론하지 않는다"라고 말했다.[11] 우리는 재상이 아니다. 백성은 다른 사람의 통치를 받고, 책임은 오직 협조하는 데(즉 도덕을 배우는 데)있다. —위로 올라갈 준비를 하고 있는 사람 외에는 모두 남의 일에 쓸데없이 걱정하는 셈이다.

점잖은 말로 하면, "왜 고관의 일에 간섭하느냐"는 것이고, 점잖지 않은 말로 하면 "너의 자질구레한 일이나 신경 써라"는 것이다.

2. 주공이라는 유토피아와 이족에 살고 싶다는 고집

맹자는 공자가 "성인 중에서 시대적 임무에 가장 밝은 사람"[12]이라고 말했다. 루쉰은 만약 맹자의 그 말을 현대어로 번역한다면 "모던 성인"이라는 말 외에는 실제로 더 좋은 말이 없다고 말했다. "공부자를 '모던 성인'으로 정의하는 것은 죽은 뒤의 일이고, 살아 있을 때는 오히려 몹시도 괴로움을 당한 사람이었다." "공부자는 중국에서 권력자들이 추켜세운 것이고, 그들 권력자 혹은 권력자가 되고 싶어하던 성인聖人은 일반 민중과는 전혀 아무 관계가 없다." 또 다음과 같은 그의 한마디는 정곡을 찌른다. 공자는 죽은 뒤에는 항상 다른 사람으로부터 "문 두드리는 돌멩이", 즉 입신양명의 수단으로 이용되었다.[13]

살아 있는 공자는 유토피아이고, 죽은 공자는 이데올로기이다.

공자의 시대는 예가 무너지고 음악이 붕괴된 때로서 바람직한 사회는 아니었다. 그는 이상주의자였다.

고대의 이상주의는 왕왕 복고주의인데, 그 이치는 매우 간단하다. 고대라는 것은 비록 과거이기는 하지만 문헌의 기록과 오래 전해오는 이야기에 따르면 매우 진실하다고 생각되었을 것이고, 반면 미래는 무슨 요물 같은 것이고 허무맹랑한 것이라고 생각되기 때문이었을 것이다. 옛날 사람들은 "미래를 믿을" 수 없었을 것이다. 게다가 특히 그들은 모두 순환론자로서 옛날부터 지금까지 치란治亂과 성쇠盛衰는 마치 추위가 오면 더위가 가고, 가을에는 거둬들이고 겨울에는 저장하고, 한 바퀴 한 바퀴가 서로 연결되어 있는 것과 같다고 생각하고 있었기 때문에 더했을 것이다. 겨울에 날씨가 몹시 추울 때 여름을 그리워하는 것은 매우 자연스럽다. 동주의 끝 무렵에 살았던 그는 서주의 번창했던 시대를 회복해야겠다는 일념뿐이었다는 것 역시 논리적으로 자연스럽다.

선진의 제자諸子는 서로 다른 정견을 지녔다. 공통점은 그저 현실에 불만이 있다는 것뿐이었다. 당시는 난세였고, 누구든 비판했고, 비판은 절대적으로 타당했다.

현실을 비판하는 데 있어 고대라는 것은 편리한 도구였다. 당시의 제자는 거의 모두가 그것을 사용했고, 누구든 옛날로써 당시를 비판했다.

옛날로써 당시를 비판할 때 옛날은 어떤 옛날일까? 상고 시대가 아니라 근고, 즉 가까운 옛날이었다.

공자가 말한 "옛날"은 두 층으로 구분되는데, 대동사회가 한 층이고 소강사회가 한 층이다. 당우唐虞의 태평성대는 너무나 멀기 때문에 그의 칭찬은 칭찬에서 그칠 뿐 결코 따르려는 것이 아니었다. 하왕조와 상왕조 및 주왕조 가운데서 하나를 골라 그는 주왕조를 따랐다. 이점에서 보더라도 역시 오래될수록 좋은 것이 아니었다. 그가 따른 주왕조는 동주가 아니라 서주였다. 서주라 하더라도 후기가 아니라 초기였다. 그는 노나라에서 태어나 노나라에서 자랐는데, 주례가 그곳에 고스란히 남아 있다고 누구나 다 말했다. 그가 한 것은 "주공에 대한 꿈"을 꾸는 것이었다.

애석하게도 그 이상은 환상이었고, 한 번도 실현된 적이 없었으며, 또 실현될 수 없는 것이었다.

공자의 현실적 목표는 동주를 구제하는 것이었다.

그러나 이 세계는 상하의 기강이 문란했고, 배신과 반란이 하나의 풍조를 이루었다. 제후는 천자의 권력을 장악하고 있었고, 경이나 대부는 제후의 권력을 장악하고 있었고, 가신은 경이나 대부의 정권을 장악하고 있었다. 이처럼 머리 꼭대기에는 종기가 자라고 발밑으로는 고름이 흐르고 있었는데 어떻게 구제할 것인가?

그가 세운 원칙은 다음과 같은 것이었다. 천자와 제후 중에서 나는 천자를 높이고, 공실과 대부 중에서 나는 공실을 높인다. 일의 시초만 생각하고 결말은 생각하지 않는다.

이상주의자의 머리에선 항상 선악이 분명하다. 그러나 그들이 감당해야 하는 곤경은 다음과 같은 데 있다. 만약 온 세상이 모두 혼탁하고 아울러 대적해야 할 빛도 어둠도 없다면 우리는 어떤 선택을 해야 할까? 예를 들어 노나라에는 주례가 가장 많이 남아 있었지만, 당시 상류사회의 군자는 누구라고 할 것 없이 모두 상당히 무례했다. 노나라 임금은 큰 나쁜 놈이었고, 삼환三桓은 중간 나쁜 놈이었고, 양화는 작은 나쁜 놈이었다. 이런 상황에서 누구와 대적해야 할까?

그는 일생 동안 사방으로 바쁘게 뛰어다녔다. 노나라에서 안 되자 위나라로 달려갔고, 위나라에서 안 되자 진나라로 달려갔으며, 초나라까지 가보았지만 모두 그를 실망시켰다.

만약 선택하는 것을 포기한다면 은사隱士가 될 수밖에 없었는데, 그는 그렇게 하려고 하지는 않았다.

주공에 대한 꿈은 유토피아였고, 바다 건너 이족의 나라에서 사는 것은 고집 부리는 말이었다.

3. 재앙 때문에 얻은 행운

학교에는 이런 명언들이 있다. 제자는 스승에 의해 유명해지고, 스승은 제자에 의해 유명해지지만, 결국에는 스승이 제자 때문에 유명해진다.

때가 되자 운수가 트였던 공자가 바로 그 선례이다.

공자가 죽은 뒤 제자들의 장래는 매우 밝았다. "크게는 재상의 사부師傅가 되었고, 작게는 사대부의 벗이 되어 가르쳤다."[14] 지식인들은 모두 정치나 관직으로 통하는 대도를 향하여 미친 듯이 뛰어다녔다. 이 길은 그 어르신이 가리킨 것이었고, 후세 사람들은 그곳을 향해 오리 떼처럼 무리지어 몰려들었다.

정치에 대한 참여는 유학의 영향력을 높였고, 유학의 향방을 바꿔 놓았다.

전국 말기 유학은 저명한 학파였는데, 한비가 그렇게 말했다.[15] 『장자』「천하」, 『순자』「비십이자」 역시 유학을 첫 번째 자리에 배치했다. 출토되어 나온 문헌 가운데 유교 저작이 가장 많다는 것으로도 이점을 증명할 수 있다.

그러나 그들이 현실에 가까워질수록 이상으로부터는 더욱 멀어져 갔다.

유가 역시 고정불변의 것이 아니었다. 자하가 서하에 거주한 때부터 이사李斯가 진나라의 재상이 될 때까지 그들의 귀착점은 법가였다.

전국 말기에는 순자가 "가장 뛰어난 스승"[16]이었고, 그는 유가의 집대성자였다. 순자에게는 한비와 이사 등 두 명의 제자가 있었다. 그들은 한편으로는 유가 서적을 공부했고, 한편으로는 『노자』를 읽었는데, 제왕술을 배웠고, 진왕 정政에게 가서 일자리를 얻었다. 진왕 정은 바로 나중에 진시황이 된 사람이다.

제자가 스승에 비해 실제를 중시했는데, 이는 일반적인 법칙이다.

진한의 대통일은 정치가의 걸작이었다.

진시황은 제도의 대통일, 종교의 대통일, 학술의 대통일 가운데 첫 번째 조항은 성공했고, 두 번째 조항도 훌륭했는데,[17] 가장 성공하지 못한 것은 세 번째 조항이었다.

당시에 진시황은 세상을 하나로 뒤섞고 세상의 모든 책을 거둬들였으며, 예능인을 모두 불러 모아 박사라는 관직을 설립하여 그들에게 태평한 나라를 만들 수 있는 계책과 처방을 올리라고 요청하는 등 잠시 동안의 밀월기를 갖기도 했다.[18] 그는 일편단심 지식인과 친구로 지내고 싶어했지만, 오히려 불쾌한 감정만 품은 채 헤어졌고, 주변에 있던 두 종류의 선비들과도 모두 사이가 틀어졌다. 문학사文學士(간단하게 문학으로 부른다)는 문과의 지식인(유생이 위주가 된 인문학자)이었고, 방술사方術士(간단하게 방사라고 부른다)는 이과의 지식인(당시의 과학자였고 또 미신가들이기도 했다)이었다. 모두 함께 어울렸다.

기원전 213년에 자리만 차지하고 쓸모가 없던 문학사는 마침내 쓸모가 생겼다. 그들은 진시황의 생일을 축하했다. 안타깝게도 기회가 막 이르렀을 때 그들은 바로 내분을 일으키고 말았다. 주청신周青臣이 면전에서 아첨을 떨자 순우월이 그를 몰아냈고 금서 및 분서라는 결과를 가져왔는데, 그러한 생각은 이사로부터 나온 것이지 결코 진시황으로부터 나온 것이 아니다. 이사는 이전에 유생儒生이었기 때문에 동

업자를 어떻게 처리해야 할지 가장 잘 알고 있었다.[19]

방술사 가운데 별과 기후의 변화를 보고 점을 치는 사람은 함부로 말을 하지 않았고, 신선을 추구하여 약을 찾으러 다니는 사람은 돈을 가지고 도망쳐버렸다. 진시황은 크게 진노하여 반드시 그들을 찾아내 엄벌에 처하려 했으며 그 재앙이 유생에게까지 미쳤다. 당시에 지식인들은 내분을 일으켜 서로를 폭로했는데, 그 결과 460여 명이 생매장당하는 참사를 불러왔다. 이른바 "갱유坑儒"라는 것이 꼭 유자만은 아니었고, 그 속에는 또 방술사까지 포함되었다는 점을 알아야 한다. 지식인의 검거에 공이 있거나 요행히 그 그물에서 빠져나가 생매장을 면한 사람도 많이 있었고 한초에는 다시 관직에 초빙되기도 했다.[20]

옛날 사람들은 "천하는 한 사람의 천하가 아니라 천하 사람의 천하다"[21]라고 말했다. 사람의 마음을 얻은 자는 천하를 얻고, 사람의 마음을 잃은 자는 천하를 잃는다는 것이다.

진나라는 육국을 멸망시키고 육국의 마음에 상처를 입혔고 또 유가의 마음에 상처를 입혔다.

진나라 말기에 『시경』『서경』 등과 같은 책을 불태웠고, 학자들을 구덩이에 파묻었는데, 이 일로 인해 육예六藝가 사라졌다. 진섭陳涉이 왕위에 오르자 노나라의 여러 유자가 공씨의 예기禮器를 가지고 진섭 왕에게 귀의했다. 이때 공갑孔甲이 진섭의 박사가 되었다가 결국 진섭과 함께 죽었다. 진섭은 필부의 몸으로 일어나 오합지졸과 변방으로 유배간 사람을 몰아내고 만 10개월 만에 초왕이 되었다가 반년을 채우지 못하고 결국 멸망했다. 그 일은 지극히 미천하지만 진신선생縉紳先生들이 공자의 예기를 짊어지고 가 예물로 헌납하고 신하가 되었던 것은 무슨 까닭에서였을까? 진나라에서 그들의 재산을 불태웠기 때문에 원한이 쌓여 진왕陳王(진섭을 가리킴)에게 울분을 하소연하려던 것이었다.[22]

진나라는 사슴(천하를 상징)을 잃고 온 세상 사람이 함께 그것을 쫓아갔다. 공부孔鮒(공자의 7세손)는 농민군에 투신하여 진하陳下에서 죽었다. 그는 진나라에 반대한 전쟁의 열사였고, 지식인 반역의 선구자였다.

박해는 영웅을 만든다.

한대의 대대적인 사회 바로잡기에서 모든 것이 빈대떡 뒤집듯 완전히 뒤집혔다. 육국六國의 후손을 모두 찾아내서 묘지 관리인을 두고, 온 천하의 제사를 흠향하도록 했으며, 반란을 일으켰던 진승陳勝도 그 속에 포함시켜 육국의 제후와 똑같이 예우해주었다. 공자는 그 덕을 보았다.[23]

피박해자였던 유가는 마침내 환골탈태하여 새롭게 활개를 쳤다. 당시의 문화 융합에서 물질문화는 주로 초楚 문화와 진秦 문화의 융합이었고, 정신문화는 주로 제로齊魯 문화와 진 문화의 융합이었다. 산동 사람들은 모두 섬서陝西 지역으로 도망쳤다.

한 고조는 공자를 높이 받들었고, 공자가 살던 집은 박물관이 되었다. 사마천은 그곳을 방문하고는 줄줄 흐르는 눈물을 참을 수 없었다.

한당 이후로 공자는 왕후王侯에 비견되었으며 일개 평민에서 세습 귀족으로 탈바꿈했다. 왕조와 정권의 바뀜에 따라 황제는 바뀌어도 그는 오히려 만세사표萬世師表, 즉 세상 사람의 영원한 모범이다.

당초에는 생각도 못하던 것이다.

4. 공자와 대통일

옛날부터 지금까지 전 세계에서 통치자가 천하를 다스리는 데는 모두 삼대법보三大法寶에 의존한다. 하나는 국가(제도를 관리)이고, 둘은 종교(영혼을 관리)이며, 셋은 학술(사상을 관리)이다. 중국 역시 예외는 아니었다. 세계의 큰 문명은 선택한 길이 달랐는데, 그것은 오로지 배합 방식에 차이가 있었을 뿐이다.

땅이 넓은 국가는 행정 효율이 높은 국가이고 중국이 가장 전형적이다. 그것은 국가는 크고 종교는 작으며, 국가는 통일되어 있고 종교는 다원화되어 있다. 아시리아 제국, 페르시아 제국, 알렉산더 대왕의 마케도니아 제국, 그리고 나중에 나타난 로마 제국 등은 모두 중국보다 좋거나 긴 운명을 갖지 못했다. 그와는 반대로 중세 유럽은 작은 나라들이 즐비하게 늘어서 있었고, 오늘에 이르기까지 사용하는 "책마다 글자가 다르고, 수레마다 바퀴 폭이 다르며書不同文, 車不同", 유일하게 통일된 것은 기독교이다. 역사상의 초원 제국으로는 아랍세계가 있는데, 그 역시 종교적 통일이 국가의 통일을 압도하고 있다. 털이 붙은 가죽 외투를 뒤집어 입은 것처럼 그 결과는 같지 않다.

중국에는 종교의 통일이 없었지만, 학술의 통일은 있었다. 국가의 통일은 학술의 통일에 의존했다.

학술의 통일과 종교의 통일은 진시황이 모두 시도했고, 한 무제는 그 계승자였다.

한 무제는 "백가를 몰아내고 유술만 높였는데罷黜百家, 獨尊儒術" 이것은 학술의 통일이다. 육국의 종교를 가지런하게 정비했는데, 이것은 종교의 통일이다. 앞의 것은 사회의 엘리트를 안정시킬 수 있었고, 뒤의 것은 천하의 백성을 안정시킬 수 있었으며, 이것들은 모두 민심을 수습하기 위한 것이었다.

선진의 여섯 학파 가운데서 한대까지 전해진 것은 주로 유가와 도가 등 두 학파였다. 묵가는 후계자가 끊겼고, 그 밖의 명가, 법가, 음양가 등 세 학파는 기술과 도구[24]일 뿐으로 독립적인 지위가 없었다. 전국 말기에 이르러 도가는 명가, 법가, 음양가 등을 자신 속에 융합·흡수하여 세력이 상당히 커졌으며, 한초에도 여전히 그랬다. 한 무제가 학술을 정비하면서 두 학파의 위치를 바꾸어놓았고, 명가와 법가 및 음양가 등은 유가에 의해 받아들여졌으며,[25] 도가는 마치 날개를 잘라버린 것이나 다름없었다. 그러나 도가는 여전히 남은 위력이 있었기 때문에 그 맥이 끊이지 않았으며, 나중에 도교로 발전하여 장기간에 걸쳐 대적할 경쟁 상대가 되었다. 이것이 학술의 대통일이다.

진대에는 200개의 사당이 있었고, 서한에는 700개의 사당이 있었는데, 모두 국가로부터 보조금을 받았다. 한 무제의 제사 체계는 동쪽과 서쪽 등 두 개의 큰 부분으로 나누어졌다. 서쪽 땅은 감천태치甘泉泰畤, 분음후토사汾陰后土祠, 옹오치雍五畤 등이 중심이었고, 동쪽 땅은 팔주사八主祠가 중심이었다. 태일숭배太一崇拜(태일太一에 삼일三一을 더한 것)는 모든 숭배의 중심으로서 세상의 종교와 가장 닮았다.[26] 이것은 종교의 대통일이다.

진한의 대통일 가운데 한대의 무제가 최정상이다. 그의 시대까지만 놓고 볼 때 모든 것이 크게 잘 풀려나가고 있었다.

그러나 그가 도저히 생각하지 못했던 것은 상황이 결코 거기서 끝나지 않았다는 점이다. 그의 최후의 걸작은 다시 뒤집힐 수 있었다.

한 무제가 죽고 난 뒤 공우貢禹와 위현성韋玄成 등은 종묘를 훼묘毁廟[27]했으며, 광형匡衡과 장담張譚 등은 사당을 폐지했고, 왕망王莽은 소교사小郊祀로 대교사大郊祀를 대체했는데(오직 장안 근교 네 곳에서만 제사를 지내도록 함), 이것은 진한 대통일의 후속 사건이었다. 그들은 한 무제의 종교 대통일을 뒤집었다. 서한의 700개 사당은 그들에 의해 단숨에 날아갔다. 이 사건은 의미상으로 볼 때 예삿일이 아니었다. 그러나 안타깝게도 역사가들은 별로 중시하지 않았다.

역사가들은 왕망의 행위는 환상에 의한 것이 많고, 그의 개혁은 모두 실패했다고 말한다. 그러나 전부 그런 것은 아니다.

왕망은 악명이 높다. 그는 외척으로서 한나라를 찬탈했다. 왕조의 정통에서 볼 때 그의 죄는 백번 죽어 마땅하다. 그러나 우리는 그가 정통 유생이었고, 대학자였다는 점을 잊어서는 안 된다. 그는 공자의 꿈에 근거하여 무제의 종교 대통일을 뒤집은 것이었다. 후세에 전해지는 교사郊祀는 바로 왕망의 유산이다.

왕망의 교사 제도는 황가의 제사대전祭祀大典의 정통성을 해결했을 뿐만 아니라 종교 신앙에 대한 유가의 지도적 지위를 확립했다. 이것은 그의 승리였다. 그러나 그가 만족시킨 것은 상층의 엘리트들뿐이었고, 그가 잃은 것은 결국 하층의 대중이었다.

동한 시기에 민간 신앙은 통제가 불가능했고, 차술입교借術立教, 즉 방술을 빌려 교화를 수립하는 결과를 가져왔다. 교화 수립의 결과는 종교의 다원화, 국가의 와해, 사회의 전복 등으로 나타났다. 불교의 전래와 도교의 성립 등에 따라 큰 종교가 작은 종교를 다스리면서 바로 이 공백을 메워주었다.

이것은 구조의 대변화였다.

진한 두 왕조는 400여 년에 걸쳐 사회적 격변과 제도의 신설을 축적해오다가 여기에 이르러 드디어 마침표를 찍었다.

위에서 설명한 배경은 공자의 역사적 지위를 이해하는 데 매우 중요하다.

공자의 유산은 주로 다음과 같은 세 가지이다.

⑴ 그것은 공자 시대의 고전 교육을 보존하여 인문학술 위주의 교육이 되도록 했다. 후세의 지식인이 무엇을 읽고 어떻게 읽었는지 등은 모두 이러한 교육과 관련이 있다.

⑵ 공자는 "배우다가 여유가 있으면 벼슬에 나아간다"는 것을 강조했는데, 책을 읽고 나서는 반드시 관리가 되어야 한다는 것이다. 그것은 지식인과 중국의 관리선발 제도를 긴밀하게 하나로 묶어놓았다. 중국의 문과 벼슬은 모두 양유음법陽儒陰法(겉으로는 유가이면서 속으로는 법가)의 형태를 취하면서 한 마리 용을 생산하여 판매했다. 과거 시험장에서 성공하지 못하는 것, 막하에 들어가 막료가 되는 것, 의원 노릇을 하거나 점을 치는 것 등은 모두 정도가 아니었다.

⑶ 공자가 제창한 충忠과 효孝는 중국의 도덕에 큰 영향을 끼쳤고,

특히 효제孝悌가 민간에 끼친 영향은 매우 심대했다. 덕으로써 나라를 다스리는 것은 중국의 이데올로기이다.

중국의 이데올로기는 철학이나 종교가 아니라 인문학술과 가정윤리이다.

이 3대 유산은 중국 문화의 구조를 결정했다.

(1) 문文을 중시하고 무武를 경시했고, 문文을 중시하고 이理를 경시했다. 이는 도서 분류에서 매우 분명하게 알 수 있다. 『한서』「예문지」에서는 도서를 여섯 종류로 분류했는데, 육예六藝·제자諸子·시부詩賦를 인문류로, 병서兵書·술수數術·방기方技를 기술류로 분류했고, 두 종류가 각각 절반씩 차지한다. 『수서』「경적지」에서는 도서를 네 종류로 분류했는데, 병서兵書·술수數術·방기方技 등을 자부子部의 예속으로 전락시켜 4분의 1이라는 지위마저 없애버렸다. 이른바 학술은 인문학술이 천하를 통일한 것이다.

(2) 관리가 되는 것을 중시하고 산업을 경시했다. 중국의 문인·사대부 혹은 이른바 유림에 대하여 외국 학자들은 "official-scholar"라고 번역하는데, 그들은 관직에 있는 학자 혹은 관직을 준비하는 학자로서 기회는 달라도 목표가 일치했다. 독서인은 생계를 도모하는 데 서툴고 권력을 장악하는 데 급급했으며, 관직 외의 다른 일은 무엇이든 하찮게 여겼다. 진시황은 여전히 농업과 전쟁을 중시했고 비록 책을 태우고 학자들을 생매장하기는 했지만 의술, 점복, 농업, 뽕나무 등에 관한 책은 금하지 않았다. 그러나 한당漢唐 이후로 그리고 송명宋明 이후로 사농공상士農工商 중에서 오직 사士(무사武士가 아니라 문사文士)만이 올바른 출신이었으며, 모든 것이 하품이고 오직 독서만이 최고

였다. 실용적인 학문은 줄곧 내리막길이었고 처음부터 끝까지 퇴락의 추세에 있었다.

⑶ 도덕을 중시하고 종교를 경시했다. 중국의 일반 백성들은 전 세계의 일반 백성들과 같이 종교에 대한 요구가 강렬하다. 그러나 진한 이후로 항상 국가는 유학 위에 있었고, 유학은 불교와 도교 위에 있었으며, 큰 종교는 작은 종교 위에 있었다. 왕망 이후로 국가의 대전大典은 국가의 대전이고 민간 신앙은 민간 신앙으로 이원화되었고, 종교 자체는 다원화되었다. 이는 줄곧 정치적 불안정 요소로 작용했다. 공자는 비록 지위가 높았지만, 백성들과 거리감이 있었다. 그래서 그들은 공자를 존경하면서도 어려워했다. 도교와 불교 및 기타 작은 종교는 민간에 대하여 영향력이 더욱 커졌다.

5. "인조된 공자교"와 "공자교의 유토피아"

공자는 공구工具가 아니고, 도구도 아니다. 후학이 어질지 못하여 "성인"을 추구芻狗, 즉 허수아비 개로 삼았다.

서화파西化派와 본토파本土派는 겉으로는 원수같이 보였지만 실은 사랑하는 사이였고, 표면상으로는 물과 불처럼 서로 용납하지 못하는 것처럼 보였지만, 실제로는 서로에게서 배웠다.

공자의 유산은 인문주의이다. 그러나 서구화의 자극을 받은 본토파는 조건반사적으로 먼저 서양을 모방하고 공자를 종교화했다. 예를 들어 신해혁명 2년차에 공교회孔教會가 성립되었고 회장은 캉유웨이康

有爲였다. 그의 『공자개제고孔子改制考』는 유가를 종교라고 주장했을 뿐만 아니라 선진의 제자를 모두 종교라고 했다. 근대에 중국인은 서양이 무력을 사용하여 포교하는 것을 목도하고 나서야 비로소 유학을 세계종교(혹은 준종교)로 바꾸고자 하는 강렬한 충동이 일었다. 전통을 발전시키고자 한 사람은 걸핏하면 전통의 중단을 말했지만, 사실은 그것이야말로 최대의 전통 중단이었다.

중국의 전통에서는 그저 경전을 가져오기만 했지 종교를 전파하지는 않았다.

공자의 학파는 본래 유가라 불렸다. 유가는 사상 유파이지 결코 승단이나 교파가 아니다. 즉 당시의 도가 혹은 다른 학파와 마찬가지로 유가 역시 본래부터 교파가 아니었다. 그러나 공자는 일련의 구세의 주장을 폈고, 제자들 모으는 것을 좋아했으며, 사방으로 다니면서 선전했다. 또 박해의 경험도 좀 있었고, 사상적 정통으로서 그리고 이데올로기로서 종교적인 맛을 제법 띠고 있었다. 특히 도교 및 불교와 병립하면서 대칭을 유지하기 위해 역시 교敎라고 불렸는데, 매우 일찍부터 이런 표현이 있었다.[28]

유가는 종교일까? 이 문제는 종교를 제일로 치는 서양에서도 큰 문제였다. 당시의 예의 논쟁은 바로 이 문제를 중심으로 다툰 것이다. 중국인이 향을 피우고 절하는 것, 하늘과 땅과 군주와 부모와 스승에게 절하는 것 등이 종교인지 종교가 아닌지 로마 교황청으로서는 피해갈 수 없는 큰 문제였다. 그들은 중국에 선교했을 뿐만 아니라 중국을 유럽에 소개했다. "공자교"를 가장 먼저 수출한 것은 중국인이 아니라 그들이었다는 점을 우리는 알아야 한다. 그들이 공자를 끌어들이기 전과 후는 몹시 대조적이었다. 이 일은 중국을 되돌아보는 데 도움이 된다.

중국은 거울이고, 거기에 비춰보는 자는 유럽 자신이었다.

서양이 처음 중국과 마주쳤을 때 공자는 "중국의 이미지"를 대표했다. 그 이미지는 송명이학宋明理學이 만든 것이고 우리 자신이 가지고 있는 기준이었다. 그러나 유럽인의 마음에서 그것은 오히려 변화하고 있었다. 17세기에는 신비로 충만해 있었고, 18세기에는 열광적으로 숭배했고, 19세기에는 온통 욕지거리 일색이었고, 20세기에는 좋고 나쁨이 일정치 않았다. 중국에서 만든 공자든 서양에서 만든 공자든 모두 인위적으로 만들어낸 공자였으며, 그것은 과정과 연속체로 여겨졌다. 어떤 사람은 그것을 "인조된 공자교"라 불렀다.[29]

공자의 덕으로 나라를 다스린다는 것은 이전에는 계몽시대의 복음이었다. 어떤 사람은 그것을 "공자교의 유토피아"라 불렀다.[30]

유토피아의 본래 의미는 어디서도 찾을 수 없는 곳, 또는 어디에서 마주칠지 확실히 말할 수 없는 좋은 곳이다. "그처럼 먼 곳에 훌륭한 처녀가 있었네." "많은 사람 가운데서 천백 번 그를 찾아다니다가, 문득 머리를 돌려보니 그 사람은 그곳, 등불이 희미하게 꺼져가는 곳에 있었네." 지리상의 발견은 그들로 하여금 이런 종류의 환상에 사로잡히게 했다.

17세기 선교사들이 멀고도 오래된 중국을 유럽에 소개하자 서양에서는 갑자기 중화제국이 바로 그들이 간절히 찾고 있던 유토피아라는 것을 발견했다.

유토피아는 서양의 오래된 전통이었다. 이 전통은 플라톤의 『국가』

에서 시작되었다고 추측할 수 있는데, 중국은 도덕과 문장을 통해 관리를 선발했고, 군왕 역시 시와 글을 많이 읽었기 때문에 일찍이 서양인들로 하여금 이것이 바로 문예부흥 이후로 그들이 노상 그리워하면서 해외에서 발견하고 싶어하던 철인왕이라고 오해하게 만들었다.[31]

18세기 계몽시대는 "공자교의 유토피아"의 황금시대였다. "철인왕(중국 황제)의 통치하에 있는 인민은 가장 행복하다." "중국의 유교는 참으로 탄복할 만하다." "인류는 확실히 이보다 더 좋은 정부를 생각해낼 수 없을 것이다." 이처럼 그들은 정말로 칭찬의 말을 그치지 않았다.

강희제와 건륭제 등은 계몽 사상가들에 의해 하늘처럼 떠받들어졌다. 그들과 같은 시대를 살았던 유럽의 군주는 루이 14세, 루이 15세, 프리드리히 대제, 표트르 대제, 예카테리나 2세 등이었는데, 계몽 사상가들의 유세에 의해 모두 중국을 모델로 받들었다. "공자교의 유토피아"는 한동안 미신과 폭정을 반대하는 데 도구가 되었다.

공자의 이성철학으로 종교를 대체하고, 중국의 개명한 군주로 자신의 전제군주를 대체하는 것이 당시의 유행이었다.

이것은 중국과 유럽의 밀월 기간으로서 중국인이 가장 즐겨 이야기하는 것이다.

그러나 꽃도 피면 떨어지는 법이다. 이성은 광풍으로 변했고, 철학은 방종으로 바뀌었다.

18세기 말 프랑스대혁명 때 군중은 홍수나 맹수처럼 격정적이었다. 그들은 계몽시대를 매장해버렸고, "공자교의 유토피아"도 매장해버렸다.

혁명은 교회를 폐지했고, 국왕을 단두대로 보냈다. 그러고 나서 오히려 다른 형태의 전제군주, 즉 나폴레옹을 만들어냈다. 그는 프랑스의 교회를 회복시켰을 뿐만 아니라 로마 교황청에 자신을 황제로 추대해줄 것을 요청했다. 이 "혁명의 황제"는 유럽을 10여 년 동안 피비린내 나는 전쟁터로 몰아넣었다.

사람들은 마침내 유럽의 군주는 모두 호전적으로 전쟁을 일삼고, 극단적으로 전제적이며, 아름다운 이상은 오로지 철학자의 머릿속에만 있을 뿐이라는 것을 발견했다. 중국의 황제 역시 마찬가지였다.

19세기에 이르러 사람들은 더 이상 "공자교의 유토피아"를 믿지 않았다. 칸트는 국왕이 철학자가 되는 것, 혹은 철학자가 국왕이 되는 것은 기대할 수 없다고 말했다.

프랑스가 비록 공화정을 회복했고, 국왕이 없고, 정교가 분리되었고, 문관은 시험을 통해 선발하는 것이 제도화되었다 해도 처음의 이상과는 완전히 달랐다.

중국은 서양에 패배하여 장기간의 혼란 속으로 빠져들었고, 또 진정한 모습을 드러냈다.

그들은 차라리 자기들의 낭만적 환상 속에 안주하거나 혹은 중국의 변방 지역에서 다른 새로운 유토피아를 찾을지언정 이 부패하고 타락하고 정체되고 전제적이고 사악하고 암흑으로 뒤덮인 아편의 제국을 절대로 원하지 않았다. 중국의 이미지는 밑바닥까지 곤두박질쳤다.

환상의 공자는 원래 존재하지 않았다. 도덕은 정치가 아니고 이상은 현실이 아니다.[32]

중국의 참모습은 무미건조하다. 과거는 천당이 아니고, 현재는 지옥이 아니다.[33]

6. 동양의 도덕은 세상에 크게 시행될 수 없다

근대에는 "동양의 도덕은 장차 세상에 크게 시행될 것이다"[34]라는 한 가지 주장이 있었다.

아시아는 동양의 일부분일 뿐이고, 동아시아는 아시아의 일부분일 뿐이며, 중국은 동아시아의 일부분일 뿐이다. 중국이 바로 동양이라는 말은 부끄러운 줄 모르고 큰 소리 치는 말이다.[35]

문명은 전염병이다. 서양의 병은 세계에 공통된 병이다. 첫째는 호전적이고 무력을 남용하는 것이고, 둘째는 미친 듯이 개발하는 것이다. 문제가 없더라도 모두 비판해야 한다. 그러나 이런 종류의 병폐는 선진국에서는 일찍부터 걸려서 급성에서 만성으로 바뀌었기 때문에 당분간은 생명을 위협하지 않는다. 후진국에서는 병에 걸리는 것은 늦지만 일반적으로 급성이다.

늘 응급실에 실려오는 환자가 스스로를 구제할 여력도 없으면서 다른 사람을 구제하려고 덤벼드니 가소롭다. 「신유가선언」을 읽을 때 나의 느낌은 하나는 공허하다는 것이고, 하나는 웃긴다는 것이다.[36]

옛날이나 지금이나, 중국이나 외국이나 사람의 마음은 같은 이치로 움직인다.

옛날 사람은 "우리 동족이 아니면, 마음도 분명히 다를 것이다"[37]라고 말했는데, 이것은 종족의 편견이다. 공자는 "사람의 본성은 서로 비슷하지만, 습성은 서로 차이가 크다"[38]라고 말했다. 범위를 세계로까지 확대하더라도 이치는 똑같다.

도덕은 대개 독서인들이 항상 하는 말이고, 예나 지금이나 중국이나 다른 나라나 다 비슷하다. 공자는 우리에게 좋은 것을 배우라고 가르쳤고, 다른 사람들도 그들 제자에게 나쁜 것을 배우라고 가르치지 않는다.

서양에서는 개인을 중시하지만 꼭 공동체를 무시하는 것은 아니고, 물질을 중시하지만 꼭 정신을 무시하는 것은 아니며, 기술을 중시하지만 꼭 인문학을 무시하는 것은 아니다. 우리의 추론은 자신을 속이고 남을 속이는 것이다. "우리의 천인합일과는 달리 그들의 인간과 자연의 관계는 너무 긴장되어 있다"는 말은 완전히 반대로 말한 것이다. "그들은 부모를 돌보지 않고 효심이 없다"는 말은 특히나 더 그쪽 나라들 사정을 모르는 소리다.

우리의 대가족은 이미 해체되었고 양로원이 바로 지어지고 있으며, 부모에게 빌붙어 사는 사람은 날로 늘어나고 있다. 도덕은 생존을 위한 책략이다. 이전에는 이해하지 못했지만, 지금은 분명히 알아야 한다.

4대가 한집에 살고, 부모에게 효도하고 부양하는 것은 생존을 위한 책략이었다. 어린애가 독립하고 노인이 스스로를 높인 것 역시 생존을 위한 책략이었다.

속담에 이런 말이 있다. 마누라는 다른 사람의 마누라가 좋고, 아이는 자기 아이가 좋다.

과학기술은 다른 사람의 마누라이고, 도덕은 자기 아이이다.

중국 근대의 체용體用 논쟁에서는 항상 "서양은 과학기술이 좋고, 중국은 도덕이 높다"라고 말하기 좋아했다. 이 말은 생각하기만 해도 참을 수 없다. 중국의 도덕 가운데 어떤 점이 다른 나라의 것보다 높은가? 말을 해놓고도 지키지 않는 것, 사람을 사람으로 취급하지 않는 것, 이런 것 때문에 나라가 발전하지 못한다. 나의 얕은 견해로는 도덕 역시 수입해야 한다고 생각한다.

어떤 사람은 "오늘날의 도덕적 수준은 매우 낮지만, 조상들의 수준은 높았다"고 말한다. 나는 이런 말 역시 믿지 않는다. 예를 들어 공자가 도덕을 크게 강조하던 그때는 바로 사회에 덕이 크게 결핍되어 있던 때로서 어떤 왕조의 어떤 세대이든 번영이 끝점에 이르면 시들기 때문에 모두 이런 시기가 있다.[39]

도덕의 공급과 수요 법칙은 도덕이 없을수록 더욱 도덕을 강조한다는 것이다. 나는 언젠가는 중국인이 입만 열면 인의仁義나 도덕을 말하는 그런 일이 더 이상 없어질 것이라고 믿는데, 그때 도덕 수준은 높아져 있을 것이다.

7. 국학國學과 국수國粹: 조상을 욕하는 데서 조상을 파는 데까지

1980년대에는 조상을 욕했고, 1990년대에는 조상을 사랑했고, 현재의 유행은 조상을 파는 것이다. 마치 솜저고리를 벗어던지고 홑적삼으로 바꿔 입어야 하는 것처럼 기후가 변했다. 그러나 하늘은 바뀌지 않고, 도 역시 바뀌지 않지만, 어떻게 이야기하든 다 이유는 있는 법이다.

공부자孔夫子는 중국 전통의 아이콘이다. 그러나 중국 전통은 결코 공부자와 같지 않다. 중국의 문화는 박대정심博大精深, 즉 넓고 크고 정치하고 깊은데 어떻게 일개 유자로 그것을 개괄할 수 있을까? 특히 5·4의 후예 입장에서는 더욱 그렇다.

국학이란 무엇일까? 나는 국학이 바로 "국가가 국가다움을 유지해 갈 수 없을 때 발생하는 학문"[40]이라고 말한 적이 있다. 첫째, 서학이 들어오지 않았을 때는 국학이라고 할 것이 없었다. 그것은 고의로 서학을 쥐어짜면서 생겨난 것이다. 둘째, 이른바 국학은 모두 중국도 아니고 서양도 아닌 학문이다. 너무 중국적이면 국학 축에 들지 못하고, 너무 서양적이어도 국학 축에 들지 못한다. 예를 들어 전통적인 고증학은 너무 옛것이라서 청대의 학술에 귀속시켜야 하고, 고고학과 비교언어학은 너무 새로운 것이라서 순수한 서학이다. 내가 인정하는 국학의 대가는 모두 새로운 재료와 새로운 사상 혹은 새로운 학술로써 구학舊學을 개조한 사람이다.

대가는 모두 따로 새롭게 시작하여 풍조를 바꾸어놓기에 충분한 사람이다. 한동안 명성을 떨친 대가 중에서 신학新學을 완전히 거절한 사람은 아마도 아직 없었던 것 같다. 있다 하더라도 그저 허명일 뿐이다.

국수國粹란 무엇일까? 국수 역시 서구화로 인하여 발생한 것이다. 서구화는 해변에서부터 내륙으로 옮겨갔고, 도시에서부터 농촌으로 옮겨갔다. 서구화의 물결이 닿지 않은 대부분의 지역이나 분야는 조금도 변하지 못했는데, 그것이 바로 이른바 국수이다. 무술武術과 방술方術, 중의中醫와 중약中藥, 두메산골, 차이나타운, 노인들이 즐겨 듣는 지역극地域劇, 일반 민중이 믿는 각종 미신 등은 특히 국수 중의 국수이다.[41]

옛날 흔적, 옛날 물건, 옛날 책 등 조상이 물려준 것들은 마치 팬

더곰처럼 날이 갈수록 줄어든다. 그러므로 시급히 구조하고 보호해야 한다는 데 나는 완전히 동의한다. 그러나 그것들을 확대 발전시키자고 말한다면 그것은 틀렸다. 골동품은 진열대에 두고 감상할 수 있지만, 자기 자신을 진열대 속으로 밀어 넣을 필요는 없다.

서양에는 과학에 대한 환상이 있고, 우리 중국에는 인문에 대한 환상이 있다. 예를 들면 "협객과 뛰어난 여자奇女子"가 바로 그러한 환상이다. 진융金庸은 이러한 전통을 널리 퍼뜨렸고, 그것을 읽은 독자는 헤아릴 수 없이 많다. 무협은 중국이 생산한 명품이다.

의화단 사건이 일어나던 그 무렵에 중국인은 하나의 정신을 가지고 있었다고 한다. 그것은 무슨 정신일까? 정말로 의미심장하여 자세히 음미해볼 가치가 있다. 홍콩과 타이완의 무술영화가 할리우드에 돌진해 들어갔는데, 이는 중국인에게 대단한 자부심을 갖게 했다. 그것들에는 「동방불패東方不敗」,[42] 즉 동양은 패배하지 않는다는 영원한 주제가 있었다. 리샤오룽李小龍은 고전이다. 그의 묘가 시애틀에 있는데 나는 두 번 참배했다. 절권도截拳道는 도道라고 부르는데, "무한을 유한으로 삼았고, 무법無法을 유법有法으로 삼았다."(묘지의 제사題辭) 그러나 그는 일찍 죽었다. 그가 온몸이 깡마른 것은 지나치게 강도 높은 기구를 사용했기 때문이고 또 약을 복용했기 때문이며 때로는 기절하여 땅에 쓰러지기도 했다는 글을 나는 읽은 적이 있다.

중국 근대에 전쟁에서의 패배는 사람을 의기소침하게 만들었고, 사람에게 다른 나라 사람보다 나은 것이 아무것도 없다는 느낌을 심어주었다. 그러나 우리에게는 쿵푸功夫가 있었다. 링 위에서 소처럼 힘센 거구의 외국인 장사가 배를 노려보면서 미친 듯이 공격해도 상대방은 마치 아무렇지도 않은 듯 끄떡없고, 외국인 장사는 더욱 초조해하다가 결국 우리 발밑에 쓰러진다. 일본의 무사는 어떤가? 그들은 쿵푸가 있어도 우리의 정신을 감당하지 못한다. 중화에는 신공神功이 있다.

또 라오서老舍가 잘 묘사해놓은 것이 있다. 밤이 깊어 인기척이 사라지자 사쯔룽沙子龍은 문을 닫고 64개의 창을 단숨에 꽂은 다음 멀리 별이 총총한 하늘을 바라보면서 희미한 미소를 띠었다. 그리고 그저 "가르칠 수 없어, 가르칠 수 없어"라고만 중얼거렸다.(『단혼창斷魂槍』) 그러나 근 100년 동안 참과 거짓이 뒤섞이고, 허구와 사실이 뒤엉킨 이런 종류의 환상은 끊임없이 계속 이어져왔다. 좀도둑처럼 추녀와 담벼락을 넘고 기와를 들어내 안방으로 침입하는 방식은 이미 오래전에 과거의 일이 되었다. 오늘날의 쿵푸영화는 피아노 줄로 사람을 묶어 공중에서 싸우게 한다. 배경은 시적이기도 하고 한 폭의 그림 같기도 하다.(「와호장룡臥虎藏龍」) 환상은 점점 커지게 마련인데 더 이상 커지지 않으면 어떻게 해야 할까? 좀 터무니없어도 괜찮다. 「쿵푸功夫」는 이점을 보여주었다. 바로 터무니없는 것이 필요하다고 모두 이구동성으로 갈채를 보냈다.

더 민족적인 것일수록 더 세계적인 것이라는 말이 크게 유행하고 있다. 나는 홍콩에 갔을 때 식민지일수록 국수적인 것을 더 강조한다는 것을 체험했다.[43]

서양인들은 차이나타운이 중국을 가장 잘 대표할 수 있다고 생각하여 「이어 오브 드래곤year of the dragon, 龍年」이라는 영화를 찍어 우리에게 보여주었는데, 그것은 지극히 당연했다.

8. 지식인의 숙명

"유자는 글로 법을 문란하게 하고, 협객은 무력으로 금령을 어긴다."[44] 법을 문란하게 하고 금령을 어긴 결과는 숙청과 귀순이다. "축의 시대軸心時代, Axial Age"의 선각자와 철인과 종교인들은 모두 이러한 재난으로부터 벗어나기 어려웠다. 공자도 예외는 아니었다.

대중이 사랑하는 것도 이데올로기가 될 수 있다. 에르네스트 르낭Ernest Renan은 명언을 하나 남겼다. "만약 최초의 기독교가 어떤 모습이었는지를 알고 싶다면, '국제노동자협회'의 지방 지부 한 곳을 둘러보기 바란다."[45]

아소카 왕은 귀의했고, 콘스탄틴은 세례를 받았으며, 공자는 제왕의 스승이 되었는데, 도대체 누가 승리한 것일까?

공자의 유토피아는 안개와 파도 너머에 있는 어슴푸레한 해상의 신선이 아니고, 은사들이 꿈꾸었던 세상 밖의 무릉도원도 아니었다. 그것은 그저 주공 시대의 군자국君子國이었다. 그의 청중 역시 그가 소인이라고 부른 인민 대중이 아니라 그가 군자라고 부른 독서인이었다. 공자는 대중의 영웅이 아니었고, 종교가도 아니었다. 종교의 기초는 인민 대중이다.

지식인은 가장 지혜롭고 가장 도덕적이며 가장 이상적이다. 그들에게 국가를 관리하게 하면 누구든 마음이 놓이고 안심이 된다고 생각할 것이다. 그러나 사실 그것은 위험한 부탁이다.

진리는 오류를 용납하지 못한다. 지식인은 마음은 밝지만, 그 누구보다 독단적이다. 만약 그의 손에 칼이 있다면 먼저 목숨을 잃을 사람은 바로 그와 같은 부류의 사람일 것이다.

공자는 정치에 종사하는 것을 사명으로 여겼는데, 이는 중국의 전통이 되었다. 학자를 (정치적) 중임을 맡은 사람으로 부르는 것은 내가 보기에는 악습이다.

우리나라의 지식인 가운데 관리의 유혹에 저항할 수 있는 사람은 매우 적다. "강철 같은 어깨에 도의를 짊어진"[46] 사람에서부터 "뼈 없는 닭찜"[47]까지의 거리는 아마도 한 걸음 차이에 불과할 것이다.

플라톤『국가』의 이상은 지식인에 의한 독재정치이다. 그것은 공자가 가상한 것과 비슷하게 모든 것을 도덕과 지혜에 의지하는 것이다. 이는 지치至治, 즉 이상적 정치의 극치로 정령이나 형법은 아무 소용이 없게 된다. 플라톤은 첫째는 폭군을 두려워했고, 둘째는 포악한 백성을 두려워했다. 그가 볼 때 가장 총명한 사람이 정치를 하는 것만이 유일한 탈출구이다.

그 전형적인 표현이 바로 철학자가 국왕이 되게 하거나 혹은 국왕이 철학자가 되게 해야 한다는 것이다.

플라톤의 이상국가를 철인독재정치라고 부르는데, 실제로는 군인독재정치로서 재산을 공유할 뿐만 아니라 아내를 공유한다. 학자들은 이상국가의 영감은 스파르타, 즉 군사공산주의에 노예제를 합한 제도에서 유래한 것이라고 말한다.

플라톤은 시라큐스의 옛 국왕에게 세 번이나 말했지만, 번번이 아무런 성과도 올리지 못하고 되돌아갔다.

그는 실망한 나머지 한숨을 쉬면서 '내가 이상적으로 생각하는 일등 국가는 오직 천상에서나 있을 수 있겠고, 지상의 국가는 여전히 법률에 맡겨 다스리도록 해야 할 것 같구나'라고 말했다.

양지良知를 통해 옳고 그름을 판정하는 방법[48]으로는 정치를 할 수 없고, 민주적인 방법을 통해 옳고 그름을 판정하는 것[49]으로는 학문을 할 수 없다. 이는 학자와 정객의 차이점이다. 정치란 무엇일까? 학술이란 무엇일까? 성인의 문하생들은 흔히 이 두 가지를 분명하게 나누지 않았다.

유토피아의 기능은 현존 질서를 부정하는 것이고, 이데올로기의 기능은 현존 질서를 유지하는 것이다.[50] 유토피아에서부터 이데올로기까지의 과정은 지식인의 숙명이다.

공자는 중국을 구제할 수 없고, 세계를 구제할 수도 없다.

애초부터 구세주 따위는 없었고, 또 신선이나 황제에 의지하지도 않았었다. 인류의 행복을 창조하기 위해서는 전적으로 우리 자신에게 의지해야 한다.

주註

제12편 안연

1 『좌전』 소공 12년 : "仲尼曰, 古也有志, 克己複禮, 仁也."

2 왕응린王應麟, 『곤학기문困學記聞』

3 『집석』 제2책, 817쪽.

4 『국어』「초어상楚語上」

5 마청위안 주편, 『상하이박물관 소장 전국 초죽서』 제5책, 251-264쪽.

6 『좌전』 희공 33년 : "臣聞之, 出門如賓, 承事如祭, 仁之則也."

7 『예기』「중용」 : "施諸己而不願, 亦勿施於人."

8 『관자』「소문」 : "語曰, 非其所欲, 勿施於人, 仁也."

9 「옹야」 6.30.

10 『예기』「곡례상」 : "禮聞來學, 不聞往敎."

11 『좌전』 애공 14년 참조.

12 『사기』「중니제자열전」 참조.

13 『설문說文』「언부言部」 참조.

14 『논형論衡』의 「명록命祿」「변수辨祟」「문공問孔」 등 참조.

15 『대대례大戴禮』「증자제언상曾子制言上」 : "千里之外, 皆爲兄弟."

16 「옹야」 6.8.

17 리링, 『손자 13편의 종합 연구孫子十三篇綜合硏究』, 중화서국, 2006, 425-426쪽.

18 『곡량전』「은공」 원년 : "春秋成人之美, 不成人之惡."

19 옮긴이 : 이것은 「옹야」 6.22에서 공자가 인을 설명할 때 "인이라는 것은 먼저 어려운

일을 해내고 나서 얻어지는 것이다仁者先難而後獲"라고 한 데서 나온 말이다.

20 리쩌허우, 『논어금독』, 삼련서점, 2004, 340쪽.

21 옮긴이 : 이 글은 마청위안 주편, 『상하이박물관 소장 전국 초죽서』 제5권(上海古籍出版社, 2005)에 실린 것이다. 『상하이박물관 소장 전국 초죽서』는 전국 시기 초나라 지역에서 출토된 것으로 추정되는 죽간을 정리하여 편찬한 것이다. 리링의 이 책에서는 그것을 『상박초간』으로 줄여 부른다. 이와 관련된 내용은 이 책의 제2부 4장에서 비교적 자세하게 설명하고 있다.

제13편 자로

1 마청위안 주편, 『상하이박물관 소장 전국 초죽서』 제3책, 261–283쪽.

2 우리의 학술위원회는 항상 권모술수위원회이다. 역사상의 거찰제는 줄곧 그와 같은 병폐를 가지고 있었던 것으로서 오늘날 시작된 것이 아니다.

3 『상박초간』「중궁仲弓」: "夫賢才不可掩也. 舉爾所知, 爾所不知, 人其舍之者."

4 『사기』「이장군열전」: "悛悛如鄙人, 口不能道辭. 及死之日, 天下知與不知, 皆爲盡哀."

5 옮긴이 : 저자는 "저諸"자를 대명사 "지之"와 의문을 나타내는 어기사 "호乎"를 하나로 묶은 글자로 간주했고, 따라서 종전의 해석에서는 의문문으로 만드는 "호乎"의 의미만 살리고 대명사 "지之"의 의미에 대한 해석을 생략해버렸다는 것을 지적하는 것이다.

6 "自己動手, 豐衣足食." 옮긴이 : 저자가 인용한 이 구절은 마오쩌둥이 1939년에 옌안생산동원대회延安生産動員大會에서 심각한 경제 난국을 타개하기 위하여 인민들을 향해 제창한 구호였다.

7 『맹자』「등문공상」: "勞心者治人, 勞力者治於人."

8 「미자」 18.7.

9 쉬취안싱許全興, 『마오쩌둥과 공부자』, 174–175쪽.

10 옮긴이 : "선거실善居室"에 대하여 양보쥔楊伯峻은 네 가지 풀이를 소개하고 나서 "거居"자를 "기화가거奇貨可居(진기한 물건은 값이 오를 때까지 쌓아둘 만하다)"와 같은 용법으로 풀이해야 한다고 보았다. 양보쥔의 의견에 따르면 "선거실善居室"은 "집안 살림을 잘 꾸려나가는 것"이라고 풀이해야 하는데, 뒤에 이어지는 항목으로 볼 때 리링보다는 양보쥔의 견해가 더 타당하다. 양보쥔, 『논어역주』, 중화서국, 1982, 136쪽 참조.

11 『관자』「목민」

12 『좌전』 소공 25년 : "爲政事庸力行務, 以從四時."

13 『역주』, 139쪽.

14 『집석』 제3책, 926쪽.

15 『정의』 하책, 542쪽.

16 『역주』, 141쪽.

17 『예기』「치의緇衣」: "南人有言曰, 人而無恒, 不可以爲卜筮. 古之遺言與. 龜筮猶不能知也, 而

況於人乎. 詩云, 我龜旣厭, 不我告猶, 兌命曰, 爵無及惡德, 民立而正事, 純而祭祀, 是爲不敬. 事煩則亂, 事神則難. 易曰, 不恒其德, 或承之羞. 恒其德偵, 婦人吉, 夫人凶."

18 징먼시박물관荊門市博物館, 『곽점초묘죽간郭店楚墓竹簡』, 文物出版社, 1998, 127-137쪽. 마청위안馬承源 주편, 『상하이박물관 소장 전국 초죽서』 제1책, 169-213쪽.

19 『상서』「열명說命」 편을 뜻한다.

20 『국어』「정어鄭語」: "夫和實生物, 同則不繼."

21 『집석』 제3책, 938쪽.

22 「공야장」 5.11.

23 『맹자』「등문공하」: "富貴不能淫, 貧賤不能移."

24 『맹자』「등문공하」: "富貴不能淫, 貧賤不能移, 威武不能屈, 此之爲大丈夫."

25 「공야장」 5.5.

26 「학이」 1.3.

제14편 헌문

1 「공야장」 5.2.

2 「헌문」 14.3.

3 「위영공」 15.7.

4 소통蕭統의 「도연명전陶淵明傳」에 이미 이 말이 나온다. 옮긴이 : 신수薪水는 글자 그대로 보면 땔나무와 물이라는 뜻으로 생활필수품을 대표하는 말인데, 오래전부터 문인들 사이에서 녹봉에 대한 은유적 표현으로 사용했다. 이 말은 오늘날에도 급여 혹은 봉급이라는 뜻으로 사용하고 있다.

5 『묵자』「잡수雜守」 참조.

6 「미자」 18.3.

7 옮긴이 : 3000제자에 10을 곱한 수치.

8 뉴쩌췬牛澤群의 『논어찰기論語札記』, 北京燕山出版社, 2003, "변학찬조辨學贊助", 278-279쪽 참조.

9 『속한서續漢書』「오행지五行志」: "直如弦, 死道邊. 曲如鉤, 反封侯."

10 『좌전』 양공 24년 : "豹聞之, 大上有立德, 其次有立功, 其次有立言. 雖久不廢, 此之謂不朽."

11 중산왕정中山王鼎과 『곽점초간』을 그 예로 들 수 있다.

12 『좌전』 양공 31년 참조.

13 『좌전』 양공 31년 참조.

14 『좌전』 소공 20년 참조.

15 사실 고문자 자료에 의하면 왕자신王子申이라고 해야 한다.

16 『집석』 제3책, 964쪽.

17 『순자』「대략大略」: "子謂子產惠人也, 不如管仲."

18 왕소王素, 『세범世範』 권중卷中 : "由儉入奢易, 由奢入儉難."

19 이 장에 대한 공안국孔安國의 주 : "公綽性寡欲, 趙魏貪賢, 家老無職, 故優. 滕薛小國, 大夫政煩, 故不可爲."

20 『순자』 「대략」 : "齊人欲伐魯, 忌卞莊子, 不敢過."

21 『좌전』 양공 16년 : "齊侯圍郕, 孟孺子速邀之. 齊侯日, 是好勇. 去之以爲之名."

22 『집석』 제3책, 970쪽.

23 『좌전』 양공 29년 참조.

24 『좌전』 양공 23년 : "知之難也. 有臧武仲之知, 而不容於魯國, 抑有由也, 作不順而施不恕也. 夏書日, 念茲在茲, 順事, 恕施也."

25 옮긴이 : 인용 부호로 표시한 부분은 『수경주水經注』 「하수河水 5」의 말로 원문은 다음과 같다. "以臣召君, 不可以訓. 故書日, 天王狩於河陽, 言非其地也, 且明德也."

26 『방언』 권1.

27 『맹자』 「양혜왕하」 : "孟子日, 君子不亮, 惡乎執."

28 「공야장」 5.15.

29 『장자』 「칙양則陽」 참조.

30 『회남자』 「원도原道」 참조.

31 옛 음은 모두 단모직부端母職部, 즉 성모는 단端이고 운모는 직職인 글자로서 직의 음가를 갖는다.

32 『노자』 제63장 : "報怨以德."

33 『노자』 제80장 : "正言若反."

34 예를 들어 다음과 같은 구절들이 있다. "현자를 숭상하지 않고, 백성들로 하여금 다투지 않게 한다不尙賢, 使民不爭"(제3장), "그러므로 대도가 없어져버리자 거기서 인과 의가 생겨났다. 지혜가 나타나자 거기서 큰 거짓이 생겨났다. 육친이 불화하자 거기서 효도와 자애가 생겨났다. 국가가 혼란해지자 거기서 곧은 신하가 생겨났다故大道廢, 焉有仁義. 智慧出, 焉有大僞. 六親不和, 焉有孝慈. 邦家昏亂, 焉有貞臣"(18장), "성인을 끊고 지혜를 버리면 백성의 이익이 백배가 될 것이다. 인을 끊고 의를 버리면 백성들은 효도와 자애를 회복할 것이다. 기교를 끊고 이기를 버리면 도적이 없어질 것이다絕聖棄智, 民利百倍. 絕仁棄義, 民複孝慈. 絕巧棄利, 盜賊無有"(제19장), "배움을 끊으면 근심이 없다絕學無憂"(제20장), "그러므로 덕을 상실한 뒤에 인이 있고, 인을 상실한 뒤에 의가 있고, 의를 상실한 뒤에 예가 있다. 예라는 것은 성실과 신뢰의 끝자락이고 혼란의 시작이다故失德而後仁, 失仁而後義, 失義而後禮. 失禮者, 忠信之薄也, 而亂之首也"(제38장). 그 가운데 "인을 끊고 의를 버린다"는 구절은 비록 곽점초간에는 "거짓을 끊고 속임수를 버린다絕僞棄詐"로 되어 있기는 하지만, 그렇다고 해서 책 전체에 대한 우리들의 기본적인 인상을 바꿔놓을 수 없다.

35 『예기』 「표기表記」 : "以德報德, 則民有所勸. 以怨報怨, 則民有所懲."

36 『예기』 「표기表記」 : "以德報怨, 則寬仁之身也. 以怨報德, 則刑戮之民也."

37 이 장에 대한 공주孔注 : "下學人事, 上達天命."

38 「태백」 8.13.
39 「미자」 18.1
40 「미자」 18.8.
41 「미자」 18.5.
42 「미자」 18.6.
43 「미자」 18.6.
44 「미자」 18.7.
45 「헌문」 14.39.
46 「옹야」 6.2.
47 「헌문」 14.4.
48 「팔일」 3.24.
49 「헌문」 14.38.
50 『공자가어』「변악辨樂」: "孔子學琴於師襄子, 襄子曰, 吾雖以擊磬爲官, 然能於琴."
51 『상서대전尙書大傳』과 공주孔注 및 마융주馬融注.
52 『맹자』「고자하」: "徐行後長者謂之弟, 疾行先長者謂之不弟."

제15편 위영공

1 사실 고문자 자료 가운데 진나라를 의미하는 진陳은 두 가지 서법을 모두 사용하여 전혀 구별이 없었다.
2 『안씨가훈』「서증」: "俗本多作阜傍車乘之車."
3 『안씨가훈』「서증」: "蒼雅及近世字書皆無別字, 唯王羲之小學章, 獨阜傍作車."
4 『손자』「모공謀攻」 참고.
5 『좌전』 정공 10년 : "孔丘知禮而無勇, 若使萊人以兵劫魯侯, 必得志焉."
6 『맹자』「진심하」: "君子之戹於陳蔡之閒, 無上下之交也."
7 『순자』「유좌」: "七日不火食, 藜羹不糂, 弟子皆有飢色."
8 「헌문」 14.10.
9 이중부李中孚, 『사서반신록四書反身錄』: "劉文靖謂丘文莊博而寡要, 嘗言丘仲深雖有散錢, 惜無錢繩貫錢. 文莊聞而笑曰, 劉子貴雖有錢繩, 卻無散錢可貫."
10 『사기』「오제본기」 참조.
11 첸춘쉰錢存訓, 『죽백에 글을 쓰다書於竹帛』, 上海書店出版社, 2002, 95-96쪽.
12 청수더程樹德, 『논어집석論語集釋』 제4책 중화서국, 1990, 1086쪽.
13 사마천, 『사기』「공자세가」: "三百五篇, 孔子皆弦歌之, 以求合韶武雅頌之音."
14 「팔일」 3.25.
15 「술이」 7.14.
16 『예기』「악기」 참조.

17 『사기』「공자세가」

18 「헌문」 14.30을 참조할 것.

19 「공야장」 5.11 참조.

20 「위영공」 15.19.

21 「위영공」 15.20.

22 「위영공」 15.21.

23 「자로」 13.24 참조.

24 『대대례』「권학」 : "孔子曰. 吾嘗終日而思矣, 不如須臾而學也."

25 옮긴이 : "모모모부某母某部"는 고대에 글자의 음을 표기하던 방법의 한 가지였다. 모母는 성모聲母를 나타내고, 부部는 운모韻母를 나타낸다. 성모는 한글에서 초성에 해당되고, 운모는 중성과 종성에 해당된다. 예를 들어 "단모경부端母耕部"의 글자는 단端의 초성 "ㄷ"과 경耕의 중성 및 종성 "ㅕㅇ"을 조합하여 "뎡"이라는 음가를 가지는 글자라는 뜻이다. 성모나 운모 가운데 한 가지가 같으면 서로 바꿔 쓰는 경우가 많았다.

26 「자로」 13.20.

27 『맹자』「이루하」 : "大人者, 言不必信, 行不必果, 唯義所在."

28 주희가 「위정」 2.7과 2.8, 「옹야」 6.21 등 두 장을 주석할 때 인용하고 있다.

29 옮긴이 : 사보師保는 고대에 제왕을 보필하고 왕실의 자제를 가르치는 관리를 지칭하기도 하고 모든 스승을 가리키는 일반적인 말로도 사용되었다.

제16편 계씨

1 『좌전』 희공 21년 : "任宿須句顓臾, 風姓也, 實司大皞與有濟之司, 以服事諸夏."

2 『맹자』「만장하」 참조.

3 『집석』 제4책, 1130-1131쪽.

4 린메이춘林梅村, 「중국고대장서고中國古代藏書考」, 베이징대학고고문헌박학원北京大學考古文博學院 편, 『고고학연구』 제5권 하책, 科學出版社, 2003, 1013-1024쪽.

5 리링, 「소주국동기의 명문을 읽고讀小邾國銅器的銘文」, 173-189쪽.

6 유월俞樾, 『군경평의群經平議』 : "不患貧而患不均, 不患寡而患不安."

7 『집석』 제4책, 1137쪽.

8 「학이」 2.8과 「자한」 9.25 참조.

9 『곽점초간』『어총』 제3권 簡9-16 : "與爲義者遊, 益. 與莊者處, 益. 起習文章, 益. 與褻者處, 損. 與不好學者遊, 損. 處而無習也, 損. 自示其所能, 損. 自示其所不足, 益. 遊佚, 益. 崇志, 益. 在心, 益. 有所不行, 益. 必行, 損."

10 『순자』「권학」 : "未可與言而言謂之傲, 可與言而不言謂之隱, 不觀氣色而言謂之瞽."

11 『염철론』「효양」 : "言不及而言者, 傲也."

12 『회남자』「전언詮言」 : "凡人之性, 少則猖狂, 壯則强暴, 老則好利."

13 『십대경十大經』「오정五政」 : "怒者, 血氣也. 爭者, 外脂膚也. 怒若不發, 浸廩是爲癰疽."

14 『회남자』「수무修務」 : "夫天之所覆, 地之所載, 包于六合之內, 托于宇宙之間, 陰陽之所生, 血氣之精, 含牙戴角, 前爪後距, 奮翼攫肆, 跂行蟯動之蟲, 喜而合, 怒而鬪, 見利而就, 避害而去, 其情一也."

15 『마왕퇴백서』『양생방養生方』의 술어.

16 「양화」 17.3.

17 「옹야」 6.21.

18 초주譙周, 『古史考』 참조.

19 『사기』「衛將軍驃騎列傳」 : "大將軍至尊重, 而天下之士大夫毋稱焉."

20 『사기』「李將軍列傳」 : "悛悛如鄙人, 口不能道辭."

21 『사기』「이장군열전李將軍列傳」 : "及死之日, 天下知與不知, 皆爲盡哀."

22 『예기』「곡례」 : "公侯有夫人, 夫人自稱於天子曰老婦, 自稱於諸侯曰寡小君, 自稱於其君曰小童."

23 『예기』「곡례」 : "夫人自稱於天子曰老婦."

24 『예기』「잡기」 : "訃於他國之君…夫人, 曰, 寡小君不祿."

25 옮긴이 : 남편이나 아내가 상대방을 부르는 호칭.

26 오늘날 예를 들어 미국 대통령 부인과 같은 이른바 "퍼스트레이디"라는 말을 맨 처음 들었을 때 나는 너무도 의심스러워 도무지 이해가 되지 않았다. 첫 번째 부인이라면 두 번째 부인이 또 있다는 말일까? 이 번역어는 너무나 우스꽝스럽다. 옮긴이 : 미국 대통령의 부인을 지칭하는 퍼스트레이디에 대한 중국어 역은 "제일부인第一夫人(디이푸런)"이고 그것은 글자 그대로 보면 "첫 번째 부인"이다.

27 초나라에서는 왕이라는 명칭을 썼기 때문에 위씨蔿氏의 지위는 실제로는 공경에 해당된다.

제17편 양화

1 『노자』 제71장(현행본 69장) : "無敵近喪吾寶矣." 옮긴이 : 저자는 이 구절의 출처를 『노자』 제71장으로 밝히고 있으며, 괄호 속에서는 '현행본 61장'이라고 밝히고 있다. 그러나 현행본 61장에는 "禍莫大於輕敵, 輕敵幾喪吾寶"로 되어 있어 저자가 인용하고 있는 것과는 조금 다르다. 뿐만 아니라 백서본(갑본 및 을본) 71장의 내용은 이와는 전혀 다르다. 저자가 인용하고 있는 것과 유사한 문장으로는 백서본 갑본의 33장과 을본의 34장이다. 갑본 제33장에는 "禍莫於於無適, 無適斤亡吾吾葆矣"으로 되어 있고, 을본 34장에는 "禍莫大於無敵, 無敵近亡吾■矣"으로 되어 있다. 또 부혁본에는 "禍莫大於無敵, 無敵則幾亡吾寶"로 되어 있고, 왕필본에는 "禍莫大於輕敵, 輕敵幾喪吾寶"로 되어 있다. 저자가 밝히고 있는 '현행본'은 왕필본을 지칭하는데, 인용하고 있는 것과 일치하는 것이 없어 어떤 판본의 것을 인용했는지 분명히 알 수 없다.

2 『여씨춘추』「선기」: "嗇其大寶."

3 『집석』 제4책, 1176쪽.

4 모기령毛奇齡, 『논어계구편論語稽求篇』에서 인용함.

5 『집석』 제4책, 1176쪽.

6 『사기』「유후세가留侯世家」: "今陛下能制項籍之死命乎. 曰, 未能也. 其不可一也. 武王伐紂封其後於宋者, 度能得紂之頭也. 今陛下能得項籍之頭乎. 曰, 未能也. 其不可二也. 武王入殷, 表商容之閭, 釋箕子之拘, 封比幹之墓. 今陛下能封聖人之墓, 表賢者之閭, 式智者之門乎. 曰, 未能也. 其不可三也. 發钜橋之粟, 散鹿台之錢, 以賜貧窮. 今陛下能散府庫以賜貧窮乎. 曰, 未能也. 其不可四矣. 殷事已畢, 偃革爲軒, 倒置幹戈, 覆以虎皮, 以示天下不複用兵. 今陛下能偃武行文, 不複用兵乎. 曰, 未能也. 其不可五矣. 休馬華山之陽, 示以無所爲. 今陛下能休馬無所用乎. 曰, 未能也. 其不可六矣. 放牛桃林之陰, 以示不複輸積. 今陛下能放牛不復輸積乎. 曰, 未能也. 其不可七矣."

7 『집석』 제4책, 1176쪽.

8 『상박초간』의 「성자명출性自命出」: "性自命出, 命自天降."

9 「옹야」 6.21, 「계씨」 16.9.

10 옮긴이 : 「이인」 4.6의 '옮긴이 주'를 참조할 것.

11 『집석』 제4책, 1190-1194쪽.

12 『집석』 제4책, 1199쪽.

13 리링, 『손자 13편의 종합 연구』, 중화서국, 364-367쪽.

14 『사기』「공자세가」: "今佛肸親以中牟畔."

15 『황소皇疏』에 인용된 강희江熙의 주장.

16 『집주集注』에 인용된 장식張栻의 주장.

17 청대 조포刁包의 『사서익주四書翼注』 참조.

18 『집석』 제4책, 1206-1208쪽.

19 『집석』 제4책, 1218-1219쪽.

20 『황소皇疏』에는 두 가지 주장이 보존되어 있다.

21 송대 심작철沈作喆의 『우간寓簡』 참조.

22 『집석』 제4책, 1222쪽.

23 옮긴이 : 저자는 제2부 1장의 "5. 공자의 일생"에서 공자를 바로 "가난한 집 아이苦孩子"라고 부르고 있다.

24 「위영공」 15.22.

25 『예기』「잡기雜記」: "恤由之喪, 哀公使孺悲之孔子學士喪禮, 士喪禮於是乎書."

26 예를 들어 『일주서』「월령」, 『예기』「월령」 등의 책.

27 윤만한간尹灣漢簡의 『박국점博局占』을 통해서 알려졌다.

28 『사기』「급정열전汲鄭列傳」

29 『논어신해論語新解』, 삼련서점, 2002, 464쪽.

30 『좌전』 희공 24년 : "女德無極, 婦怨無終."

31 『좌전』 위의 구절에 대한 두예의 주 : "婦女之志, 近之則不知止足, 遠之則忿怨無已."

32 류둥劉東, 「난양론에 대한 해석을 바로잡음難養論釋正」『부세론浮世論』, 遼寧教育出版社, 1996, 164-17쪽.

33 「자로」 13.20.

34 리쩌허우, 『논어금독』, 삼련서점, 2004, 491-492쪽.

35 옮긴이 : 여자汝子에 대한 해석도 "이사람" "너희 집 젊은이" "너의 아들" "너희 몇몇 학생" 등 다양하다.

36 「자한」 9.23.

37 『집석』 제4책, 1245쪽.

제18편 미자

1 당대 한유韓愈와 이고李翱의 『논어필해論語筆解』, 청대 이중부李中孚의 『사서반신록四書反身錄』

2 『집석』 제4책, 1251-1254쪽.

3 위에서 인용한 『사서반신록』에서 이러한 문제를 논의했다. "후세 사람 중에 덕이 미자보다 못하다면 확실히 다른 성異姓에게 머리 숙여 복종할 수 없겠지만, 만약 덕이 미자와 같은 사람이라 하더라도 종사宗祀를 핑계로 대면서 다른 성에게 머리 숙여 복종할 수 있을까後世德非微子, 固不可以俛首異姓, 若德如微子, 便可借口宗祀, 俛首異姓乎?" 그 대답은 만약 무왕과 같은 명군明君이나 성주聖主를 만나지 못한다면 역시 죽음으로써 문제를 해결한다는 것이었다.

4 『손자』「모공謀攻」: "敵則能戰之, 少則能逃之, 不若則能避之."

5 『전국책』「진책3秦策三」, 『초사』「구가九歌」

6 『장자』「인간세人間世」: "鳳兮鳳兮, 何如德之衰也. 來世不可待, 往世不可追也. 天下有道, 聖人成焉. 天下無道, 聖人生焉. 方今之時, 僅免刑焉. 福輕乎羽, 莫之知避. 禍重乎地, 莫之知避. 已乎已乎, 臨人以德. 殆乎殆乎, 畫地而趨. 迷陽迷陽, 無傷吾行. 吾行卻曲, 無傷吾足."

7 『노자』 제50장 : "出生入死. 生之徒十有三, 死之徒十有三, 而民生生, 動皆之死地十有三."

8 『은작산한간』「기정奇正」: "故有形之徒, 莫不可名. 有名之徒, 莫不可勝."

9 『예기』「곡례」: "遭先生以道, 趨而進, 正立拱手."

10 『역』「고蠱」: "不事王侯, 高尚其事."

11 『순자』「수신」: "志意修則驕富貴, 道義重則輕王侯."

12 『공자가어』「변악辨樂」: "孔子學琴於師襄子, 襄子曰, 吾雖以擊磬爲官, 然能於琴."

13 『집석』 제4책, 1293쪽.

14 『당율소의唐律疏議』 권1의 "십악十惡" 조항을 참조할 것.

15 『국어』「진어4晉語四」: "詢於八虞, 而諮以二虢."

16 『집석』 제4책, 1295-1300쪽.

17 이 주장은 『춘추번로』「교제」에 근거를 두고 있다.

18 뉴쩌췬의 『논어찰기』, 北京燕山出版社, 2003, 519쪽의 "동생기언董生奇言" 조항 참조.

19 옮긴이 : 은대의 관직 이름. 서적을 관장하고 왕명의 출납을 담당하던 직책으로 서주 시대에는 작책내사作册內史, 작명내사作命內史, 내사內史 등으로 불렀고, 후대에는 이들을 통틀어 사관史官이라고 했다.

20 주펑한朱鳳瀚, 『상주가족형태연구商周家族形態研究』(증정본), 天津古籍出版社, 2004, 339쪽.

제19편 자장

1 한대인들은 『논어』를 인용할 때 제자들의 말을 공자의 말로 간주하는 경우가 많았다.

2 「선진」 11.16.

3 채옹蔡邕, 「정교론正交論」, : "子夏之門人問交於子張, 而二子各有所聞於夫子. 然則其以交誨也, 商也寬, 故告之以距人. 師也褊, 故告之以容衆. 各從其行而矯之, 若夫仲尼之正道, 則汎愛眾而親仁. 故非善不喜, 非仁不親, 交遊以方, 會友以仁, 可無貶也."

4 『시경』「대아·탕蕩」: "靡不有初, 鮮克有終."

5 「선진」 11.16.

6 『열자』「중니」: "師能莊而不能同."

7 『집석』 제4책, 1328쪽.

8 「학이」 1.11.

9 『국어』「주어」: "衆口鑠金."

10 『논어신해』, 삼련서점, 2002, 496쪽.

11 『역주』, 205쪽.

12 뤄창페이羅常培·저우쭈모周祖謨, 『한위진남북조 운부의 변화 연구漢魏晉南北朝韻部演變研究』(제1분책), 科學出版社, 1958, 24-28쪽.

13 『맹자』「공손추상」 참조.

14 『사기』「공자세가」: "三年心喪畢, 相訣而去, 則哭, 各複盡哀, 或複留. 唯子贛廬於塚上, 凡六年, 然後去."

제20편 요왈

1 『한서』「예문지」의 여순如淳의 주.

2 청대 적호翟灝의 『사서고이四書考異』(『집석』 제4책, 1345쪽 참조.)

3 『서경』「대우모」: "天之歷數在汝躬, 汝終陟元后. 人心惟危, 道心惟微. 惟精惟一, 允執厥中. 無稽之言勿聽, 弗詢之謀勿庸. 可愛非君, 可畏非民. 衆非元后何戴. 后非衆罔與守邦.(欽哉, 愼

乃有位, 敬修其可願, 四海困窮) 天祿永終." 옮긴이 : 괄호로 묶은 부분은 저자가 아무런 설명 없이 빠뜨린 부분이다. 독자의 이해를 돕기 위해 빠진 부분에 해당하는 문장과 번역문을 괄호 속에 보충한다. 또 저자의 인용문 속의 "可愛非民"은 "可畏非民"의 잘못이라 바로잡는다.

4 『순자』「해폐」: "人心之危, 道心之微."

5 취완리屈萬里, 『상서집석尙書集釋』(『취완리전집』 제2권), 聯經出版事業公司, 1983, 「부편附編 3: 위고문상서습고간주僞古文尚書襲古簡注」, 309쪽.

6 옮긴이 : 은대에는 태양을 숭배했고, 갑甲·을乙·병丙·정丁·무戊·기己·경庚·신申·임壬·계癸 등의 이름을 가진 열 개의 태양이 있다고 생각했는데, 이 열 개의 태양 이름을 일명日名이라고 한다. 은대인들은 이들 열 개의 태양이 매일 번갈아 떠오르는 것이라고 생각했고, 자신들이 태양의 후손이라고 믿었다. 또 은 왕조 31명의 모든 왕은 각자가 태어난 날의 태양 이름을 따서 왕의 이름을 지었다. 다만 중복되는 이름이 있을 때는 앞에 대大자나 태太자를 붙였다. 예를 들어 탕湯은 태을太乙(혹은 대을大乙)이고, 주紂는 제신帝辛이었다. 이처럼 탕 대신 태을이라고 부르는 이름, 주 대신 제신이라고 부르는 이름을 일명이라고 한다. 본문에서 탕왕을 천을이라고 한 것은 고대에 대大자와 천天자가 비슷해서 통용되었기 때문일 것이다.

7 『상서』「탕고」: "惟簡在上帝之心. 其爾萬方有罪, 在予一人. 予一人有罪, 無以爾萬方."

8 『국어』「주어상周語上」: "在湯誓曰餘一人有罪, 無以萬夫. 萬夫有罪, 在餘一人."

9 『묵자』「겸애하兼愛下」: "惟予小子履, 敢用玄牡, 告於上天后曰, 今天大旱, 即當朕身. 履未知得罪於上下, 有善不敢蔽, 有罪不敢赦, 簡在帝心. 萬方有罪, 即當朕身. 朕身有罪, 無及萬方."

10 『여씨춘추』「순민順民」: "昔者湯克夏而正天下. 天大旱, 五年不收, 湯乃以身禱於桑林, 曰, 余一人有罪, 無及萬夫. 萬夫有罪, 在余一人. 無以一人之不敏, 使上帝鬼神傷民之命. 於是翦其髮, 磿其手, 以身爲犧牲, 用祈福於上帝. 民乃甚說, 雨乃大至."

11 『논형』「감허感虛」: "傳書言, 湯遭七年旱, 以身禱於桑林, 自責以六過, 天乃雨. 或言, 五年. 禱辭曰, 余一人有罪, 無及萬夫. 萬夫有罪, 在余一人. 天以一人不敏, 使上帝鬼神傷民之命. 於是剪其髮, 麗其手, 自以爲牲, 用祈福於上帝. 上帝甚說, 時雨乃至."

12 『상서』「무성武成」: "大賚於四海, 而萬姓悅服."

13 『상서』「태서」: "雖有周親, 不如仁人. 天視自我民視, 天聽自我民聽. 百姓有過, 在予一人."

14 「술이」 7.26, 「선진」 11.20, 「자로」 13.20, 「자로」 13.29.

15 『상서』「무성武成」: "重民五教, 惟食喪祭."

16 청대 진단陳鱣의 『논어훈고論語古訓』(『집석』 제4책, 1367쪽 참조).

17 簡2-3 : "性自命出, 命自天降."

18 「안연」 12.5 참조.

제1장 그 책을 읽으면 그의 사람됨을 알 수 있다

1 『사기』「공자세가」: "詩有之, 高山仰止, 景行行止. 雖不能至, 然心鄕往之. 余讀孔氏書, 想見其爲人."

2 사마천은 제자諸子의 전기 중에서 서로 다르게 전해져오는 것들을 잡다하게 채록했기 때문에 모순되는 부분과 의문스러운 부분이 존재한다. 그러므로 꼼꼼하게 변석하고 바로잡아야 한다. 그러나 그는 실록에 근거했을 뿐만 아니라 또 전설을 수집하여 서로 다른 기록에 대하여 함께 수용하고 같이 모아놓음으로써 믿을 수 있는 것은 믿게 기록하고 의심스러운 부분은 의심스럽게 기록했다. 이는 사료의 보존이라는 점에서 장점이 있다. 후대 사람은 당시의 환경과 역사적 조건을 고려하지 못하고 잘못이 자주 나타나는 점을 비방했는데, 그것은 지나치게 불공평한 것이다.

3 위서를 판단할 때 각 책의 신뢰도에 따르는 것이 여태까지 이어져온 정설이었다. 예를 들어 공자의 일생을 연구한다면, 학자들은 습관적으로 오직 『논어』만을 공자의 말이라고 생각하고, 『좌전』『맹자』『대대기』『소대기』 등은 그다음으로 미루어두고, 제자서에 대해서는 모두 의심스러운 것으로 보며, 『사기』 등 한대인의 주장에 대해서는 또 한 등급 낮추어놓는다. 이러한 생각은 일정하게 타당하지만, 그것을 규범이나 기준으로 받아들여서는 안 된다. 『공자가어孔子家語』와 『공총자孔叢子』는 학자들의 눈에는 줄곧 『고론古論』『고문상서古文尙書』 및 공안국孔安國이 전수한 것 등과 함께 모두 의심의 대상이었다. 그러나 출토된 죽간을 볼 때 그것들은 매우 충분한 근거가 있다. 제4장에서 이점에 대해 이야기할 것이다.

4 이 이야기는 한대에 크게 유행했다. 각 책의 기록은 약간씩 다르다. 『사기』「공자세가」, 『백호통白虎通』「수명壽命」, 『논형論衡』「골상骨相」, 『공자가어』「곤서困誓」 등의 기록은 비교적 일치한다. 이들 책에서는 공자는 이마가 요임금 같았고, 목은 고요 같았고, 어깨는 자산 같았고, 허리 아래는 우임금보다 3치가 짧았다고 말한다. 오직 『한시외전韓詩外傳』 권9 18장은 차이가 비교적 크다. '정'나라를 '위'나라로 쓰고 있고, 관상쟁이를 저명한 고포자경姑布子卿이라고 했다. 고포자경이 본 관상의 내용도 다르다. 그는 공자가 이마는 요임금 같고, 눈동자는 순임금 같고, 목은 우임금 같고, 입은 고요 같고, 앞에서 보면 땅 위의 왕과 같고, 뒤에서 보면 앞에서 말한 네 임금 같지 않다고 말했다. 이와 같은 관상의 말은 정설처럼 되었다. 『사기』 등의 책에서는 공자의 허리 아래는 요임금보다 3치가 짧다고 말했는데, 그의 다리가 짧다는 것을 형용한 것이다. 공자가 자공에게 대답한 내용도 『한시외전』에서는 역시 다르다. 여기서는 대강의 의미만 간추려 말하고 원문은 이 편 뒤에 첨부해둔다.

5 『사기』「공자세가」: "孔子長九尺六寸, 人皆謂之長人而異之." 『노사路史』「후기後紀」에서는 『세본世本』을 인용하여 다음과 같이 말했다. "중니는 머리 위쪽 정수리가 움푹 패여 있었고 얼굴이 컸으며, 외모상의 특이점이 49가지가 있었다. 눈썹은 크고 푸른색을 띠

었고 이목구비 등은 시원시원하고 아름다웠으며, 가슴은 넓고 두터웠고 갈비뼈는 부챗살처럼 나란했다. 허리는 10뼘이나 되었고, 키는 9척 6촌이었으며 당시 사람들은 그를 키다리라고 불렀다仲尼圩頂, 反首張面, 四十有九表. 堤眉谷竅, 參臂駢脅. 腰大十圍, 長九尺六寸, 時謂長人."

6 옮긴이 : 두 사람 모두 중국의 유명한 농구 선수이다.

7 『국어國語』「노어하魯語下」

8 가의賈誼의 『신서新書』「용경容經」에는 다음과 같은 언급이 있다. "자공이 자기 집에서 와 공자를 뵈었다. 공자는 엄숙한 표정을 하고, 지팡이를 들고 석경처럼 몸을 꺾고 서 있었다子贛由其家來, 謁於孔子. 孔子正顔, 擧杖磬折而立" "자로가 공자의 등을 보았더니 석경처럼 몸을 꺾고 소매를 들고 있었다子路見孔子之背, 磬折擧褎."

9 「향당」 10.4.

10 최근에 공자의 표준 초상화와 관련하여 분쟁이 있었는데, 어떤 매스컴에서 나에게 의견을 말해달라고 요청해왔지만 나는 거절했다. 1684년 강희제康熙帝가 곡부에 가서 성인을 참배하고, "석각에 있는 오도자가 그린 노사구상魯司寇像을 보았으며, 성적전聖跡殿으로 가서 그림과 빙기상憑幾像·행교行敎·소영小影·입상立像·행상行像 등의 석각을 두루 관람하고 나서 공육기孔毓圻를 돌아보며 말했다. '어떤 초상이 가장 사실적인가?' 공육기는 이렇게 아뢰었다. '행교와 소영과 안자종행顔子從行이 가장 사실적입니다. 당시 단목사가 베껴서 그린 것을 진대晉代의 고개지顧愷之가 다시 모사한 것입니다觀石刻吳道子畫魯司寇像, 詣聖跡殿, 周覽圖畫及憑幾像行敎小影立像行像諸石刻, 顧問孔毓圻曰, 何像最眞, 孔毓圻奏曰, 惟行敎小影顔子從行者爲最眞, 乃當年端沐賜傳寫, 晉顧愷之重摹者.'"(『大淸聖祖仁皇帝實錄』 117권)

11 항탁은 『전국책』『회남자』『사기』『한서』 등 고서에 보인다. 청대 유정섭俞正燮의 『계사유고癸巳類稿』 권11 「항탁고項橐考」 및 돈황변문敦煌變文 『공자항상문서孔子項相問書』 참조.

12 토지개혁과 지주와의 투쟁, 문혁 때 홍위병의 소란, 위뤄커遇罗克의 피살 등은 모두 혈통과 관련이 있다. 어떤 지방에서는 가족 사항을 공문서에 기입했고, 한 세대만 기입하는 것으로는 부족하여 3대를 조사해야만 했으며, 그것은 혁명의 일부였다. 한 번 조사하면 모두 지주가 되었다. '혈통론血統論'은 몹시도 잔혹했지만, 역사 연구에서는 매우 유용하다. 서주의 금문이나 『춘추좌전』 등의 연구는 모두 세족보世族譜에서 시작해야 한다.

13 『좌전』 환공 원년과 2년 참조.

14 옛날에는 가嘉를 이름으로 쓰고 공孔을 자로 쓴 사람이 매우 많았다. 후허우쉬안胡厚宣은 갑골문의 "放"은 "가嘉"로서 남자 아이의 생육과 관련이 있다고 생각했다. 후허우쉬안, 『갑골학상사 논총초집甲骨學商史論叢初集』 상책, 河北教育出版社, 2002, 123-124쪽 참조. 공孔에 대한 허신의 해석은 반드시 믿을 만한 것은 아니다.(『설문』「은부乚部」) 서주 금문에서는 자子자의 어린아이 머리 부분을 나타내는 오른쪽에 호선弧線을 하나 추가하고 있는데, 이것은 어린아이가 젖을 먹는 모양일 것이라고 의심하는 사람

이 있다.

15 『좌전』 소공 7년 참조.

16 『좌전』 환공 원년 : "目逆而送之, 曰美而艶."

17 『좌전』 환공 2년 참조.

18 누군가는 목금보木金父라 하고, 어떤 사람은 공방숙孔防叔이라고 하는데, 사실은 모두 추측일 뿐이다.

19 『공자가어』「본성해本姓解」: "畏華氏之逼而奔魯." 『사기』「공자세가」에서는 공자의 7세손인 공부孔鮒의 동생 자양子襄, 즉 공등孔騰은 "키가 9척 6촌"으로 공자처럼 컸다고 말했다.

20 『좌전』 양공 10년 참조.

21 『공자가어』「본성해本姓解」. 『사기』「공자세가」에서는 공자의 7대손인 공부孔鮒의 동생 자양子襄, 즉 공등孔騰은 "키가 9척 6촌이다"라고 말했는데, 공자처럼 키가 컸다.

22 공자의 아버지는 송나라 사람으로 자子성이었고, 그 정실 시施씨는 희姬성이었는데, 공자의 어머니 역시 희성이었을 가능성이 매우 크다. 만약 그렇다면 공자의 몸에는 바로 상商과 주周 두 종족의 피가 흐르고 있었던 것이다. 그는 특히 노나라를 뜨겁게 사랑했다. 노나라는 그의 motherland, 즉 모국이었다.

23 중국사회과학원 고고연구소·미국 하버드대 피바디박물관 중미연합고고팀, 「허난 상추현 동주성지 감사 간보河南商丘縣東周城址勘查簡報」, 『고고考古』, 1998년 12기, 18-27쪽.

24 옮긴이 : 송 휘종徽宗의 재위기인 기원전 1104년에 지금의 허난성 상추현에서 여섯 개의 종이 출토되었는데, 그 지역은 춘추 시기의 송나라가 있던 땅이었기 때문에 그것을 송공의 성종宋公成鍾이라고 부른다. 송 휘종은 그것을 대단히 상서로운 종大晟鍾으로 여겨 대성부大晟府라는 기구를 설치하여 새로운 악제를 만들게 했다.

25 『사기』「공자세가」: "紇與顔氏女野合而生孔子."

26 옮긴이 : "작은 배추小白菜"는 청말 4대 사건 중 하나인 양내무楊乃武 사건과 관계된 필수고畢秀姑를 가리킨다. 필수고는 평소에 녹색 치마에 흰 저고리를 즐겨 입었기 때문에 사람들이 "작은 배추"라고 불렀다고 한다. 여기서는 어려서 아버지가 죽고 어머니마저 곧 개가하여 고아처럼 자란 점이 공자와 비슷하다는 점에서 이렇게 말한 것 같다.

27 『사기』「공자세가」의 색은索隱과 정의正義에서 『공자가어』를 인용하면서 모두 다음과 같이 말하고 있다. "숙량흘이 노나라의 시씨를 아내로 맞아들여 아홉 명의 딸을 낳았고, 그의 첩은 맹피를 낳았지만, 맹피는 다리에 병이 있어서 안씨에게 혼인을 청했다. 안징재는 아버지의 명에 따라 그와 혼인했다梁紇娶魯之施氏, 生九女, 其妾生孟皮, 孟皮病足, 乃求婚於顔氏, 徵在從父命爲婚." 현행본 『공자가어』「본성해」에는 시施씨가 빠져 있다. 시씨는 희姬성이고 노나라 혜공惠公의 아들 시보施父에게서 나왔다. "맹孟"은 서자의 맏이이고 "피皮"는 절름발이를 뜻하는 "파跛"로 읽을 수 있다. 『좌전』 환공 6년에 이름을 지을 때 "써서는 안 되는 여섯 가지", 즉 여섯 가지 금기를 설명했는데, 그중에

는 "은질隱疾", 즉 말 못하는 병이 포함되어 있다. 사실 병명으로 사람의 이름을 짓는 것은 고서와 고문자 자료에서 많은 예를 찾아볼 수 있다. 공자의 이 형 역시 그 몸에 있는 병을 이름으로 지은 것 같다.

28 『공자가어』「본성해」 참조.

29 『공자가어』「본성해」 참조. 『공자세가』에는 이와는 다른 주장을 한 가지 내놓고 있다. 즉 "공자는 태어날 때부터 머리 한가운데가 움푹 들어갔고, 그래서 그에 따라 이름을 구丘라고 했다生而圩頂, 故因名曰丘云", 즉 공자는 태어날 때부터 정수리의 모양이 조금 이상해서(아마도 칼슘 결핍 때문이었을 것) 마치 달의 표면에 보이는 둥그런 형태의 산과 같았을 것이다. 이와 같은 산을 옛날 사람들은 "완구宛丘"라고 불렀다. 『이아爾雅』「석구釋丘」 참조.

30 일반적으로 말하면 백伯은 맏이고, 중仲은 둘째고, 숙叔은 셋째고, 계季는 넷째이다. 그러나 귀족의 배우자는 흔히 한 명에 그치지 않았고, 태어난 아이 역시 반드시 넷만 있는 것은 아니었으며, 적자와 서자가 뒤섞여 있을 경우에는 어떻게 불렀는지 아직 분명하지 않다. 우리는 그저 서자는 맹孟이라고 부르면서 그 밖의 형제와 함께 순서를 매겼고, 중仲이라고 불렀을 수도 있는데, 적장자嫡長子 다음에 오도록 해야 했다는 것을 알고 있을 뿐이다. 백伯과 중仲과 계季 사이의 숙叔은 아마 한 명이 아니었을 것이다.

31 『좌전』 애공 16년 참조.

32 이러한 호칭을 누가 생각해냈는지는 알 수 없다. 그에 대해서는 뛰어난 학술적 역량을 가진 사람의 고증을 기다린다. 1929년에 쿵씨 문중에서는 산둥성립제2사범대학에서 상영한 「공자가 남자를 만나다」라는 연극을 고소했다. 연명으로 산둥성교육청에 상고한 상신서에는 해당 학교의 표어에 "쿵씨네 둘째를 타도하자打倒孔老二"라는 말이 있음을 이미 언급하고 있다. 루쉰, 「공자가 남자를 만난 일에 대하여」 『루쉰전집』 제7권, 인민출판사, 1958, 550-570쪽 참조.

33 「팔일」 3.15.

34 『사기』「공자세가」

35 『수경주水經注』 25권 「사수泗水」 : "곽수漷水는 또 노나라 추산鄒山을 지나 서남쪽으로 흘러가는데, 『춘추좌전』에서 말한 역산嶧山이고, 주邾나라 문공文公이 천도했던 곳이다. 지금은 성이 추산 남쪽에 있고 바위의 험난함에 기대고 있어 성벽이 굳건하다. 옛날 주루국邾婁國은 조曹성이었다. 숙량흘의 채읍으로 공자는 여기서 태어났다漷水又逕魯國鄒山, 而西南流, 春秋左傳所謂嶧山也, 邾文公之所遷. 今城在鄒山之陽, 依巖阻以墉固, 故邾婁之國, 曹姓也. 叔梁紇之邑也, 孔子生於此."

36 허신許愼은 『설문說文』「읍부邑部」에서 다음과 같이 말했다. "추鄒는 노나라의 현이고 옛날 주루국邾婁國이었으며, 제전욱帝顓頊의 후예들이 분봉받은 곳이다鄒, 魯縣, 古邾婁國, 帝顓頊之後所封." "추陬는 노나라의 하읍으로 공자의 고향이다陬, 魯下邑, 孔子之鄉." 옮긴이 : 추郰는 주로 춘추 시기 노나라의 땅 이름을 나타내는 글자이고, 추陬는 산모퉁이를 뜻하는 글자이지만, 이 두 글자는 고대에 서로 통용되었던 것 같다. 『사기』「공자세가」에서 사마천은 "공자는 노나라 창평향 추읍에서 태어났다孔子生魯昌平鄉陬

邑"라고 기록했다. 『설문』「읍부邑部」에서는 말하는 추郰와 「공자세가」에서 말하는 추陬는 같은 지명을 가리키고 있다. 이 두 자료만 보더라도 추陬와 추郰가 통용되었음을 알 수 있다.

37 『궐리지闕里志』「니산尼山」

38 『좌전』 양공 10년에서는 "추인흘郰人紇"이라고 불렸고, 17년에서는 "추숙흘郰叔紇"이라고 불렸다.

39 산둥성문물고고연구소 등 편, 『취푸 노나라의 옛 성曲阜魯國故城』, 齊魯書社, 1982.

40 「옹야」 6.11.

41 안씨顔氏의 뿌리는 각기 다르다. 예를 들어 서주 동기 구사위정九祀衛鼎에 이미 안씨 성이 나온다. 춘추 시기에 제齊나라·노魯나라·진晉나라·위衛나라 등에도 모두 안씨가 있었다. 노나라의 안씨에는 두 갈래가 있었다. 한 갈래는 소주小邾의 안씨, 즉 주무공邾武公(이름은 이보夷父, 자는 안顔이다)의 아들 우별을 예郳에 분봉한 안씨는 조성曹姓이고(『좌전』 장공莊公 5년의 소疏에서 『세본世本』을 인용한 것과 두예杜預의 『춘추세족보春秋世族譜』 및 『잠부론潛夫論』「지씨성志氏姓」), 다른 한 갈래는 노나라 백금伯禽(주공의 장자로서 노나라의 첫 임금)의 서자가 안顔을 채읍으로 분봉받았는데 이 갈래가 희성이다.(왕검王儉, 『성보姓譜』) 『좌전』 양공 19년에 제나라 영공이 노나라 공주를 아내로 맞이했는데 그녀를 안의희顔懿姬라고 불렀으니, 바로 안씨희성顔氏姬姓의 여자였다. 내가 보기에 지금 안씨의 뿌리와 조상을 찾을 때 대부분 주안邾顔설을 따른다. 신편누항지편찬위원회, 『신편누항지新編陋巷志』(제로서사, 2002)를 참조할 것. 미국의 어떤 학자는 다음과 같이 주장한다. 공자의 아버지 숙량흘은 노나라 사구 장씨의 가신이었고, 어머니 안징재는 주안의 딸이었다. 공자가 노나라 사구를 한 것은 바로 장씨의 관직을 물려받은 것이고, 공자의 제자 중에 안씨가 많이 배출된 것 역시 외가 쪽 친척들이었기 때문이라는 것이다.(Robert Eno, "The Background of the KongFamily of lu and the Origins of Ruism." *Early China*, no.28, 2003, pp.1–41 참조.) 그러나 공자의 어머니 역시 희성이었을 것이다.

42 안무요顔無繇·안회顔回·안행顔幸·안고顔高·안상顔相·안지부顔之仆·안쾌顔噲·안하顔何. 공자는 위나라에서 안탁추顔濁鄒의 집에서 지낸 적이 있는데, 이 안씨는 어쩌면 노나라의 안씨와 관련이 있을 것이다. 『사기』「공자세가」에서는 다음과 같이 기록하고 있다. "공자는 시서예악으로 가르쳤고, 제자는 대개 3000명이었으며, 6예에 통달한 사람이 72인이었다. 안탁추 등과 같이 수업을 약간만 받은 사람은 매우 많았다孔子以詩書禮樂教, 弟子蓋三千焉, 身通六藝者七十二人. 如顔濁鄒之徒, 頗受業者甚衆." 후세의 사람들은 이 사람을 공자의 제자 속에 집어넣고 있다. 그러나 『사기』「중니제자열전」과 『공자가어』「72제자해」 등에는 모두 이 사람이 없다. 그리고 언언言偃의 언言과 안회顔回의 안顔은 『상박초간』에서는 똑같이 썼다. 언언言偃 역시 안顔씨에서 나왔을 것이다.

43 『사기』「공자세가」

44 『수경주』「사수泗水」

45 『사기』「공자세가」: "貧且賤."

46 『사기』「공자세가」: "常陳俎豆, 設禮容."

47 『사기』「공자세가」 참조. 상을 입는 기간에는 술과 고기를 먹을 수 없었는데, 공자는 예를 잘 알고 있었기 때문에 연회에 참석해서는 안 되는 것이었다. 청대 학자들은 이점에 대해 크게 의심했다. 최술崔述의 『수사고신록洙泗考信錄』 제1권 등이 그 예이다.

48 예를 들어 송대 호자胡仔의 『공자편년孔子編年』, 원대 정복심程復心의 『공자 논어 연보孔子論語年譜』, 명대 하홍기夏洪基의 『공자연보강목孔子年譜綱目』, 청대 강영江永의 『공자연보집증孔子年譜輯證』, 청대 최술의 『수사고신록』, 청대 적자기狄子奇의 『공자편년孔子編年』, 청대 임춘부林春溥의 『공자세가보정孔子世家補訂』, 민국 시기 예한葉瀚의 『공자세가전주孔子世家箋注』 등이 있다.

49 첸무는 호칭이 국학의 대가인데, 그의 작품 가운데 내가 가장 좋아하는 것은 『유향흠부자연보劉向歆父子年譜』와 『선진제자계년고변先秦諸子系年考辨』이다. 『논어신해論語新解』에 대해서는 나는 높이 평가하지 않는다. 다만 『공자전』은 비교적 좋다. 그것은 『선진제자계년고변』을 계승했다. 그는 송대 호자의 『공자편년』과 청대 최술의 『수사고신록』, 강영의 『향당도고鄉黨圖考』 등을 참고했다. 이 세 책에 대하여 그는 『공자전』 110-129쪽에서 논평했다.

50 「위정」 2.4.

51 「술이」 7.22.

52 『공자가어』「변악辨樂」

53 사마천은 『사기』「중니제자열전」에서 다음과 같이 말했다. "공자가 엄숙하게 섬겼던 사람은 주나라에서는 노자老子였고, 위나라에서는 거백옥蘧伯玉이었고, 제나라에서는 안평중晏平仲이었고, 초나라에서는 노래자老萊子였고, 정나라에서는 자산子産이었고, 노나라에서는 맹공작孟公綽이었다. 그리고 장문중臧文仲·유하혜柳下惠·동제백화銅鞮伯華·개산자연介山子然 등을 자주 언급했는데, 공자는 그 사람들보다 뒤의 사람으로서 같은 세상을 산 것이 아니었다孔子之所嚴事, 於周則老子, 於衛蘧伯玉, 於齊晏平仲, 於楚 老萊子, 於鄭子産, 於魯孟公綽. 數稱臧文仲柳下惠銅鞮伯華介山子然, 孔子皆後之, 不並世." 이 열 사람 가운데 노자·노래자·동제백화·개산자연 등은 『논어』에 보이지 않고, 맹공작은 『논어』에 보이지만 포폄이 분명하지 않으며, 장문중은 비판의 대상이었다. 그리고 공자가 비교적 칭찬한 인물은 거백옥·안평중·자산·유하혜 등 네 사람이다.

54 「위정」 2.4.

55 「미자」 18.3.

56 『묵자』「비유하非儒下」, 『안자춘추』「외편하」 제1장, 『사기』「공자세가」 등 참조.

57 「자한」 9.23.

58 「술이」 7.17.

59 『순자』「유좌」, 『사기』「공자세가」 등 참조. 이러한 주장은 선진이나 양한의 구설에 속하는데, 모두 당시의 지배적 사상을 옹호하려는 데서 나온 것으로 아무런 근거가 없다. 자오지빈趙紀彬의 고증에는 비록 "비린비공" 시기의 정치적 색채가 묻어 있기는 하지만, 사료가 상세하게 구비되어 있다. 자오지빈의 『공자의 소정묘 처형 문제에 대하여關

于孔子誅少正卯問題』, 인민출판사, 1973.

60 「위정」 2.4.

61 『사기』「공자세가」

62 「위정」 2.4.

63 「공야장」 5.7.

64 「자한」 9.14.

65 Leonel M. Jesen, *Manufacturing Confucianism, Chinese Traditions and Universal Civilization*, Durham and London : Duke University Press, 1997.

66 『좌전』 희공 22년.

67 마오쩌둥, 「지구전론論持久戰」, 『마오쩌둥선집』 一卷本, 北京 : 人民出版社, 1996, 482쪽.

68 「술이」 7.34.

69 「술이」 7.20.

70 「자한」 9.6.

71 『맹자』「공손추상」

72 「술이」 7.26.

73 『순자』「비십이자」

74 『세재당잡억世載堂雜憶』「공자역대봉시孔子曆代封諡」

75 옮긴이 : 중국 봉건 시대에 국가의 교육을 관리·감독하던 최고 기관을 가리킨다. 어떤 왕조에서는 교육 기관을 겸하기도 했다

76 『사기史記』「공자세가孔子世家」 : "孔子適鄭, 與弟子相失, 孔子獨立郭東門. 鄭人或謂子貢曰, 東門有人, 其顙似堯, 其項類皋陶, 其肩類子產, 然自要以下, 不及禹三寸. 累累若喪家之狗. 子貢以實告孔子. 孔子欣然笑曰, 形狀, 末也. 而謂似喪家之狗, 然哉. 然哉."

77 『백호통白虎通』「수명壽命」 : "夫子過鄭, 與弟子相失, 獨立郭門外. 或謂子貢曰, 東門有一人, 其頭似堯, 其頸似皋繇, 其肩似子產, 然自腰以下, 不及禹三寸, 儡儡如喪家之狗. 子貢以告孔子, 孔子喟然而笑曰, 形狀, 末也, 如喪家之狗. 然哉乎. 然哉乎."

78 왕충王充, 『논형論衡』「골상骨相」 : "孔子適鄭, 與弟子相失, 孔子獨立鄭東門. 鄭人或問子貢曰, 東門有人, 其頭似堯, 其項若皋陶, 肩類子產. 然自腰以下, 不及禹三寸, 傫傫若喪家之狗. 子貢以告孔子, 孔子欣然笑曰, 形狀, 末也. 如喪家狗, 然哉. 然哉."

79 『공자가어孔子家語』「곤서困誓」 : "孔子適鄭, 與弟子相失, 獨立東郭門外. 或人謂子貢曰, 東門外有一人焉, 其長九尺有六寸, 河目隆顙, 其頭似堯, 其頸似皋陶, 其肩似子產, 然自腰已下, 不及禹者三寸, 累然如喪家之狗. 子貢以告, 孔子欣然而歎曰, 形狀, 末也. 如喪家之狗, 然乎哉. 然乎哉."

80 『한시외전』 제9권 18장 : "孔子出衛之東門, 逆姑布子卿. 曰, 二三子使車避. 有人將來, 必相我者也. 志之. 姑布子卿亦曰, 二三子引車避, 有聖人將來. 孔子下步, 姑布子卿迎而視之五十步, 從而望之五十五步, 顧子貢曰, 是何爲者也. 子貢曰, 賜之師也, 所謂魯孔丘也. 姑布子卿曰, 是魯孔丘歟. 吾固聞之. 子貢曰, 賜之師何如. 姑布子卿曰, 得堯之顙, 舜之目, 禹之頸, 皋陶之喙. 從前視之, 盎盎乎似有王者. 從後視之, 高肩弱脊, 循循固得之轉廣一尺四寸, 此惟不及四聖者

也. 子貢顪然. 姑布子卿曰, 子何患焉. 汙面而不惡, 葭喙而不藉, 遠而望之, 羸乎若喪家之狗, 子何患焉, 子貢以告孔子. 孔子無所辭, 獨辭喪家狗耳, 曰, 丘何敢乎. 子貢曰, 汙面而不惡, 葭喙而不藉, 賜以知之矣. 不知喪家狗, 何足辭也. 子曰, 賜, 汝獨不見夫喪家之狗歟. 既斂而槨, 布器而祭, 顧望無人, 意欲施之. 上無明王, 下無賢士方伯. 王道衰, 政教失, 強陵弱, 眾暴寡, 百姓縱心, 莫之綱紀. 是人固以丘爲欲當之者也. 丘何敢乎."

81 옮긴이 : "상가구喪家狗"는 흔히 "집 잃은 개" 또는 "상갓집 개" 등 두 가지로 해석된다. 공자의 유랑 시기의 상황을 묘사하면서 "상가구喪家狗"라는 표현을 쓴 옛 기록들 가운데 상갓집 개라는 의미보다 집 잃은 개라는 의미로 쓴 경우가 더 많고, 특히 이 책의 저자 리링이 「서문」에서 "상가구喪家狗"는 영어로 "homeless"라고 부른다고 말했기 때문에 이 책에서는 "상가구喪家狗"를 "집 잃은 개"라고 번역하는 것이 타당하다.

82 최술崔述, 『수사고신록洙泗考信錄』 권3, 「정나라에서 진나라로 갔다는 사기 세가 기록의 오류世家記適陳由鄭之謬」 : "至比聖人於狗, 造此說者, 信此說者, 皆聖門之罪人也. 此乃齊東野人之語, 故今皆削之."

83 최술이 옛날 책들을 의심한 것은 공자를 높이기 위한 것이었다. 구제강顧頡剛은 그의 이런 점에 대하여 비판했다. 그는 이렇게 말했다. "그러나 우리는 최술에 대하여 그의 위대함을 보면서 동시에 그의 결함을 볼 수 있다. 그는 경서와 공맹을 신앙한다는 기미에 대한 혐의가 너무 짙고, 그의 주장은 많은 선입견을 위주로 한 편견으로 뒤범벅되어 있다. 이것은 그로서는 당연할 것이다. 그는 이학理學의 가정에서 태어나 자랐고, 그의 저술 목적은 성도聖道를 방해하는 것들을 몰아내버리는 데 있었으며, 변위辨僞 역시 그의 수단일 뿐이었다." 구제강 편저, 『고사변古史辨』 제1책, 「자서自序」, 上海古籍出版社, 1982, 46쪽 참고.

제2장 공문의 제자 및 기타

1 『논어』에 나오는 인물은 어떤 때는 이름을 부르고, 어떤 때는 자를 부르는 등 극히 통일적이지 않다. 독자들의 혼란을 줄이기 위해 이 책에서는 문장 해석 때 원문에서 사용한 칭호를 따르는 경우 외에는 일반적으로 이름을 부르기로 한다.

2 『사기』「공자세가」 : "弟子蓋三千焉, 身通六藝者, 七十有二人."

3 『사기』「중니제자열전」

4 「공야장」 5.26.

5 뤼쓰멘呂思勉, 『뤼쓰멘독사찰기呂思勉讀史札記』 상책, 上海古籍出版社, 1982, 675-678쪽.

6 『후한서』「유림전」 : "精廬暫建, 贏糧動有千百. 其耆名高義, 開門授徒者, 編牒不下萬人."

7 『한서』「동중서전」

8 『후한서』「정현전」

9 한유韓愈, 「사설師說」 : "聞道有先後, 術業有專攻."

10 오늘날의 스승과 제자의 관계는 사장과 직원의 관계로 발전해가고 있는데, 전 세계가 이와 같다. 많은 지역에서 사장을 교수라고 부른다.

11 『잠서潛書』「강학講學」: "升五尺之座, 坐虎豹之皮, 環而聽之者百千人. 在堂下者望而不見, 負壁者及階者見而不聞, 尋丈之間者, 聞而不知, 在左右者, 知而不得. 是之爲觀講. 衆觀而已, 何益之有."

12 리치첸李啓謙, 『공문제자연구孔門弟子硏究』, 齊魯書社, 1988, 253-269쪽 참조.

13 이것은 오직 분석의 편의를 위해 대체적으로 그룹을 나눈 것뿐이지 그것이 반드시 실제 상황을 그대로 나타낸다고 할 수 없다.

14 「옹야」 6.10.

15 「선진」 11.5.

16 「공야장」 5.10.

17 『장자莊子』「전자방田子方」: "顔回對孔子是亦步亦趨, 夫子步亦步, 夫子趨亦趨, 夫子馳亦馳, 夫子奔逸絶塵, 而回瞠若乎後矣."

18 「자로」 13.4.

19 『맹자』「등문공상」

20 『사기』「중니제자열전」

21 청대 진옥수陳玉樹의 『복자년보卜子年譜』「자서自敍」(설당총각본雪堂叢刻本)의 "증자가 없었다면 송유의 도학이 없었을 것이고, 복자卜子가 없었다면 한유의 경학이 없었을 것이다. 송유 가운데 도학을 주장한 사람들은 반드시 자사와 맹자로부터 증자까지 소급해 올라갔고, 한유 가운데 경학을 주장한 사람들은 반드시 순자荀子, 모공毛公, 공양고公羊高, 곡량적穀梁赤으로부터 복자까지 소급해 올라갔다無曾子則無宋儒之道學, 無卜子則無漢儒之經學. 宋儒之言道學者, 必由子思孟子而溯源於曾子. 漢儒之言經學者, 必由荀毛公穀而溯源於卜子" 참조.

22 「공야장」 5.1.

23 「공야장」 5.2.

24 『맹자』「진심하」

25 노나라 땅에 임성妊姓의 진秦씨가 있었는데, 소주국小邾國 묘지에서 출토된 동기의 명문에 보인다. 政協棗莊市山亭區委員會, 『소주국문화小邾國文化』, 中國文物出版社, 2006, 그림 36의 위쪽 참조.

26 「선진」 11.3.

27 『후한서』「경단전景丹傳」

28 『구당서』「예의지4禮儀志四」

29 이들이 절반을 차지하고, 나머지 절반인 14명은 출현 빈도가 비교적 낮다. 남궁괄南宮适이 3번, 진항陳亢이 3번, 사마경司馬耕이 3번, 고시高柴가 2번, 원헌原憲이 2번 등이고, 안무요顔無繇·칠조계漆雕啓·무마시巫馬施·복부제宓不齊·담대멸명澹臺滅明·공야장公冶長·증점曾點·공백료公伯寮·금우琴牢 등은 1번뿐이다.

30 자오지빈, 『논어신탐論語新探』, 人民出版社, 1976, 365-417쪽 참조. 자오지빈의 이 책

은 "노선 투쟁"의 영향을 받아 매우 과장된 주장을 하고 있다. 그러나 세부적인 고증은 여전히 참고할 만한 가치가 있다.

31 「선진」 11.17.

32 후란장胡蘭江, 『칠십 제자 연구七十子考』, 베이징대학 중문과 박사논문, 2002 참고.

33 「태백」 8.20에서도 "순임금은 다섯 명의 신하가 있었기 때문에 천하가 다스려졌다舜有臣五人而天下治"라고 말하고 있지만, 인명을 열거하지는 않았다.

34 「태백」 8.20에서도 "무왕은 '나는 유능한 신하 열 명이 있다'고 말했다予有乱臣十人"라고 하고 있지만, 인명을 열거하지는 않는다.

35 『논어』에 나오는 인물 가운데 어떤 사람은 「고금인표」에 전혀 보이지 않고(약 13명) 어떤 사람은 연대를 확정하기가 쉽지 않다.(5명) 「고금인표」의 기준 역시 반드시 적절하다고 할 수 없다. 여기서는 오직 대략적으로만 계산했다.

36 제왕에게 왕위에 나아가길 권하면, 흔히 상고의 읍양揖讓을 모방하여 여러 번 사양하고 나아가지 않다가 결국 고집을 꺾을 수 없다는 듯이 못 이기는 척하고 다시 흔쾌히 받아들인다.(오늘날 손님을 초대하고 선물을 건넬 때나 식당에서 음식 값을 계산할 때 이와 같은 풍속이 남아 있다.) 이것은 살아 있을 때 이야기다. 죽고 나면 이와 같은 번거로운 과정은 필요가 없다.

제3장 옛사람들의 『논어』 읽기 : 본문, 주석, 기타

1 『예기』 「방기坊記」 : "子云, 君子弛其親之過而敬其美. 論語曰, 三年無改於父之道, 可謂孝矣."

2 「학이」 1.11과 「이인」 4.20.

3 『마왕퇴백서』 「계사系辭」 : "팔괘는 상象으로써 알려주고, 효爻는 말을 논함으로써 판단하며, 음양을 섞어놓아 길흉을 알 수 있다." 여기서 "말을 논함으로써"에 해당하는 원문으로 "논어論語"라는 말이 있다. 장정랑張政烺의 「마왕퇴백서주역계사교두堆帛書周易系辭校讀」, 『장정랑문사론집張政烺文史論集』, 중화서국, 2004, 819-827쪽.

4 『사기』 「공자세가」 및 『한서』 「고제기高帝紀」 등 참조.

5 『사기』 「고조본기」

6 조기, 『맹자장구孟子章句』 「제사題辭」 참조.

7 『한서』 「양웅전」

8 『대대기』와 『소대기』를 가리킨다.

9 혹은 『방기坊記』라는 책명을 계속 사용했다.

10 『논형』 「정설」에서는 다음과 같이 말했다. "『논어』에 대해 논의하는 자는 모두 그저 글자의 뜻과 문장의 의미에 대해서만 알고 있을 뿐 『논어』가 본래 몇 편으로 구성되었는지에 대해서는 알지 못한다. 그들은 그저 주대에는 8촌을 한 자로 삼았다는 것만 알았지 『논어』는 오직 한 척 길이의 죽간에만 쓰였다는 점에 대해서는 알지 못한다. 이른바 『논어』라는 것은 제자들이 공동으로 기록한 공자의 언행으로서 그들이 가르침을

받을 때 기록한 것이 매우 많아 몇십, 몇백 편에 이르며, 8촌을 한 자로 삼은 죽간에 기록한 것은 기록의 간편함과 보관과 휴대의 편의 때문이었다. 『논어』는 경서로 전해지던 것이 아니라 잊어버릴까 걱정이 되어서 전문으로서 기록된 것이었기 때문에 8촌을 한 척으로 한 죽간에 기록했을 뿐 경서의 기록에 사용하던 2척4촌 길이의 죽간에 쓰지 않았다. 한나라가 수립될 때 『논어』는 실전失傳되었는데, 한 무제 때 이르러 공자의 구택을 허물다가 공벽에 감추어져 있던 고문이 나와 무제가 사람을 보내 가져왔는데, 이때 고문 『논어』 21편을 얻었고, 거기에 제齊, 노魯, 하간河間의 9편을 추가하여 정확하게 30편이 되었다. 한나라 소제昭帝 때 이르러 고문 『논어』 21편을 읽었고, 한나라 선제宣帝 때는 고문 『논어』를 태상박사太常博士에게 하사했다. 당시에는 그것을 기록하고 있는 글자를 이해하기가 어려웠기 때문에 그것을 전傳이라는 이름으로 불렀고, 나중에는 다시 예서로 고쳐 써서 전수하고 암송했다. 애초에 공자의 12세손인 공안국孔安國이 그것을 노나라 사람 부경扶卿에게 전수했고, 부경의 관직이 형주자사荊州刺史에 이르자 그때 비로소 이 책을 『논어』라고 부르기 시작했다. 오늘날 『논어』라고 부르는 것은 20편만 있고, 제齊, 노魯, 하간河間의 9편은 다시 산실되어버렸다. 본래 30편이었는데, 분산되고 유실되어 어떤 것은 21편만 남아 있고, 편목이 어떤 것은 많고 어떤 것은 적었으며, 글자나 어구가 어떤 것은 맞고 어떤 것은 틀렸다. 『논어』를 해석하는 사람은 겨우 단편적인 문제만을 제기하면서 사소한 문제를 가지고 트집을 잡을 줄은 알면서도 최초의 편수와 각 장의 제목에 대해 탐구할 줄은 모른다. 옛것을 익히고 새것을 알면 스승 노릇을 할 수 있을 터인데, 오늘날은 옛것을 모르니 어떻게 스승이라고 할 수 있을까說論者, 皆知說文解語而已, 不知論語本幾何篇, 但周以八寸爲尺, 不知論語所獨一尺之意. 夫論語者, 弟子共紀孔子之言行, 勑記之時甚多, 數十百篇, 以八寸爲尺, 紀之約省, 懷持之便也. 以其遺非經, 傳文識記恐忘, 故但以八寸尺, 不二尺四寸也. 漢興失亡, 至武帝發取孔子壁中古文, 得二十一篇, 齊魯河間九篇, 三十篇. 至昭帝女讀二十一篇, 宣帝下太常博士. 時尚稱書難曉, 名之曰傳, 後更隸寫以傳誦. 初, 孔子孫孔安國以教魯人扶卿, 官至荊州刺史, 始曰論語. 今時稱論語二十篇, 又失齊魯河間九篇. 本三十篇, 分布亡失, 或二十一篇, 目或多或少, 文贊或是或誤. 說論語者, 但知以剝解之問, 以纖維之難, 不知存問本根篇數章目. 溫故知新, 可以爲師, 今不知古, 稱師如何?" "제齊, 노魯, 하간河間의 9편"에 대해서는 학자들 사이에 여러 가지 해석이 있는데, 나는 그것들이 9편만 있다는 것을 말하는 것이 아니라 그것들은 고문본에 비해 9편이 많다는 것을 말하고 있는 것으로 이해하고 있다. 예를 들어 『제론』은 『고론』보다 2편이 많고, 『노론』은 『고론』에 비해 1편이 더 많다. 하간본에 대해서는 적호翟灝가 『사서고이四書考異』에서 의문을 제기했는데, 아마도 그것은 바로 『한서』「예문지」에서 말한 『연전설燕傳說』 3권일 것이며, 이 책 역시 『고론』보다 6-7편 더 많았을 것이다.

11 유향劉向과 유흠劉歆은 고학古學을 숭상했고, 여기서 열거한 것은 고古·제齊·노魯의 배열에 따른 것이다. 다만 학자들은 대부분 『노론』이 가장 먼저 학관에 설치되었고, 『제론』이 그다음이며, 『고론』은 가장 뒤에 발견되었다고 생각한다.

12 『신론新論』「정경正經」

13 하안何晏, 「논어주소해경서論語注疏解經序」, 완원阮元 교각, 『십삼경주소十三經注疏』 하책, 中華書局, 1980, 2454-2456쪽 참조.

14 위와 같음. 돈황본敦煌本 『논어정씨주論語鄭氏注』는 어떤 것은 "공씨본정씨주孔氏本鄭氏注"라고 제목이 붙여져 있다. 뤄전위羅振玉·왕궈웨이王國維 등은 그 의미는 그 책의 편장篇章은 『노론魯論』을 따르고 자구는 『고론古論』을 따르고 있음을 가리키는 것이라고 생각했다. 일본 학자 가노 나오키金谷治는 이 책은 『수서』「경적지」 목록에 올라 있는 "양梁의 『고문논어古文論語』 10권, 정씨주鄭玄注"라는 기록과 관련이 있는 것으로서 나중에 나온 책일 것이라고 생각했다. 왕쑤王素 선생은 나오키의 주장에 근거하면서 그것을 발전시켜 돈황본에 "공씨본孔氏本"이라고 표시하지 않은 것은 북조에서 전해진 책일 것이며, "공씨본"이라고 표시한 것은 남조에서 전해진 것일 것이며, 뒤의 것이 바로 양梁의 『고문논어』라고 추측했다. 나는 『정주鄭注』에서 사용한 공씨본孔氏本이 원본에서 나왔든 아니든 상관없이 그것은 한대와 위진 시기 사람에 의한 위작으로서 그것들은 모두 고문이라는 이름을 달고 있고, 당시 사람들이 말한 『고론』에 속하며, 그 때문에 비로소 "공씨본孔氏本"이라고 불렀다고 생각한다. 여기서는 뤄전위와 왕궈웨이의 주장을 따른다. 왕쑤, 『당사본 논어정씨주 및 그 연구唐寫本論語鄭氏注及其研究』, 文物出版社, 1991 참조.

15 北京 : 文物出版社, 1997.

16 『논형』「정설正說」 : "至昭帝女讀二十一篇, 宣帝下太常博士. 時尙稱書難曉, 名之曰傳, 後更隸寫以傳誦"

17 쑨치즈孫啓治·천젠화陳建華, 『고일서집본 목록古佚書輯本目錄』, 중화서국, 1997, 67-68쪽.

18 왕쑤王素 편저, 『당사본 논어정씨주 및 그 연구唐寫本論語鄭氏注及其研究』 참조.

19 리팡루李芳錄, 『돈황논어집해교증敦煌論語集解校證』, 江蘇古籍出版社, 1990 참조.

20 쑨치즈·천젠화, 『고일서집본 목록古佚書輯本目錄』, 중화서국, 1997, 66-72쪽.

21 『사고전서총목四庫全書總目』 : "翦皇氏之枝蔓, 而稍傳以義理."

22 『한서』「예문지·육예략」의 논어류 소서小序에서 "어語"의 의미에 대한 해석은 다음과 같다. "『논어』는 공자가 제자들과 당시 사람들의 질문에 대답한 것, 그리고 제자들이 서로 대화한 것이거나 스승으로부터 직접 들은 말이다論語者, 孔子應答弟子時人及弟子相與言而接聞於夫子之語也." "논論"에 대한 해석은 다음과 같다. "당시 제자들이 각자 기억하고 있던 것을 스승이 죽은 뒤에 문인들이 서로 모아서 의논하고 편찬했다. 그래서 그것을 『논어』라고 불렀다當時弟子各有所記, 夫子既卒, 門人 相與輯而論纂, 故謂之論語."

23 『어총』 제3권 簡51 : "志於道, 狎於德, 比於仁, 遊於藝."

24 「술이」 7.6 : "志於道, 據於德, 依於仁, 遊於藝"

25 간簡64a·65a : "毋意, 毋固, 毋我, 毋必."

26 「자한」 9.4 : "毋意, 毋必, 毋固, 毋我."

27 쑨잉잉孫瑩瑩, 『정주간본논어교두찰기定州簡本論語校讀札記』, 베이징대학 위안페이元培

계획 실험반 본과생 학년 논문, 2004년 참조.

28 『마왕퇴백서』『주역』의 글자 수는 4900여 자이고 현행본은 5000여 자이다. 『마왕퇴백서』『노자』의 을본 글자 수는 5467자이고, 당대唐代에 통행되던 책은 4999자였다. 『은작산한간』『손자병법』은 이미 훼손되었지만 원래는 5700자 내외였을 것으로 추정되는데, 현행본은 약 6000자 내외이다.

29 「위정」 2.4.

30 최식崔寔, 『사민월령四民月令』: "(十一月)硏水凍, 命幼童讀孝經論語篇章小學."

제4장 현대인의 『논어』 읽기와 기본 참고서

1 옮긴이 : 중화권에서 요즘 나오는 대부분의 고전 역주서 혹은 번역서는 "원문-주석-구어체 번역문-해설" 등의 순서를 따르는데, 리링의 이 책은 『논어』의 "원문-주석/해설"의 간결한 형식을 취하고 있다. 즉 원문을 싣고 그다음에 바로 "주석"과 "해설"을 하나로 묶어서 설명했으며, 구어체 번역문을 따로 싣지는 않았다.

2 뉴쩌췬牛澤群, 『논어찰기論語札記』의 「서序」, 12쪽.

3 뉴쩌췬, 『논어찰기』의 「서」, 13쪽. 이 책에는 첸무에 대한 비판이 대단히 많다.

4 뉴쩌췬, 『논어찰기』「서」, 12쪽.

5 뉴쩌췬, 『논어찰기』「서」, 13-14쪽.

6 『집석』 제1책, 「자서自序」, 1-2쪽, 「범례」, 1쪽, 본문 129쪽.

7 헤겔黑格爾, 『철학사 강연록哲學史講演錄』, 베이징대학 철학과 외국철학사연구실 옮김, 삼련서점, 1956.

8 키케로西塞羅(Marcus Tullius Cicero), 『키케로 삼론: 노년, 우정, 책임』, 쉬이춘徐奕春 역, 상무인서관, 2001.

9 Leonel M. Jesen, *Manufacturing Confucianism, Chinese Traditions and Universal Civilization*, p.6, fig. 1. 현대 중국인 중에도 이와 같은 인상을 갖고 있는 사람이 있을 것이다. 예를 들어 왕숴王朔는 다음과 같이 말했다. "당신이 만약 공자라면, 오늘날에는 멍청한 사람이 될 것이다. '벗이 외지에서 찾아오면 자기 성이 뭔지조차 잊어버릴 정도로 즐거워할 수 있다.' '세 사람 가운데 한 사람은 정말로 나를 가르쳐 줄 수 있다.' '알고 있으면 바로 안다고 말하고, 알지 못하면 바로 알지 못한다고 말하면 그래도 사람들은 당신이 아마도 다 알고 있을 것이라고 생각할 것이다.' 이것은 바보가 아닌가? 오늘날 어떤 머저리가 이렇게 곧이곧대로 사실을 다 말해버릴 것이며, 누가 그런 사람을 위해 책을 내주고, 누가 그를 조종祖宗으로 여겨 숭배하고, 더욱더 많은 바보를 불러다가 진지하게 배우도록 하겠는가?"

10 예를 들어 미국의 데이비드 홀David L. Hall·로저 에임스Roser T. Ames, 『공자를 통해 생각한다通過孔子而思』(허진리何金俐 옮김, 베이징대학출판사, 2005)가 있다. 저자는 과거 서양인들이 『논어』를 읽을 때는 항상 그 속에 담긴 이치를 읽어내지 못했는

데, 그 주요 원인은 그들이 너무 그들 자신이 알고 있는 보편적 원칙에서 출발하여 이 책은 "도덕적"인 것을 말하는 것이라고 오해한 데 있다고 하면서 사실 이 책의 오묘함은 "심미적"이라는 데 있다고 말했다. 당연히 그들도 공자 철학에 대해 비판하고 있다. 예를 들어 그들은 "차이나타운 현상"의 책임을 공자 철학에 돌리고, 또 만리장성은 "차이나타운 현상"의 상징이며, 그것은 서양인들 사이에 유행하는 일반적인 견해에 근거하고 있다고 말했다.

11 Michael Loeweed., *Early Chinese Texts, a Bibliogphical Guide*, Berkelry: The Society for Study of Early China and The Institute of East Asian Studies, University of California, 1993, pp. 313-323. 중문판: 루웨이이魯惟一(Michael Loewe) 주편, 『중국 고대 전적 독서 가이드中國古代典籍導讀』, 리쉬에친李學勤 등 옮김, 遼寧教育出版社, 1997. 관련 문제는 333-334쪽에 소개되어 있다. 이 책에서는 James Legge의 초기 영역본(1865)을 언급하고 있다. 현재 중국 대륙에서 출판된 중영대역본 : 『한영사서漢英四書』, 리야거理雅各(James Legge), 류중더劉重德, 뤄즈예羅志野 교주, 湖南出版社, 1992. 이 번역본은 너무 오래되었는데, 출판 설명에서 이 책은 문화 수출을 위한 것이라고 말한다.

12 1990년대 이후의 영역본에 관해서는 David Schaberg, "Sell it! Sell it!", *Recent Translations of Lunyu, Chinese Literature : Essays, Articles, Reviews*, 23(2001), pp. 115-139. 차이량蔡亮, 『재건과 해체—미국 중국학계의 초기 유학 연구에 대한 몇 가지 회고와 사색重構與解構—對美國漢學界早期儒學研究的一些回顧和思考』(저자가 보내준 수고, 간행을 준비하고 있음) 역시 미국의 중국학계의 유관 연구 동태에 대하여 매우 잘 소개하고 있다.

13 징먼시박물관荊門市博物館, 『곽점초묘죽간郭店楚墓竹簡』, 문물출판사, 1998; 리링, 『곽점초죽간교두기郭店楚簡校讀記』(증정본), 베이징대학출판사, 2002.

14 마청위안 주편, 『상하이박물관 소장 전국 초죽서』, 上海古籍出版社. 이 책은 매년 한 권씩 펴낸다. 제1책은 2001년에, 제2책은 2002년에, 제3책은 2003년에, 제4책은 2004년에, 제5책은 2005년에, 제6책은 2006년에 출판되었다. 현재까지 아직 전체가 다 나오지 않았다. 나는 『상박초간』의 최초 정리자였다. 내가 정리한 원시 전첩본剪貼本과 해석문은 나중에 분류와 주석의 기초가 된 것이다. 현재 발표하는 각종 책은 아무런 질서가 없고, 아래의 순서는 대체로 죽간의 길이에 따라 배열한 것으로서 긴 죽간은 앞에 짧은 죽간은 뒤에 배열했다.

15 이것은 죽간의 앞쪽에 써놓은 것이고, 앞쪽에는 또 다른 종류의 죽간문이 있지만, 아직 발표하지 않았다. 뒤쪽에는 또 두 종류의 죽간문이 있고, 위와 아래로 칸이 나뉘어 있는데, 위의 것이 「일서日書」이고, 아래의 것이 「제사자가견증자齊師子家見曾子」이다. 뒤의 것 역시 유교 전적이다. 1996년 3월 상하이박물관을 떠나기 전 나는 마청위안馬承源과 천페이펀陳佩芬에게 이것은 보류해두어야 할 문제라는 점에 대해 특별히 주의를 환기시켰고, 그들은 녹음을 했다. 그러나 아쉽게도 그들은 죽간문을 전혀 통일적으로 처리하지 않았다.

16 앞에서 든 몇 가지 갈라진 죽간문 가운데 몇몇이 유교 전적이라는 것 외에 또 아직 발표하지 않은 몇 가지 죽간문 역시 유교 전적이다. 예를 들어 계환자季桓子와 관련이 있는 두 죽간문, 증자와 관련이 있는 죽간문 하나, 「은언殷言」이라는 제목을 가진 죽간문 등이 그것이다.

17 옮긴이 : 중국 고대의 역사와 문헌을 의심하는 학풍을 가리키는 말로 특히 서양 근대의 사회학과 고고학적 방법을 주 무기로 사용한 고사변학파古史辨學派를 지칭한다.

18 정현한묘죽간정리팀, 「정현40호한묘출토죽간의 간단한 소개定縣40號漢墓出土竹簡簡介」, 『문물』 1981년 8기, 11-13쪽, 부양한간정리팀, 「부양한간의 간단한 소개阜陽漢簡簡介」, 『문물』 1983년 2기, 21-23쪽.

19 장신청張心澂, 『위서통고僞書通考』, 上海書店出版社, 1998, 609-618쪽 참조.

20 장신청, 『위서통고』, 622-628쪽 참조.

21 옮긴이 : 『당서唐書』 「경적지經籍志」와 『신당서新唐書』 「예문지藝文志」를 가리킨다.

22 『한서』 「예문지」 반고의 주 : "(태상료후의 벼슬은) 아버지 취聚(총叢)가 고조 때 공을 세워 내려진 것인데, 장이 그것을 계승했다父聚, 高祖時以功封, 臧嗣爵."

23 『공총자孔叢子』 「서서敍書」 : "孔臧著書十篇而卒, 先時嘗爲賦二十四篇, 四篇別不在集, 以其幼時之作也, 又爲書與從弟及戒子."

24 『공총자』 「연총자하連叢子下」에는 "황보위명문중연皇甫威明問仲淵"이라는 장이 있는데, 황보위명皇甫威名이 "공씨는 삼부三父 이후로 선조의 사업을 전수할 수 있는 자는 항상 숙조叔祖(작은 할아버지)에게 있었는데, 오늘 『연총』에 기록된 것을 보니 정말로 듣던 그대로이다. 그렇다면 백伯이나 계季의 후손은 할아버지의 일을 계승하지 못했을 것이다孔氏, 自三父之後能傳祖之業者, 常在於叔祖, 今觀連叢所記, 信如所聞, 然則伯季之後弗克負荷矣"라는 말을 한다.

25 「서서敍書」 : "承殷統, 爲宋公."

26 「답문答問」 : "戒其弟襄."

결론 1 : 공자는 자신은 성인이 아니라고 가르쳤다

1 「태백」 8.19.

2 루쉰은 "공자와 묵자는 모두 현상에 대해 불만을 느꼈고, 따라서 개혁하려고 했다. 그러나 그 첫걸음은 군주를 설득하여 움직이는 데 있었고, 군주를 압박하는 수단으로 사용한 것은 모두 '하늘天'이었다"고 말했다. 루쉰, 「부랑자의 변천流氓的變遷」, 『루쉰전집』 제4권, 인민문학출판사, 1957, 123-124쪽.

3 「공야장」 5.13.

4 "하늘과 인간의 구분天人之分"은 결코 천인합일天人合一, 즉 하늘과 인간의 합일이 아니라 반대로 하늘과 인간의 경계를 가리킨다는 점에 주의해야 한다.

5 「계씨」 16.8.

6 「옹야」 6.22.

7 「팔일」 3.24.

8 「술이」 7.23, 「자한」 9.5.

9 「옹야」 6.10.

10 「선진」 11.9.

11 「요왈」 20.3

12 「위정」 2.4, 「술이」 7.17.

13 「옹야」 6.22.

14 「선진」 11.12.

15 「술이」 7.21.

16 「안연」 12.5 참조.

17 「술이」 7.12.

18 『노자』 제25장 : "人法地, 地法天, 天法道, 道法自然."

19 법가도 성악설을 주장했으며 아울러 사람의 결점과 약점(예를 들어 재물을 탐내고 여색을 좋아하고 고통을 두려워하고 죽음을 두려워하는 것 등)을 보배로 여겼고, 형법과 법령 제정의 직접적인 근거로 사용하여 백성을 경전耕戰으로 내몰았다.

20 「공야장」 5.13.

21 「양화」 17.2.

22 「양화」 17.3.

23 「옹야」 6.21.

24 「계씨」 16.9.

25 「술이」 7.20.

26 「술이」 7.33, 「안연」 12.13.

27 「계씨」 16.9.

28 「양화」 17.2.

29 『세설신어』에 「품조品藻」 편이 있다. 당시에는 말로써 재앙을 자초하는 것은 위험이 너무 컸지만, 여전히 인물품평을 좋아하는 풍속이 유행했다.

30 「계씨」 16.8.

31 『장자』 「거협胠篋」 : "聖人不死, 大盜不止."

32 「술이」 7.26.

33 「술이」 7.20.

34 「옹야」 6.30.

35 『신탐新探』의 상부上部는 이 문제만 전문적으로 다루고 있으며, 『역주』 4쪽에서도 이점을 지적했다.

36 「헌문」 14.42.

37 「술이」 7.34.

38 『맹자』 「공손추상」 : "以予觀於夫子, 賢於堯舜遠矣."

39 『맹자』「공손추상」: "見其禮而知其政, 聞其樂而知其德, 由百世之後, 等百世之王, 莫之能違也. 自生民以來, 未有夫子也."
40 『맹자』「공손추상」: "豈惟民哉. 麒麟之於走獸, 鳳凰之於飛鳥, 太山之於丘垤, 河海之於行潦, 類也. 聖人之於民, 亦類也. 出於其類, 拔乎其萃, 自生民以來, 未有盛於孔子也."
41 「자한」 9.6.
42 「자장」 19.24.
43 「자장」 19.25.
44 『맹자』「공손추상」
45 『맹자』「만장상」: "聖之時者也."
46 『순자』「비십이자」: "聖人之不得執者也."
47 「헌문」 14.42.
48 「옹야」 6.30.
49 「공야장」 5.8.
50 「공야장」 5.19.
51 「미자」 18.1.
52 「술이」 7.15.
53 『맹자』「공손추상」
54 「헌문」 14.16–17.
55 「술이」 7.34.
56 「술이」 7.26.
57 「술이」 7.2, 7.34.
58 「자장」 19.12.
59 「술이」 7.26.
60 『장자』「거협」 참조.
61 「위영공」 15.14.
62 「옹야」 6.11.
63 「학이」 1.7.
64 「자한」 9.18, 「위영공」 15.13.
65 『노자』 제45장 : "大成若缺."
66 「헌문」 14.12.
67 「헌문」 14.42.
68 「이인」 4.16.
69 「술이」 7.37.
70 「위영공」 15.21.
71 「공야장」 5.3.
72 「공야장」 5.16.
73 「헌문」 14.5.

74 「위영공」 15.7.

75 「자한」 9.6.

76 「선진」 11.1.

77 「자한」 9.8, 「양화」 17.15.

78 「양화」 17, 25.

79 「계씨」 16.8.

80 「술이」 7.1.

81 「태백」 8.18–19.

82 「태백」 8.19.

83 『상서』「요전堯典」: "欽若昊天, 曆象日月星辰, 敬授民時."

84 「태백」 8.20, 「안연」 12.22, 「위영공」 15.5.

85 「양화」 17.5.

86 「옹야」 6.24.

87 「자로」 13.7.

88 「위영공」 15.38.

89 「자로」 13.4.

90 「학이」 1.14, 「이인」 4.9, 「옹야」 6.11, 「자한」 9.14, 「위영공」 15.2.

91 「위영공」 15.32.

92 「계씨」 16.2.

93 「태백」 8.13.

94 「태백」 8.13, 「헌문」 14.1.

95 「헌문」 14.3.

96 「술이」 7.11.

97 「미자」 18.5, 18.6, 18.7.

98 「헌문」 14.37.

99 「미자」 18.6.

100 후세에는 일사逸士라 불렀다.

101 「미자」 18.8.

102 「미자」 18.1.

103 「술이」 7.15.

104 「미자」 18.8.

105 『시』「억抑」: "白圭之玷, 尚可磨也. 斯言之玷, 不可爲也."

106 「선진」 11.6.

107 「공야장」 5.2.

108 「공야장」 5.21.

109 「위영공」 15.7.

110 「위영공」 15.7.

111 「미자」 18.2.

112 「헌문」 14.38.

결론 2 진짜 군자는 어떤 사람인가, 공자는 어떻게 설명했는가?

1 「학이」 1.3, 「양화」 17.17.

2 「자로」 13.27.

3 「안연」 12.3.

4 「안연」 12.1.

5 「안연」 12.2.

6 「자로」 13.19.

7 「양화」 17.6.

8 「옹야」 6.23.

9 「자한」 9.29.

10 「헌문」 14.4.

11 「위영공」 15.33.

12 「안연」 12.22.

13 「옹야」 6.30.

14 「헌문」 14.42.

15 중푸방 등 주편, 『고훈휘찬故訓彙纂』, 83쪽.

16 중푸방 등 주편, 『고훈휘찬』, 1805-1807쪽.

17 「이인」 4.10.

18 「위영공」 15.18.

19 「이인」 4.16.

20 「술이」 7.16.

21 「헌문」 14.12.

22 「계씨」 16.10. 유사한 말들이 더 있다. : ① 공명가公明賈가 공숙문자公叔文子에 대해 "의로울 경우에만 받으시는데 사람은 그분이 받는 것을 싫어하지 않습니다"라고 말했다. 공자는 칭찬의 뜻을 표시하면서 "그분이 그렇습니까? 그분은 어떻게 그러실 수 있을까요?"라고 말했다.(「헌문」 14.13) ② 자장 역시 "이익 앞에서는 의롭고자 한다見得思義"는 것을 언급했는데, 그것은 당연히 공자에게서 나온 말일 것이다.(「자장」 19.1)

23 「위정」 2.24.

24 「양화」 17.23.

25 「미자」 18.7.

26 「공야장」 5.16.

27 「옹야」 6.22.

28 「술이」 7.3.
29 「안연」 12.10.
30 「위정」 2.5.
31 「이인」 4.18.
32 「학이」 1.11, 「이인」 4.20.
33 「위정」 2.7.
34 「위정」 2.8.
35 「이인」 4.21.
36 「위정」 2.6.
37 「위정」 4.19.
38 「헌문」 14.40.
39 「헌문」 14.40.
40 「양화」 17.21.
41 「자장」 19.18.
42 「학이」 1.2.
43 「학이」 1.6.
44 「자로」 13.20.
45 「헌문」 14.43.
46 「위정」 2.21.
47 『이아』「석훈釋訓」: "善父母爲孝, 善兄弟爲友."
48 「계씨」 16.5.
49 「학이」 1.8, 「자한」 9.25.
50 「이인」 4.17.
51 「술이」 7.22.
52 「자장」 19.3.
53 「자장」 19.3.
54 「학이」 1.4, 1.7, 「이인」 4.26, 「공야장」 5.26, 「향당」 10.20, 10.21.
55 「자로」 13.28.
56 「안연」 12.5.
57 중푸방 등 주편, 『고훈휘찬』, 773-774쪽. 인용 부호로 표시한 부분의 원문은 "中心爲忠"이다.
58 「자로」 13.19.
59 「팔일」 3.19.
60 「공야장」 5.19.
61 「위정」 2.20.
62 「이인」 4.15.
63 「위정」 2.20.

64 「자로」 13.19.

65 「계씨」 16.10.

66 중푸방 등 주편, 『고훈휘찬』, 124–126쪽. 인용 부호로 표시한 부분의 원문은 "人言不欺"이다.

67 「위정」 2.22.

68 「이인」 4.22.

69 「이인」 4.23.

70 「이인」 4.24.

71 「공야장」 5.10.

72 「안연」 12.7.

73 「학이」 1.5, 「자로」 13.4, 「양화」 17.6, 「미자」 19.10, 「요왈」 20.1.

74 「학이」 1.4, 1.7.

75 「공야장」 5.26.

76 「학이」 1.13.

77 「자로」 13.20.

78 「헌문」 14.17, 「위영공」 15.37, 「계씨」 16.4.

79 「술이」 7.25.

80 「학이」 1.8, 「공야장」 5.28, 「자한」 9.25, 「안연」 12.10, 「위영공」 15.6.

81 「공야장」 5.23.

82 「위영공」 15.15.

83 「양화」 17.6. 「요왈」 20.1에도 같은 구절이 있다.

84 「자장」 19.3.

85 「팔일」 3.26.

86 「이인」 4.15.

87 「위영공」 15.24.

88 「공야장」 5.12.

89 중푸방 등 주편, 『고훈휘찬』, 786쪽. 인용 부호로 표시한 부분의 원문은 "如心爲恕"이다.

90 「안연」 12.2.

91 「위영공」 15.24과 대조해보기 바란다.

92 「헌문」 14.34.

93 「학이」 1.13.

94 「공야장」 5.25.

95 「술이」 7.38.

96 「태백」 8.2.

97 「위영공」 15.5.

98 「공야장」 5.16.

99 「안연」 12.5.

100 「자로」 13.19.
101 「계씨」 16.10.
102 「옹야」 6.22.
103 「안연」 12.5.
104 「위정」 2.20.
105 「공야장」 5.16.
106 「자로」 13.4.
107 「위영공」 15.33.
108 「위정」 2.7.
109 「이인」 4.18.
110 「공야장」 5.17.
111 옮긴이 : 같은 경敬자라도 일처리의 태도를 말할 때는 "경건하다"가 우리말에 가장 가깝다. 이 책에서 경敬이라는 말이 일처리의 태도를 나타내는 경우에는 모두 경건하다로 풀이했다.
112 「학이」 1.5.
113 「자로」 13.19.
114 「위영공」 15.38.
115 「계씨」 16.10.
116 「이인」 4.13.
117 「태백」 8.1.
118 「선진」 11.26.
119 「팔일」 3.7.
120 「위영공」 15.36.
121 「학이」 1.14.
122 「이인」 4.24.
123 「공야장」 5.15.
124 「술이」 7.20.
125 「양화」 17.6.
126 「이인」 4.11.
127 「이인」 4.16.
128 「공야장」 5.16, 「양화」 17.6.
129 「요왈」 20.2.
130 「헌문」 14.9.
131 「옹야」 6.29.
132 「술이」 7.31.
133 「자로」 13.18.
134 한번은 학술회의 석상에서 나는 "이번 회의는 잘 열었다. '정말로 사람은 어른이나 아

이, 지위의 높고 낮음의 구별이 없고, 학문에는 옛날이나 지금, 동양과 서양의 구별이 있을 수 없다'"라고 말했다. 대회를 마무리할 때 어떤 선생이 "리링이 말을 잘했다. '정말로 사람에게는 **남녀나 노소**의 구별이 없고, 학문에는 옛날이나 지금, 동양과 서양의 구별이 있을 수 없다"라고 말했다. 그는 내가 잘못을 범하지나 않았을까 걱정하면서 호의로 고쳐주었다. 그러나 의미는 완전히 바뀌었다. 사실 남녀노소는 구분이 있다. 적어도 화장실에서는 현재 뒤섞여서 갈 수 없다. (강조는 옮긴이)

135 「양화」 17.13.

136 「위영공」 15.28.

137 「자로」 13.24.

138 「자한」 9.26.

139 이 두 구절은 예팅葉挺이 좋아했고, 량수밍梁漱溟이 좋아했고, 나도 좋아한다. 루쉰은 평생 동안 "뭇 사람의 질책에는 성난 표정으로 냉담하게 대하고, 남을 위해서는 고개를 숙이고 기꺼이 봉사하고자" 했는데, 이 역시 이런 정신을 구체적으로 보여준다.

140 「계씨」 16.13.

141 「태백」 8.2.

142 「양화」 17.24.

143 「옹야」 6.27, 「자한」 9.11. 「안연」 12.15는 약간 다르다.

144 「위정」 2.23.

145 「팔일」 3.9.

146 「학이」 1.12.

147 「자로」 13.23.

148 『예기』「예운」

149 「학이」 1.15.

150 『관자』「목민」

151 「팔일」 3.3.

152 「안연」 12.1.

153 「위영공」 15.33.

154 「위정」 2.5.

155 「팔일」 3.19.

156 「양화」 17.11.

157 「태백」 8.8.

158 「위정」 2.3.

159 「팔일」 3.4.

160 「자한」 9.3.

161 「양화」 17.21.

162 「계씨」 16.2.

163 「팔일」 3.22.

164 「술이」 7.18.
165 「태백」 8.8.
166 「양화」 17.9.
167 「계씨」 16.13.
168 「양화」 17.10.
169 「자한」 9.15.
170 「술이」 7.14.
171 「술이」 7.32.
172 「태백」 8.15.
173 「양화」 17.18.
174 「술이」 7.17.
175 「공야장」 5.28.
176 「헌문」 14.24.
177 「술이」 7.22.
178 「자장」 19.22.
179 「옹야」 6.27, 「안연」 12.15. 「자한」 9.11의 기록은 약간 다르다.
180 「옹야」 6.20.
181 「학이」 1.6.
182 「위정」 2.11.
183 「위정」 2.17.
184 「공야장」 5.9.
185 「술이」 7.28.
186 「자로」 13.3.
187 「위정」 2.15.
188 「위영공」 15.31.
189 「자한」 9.2.
190 「이인」 4.15.
191 「위영공」 15.3.
192 「자한」 9.4.
193 「자장」 19.4.
194 「자장」 19.5.
195 「자장」 19.6.
196 「자장」 19.7.
197 「자장」 19.13.
198 『한서』「예문지·제자략諸子略」 참조.
199 「술이」 7.7.
200 「위영공」 15.39.

201 「술이」 7.24.
202 「술이」 7.2.
203 「술이」 7.8.
204 「술이」 9.11.
205 「위영공」 15.32.
206 「태백」 8.12.
207 「헌문」 14.1.
208 「공야장」 15.38.
209 「자한」 9.13.
210 「양화」17.7.
211 「위정」 2.18.
212 「공야장」 5.6.
213 「태백」 8.14, 「헌문」 14.26.
214 「자로」 13.3.
215 「안연」 12.11.
216 「위정」 2.3.
217 「위정」 2.21. 이 인용문과 함께 「학이」 1.2의 다음과 같은 말도 참고할 만하다. "사람됨이 효성스럽고 우애가 있으면서 윗사람을 침범하는 자는 드물다. 윗사람을 침범하기를 좋아하지 않으면서 난을 일으키는 자는 없었다. 군자는 근본에 힘쓰는데, 근본이 서 있으면 도가 생겨난다. 효도와 우애야말로 인의 근본일 것이다."
218 「자로」 13.2.
219 「자로」 13.9.
220 「태백」 8.9.
221 「계씨」 16.1.
222 「안연」 12.7.
223 「위영공」 15.1.
224 「자로」 13.10.
225 「옹야」 6.8.
226 「옹야」 6.30.
227 「안연」 12.20.
228 「자한」 9.2.
229 「이인」 4.5.
230 「학이」 1.1.
231 「학이」 1.16.
232 「헌문」 14.30.
233 「위영공」 15.19.
234 「헌문」 14.35.

235 「위영공」 15.20.
236 「학이」 1.15.
237 「이인」 4.5.
238 「술이」 7.12.
239 「술이」 7.16.
240 「헌문」 14.10.
241 「위영공」 15.2.
242 『관자』「목민」: "衣食足而知榮辱."
243 「향당」 10.6.
244 「자한」 9.26.

결론 3 공자의 유산 : 유토피아에서 이데올로기까지

1 이 편의 글은 잡다한 생각을 자유롭게 늘어놓는 방식으로 쓴 것이다.
2 "다음날 정사에 적용하면, 마치 물이 흐르듯이 일이 처리되었다次日臨政, 處決如流."
3 홍예洪業, 「반 권의 논어로 천하를 다스렸다는 것에 대한 고증半部論語治天下辨」, 『홍예론학집洪業論學集』, 중화서국, 2005, 405-426쪽.
4 「자로」 13.2.
5 최술의 의고는 존공尊孔, 즉 공자에 대한 존경이다. 구제강顧頡剛이 그에 대하여 비판한 것이 있다. 이 책의 2부 1장에서 이미 언급했다. 『고사변古史辨』 제1책의 「자서自序」 참조.
6 앞의 주 5와 같음.
7 그는 다음과 같이 말했다. "나는 중국철학의 장래는 유학의 도덕윤리와 이성이라는 칼과 족쇄로부터 해방을 얻을 수 있는가 없는가에 달려 있다고 믿는다. 이 해방은 그저 서양철학의 대대적인 수입을 통해서만 실현될 수 있는 것이 아니라 오직 유학을 그 본래의 위치로 되돌려놓음으로써 가능하고, 그것은 또 역사적 배경 속에서 유학이 차지했던 지위를 회복하는 것이기도 하다. 유학은 고대 중국에 성행했던 많은 적대적 학파 중의 한 학파일 뿐이며, 이 때문에 그것을 정신적·도덕적·철학적 권위의 유일한 원천으로 보지 않고, 찬란한 중국철학의 뭇 별 중 하나의 별일 뿐이라고 여기기만 해도 유학이 퇴출당하는 것은 아무런 문제가 되지 않는다." 후스, 『선진명학사先秦名學史』, 學林出版社, 1983, 9쪽 참조.
8 옮긴이 : 예고편이 있다는 말은 "유분교有分教"라는 말을 의역한 것이다. "유분교"라는 말은 원래 전통적 회장回章 소설에서 각 편 마지막에 상투적으로 쓰이는 말로서 다음 편의 주요 줄거리를 개략적으로 미리 설명한다는 뜻이며, 이 말 뒤에는 대개 두 구절로 된 개요가 이어진다. 여기서는 그대로 쓰기에 적절하지 않기 때문에 의역한다.
9 옮긴이 : 홍서紅書는 보통 마오쩌둥의 저작을 뜻하는 말로 쓰는데, 여기서 말한 소홍

서는 붉은색 표지에 작은 크기로 펴낸 『마오쩌둥어록』을 가리킨다.

10 Lecmel ML Jesen, *Manufacturing Confucianism: Chinese Traditions and Universal Civilization*, Durham and London : Duke Univereity Press 1997, p.13, fig.3 참조. (두 종류의 소홍서 : 왼쪽은 『마오쩌둥선집』이고, 오른쪽은 취푸현 문관회文管會가 『마오쩌둥어록』을 본떠 찍어낸 『논어』이다.

11 「태백」 8.14.

12 『맹자』 「만장」 : "聖之時者也."

13 루쉰, 「현대 중국에서의 공부자在現代中國的孔夫子」, 『루쉰전집』 제6권, 人民文學出版社, 1958, 248-254쪽. 공자를 "문 두드리는 돌멩이"로 여기면서 그는 위안스카이袁世凱, 쑨촨팡孫傳芳, 장중창張宗昌 등을 언급했다. 사실 그 밖에 공자교의 회장 캉유웨이가 있고, 송명이학에 기독교를 추가하여 숭배한 장제스蔣介石가 있다.

14 『한서』 「유림전」 : "大者爲卿相師傅, 小者友敎士大夫." 『사기』 「유림전」에서는 특별히 언급한 그의 다섯 제자가 자로子路, 자장子張, 담대자우澹臺子羽, 자하子夏, 자공子貢 등인데, 그 가운데 자로는 공자보다 먼저 죽었다.

15 『한비자』 「현학」

16 『사기』 「맹자순경열전」

17 종교의 대통일은 그가 시작한 것이고, 그가 세운 국가급 사당은 200개 정도로 추산된다.

18 사실은 그렇게 짧은 것은 아니었고 9년이라는 시간이었다.

19 『사기』 「진시황본기」 참조. 진나라는 육국을 빼앗은 뒤 관리의 치적을 중시했고, 유술儒術은 그저 겉치레에 불과했다. 진시황은 지식인들에게 태평한 세상을 만들 것을 요청하면서 "흑백을 구별하고 반드시 심기일전"하라고 말했는데, 그것은 오직 사상을 통일하기 위한 것으로서, 한 무제와는 전혀 다른 것이었다. 금서禁書와 분서焚書 역시 청대 초기와 비슷했다. 오직 민족의 기억을 삭제하기 위한 것이었다. 이사는 지식인을 매우 잘 알고 있었고, 정치에 대하여 꿰뚫고 있었기 때문에 몹시 매섭게 시작했다. 지식인이 지식인을 혼내주는 것은 오래된 전통으로 이사가 한비를 살해한 데서 이미 시작되었다.

20 이 두 사건은 별개의 것이다. 즉 분서는 분서고, 갱유는 갱유다. 이 두 가지 사건은 시간적으로 2년이라는 차이가 있다.

21 『육도六韜』 「문사文師」 : "天下非一人之天下也, 乃天下之天下也."

22 『사기』 「유림열전」 : "及至秦之季世, 焚詩書阬術士, 六藝從此缺焉. 陳涉之王也, 而魯諸儒持孔氏之禮器往歸陳王. 於是孔甲爲陳涉博士, 卒與涉俱死. 陳涉起匹夫, 驅瓦合適戍, 旬月以王楚, 不滿半歲竟滅亡, 其事至微淺, 然而縉紳先生之徒負孔子禮器往委質爲臣者, 何也. 以秦焚其業, 積怨而發憤於陳王也."

23 사마천은 30편의 세가를 썼고, 「공자세가」와 「진섭세가」를 나란히 놓았다. 그는 진승陳勝을 진섭陳涉이라 불렀는데(섭涉은 그의 자), 이는 존칭이다.

24 명가와 법가는 형명刑名과 법술法術의 학술이었고, 음양은 술수數術와 방기方技의 학술이었다.

25 혹리酷吏는 법가의 적통이었다.

26 태일太一은 도의 별명이다. 그것은 철학의 본체일 뿐만 아니라 우주의 중심이기도 하다는 점에 주의해야 한다. 한대의 학술은 비록 유학 하나만을 숭상하도록 결정되었지만, 종교에서는 오히려 도가와의 관계가 보다 커졌다. 한 무제 이후 도가는 정치적으로는 입지를 상실했지만, 하층 사회의 종교 방면에서의 영향은 유가보다 더 커져 오랫동안 유가에 필적하기에 충분했다. 동한 말기에 도가는 도교로 바뀌면서 양한 종교의 모든 유산을 받아들여 여전히 그 같은 우세를 유지했다. 유가와 도가의 다툼은 고대 사상의 양극으로서 지속 시간이 가장 길었다.

27 옮긴이 : 훼묘는 고대 종묘제도의 하나로서 더 이상 제사지내지 않는 전대의 종묘를 철거하는 것을 말한다.

28 서양 언어의 Confucianism은 유가일 뿐만 아니라 유교이기도 하다. 그것은 마치 Taoism을 도가라고 할 수도 있고 도교라고 할 수도 있는 것과 같다.

29 앞에서 인용한 Leonel M. Jesen의 책.

30 저우닝周寧, 『공자교의 유토피아孔教烏托邦』, 學苑出版社, 2004.

31 당시 사람들은 무슨 학문이든 철학이라고 말하기를 좋아했다. 그들은 중국의 인문학술을 철학이라 불렀고, 중국의 문인을 철학자라 불렀다.

32 저우닝, 『공자교의 유토피아』, 學苑出版社, 2004, 123쪽.

33 저우닝, 『공자교의 유토피아』, 學苑出版社, 2004, 128쪽.

34 왕궈웨이王國維, 『王國維全集』, 중화서국, 1984, 「카노 나오키에게 드림致狩野直喜(1920)」, 311쪽 : "세계의 새로운 조류가 끝도 없이 밀려들고 있는데, 아마도 하늘을 무너뜨리고 땅을 꺼지게 할 지경에 이를 것 같습니다. 그러나 서양에서 수백 년 동안 추구해온 공리의 폐단은 단번에 쓸어버릴 수 없는 것이 아닐 것이므로 동양의 도덕정치가 어쩌면 천하에 크게 시행될 것입니다. 이는 견해가 짧은 사람이 하는 말이라고 볼 수 없을 것입니다."

35 동양은 순전히 서양식 개념이다. 서양 사람이 말하는 동양이라는 개념은 매우 애매하다. 그것은 마치 비기독교 문화는 모두 이교도 문화라고 부르는 것과 같다. 즉 서양이 아니면 바로 동양인 것이다. 유럽인의 지리적 시야에서는 유럽의 세력 확장을 따라서 가까운 곳에서부터 먼 곳으로 뻗어나갔다. 그들이 말하는 동양은 본래 북아프리카, 서아시아였다. 나중에 그것이 중앙아시아, 남아시아, 동남아시아, 동아시아 등까지 확대되었다. 이른바 아시아적 생산 양식 혹은 동양적 전제주의는 바로 그들의 애매한 인상일 뿐이다.

36 머우쭝싼牟宗三, 쉬푸관徐復觀, 장쥔마이張君勱, 탕쥔이唐君毅 등, 「중국 문화를 위하여 세계 인사께 올리는 선언爲中國文化敬告世界人士宣言」, 『民主評論』 제9권 합정본(상책), 民主評論社, 1958. 여기서 말하는 "세계 인사"는 서양인이다. 그들은 이 사람에게 당신들은 "동양인에게서 다음의 다섯 가지를 배워야 한다"고 제안한다. 첫째는 "'지금 현재가 옳다'는 정신, '모든 것을 버린다'는 마음"이고, 둘째는 "일종의 원만하면서도 신비로운 지혜"이며, 셋째는 "온화하면서도 측은해하는 마음 혹은 타인에 대한 연민

의 감정"이고, 넷째는 "문화적으로 유구한 지혜를 어떻게 사용할 것인가"이며, 다섯째는 "천하가 한 가족이라는 마음" 등인데, 모두 황당하고 터무니없는 소리다.

37 『좌전』 성공 4년 : "非我族類, 其心必異."

38 「양화」 17.2.

39 한대 이후의 상황에 대하여 『포박자』에서는 다음과 같이 묘사했다. "수재를 선발해도 책을 모른다. 효렴孝廉을 선발해도 아버지는 따로 산다. 청빈하고 깨끗하다고 선발된 관리가 진흙처럼 더럽고, 우수한 성적으로 무과에 선발된 장수는 맹꽁이처럼 겁이 많았다擧秀才, 不知書. 擧孝廉, 父別居. 寒素淸白濁如泥, 高第良將怯如黽"(『포박자』 「심거審擧」). 또 송대 이후로는 충효로써 나라를 다스렸지만 역시 실패했다.

40 옮긴이 : 이에 해당하는 원문은 "국장불국지학國將不國之學"인데, "국장불국國將不國"은 청말 증박曾朴의 『얼해화孽海花』 제32회에 나오는 말이고, 그 의미는 국가가 더 이상 유지될 수 없다는 것으로서 국가의 상황이 몹시 나빠서 망국의 위험이 눈에 보이는 것을 가리킨다.

41 전통이 다 정수는 아니고, 대부분은 "국재國渣", 즉 나라의 찌꺼기라고 불러야 한다.

42 예를 들어 중국무술가 훠위안쟈霍元甲, 천전陳眞 등이다.

43 루쉰, 「홍콩의 성탄절 경축에 대한 묘사述香港恭祝聖誕」 『루쉰전집』 제4권, 人民文學出版社, 1957, 42-45쪽 참조.

44 『한비자』 「오두五蠹」 : "儒以文亂法, 俠以武犯禁."

45 엥겔스, 「초기 기독교의 역사」 『마르크스엥겔스전집』 제22권, 人民出版社, 1965, 523-552쪽 참조. 르낭은 프랑스 천주교에서 가장 훌륭한 훈련을 받았지만 오히려 예수를 평범한 사람으로 되돌려놓았다. 나는 『논어』를 연구하면서 그를 떠올릴 수 있었다. 에르네스트 르낭, 『예수의 일생』, 상무인서관, 2000 참조.

46 옮긴이 : "강철 같은 어깨에 도의를 짊어지고"는 38세로 짧은 생을 마감한 리다자오李大釗의 혁명적 일생을 그린 영화 제목이기도 하다. 이 영화의 제목은 리다자오가 쓴 유명한 대련 "강철 같은 어깨에는 도의를 짊어지고, 신들린 손으로는 문장을 짓는다鐵肩擔道義, 妙手著文章"에서 따온 것인데, 이 말은 원래 명대의 양계성楊繼盛이 쓴 구절에서 리다자오가 한 글자를 고친 것이라고 한다. 도의道義는 구국救國과 구민救民의 대의를 뜻한다.

47 옮긴이 : 줏대도 신념도 없는 사람을 비유한 말이다.

48 위로는 오로지 지도자의 말만 듣는 것이 아니고, 아래로는 군중이 좋아하는 것에 영합하지 않는다.

49 다수를 조종하고 이익의 균형을 유지한다.

50 칼 만하임K. Mannheim의 설. 저우닝, 『공자교의 유토피아』, 學苑出版社, 2004, 129-130쪽에서 재인용.

옮긴이의 말

불치하문不恥下問.

『논어』에서 내가 가장 좋아하는 구절입니다. 국어사전에도 표제어로 등재되어 있는 이 말은 아랫사람에게 물어보는 것을 부끄럽게 생각하지 않는다는 뜻입니다. 위아래의 구분이 그다지 뚜렷하지 않고, 또 그러한 구분이 예전에 비해 그다지 중시되지 않는 요즘에는 아랫사람보다는 "자기보다 못한 사람"으로 해석하는 것이 더 피부에 와닿을 것입니다. 배움의 기본 자세는 겸손입니다. 다른 사람의 의견을 경청하고 다른 사람의 주장을 이해하는 것이 배움의 출발점입니다. 비판은 그다음입니다. 공자는 인仁에 대한 문제에서는 스승에게도 양보할 수 없다고 하였고, 또 성실함이나 신용에서는 다른 사람보다 뒤질 수 있지만, 자기처럼 배우기를 좋아하는 사람은 없을 것이라고 하였습니다. 그의 말은 사실일 것입니다. 이런 그의 태도는 『논어』 곳곳에서 발견할 수 있습니다. 그리고 팔을 걷어붙이고 유교 비판에 앞장섰던

장자莊子 역시 배우기 좋아하는 것을 공자의 특징으로 들었던 데서도 알 수 있습니다. 나는 공자의 생각이나 삶의 태도보다는 장자의 생각이나 삶의 태도를 더 좋아하지만, 배우고 연구하는 학자의 한 사람으로서 학문에 대한 공자의 태도는 그 누구보다 존경할 만하다고 생각합니다. 학자에게 겸손은 첫 번째 덕목이며, 그중에서도 자기보다 못한 사람에게도 물어보고 배울 수 있는 용기는 겸손과 정직함이 없으면 불가능합니다. 공자의 가장 큰 매력은 바로 겸손과 정직함을 겸비한 배움의 정신에 있지 않을까 생각합니다.

고전의 매력은 질박質朴입니다. 그리고 그것은 고전이 가진 힘의 원천이기도 합니다. 즉 전혀 다듬어지지 않은 통나무와 같은 것이 고전입니다. 통나무는 식탁의 재료가 되기도 하고, 수레의 재료가 되기도 하고, 궁궐의 재료가 되기도 합니다. 통나무로 무엇을 만들 것인가 하는 것은 만드는 사람의 의지에 달려 있고, 완성된 물건은 통나무의 질감이 살아 있으면서도 만든 사람의 생각이 반영되어 있습니다. 우리는 새로운 생각이나 방법을 가지고 얼마든지 통나무를 깎아 새로운 물건을 만들 수 있습니다. 새로운 물건이 가공되지 않은 원재료를 바탕으로 만들어지는 것과 같이 새로운 아이디어는 고전을 통해 나옵니다. 이 책 역시 『논어』라는 통나무를 가공한 것입니다. 그러나 전혀 새로운 물건을 만들려고 한 것이 아니라 오히려 그것과는 반대로 원형을 복원하려고 한 것입니다. 그동안 우리는 오랜 세월에 걸쳐 온갖 방식으로 가공되고 변형된 것들만 보아왔기 때문에 『논어』라는 책의 원래의 모습을 알아볼 수 없다는 판단에서 그 원형이 무엇인지를 규명하고자 한 것이 이 책을 쓴 저자의 의도인 것 같습니다. 어쩌면 저자의 이러한 노력을 통해 어느 정도 본래의 모습을 찾은 『논어』라는 이 통나무를 통해 이제와는 조금 다른 새로운 형태의 가공이 가능할지도 모르겠습니다. 그렇다고 이 책의 『논어』 본문에 대한 해석이 이전의 전통적인 방식과 모든 구절마다 완전히 다르다는 것은 아닙니다. 『논어』와 공자를 바라보는 시각이나 어떤 중요한 문장에 대한 해석에서 저자의 공정하고 성실하며 탁월한 학문적 태도를 엿볼 수 있습니다.

그런 점에서 이 책은 실사구시 정신을 잘 반영하고 있다고 할 수 있습니다. 실사구시는 이념이 아니라 사실을 근거로 참과 거짓을 결정하는 것을 말합니다. 학문이 학문 그 자체를 위해서만 존재하는 것은 아니지만, 특정 집단의 정치적 목적을 달성하기 위한 도구로 삼기 위해 왜곡하고 급기야 그것이 원래의 모습인 양 주장하는 것은 결코 바람직하지 않습니다. 이 책이 실사구시의 정신을 반영하고 있다고 한 것은 바로 현재 동원할 수 있는 거의 모든 자료에 대한 검토를 통해 공자의 '쌩얼' 혹은 『논어』가 가진 원래의 면모를 있는 그대로 보여주려는 데 최고의 가치를 두었기 때문입니다.

리링의 『집 잃은 개喪家狗』에 대해서는 작년에 이미 한 신문의 특집기사에서 충분히 설명했습니다. 지금 그것보다 더 잘 쓸 자신이 없기 때문에 그것을 재활용하는 것이 더 좋을 것 같습니다. 그 전문은 다음과 같습니다.

2000년대 중반 무렵에 이르러 중국에서는 이른바 "논어열기論語熱"라고 부르는 거센 바람이 불었다. 거국적으로 불어닥친 "논어열기"의 진원지는 바로 『논어』에 관한 두 권의 책이다. 하나는 베이징사범대학의 위단于丹이 쓴 『논어심득論語心得』이고, 다른 하나는 베이징대학의 리링李零이 쓴 『집 잃은 개 : 논어를 읽다』(원제: 『喪家狗: 我讀論語』)이다. 앞의 책은 CCTV에서 일반 시청자를 상대로 한 프로그램 '백가강단百家講壇'에서 강연한 것들을 묶어 펴낸 것이고, 뒤의 책은 베이징대학에서 학부와 대학원생들을 대상으로 강의한 내용을 묶어 펴낸 것이다. 두 책의 공통점이라면 저자가 모두 철학 전공자가 아니라 중국 고대문학 전공자라는 점, 두 책 모두 출판된 뒤 엄청난 반향을 불러일으켰다는 점들일 것이다. 위단의 책은 집집마다 한 권씩 비치해두었다고 말할 만큼 일반인들에게 널리 읽혔다. 그러나 일부 학자들은 『논어』의 몇몇 구절을 뽑아다가 자기 마음대로 해석하여 개인의 명성과 부를 축적하는 데 이용한다고 비판의 목소리를 높였다. 한마디로 『논어』 연구자도 아닌 젊은 여성이 '성인의 말씀'을 상업적으로 이용했다는 이유에서 소위 전문가를 자처하는 사람들이나 전통적 가치를 존중하는 일부 보수적인 사람들로부터 비판 아닌 비난을 받았다. 리링의 경우 역시 엄청나게 많은 부수의 책이 팔리기는 했지만, 위단과는 달리 주된 독자는 학생이나 식자층이었고, 인터넷과 학술회의 석상에서 뜨거운 논쟁을 불러일으켰다.

근현대 들어 공자와 『논어』는 두 차례의 모진 수난을 겪었다. 첫 번째는 5·4신문화운동 때이고, 두 번째는 문화대혁명 때였다. 두 시기 모두 "공자의 학설을 타도하자打倒孔家店"는 구호를 외쳤고, 공자는 낡은 전통의 상징이었다. 한대 이후로 공자의 학설이 이처럼 수난을 받은 적이 없었지만, 개혁개방과 함께 경제적·정치적·외교적으로 자신감을 얻은 중국은 문화적 자존심의 회복에도 눈을 돌렸다. 1980년대의 문화열, 1990년대의 국학열 등은 바로 이런 추세를 보여주는 것이며, 이 과정에서 이른바 '대륙 신유가'들은 점점 유가가 전통사회에서 누리던 지위의 회복을 꿈꾸었고, 성인으로서의 공자를 복권시켜 중국인의 정신적 지주로, 나아가 세계인의 정신적 지주로 삼으려는 원대한 청사진의 실현을 위해 한 걸음씩 차근차근 실현해가고 있다. 그러한 구상은 정치권에게나 인민들에게도 매력적인 것이었다. 유교 정신은 중국인의 정체성이다. 중국인에게 있어서 공자는 성인이며 『논어』는 성경이다. 따라서 성인으로서의 공자의 복권과 유교의 확장은 바로 대국으로의 굴기를 꿈꾸는 중국의 정신적, 민족적 통합의 상징으로 받아들여진다. 베이징올림픽 개막식에서 보여준 유교적 요소들의 강조, 세계 각국에 설립하고 있는 공자학원孔子學院, 2010년에 나온 영화 「공자」, 그리고 2011년 초에 천안문 광장 앞에 세워진 대형 공자상 등은 바로 이런 노력의 구체적인 표현이다.

『집 잃은 개』를 비롯한 리링의 『논어』 관련 저서들은 바로 '대륙 신유가'들의 이런 노력과 배치된다. 아니, 바로 그들의 그러한 노력을 비판하고 저지하기 위한 목적이 있다. 그는 공자에 대한 무조건적인 숭배를 반대하고, 『논어』를 우리를 유토피아로 인도할 신성한 경전으로 취급하는 것에 반대한다.

널리 알려져 있다시피 리링은 중문학 전공자로서 고고학, 고문자학, 고문헌학 등 소위 삼고三古의 대가이다. 그는 특히 출토문헌, 즉 죽간과 백서 그리고 금석문 등의 분야에서 실력을 인정받은 학자이고, 대학에서는 오랫동안 유가 및 제자백가서를 강의하고 있다.

『집 잃은 개』는 크게 세 부분으로 나누어져 있다. 하나는 길잡이導

論이고, 다른 하나는 『논어』 전편에 대한 주석과 설명이며, 마지막 하나는 결론總結이다. '길잡이'에서는 『논어』를 읽기 위해 필요한 사전 지식, 즉 공자의 출생과 일대기, 『논어』의 초기 판본과 성립 과정, 공문의 제자, 고금의 중요한 주석서 등에 대하여 설명했고, '결론'에서는 『논어』와 공자에 대한 자신의 견해를 총체적으로 밝혔다. 그리고 이 책의 가장 큰 부분을 차지하는 『논어』 전편에 대한 주석과 설명에서는 리링 자신의 장기인 고증학적 지식을 총동원하여 『논어』를 주석했다. 이번 번역본에서는 원전을 두 권으로 나누고 제1권은 서문과 1~11장까지의 내용을, 제2권에서는 12~20장과 길잡이 및 결론을 실었다.

리링이 이 책을 통해 말하고 싶은 가장 중요한 메시지는 공자는 성인이 아니고 『논어』는 성경이 아니라는 것이다. 그에 따르면 공자는 그저 불운한 지식인일 뿐이고, 『논어』는 제자서와 같은 유가의 전기에 불과하다는 것이다. 그가 책의 제목으로 정한 "집 잃은 개喪家狗"는 바로 그러한 공자의 모습을 압축적으로 말해주고 있다. 리링은 공자는 성인이 아닐 뿐만 아니라 결코 그 자신이 성인으로 불리기를 원하지 않았다고 주장한다. 그의 이런 주장의 근거는 무엇일까? 리링은 『논어』에서 공자가 사용한 성인의 개념을 분석한다. 그의 분석에 따르면 공자가 말한 성인은 태어날 때부터 총명하고 또 가장 총명하며 권력과 지위를 가지고 천하의 백성을 안정시킬 수 있는 그런 사람이다. 한마디로 성인은 "위대한 구세주, 전국 인민의 위대한 구세주"를 뜻한다. 그 대표적인 예가 요임금과 순임금이다. 그러나 공자는 스스로 "결코 그들과 비교할 수 없다"고 생각했으며, 실제로 공자는 "세상에 살아 있을 때는 천자가 아니었고, 공작의 제후도 아니었고, 후작의 제후도 아니었으며 성인도 아니었다."

그는 공자에게 두 가지 상반된 모습이 있다고 말한다. 즉 살아 있는 공자 혹은 진짜 공자가 있는가 하면, 죽은 공자 혹은 가짜 공자가 있다는 것이다. 리링은 우리가 흔히 알고 있는 공자는 죽은 공자 혹은 가짜 공자라고 말한다. 즉 공자 사후 추종자들과 역대의 제왕들에 의해 그럴듯하게 포장된 숭배의 대상이나 얼굴마담으로서의 공자, 예를 들어 "대성지성문선선사공자大成至聖文宣先師孔子"와 같이 화려한 옷을 입고 거창한 명함을 내미는 공자는 원래의 공자가 아니라 위조된 공자, 가짜 공자라는 것이다. 그는 중국의 위대한 교육자, 최초의 훈장이 바로 살아 있는 공자의 모습이고 그것이 진짜의 모습이라고 주장한다.

『논어』 본문에 대한 해석에서 리링은 어떤 선입견이나 특정한 정치적 견해 혹은 이데올로기적 입장을 배제하고 철저하게 균형잡힌 태도를 유지하려고 했다. 그는 자신의 『논어』나 공자 해석의 태도에 대하여 지식인이나 대중에게 아부하지 않고, 공자 그 자신의 말을 통해 『논어』를 해석하고 공자를 이해하는 것이라고 말했다. 즉 그는 이념적인 틀에 꿰어맞추는 방식도 부정하고 대중의 입맛에 맞게 논어를 그저 말랑말랑하게 해석하는 것이 아니라 고고학·문자학·문헌학적 증거를 동원하여 『논어』에서 원래 말하고자 한 것이 무엇인지, 공자와 그 제자들의 면모가 어떠한 것이었는지를 밝히는 데 주력했다. 예를 들면 공자 사상에서 핵심 개념이라고 할 수 있는 인仁에 대하여 그는 "사람을 사람으로 대하는 것이다"라고 풀이하였다. 즉 사람을 도구가 아니라 사람 그 자체로 대접하는 것이 바로 인의 본뜻이라는 해석이다. 그는 먼저 자기를 사람으로 대하고, 그다음으로 다른 사람을 사람으로 대하는 것이 바로 공자가 말한 인이며, 사람을 사람으로 대하지 않는 것은 인이 아니라고 강조했다. 인에 대한 리링의 해석은 상당히 신선한 느낌을 준다. 『논어』에 대한 그의 독특한 해석의 예를 하나 더 보자. 어떤 사람이 공자에게 원한을 끼친 자에게 은덕으로써 갚으면 어떠냐고 물었다. 그러자 공자는 "이직보원以直報怨"이라고 대답했다. 이 구절을 주희는 원한에 대해서는 곧음, 즉 공평무사함으로써 갚는다고 해석했다. 그러나 리링은 직直을 "똑같은 것"을 뜻한다고 보아 이 구절을 원한에는 원한으로써 갚는다고 풀이했다. 인에 대한 해석에 비해 상당히 낯설게 느껴지지만, 공자가 이 구절을 말하기에 앞서 원한에 대해 은덕으로 갚는다면 은덕에는 무엇으로 보답할 것이냐고 물었던 점을 감안하면 원한 맺힌 사람에 대해 공평무사한 마음으로 대한다는 해석보다는 리링의 해석이 오히려 설득력이 있어 보인다.

리링의 『집 잃은 개』에 대한 비판은 주로 문화보수주의자 혹은 대륙 신유가라고 불리는 사람들을 중심으로 진행되었다. 그들은 대부분 『집 잃은 개』는 신성모독이라는 점에 초점을 맞추고 있으며, 어떤 이는 지극히 감정적으로 리링의 책을 "말세의 책"이라고 말하기도 하고 심지어는 "쓰레기"라고까지 비난하기도 했다. 이런 다분히 감정적인 비난 외에 천밍陳明은 비교적 논리적인 형식의 글을 발표하여 리링을 그저 훈고에만 매달리는 고사변학파와 같다고 하면서 그를 학계의 코미디언이라고 비아냥거렸다. 리링에 대한 비판은 대개 공자를 "상가구喪家狗", 즉 "집 잃은 개"에 비유했다는 데 초점을 맞추고 있으며, 그가 밝힌 모습이 공자의 진정한 모습이 아니라거나 『논어』에 대한 그의 해석에 문제가 있다는 식의 비판은 매우 드물다.

리링은 "집 잃은 개"라는 표현이 공자를 모욕하는 말이 아니며, 그 자신도 그럴 의사가 없고 또 그런 뜻으로 사용하지 않았다고 한다. 또 공자 역시 자신에 대해 "집 잃은 개"와 같다고 한 표현을 인정했다고 한다. 리링은 "가슴속에 어떤 이상을 품고 있든 현실 세계에서 정신적 가정을 찾지 못한 사람은 모두 집 잃은 개이다"라고 말한다. 사실 이 정의는 상당히 멋있어 보인다. 하지만, 공자를 인류가 발생한 이래 가장 위대한 성인이라고 받들고, 『논어』를 반 권만 가지고도 천하를 다스릴 수 있는 절대적 진리를 담고 있는 구세의 경전으로 여기는 사람들에게는 결코 용납할 수 없는 무엄한 도전으로 보일지도 모를 일이다.

우리말 번역본으로 1400여 쪽에 이를 방대한 이 책을 통해 리링이 의도한 것은 2000여 년 동안 공자에게 겹겹이 입혀놓은 정치적·도덕적·종교적 옷을 벗겨버리고, 온갖 화려한 색깔로 치장해놓은 분칠을 닦아내 공자의 참모습을 우리에게 보여주고, 『논어』의 진정한 의미를 우리에게 알려줌으로써 그 든든한 토대를 기반으로 새로운 전통을 만들어가자는 데 있다. 그렇다면 우리는 그의 이 의도가 옳은지 아닌지, 그리고 그의 작업을 통해 공자와 『논어』의 진면목이 드러났는지 아닌지를 먼저 따져보는 것이 일의 순서일 것이다.

어쨌거나 나는 리링의 책을 통해 공자가 우리에게 보다 가까이 다가오는 것을 느꼈고, 『논어』에서 식상한 도덕적 교훈이 아니라 공자와 그 제자들의 살아 있는 목소리를 들을 수 있었다.

당연한 말이지만 리링의 책에 대하여 비판만 있는 것은 아니다. 오히려 그의 『집 잃은 개』에 대해 높이 평가하는 비판적 지식인들이 더 많다고 할 수 있다. 예를 들어『비밀스러운 법칙: 중국 역사 속의 진실 게임』(원제:『潛規則 : 中國曆史中的眞實遊戲』)이라는 책으로 중국 독서계를 뒤흔든 중견 사학자 우쓰吳思는 리링의 이 저술은 주희의『논어집주』보다 훨씬 뛰어나다고 평가했다. 그리고 칭화대학의 친후이秦暉 교수는 리링의 견해를 지지하면서 "집 잃은 개"는 공자를 깎아내리는 말이 아니라 오히려 높이는 말이며, 공자가 성인이 아니라는 것은 리링의 중요한 연구 성과라고 평가했다. 그는 또 리링과 같이『논어』는 적어도 송대의 유자들이 추켜세우기 전까지는 경전이 아니었다고 주장했다.

리링의 이 책으로 인해 촉발된 논쟁은 공자나『논어』를 비판하는 측과 공자나『논어』를 옹호하는 측의 논쟁이 아니라 공자의 생각과는 상관없이 그를 신봉하려는 태도와 공자의 원래의 모습과 그의 생각을 존중하려는 태도 사이의 대립이라고 정리할 수 있다.

리링의 방대한 저술『집 잃은 개』는 다음과 같은 말로 끝난다.

> "공자는 중국을 구제할 수 없고, 세계를 구제할 수도 없다. 애초부터 구세주 따위는 없었고, 또 신선이나 황제黃帝에 의지하지도 않았다. 인류의 행복을 창조하기 위해서는 전적으로 우리 자신에게 의지해야 한다."

이상의 내용은 이 책을 소개한 글로『교수신문』2011년 8월 11일자에 실린 것입니다.

이 책을 번역하면서 몇 가지 번역어 문제로 고민하였습니다. 즉『논어』에서 사용한 전문적 개념에 대한 번역어 문제입니다. 그 가운데 가장 오랫동안 결정하지 못했던 것이 바로 공자 사상의 중심 개념이라고 할 수 있는 인仁이었습니다. '인'이라는 말은 우리에게 이미 익숙할 뿐만 아니라 그와 함께 '어질다'는 말도 '인'을 뜻하는 말로 역시 우리에게 익숙하고, 이 두 가지 모두 썩 내키지 않았습니다. 그렇다고 다른 번역어, 예를 들어 '인자함'이나 '인자하다' 혹은 '사랑'이나 '사랑하다'와 같은 말로 번역하는 것은 더욱더 적당한 것 같지 않았습니다. 꽤 오랜 고민 끝에 명사적 용법으로 쓸 때는 '인'으로 번역하고, 형용사적 용법으로 쓸 때는 '어질다'로 번역하기로 정했습니다. 어느 한가지로 통일하고 싶은 유혹도 있었지만, 그럴 경우 우리말로 번역된 문장이 매우 어색해질 때가 많다는 것을 발견하였습니다. '인'과 '어질다'는 모두 우리 국어사전에 표제어로 올라 있고 둘은 서로 의미를 공유하는 부분이 많기 때문에 그 두 말을 섞어 써도 잘못은 없으며, 현재 우리가 택할 수 있는 가장 자연스럽고 적당한 번역어는 '인'과 '어질다'라는 두 가지 말을 함께 쓰되 용례에 따라 구분해주는 것뿐이라고 판단되어 그렇게 결정한 것입니다. 그래서 『논어』 원문의 번역에서 '인'에 대한 번역은 앞에서 설명한 것과 같이 각각의 용법에 따라 두 가지로 구분했고, 그 구분은 일관성을 유지했습니다.

이 책에서는 중국의 근현대 인물의 이름을 현지음(중국 음)으로 썼고, 지명 역시 현대와 관련된 것은 현지음으로 썼습니다. 다만 곽점초간 등 출토문헌 및 문화유적과 관련된 몇몇 지명은 한자음 그대로 표기했습니다. 그 외 출판사 이름 등 몇 가지 예외는 있지만, 기본적으로 현재 우리나라의 어문정책을 준수하고 있습니다. 나는 중국이나 일본 혹은 다른 나라의 말 가운데 그것이 설령 고유명사라 하더라도 우리 방식의 이름이나 음音을 가지고 있는 말은 그것을 굳이 현지음으로 표기하는 것은 옳지 않다고 여기지만, 이 책에서 현지음으로 표기한 것은 전적으로 현행 어문 규범에 따른 것입니다.

조금이라도 더 적절한 번역어를 찾고, 보다 자연스러운 우리말 문장이 되도록 하기 위해 고문이든 현대어든 가리지 않고, 자주 쓰지 않는 글자나 말은 말할 것도 없고 익히 알고 있는 쉬운 글자나 단어까지도 끊임없이 한문, 중국어 그리고 국어 등의 사전을 찾아서 확인하고 다시 찾기를 반복했습니다. 혹시라도 말이 어색하거나 문맥에 맞지 않다면 오역일 가능성이 큽니다. 오역이나 어색한 문장이 발견되면 언제든지 바로잡겠습니다. 역자에게 직접 메일을 주거나(honeydance@naver.com) 출판사로 연락하여주신다면 확인하여 반드시 바로잡겠습니다.

이 책은 책에 미친 처사處士 노승현 선생의 기획과 좋은 책을 알아보는 혜안을 가진 글항아리 강성민 대표의 절대적인 지지를 받아 우리말로 번역될 수 있었습니다. 그 두 분께 진심으로 감사드립니다.

2012년 5월 13일 안개 낀 새벽에
꽃과 호수의 도시 일산一山에서 쓰고,
2012년 6월 12일 새벽에
보석의 도시 익산益山에서 다듬다.

김갑수

인명색인

ㄱ

ㄴ

ㄷ

ㅁ

ㅂ

ㅅ

ㅇ

ㅈ

집 잃은 개 2

1판 1쇄 2012년 7월 16일
1판 5쇄 2018년 5월 29일

지은이 리링
옮긴이 김갑수

펴낸이 강성민
편집장 이은혜
기획 노승현
마케팅 정민호 이숙재 정현민 김도윤 안남영
홍보 김희숙 김상만 이천희

펴낸곳 (주)글항아리 | 출판등록 2009년 1월 19일 제406-2009-000002호
주소 413-756 경기도 파주시 문발동 파주출판도시 513-8
전자우편 bookpot@hanmail.net
전화번호 031-955-8891(마케팅) 031-955-2670(편집부)
팩스 031-955-2557

ISBN 978-89-6735-001-7 04100
978-89-6735-002-4 (세트)

글항아리는 (주)문학동네의 계열사입니다.

이 도서의 국립중앙도서관 출판시도서목록(CIP)은 e-CIP홈페이지(http://www.nl.go.kr/ecip)와
국가자료공동목록시스템(http://www.nl.go.kr/kolisnet)에서 이용하실 수 있습니다.
(CIP제어번호 : CIP2012002936)